Ihre Hand, Ihren Mund,

nächstens mehr

Lichtenbergs Briefe

1765 *bis* 1799

Herausgegeben von

Ulrich Joost

Verlag C. H. Beck München

ISBN 3 406 44185 8

© C. H. Beck'sche Verlagsbuchhandlung (Oscar Beck), München 1998
Umschlag, Einband und Titelblatt gestaltet von
Juergen Seuss, Niddatal
Satz: C. H. Beck'sche Buchdruckerei, Nördlingen
Druck und Bindung: Kösel, Kempten
Gedruckt auf säurefreiem, alterungsbeständigem Papier
(hergestellt aus chlorfrei gebleichtem Zellstoff)
Printed in Germany

Inhalt

Briefe 1765–1799
und Undatiertes

1. An Christian Gottlob Heyne

London den 17 April 1770

Wohlgebohrner HE.

Hochzuehrender HE. Hofrath

Heute vor 8 Tagen bin ich endlich nach einer sehr beschwerlichen Reise[1] von 15 Tagen gesunder als ich vermuthete hier in dieser ungeheuern Stadt angelangt. Es ist unglaublich was die Menge von neuen Gegenständen die ich nicht so gleich immer in meinem Kopf unterzubringen wußte für eine Würckung auf mich gehabt hat. Ich vergaß immer über das lezte das erste völlig, und lebe noch jetzo würcklich in einer solchen Verwirrung daß ich mich, der ich sonst mit kleinen Stadtneuigkeiten Bogen anfüllen könte, in großer Verlegenheit befinde aus London und aus dem Wust von Dingen die ich sagen könte, so viel klar zu bekommen, als zu einem kleinen Brief nöthig ist. Ich habe die See, etliche Kriegsschiffe von 74 Canonen, den König von Engelland in seiner gantzen Herrlichkeit mit der Crone auf dem Haupt im Parlaments Haus, Westmünsters Abtey mit den berühmten Gräbern, die Pauls Kirche, den Lord Mayor[2] in einem grosen Aufzug und unter dem Gedränge von vielen tausenden, die alle huzza, God bless him, Wilkes and liberty[3] schrien gesehen, und zwar alles in einer Woche. Euer Wohlgeboren werden mir gerne glauben, daß dieses alles auf einmal für eine so eingezogene Seele wie die meinige eben das seyn muß, was für meinen Körper eine Woche von Docktorschmäußen und Hochzeitfesten ohne Ruhe und ohne Schlaf seyn würden. Ausserdem lebe ich hier in einem Hause, wo ich keine Zeit und Ruhe habe mich zu sammeln, und wie an einem Hofe, ich muß mich des Tags zweymal ankleiden speise um halb fünfe zu Mittag und offt um halb zwölfe zu Nacht[4] gewöhnlich in grosen Gesellschafften. Geht man aus, so ist die Zerstreuung auf der Straße noch gröser, das ungeheure Getöße überall, und die Menge

9

von neuen Dingen wohin man nur sieht, das Gedränge von Chaisen und von Menschen, sind Ursache, daß man gemeiniglich spat oder wohl gar nicht dahin kommt, | wo man hin will. Mir ist es neulich so gegangen, ich gieng aus mit dem festen Entschluß nach HE Dietrichs Correspondenten[5] auf dem Strand zu gehen, allein ich blieb ehe ich hinkommen konte, an Silberboutiquen, Boutiquen von Indianischen Waaren, Instrumenten u dergleichen hängen, daß ich kaum Zeit hatte noch zu rechter Zeit zum Ankleiden nach Hauß zu kommen, und HE. Elmsleys Hauß wurde bey dieser ersten Expedition nicht erreicht. Die Plätze die ich besehen habe, habe ich in der Chaise des Lord Boston und in seiner Gesellschafft besucht, sonst läge ich vielleicht noch jetzo in einer Herberge zwischen hier und St. Pauls. Weil ich vermuthlich mit den jungen Adams, und eher als ich glaubte, wieder zurück nach Göttingen kommen werde, so verspare ich alle Beschreibungen von dem was ich gesehen habe bis dahin. Ich wünschte gerne hier zu bleiben, es müste aber nothwendig in andern Umständen seyn, als jetzo. Man hat mich hier so aufgenommen, und begegnet mir mit einer Achtung, die ich auf keine Art erwarten konte, aber ich muß mich dafür zu einer Lebensart gewöhnen, die ich im künfftigen nie brauchen kan, und wozu es überhaupt mit mir zu spät ist, und die ich äuserst hasse. Solte ich gar anfangen ein Vergnügen daran zu finden, so wäre ich völlig verlohren. Desto angenehmer solte es mir aber seyn, wenn ich mehr für mich und niedriger leben könte; wenn ich gleich dieses Glück mit Verrichtungen erkaufen solte, denen ich mich zu Hause nicht unterziehen würde. Ich habe schon einige sehr vornehme Freunde hier, worunter ich auch den Lord Marchmont zählen kan, der neulich öffentlich im Parlamentshaus mit mir sprach und des Tags darauf mich auf meiner Stube gantz allein besuchte, aber ich getraue mir keinen solchen Vorschlag zu thun, weil ich gewiß da-|durch den alten ehrlichen Lord Boston äuserst beleidigen würde.

Ich habe mich mit Lord Marchmont über allerley Gegenstände unterredet. Man hält ihn hier für einen der grösten Staatsmänner und Köpfe in Engelland, er ist dabey ein groser

Liebhaber der Mathematick und Physick, und hält ausserordentlich viel auf Göttingen und die Deutschen. Mit der hiesigen Königlichen Societät[6] ist er gar nicht zufrieden und sagt, daß gemeiniglich die unbeträchtlichsten Sachen abgelesen würden, er wolte nicht einmal, daß ich hinein gehen solte. Als ich ihn nach der Ursache dieses Verfalls fragte, so antwortete er mir mit einem Achselzucken.

Göttingen steht hier in einer allgemeinen Achtung, ich werde überall nach der Einrichtung gefragt, und jederman wundert sich, daß man keine englische oder frantzösische Beschreibung[7] davon habe. Ich dächte man könte mit leichter Mühe diesem Verlangen willfahren. Es brauchte ja keine völlige Uebersetzung der Pütterischen Beschreibung[8] zu seyn, denn ich zweifele ob diese ihr Glück hier bey dem Frauenzimmer machen würde, das sich doch vorzüglich darum bekümmert. Wenn Göttingen daran gelegen ist, daß es von Engelländern besucht wird, so ist dieses unumgänglich nöthig, denn sonst werden nur immer junge Officiers dahin geschickt gröstentheils der deutschen Sprache wegen, die sie doch zugleich mit Deutschland in ihrem allem Studiren gerade entgegen laufenden Dienst und Lebens Art wieder vergessen, da, wenn diese Universität von andern besucht würde, die Aufnahme der gantzen deutschen Litteratur in Engelland befördert werden könte, Es dürften nur noch einige Lords Marchmonts seyn, und doch versteht dieser nicht einmal deutsch, sondern kennt nur die lateinischen Deutschen und die übrigen aus den Beschreibungen seines Sohnes. Ich kenne hier einige vornehme Frauenzimmer, die eine Beschreibung von Göttingen beym Thee so begierig lesen würden, als den publick advertiser.

Es kommt seit einiger Zeit hier ein Blat heraus the whisperer, das wieder voller Schmähungen gegen die Regierung und den König ist, man | macht sich aber hier nicht viel daraus, und wie man mir die Sachen erklärt hat ist alles nicht so gefährlich als man es in der Ferne halten muß. Morgen wird Wilkes losgelassen, jederman ist voller Erwartung was es geben wird, einige glauben die gantze Stadt werde müssen illuminirt werden, die meisten versprechen sich eine grösere Stille, als bey andern Gelegenheiten. Nun weiß ich, was englischer Pöbel ist. Wir kamen am zweyten Feyertage bey Ludgade hill just mitten unter den Trupp, der sich durch viele Strasen durch erstreckte, sie wolten den Lord Mayor den grosen Freund von Wilkes, der mit grosem Pomp nach der Kirche fuhr, empfangen. Wir sassen in Lord Bostons Chaise, das sicherste war für eine Chaise mit Wappen, stille zu halten und zu thun, als wäre man aus gleicher Absicht mit dem Trupp hieher gekommen. Dieses gefiel dem Trupp der sich freute gleichsam eine Hof Kutsche auf seiner Seite zu sehen, ich hatte das Glas herunter gelassen und sah mit einem sehr neugierigen Gesicht heraus, alle die vorbey giengen beguckten die Wappen an der Kutsche, sahen mir freundlich ins Gesicht und etliche schrien indem sie auf die prächtige Livree und die Chaise wiesen there is Wilkes for you, damn me! Wilkes and Liberty, huzza und giengen ohne uns nur das mindeste zu Leide zu thun weiter. Was für Gesichter ich da gesehn habe, läßt sich unmöglich beschreiben, halbnackende Männer und Weiber Kinder, Caminfeger Kesselflicker, Mohren und Gelehrte, Fischweiber und Frauenzimmer in grosem Staat, alles war in sich selbst vergnügt und jedes mit seiner eigenen Grille berauscht und schrie und lachte ohne jemanden zu kräncken. Ich dencke ein Trupp muthwilliger Studenten ist viel gefährlicher, als 10 000 solcher Leute, gegen jenen kan offt keine Art von List schützen, da ein englischer Anzug und ein bisgen Verstellung hier jederman sicher stellt. Ich werde ehestens mehr schreiben, und erwarte Ew. Wohlgeboh*ren* Befehle. Ich werde, wenn mich der Brief noch antrifft, alles mit der grösten Genauigkeit besorgen. HE: v. Irby so wohl als HE v. Swanton empfehlen sich Ihnen und ich verharre Zeit Lebens

Ew. Wohl*geboren*
ergebenster Diener
GCLichtenberg

2. An Johann Christian Dieterich

London den 19^{ten}April 1770

Liebster Herr Gevatter[1]

Für Ihr Gutsagen bin ich Ihnen unendlich verbunden, als einem Freunde in der Noth,[2] deren ich noch sehr wenige gehabt habe. Ich hoffe bald wieder zurück zu seyn, weil ich meine Rechnung nicht so finde wie ich glaubte, ohnerachtet ich so recht lebe was ein Darmstädtischer Oberförster[3] glückseelig nennen würde, und ich wünsche jeden fetten ehrlichen Mann der auf Essen und trincken reiset an meine Stelle. Mit einem Wort, ich lebe (wider meinen Willen, das ist das schlimmste) recht Churfürstlich, und bin überzeugt, wenn ich einen Sommer so fort lebte, so könte mein Geschmack villeicht überstimmt werden und in eine ewige Dissonantz mit meinem Beutel gerathen. Der Engelländer speißt simpel, sagt man, das ist wahr, man findet wenige zusammengesezte Gerichte, aber der einfachen Dinge sind bey ihnen eine solche Menge, daß es Thorheit seyn würde zusammenzusetzen. In ihren Weinen sind sie unerschöpflich. Man isst erstlich zu Mittag, und denn wird zu Mittag getruncken, zwey gantz verschiedene Dinge, bey dem lezteren sind keine Frauenzimmer mehr, dieses aus allerley Ursachen, erstlich damit sie die Staatsgeheimnisse der Männer nicht entwenden, und zweytens, damit ihnen keine Geheimnisse entwendet werden, beym Thee kommt man wieder zusammen, dieses dauert nicht lang und jede Parthey hält ihre Geheimnisse diese kurtze Zeit über so gut als sie kan. Des Abends, oder deutsch des Nachts geht es nicht besser, mit Essen und Trincken meine ich, denn mit den Geheimnissen geht es gantz ausgemacht schlimmer. O das ist erbärmlich, da ist an kein Thee trincken zu gedencken. In London ist alles feil, was man in andern Ländern gar nicht ums Geld bekommen kan, und was man gantz umsonst hat, alles durch einander zu allen Stunden des Tags in allen Strasen auf allerley Art zubereitet, gekleidet, gebunden, gefaßt, gepackt, ungebunden, geschminckt, eingemacht, roh, parfümirt, in seiden und in Wolle, mit oder ohne

Zucker, kurtz was der Mensch hier nicht haben kan, wenn er Geld hat, das suche er beym Urgroßvater seeliger in dieser greifbaren Welt nicht, wahrlich nicht. Ich schreibe sonst nicht gerne vom Frauenzimmer, und fast niemals thue ich es, es müste denn das Frauenzimmer von dem, oder der Mann an den ich schreibe, etwas ausserordentliches seyn. Nun befinde ich mich in einem Fall wo beydes eintrifft, und deswegen will ich mich einmal recht müde vom Frauenzimmer schreiben. So bald man den Fuß in Engelland sezt, (ich setze aber voraus daß man noch etwas mehr hat als Füße:) so fällt, dem Studenten sowohl als dem Philosophen und dem Buchhändler, so gleich in die Augen die ausserordentliche Schönheit der Frauenzimmer, und die Menge dieser Schönheiten, dieses nimmt immer je mehr und mehr zu, je näher man London kommt. Wer sich von dieser Seite nicht recht sicher weiß, für den weiß ich nur ein eintziges Mittel: Er gehe sogleich mit dem nächsten Packetboot nach Holland zurück, da ist er sicher. Ich habe in meinem Leben sehr viel schöne Frauenzimmer gesehen, aber seit dem ich in Engelland bin, habe ich mehrere gesehen, als in meinem gantzen übrigen Leben zusammen genommen, und doch bin ich nur 10 Tage in Engelland. Ihr ausserordentlich netter Anzug, der einer Göttingischen Obstfrau einiges Gewicht geben könte, erhebt sie noch mehr. Die Aufwärterin, die mir täglich Feuer in das Camin macht, und mein Bette wärmt (mit der Bettpfanne[4] versteht sich, Gevatter:) kommt zuweilen mit einem schwartzen, zuweilen mit einem weißen seidenen Hut und mit einer Art von Schlender[5] in die Stube, trägt ihre Bettpfanne mit so viel Grace als manche deutsche Damens den Parasol[6], kniet sich vor dem Bette in diesem Anzug mit einer Nonchalence nieder, daß man glauben solte, sie hätte 40 solche Schlender, und spricht dabey ein englisch, so wie es in euren besten englischen Büchern kaum steht, Gevatter. Wenn euer Hertz etwas aushalten kan, so kommt herüber, ich stehe euch dafür, ihr sollt das englische weghaben ehe euch das Bette 40mal ist gewärmt worden. Von diesen Creaturen wimmeln alle Strasen, die schönsten sind die Putzkrämerinnen, milliners, wie sie die

Engelländer nennen, und eine solche war es, die den Lord Baltimore 120000 Thaler gekostet hat,[7] und noch eine andere Gattung von denen ich nichts zu sagen weiß, als daß man kein Exempel hat, daß sie den Leuten Kosten von 120000 Thaler gemacht hätten. Mit einem Wort das poenitere, das dem Demosthenes[8] einmal so erschrecklich hoch angeschlagen wurde, daß er es nicht kaufen konte, steht hier niedriger als in der gantzen Welt. Wenn Sie diese sehr gelehrte Stelle nicht verstehen, so lassen Sie sie sich erklären. Es war mir hier unmöglich modest und plan[9] zugleich zu seyn. Vom Vornehmen Frauenzimmer habe ich über 200 in einem eintzigen Saal, im Hause der Lords, gesehen, stellen Sie sich vor, 200, wovon eine jede dem Lord Baltimore wenigstens 150000 Thaler werth gewesen wäre, dieses macht 200mal 150tausend, das ist schon 30 Million Thaler, die blosen Frauenzimmer wie sie Gott erschaffen hat, ohne ein Körngen von Diamanten und Spitzen, und Perlen u.d.gl. in Anschlag zu bringen. Das ist ein Capital! Nun bin ich doch auch würcklich müde von den Engelländerinnen zu schreiben, und ich dencke überhaupt, wenn man nicht lange hier bleiben kan, wie ich, so ist besser zu gucken, als zu schreiben. Unterdessen verbitte ich diese Nachricht vom englischen Frauenzimmer in den Gothaischen Calender[10] einzurücken, nicht meinetwegen, sondern des deutschen Frauenzimmers wegen. Die Damen von Lima kan man ihnen loben so lange man will, allein das englische Frauenzimmer ist ihnen etwas zu nah. Man ließt in der Geschichte, daß die Niedersachsen[11] schon einmal nach Engelland Haufenweiß marschirt sind, man giebt sehr tiefsinnige Politische Ursachen als den Grund davon an, man hat aber dieses gar nicht nöthig, die guten Sachsen liefen von ihren Weibern weg. Also kein Wort muß von meiner Beschreibung in den Calender.

Ihre Pränumerations Plane[12] habe ich häufig ausgetheilt, ich will sehen was erfolgen wird. Herrn Backhausens Rechnung beträgt meistermäßig angeschrieben,[13] glaube ich, hundert und etliche Sechzig Thaler, keine 80.

Verzeyhen Sie mir die vielen Possen, die ich in diesen Brief zusammen geschrieben habe. Wenn ich die Ehre haben werde Sie wieder zu sehen, so sollen Sie genug hören, denn wie gesagt, es ist schwer modest und plan, und eben so schwer vollständig und kurtz zu seyn. In einer Stunde gehe ich nach dem Tower. Vorgestern des Nachts waren viele Strasen wegen der Befreyung des Wilkes[14] erleuchtet, aber ohne sonderlichen Tumult, Wilkes ist auf das Land gegangen, er nimmt als ausgemacht an, daß er Mitglied vom Parlament ist, und wird ehestens seinen Sitz nehmen wollen, thut er dieses, so wird es grose Unruhe setzen, denn man hat sich schon gefaßt gemacht ihn alsdann sogleich nach Newgate, das ist das gemeine Stockhaus[15], zu bringen. Vermelden Sie meine Empfehlung an die wertheste Frau Gevatterin von mir und den beyden Herren[16]. Herr von Swanton zieht bis Donnerstag auf die Wache. Zeigen Sie diesen Brief nicht jedermann. Ich bin

                   Deroselben ergebenster Freund und Diener
                   G.C.Lichtenberg.

So eben da ich meinen Brief schließe, schickt der König seinen Cammerdiener an mich und läßt mir zu wissen thun, daß er seinen Astronomen[17] besondere Ordre ertheilt habe mir alles genau zu zeigen und daß ich mich nächsten Sontag nach Richmond[18] begeben soll.

3. An Johann Christian Dieterich

                   Eimbeck den 2ten Merz [*1772*].
Lieber
Gantz gesund bin ich mit Extrapost hier angekommen, so gesund daß ich Neigung habe diese Nacht etwas davon los zu werden, durch Gesundheit trincken –. Morgen um halb 6 gehen wir weiter. Das gantze Land ist hier überschwemmt, und trinckt. Was wunder wenn seine Bewohner trincken. Hier haben wir eine Marie nicht gantz so fein als eine andere, aber

doch immer eine Marie.[1] Adieu, bald hast Du einen großen
Brief. Adieu.   G.C.Lichtenberg.

Grüße mir die Frau Gevatterin 10 000 mal.

4. An Johann Christian Dieterich

Eimbeck den 3 Mertz 1772
Morgens um 4 Uhr.

Lieber Dieterich
Durch diesen meinen secunda[1] Brief, der erste nichts destoweniger gültig, avertire[2], daß eure 2 Briefe,[3] nebst einem
Kupferstückel mit Adolph Kloz[4] marquiret, richtig erhalten.
Dancke gehorsamst. Eure schurckische und wohlgemeinte
Expressions von Junggesellschafft und Hosen habe quittirt,
und versprochen baldige Remesse[5] in ähnlichen Terminis[6].
Die Abbreviaturen T . . . . tt. Z . . . ä betreffend[7], so heisen
selbige Traugott Zachariä. Habe vergangene Nacht das Zuse-
hen[8] gehabt und wenig geschlafen. Macht gutes Wetter Gottlob. Grüßt mir Christelchen, scheuert eure Stube[9] und
danckt Gott, daß ich fort bin.
Adieu.   G.C.L.

5. An Christiane und Johann Christian Dieterich

[*Hannover, 5. März 1772*]

Ihr guten Leute, Frau und Mann.
Unter handgreiflichem Schutz des Himmels, der mich mit
Sonnenschein und Lerchen Gesang von Ayrers Garten[1] an bis
an das Calenberger Thor[2] begleitet hat, bin ich vorgestern
bey guter Gesundheit hier eingetroffen. Ich logire am Ende
der Marcktstraße, da wo sie anfängt die breite Straße zu heißen, nahe bey der Aegidien Kirche. Mein Wirth ist ein Glaßer
Nahmens Metmershaußen, ein solcher Philister[3] als jemals einer pereiret[4] worden ist, die Frau Glaßerin, die ich künfftig

17

immer Frau von Metmershaußen nennen werde, scheint mir eine gute Frau zu seyn, sie kleidet sich hoch und geht nicht viel niedriger, scheint aber zu fühlen, daß ein Göttingischer Professor beynah so viel ist als ein Hannöverischer Glaser, deswegen, glaube ich, wollen wir gantz friedlich zusammen leben. Meine Aufwärterin ist für eine Hannöverische ziemlich schön, hat aber auch den Fehler, daß sie besser von hinten aussieht, als von vornen, wovon das erste seinen Grund in der niedlichen Kleidung, und das leztere im Gesicht hat, ich sehe sie deswegen auch gemeiniglich erst an wenn sie hinausgeht.

Mein Stübchen ist ganz nett, nur mein Bett gefällt mir nicht, es ist so schmal, daß vorige Nacht mein linckes Bein ausserhalb demselben schlafen muste, ich ziehe aber in 8 Tagen eine Etage herunter, wo ich überhaupt ein feineres Zimmer bekommen werde. Übrigens lebe ich völlig wieder wie ein Pursche hier, aber wie ein Pursche der keinen Traugott[5] und keinen Pedell[6] zu fürchten hat, in einer sehr volckreichen Stadt, deren Tugend und Laster ich durch meinen Beytrag nicht um eines Senfkörngens[7] Werth leichter oder wichtiger machen kan.

Gestern haben Herr von Selchow, Hänger und ich bey Herrn Schernhagen zu Mittag und zu Abend gespeiset, dazwischen giengen wir vor die Stadt in den Garten spazieren, wo ich observiren werde, der eine der reitzendsten Lagen hat. Hänger war gantz ausser sich, und fragte mich wohl 10 mal ob nicht eine gantz andere Lufft hier wäre als in Göttingen, und bey jeder Frage that er einen Zug davon. Hier ist er ein gantz anderer Mensch, er geht chapeau bas[8], hat einen Ring am Finger der Mehr werth ist als sein gantzer Göttingischer Anzug 10 mal genommen, schnupft aus einer herrlichen Tabatiere, besieht sich im Spiegel und hat vielen Beyfall.

Der Herr Cammerpräsident von Lenthe hat mich heute zum Mittagessen eingeladen, ohnerachtet ich noch nicht bey ihm gewesen bin, er wird aller Wahrscheinlichkeit nach unser Curator, hier wird fast gar nicht mehr daran gezweifelt[9].

Wer hat denn nunmehr mein Plätzgen auf dem Canapee? Ist die Stube gescheuert? und erinnert ihr euch denn auch noch an mich? Gestern Abend kamen auch Aepfel auf den Tisch, so offt ich einen schälete, dachte ich an mein Plätzgen. Du lieber Gott, gieb mir doch hier ein solches Canapee und solche Gesellschafft. Bald schreibe ich wieder, ich muß mich jetzo ankleiden, Lebt recht wohl, ihr beyden braven Leute, und grüßet mir vornehmlich meinen werthesten Herrn von Tönnies, Herrn von Richter, Esqr[10] Boie und Freund Neyron, auch Herrn Dr. Vogel und seyd versichert, daß ich, selbst wenn Alter und Schwachheit längst meinem Teufel Fesseln angelegt haben wird, noch seyn werde.

Euer aufrichtiger Freund Lichtenberg.

P. S. Für meinen Mittagstisch allein bezahle ich Monatlich 10 Thaler, ein feines Postscript.

Ein besseres Postscript.

Diesen Augenblick komme ich von der Tafel des Herrn CammerPräsidenten, an welcher ich (Gott Lob und Danck für Speiß und Tranck) von 1 bis um 5 Uhr gesessen habe, er hat sehr viel und sehr gnädig mit mir gesprochen, allerley das sich besser sagen als schreiben ließe. Aber alle haben wir uns geirrt, wenn wir glaubten, er kenne den König nicht, er ist sehr genau mit ihm umgegangen und der König hat ihm sein, der Königin und des Bischofs von Oßnabrügg[11] Bildniß geschenckt. Der König ist bis zum Erstaunen getroffen, soltest Du hierher kommen, so mußt Du Dich bemühen es zu sehen zu kriegen. Ich habe bey Tische den Verfasser des Hausvaters[12] sehr gut kennen gelernt. Heute habe ich auch eine Tour um einen grosen Theil des Walles gemacht. Der Printz[13] hat mir heute sagen lassen, er hätte noch etwas vom Könige an mich auszurichten, also muß ich morgen auch dahin.

6. An Christiane und Johann Christian Dieterich

Hannover Mittwochs den 11^{ten}Mertz 1772
bey einem entsetzlichen Wetter

Liebes Gevatter Paar

So werth mir auch sonst Dieterichs Briefe sind, (denn würcklich schmachte ich jetzo recht nach ihnen) so habe ich doch
bey dem letzten[1] über der Verbrämung[2] beynah vergessen
den Stoff selbst anzusehen. Über der Verbrämung, denn so
nenne ich mit Recht die wenigen Zeilen, die seine Frau an
den Rand geschrieben hat, ich habe sie mit einer kleinen englischen Scheere, von den Relationen[3] von Kriegs Geschrey,
Sermon[4] und Feuerwerkerey, wo sie nicht hingehören sorgfältig abgeschnitten und in das kleine Büchschen gesteckt, in
welchem ich allerley kleine Raritäten und Siegeszeichen aufbewahre, Dinge,[5] die zusammen noch kein halbes Loth wiegen, nach Gumprechts Gewicht, allein auf Yoricks Wage ge-
wogen, du lieber Gott! den Gumprecht und seine gantze
Herrlichkeit so sicher aufwiegen, als Spickermann mich. Ich
hatte just die vorige Nacht von dem Canapee[6] geträumet und
repetirte so eben meinen Traum hinter dem Fenster (denn
ich repetire meine Träume und präparire mich auf sie) als
mir der verbrämte Brief in die Hand gegeben ward, ob zur
glücklichen oder unglücklichen Stunde, weiß ich nicht, genug heute wird wohl schwerlich an etwas anderes als an das
Canapee gedacht werden können, wenn ich nicht Gewalt
brauche und von andern Dingen zu schreiben anfange, wozu
ich denn jetzo gleich Anstalt machen will.

Gestern wolte ich HE. Hänger besuchen, als ich aber auf die
Leinstraße kam, traf ich ihn vor dem Schlosse an, wir gingen
in Gesellschafft mit dem Wache habenden Officier etwas auf
und nieder, alsdann gieng er mit mir nach Hauß, wo wir bey
sehr guten Austern, die mir Mad: Schernhagen schenckte,
Deines Hauses Gesundheit unter klingendem Spiel trancken,
Hänger bedauerte dabey, daß er Dich nicht eher habe kennen lernen, er würde manche von seinen Streichen, wozu ihn
die Langeweile gebracht hätte nicht unternommen haben,

denn bey Dieterich ist doch noch polite company[7] sagt er, wenn Du verstehst was das heißt, so ist es gut, wonicht so suche nicht im Wörterbuch sondern frage HE. Boie. Wir wünschten uns alle beyde nur diesen Abend eine Stunde da seyn zu können, mit einer Sehnlichkeit besser Sehnsucht, daß sich gewiß etwas am Can .... schon wieder Canapee, also geschwind abgebrochen sonst träume ich wieder eine Seite voll. | Man ist hier wegen des Tumults[8] sehr auseinander, was wird der gute Landdrost[9] sagen, der seinen Sohn für so unschuldig hielt, würklich sagte der leztere in einem Brief, der am Donnerstag, aber vermuthlich noch vor dem Schlag auf den Kopf datirt war, er dancke Gott, daß er während des Lärmens, (er meinte den mittwöchichen) bey dem Major[10] gewesen wäre, sonst hätte er leicht mit hinein können gezogen werden. Wie doch der Teufel es sich gleich merckt wenn man Gott etwas danckt. Wenn ich einen solchen Schlag bekomme und einen Vater hätte es ihm zu beichten, so würde ich nur sagen ich dancke es dem Teufel, daß ich et cet:

Höre, Schatz, Hänger hat nicht unrecht; Hannover ist kein so übler Ort bey dem bösen Wetter, was wird er erst beym guten seyn, ich habe nur den Wall und einige Spatziergänge gesehen, und mit meiner Einbildungskrafft hier und da das fehlende grün und die fehlende Gesellschafft hinzugesezt, ich kan dir nicht beschreiben wie sie sich ausnahmen. Doch Hänger geht zu weit, ich bin überzeugt daß ihm Hannover besser gefällt als sein angebohrnes London, er ist würklich außer sich und ein gantz anderer Mensch als in Göttingen, allein Frau Gevatterin, ich weiß nunmehr die Strase und das Hauß sogar, das er Hannover nennt, der arme Teufel, ich wolte nicht wenig darum geben, wenn ich ihm die Heilung verschaffen könte! Wohl dem, dessen Heilung Glück und Vergnügen nur so hoch hängt, daß er sie allenfalls ohne sich auf die Zähen zu stellen reichen kan, könte ich diesen Satz mit zwey Worten ausdrücken so wolte ich ihn, so wahr ich lebe, zu meinem Wahlspruch machen.

Frau von Metmershausen ist sehr höflich und accordirt[11] mir alle Tage etwas mehr. Von Anfang versagte sie mir sogar

Lichtscheeren[12] Gläser und dergleichen jetzo bin ich schon an
ihr Weißzeug[13] gekommen, da sie sieht, daß ich würklich ein
Mensch bin der zu leben weiß, der wieder dient wo er kan,
und der wenn ihm auch alle Tugenden fehlen gewiß nicht
geitzig und nicht undanckbar ist, so ist sie wieder gefällig ich
wolte sie um einen Finger wickeln, allein das ist meine Sache
nicht Weiber um Finger zu wickeln. |

So gantz wohl kan ich nicht sagen, daß ich gewesen bin.
Mein rechtes Auge ist mir seit gestern förmlich entzündet,
ein Umstand den ich nie gehabt habe, ich weiß nicht woher
es komt, versündigt habe ich mich mit meinen Augen, seit
meines hierseyns noch nicht, hingegen habe ich gestern jemanden im Dunckeln die Hand gedrückt, und doch ist meine Hand so gesund, zwar für unerkannte Augensünden stehe ich auch nicht, wenn ich aber einmal weiß, daß Augen
eher bestraft werden, als Hände, so kan ich ja wohl dem
Schicksal die kleine Gefälligkeit erzeigen und allemal das
Licht auslöschen.

Was Du Gevatter von belegten F++z++ sprichst verstehe ich
nicht und bitte ich mir eine Erklärung aus, oder ich befrage
meinen Bruder[14] über diese Tironianische Note, die mir
nicht viel gutes verspricht.[15] Wenn das z nicht drinnen wäre
so wolte ich wohl eine Erklärung finden, aber Wörter die
sich mit einem F anfangen und in welchen ein z ist kenne
ich, oder besinne ich mich noch zur Zeit nur auf vier, Frat-
zen, Franzosen, Frauenzimmer und dann eines das mir die
Schamhafftigkeit zu nennen verbieten würde, wenn mir
nicht Gelehrsamkeit lieber wäre als Schamhafftigkeit und
das ist Fürtze, doch am Rhein haben wir eins, das auch beym
Bergbau gebraucht wird Flötze, fartzen wird hier nicht mitgerechnet. Also welches hast Du gemeint, Ich dencke fast
aus den Zusammenhang must Du Frauenzimmer gemeint
haben, aber mein Himmel warum schreibst Du Frauenzimmer mit Sternchen? Du kommst mir vor wie der Bauer der
einmal wider meinen Bruder sagte: Ich habe den Mann
gekannt wie er noch, mit Respect zu sagen,[16] keinen Laib
Brodt im Hause hatte. Nein solche Geschöpfe, und ihre

Nahmen, muß man nicht mit Sternchen schreiben, die nur für den T***l[17] und seine Engel gehören, nicht wahr Frau Gevatterin.

Nun ehe ich es vergesse, wenn ich rothe Dinte hätte, so wolte ich folgende Zeilen damit schreiben

Zeige meine Briefe nur sehr wenigen Personen, so bekommst Du immer offenhertzigere, sündigst Du aber darwider, (und wenn Du sündigst, so erfahre ich es gleich) so bekommst Du, so wahr ich jetzo Dein Freund bin, (die heiligste Versicherung die ich kenne,) keine Zeile mehr, oder wenigstens solche Zeilen, die so gut sind als keine. Zu Personen, die meine Briefe sehen können | schlage ich allein HE. v. Tönnies, HE. v. Richter und HE. Boie vor, willst Du sie auch selbst diesen nicht vorlesen, so steht es Dir frey, aber keinem Menschen weiter darfst Du sie zeigen.

Glaubst Du denn, daß ich so gar sehr zum General verdorben wäre, daß ich mir nur einen Spion hielte, ich dächte so etwas ließe sich kaum von einem Menschen glauben der drey Jahr über zwey Engländer[18] Hofmeister gewesen ist. Wisse denn, lieber Mann, daß ich allein zur Beobachtung deines Hauses ihrer drey habe, von deren zweyen ich heute Briefe hatte. Relationen[3] von Universitäts Sachen erhalte ich von 4, und sieben habe ich was Göttingen überhaupt angeht also in allem 14 Spionen, wovon mich einer so gar mein baares Geld kostet.

Die Magd im Hause und ich sind etwas weniger fremd gegen einander, sie ist ein gantz sonderbares Geschöpf: Sie kommt selten auf meine Stube, ausgenommen wenn sie das Bette macht, wenn sie zur Thüre hinausgeht so dreht sie sich herum und sagt mit einem Knicks ich empfehle mich ihnen, und zuweilen, wenn es die Zeit trifft wünscht sie mir gesegneten Caffee, alles in vollem Ernst, jedoch nicht ohne das Gewürtze von Freundlichkeit, das Mädchen ihres Standes an alle Complimente werfen, die sie **Standspersonen** vorsetzen. Wenn sie mein Nachtgeschirr hinausträgt, so wird sie gemeiniglich roth und dann sieht sie gantz artig aus. Eine seltsame Verbindung von Ideen[19], dencke ich, muß jetzo unter jener

Haube gemacht werden, um bey einem Nachttopf zu er-
röthen. Hier habe ich schon zwo gesehen, die ich in Göttingen gekannt habe, und habe sie alle beyde gegrüßet doch
hiervon mehr ein andermal. Heißt das nicht geschrieben vier
Seiten in folio[20] und doch habe ich schon einen Brief an Kästnern und einen an HE. Baumann geschrieben und einen bekommt HE. Boie noch.[21] Nun will ich mich aber auch wahrlich empfehlen. Frau Gevatterin wegen des Rothlaufs küsse
ich Ihnen die Hände, und Dich Gevatter recht fest auf die Lip-
pen und bin mit meiner angestammten Aufrichtigkeit Ihr
gantz ergebenster Freund und Diener   G.C.Lichtenberg.

Es herrscht jetzo hier eine Kranckheit, woran die Leute gemeiniglich nur zwey Tage kranck sind, den dritten gehen sie
gewöhnlich wieder aus!

7. An Christiane Dieterich

Liebste Frau Gevatterin
Ihren vortrefflichen Brief habe ich wenigstens so offt gelesen,
als der andere, den mir Ihr und mein Dieterich, und mein
Boie zusammen geschrieben haben,[1] Abtheilungen hatte,
denn so offt ich dort mit einer Periode zu Ende war, so holte
ich wieder einmal den Ihrigen herbey. Morgen früh soll er in
das noch nicht sehr dicke Paquet, das ich Archiv meines Hertzens[2] überschrieben habe, und in welchem ich die besten
Briefe meiner Freunde aufbewahre, beygelegt werden. In das
Büchschen[3] hätte ich ihn gerne gelegt, aber es gieng nicht
wohl an, ohne die andern Raritäten, die so lange vorher da
waren, daraus zu verdrängen.
    Sie haben Recht, ich erkenne es, daß Sie mir das gute Wet-
ter erbeten (erbittet:)[4] haben, und ich gönne Ihnen so gar
das etwas unchristliche Vergnügen, mir diese Wohlthat vorzu-
rücken, allein da Sie so ziemlich boshafft hinzusetzen, daß
Sie mir eben so leicht brechende Achsen und Branntewein:
Mangel hätten vom Himmel erbitten können, so muß ich Ih-

nen doch im vorbeygehen sagen, daß, was den Brantewein anbetrifft, Sie sich vielleicht vergeblich an den Himmel gewendet haben würden, denn aus gewissen Umständen zu urtheilen, bekomme ich den meinigen anders woher.

Also wird doch noch zuweilen in Ihrer Stube an mich gedacht? Aber warum wünscht man, daß ich ohne meinen Teufel kommen möge? Diese Trennung gehe ich nicht leicht ein, und ich fürchte fast, wenn ich je wieder nach Göttingen komme, so bringe ich, anstatt diesen zu Hauße zu lassen, sieben andere mit, die ärger sind als er. Auf meiner Stube wird auch an Leute gedacht und gewünscht, ich will wahrlich nicht mehr lachen, wenn ich von Leuten lese, die mit Büschen (ich hätte beynah geschrieben Büchschen), Feldern und Wäldern gesprochen haben; ich habe, seitdem ich böse Augen habe, schon offt mit dem Hut gesprochen, den ich in der lezten Woche zu Göttingen trug, und die Schuhe zu Zeugen angerufen, die ich am lezten Abend anhatte, und die noch ungepuzt unter meinem Tische stehen. Du lieber Gott! Frau Gevatterin, nicht wahr man ist zuweilen gerne empfindlich, aber ist es nicht ein höchst Stiefmütterlicher Streich der sonst gütigen Natur, daß sie uns diese Empfindlichkeit, so gantz ohne allen Ueberzug, den wir bey Widerwärtigkeiten überwerfen könnten, gegeben hat? Was ist doch der Mensch. Ich der leichtsinnige, muthwillige Lacher, der noch immer sich mit natürlichem Gewehr geholfen hat, wo andere Leute schon nach dem Schild des Glaubens[5] griffen, der nemliche kann nicht einmal von Leuten Abschied nehmen, wenn er eine Reise von eilf Meilen[6] machen soll, ja nicht einmal von Leuten, die villeicht Ursache haben – – soll ichs sagen – – Ursache haben, hinter ihm herzuflüstern: Nun Gott Lob daß der Tollkopf einmal aus der Stadt ist – Hätte mich Dietrich damals geküßt, so wäre meine Standhafftigkeit zusammen gefallen wie ein Kartenhäußchen, in welches der Wind stößt.

Die Kleckse in Ihrem Brief habe ich erst gesehen, nachdem ich Ihre Entschuldigung wegen derselben gelesen hatte. Ich glaube, während als ich den Brief laß, hätten Sie mir welche in das Gesicht machen, oder mir mit gebranntem Korck einen

Zollbreiten Streifen von einem Ohr zum andern ziehen können, ich hätte es wahrlich nicht gemerckt, so sehr war ich in
den angenehmen Brief verlohren. Nun etwas!

In 4 Wochen ungefähr, wenn Sie einmal einen schönen
Freytag Morgen am Hainberge herauf kommen sehen, so
schütteln Sie die Kissen des Kanapees für den Sonnabend zurecht. Denn ich poche gewiß einmal an Ihrer Thüre zu der
Zeit, da Sie glauben, ich säße in Hannover und rechnete, oder
schwärmte oder spielte um das höchste Loos. Glauben Sie sicherlich, meine Freunde zu sehen und nur 6 Stunden vergnügt zuzubringen, achte ich eine Reise, und wäre sie von
30 Meilen, nicht so viel als eine Stecknadel.

Jetzo will ich noch ein paar Zeilen[7] an Ihren Dieterich schreiben, verzeyhen Sie mir aber, wenn Sie meine Briefe an ihn lesen, daß ich ihm mit so ungleicher Müntze diene, schießen Sie
die Zeilenpfennige aus,[8] denn ich weiß es wohl, ich führe viel
falsches Geld, aber ich könnte fürwahr nicht bezahlen, wenn
man mir auferlegen wolte, erst sorgfältig zu sortiren.

Ohne mich diesesmal um das Rothlauf zu bekümmern küsse ich Sie mit unschuldiger Dreistigkeit und bin Zeitlebens
          Ihr ergebenster Diener und aufrichtiger Freund
                    G.C.Lichtenberg.
Hannover am Sonntage den 15. Mertz 1772.

In das Journal[9], das ich führe, habe ich folgendes geschrie-
ben: Donnerstags den 27ten Februar machte ich einen kleinen
Lärm[10] in Herrn Dieterichs Hauß, und Madame hätte beynah
zu geschlagen, Donnerstags darauf den 5ten Merz machten die
Studenten einen großen ditto[11] auf der Straße, und die
Schnurren[12] schlugen würcklich zu.

8. An Christiane und Johann Christian Dieterich

[*Hannover,*] Dienstags Abends [*17. März*]
um 9½ Uhr 1772.

Lieber Dieterich

So eben erhalte ich Deinen Brief¹ schon, den Du wahrscheinlicher Weise erst gestern nach vier Uhr auf die Post gegeben hast, so nahe sind wir einander noch; weil ich leicht morgen und übermorgen keine Zeit zu schreiben haben mögte, so bestreiche ich, blos Deinetwegen, meine Augen noch einmal mit meinem Augenwasser, und unterhalte mich, die kurtze Zeit, die ich noch aufbleiben darf, mit Christelchen und Dir. Aber ums Himmelswillen, ihr Leute, Dich und Boie meine ich, (denn Christelchen konte es noch nicht wissen, als sie mir schrieb) warum bedauert mich keiner unter euch nur mit einer Sylbe meiner armen Augen wegen. Zoten, und Worte mit Sternchen², und Verweiße ohne Sternchen, ich meine welche grad heraus, können sie mir schreiben, arme Schwestern können sie auch wohl noch trösten, aber wenn sie einem armen Bruder einen Pfennig zuwerfen sollen, da haben sie nichts bey sich, die Sünder. Ich hoffe, ihr werdet beyderseits diesen Freundschafftlichen Verweis ohne murren einstecken, widrigenfalls muß ich euch sagen, daß ich auch weiß was Theologie ist, daß ich auch weiß was Sprüche einschärfen heißt, daß ich das geistliche spanische Rohr³ so gut führen, und die Ketten der Finsterniß⁴ so gut über euren verstockten Häuptern schütteln kan, als die Hochwürdigsten Fäuste, die je eine Brust bekreuzt, oder eine Cantzel bepauckt haben. Aber fahrt nur so fort, hört auf mitleidig gegen eure guten Freunde zu seyn, da wird euch, wie Herr Dʳ Leß bewiesen hat, der Teufel endlich reiten, daß ihr auf Straßenräuberey oder Comödienschreiberey⁵ verfallt, Wittwen und Wayßen betrügt oder Epigrammata schreibt, hurt und musicirt, falsche Eide schwört oder bons mots macht, und endlich mit den Lotterbuben Shakespear, Racine und Leßing früh oder spat zum Teufel fahrt. Hier muß ich ein Glas Wasser trincken,⁶ um mein siedendes Blut etwas zu kühlen; ich trincke es und lösche das Feuer, das an der Spitze von zweyhundertausend Preussen die Hertzen gantzer Millionen der Götzischen Sittenlehre hätte aufschliessen können.

Heute ist nun der vierte Tag, daß ich meiner Augen wegen einsitzen muß, unterdessen bin ich nicht ohne die angenehmste Gesellschafft, Herr Geheimer Sekretär Schernhagen sizt zu weilen gantze Nachmittage bey mir. Morgen gehe ich aus, es werde daraus was es wolle. Man hat mir schon gerathen Quecksilber Curen[7] zu gebrauchen, aber es klingt nur so malhonette[8], eine Quecksilber Cur, lieber galant gestorben, als ungalant Quecksilber gebraucht. Es ist ausgemacht, die kleine Veränderung der Lufft, der Speißen und der Lebensart, oder was es ist, hat in mir eine merckliche Veränderung bewürckt, wenn ich des Abends ein eintziges Glas Wein trincke, so schlafe ich die halbe Nacht nicht, etliche mal bin ich schon wieder aufgestanden, und träncke ich eine Bouteille, so säße ich so sicher ein paar Stunden drauf auf der Hauptwache, als jetzo auf meiner Stube, so arbeitet der Teufel alsdann in mir. Es liegt hierinn etwas größeres als die Erbsünde zum Grund und, unter uns, ich glaube, ich habe die Hecktic[9]. Solte es aber, welches ich höchlich wünsche, diejenige belebende Krafft seyn, die die nunmehr immer höher steigende Sonne im Frühling allen lebenden Geschöpfen von der Spargel Pflantze bis zum Mädchen hinauf, kurtz allem was Odem oder Wurtzeln hat, einhaucht, gut alsdann – – wenn es diese Kranckheit ist, die heilt sich allenfalls ohne Zimmermann. Weiter kann ich diesen Abend der Augen wegen nicht schreiben, und doch mag ich noch nicht zu Bette gehen, ich stecke mir also eine Pfeife an, und lösche das Licht aus, um noch eine Viertelstunde gantz klar an meine Freunde zu dencken. Das rauchen im Dunckeln ist würcklich eine angenehme Beschäfftigung, und wenn man sonst wohl ist, so dencke ich, kommt es unmittelbar nach dem küssen im Dunckeln, also gute Nacht –

Donnerstag [*19. März*] Morgens um 9 Uhr.
Gestern war ich, wie gesagt, aus, habe mich etwas mit meinem Quadranten[10] beschäfftigt und hernach den Leuten am Observatorio 2 Stunden zugesehen arbeiten, der Tag war ange-

nehm, heute aber ists wieder abscheulich, überhaupt aber habe ich die Sonne nun in 14 Tagen nicht gesehen.

Gestern habe ich auch erfahren, daß es vorgestern hier im Archive gebrannt hat, der Brand hätte können gefährlich werden, aber ungültige Prätensionen[11] brennen nicht leicht, deswegen wurde es wieder gelöscht. Also wolte ich Dir auch anrathen, daß Du Deine Deutschen Gedichte und Romane so legst, daß sie zunächst an Gratenauers Ofen kommen, so bist Du vor Feuerschaden sicher, denn diese brennen so wenig als Arndts Paradiesgärtgen.[12]

Christelchens gute Gesinnungen wegen des Canapee[13] erkenne ich mit danckbarer Seele, den gütigen Vorschlag meine ich, denn die Ausführung selbst würde mich belästigen, der ich mich gantz ausser Stand sehe je etwas dagegen zu thun, und das hieße recht in der Sprache des Apostels: glühende Kohlen auf mein Haupt sammeln.[14] Ausserdem sieht es mit meiner Zurückkunfft etwas weitläufftig aus (einen Besuch auf ein paar Tage nicht mit gerechnet), denn wahrscheinlicher Weise gehe ich nicht vor der Mitte oder Ende des Junius nach Oßnabrück, alsdann wird dort erst noch gebaut[15], dort für Sünden gebüset, und dann observirt, rechne selbst, ob es möglich seyn wird vor October an eine Zurückkunfft zu gedencken. Indessen da der König hier so gut für mich gesorgt hat, daß ich nicht nöthig habe ängstlich zu sparen, so komme ich gewiß dieses Frühjahr einmal nach Göttingen, wahrscheinlicher Weise werde ich die Reise antretten, so bald meine Sachen nach Oßnabrück gepackt sind, unter den Tagen, die ich in Göttingen seyn werde, soll der schönste in Kerstlingeröder Feld zugebracht werden, ich gehe, und Du auch, Christelchen und die junge Herrschafft fährt. Wenn ich neulich von 4 Wochen sprach, nach welchen ich in Göttingen seyn wolte, so geschahe dieses an Wunsches statt, daß es doch Gott geben wolle, daß ich als dann hin kommen könte, doch wer weiß was geschieht.

Daß Herr Falck meine Rasereyen am Posttage zu lesen wünscht, ist mir ein wahres Vergnügen, ihn sowohl als Herrn Neyron würde ich gewiß neulich genannt haben, wenn ich

gewußt hätte, daß sie so sehr wie ich von der Wahrheit überzeugt wären, daß auch Menschen zuweilen diejenigen züch-
tigen, die sie lieb haben.[16] Diese beyden Freunde lernen
mich nicht erst aus meinen Briefen kennen, und haben mit
mir zu gleicher Zeit auf Deinem Canapee gesessen, können
also meine Briefe lesen, wenn sie sich die heillose Mühe
nehmen wollen. Weil aber (eine kleine Clausul:) jederman
seine Heimlichkeiten hat, wie er sich leicht überzeugen kan,
wenn er mit der Hand an seinem eignen Fleisch, oder an eines oder einer andern, mit der Hand herunter streicht, so
werden mir alle Leser dieser Briefe verzeihen, wenn ich zu
weilen verdeckte Gerichte, mit der Aufschrifft, für wen sie
bestimmt sind, servire.

Der Tod des guten Leibmedicus[17] ist mir würcklich nah gegangen, auch blos seiner Frau und Kinder wegen, denn selbst
sterben kan so übel nicht seyn, dencke ich jezt, da es nebelt
und regnet und ich böse Augen habe. Der ehrliche Mann hätte nicht so bald in sein Hauß ziehen sollen. Herr von Selchow
und Herr von Meyenberg werden sich dieses zur Warnung
dienen lassen, um so mehr da die Warnung von einem
Arzt kommt. Hätte Schröter diesen Vorfall gewußt, er hätte
diese Tausende ersparen können, das Honorarium[18], das ihm
2 Studenten für sein Practicum bezahlen, wäre hinlänglich
gewesen ihm den Pallast zu erkaufen, den er diese Woche bezogen hat.

Daß Du vor meinem Witz die Seegel streichst, will ich diesesmal als ein Compliment annehmen, künfftig wollen wir einander ohne Compliment begegnen, nur bitte ich mir wie bis-
her freye Schiffahrt aus.

Jezt bleibt mir nichts übrig als mich mit Dieterichen noch
etwas zu zancken und aus diesem Gericht will ich eine verdeckte Schüssel für ihn und seine liebe Frau machen, die
übrigens meine Vorwürfe absolut nicht treffen. Adieu.

Für Christelchen und ihren Mann, der (diese Worte entleh-
ne ich aus einer Stelle in der Reisebeschreibung[19]:) allenfalls
verdient hätte, so niedlich auch der Kerl sonst ist, ihr zweyter
Kammerdiener zu seyn.

Mein Gehalt ist zwar noch nicht gantz fest gesezt, aber ich weiß von der sichersten Hand, daß ich, so lange ich von Göttingen abwesend bin, nicht unter 100 Reichsthaler des Monats bekommen werde, dabey geht meine Besoldung fort, und alle gehabte Kosten für Instrumente u. d. gl. werden mir vergütet.[20] Den Vorwurf, daß sich M***[21] auf meinen Beutel freue, hätte ich von Dir nicht erwartet. Sie hat die Großmuth nie erfahren, deren ich sonst in dergleichen Fällen fähig bin, was ich ihr gegeben habe, sind Kleinigkeiten, und sie muß noch für Göttingen sehr unschuldig seyn, wenn sie solche Geschencke für wichtig hält. Ich möchte Dir fast zur Demüthigung und Strafe auferlegen sie in meinem Nahmen zu grüßen.

So eben habe ich die Sonne gesehen, dieses kanst Du allenfalls laut lesen, aber nichts von dem andern, verbrenne alles zusammen.   Ich bin Dein treuer Diener

G.C.Lichtenberg.

Noch den Freytag [*20. März*] morgen.

Herrn von Hänger habe ich die Zeit über nicht gesehen, kan also auch Herrn Boie und Colom auf ihre Haupt Artickel[1] nicht antworten. Der gestrige Tag schloß sich vortreflich, um 3½ Uhr gieng ich nach meinem Garten, und dann um den gantzen Wall, und guckte in alle Canonen hinein und betastete sie alle, um 6 Uhr tranck ich Thee bey Madame Schernhagen und um 8 gieng ich wieder nach Hauß, mit meinem Auge ist es etwas besser. Morgen ziehe ich eine Etage tiefer, und so bald das Wetter wärmer wird, gantz in den Garten, der eine vortreffliche Lage hat, wovon ich künfftig eine Beschreibung geben will. Mir ist bange, daß ich bey meinen Observationen zu viele Zuschauer haben werde, hier sind keine angesehene Personen, die nicht versprochen haben zu kommen, theils mir selbst, theils andern, die es mir wieder sagen sollten. Und doch läßt sich alles in andrer Leute Gegenwart machen, nur keine gnaue Astronomische Observationen(*). Lebe recht wohl.

(*) So eben fällt mir ein, daß es noch mehrere Dinge giebt, die sich nicht in viele[r] andren Gegenwart machen lassen.

9. An Johann Christian Dieterich

Hannover, den 19 [*richtig: 21.*] Mertz 1772.
Sonnabends Morgens um 8 Uhr.

Lieber Dieterich!

Guten Morgen zum erstenmal auf meiner neuen Stube, die
noch einmal so groß und noch einmal so schön ist als meine
andere. Gleich bey meinem Aufstehen diesen Morgen, als
ich zum erstenmal an das Fenster in dieser Stube trat, und
das gläserne Schild betrachtete, das mein Wirth ausge-
henckt[1] hat (des bessern applausus wegen vermuthlich),
machte ich sogleich eine Entdeckung die ich nothwendig
angeben muß, weil sonst im künfftigen viel kritisches Blut
verschwizt oder gar versprizt werden könte,[2] um mich mit
mir selbst zu vereinigen, da es doch in diesem Stück unmöglich ist. Du und ich haben uns nemlich beyde in dem Nahmen meines Wirths geirrt, er heißt nicht Mettmershaußen
mit zwey t, auch nicht Metmershaußen mit einem t, noch
viel weniger Meckmershaußen mit einem ck, wie Dieterich
und sein Anhang blos gemuthmaset haben, sondern Mechmershausen mit einem ch, ich habe dieses von dem Origi-
nalschild dießen Morgen abgeschrieben und nach der Hand
noch einmal verglichen, um allen Einwürfen vorzubeugen,
die etwa von meinen jetzigen bösen Augen könten herge-
holt werden. Ich schätze mich in der That recht glücklich,
daß ich noch bey meinen Lebzeiten den Saamen zu unendlichen Streitigkeiten gleichsam in der Geburt erstickt und dadurch dem immer mehr einreisenden gedruckten Packpa-
pier nach Vermögen steure. Glaube nicht, Gevatter, daß dieses leeres Geschwäz sey, die Hälffte der Bücher die Du hast,
handeln von solchen Materien, wie Dir die Herren Boie
und Falck erweisen können, und unnütze Quartanten[3] würden weggefallen seyn, wenn sich mancher Mann hätte die
kleine Mühe nehmen wollen, einen Riegel von einem
Quartblättchen, wie ich hier gethan habe vor das rechte
Loch zu schieben. Nachdem ich nun einer der heiligsten
Pflichten, ich meine der Pflicht gegen unsere Ur: UrEnckel,

ein Gnüge gethan, so gehe ich mit desto größerer Leichtigkeit mit Hertz und Feder an die Beantwortung Deines Briefs[4].

Er wurde mir gestern Abend in einer starcken und vergnügten Gesellschafft bei Herrn Kriegs Sekretär Ramberg, zugleich mit einem Glas Punsch in die Hand gesteckt; weil mir die Wahl zwischen einem Glas Punsch und einem Brief von Dir nie schwer fällt, so hatte ich würcklich Deinen Brief schon gantz offen in der Hand ehe ich einmal dachte, daß der Kerl auch noch Punsch hätte. Er ist von Dieterich, sagte ich zu Schernhagen, der neben mir saß, Nun der gute Dieterich schreibt doch auch recht fleißig an Sie, sagte der Mann mit seinem ehrlichen Ton; eine vortreffliche Gelegenheit dachte ich, bey mir selbst Dieterichs Gesundheit zu trincken, und nun nahm ich den Punsch schloß Christelchen mit ein, und das hieß ich mir Punsch. Das Recept kan ich euch geben: ihr nehmt etwas Arrack und etwas Wasser und Citronen und Zukker, dann (schade nur daß es kein Gewürtzkrämer verkauft) schließt ein empfindliches Hertz gantz der Erinnerung an eure Freunde auf, und wenn euch die Hofnung sie wieder zu sehen Freudenthränen in euer Auge treibt, so trinckt geschwind auf ihre Gesundheit, das ist der wahre Punsch und der wahre Comment[5]. – –

Mein Gott was für ein Bauermägdchen habe ich so eben gesehen! Sie hatte eine feine Serviette über den Kopfe geschlagen, und unter dem Kinn zugesteckt, ich kan noch nicht begreifen, woher ich weiß, daß sie eine Serviette um den Kopf hatte, denn meines Wissens habe ich ihr nur immer grade auf die Augen und auf den Mund gesehen. Zum Ungluck hatte sie nichts zu verkaufen, was ich brauchte, und umgekehrt, was ich brauchte verkauffte sie nicht. Gütiger Gott, dachte ich bey mir selbst, was sind doch alle irrdischen Apothecker Augen Salben gegen die deinigen gerechnet, und mit diesem Gedancken kehrte ich meine Augen weg, damit so wenig als möglich von der Salbe auf das Hertz fiele. Ich wolte Deinen Brief beantworten und da kam das Bauer Mägdchen dazwischen, also nun da es weg ist, so wollen wir an unsere Arbeit.

Du schreibst mir, Du hättest schöne Regenspurger <u>Mädte</u> bekommen, weil man nun bey mir: <u>der Meth</u>[6] sagt, so verfiel ich in einen lächerlichen Fehler und dachte Du hättest Regenspurger Mägde gemeint (gantz ohne Schertz). Nun dachte ich: <u>noch mehr schöne Mägde</u>, wo will das hinaus, ich laß weiter: <u>die wie Ungarischer Wein schmecken</u> was Hencker <u>Regenspurger Mägde schmecken wie Ungarischer Wein</u> das ist doch sonderbar, aber das muß ich sehen wenn ich nach Göttingen komme, nun weiter: <u>und haben wir Deine Gesundheit darin schon etliche mal getruncken</u>, dieses verstund ich nicht und nun fing ich an zu glauben, das gantze sey eine Allegorie oder ein Misverständniß von meiner Seite, und es war das leztere würcklich; muste auch wohl eines seyn.

Zwischen dieser Zeile und

Dieser: war ich etwas vor dem Thore, jetzo ist es $^{3}/_{4}$ auf 3 des Sonnabends und meine Augen sehr erbärmlich, ich weiß nicht was ich anfange, endlich werde ich doch noch nach Herrn Zimmermann schicken müssen. Das Bauermägdchen kan unmöglich schuld daran gewesen seyn, unterdessen will ich Herrn Zimmermann fragen. Dein Recept, das Du mir versprochen, finde ich nicht, oder soll es das seyn, daß ich keinen Wein trincken soll, am allerwenigsten ungarischen. Warlich nicht, gestern habe ich 2 Gläser leichten Punsch nach obigem Recept getruncken, sonst nichts, und der Argwohn meines Bedienten ist seit neulich so hoch gestiegen, daß er immer das Bette selbst machen wolte, wenn ich den gantzen Nachmittag zu Hause war, es auch etliche mal gemacht hat, diese unnöthige übelangebrachte Vorsicht des Kerls, der sonst unverbesserlich gut ist, hat es, blos der Hausleute wegen, nöthig gemacht ihm einen derben Verweis zu geben, ohnerachtet ich nicht die mindeste Neigung habe mit der unausstehlichen Magd zu spielen. Als sie zum erstenmal wieder in die Stube kam, hatte er doch wieder so viel Eifer, daß er auf der Deele[7] so laut zu ihr sagte, daß ich es hören konte, <u>spreche sie nicht mit dem Herrn, der hat mehr zu thun, als sich mit ihr abzugeben.</u> Sie sagte etwas sehr geschwind, das ich nicht verstehen konte und trat herein. Wie nah doch Utschitels[8] und Bediente einander sind, bald läßt sich jener zu diesem herab und muß, und bald nimmt sich dieser die Erlaubniß sich zu jenem hinauf zu schwingen, ohne Befehl dazu zu haben, was aber auch der Erfolg seyn mag, so habe ich mir fest vorgenommen dem meinigen die Flügel zu beschneiden, und die Gräntzen gnauer zu bestimmen.

Die Frau Professor Hollmann habe ich gekannt, aber den Hund von dem Grafen von Salmour nicht, der Tod gefällt mir beynah seiner Unpartheylichkeit wegen, die Frau eines Philosophen und der Hund eines Grafen sind ihm einerley, welcher Mensch macht nicht einen Unterschied hier zwischen.

Hier habe ich nicht einmal einen Hund zu dem ich sagen kan Du?[9] (ich muß dieses so gantz abgerissen hinschreiben, um mein Hertz etwas zu erleichtern, das mir so eben über einem gewissen Gedancken anschwoll). Einen Papagey wolte ich mir heute kaufen, aber der Kerl forderte 6 Louisd'or, das Thier wäre gerne bey mir geblieben. Ich will mir es sehr gern einen Louisd'or des Monats kosten lassen, und mir jemand miethen den ich dutzen kan, der sich in die Backe kneipen läßt und sonst aus einer feinen Erde[10] gemacht ist. Wenn ich nicht bald hierzu thue so mercke ich schon was es geben wird, ich werde des Tages 4mal in der Bibel lesen, gelbe Ringe um die Augen bekommen und meine Briefe mit: Dero geehrtes habe erhalten, wenn Dieselben noch wohl sind pp anfangen.

Daß Christelchen meinen Brief[11] nicht verschmäht hat, sagt mir auch Herr Boie. Du kanst nicht glauben was für Festigkeit diese Ueberzeugung meinem innern gegeben hat. Ich hätte ihr heute wieder geschrieben, um Ihr meine Danckbarkeit deswegen zu bezeigen, wenn nicht über eine Kleinigkeit die gar nicht hieher gehört etwas Unruhe innerhalb meiner wieder entstanden wäre und dieses muß erst gedämpft seyn, ehe getraue ich nicht an Damen zu schreiben, sie bemerken Dinge die unser einer vorbey geht. Ich höre, sie will mir wieder antworten; so unschäzbar mir ihre Briefe auch sind, so heilig ich sie aufbewahre[12] (denn am jüngsten Tag will ich ihr sie alle noch zeigen, wenn sie sie sehen will) so muß ich doch bitten, da sie mehr zu thun hat als Briefe an mich zu schreiben,

sich durch diese Correspondenz nicht binden zu lassen, sondern sie kan mich ruhig drey viermal schreiben lassen und
dann einmal mir armen Fremdling wieder etwas von einer
Verbrämung[13] dafür zuwerfen, und ich will mich gern für
reichlich belohnt halten.

Montag [*23. März*] früh um 7 Uhr.
Gestern hatte ich Besuch, der auch den Abend bey mir blieb,
unter diesen war Herr Geheimer Sekretär Schernhagen, er
gab mir gleich bey seinem Eintritt in die Stube das Recept für
meine Augen, nebst einem Gruß und einem gerechten Verweiß von Herrn Dumont.[14] Wie das Recept ist, werde ich erfahren, der Verweiß ging mir just auf den rechten Fleck und
war vortrefflich: Zum Beweiß hieß es, daß ich mehr an ihn
dencke, als er an mich schicke ich ihm hier ein Mittel für seine Augen. Sage ihm für beydes in meinem Nahmen Hertzlichen Danck, und versichere ihn, daß ich täglich an meinen
Bruder dencke und ihm noch keine Zeile geschrieben habe,
ich könte ihm noch andere Personen nennen, der Mensch ist
in diesem Stück überhaupt ein besonderes Ding und der Professor Lichtenberg nun gar noch ein besonderer Mensch. Ich
will ihm aber ehestens schreiben oder mich in den Briefen an
Dich zuweilen an ihn wenden. Empfehle mich seinem gantzen Hause.

Den gestrigen Nachmittag hatte ich ausgesezt, an Herrn
Boie und einige andre Freunde zu schreiben, und ich konte
ihn nicht für mich behalten, daher fallen diese Freunde heute aus. Sage Herrn Boie, daß ich ihm mit der nächsten fahrenden Post antworten werde. Grüße alle guten Freunde und sey
versichert, daß ich beständig seyn werde

Dein treuer Bruder   G.C.L.

Mit meinen Augen ist es heute wieder so ziemlich leidlich,
aber es hält nicht Bestand. Adieu.

An den Herrn Grafen von Wittgenstein und Herrn Hofrath
Bode vermelde meine unterthänigste und gehorsamste Empfehlung.

10. An Johann Christian Dieterich

Mein lieber D . . .

So will ich künfftig schreiben, so könnt Ihr Dumont oder Diet-rich draus machen. Ihr Leute habt mir mein Gesicht wieder-gegeben, und ich dancke euch gewiß von Hertzen dafür und zwar jetzo zu einer Zeit schrifftlich, da ich zuweilen gerne die Secunde mit einem Pfennig bezahlte, wenn ich sie haben könnte, ihrer ein paar hundert an einem Stück. Daß ich Wor-te machen kan, werdet Ihr mir nun mehr glauben, da ich euch diesen Mertz ein paar tausend gemacht habe, und mir also vergeben, wenn ich ohne weitere Erhebung Eurer Artze-ney grade weg sage, daß ich Euch einen ähnlichen Dienst er-zeigen zu können höchst begierig bin. Ich bin geheilet, und alles was ich künfftighin schönes ansehen werde, soll auf Eure Gesundheit gethan seyn.

Dieser Brief wird sehr kurtz werden. Morgen speise ich zum 2ten mal bey dem Herrn Cammerpräsidenten[1] und künfftigen Montag ziehe ich auf den Garten. Gütiger Schöpfer, wie schön ist es da, ich habe einen Vogelheerd zum Vögel fangen, Plätze zum Fischen, den Himmel und die Erde zum Observi-ren, die Genüge der Fixsterne und der Mägdchen, aber unzu-gänglich wie Fixsterne. – O ich dachte es wohl, daß es so ge-hen würde, das ist der gantze Brief.

Grüße mir Christelchen und alle gute Freunde.

Lichtenberg.

Herr Boie kriegt einen Brief[2] mit der Mistwagen Post[3], ich ha-be ihn zugleich mit diesem hingeschickt. Laß ihm dieses wis-sen um unsers Hertzens Heiligkeit willen.

11. An Johann Christian Dieterich

[*Hannover, 8.?–9. April 1772*]

Lieber Dieterich

Vor allen Dingen ehe ich es vergesse, diesen Abend trincke mit Deiner Gesellschafft in meinem Nahmen die lateinische Gesundheit; ut nobis bene stet oder auch stent;[1] ich habe sie heute auf ein Zettulgen geschrieben, worin ich etwas Geld gewickelt hatte, das ich den Armen gab, ich halte sie für den Spiegel aller Gesundheiten.

Nun weiter. Deinen Brief[2] bekomme ich so eben erst, weil es aber trübe ist, so beantworte ich ihn gleich, und wenn es für Dich und Deine Hauß Ehre noch so etwas fort pocht wie jetzt, so kan der Brief ziemlich[3] ausfallen, von der Länge allein verstanden.

Daß Du mir immer noch so im Sinn liegst, als am Tag meiner Abreiße, ist die Reine Wahrheit, und wenn man die Decke über die Sinne so aufknüpfen könte wie die Hosen, so wolte ich Dir alles weisen, Nein ich halte etwas auf ihn

> Herr Bruder und Gevattersmann
> Es ist mir fast als hätt' er
> Es mir mit etwas angethan.
> Bey gut und bösem Wetter,
> Bey hundert tausend Zeitvertreib
> Für Ober und für Unterleib,
> Beym Lesen und beym Essen
> Kan ich ihn nicht vergessen.

So hoch hat mein Blut lange nicht gestanden, denn höher als Knittel Verse kommt es jezt gar nicht mehr. Wie doch jedes Thier seine eigne Art hat, wer solte die 8 Zeilen für eine Empfindung der Freundschafft halten, aber sie ist es wahrlich, so rein, so gantz ohne Zusatz als man sie in Deutschland im besten Grund und Boden findet und in Franckreich zu Papier bringt.

Herr Magister Falck und sein Hofmeister[4] (denn das sind die jungen Herren doch meistens) haben sich einige Tage bey mir aufgehalten und haben in meinem Hause logirt. Herr Magister hat auch eine Nacht bey mir vor der Stadt zugebracht. Ich habe ihm Herrenhausen, Montbrillant und den Wallmodischen Garten mit den Statuen allda gezeigt. Ich that allerley Fragen an ihn wegen Göttingen, weil aber der gute Mensch immer um die Zeit zu Bette gieng, da ich auszugehen pflegte, so konte er mir die wenigsten beantworten.

Was giebt es denn in Deinem Hauß wer sitzt auf dem Canapee[5] und wer ist am lustigsten? Wer von Deinen Freunden geht Dir Ostern ab, und wer von den meinigen. Schick mir doch einen Meß-Catalogum.

Mit meiner Meßkunst für Eheleute,[6] an der ich zuweilen schrieb, wenn ich einmal gantz für mich lachen wolte, hat es neulich ein seltsames Ende genommen. Ich wolte mir ein Buch nähen: Heinrich, sagte ich, gebe er mir eine Nadel, Zwirn habe ich, der Kerl ist ein Schneider, und hat Nadeln und Zwirn immer bey sich. Was für eine, Herr Professor. Eine für meinen Zwirn, Heinrich. Hier ist eine Herr Professor. Aber, Wetter, in diese Nadel bringe ich den Zwirn nicht, das Öhr ist viel zu klein. Sie müssen ihn einmal mit den Fingern spitz drehen, so geht es, Herr Professor. Nicht doch, die Nadel gefällt mir, aber gebe er mir bessern Zwirn, der geht nicht. Können Sie diesen brauchen, der ist feiner. Heinrich, der ist zu fein, der taugt zum Bücher nähen nicht, eine grösere Nadel, geschwind, und den alten Zwirn, ich kann da nicht stundenlang einfädeln. Ja aber Herr Professor, wenn Sie es so machen wollen, so werden Sie in Ewigkeit nicht welche treffen, die so sind, wie Sie sie haben wollen, es kommt auf den Vortheil an so kan man sie alle brauchen. Heinrich, sagte ich, nehme er einmal das Büchelgen dort, ich habe es geschrieben und stecke er es in den Ofen. Warum das, Nichts, es steht etwas drinnen, das ich noch gestern für neu hielte, aber ich sehe es ist nichts neues unter der Sonne,[7] man weiß alles schon, und damit flog die Meßkunst für Eheleute in den Ofen.

Von dem Hut, den ich nicht aufsetzen konte, habe mich vorige Woche scheiden lassen und ich trage nun einen Hannöverischen.[8]

Hier ist eine Antwort auf meines Bruders Brief[9] befördere ihn mit der ersten Gelegenheit nach Gotha, der arme Schelm ist gantz hungrig nach meinem Brey, ich habe ihm daher auch das Maul recht voll geschmiert. Er ist ungehalten auf Dich, daß Du mich wegen meines Göttingischen Flaußes[10] bey ihm verklagt hast, und sagt er würde dir die Peruque mündlich zaußen, so gut stehn sich Beklagte und Richter zusammen.

Sage mir doch, wann gehst Du denn nach Leipzig oder nach Gotha? und wann kommst Du wieder zurück, vergesse mir nicht dieses zu berichten oder ich berichte Dir für keinen Pfennig mehr.

Meine Gesundheit ist sehr gut, wäre ich in den Monaten Januar und Februar so gesund gewesen, ich hätte Wunder gethan. Hier geht alles Natürlich zu. Ich wohne nun völlig im Garten, eine vortreffliche Wohnung für ein ruhiges Gewissen. Ich kan fischen und habe einen Vogelheerd und sehr schöne Spatziergänge, zuweilen wenn ich da gehe, zufrieden und satt, und überhaupt der Kopf mit dem Unterleib im Gleichgewicht steht; so wünsche ich mir öffters hier ewig in diesem Gartenhauß zu wohnen, ich achte dann die gantze Welt nicht des Insecktes werth, das in einer Thräne ertrinckt.[11] Von gantzer Seele ist dieses gesprochen, ich habe einige Abende in Hannover gantz allein zugebracht, denen ich nur einige wenige meines Lebens gleich setzen kan,[12] Stunden von denen ich sagen kan, die habe ich gelebt, und niemand weiß es, villeicht in eben der Stunde, da ein mittleidiger Officier sagte, dort sizt der arme Teufel (denn ich muß gestehen die Officiere hier bekümmern sich mehr um meine Anstalten als irgend ein Stand hier) bey dieser trüben Nacht, ausgeschlossen von den Freuden der Bouteille und der – – – Bouteille, in dem Augenblick beneidete ich selbst seinen Ober Feldmarschal, so wenig als den Invaliden der von den Brosamen lebt die von seiner Hundsfütterer Tisch fallen.[13]

In dieser Verfassung dencke ich offt an den Grafen Struensee in Coppenhagen, von dem mir bisher etlichemal geträumt hat, was würde er für meine Ruhe geben! Gottlob, daß unsere Köpfe noch so feste stehen, hierauf gründet sich nur die Gesundheit, die ich an Deinem Tisch diesen Abend ausbringe, ut nobis bene stet.

Grüße mir Christelchen, Herrn von Tönnies, von Richter, Esqr. Boie, Herrn Falck, Neyron, die Herren von Adams wenn Du sie siehst, Herrn von Lemon, Rodney, Browne und Vaughan, den Herrn Grafen von Wittgenstein und Herrn Hofrath[14] und den Grafen von Salmour, das gantze Hauß von Herrn Grattenauer an bis zur Mamsel Lenchen, die mich so derb ausschimpfen kan, Deine Kinder ja nicht zu vergessen. Dieses ist zwar viel und mühsam auszurichten, aber doch angenehmer als Poyntzens Auftrag alle Göttingische Mädchen zu küssen.

Was macht der Kirchen Rath[15], hat er geschrieben, oder beschäfftigen sich seine Finger mit Gertrudchen. Er kan ja mit der Lincken schreiben; oder wenn er lincks ist mit der Rechten.

Vor allen Dingen grüße mir die beyden Jungfer Köchinnen Marie und Regine, ich esse zuweilen gerne etwas gutes, deswegen lasse ich keine Köchin unge– – – grüßt. Vergesse es ja nicht, ich habe meinem Spion sub N° 3[16] schon Befehl gegeben sich zu erkundigen ob es ausgerichtet worden ist. Wenn Du es nicht thust, so thut es Herr Falck für mich, der ja wohl <u>Marie</u> und <u>Regine</u> sieht. Regine muß zugleich wissen, daß sie mir mein Bette in der Kammer die in den Hof geht parat hält denn ich besteige es sehr bald, aber doch Dein Canapee noch eher.

Ich muß alle Nacht geladenes Gewehr in der Stube haben, weil in Hannover, sowie in Göttingen, die Leute nicht alle gleich ehrlich sind und es etliche giebt, die den Weg nach dem Galgen durch die Gartenhäußer nehmen.[17]

den 9ten April

Heute habe ich mit einem englischen Tubus, der 120 Reichsthaler kostet in einem entlegenen Hauß die Zärtlichkeit eines Cammermädchens und eines Bedienten beobachtet, der Auftritt schien dem Ackteur mehr als 120 Thaler werth zu seyn.

Der Kerl lag wahrlich einmal auf den Knien ich konte ihn gantz übersehen aber seine Hand konte ich nicht finden, glaube ich, und wenn mein Tubus 500 gekostet hätte. Die Scene war sehenswerth.

Heute regnet es den gantzen Tag entsezlich. Unter meinem Fenster blüht ein Apricosen Baum. Ich habe eine Schwalbe gesehen. Ich habe etwas Kopfschmerzen. Dieser Absatz klingt fast als wenn man Phrases in einer Grammaire liest, also geschwind nach der Grammaire.   Je suis le votre.[18]

G.C.Lichtenberg.

Christelchen soll ehestens einen Brief haben wo nicht, so sage ich ihr die Ursache auf dem Canapee selbst mündlich.

12. An Christiane Dieterich

Hannover den 20ten May 1772.

Liebste Frau Gevatterin.

Um Ihnen gantz und gehörig sagen zu können, wie angenehm mir Ihr allerliebster Brief[1] gewesen ist, will ich Ihnen kurtz die Geschichte des Tages erzählen an dem ich ihn empfangen habe. Mercken Sie wohl, wie alles immer angenehmer wird, und wie das Schicksal auf ein Fundament von Verdruß ein höchst feines Gebäude von Annehmlichkeiten aufgeführt hat.

Morgends 7 Uhr auf dem Garten Hauß.

Der Schneider.[2] Um Vergebung, wachen Sie schon, Herr Professor?

Der Professor. Ja wachen Sie schon – Schon drey Stunden wache ich. Der Kopf thut mir so infam weh. Hat er den Caffee?

Der Schneider. Nein! Aber der Herr Cammerpräsident lassen sich Ihnen gehorsamst empfehlen, und Sie ließen sich diesen Nachmittag die Ehre auf eine Suppe ausbitten.

<u>Der Professor.</u>	O Wetter! Das dacht ich wohl. Es muß doch alles zusammen kommen, <u>(sich wieder gegen die Wand kehrend:)</u> aber ich habe ja keine Strümpfe rein.
Der Schneider.	Doch, Herr Professor.
<u>Der Professor.</u>	Nun, er weiß ja wie er sagen soll, und bringe er den Caffee – Geschwind.
Der Schneider.	O, ich weiß wie ich sagen soll – – und hiermit verschwand der vergnügte Kerl hinter die Scene, mit seiner gewöhnlichen Bereitwilligkeit, die von dem Gedancken, daß er diesen Nachmittag meine 4 Schüsseln[3] allein haben würde, doppelt beflügelt wurde. Das war der Bediente! Aber der Herr, der lag im Bette schläfrig ohne Schlafen zu können, von Kopfschmertzen gequält, und noch mehr von dem Urthel[4], das ihm so eben war gesprochen worden, diesen Nachmittag in einer grosen Gesellschaft en Gala speißen zu sollen.
<u>halb 9 Uhr.</u>	Der Herr LandDrost von Münchhaußen, Verfasser des Hausvaters und Schwieger Vater des Major von Lenthe, eines Sohns des Herrn Cammerpräsidenten, tritt in das Zimmer. Seine Absicht war mir zu sagen, daß er mich den Mittag in seiner Chaise abholen wolte, denn er speißte auch bey dem Herrn Cammer Präsidenten. Er blieb bis um eilf, ich vergaß mein Urthel etwas darüber.
<u>$\frac{1}{4}$ nach eilf.</u>	Ich gehe nach der Stadt, der Himmel klärt sich auf, mein Kopf auch etwas.
<u>halb Zwölf.</u>	Der Perückenmacher fällt mit seinem Kamm über mich, und ich mit dem Messer über ein Stückbrodt[5] und Limburger Käß her, denn es wird erst um 2 Uhr gegessen. Er kämmt und ich kaue bis $\frac{1}{4}$ nach 12. Der Tag wird sehr schön, und ich vergesse beynah,

daß ich in $^3/_4$ Stunden zum Gerichtsplatz geführt werden soll. Heute ist Brieftag, dachte ich, villeicht bekomme ich Antwort auf mein Halsband, dieser Gedancke macht, daß ich die Hände muthig reibe, und mich mit aller Selbstverläugnung eines Philosophen ankleide.

<u>Ein Uhr.</u> Ich höre eine Chaise rasseln, und mein Hertz verändert den Tackt und fällt aus dem Andante in eine Murky[6]. Es war aber die rechte nicht und ich dancke dem Himmel für diese Frist.

<u>10 Minuten nach Ein.</u> O Blitz, nun rasselt wieder eine, als wenn der Teufel selbst auf dem Bock säße, und die hält still. Heute ist Brieftag[7], sprach ich zu mir selbst, Professor, der Himmel zählt alle Schläge eines beklemmten Hertzens, gewiß eben so gnau, als die Haare unsres Hauptes, und wenn er über Sperlinge wacht, wie viel mehr wird er über einen Professor wachen, der doch – – ein gewisses Talent etwa ausgenommen – so viel besser ist als ein gantzer Spieß Sperlinge.[8] So etwas dachte ich und stieg in die Kutsche.

<u>2 Uhr.</u> Eine grose aber sehr angenehme Gesellschafft bey dem Herrn Cammerpräsidenten. Fünf Damen waren da, der Professor saß zwischen zwoen mitten inne. Sie mußten sehr vornehm seyn, denn sie hatten keinen Funcken von Stoltz, so wie überhaupt an der gantzen Tafel alles sehr freundschafftlich und angenehm zugieng, hingegen stunden hinter unsern Stühlen 8 bis 9 Cammerpräsidenten, Geheimde Räthe und Feld Marschälle en Livrée. Die eine Dame, mir zur Rechten, war sehr jung, sie mochte etwa im Mai oder Junius (denn das sind die rechten

Monate dazu) 1770 die grose Entdeckung ihrer Bestimmung gemacht haben, also 16 Jahre mochte sie haben. Sie hatte eine so durchsichtige Haut, daß ich, glaube ich, den Puls mit den Augen hätte fühlen wollen. Einmal kam ich mit dem äussern meiner rechten Hand, ich kan Ihnen den Fleck noch zeigen, just da ich ihr einen Teller mit Krebsschwäntzen präsentirte, unten an ihren Arm, wo er an der Hand ansizt. Vergänglich hätte es sich immer anfühlen mögen, aber mich dünckt, es war so gar zerbrechlich. Die andere zur Lincken sprach viel mit mir, war etwas älter, aber eben so fein überzogen. Sie schienen Schwestern zu seyn, denn sie duzten sich zuweilen über meinen Teller weg, und Landesvater[9] hatten sie wohl nicht zusammen gemacht.

4 Uhr.

2 Gläßer Portwein, 3 Gläßer englisches Bier, 3 Gläßer Rheinwein. Es wird immer schöner. Die Sonne sinckt und ich steige immer. Etliche Tassen Caffee im stehen, und einige sehr lustige Unterredungen mit dem alten ehrlichen Cammerpräsidenten.

5 Uhr.

Abschied. (Nicht so schwer wie der von Göttingen:) Ich steige mit Herrn von Münchhaußen in den Wagen, und wir fahren durch die schöne Allee nach Herrenhaußen. Hier wird ausgestiegen, und ein sehr nöthiger Spatziergang gethan. Immer besser! in jeder Hecke saß eine Nachtigal, Herr Boie.[10]

7 Uhr.

Es wird nach der Stadt geflogen, denn der Kerl fuhr wie ein junger Engländer. Ich werde bey Herrn Geheimen Sekretär Schernhagen abgesezt, zu welchem ich schon gestern invitirt war. Nun (immer schöner) giebt er mir Ihren Brief.[11] Ich lief ihn nur flüchtig durch,

45

um zu sehen ob er keine unangenehme Neuigkeiten enthielt, das soll mir ein Desert seyn, dachte ich, und sezte mich an einen vergnügten Tisch. Um halb zwölf gehe ich nach meinem Quartier in der Stadt, lese Ihren Brief wohl 10 mal, und gehe zur Ruhe, die noch keine vierthelstunde vorbey war, als ich die Feder ergrif um Ihnen alles dieses zu sagen. Dieses war der 19te May, der Tag, erinnere ich mich, an welchem man die Orangen Bäume in Darmstadt aus den Gewächshäusern thut, und mit dem sich die gute Jahrszeit anfängt, konte ich ihn besser begehen?

Nun will ich Ihnen noch auf einige Fragen in Ihrem angenehmen Briefe antworten, wie viel solcher Halsbänder ich hier abgeschnäbelt habe? Antwort. Liebste Frau Gevatterin, gar keins. Es giebt hier Gelegenheiten, aber ich fürchte mich vor dem Bauchgrimmen, sie backen hier zuweilen noch schlechter als in Göttingen. Ja, Madam, ich habe es gehört, daß Sie in Göttingen ausser den Fleckfiebern[12] auch die englischen Steckflüsse[13] haben. Herr Neuburg hat villeicht die Magd nicht mehr, die er vorigen Winter hatte.[14] Also ist nun unser Schweinführer[15] abgereißt. Ich habe einen Gruß an ihn nach Leipzig gestellt, den er dort in Empfang nehmen wird, nun sind wir doch recht von einander, wir die wir zu weilen auf einem Canapee[16] sassen. Ich hoffe, der Himmel soll den Triangel[17] diesen Sommer wieder etwas ins kleine ziehen. Wenn ich bitten darf, so haben Sie die Gütigkeit und grüßen mir Herrn Dumont und Madame, Herrn von Tönnies und Richter, Herrn Neyron, Herrn Dr Vogel und Herrn Falcke und Boie, der leztere hat mir auf einen vortrefflichen Lateinischen Brief[18], den ich ihm geschrieben habe, nicht einmal ein Wörtchen Plattdeutsch geantwortet. Ich verharre mit ergebenster Freundschafft und der vollkommensten Hochachtung   Ihr gantz ergebenster Diener

G.C.Lichtenberg.

13. An Christiane Dieterich

Madam

Sie können nicht glauben was für ein Abend es gewesen ist.
Die Lufft, die den gantzen Tag über beynah in einem kochen-
den Zustand gewesen war, fing nun an in dem entzückend-
sten Gleichgewicht zwischen Wärme und Kühlung, welches
allein schon in allem Fleisch die schönsten Empfindungen
hervorbringen kan, stille zu stehen. Von dem angenehmen
Wasser bey meinem Garten wurde ein so feiner Himmel zu-
rückgeworfen, als man nur immer zu Darmstadt sieht. Einige
Schwanen, die einen feinen Abend eben so gut zu schmecken
wissen, als das Geschöpf, dessen Busen zu mahlen die Dichter
offt die Farbe des Schwanes borgen, plätscherten in dem Widerschein des Himmels, nicht weit von einem natürlichen Canapee[1], in welches ich mich geworfen hatte. Da lag ich, anfangs fuhr noch dann und wann ein kleines Wünschgen
durch meinen Kopf, das mich etwas beunruhigte, bis es endlich ebenfalls in mir zu einem Gleichgewicht kam, zu welchem mich die Natur einzuladen schien, und welches ich für
einen so reizenden Zustand, villeicht für den zweyten im
Rang in dieser Welt erkenne, daß ich ihn zu Bezeugung meiner Menschenliebe allen rechtschaffen zum guten Morgen
wünsche. Was glauben Sie nun, Madame, was für eine Strafe
würde derjenige verdienen, der einen unschuldigen um den
völligen Genuß eines solchen Abends brächte? Wie? Ich sehe,
Sie wollen ein strenges Urthel[2] sprechen. Aber Halten Sie ein
– oder mildern Sie es wenigstens, denn Sie sprechen es sich
selbst. Ja, Sie haben mich mit Ihrem Brief[3] um den gantzen
Abend gebracht, damit, daß Sie mich einen Hofmann schel-
ten, an meiner Aufrichtigkeit zweifeln, und was das ent-
sezlichste ist, glauben daß ich mich parfümire. Sie machen
mir durch diesen Vorwurf das eintzige Besitzthum streitig, das
ich noch ungestöhrt in diesem Leben zu haben hoffte, nemlich daß ich allezeit ein offenhertziger Dorfjunge gewesen
bin. Was kan ich denn dafür, daß Sie so schöne Briefe schrei-

ben, warum haben Sie mir nicht solche wie . . . . geschrieben, so hätte ich gewiß nicht gesagt, sie wären schön. Und mit einem Wort (kein Wunder wenn man böse wird:), daß Sie es wissen, Sie und Ihr Mann können mir nicht verbieten zu sagen, daß mir Ihre Briefe gefallen, ja und Sie nicht einmal, wenn ich Ihnen sagte daß Sie mir selbst gefielen, daß mir aber Ihr Mann einmal eine Ohrfeige deswegen geben könte, das ist eine gantz andere Frage. Ich wolte nur daß Sie der Kützel ankäme die Sache mit den Briefen bey der deutschen Gesellschafft[4] anhängig zu machen, Sie solten mir so gewiß in die Proceßkosten verdammt werden, als ich Görgel[5] heiße. Doch ich will nun stille von dieser Sache seyn, theils weil ich von friedlicher vergebender Gemüths-Art überhaupt bin, und theils weil ich mir fest vorgenommen habe, wenn ich gesund bleibe, mich auf irgend eine eclatante Art zu rächen. Nun bin ich wieder etwas kühler, also nicht mehr Madam, sondern liebste Frau Gevatterin, grüßen Sie mir Ihren werthen Mann und alle Freunde, und erwarten Sie nächstens eine Antwort auf die übrigen Artickel Ihres Briefes von Ihrem

aufrichtigen Freund und ergebensten Diener
G.C.Lichtenberg.

14. An Johann Christian Dieterich

Hannover den 10ten Julius 1772.

Mein lieber Dieterich

Am vergangenen Dienstag hatte ich einen der vergnügtesten Abende, die ich noch hier zugebracht habe. Unser vortrefflicher, rechtschaffener Herr von Tönnies besuchte mich in meinem Paradieß. Um 8 Uhr des Abends kam ein besoffener Portechaisen[1] Träger und meldete mir, oder vielmehr wolte mir melden, daß zwey Fremde in der neuen Schencke angekommen wären, die mich noch gerne diesen Abend sprechen wolten. Ueber der Begierde zu wissen, wer diese Fremden wären, ließ ich den Braten und Sallat stehen, bey welchen ich mich eben niedersetzen wolte, richtete einen Tubum auf das

Aegidien Thor, durch welches mein Besuch kommen muste, und rieth und dachte, wer es seyn mögte, und unter andern würcklich auf Herrn von Tönnies und Dich, Als es düster wurde und sie noch nicht da waren, schickte ich meinen Schneider[2] ab, der mir doch wenigstens einige Buchstaben von dem Nahmen brachte, ihr Bediente hatte sie ihm alle gegeben und zwar wider das Verbot des Herrn von Tönnies, allein er verlohr wieder etliche davon, die ich aber zu sezte. Die Freude bey unsrer Zusammenkunfft war unbeschreiblich, als er in die Stube kam, waren seine ersten Worte:

> Und gar auf Bleichen einzubrechen
> Ist, wie mich dünckt, ein schmutziges Verbrechen.[3]

Ich ließ königlichen Punsch machen, und wir saßen beysammen bis $\frac{1}{2}$ zwölf. Herr Elberfeld ist ein sehr guter Mann, allein er hätte nicht mit kommen sollen, ich wolte unsern Herrn HofRath gewiß einige Zeit hier behalten haben. Er läßt Dich und Christelchen tausendmal grüßen, hat mir allerley aufgetragen Dir zu sagen, das ich aber jetzo nicht Zeit habe zu sagen, aber bald sagen will. Sage mir doch, ist der Brief[4] an meinen Bruder angekommen. Lebe wohl. Adieu.

G.C.Lichtenberg.

15. An Johann Christian Dieterich

[*Hannover, 26.? August 1772*]

Lieber Gevatter!

Künfftigen Montag[1] gehe ich, durch einen kleinen Umweg,[2] den ich aus Neugierde mache, nach Osnabrück ab, und die Historie hat hier ein Ende.[3]

Ich weiß nicht, ob ich Dir viel schreiben werde, aber gern werde ich von Dir lesen, laß Dich durch mein Stillschweigen nicht abhalten. Bey den Briefen ist das kriegen angenehmer als das machen. Jetzo ist es wenigstens bey mir so, wie lange es währen wird weiß ich nicht. Ich schreibe sehr ungern jezt, seit dem ich in Göttingen gewesen bin, glaube ich. Ich bin so kalt,

so kalt gegen alles, ein Bettelmädchen von 16 Jahren ausgenommen, die ich im Junius kennen lernte, und die jezt eins
von meinen Hemdern trägt, daß ich immer bete, Gott erhalte
mir meine guten Freunde, bis ich wieder warm bin. Grüße
wer sich meiner erinnert. Und nun kein Wort weiter aus Hannover, als daß ich bin   Dein
                                                G.C.Lichtenberg.

16. An Johann Christian Dieterich

[*Osnabrück, 12. Oktober? 1772*]
[1]Bin ich nicht ein rechter, – – so weit habe ich es im Deutschen und in meiner Aufführung gebracht, daß ich kein Wort
weiß mich selbst zu nennen – Wenn ich wüste wo es säße, ich
liese mich noch operiren. Plötzlich juckt es mich zwischen
dem Wirbel und der Zopf=Wurtzel am hintern Abhang des
Kopfs, der Stirne gegen über, ich kan mit der lincken Hand
besser hingreifen als mit der Rechten – Dieses ist das eintzige
Signal, das mir der Teufel giebt, wenn er mir etwas zumuthen
will – Wenn ich in dieser Verfassung Briefe schreibe, so komme ich gut weg. Aber mein linckes Schienbein ist noch nicht
wieder heil, ich stehe noch etwas rechts daran aus, die Ursache ist weil ich neulich, da es mich der Stirne gegen Ueber
juckte, keine Briefe schrieb, sondern zu einem Fensterladen
hinein sehen wolte. Wäre meine Nase länger gewesen als sie
jetzo ist, so wäre sie doch jetzt nur so groß als sie würcklich ist,
denn ich streifte just an der Ecke des Fenster Rahmens her, so
wurde nur von dem äußersten Häutchen etwas weggenom-
men.

Sie irren sich, Herr Gumprecht, ich bin ein ehrlicher
Christ, es ist von meiner Nase die Rede.[2] Was doch die Juden
mit ihren Gedancken alles besetzen, wenn man sie an die große Zähe hingelockt zu haben glaubt und nun will man ihnen
beym Wirbel etwas versetzen, so sind sie sicher auch da, so sicher als wenn sie gar nicht bey der grosen Zähe gewesen wären. So viel von der Zopf Wurtzel, der grosen Zähe, der Nase

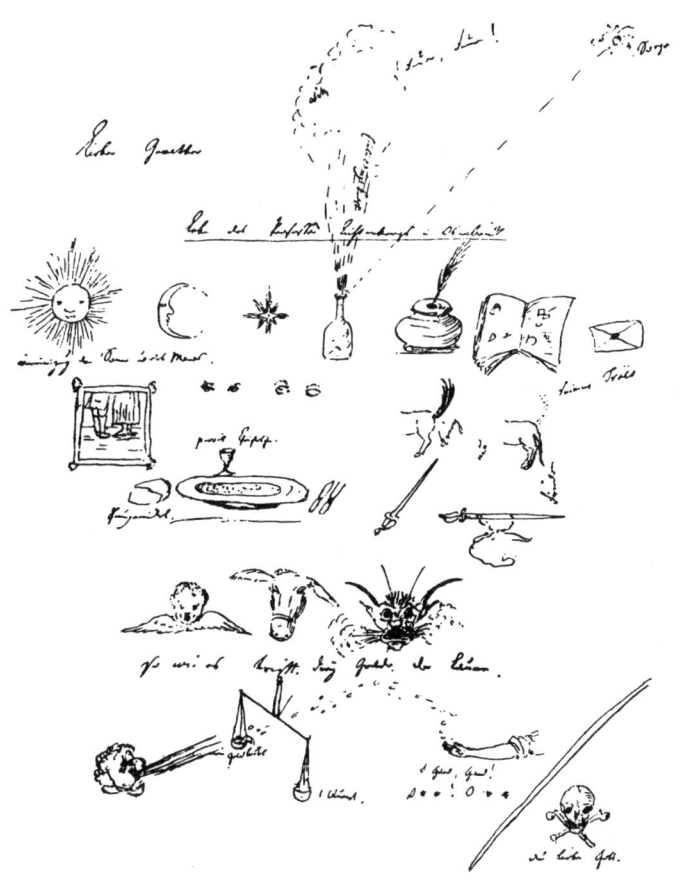

u. s. w. Ich habe zween Briefe von Dir zu beantworten.[3] Das Ernsthaffte also zuerst, denn es hat einmal, glaube ich, ein griechischer Feldherr bis auf morgen verspart, allein der Teufel holte ihn noch vor morgen, wie man davon den Cornelius Nepold nachlesen kan.[4] Ich bin ein lustiges Geschöpf, das seine Nahrung in kurtzweiligen Vorstellungen findet, wie viele meiner Nebengeschöpfe, in Caffee=, Brod=Neid, Kleider= Neid, Besoldungs=Neid, Schönheits=Neid et cetera pp die sumsen[5]. Aber ich darf nur die Hosen heben[6], mein Kinn schmeicheln und gucken welchen Weg die Wolcken ziehen, so bin ich die ernsthaffteste Seele von der Welt, die auf einen gelben Nagel am Tisch, oder auf einen Champagner Flecken in der Decke, eine geschlagene Stunde hinsehen kan. Professor, Du hast nunmehr die Hosen gehoben und nach den Wolcken geguckt, nimm Dich in acht, wenn Du auf dieser Seite noch einen lustigen Gedancken, oder auch nur einen schielenden ernsthafften anbringst, so darfst Du (ich hebe die Hosen noch einmal:) diesen gantzen Brief cum figuris[7] nicht fortschicken.

Alle, die ich über den Magister Rheinholdt[8] gefragt habe, geben mir die vortheilhaffteste Nachrichten von ihm, Er ist äuserst ehrlich und arbeitsam, so daß ihm jedermann etwas bessere Umstände wünschet. Er hat hier bey der Schule nur 40 Thaler Besoldung, er wird aber im Preusischen zu Landvermessungen gebraucht, die noch etliche Jahre dauren können und die ihm, glaube ich, täglich ½ Louisd'or eintragen. Was also das simple Anvertrauen der Summe betrifft, so hat es, glaube ich, keinen Anstand, ob aber, wenn Du ihm z. E. Calender giebst,[9] Vortheil davon zu erwarten steht, da er selten selbst gegenwärtig ist, ist eine andere Frage, die ich nicht beantworten kan. So viel ist gewiß, er hat hier eine gute Bekanntschafft unter den Domherrn, die sich seiner annehmen. An Fähigkeiten fehlt es ihm nicht, aber was ist das hier? Es fehlt hier an geistlichen LebensMitteln, und da füttern sich denn die meisten mit einer Art von Cartuffeln, wobey sie unmöglich gedeyhen können. (Die Seite ist verdammt groß!)

Hast Du keine Bekannten in Duisburg, man wünscht da im Ernst eine kleine BücherNiederlage zu haben, vielleicht ließe sich da etwas machen, wo schon keine Niederlage, doch eine gute Correspondentz. Es hat mich hier jemand des wegen befragt. Mit dem Schinckenkauf ist es jezt gantz ausser der Zeit, die Leute haben fast meistens nur noch einen oder 2*), die sie nicht gerne oder doch nur wohl bezahlt hergeben. Pumpernickel hingegen kan man allemal haben, denn die West-

*) ich schwöre drauf, daß dieses ein Ernsthaffter Gedancke ist:)

phälinger[10] (Gottlob, daß die Seite herunter ist) beten täglich: unsern täglichen Pumpernickel gib uns heut. Also den bekommst Du gewiß nebst ein paar westphälischen Tantzschuhen, die ich schon gekauft habe, worin Du mir bey meiner Ankunfft etwas vortantzen sollst. Wenn ich selbst komme, bringe ich auch wohl Schincken mit. Denn Pumpernickel wirst Du kaum, und Christelchen gar nicht essen können, es ist beynah als wenn man das liebe Korn roh äße. Ich habe es offt versucht und ließ mir ein Stück geben, das etwa 20 Bauernbissen enthalten mochte. Ich biß etwas mit einer ernsthafften Miene ab. Sollst Du das Brod, so wie es Gott erschaffen hat, nicht essen können, das Brod das den hiesigen Bauer؞ Mädchen die schöne Haut, die Munterkeit und das feste Fleisch giebt? sagte ich, und fieng an es mit meinen Zähnen zu mahlen, denn das fehlt ihm. Ich kaute fort, es war entsezlich, zuweilen gerieth ich über dem Kauen in ein Lachen, und gab die 19½ übrige Bissen den Pferden, zuweilen machte ich andächtige Betrachtungen: Was muß das für ein Gott seyn, der Mädchen Fleisch aus diesen Sägspänen macht: zuweilen wurde der Einfall muthwilliger: Wir wollen warten, bis sich die Sägspäne verwandelt haben, da sollen sie wohl besser gehen, allemal aber konten doch die Pferde auf die 19½ Bauernbissen Rechnung machen. Weiter habe ich es noch nicht bringen können, der Pumpernickel vor der Verwandlung in – – ist etwas abscheuliges, nach der Verwandlung aber – – – – etwas, desgleichen kein Sterblicher Becker je gebacken hat noch backen wird – So viel vom Pumpernickel und dessen Verwandlung.[11]

Herr Boie hat also meine Cantate[12] abgelesen. Ich hätte wohl zu hören mögen. Zur Belohnung sage Herrn Boie, daß ich nunmehr den Amadis[13] gelesen, ja daß ich ihn mir auch gekauft habe, denn auf sein Anrathen habe ich es hauptsächlich gethan. Bey manchen Stellen habe ich mit dem Fuße gestampft, oder mit der flachen Hand, nicht auf den Hosenschlitz geschlagen, wie der alte Shandy wohl zu thun pflegte,[14] sondern grad an die Wand, er weiß, was das bey mir zu bedeuten hat. Herr Wieland will daß man, da man

die Mannspersonen Chapeaux (Hüte) nennt, die Damen
UnterRöcke nennen solte.[15] Was ich an der Benennung
auszusetzen habe, ist, daß sie deren so viele tragen, die Frage also, wie viel Unterröcke waren in der Gesellschafft, ist
immer zweydeutig beantwortet, so lange man sie mit 3, 4, 5
beantwortet, eine Dame kan sie alle auf dem Leibe gehabt
haben. Er hätte etwas andres wählen müssen, das eine jede
Dame nur einmal hat, z. E. Dormeuse, Bouffante,[16] Nehbeu-
tel und so weiter [. . .]

17. An Joel Paul Kaltenhofer

Osnabrück den 12ten Octobris 1772.

Werthester Freund!

So wie ich Ihren angenehmen Brief[1] gelesen hatte, bekam ich
eine gantz eigne Begierde, nemlich eine Abhandlung über
die Frage zu schreiben, ob wohl ein Mensch des Morgends die
Flinte eher ausziehen konte ehe er seine Hosen anzieht. Sie
sehen aus dem Fall, der sich in Ihrer Gasse[2] zugetragen hat,
daß die Frage wichtig ist. Ich glaube, sie muß mit Ja beantwortet werden, denn da nicht leicht jemand ums Leben kommt,
wenn man seine Hosen ausläßt, hingegen wenn die Flinte ge-
laden bleibt, so etwas statt finden kan, zumal wenn Herr
Burckenstein[3] (so hieß der Mensch) willens war, sich wieder
zu legen, und dem Vorwitz des Mädchens vielleicht vorbeu-
gen wolte, die leicht an die Flinte hätte greifen können während als er da lag, so stund er auf und zog die Flinte aus, ohne
die Beinkleider anzulegen; wäre das Mädchen auch hereinge-
kommen, so hätte er ja die Flinte wenigstens in der Hand, er
mögte nun schon mit dem Ausziehen fertig gewesen seyn
oder nicht, und wo auch nun das Mädchen die Hand hinge-
legt hätte, so erhellt, daß keine Lebens Gefahr mehr statt gefunden hätte. Es ist also ein groses Uebergewicht von der Seite, die Herr Burckenstein gewählt hat, und es ist billig, daß ein
Mensch, dem im Bette einfällt, daß er eine geladene Flinte in
der Stube hängen habe, in einer Stadt nemlich, wo die Leute

mehr aus Muthwillen zugreifen als aus der Absicht zu stehlen, oder kürtzer, mehr neugierige als räuberische Finger haben, so ist es seine Pflicht sogleich aufzustehen und ohne etwas anders zu thun besagte Flinte zu entladen, und alles andere Unglück das passiren könte, wenn er im Hemd dastünde, als null anzusehen. Da ich nunmehr die Sache, wie mich dünckt, juristisch gewendet und gedreht habe, daß ich selbst nicht mehr weiß wo ich bin, und die Wörter Flinte und Hosen wohl 6 mal geschrieben habe, so muß sie billig für entschieden geachtet werden.

Mein Observatorium ist fertig und ich observire schon 6 Tage, auch die Mondfinsterniß[4] habe astronomisch gesehen.

Ehe ich mich nach den Sternen wendete, so sah ich erst wo ich stund, das ist ich beobachtete die Menschen mit denen ich zu thun hatte. Sie können nicht glauben, was die gemeinen Leute (denn die vornehmen taugen überall nicht viel in der Welt) für gute Häute und Seelen sind. Was für gute Bildungen, gesunde Farben und treuhertzige Gemüther habe ich hier nicht gesehen! Die Bauernmädchen sind fast alle schön, sie gucken alle so grad und unverfälscht aus den Augen, daß sie bey Tage wenigstens jeden muthwilligen Gedancken wieder niederschlagen wenn er aufwill, bey Leuten versteht sich, die, wie ich, die Mienen etwas buchstabieren gelernt haben.[5] Ihre Sprache ist sehr reich und naïv. Sie sollen 44 Redens Arten haben zu sagen, der Kerl hat die Flucht ergriffen. Für den Schlitz in einem Mädchen Rock haben sie 3 Wörter, worunter mir eines vorzüglich gefällt, das mich meine Aufwärterin[6] gelehrt hat, doch mit so vieler Unschuld als ein SchulRecktor von 60 Jahren seine Schüler das Wort penis. Lurcklock sagen sie, auch Lurckholl (hole heißt noch im englischen ein Loch) und Schröerholl, das lezte kann ich nicht analysiren, das erste hat mich deswegen sehr gefreut weil im englischen lurk so viel heißt als lauern, und würde man also lurklock durch Lauerloch übersetzen müssen. Denn das Göttingische Lorck[7] ist es wohl nicht. Wicht heißt ein Mädchen wenn es gantz allein steht, in der Zusammensetzung auch überhaupt eine junge Person, unser Bösewicht kommt wohl daher. en Grummel

heißt ein Donnerwetter, et is en Grummel in der Lucht heißt
es ist ein Gewitter in der Lufft, das ft verwandelt sich öffter in
ch, achter heißt <u>hinter</u> und ist das englische After, die Holländer sagen eben so.

Am Sonntage vor 8 Tagen haben wir das Jubiläum gefeyert.
Es wurden, stellen Sie sich vor, 5 Canonen auf den Marckt nur
etwa 30 Schritte von meinem Fenster hingepflanzt, die des
Morgens um 8, des Nachmittags um 3 und des Abends um 7
gelöst wurden, zu gleicher Zeit wurden alle Canonen um den
Wall gelöset, wozu meine 5 das Signal waren. Die Catholicken
hingegen hatten vor der grosen Kirche 12 hingepflanzt, aus
denen sie beynah den gantzen Tag feuerten, so daß ich an diesem Tage (es war just der Tag, da Sie den Brief an mich auf Ihrer Sommerstube schrieben) recht gesättigt worden bin. Auf
dem Marckt wurde den Leuten, und darunter auch mir, angedeutet die Fenster zu öffnen, zu meiner grosen Freude, wie
Sie sich vorstellen können. Kurtz vor 8 Uhr legte ich mich mit
einer Pfeife ans Fenster in der grösten Erwartung, auf einmal,
just da ich nach der andern Seite hinsah, gieng die erste los.
Sie können mir auf mein Wort glauben, die erste Empfindung, die ich davon hatte, äusserte sich gar nicht wie ein
Knall, sondern just wie eine <u>Ohrfeige.</u> Ich glaube, ich habe
mich in meinem Leben noch nicht so geschwind umgeguckt.
Jetzo guckte ich hübsch immer auf die Zündlöcher und dieses
minderte den Schrecken etwas. Am Abend war es ausserordentlich schön, als diejenige gelöset wurde, die zu nächst an
der Marcktkirche stund, so kam ein Theil eines Kirchenfen-
ster herausgeflogen, welches mit einem allgemeinen Jubelge-
schrey aufgenommen wurde. An diesem Tage war ich etwas
ausgelassen, welches ich fast immer bey Canonaden bin, am
Abend tranck ich unsrer Garten Gesellschafft[8] in Göttingen
Gesundheit während des Grummels von den Canonen, welches unbeschreiblich angenehm war, ich hätte mir eine von
meinen Locken drum abgeschnitten, wenn Sie und Herr Professor Meister hätten bey mir seyn können. So offt eine Cano-
ne auf dem Wall gelöset wurde, wurde allemal der Thurm der
Marcktkirche gegen mir über wie vom Blitz erleuchtet, und

dann kam der Schlag. Ich glaube, ich habe Ihnen schon gesagt, daß man das Fest feyerte weil vor 1000 Jahren Carl der
grose die Christliche Religion eingeführet hat, des Abends
gieng es in manchen Straßen her, als wenn man sie ihm zu Eh-
ren wieder abstellen wolte.

Gestern wolte ein Brunnenmeister die Röhre in einen
24 Fuß tiefen Brunnen einsetzen und was das künstlichste
war, so wolte er sie einsetzen ob er gleich so besoffen war, daß
er auf kein Bein stehen konte. Der Eigenthümer der Pumpe
fand ihn gegen seinen Rausch arbeitend, ohne daß der Mann
nur einen Zoll seinem Zweck näher gekommen wäre. Guter
Freund, sagte der Bürger, laßt es heute, es geht nicht, es hat
auch keine Eile. Ey, sagte der Pumpen Meister, so soll die Röhre auch hinein und wenn – – Da gab ihm der Tod einen so entsetzlichen Hieb, daß er nicht einmal das <u>auch,</u> das vermuthlich folgen solte, aussprechen konte. Er fiel nemlich zwischen
der Röhre und der Wand des Brunnens hinunter, und wurde
mit gantz zerschellertem Kopf herausgezogen.[9] Mein Barbier,
der dabey stund und ihm noch nachgrif, hat mir dieses erzählt.

Was dieses für ein Brief ist, ich schäme mich fast ihn weg zuschicken. Aber ich weiß, Sie halten es mir zu gut. Ich habe
heute noch 8 zu schreiben,[10] da können Sie dencken. Grüßen
Sie alle gute Bekannten und behalten Sie mich lieb.

G.C.Lichtenberg.

18. An Joel Paul Kaltenhofer

Osnabrück den 12ten November [*1772*] schon!

Werthester Freund,
Kleinigkeiten, die Sie mir schreiben, sind mir allemal, des
Schreibers wegen, äuserst angenehm und wichtig, so wie
überhaupt alles, was mir bey den Vorstellungen Ihres ange-
nehmen Umgangs Handreichung thut, und die thun mir Ihre
Briefe allemal vortrefflich, sie enthalten auch was sie wollen.

Der Hencker hole es, ich bin nun 27 Meilen von Göttingen, die, wenn wir noch etwas weiter hinaus sind, so beschwerlich seyn werden als sonst 70 in England. Einspinnen[1] muß ich mich diesen Winter irgendwo allerdings, sonst kriegen meine Verwandten etwas wegzuwerfen künfftigen Mertz, aber über den Winckel, wo ich mein Gespinst anhängen soll, kan ich noch nicht recht eins mit mir selbst werden. Ich habe gnau einerley Weg[2], wenn ich im December meine Schuhe zu Helvoet[3] in die See, oder in der Speckstrase[4] in den Dreck stekken will, einige Meilen mehr oder weniger das thut nichts. Aber da liegt der Unterschied, in diesem Fall habe ich nur 30 Schritte bis in Ihre Stube, wo ich gewiß willkommen bin, und in jenem noch 20 deutsche Meilen bis zu Leuten, denen ich villeicht auf dem Hals sitze; und wahrlich, lieber wolte ich in ein paar engen Schuhen mit 3 paar Hüner Augen an den Zehen in London herum laufen, als mit einer solchen Ueberzeugung. Indem ich dieses schreibe, führt der Wind eine gantze Ladung gelber Blätter, die er irgend ein paar Bäumen in der Nähe gestohlen hat, vor meinem Fenster vorbey, und ein Schauder, weder von der febrilischen noch poëtischen Art, überläuft mich dabey und erinnert mich an das Einspinnen. Aber hier kan ich doch nicht bleiben – – Aber weggehen auch nicht – – Aber was dann thun? Mein Gott, das war ein schweres paar Zeilen, es wird wohl am besten seyn, daß ich mich zu ein paar leichten wende, nach meiner Wage versteht sich.

Ich wohne gantz am Ende der Stadt (und zwar an dem Ende nach der Speckstraße zu),[5] in einem königlichen Gebäude von einer Etage, also an der Erde. Ich habe zwey Fenster in meiner Stube, wovon das eine so ziemlich gegen Mittag, und das andere eben so ziemlich gegen Morgen liegt. Diese von mir bewohnte Ecke steht in einem Bleich₌Platz hinein, der dem hiesigen Dom₌Capitul gehört, das hier sein geist und weltliches Linnen, ich meine seine Altar und Tafeltücher bleicht und trocknet. Alle Nacht halten sich in einer 30 Schritte von meiner Stube belegenen Hütte, aus der meine beyden Fenster bestrichen werden können, alte Waschweiber auf, die alle im Fegfeuer unsrer Kirche, zwischen Himmel und Erde, ich meine zwischen 60 und 75 sind, unsern Göttingischen Tobacksraucherinnen so ähnlich als ein Ey pp, nicht doch, als eine Elster der andern. Diese Geschöpfe haben neulich öffentlich und mit hundert Umständen ausgesagt, es wäre in der Nacht vom 3 auf den 4ten November um Ein Uhr ein Mädchen zu meinem mittäglichen Fenster hinein gestiegen, und gegen 2 Uhr wieder heraus. Sie waren so bescheiden es unentschieden zu lassen, ob es in Hertzens Angelegenheiten, oder in Geld Angelegenheiten, oder in Geld und Hertzensangelegenheiten zugleich geschehen wäre, und zeigten es meinem Bedienten, der die Nordöstliche Ecke bewohnt, am folgenden Morgen an. Weil nun dieses Einsteigen durchs Fenster, wenn es auch die Muse Uranie[6] selbst gewesen wäre, nicht mit zur Bestimmung der Polhöhe[7] gehört, und ich unter den Augen eines geitzigen Ministerii nichts thun darf was nicht einige Beziehung auf Latitudinem et Longitudinem geographicam[8] dieser Stadt hat, so frappirte es mich nicht wenig, zu sehen, daß die alten Weiber ein LaufFeuer angefangen hatten, in welches gewiß noch vor Abend die Minister, Subalterne und Damen ihre Büchsen, Pistolen und Buffertgen[9] mischen würden. Geh er hin, sagte ich also zu meinem Bedienten, und sage er dem Gesindel, sie solten nicht träumen, wo sie wachen solten, sonst würde ich auf Mittel sinnen sie wach zu halten. Mein Heinrich, der sich für die Ehre seines Herrn beschneiden ließe, wenn es darauf an käme, brachte ihnen diese Pille, mit einem bitteren Zusatz aus seinem eignen Kram, so daß es zu einem förmlichen Gackern kam, das dem Lauf Feuer noch mehr Geschwindigkeit ertheilte, und nun ist es ausgemacht, daß in der Nacht vom 3ten auf den 4ten November ein Wicht[10] zu dem lüttchen Professor gestiegen sey. Weil ich seit Menschen Gedencken, glaube ich, der erste Fremde bin, der sich 8 Wochen hier aufgehalten hat, und lange, wegen meiner unbegreiflichen Geschäffte allhier, das eintzige Gespräch beym l'hombre[11] Tische und beym Spinnrade gewesen bin, auch viele Osnabrücker in Göttingen studieren, denen ihre Eltern solche Instantzen unserer verdorbenen Natur lieber zu schicken mögen als Geld, so fürchte ich, daß das Mährchen schon die Weser passirt hat, und seinen öffentlichen Einzug auf dem Masche zu Göttingen ehestens halten wird. Ich habe also für nöthig erachtet ihm diesen Steckbrief nachzuschicken damit Sie, wenn es Ihnen begegnen solte, es gleich erkennen und anhalten können. In Göttingen wäre so etwas gleich vergessen, allein hier, wo die Pfaffen und Domherrn allein das Recht haben Huren zu halten, weil sie das Gelübde der Keuschheit ablegen, wird so etwas schon höher angesehen. Das betrübteste ist, daß ich bey Personen, die ich gerne eines besseren belehrte, meine Unschuld nicht vertheidigen darf (denn ich kan doch mit dem Könige nicht von Hosenlätzen sprechen:) und hingegen diejenigen, wo ich es ungescheut thun könte, mir ohnehin verzeyhen würden, wenn auch die Geschichte war wäre. Das sind die infamsten Splitter im Fleisch,[12] die man nicht stecken lassen mag und auch nicht herausziehen kan. Verzeyhen Sie mir, werthester Freund, daß ich Sie mit solchen Histörchen unterhalte, wenn Sie nur ein eintzigesmal dabey gelächelt haben, so bin ich zufrieden. Meine Unschuld vertheidige ich gegen Sie nur allein mit der Betrachtung, daß ich zuverlässig das Maul gehalten haben würde wenn es wahr gewesen wäre. Das Gerücht hat mir die Person noch nicht genennt, die es gewesen seyn soll, und ich muß also durch diesen Paß ohne alle Bedeckung marschiren.

Aus England höre ich, daß vermuthlich Sir Francis eine ausserordentlich gute Parthie thun wird.[13] Der Ausdruck heißt: eine von den reichsten Erbinnen des Königreichs würde er heyrathen. Er hat mir selbst geschrieben, aber nichts davon erwähnt.

Also ist Ahlborn vermuthlich schon über den halben Weg zum Galgen. Ich habe mir ihn gestern einmal so lebhafft gedacht, daß ich glaubte, ich würde ihn zeichnen können, es war aber vergeblich, ich konte mir kein Gnüge thun.

Bey Ihrer Erzählung der Neuigkeit von Herrn Lemon mußte ich recht lachen. Die Sache ist vorigen November passirt, und ich bin deswegen 2mal beym Prorecktor[14] gewesen, und

Riemenschneider hätte beynah den Lemon auf meiner Stube angepackt. Lemon ist jezt in Florentz. Ich hätte fast Neigung Ihnen wieder mit einer Neuigkeit zu dienen, und zu sagen, daß der Schneider Sachs todt ist.[15]

Ich habe die Polhöhe hier 8 Minuten geringer gefunden, als sie auf den Charten angegeben ist. Die Sonnenfinsterniß habe ich nicht gesehen, und selbigen gantzen Tag aus Verdruß, der Astronomie zum Trotz, in Bakers Geschichte der Inquisition gelesen. Das war ein betrübter Vorfall. Das Wetter ist jezt hier abscheulich, es regnet, stürmt und blättert entsezlich. Wenn ich dann bedencke, daß ich im Hertzen von Westphalen bin, so frage ich mich immer wieder: Aber was dann anfangen?

Grüßen Sie mir Ihr werthestes Hauß, und den Herrn Professor Meister. Ich will doch hoffen, daß die Engländer bey ihm die Fortification[16] und Tactic hören. Haben auch welche bey Ihnen Zeichenstunde? oder wollen Sie auch welche haben? Sonst werde ich Herrn Boie mit seinen Dichtergaben einmal in den Zügel fallen, und auf die Heerstraße zurück führen. Kästner schreibt nicht mehr An mich, also vermuthlich bald Wider mich, so wie gewisse Hunde gewöhnlich bald beisen, wenn sie während dem spielen den Schwantz fallen lassen.[17] Adieu, Ich bin der Ihrige   G.C.Lichtenberg.

Zusatz am 14ten des Morgends: vergangene Nacht habe ich für die Länge eine, und für die Breite mehrere entscheidende Observationen gemacht. Ich bin also heute viel Vergnügter, als ich seit 14 Tagen gewesen bin, und weil ich nichts gern allein genieße, so habe ich diesen Zusatz für nöthig erachtet.

19. An Johann Christian Dieterich

Lieber Johann Christian.

Hinter einem jungen artigen Frauenzimmer eine sehr helle
steile Treppe hinauf zu gehen, das könte wohl manchen vom
Beten abhalten, mich hat es heute abgehalten, noch zu rechter Zeit einen Brief an Dich zu schreiben. So bald also jener
Pflicht ein Gnüge gethan war, dachte ich an die Erfüllung der
andern und beantwortete Deinen Brief[1]. Den Musen Calender, und den, welchen Du ohne Vorwissen der Muse heraus-
giebst,[2] habe ich erhalten; für beyde dancke ich Dir. Ich will
Dir auch dafür ein neues Jahr wünschen, ein glückliches versteht sich. Bey dem Wiegenlied[3] ist mir ein Osnabrückisches
eingefallen, womit die festen, frischen Westphaelerinnen ihre
Kinder zu Schlafe singen. So grad weggelesen ists nichts als
plattdeutsch, wenn es aber H . . . .[4] singt, der Teufel! könte
Boie das Gedicht mit allen meinen Nebenjdeen zugleich in
das Musenalmanach bringen, er rückte es wahrlich ein.

> Hosse, Bosse, upt Jahr twee,
> T' ander Jahr
> Auck en Paar,
> Geiht die Weege immer dar.[5]

Verstehst Du es auch? Gut. Die Glas Kugel[6] ist auch da und
unbeschädigt. Heute wende ich dieses Blat nicht herum. Ich
will sehen was es morgen giebt.

Was ich nicht gedacht hätte, hat es gegeben: Neujahrswün-
sche.[7] Die sieben ersten habe ich gestern Morgen von 4 Uhr
an im Bette gemacht (denn weil ich nun die Schwindsucht
habe, so schlafe ich nicht viel des Morgens.) Die andern
nachdem ich aufgestanden war, beym Caffee. Gestern Nachmittag wolte ich zur Zerstreuung das 2te Dutzend vollma-
chen, aber ich konte nicht, das Versmachen kommt mich

an, wie manche Leute die Sünde, wenn sie begangen ist, so haben sie Ruh*). Zwey darunter haben meinen Beyfall. N° 6 würde, wenn es zumal eine schickliche Aufschrifft bekäme, seine Gesellschaft im Musen Almanach vielleicht nicht beschimpfen. Es hat freylich nicht die unschuldige Miene eines Mädchens von 6 Jahren, aber eben deswegen wird es vielleicht etwas besser gefallen. N° 10 wäre auch nicht verwerflich, allein das Unter Röckchen ist viel zu kurtz und die Kleider viel zu dünn, es ist als wenn es nichts an hätte und eben deswegen darf es nicht erscheinen. Einige sind eigentlich keine Wünsche, aber nützliche Lehren sind vielleicht besser am neuen Jahrs Tage angebracht. Wenn Herr Boie noch ein paar Dutzend dazu macht, so kannst Du die meinigen auch mit drucken lassen, nur daß keine Seele, oder nur die besten Freunde erfahren, daß sie von mir sind. Der Teufel hat mir hier ohnehin schon in Gestalt zwoer Waschweiber einen empfindlichen Streich gespielt,[8] keinen mehr so, oder – –.

Wenn Du es haben willst, so schreibe ich wohl an Herrn Geheimen Sekretär Partz, der macht ihrer gewiß ein Dutzend dazu, doch das wollen wir lassen, ich schicke vielleicht noch einmal so viele, grüße mir Christelchen, ich bin,

lieber Dierck[9],
Dein Diener und Freund
G.C.Lichtenberg.

20. An Johann Christian Dieterich

O Gevatter
Wenn Er sähe wie ich hier sitze und schreibe. Meine beyden Füße unter mein Sybillchen gesteckt, neben mir einen andern Stuhl auf dem ich schreibe, wegen Mangel an Raum auf dem Stuhl steht das Dintenfaß auch unter Sybillchen, in der

---

*) ich meine nemlich, sie können nicht mehr sündigen, von Gewissensbissen rede ich nicht.

Lincken halte ich (da hätte er in einem Haar gelegen:) einen brandheißen gebratenen Apfel an dem ich sauge. Die Rechte oscillirt*) vom Brief nach dem Dintenfaß und vom Dintenfaß nach dem Brief, und der Kopf (hiermit meine ich mich:) bekümmert sich nicht eine Landbibliotheck[1] drum, was sie da macht. Warm sitze ich allemal. Wenn doch die Steinkohlen[2] auch so in Göttingen zu haben wären, ein Steinkohlen Ofen ist eine wahre Gesellschafft, weil mich das Öfchen warm hält, Geld kostet und ich immer etwas daran zu stirren[3] und zu störren finde, so habe ich eine Art von Freundschafft auf das Ding geworfen und ihm den Nahmen Sybillchen gegeben. Sieh doch, Sieh doch das wolte ich gleich sagen, und habe es vergessen.

Ob wohl die Regine weiß daß ich die Schwindsucht habe? Könte ich nicht einen Musen Almanach von diesem fast ausgelaufenen Jahre 1772. haben, aber der Preiß müsste sehr billig seyn. Nicht als wenn ich ihn geschenckt haben wolte. Dafür wär er mir zu theuer, aber einen $\frac{1}{2}$ *Groschen* gebe ich wohl; wegen der $\frac{11}{12}$ ist das immer noch zu viel. Warum sezt Boie auf den Titul Almanach, wer sich unter die Kleyen mengt u. s. w.[4] Versichere Christelchen meiner Gnade

Lichtenberg.

Ochsenbrücke den 25 Nov. 1772. |

Das Ochsenbrücke (Dieses halte ich zur Rettung meiner Ehre für nöthig zu erinnern) ist kein von mir erschlägeltes[5] Wortspiel, sondern das soll würcklich der Ursprung des Nahmens seyn. Ochsen heißen auf Platt: Ossen[6], und Ossenbrücke sprechen die Einwohner (die Ossen) noch auf den heutigen Tag. Die Herleitung ist natürlich. Hier ist ein Fluß, über diesen Fluß geht eine Brücke, und über diese Brücke gehn Ochsen täglich die Menge. Nun wundert mich aber, daß Göttingen wegen der Brücke bei Grätzels nicht auch Ossenbrücke heißt. Ueber diese Materie könte Ja wohl einer von den Os-

---

*) Das Wort kommt vom Lateinischen oscillare hin und her bümmeln, her, und wird hauptsächlich von Perpendickeln und Schwäntzen gebraucht. V.[*ide*] Brisson.[9]

sen, die alles gleich drucken lassen, was andere ehrliche Männer und Weiber nur dencken, gleich apud Johannem Chri-
stianum[7] etwas drucken lassen.

Die Mädchen haben hier 3 Wörter für Schlitz ob sie gleich
nur einen Schlitz im Rock haben.
In der Gegend wo ich wohne haben die Mädchen
Luhrkenhöller
Wo ich zu weilen des Abends hingehe haben sie
Schröerlöker
Und wo ich gestern war hatten sie auch Schröerhöller.[8]
Nun will ich den Hahn in Ruh stellen.   Adieu.

21. An Johann Christian Dieterich

[*Osnabrück, ca. 15. Januar 1773*]

Gevatter,

Deinen guten Willen so wohl als die That habe richtig erhalten.[1] Ich huste noch immer. Ich glaube doch nun im Ernst
fast, daß es Berg ab geht. Ich habe auch keinen Schlaf. Neulich bin ich einmal mit dem Schlag drey vierthel auf 5 einge-
schlafen. Der Muth ist mir noch nicht gelähmt, ich verstehe
mich aufs Husten und Lachen zu gleicher Zeit, so gut als ein
junges Mädchen aufs Weinen und Lachen auch zu gleicher
Zeit. Vom Teufel spüre ich wenig oder nichts. Meine lincke
Hand trägt meinen Kopf und die rechte tracktirt ihn des Tages zweymal mit Stern Anis Thee, und Suppe, die übrige Zeit
schiebt sie feyerfangende Sachen in Sybillchen[2], schreibt
Briefe, und krazt das Ohr.

Ich weiß nicht ob Du den großen gelben Hosenknopf gekannt hast, den ich voriges Jahr zu oberst an meinen Hosen
trug. Es war der eintzige metallene an meinem gantzen Leibe.[3] Er hat mich nie verlassen, seit 1769 versah er diese Stelle
mit einer für einen Hosenknopf bewundernswürdigen Treue
und Ernst. Da ich hier merckte daß ihm der Dienst sauer wurde, so adjungirte[4] ich ihm einen neuen Modeknopf, der eh-

65

mals auf Swantons Uniform gesessen hatte, das Regiment liegt jezt in Minorca. Dieses nahm er übel. Im December fieng er an zu klagen und den Kopf zu hängen und gestern Nachmittag zwischen 3. und 4 zerriß das Band das uns über 3 Jahre an einander geknüpfft hatte, ich meine die Saite im Holtz und er lag vor mir auf der Erde. Ich nahm den armen Teufel auf und sah ihn eine Zeitlang an mit einem Mitleid als wenn er mein Neben Geschöpf gewesen wäre. Habe Danck, sagte ich ihm, erster unter den Knöpfen, für Deine Dienste. Wer weiß ob ich nun nicht ewig die Hosen heben muß. Ruhe sanfft, ein Philosoph erkennt Deinen Werth, und damit flog er in einen Bach, der unter meinem Fenster wegfließt, so dichterisch als je einer in einem Liedchen gemurmelt oder gerieselt hat.

Wandrer, sieh diesen Hosenknopf, den treusten seines Geschlechts, an, statt über dieses Lob zu lachen, so fühle erst, ob Dir der Deinige noch festsizt, und gehe weiter.[5]

Dieses hat die rechte Hand auch geschrieben, nun muß sie hinter dem Ohr kratzen, und wäre der Feder gerne los, also Dietrich, vermuthlich zum lezten mal aus Osnabrück

bin ich Dein Freund und Diener

G.C.L.

Grüße alle Freunde, durchs gantze Alphabet, auch den Herrn Gumprecht, ob er sich gleich mit einem Gimmel[6] schreibt.

22. An Marie Tietermann

Stade den 19ten May 1773

Hochedelgebohrne
Hochzuehrende Mamsel
Vergangene Nacht in der Stunde, wo ausser Gespenstern nur Reisende, krancke und verliebte allein noch wachen, bin ich von Hamburg hier gesund angelangt. Ich fuhr um drey Uhr von Hamburg auf einem zweymastigen Schif ab, unsere Fahrt wurde durch die Jahrszeit, den gantz eignen Reitz der Ge-

gend, und das schöne Wetter eine der herrlichsten Wasser-
fahrten die sich nur gedencken lassen. Um halb 8 des Abends
lagen wir schon Stade gegenüber, allein wir konten wegen der
Ebbe nicht ein laufen, und um wieder einigen Anlauf des
Wassers zu haben, warteten wir die Gespenster-Stunde herbey. In Hamburg habe ich mich fünftehalb[1] Tage aufgehalten. Was ich da gesehen und für Vergnügen genossen habe,
läßt sich besser erzählen als schreiben. Alles Vergnügen, was
die gröste Mannichfaltigkeit schöner Gegenstände, als die
schönsten Gärten in voller Blüte, die unabsehbare Menge von
Schiffen aller Nationen, gute Gesellschafft, guter Wein und eine gute Tafel gewähren kan, habe ich diese wenigen Tage, die
ich, einige andere ausgenommen, unter die schönsten meines Lebens rechne, genossen. Mehr kan ich jezt nicht sagen,
vielleicht wird eine weitere Ausführung der Gegenstand
künfftiger Briefe, oder gar, welches der Himmel geben wolle,
künfftiger Unterredungen mit Ihnen, wertheste Freundin.

Diesen Morgen wurde mir unter eilf Briefen[2], die hier auf
mich warteten, auch ein höchst unschäzbarer überbracht, der
mit Miecken Tietermann unterzeichnet gewesen ist. Er war
schon vom 28ten April und weil der Inhalt von der Art ist, daß
ein längerer Aufschub der Beantwortung desselben die gute
Schreiberin auf die Vermuthung bringen könte, als hätte ich
hier und da etwas darin übel ausgelegt, so lasse ich es unter
diesem Himmel meine erste Beschäfftigung seyn ihn zu beantworten.

Ich glaube nicht zu irren, wenn ich sage, daß ich Herrn B.[3]
gantz kenne, und viel gnauer, als er glaubt. Ich habe bey ihm
einen guten natürlichen Verstand bemerckt, der vieles ausrichten kan, wenn Fleiß dazu kommt, davon habe ich vielfälti-
ge Proben. Von Seiten des Hertzens habe ich ihn auch so
gantz übel nicht befunden, er ist wenigstens dienstfertig, aus
was für Absichten er es aber ist, habe ich nie untersuchen mögen, ich wage solche Untersuchungen nicht gerne, theils weil
man einen solchen Mann offt würcklich falsch findet, oder
auch aus Irrthum für falsch halten kan. Ich lasse mich also lieber ein bisgen betrügen, so lange der Betrug keine gefährli-

che Folgen haben kan. Nun aber weiter: Er besizt offenbar viel Stoltz und ein gewisses rohes Wesen, das man nur allein in vielem guten Umgang ablegen lernt, und was das übelste ist, und worin ich Ihnen völlig recht gebe, er hat keine sonderliche Begriffe von dem Frauenzimmer überhaupt. Seine Begriffe sind in diesem Stück Himmelweit von den meinigen unterschieden. Ich weiß nicht ob ich die seinigen etwas verbessert habe, verschlimmert hat er die meinigen gewiß nicht. Sie werden mir erlauben, daß ich aufrichtig hierin rede. Was ist Freundschafft wobey man sich nicht entdecken darf? Des Herrn Doctors Aufführung gegen Sie habe ich nie gebilligt, wir sind fast nie aus dem Hause gegangen, ohne daß ich es ihm nicht verwiesen hätte. Ich glaube, ich sagte ihm einmal, er solte Sie doch nicht so quälen, allein da kamen ihm seine falschen Grundsätze zu Hülfe, er behauptete, so etwas wäre einem Frauenzimmer nicht unangenehm und könte ihm nicht unangenehm seyn. Ich bedauerte den guten Herrn B. zu weilen in meinem Hertzen, daß er noch nicht einmal so viel Unterscheidung hatte, zu sehen, daß Ihre Verweise nicht von der Art waren, wie sie auch bey der entschiedensten Liebe noch statt finden und statt finden müssen, so der Mensch noch als vernünfftiger Mensch liebt, sondern daß sie mit einem wahren und gerechten Unwillen und Verdruß verbunden waren.

Er merckte dieses nicht, und hätte ich ihn einmal davon zu überführen getrachtet, so hätte er es mir für Mangel an Erfahrung oder Verstand ausgelegt. Rechnen Sie aber dieses dem Herrn B. nicht für Bosheit des Hertzens an. Denn ich habe hundert Mannspersonen gekannt, die die besten Leute von der Welt waren, und solche Grundsätze gehegt haben. Sie kommen am Ende davon ab, und ich hoffe es auch noch vom Herrn Doctor. Er muß nur noch eine oder zwo kleinfüßigte Mieckens in der Welt kennen lernen, so kan er gebessert werden. Alles, was er gethan hat, läßt sich aus einem gäntzlichen Mangel einer guten Erziehung erklären, er ist entweder vorher nur mit gemeinen Personen Ihres Geschlechts oder mit gar keinen umgegangen und kennt die Frauenzimmer nur allein aus den Unterredungen des Herrn Högers, Ich habe starcke Ursachen das leztere zu glauben. Vielleicht spricht er jezt in der Stadt gegen Sie, auch dieses läßt sich aus diesem allgemeinen Charackter in den Sitten roher Personen erklären, Oder es ist Unwille bey ihm, denn wenn ich ihn je gekannt habe, so ist es gewiß, daß Er einmal eine mehr als gewöhnlich große Hochachtung für Sie gehabt hat. Unter den Briefen, die ich hier angetroffen habe, ist auch einer von ihm, worin aber kein Wort von der Sache steht, aber daraus würde ich allemal haben schließen können, daß etwas vorgefallen seyn muste, denn in allen Briefen schrieb er mir doch wenigstens etwas von Ihnen. Ich schließe noch mit der Anmerckung, daß, wenn er nicht aus jenem mir unleidlichen Studentenprincipio, wovon ich oben geredet habe, sondern aus der Absicht übel von Ihnen geredet hat, Ihnen zu schaden, so ist er ein elender Mensch, der desto verachtungswürdiger ist, je weniger Er damit seine Absicht wird erreichen können. Meine Gedancken über den Herrn Doctor bleiben unter uns, nur schließe ich Herrn und Madam Schlingemann nicht aus, weil ich weiß wie sicher da Geheimniße aufgehoben sind.

Madam Dieterich, von welcher ich auch einen Brief angetroffen habe, hat mir aufgetragen Ihnen ein Compliment zu machen. Doch ich lege Ihnen den gantzen Brief[4] bey. Die ersteren Seiten werden Ihnen gantz unverständlich seyn, das thut aber nichts zur Sache, Sie werden daraus sehen wie die böse Frau mit mir armen umgeht; am bittersten ist mir der Vorwurf vorgekommen, daß ich in Osnabrück geschwärmt hätte.

In Celle habe ich die Königin von Dänemarck speißen sehen,[5] und habe fast eine halbe Stunde gegen ihr über gestanden. Es war dazu die beste Gelegenheit, wenn Sie speißt, wird jedermann in den Saal gelassen, dazumal, wie ich da war, waren etwa 30 Zuschauer da, 26 Dienstmädchen und Handwerckspursche, zwo Bürgermädchen, ein Professor und sein Bedienter. Die Königin ist sehr starck[6] und hat ein paar durchdringende Augen. Sie aß mit einem besserm Appetit als ich in 10 Jahren nicht gegessen habe, während als sie an den Speißen war, wozu sie den Löffel gebrauchte, lag sie mit dem lincken Arm auf dem Tisch und hörte allem, was gesprochen wurde, mit groser Aufmercksamkeit zu, indem sie allemal das Gesicht gegen die sprechende Person mit einer horchenden Mine kehrte. Sie lachte ein paarmal recht herzlich, sonst war sie mehr stille, wozu der schon erwähnte gesunde Appetit das seine beygetragen haben mag. Sie saß mit aufgeseztem Kopf und blosem Hals, um den sie einen sehr simpeln Halsschmuck hatte, an welchem aber an diesem Tage etwas versehen seyn muste, denn Sie hatte öffters etwas daran zu schaffen. Ihr Anzug war von dünner blauer Seide. Die gantze Tafel bestund aus 10 Personen, worunter zwey Mannspersonen waren. Auf dem Walle in Celle hat sie zwey Zelten aufschlagen lassen, worunter Sie frühstückt; am Tage, wenn es das Wetter erlaubt, geht Sie durch die Strassen der Stadt spatzieren und giebt den Kindern öffters die Hand. Sie hat eine ungemeine Liebe da und verdient sie gewiß.

Miecken will mir bald etwas neues schreiben. O nur recht bald, das ist der wahre Monat zu Neuigkeiten. Wenn ich einen eignen Wagen wohlfeil gemiethet bekommen könte, so käme ich gewiß dieses Jahr noch einmal nach Oßnabrück, doch das giebt sich vielleicht. Ich habe mir nun ein neues schönes spanisches Rohr[7] angeschafft, allein ich glaube, es springt etwas davon, wenn ich an das Thor im Kayßer[8] komme. Sie sollen als dann gewiß in der Küche sagen: lopt hen und seiht wat dat för en Bengel am Thore ist.[9] Und dann sollen Sie einmal Ihr Wunder sehen. Wenn ich im Frühling oder Sommer komme, so komme ich mit einem halben Dutzend Teufeln mehr als sonst. Ich verharre mit vollkommenster Hochachtung

Ihr gantz ergebenster
Diener und Freund
G.C.Lichtenberg.

An Herrn und Madam Schlingmann, wie auch Herrn und Madam Henrici, und Herrn Kühner pp bitte ich meine gehorsamste Empfehlung zu vermelden. Auch die Damen in der Küche bitte ich zu grüßen, wie sind Sie mit der einen zufrieden, stehen die rothen Haare auf gutem Grund?[10]

23. An Christiane Dieterich

Wertheste Frau Gevatterin

Schläge habe ich allerdings verdient, aber auch wahrlich welche gekriegt, das weiß der liebe Himmel, und alle die Ihren lezten Brief[1] an mich lesen. Zweymal sagen Sie mir, daß ich die Unwahrheit geredet hätte; zweymal heisen Sie mich den kleinen Professor, als wenn ich etwas dazu könnte, daß ich nicht größer bin; einmal, und zwar bey Gelegenheit der langen Arme, sagen Sie mir, ich wäre ja kein groser Herr, eben als wenn man sich selbst zum grosen Herrn machen könte, dieses hat mir noch kein Mensch vorgeworfen, und ist mir recht durch die Seele gegangen; Dann sagen Sie, Sie wolten mich nicht mehr mit Ihren Briefen incommodiren, so bald Ihr lieber Gemahl wieder da ist, ich glaube, Sie werden künfftig gar anfangen mich in Göttingen nicht mehr mit Ihrer Gegenwart zu incommodiren[2], aber da will ich Ihnen ein Billet schreiben, das sich wahrlich nicht mit Christelchen anfangen soll. Und nun am Ende giebt mir die gute Frau zu verstehen, daß ich die Gallabführkosten hätte bezahlen müssen, wenn der liebe Mann über mein Billet[3] sich ein Gallenfieber[4] an den Hals geärgert hätte. Daß sich nur der gute Dieterich über solche Sachen nicht ärgert, ja wenn ein Buchdruckerjunge gesagt hätte, er wäre nicht zünfftig[5], oder wenn Rosenbusch durch die Hinterthüre gegangen wäre, da hätte er sich geärgert, allein mein Billet hat ihn nur befremdet. Hätte ich auch nur im mindesten sehen können daß es ihn ärgern würde, so hätte ich es nicht geschrieben. Der Ärgerer will dem geärgerten immer übel, ich hingegen habe alles zur Warnung, und als Freund gethan. Ja ich habe ihm so wohl bey der Sache gewollt, daß ich ihm in dem Augenblick, da ich das Billet schrieb, eine gebratene Schnepfe hätte können in den Mund stecken. In der Art zu lehren und zu warnen bin ich freylich etwas von derjenigen abgegangen, deren sich die Apostel bedient haben; dafür habe ich aber auch schon gelitten, und dafür sollen Sie mir, wenn Sie wollen, die Nase noch einmal blutig zupfen.

Die Reise über Hamburg hieher, Christelchen, Christelchen, das war eine Reise! Thun Sie sie ja. Es könte kommen, daß Sie es im Himmel bereuten Hamburg nicht gekannt zu haben, so wie die schon halb verklärte Nonne in ihrer Celle bereut[6] – – Rigault de la Marliniere hat nicht Unrecht, die deutsch Sprack ist ein plump Sprack,[7] hier sitze ich nun – – so wie die halb verklärte Nonne in ihrer Celle zu spät bereut – – nun was wähle ich lange – – zu spät bereut, Hamburg nicht gekannt zu haben. Ich bitte Sie, thun Sie ja die Reise, es kostet Sie und Vater Dierck[8] auf der Kutsche nicht mehr, als eine Reise nach Gotha, wenigstens nicht mehr, als die, die wir Gensmal[9] zusammen gethan haben, und wenn Sie in Hamburg sind, so haben Sie gewonnen Spiel, da lebt man vom sehen. Wenn Sie aber allenfalls Essen und Trincken wolten, so verspreche ich Ihnen, alles was Tafel, Tasse, Bouteille (aus schönen Mädchen machen Sie sich, wie ich weiß, nicht viel:), reitzende Aussichten zu Wasser und zu Land, auf Wasser und auf Land, und Umgang nur entzückendes gewähren können, das sollen Sie in 8 Tagen, die Sie in Hamburg zubringen, mit vollen Zügen genießen.

Eilf Briefe[10] haben hier auf mich gewartet, und die, die sie geschrieben haben, warten alle auf Antwort, wäre dieses nicht, so führte ich Sie jezt ein bisgen durch Hamburg, ich wolte wetten, Sie solten nicht müde werden. Doch dieses geschieht vielleicht künfftig einmal, wenn ich selbst besser zu Fuße bin. Heute will ich Sie einmal ein wenig in den Speise Saal der Königin von Dänemark zu Celle gucken lassen.[11] Am 12ten May um halb 8 des Abends langte ich äußerst ermüdet, ob ich gleich nur 5 Meilen gereiset war, in Celle an. Die Ursache war, ich hatte die Nacht vorher keine Stunde geschlafen. Von Hannover reisete ich in der Hofnung ab in Celle wenigstens bis um 4 schlafen zu können, weil die Kutsche nach dem Calender alsdann erst wieder fort geht. Allein, Madam, trauen Sie keinem Calender, Ihr Mann müste ihn denn gedruckt haben, der verdammte Kerl hatte sich um 4 Stunden verrechnet, und die Kutsche ging um 12 ab. Ich ließ mich in das beste Wirthshauß bringen mit dem festen Entschluß, daß meine Augen dafür, daß sie diese Nacht

wieder offen stehen musten, auch etwas sehen solten. Das erste, was sie zum besten bekamen, war ein eingelegter polirter
Fußboden, auf dem ich fast in demselben Augenblick schon gesessen hätte, in welchem ich ihn erblickte. Zum Glück glitschte
ich noch wieder ein mitleidiges Dienstmädchen, die den Fall
brach. Hierauf trippelte ich nach einem bepolsterten Armsessel hin, dem ich nunmehr aus eignem Entschluß den Theil
meines Cörpers zukommen ließ, den sich der Fußboden vorher wider meinen Willen anmassen wolte. Hier saß nun der
Professor in Celle. Damals wuste er es freylich noch nicht gewiß, nachher erfuhr er aber aus einem gewissen Umstand, daß
der Postillon ein ehrlicher Kerl gewesen war, und ihn nicht etwa in Hildesheim, oder in Langenhagen oder in Neustadt am
Rübenberge oder in Wunsdorf (:denn alle diese Örter hätten
es seyn können:) abgesezt hatte. Am Thor hatte uns zwar ein
Unterofficier gefragt, wer wir wären, allein keiner von den
5 Köpfen, den meinigen mitgerechnet, die in der Kutsche waren, hatte so viel Vorsicht wieder zu fragen ob dieses Celle wäre.
Ja was die Sache noch mehr verwirrte und würcklich machte,
daß ich in Gedancken mein rechtes Bein über den rechten
Arm des Sessels schlug, welches ich gewöhnlich thue wenn ich
Gründe abwäge, war dieses, daß ich auf dem Posthause zu Hannover mit keiner Sylbe gesagt hatte, daß ich nach Celle wolte.
Sondern 4 Tage vorher hatte ich meinem Bedienten befohlen
mir einen Platz zu bestellen, und dieser hatte die Ordre wieder
an den Hausknecht indossirt[12]. Aus dieser Verlegenheit sezte
mich auf einmal der Wirth, den ich gradeweg fragte: kan ich die
Königin von Dänemarck speißen sehen, in der That nahm ich
an, was ich eigentlich erst wissen wolte, nemlich, daß ich in Celle wäre. O ja, versezte der Wirth, gleich hier hinten. Ich. Ist das
Schloß weit von hier? Der Wirth. Verzeyhen Sie, nur einen
Schritt. (Im hingehen habe ich die Schritte gezählt, es waren
grade 382), auf dieser Stube haben ehmals der Herr Cammer-
herr von Busch logirt. Ich. Um wie viel Uhr speißt die Königin?
Der Wirth. Um neun, mein Herr. Ich. Und wenn werde ich speißen? Der Wirth. Gleich, wenn Sie befehlen (: Er wolte mit einem gebundenen Lächeln abgehen, weil er den Contrast zwi-

schen meinem Tisch und der Tafel der Königin anschauender erkennen mogte, als ich, der Passagier, der weder den Zustand der Küche der Königin noch des Wirths kannte.) Er war schon beynah hinaus als ich ihn mit einem a propos wieder zurückzog. Ich. A propos, Herr Wirth, Sie müssen mir jemanden mitgeben, der mir den Speisesaal zeigt, Der Wirth. O zu dienen, mein Haußknecht soll Sie hinbringen. Er hatte dieses kaum gesagt, so war er schon so weit daß er durch kein a propos mehr erreicht werden konte. Mein Eßen, das bald darauf erschien, war reinlich und wohlschmeckend, und mein Appetit verhältnißmäßig gut, so daß damals eine Vergleichung zwischen dem Dänischen Thron und meinem Cellischen Armsessel vermuthlich sehr zum Nachtheil des ersteren ausgefallen seyn würde. Um 9 Uhr kam mein Führer. Ich trabte ohne ein Wort zu sprechen, denn in der That zählte ich die Schritte, hinter ihm her. An der Treppe, die sehr erleuchtet war, dachte ich bey mir selbst: Professor, was für seltsamen Conjunckturen[13] hat Dich nicht Dein Schicksal aufbehalten. In England stellte Dich ein König einem Glasschleifer vor,[14] der armseeliger als dieser Knecht da stund, und nun führt Dich ein Hausknecht vor eine Königin, die unter allen jezt lebenden die grösten Artickel in der Geschichte bekommen wird. Nun stund ich vor dem Speisesaal, dessen Thüre halb offen und von drey Soldaten bewacht war. Weil ich anfangs keine Zuschauer sah, so wolte ich nicht hinein, Gehen Sie nur zu, sagte der Hausknecht. Gehen Sie nur getrost hinein, sagte eine Schildwache, es sind schon mehr Leute drinn. So sey es denn, dachte ich, zupfte noch einmal an meiner Weste und Halsbinde und marschirte hinein.[15]

Ich verharre mit vollkommenster Hochachtung

Meiner werthesten Frau Gevatterin
ergebenst gehorsamster Diener und Freund
G.C.Lichtenberg.

Stade den 20ten May 1773.

Meine vielfältigen Complimente an den Herrn Professor Baldinger und Herrn Dumont.

24. An Joel Paul Kaltenhofer

Stade den 14. Junii 1773.

Mein lieber Herr Kaltenhofer.

Ich hätte Ihnen schon längst geschrieben, weil ich Ihnen einige Sachen zu sagen habe, die ich kaum mehr bey mir behalten konte, wenn ich nicht auf die Abdrücke[1] gewartet hätte. Da, dachte ich, (freylich von ein bisgen Faulheit unterstüzt) mußt Du doch schreiben, Du willst also lieber einen Posttag abwarten, und da wissen Sie wohl, daß man, wenn man diesem Grundsatz treu bleibt, leicht ein Dutzend Posttage[2] nach einander abpassen kan. In diesem Falle habe ich mich befunden, aber nicht durch Rosenbusches Schuld allein, sondern auch durch eines hiesigen braven Mannes Unschuld, sie kamen in einem grosen Packet von Büchern an diesen Mann, der nicht zu Hauß war, und wegen der Undurchsichtigkeit des Packets sah man das meinige nicht darin, und so lag alles beysammen über wer weiß wie viel Tage, etwa 200 Schritte von meinem Hauß, und ich glaubte unter dessen immer grade drauf los, daß es auf 30 Meilen[3] von mir läge.

Um kurtz von der Sache zu kommen, will ich gleich sagen was ich gerne bey der MondCharte in Ausübung gebracht sähe. Ich sähe gerne die Kreutzstriche wie bey a und b in dem beykommenden Abdruck vermieden. Ja es wäre die Frage, ob sich nicht alles durch lauter parallele Linien erhalten könte, wie man bey der MondCharte in der Connoissance des Tems auch gethan hat, wenigstens bey kleinen Feldern als in a und b und auch vielleicht c, denn so wie bey d könten sie allerdings bey grosen Flächen, wo gar kein völliges Licht ist, gebraucht werden. Oder wolten Sie einmal einen Versuch machen alles mit parallelen Linien auszurichten. Die Stufen des Schattens könten sich durch feine gleich dicke und gleich weit entfernte Linien; durch eben dieselben mit gleich feinen dazwischen gezogen; durch starcke Linien, die sich gehörig in die von der ersten Art verdünnen; und endlich auch diese mit dazwischen gezogenen Feinen Linien erhalten lassen, ja man könte noch mehrere Stufen erhalten, wenn man auch die in-

75

termittirende[4] Linie gebrauchte, wo sich der beschreibende Punckt, nach Herrn Professor Meisters Ausdruck, wie die Kugel bey Ricochet-Schüssen[5] bewegt. Ich meine diese — — — — — — —, die wieder in sich verschieden seyn kan, so gut wie die intermittirenden Fieber pp. Ich bitte Sie, machen Sie einen Versuch, wenn Sie nichts besseres zu thun haben, mit derselben Zeichnung, wozu Ja wohl das Original nicht mehr nöthig seyn wird. Ich lege einsweilen einen Louisd'or bey, weil ich Ihnen nicht zumuthen kan, Zeit auf Conto[6] zu verkaufen, die Sie vielleicht gegen baar Geld absetzen können. Ich glaube gewiß, es muß sich nicht übel ausnehmen, und da wollen wir auch die Tempora[7] sowohl als die partes micrometri[8] weglassen, weil auf die Charte nicht so viele Linien kommen, die hier wegen des schlechten Papiers gekrümmt erscheinen, und dem übrigen schaden. Ehe Sie wieder Abdrücke von dieser schon fertigen Platte für mich machen ließen, müste doch Mayer anstatt Meier, und auf die Seite Partes micrometri Mayeriani gesezt werden. Es ist aber Part: microm: Mayeriani hinlänglich. Mayeriani muß dabey stehen, weil an dem von ihm erfundenen Micrometer, das er hier meint, allein ungleiche Theile statt finden können. Ist dieses geschehen, so sind Sie so gütig, und schicken mir wieder so viel Abdrücke, könte ich gleich die von dem andern Versuch dabey haben, so geschähe mir eine desto grösere Gefälligkeit, es hat bis in die Mitte des Julii Zeit, da wir noch darüber Correspondiren können. Wenn Sie einmal die oben citirte *Mond*Charte sehen wollen, so können Sie sich nur einen Jahrgang von der Connoissance des tems von Herrn de la Lande von der Bibliotheck kommen lassen, was Sie für einen wollen, nur den nicht von 1773, der wohl noch nicht angekommen seyn wird. Er ist freylich platt, es ist aber auch ein Vollmond, wo der Mond selbst einfältiger aussieht, und der Kupferstecher hat nicht alle die Striche gebraucht, von denen ich oben geredet habe.

Meinen Coffer[9] habe ich wieder, und dancke ich Ihnen gehorsamst für das gütige Mitleid. Ich habe eine rechte Angst ausgestanden. Ich hatte in einem Anfall von schwindsüchtigen Vapeurs[10] kurtz vor dem Unglück meine Waden gemessen, und als ich sie 3 Wochen darauf wieder maß, so waren sie um ½ Zoll im Umfang Dünner, nun können Sie sich leicht dencken, was es erst im Kopf muß hergegangen seyn, da man bis in die Waden die Erschütterungen verspürte.

Ob wohl der Herr Professor Meister dem Herrn Professor Ljungberg ein Thermometer geschickt hat? Ich habe noch keine Nachricht. Vermelden Sie meine gehorsamste Empfehlung an ihn.

Was ich Ihnen schon längst gerne gesagt hätte, ist dieses, daß ich nach der Insul Helgeland, die 10 Meilen in die See hinein liegt, gehen werde.[11] Es ist eine dänische Insul,[12] oder vielmehr ein aus der See hervorstehender Felsen, der seine armen Bewohner kümmerlich ernährt. Sie ist 28 deutsche Meilen von hier, ich werde auf dieser Tour Glückstadt, Cuxhaven und Ritzebüttel besehen. Da will ich das Seewasser nicht vergessen, bey diesem wollen wir uns bey einer Pfeife Taback einmal etwas zu gute thun. Sprechen, meine ich, wollen wir davon, aber Doppelbier trincken.

Hamburg, wo ich mich 4½ Tage aufgehalten, ist ein höchst angenehmer Ort, sehr geschickt sich eine ziemlich vollständige Idee von den Häfen von Amsterdam und London zu machen. Ich logirte in einem Wirthshaus, wo einen in den andern gerechnet alle secunde ein Mensch vorbey gieng, also alle Stunde 3600 Menschen mit allerley Gesichtern, Figuren und Absichten. Von Hamburg bis hieher sind, wie man um und bey Göttingen unterschiedlich glaubt, 7 Meilen, in Hannover wird es für 6 gehalten, es sind aber eigentlich nur 5, wenn man den nächsten Weg (zu Wasser) rechnet. Diesen habe ich in 5 Stunden bey sehr günstigem Wind und Hülfe der Ebbe auf einem 2 Mastigen Schif zurückgelegt. Ich habe in diesen 5 Stunden, glaube ich, 6 Pfeifen Taback geraucht und dabey englisches Bier getruncken, wozu ich meinen Schiffer einlud, der darüber so treuhertzig wurde, daß er drey Canonen Schüsse that, wir wurden von der Stader Schantze bey wehender Flagge wieder mit einem Schuß begrüßt, den wir auch mit einem Erkentlichkeits-Schuß erwiederten. Was das für ein Vergnügen war, auf einem eine Meile breiten Strohm, auf dem Schiffe hier und da, von allerley Nationen lagen, die mit der vorhergehenden Fluth Hamburg nicht hatten erreichen können, ist nicht zu beschreiben. Wenn ich doch ein eintzigesmal eine solche Reise mit Ihnen thun könte, Sie müsten mir aber nicht Seekranck werden, denn das kan man, wenn man anders nicht über Wörter streiten will, auf der Elbe schon sehr gut werden. Stade hat mir bisher noch nicht recht gefallen, der Wall ist ein außerordentlich angenehmer Spatziergang hier, wogegen der Göttingische gar nicht kan in Vergleichung kommen, mein gewöhnlicher Spatziergang geht nach der Elbe. Sie wäre gantz nah wenn man grad hinkommen könte. Ein Lichtstrahl, der von dem Ufer der Elbe nach dem Stader Thore geht, ist nicht länger als etwa einer der von der Maschmühle nach dem Wehnder Thor fährt, allein man kan dem Lichtstrahl leider nicht nachgehen, sondern ehe man an den obbenannten leuchtenden punckt über dem Elbe Ufer kommt, durchkreuzt man Strahlen dieses Punckts, die wenigstens eine halbe vierthel Meile an Stade vorbeyfahren. Ich meine eigentlich, man kan nur durch Umwege hinkommen, so daß ich es fast für weiter[13] halte als von Göttingen nach der Papiermühle. Unten steht ein Wirthshauß, wo ich mich am vorigen Donnerstag von Morgends 8 bis Abends halb 9 aufgehalten habe, ich hatte meine Tubos[14] und ein Buch bey mir, und habe einmal mit blosen Augen 16 Schiffe zählen können, die alle mit vollen Segeln vorbey fuhren; Ich habe wohl 100 mal an Sie gedacht. Ebbe und Fluth habe ich unter meinem Fenster. Wenn Aristoteles, der sich doch, weil er dieses Phänomen nicht erklären konte, ersäuft haben soll,[15] da gewohnt hätte, wo ich jezt sitze und schreibe, so hätte er seine Absicht, das Ersäufen meine ich, grade aus dem Fenster erreichen können. Jezt eben ist es beynah Ebbe, und Hunde, Kühe und Betteljungens gehen jezt trocknes Fußes, wie die Kinder Israël durchs rothe Meer, durch diese Bucht der <u>Schwinge</u> (so heißt der hiesige Strohm) woran ich wohne, da wo in etwa 6 Stunden ein Reuter mit seinem Pferde ersaufen könte. Es ist ohnstreitig ein reitzender Anblick für einen

Mittelländer, wie Sie und ich sind. Vor 14 Tagen habe ich ein dreymastiges Schif von einer niedlichen Structur allhier unter Canonen, Paucken und Trompeten Schall und unter dem Freudengeschrey von mehr als 2000 Menschen vom Stapel laufen sehen.[16] Auch ein Anblick, den ich in diesem Jammerthal der Zeitlichkeit[17] noch nicht gehabt habe.

Für Ihre Nachricht[18] von dem Jupiter bin ich Ihnen verbunden, bis jezt habe ich noch wenig darnach gesehen, ich baue noch.[19] Ich werde es aber thun.

Ich bitte meine gehorsamste Empfehlung an Dero Frau Liebste zu vermelden und zu glauben, daß ich mit vollkommenster Hochachtung bin.

Ihr ergebenster Diener und Freund
G.C.Lichtenberg.

P.S. Wieder etwas vom Pastelmahlen.[20] Es wird Ihnen vielleicht nicht unangenehm seyn ein Verfahren zu hören, wenn es Ihnen nicht bekannt ist, wie man Pastellmahlereyen, wie eine Stubenwand groß, verfertigen könte ohne auf Papier und Pergament zu mahlen, und welches ein vortrefflicher Grund ist. Das Gemählde, das ich so gesehen habe, that eine vortreffliche Würckung und der Mahler versicherte, daß die Leibhafftigkeit von dem guten Grund herrühre. Man gründet ein Stück Tuch mit Oelfarbe wie zum Oelmahlen. Ehe es trocken ist, oder gleich nach vollendeter Gründung, nimmt man fein gestossenen Bimsstein und überpudert das Tuch dick damit und läßt es trocknen, alsdann nimt man mit einer Bürste den nicht anklebenden Bimsstein weg. Dieser Grund sieht nicht allein dem Pergament ähnlich, sondern fühlt sich viel schärfer an, alle Farben schreiben vortrefflich und man kan sie gantz dick auftragen und sie sitzen auch sehr fest. Das Porträt, das ich gesehen habe, war vortrefflich. Der Mann, der mir dieses gesagt hat, will nie mehr auf Pergamen[21] mahlen.

Leben Sie wohl.

Herr HofRath Kästner meldet mir,[22] daß Herr Baumann eine Blutstürtzung gehabt habe.

25. An Christiane Dieterich

[*Stade, 28. Juni 1773*]

[1]Liebste Frau Gevatterin,

und so wie ich in den Speise Saal hineintrat, war ein schicklicher Platz zum observiren das erste worauf ich dachte. Nach einer Wahl von etlichen Augenblicken kam es zum Schluß, ich stund, und die Beobachtungen nahmen ihren Anfang. Ich hatte mich, wie ich erst nach der Hand gehörig einsah, herrlich postirt. Zur Rechten etwas von mir, doch so daß wir einander mit den Rockfalten berührten, stund ein Mädchen, welcher ich mit meinen Augen fast an die Nase reichte, und ich konte frey über ihre lincke Achsel weg die Tafel mit meinen Augen bestreichen; wolte ich frey stehen, so schob ich nur meinen rechten Arm an ihrem lincken Arm (ohne die Rockfalte zu berühren, welchen muthwilligen Gedancken ich mir ernstlich hiermit verbitte:) vorbey, so stund ich voran, grad umgekehrt verfuhr ich, wenn ich wieder bedeckt seyn wolte. Zur Lincken stund mir ein Tölpel von 6 Fußen, dem ich mit meinem Scheitel, ich meine den welchen mir der Perüquenmacher in Hannover aufgesezt hatte, an den dritten Westen Knopf, von oben gerechnet, reichte. Hinter diesen dachte ich willst du dich zurückziehen, wenn du gantz versteckt seyn willst, und überhaupt hinter diesem Kerl bist du wie zu Hauß. Dort die dicke Dame, grade gegen uns über, in dem blauen Kleide ist die Königin sagte der Hausknecht, indem sein Zeigefinger seinen Weg nach der Königin durch meine rechte Locke nahm, daß ich fast böß geworden wäre: Halt er das Maul ich sehe sie schon lange, antwortete ich bloß mit einem kurtzen | Schütteln des Kopfes, das sich in ein Nicken endigte. Der Kerl, ob er gleich nichts als ein bloser Hausknecht war, verstund diese Sprache und überlies mich von der Stunde an meiner eignen Führung.

Die Tafel woran gespeißt wurde, war ein länglichtes VierEck an dessen langen Seiten 3, und schmalen 2 Personen Raum hatte. Alle Seiten waren besezt, daß in allem 10 Personen am Tische sassen. Die Königin saß an einer langen Seite, in der

Mitte zwischen zwo Damen; gegen Ihr über eine Dame zwischen zween Chapeaux[2], und an jeder schmalen Seite noch zwo Damen. Die speisende Gesellschafft bestund also aus einer Königin, sieben Damen und zween Cavaliers. Die Reihen waren nicht bunt an der Tafel und konten es nicht seyn, hingegen bey uns (den Zuschauern) waren sie es desto mehr, man hätte allemal einen Cavalier auf eine Dame rechnen können, oder eigentlicher zu reden, auf jedes Dienstmädchen einen Handwerckspursch oder Hausknecht. Die Königin war ziemlich hoch und mit Geschmack frisirt und hatte um den Hals, der übrigens Conventionsmäßig blos war, einen sehr simpeln Schmuck, und war, wie Sie schon von dem Hausknecht gehört haben, in blaue Seide, leicht gekleidet. Um ihre Arme, die von sündlicher Schönheit sind, hatte sie ebenfalls etwas gebunden. An dem Halsschmuck muste an dem Tage etwas versehen worden seyn, denn die eine Hand war öffters bemüht in jener Gegend etwas zu redressiren[3], schien aber | nichts ausrichten zu können. So bald Sie bey dem Essen eine Hand entbehren konte, so lehnte sie sich mit vielem Anstand mit dem einen Arm auf den Tisch und aß mit der Rechten allein.[4] Sie war, ohne selbst viel zu reden, sehr aufmercksam auf alles was geredet wurde, und hielt den Kopf allemal in einer horchenden Stellung gegen die Sprechende Person. Sie lächelte öffters und lachte einmal gantz laut, wobey sie die gantze Tischgesellschafft und auch uns ansah. Wir Knechte und Mägde lachten auch mit, ich, indem ich mich hinter den Tölpel zurückzog, denn, weil ich mich etwas dabey schämte, so war mir das Mädchen zum Schutz nicht groß genug. Ich hatte von dem Spaß kein Wort verstanden ob ich gleich sonst Spässe und französisch verstehe. So viel habe ich aber noch kurtz vor der Retirade[5] hinter den Kerl bemerckt, daß der Einfall, über den gelacht worden war, von einer von den Damen an der schmalen Seite hergerührt hatte. Die Chapeaux schienen ihn sehr zu approbiren[6]. Übrigens war die Dame von den Jahren, wo der Einfall schon gut seyn muß, wenn ein Cavalier darüber lachen soll, nemlich bey 8 Wachslichtern geschätzt 56, also vermuthlich 60 Jahr.

Die Königin ist wahrscheinlicher Weise, denn stehen habe ich sie nicht gesehen, nicht sehr groß, allein starck[7] von Person. Ihre Gesichts Farbe ist gesund, melirt[8] aber doch mehr weiß als roth. Ihre Augen | zwar nicht lebhafft aber durchdringend und verrathen Nachdruck Feuer und Geist. Der Heroismus, den sie bey ihrer Arretirung bewieß, denn sie kriegte den Officier, der ihr den Arrest ankündigte beym Schopf zu fassen, ist in ihrem Gesicht, wiewohl mit sehr viel weiblicher Sanfftmuth verwaschen, ausgedrückt.

Auf dem Walle hat sie zwey Zelten aufschlagen lassen unter welchen sie frühstückt und des Abends Thee trinckt. Bey schönem Wetter geht sie durch die Strasen der Stadt spatzieren, giebt den Kindern die Hand, läßt sich dieselbe von ihnen Küssen und spricht mit den Leuten. Sie ist da sehr geliebt, und es ist wohl kein Paar Fäuste in Celle, das nicht willig nach dem spanischen Rohr[9] oder nach dem Dreschflegel griffe, wenn einmal einer von den Schufften, ich meine ihren Feinden, seinen Weg durch die dasigen Gegenden nehmen solte.

Von Celle nach Hamburg hat sich mit mir nicht viel sonderliches zugetragen, es war abscheuliches Wetter und ich saß in einem Fuß Sack bis unter die Arme. Diese angenehme Lage bey einem kalten nassen Wetter, brachte bey mir ein paar Gedancken auf die Flügel die bisher sich immer eingehalten hatten. O wenn sie die wüßten, wenn sie wüßten was ich in Hamburg gesehen gehört, gegessen gelacht und gethan habe, da würden Sie sagen der kleine Professor ist doch ein loser Schelm, und dann einmal, O die ehrliche Seele, am Maul bricht[10] er sichs ab, der arme Teufel, ach der gute Mann, der Spitzbube, wart ich will ihm machen. Aber was denn machen Sie was Sie wollen. Ich bin doch Ihr ergebenster Diener und Freund   GCLichtenberg

26. An Johann Andreas Schernhagen.

Stade, den 19ten Julii 1773.

P. P.

Vorgestern um 3 Uhr bin ich glücklich, aber sehr ermüdet, von der Sonne halb geröstet, mit einem über und über ausgefahrenen[1] Munde, übertheerten Kleide und einem Geruche, wie ein getrockneter Schollen, zu Brunshausen, nach einer Süß- und Salzwasserreise von 8 Tagen angelangt. Ich würde ein ziemliches Bändchen anfüllen können, wenn ich Ew. Wohlgeb: alles Vergnügen, Herzeleid, Prospecte und Histörchen erzählen und beschreiben wollte, die uns auf dieser Reise vorgekommen sind, zumal, wenn ich einige der unempfindsamsten Parthien ein bißchen mit eingestreuten Bemerkungen, wie sie wohl verdienten, strecken sollte. Ich will also heute nur hier und da Etwas herausnehmen, mit dem feierlichen Versprechen, künftig Alles, wo nicht schriftlich, doch gewiß mündlich nachzuholen.[2]

Die Gesellschaft, die noch am Tage der Abreise durch die Weissagungen und Zeichendeuterei furchtsamer Personen vermindert worden war, bestand endlich aus folgenden Personen: dem HE. Hauptmann von Hinüber, der die Direction über Alles übernommen hatte, und dem allein wir die große Bequemlichkeit, Ordnung und Reinlichkeit auf unserm Schiffe zu danken hatten; dem HE. Hauptmann von Holle von den Grenadieren; dem HE. Lieut. Zandré di Caraffa, einem sehr artigen und dabei höchst lustigen Manne, der eine große Rolle bei dieser Reise spielte; dem HE. Lieut: von Rönne, der den stärksten Körper unter uns führte und zuerst seekrank wurde; dem HE. Lieutenant von Zelle, dem HE. Fähndrich von Cronhelm, dem HE. Fähndrich Isenbart (dem Bruder des Majors); dem HE. Auditor[3] von Wersebe und – – Mir. Außer uns waren der Schiffer mit zwei Matrosen, drei Bediente, worunter auch Heinrich sich befand, und eine Köchin, also in Allem 16 Personen. Wir waren mit Proviant von allerlei Art, unter anderen auch mit einem großen Bauer voll Hühnern, mit Flinten, Musketons[4], Schwärmern, Granaten und

7 kleinen Kanonen versehen. Zum Ballast hatten wir 20 große Tonnen mit Wasser eingenommen und außer diesen noch 2, worin Wasser zum Trinken befindlich war. Die Kajüte ward durch zwei Reihen Tonnen in 3 Theile getheilt, in der Mitte speiseten wir, auf der Rechten befanden sich unsere Betten und auf der Linken die Betten der Bedienten. Kaffee und Thee wurden beim schönen Wetter auf dem Verdeck in allerlei Lagen, Stellungen und Richtungen der Gesichter getrunken. Von Anfang war uns der Wind entgegen, so daß wir bis in die See laviren[5] mußten; hier war er es auch, allein da er bisher uns nur zu necken geschienen, so schritt er nun zu wahren Thätlichkeiten; er blies so heftig gerade von Helgoland her, daß unser Lootse, den wir vorher weislich in Cuxhaven eingenommen hatten, zu unserm Schiffer sagte: <u>Hört Schipper, wir kommen hier nicht weg, und ich fürchte, daß wir die Nacht eine stiefe Köhle[6]</u> bekommen. Wir befanden uns in der That auch an einer Stelle, wo sehr viele Schiffe verunglücken, wir wendeten also gerade um und segelten vor dem Winde nach dem neuen Werk[7], wo wir die Anker fallen ließen und zwei Nächte und einen Tag zubrachten. Der Aufenthalt auf dieser Rhede[8] ist vorzüglich merkwürdig, denn bei der Ebbe gingen wir auf halbe Meilen um unser Schiff spazieren, schossen Lerchen, Becassinen,[9] fingen Krabben mit den Händen, lasen Muscheln für die Küche und die Cabinette[10], und bei der Fluth fuhren wir in unserer Chaluppe spazieren. Am Ende der zweiten Nacht stellte sich ein angenehmer Südwind mit der Ebbe ein, der uns in kurzer Zeit wieder ersetzte, was wir vorher verloren hatten. In der See überfiel uns eine Stille bei einem so angenehmen Himmel, daß wir, die wir bei unserer Reise nichts mit Procenten zu thun hatten, einmüthig diesen Tag für den angenehmsten auf unserer ganzen Reise halten. Die See war durchaus perlenfarbig, glatt wie ein Spiegel, und gegen Westen unter der Sonne schien sie zu brennen; die Tümmlers und Seehunde begleiteten unser Schiff und wurden für diese Ehre zuweilen mit einer Kugel begrüßt; wir bekamen allerlei besondere Gestalten von Thieren zu sehen und überall standen die

kleinen Krebse (Granaten[11]) in Haufen, wie die Mücken in der Luft, und sonnten sich.

Es mogte etwa 6 Uhr sein des Abends, als uns Helgoland zu Gesicht kam, und ehe es in der Dämmerung verschwand, sah es gegen den rothen Himmel dunkelblau und etwa so aus wie in der Figur[12]. So wie es dunkel wurde, besuchte uns unser Südwind wieder, und wir wurden ziemlich schnell nach der Insel getrieben, vor welcher wir des Nachts zwischen 11 und 12. die Anker fallen ließen. Eine halbe Meile etwa von der Insel liegt eine Tonne, die Vorbeifahrenden wegen eines Felsens zu warnen, der gerade bei ihr liegt. Ew. Wohlgeb*oren* werden es ohne mein Erinnern glauben, daß wir Alle unsere Aufmerksamkeit verwandten, sie im Dunkeln zu entdecken, zumal da uns unser Lootse noch am Tage erzählt hatte, daß vor nicht gar langer Zeit ein Schiff dabei zu Grunde gegangen wäre. Passagiere und Matrosen legten sich über das Vordertheil des Schiffs hinunter und sahen darnach. Ich stand hinter ihnen und sah ihnen über die Köpfe weg und hatte das Glück sie zuerst zu sehen, und rief laut: hier ist die Tonne! Der Steuermann, der sie gleich darauf auch sah, machte eine geringe Wendung, und wir strichen vorbei, daß es eine Lust war anzusehen. Was mir diese Nacht vorzüglich merkwürdig machte, war das Leuchten des Seewassers,[13] das ich noch nie gesehen hatte. Es waren nicht etwa einzelne Funken oder schnell vorübergehende schwache Blitze, sondern der Schaum der Wellen schien völlig zu glühen, welches, da dieser Wellen unzählig viele waren, ein Feuerwerk vorstellte, das wohl so gut war als dasjenige, welches die Artilleristen zu Hannover abbrennen werden, wenigstens war es für mich angenehmer, so sehr ich auch sonst Feuerwerke liebe, und ich kenne den Geschmack von Ew. Wohlgeb: und dem ganzen Kleeblatt[14] so gut, daß ich wohl sicher behaupten darf, sie würden gegen mein Feuerwerk gewiß alle die Herrlichkeiten der Artilleristen gern entbehrt haben. Ich ließ einen Eimer voll herauf holen, und so wie ich die Hand in demselben bewegte, leuchteten die kleinen Wellen an verschiedenen Stellen, wie sich ohngefähr ein schief auffallendes Licht in denselben abzubilden pflegt.

Der beikommende Krug ist aus der feurigen Quelle[15] von mir geschöpft; ich übersende ihn gleich, weil doch das Wasser etwas bis gegen den Herbst in den Krügen verlieren könnte. Leuchten wird es wohl schwerlich mehr, da selbst die See nicht bei allen Winden leuchtet. Mich soll verlangen, was Ew. Wohlgeb*oren* zu dem Geschmack desselben sagen. Kaum war der Tag angebrochen, so kroch ich auf das Verdeck, um nun die wahre Gestalt der Insel zu sehen, von welcher ich mir nach dem Wenigen, was ich den Tag zuvor davon gesehen hatte, allerlei Bilder formirt hatte. Die wahre Gestalt derselben übertraf aber alle Vorstellung sehr weit. Von der östlichen Seite an der wir vor Anker lagen, sah sie beiläufig[16] so aus:[12]

Die ganze Insel besteht aus einem rothen sehr verhärteten Mergel[17], der mit weißen Adern so durchlaufen ist, wie ich auf der Zeichnung angedeutet habe. Sie ragt nach Aussage der Leute 30 bis 40 Klafter über die Oberfläche des Wassers hervor.[18] Die oben auf der Insel befindliche Erde ist nicht viel über 4 Fuß dick. Die Menge der Menschen ist für den kleinen Ort sehr groß.[19] Alles wimmelt von Kindern, deren wir viel ganz nackend gehen sahen; sie schwimmen mit einer solchen Fertigkeit, als ich noch nie vorher gesehen hatte. Für 3 Groschen, die ich einem Jungen von 10 Jahren schenkte, schwamm er eine ziemliche Strecke in die See hinein und kehrte sich im Wasser um, so daß die beiden Füße nur allein zu sehen waren; plötzlich überpurzelte er sich wieder, wie ein Tümmler und kam mit dem Kopfe hervor.

Eine besondere Müdigkeit, die ich bei dieser Witterung verspüre, erlaubt mir nicht, weitläuftiger zu sein. Ew. Wohlgeb*oren* werden die Verwirrung entschuldigen, womit ich hier vielleicht unbeträchtliche Sachen erzählt habe. Ich setze nur noch dieses hinzu, daß wir auf der Rückreise einen günstigen aber heftigen Wind hatten, so daß wir in $4\frac{1}{2}$ Stunden 10 deutsche Meilen zurücklegten. Nicht der Schaum, sondern die klaren Wellen schlugen zuweilen in das Schiff, und keiner von den Passagieren, als ich und HE. Zandré, waren auf dem Verdeck. Seekrank sind gewesen: HE. Lieut: Rönne, HE. Isenbart, HE. von Wersebe, alle Bedienten und die Köchin. Künftig mehr.

HE. Nikolai hat mir einen sehr verbindlichen Brief[20] geschrieben, worin er mich zur Mitarbeit an der allgemeinen D.[*eutschen*] Biblioth: einladet; er überläßt es mir, selbst Fach und Honorarium zu bestimmen. Die Ursache, die er angiebt ist, wie mich dünkt, sehr natürlich und vernünftig; er sagt nämlich: er wünschte gern alle die besten Köpfe in Deutschland zu Mitarbeitern zu haben. Ich habe mir aber wegen allzuvieler Geschäfte diese Arbeit für jetzt noch verbeten[21] [. . .]

27. An Friedrich Christian Lichtenberg

Stade, den 13 August 1773.

Mein lieber Bruder

Dafür, daß ich Dir weitläufftig (und anders wäre es nicht möglich) erzähle, warum ich Dir nicht habe schreiben können, will ich lieber gleich anfangen eigentlich zu schreiben; es könte sonst leicht kommen, daß mein ganzer Brief von solchen Ursachen voll würde, wodurch Du doch am Ende weiter nichts erführest, als was Du schon weißt, daß nemlich Dein Bruder Ursachen gehabt hat, warum er bisher mit seinen Briefen ausgeblieben ist. Ich habe bey meiner Correspondentz bisher, um nur fertig werden zu können, nach dem Grundsatz verfahren müssen, an alle diejenigen nicht zu schreiben, von deren Bereitwilligkeit, den Mantel der Liebe[1] über ein solches Verfahren zu schlagen, ich am sichersten überzeugt seyn konte, und so siehst Du wohl, müssen die Brüder zu erst daran. Wärest Du blos Ober Appellations= Rath und nicht mein Bruder, so hätte ich mir vielleicht Ew. Wohlgebohren in ein paar Zeilen zu geneigtestem Andencken gehorsamst zu empfehlen die Freyheit genommen, so ungerne ich auch sonst zu Nehmung solcher Freyheiten schreite.

Unser guter Vetter[2] hat mir sehr gefallen. Du wirst gehört haben, was wir für eine kurtze Entrevüe[3] gehabt haben, und sie würde würcklich unerträglich kurtz gewesen seyn, wenn ich nicht die Vorsicht gehabt hätte an den Mündenschen Postmeister zu schreiben und ihn zu ersuchen den Herrn Lichtenberg auf dem offnen Postwagen fortreisen zu lassen. Es ereignete sich dabey ein sonderbarer Umstand der diese Vorsicht doppelt nothwendig machte. Ich wolte, wie Du weist, mit der englischen Kutsche, die zu Münden ihren Anfang nimmt, nach Hannover, weil aber die Personen, die in derselben von Münden nach Göttingen kommen um nach Hannover oder Hamburg zu gehen, ein Vorrecht vor denen haben, die sich in Göttingen einsetzen, und daher öffters Göttinger zurückbleiben, oder sich auf den offenen Postwagen setzen müssen, so muste ich, um fort zu kommen, meinen Platz schon von Münden an bezahlen, denn dort hatte ich so viel Recht als wenn ich von Cassel gekommen wäre. Dieses hatte ich gethan. Wäre nun des Vettern Nahmen in Münden dem Postmeister bekannt geworden, so hätte er ihn vermuthlich gefragt, ob er ein Verwandter von mir wäre, und weil er ein feiner dienstwilliger Mann ist, ihm gewiß alsdann davon gesagt, daß ein Platz, in der sehr bequemen Kutsche, von mir bis Göttingen bezahlt wäre. Der Vetter hätte sich gewiß hineingesezt, denn zwischen einem Platz in dieser Kutsche und einem auf einem offnen Postwagen läßt sich meines Erachtens so wenig länger wählen, als zwischen einer welschen Hahnen Pastete und einem Aepfelbrödtgen[4], und so hätten wir uns gnau so lange gesprochen als es Zeit kostet vier Räder zu schmieren, und vier Pferde aus und vier einzuspannen. So kam er aber mit dem offnen Postwagen, der aber leider auch an diesem Tage ungewöhnlich spät ein traf. Doch sind wir einige Stunden zusammmen gewesen. Sein Betragen und geäusserte Gesinnungen, Anstand und alles übrige haben mir sehr gefallen. Ich hoffe, er soll allen seinen Verwandten Ehre machen. Bisher ist seine Aufführung sehr gut gewesen, ich weiß dieses aus den Nachrichten einiger von den Schutzgeistern, unter deren Obhut ich ihn dort zurückgelassen habe. Etwas habe ich an ihm bemerckt, wogegen ich auch damals bey unserm Caffee schon etwas sprach, nemlich eine grose Neigung zu Sprachen, und auch eine Ueberzeugung, daß es sehr nützlich sey, viele Sprachen zu lernen. Dieses muß er ja nicht thun, wenigstens werde ich ihm nie dazu rathen. Es ist der gradeste Weg zu dem ex omnibus aliquid[5], der nur genommen werden kan. Meine Meinung wäre wenn er sein Jus und die Historie gründlich studierte, das fackeln lernt sich am Ende sehr leicht, jene Studien aber haben verdrüßliche Seiten und sind voller Sachen, die nicht mehr hafften, wenn man über gewisse Jahre hinaus ist. Etwas zur Erquickung von den Haupt Sprachen zu erlernen, und was man, wenn der Verstand erst seine Form hat, leicht zu einem Grad von Vollkommenheit erweitert, die der SprachGeck[6] nie erreicht, ist allerdings nützlich. Er muß es nur nicht auf den Fuß treiben, den ich leider fast den Göttingischen nennen mögte, wo es in allen Häußern Pürschchen giebt, die an einem Abend im Gray, Metastasio, Chaulieu und Gongora lesen.[7] Möser[8], nach meinem Urtheil einer der vollkommensten Männer, und von dessen Geist und Herz ich Dir einmal zu einer andern Zeit mehr sagen will, hat auch diesen Rath seinem Sohn gegeben, ob er gleich selbst Bücher in den meisten Europäischen Sprachen ließt und im englischen eine ungewöhnliche Stärcke hat, aber dieses hat er erst nachher gethan. Wenn man seine Muttersprache, latein und französisch versteht, so lernen sich, wenn zu mal ein etwas philosophischer Geist dazu komt, die andern gewöhnlichen Sprachen unglaublich bald, ohne über den verbis irregularibus[9] und deren Conjugation die beste Zeit zu verliehren. Das englische soll er in meiner Gesellschafft und von mir selbst, in seinen Abendstunden, lernen, wenn ich nur erst wieder zurück bin.

Nun auch etwas von Stade, wo ich nun schon 12 Wochen lebe und noch vielleicht 8 leben werde. Der Ort ist kleiner als Darmstadt, und wird von einer groben und abergläubischen Nation bewohnt. Die meisten glauben im Ernst, ich sey vom König hieher geschickt, wegen der vielen Nassen Jahre mit der Erdkugel eine kleine Veränderung vorzunehmen, und daß die Geister des Nachts zu mir kämen, welches mich hier in einen solchen Ruf bringt, daß ich das Gespräch der Stadt und des gantzen Landes umher bin.

Die Stadt liegt etwa so weit von der Elbe, als Bessungen von Darmstadt. Es führt ein angenehmer Spatziergang dahin und wenn man nicht gehen will, so kan man auch zu Wasser für 1 gutengroschen in einem niedlichen Boot hin kommen. Die Elbe ist da eine Meile breit und beständig voller Schiffe von allerley Nationen, die nach Hamburg oder von da zurück in die See gehen. Gegen über sieht man die fruchtbare Küste von dem Dänischen Holstein. Nach Hamburg komme ich alle Tage für 4 gute groschen wenn ich will. Ich habe mich da neulich 4½ Tage aufgehalten,[10] und muß zur Ehre unsres seeligen Vetter Eckhardts bekennen, daß ich nicht geglaubt habe, daß in Deutschland ein Ort wäre, wo man sich eine so vollständige Idee von dem was London und Amsterdam groses haben, machen könte, als diese Stadt. Am Hafen liegt ein Gebäude, das das Baumhauß genannt wird, mit einer Gallerie oben auf dem Dache, worauf zuverläßig einer der schönsten Prospeckte in Deutschland nach dem einstimmigen Zeugniß aller Reisenden ist. Ich glaube, ein empfindsamer Darmstätter, den man mit verbundnen Augen dahin brächte und sie auf jenem Dache öffnete, würde, wie der Mensch, dem Cheselden den Staar stach, Zuckungen bekommen.[11] Ich kan mich unmöglich in eine Beschreibung dieser Aussicht einlassen. Ich erwähne nur dieses, daß man hunderte von dreymastigen Schiffen, wovon eines allein seinen Mann in Erstaunen setzen kan, auf einmal übersieht. Da liegt das leichte niedliche englische Schif mit dem scharfen Kiel, dem man seine Flüchtigkeit ansieht, neben dem runden und schweren Holländer, der, um mehr Käse laden zu können, lieber etwas schwerer segelt, und dann kommt ein Schif, das vor wenigen Tagen vom Wallfischfang zurück kam, wie eine Kirche plump und schwer, mit geflickten Seegeln, über und über schmutzig, da liegen Spanier und Portugiesen und Russen, und in dem Tauwerck, das in der Ferne einem Gewebe von Spinnen ähnlich sieht, klettern die Menschen wie die Spinnen. Alles lebt und wimmelt, da wird reparirt, gebaut, aus und eingepackt, und alles was wacht ist geschäfftig. Auf einmal sieht man die Seegel von einem solchen Gebäude voll werden und unter einem Freudengeschrey der Matrosen von den benachbarten Schiffen geht es mit einem Zuge, dessen Majestät nichts auf der Erde gleich kommt, den prächtigen Strohm hinunter, um andere Reichthümer zu holen, mit manchem armen Teufel an Bord, der heute seinen lezten vergnügten Tag gehabt hat. Für mich, der das Wasserfahren und Seewesen beynah bis zur Ausschweifung liebt, ist dieses ein Vergnügen, das ich allen vorziehe und das mir Thränen in die Augen bringen kan. Ja ich habe neulich, glaubst Du das wohl, wieder eine Seereiße von 8 Tagen gemacht, die mich aber doch nur 20 Thaler etwa kommt. Ich bin nach der Dänischen Insul Helgoland[12] hin gewesen, und habe das Vergnügen gehabt, da die Wellen einmal sehr hoch giengen, weil ich, indem die andern in den Betten lagen, immer oben stund, so durch die Bewegung des Schiffs umgeworfen zu werden, daß ich glaubte, ich gienge in Stücken. Kranck bin ich dießmal nicht gewesen, obgleich mein Bedienter sich die Gedärme fast aus dem Leibe gebrochen hätte. An diesem Morgen blies es so hefftig, jedoch ohne zu stürmen, daß wir in $4\frac{1}{2}$ Stunden einen Weg von 10 Meilen zurücklegten. Was ich ausser nach dieser Insul noch dabey für Touren gemacht habe zu erzählen würde mich zu weit führen. Ich habe 6 Krüge mit Seewasser mitgebracht, weil einige Personen in Hannover und Göttingen Lust bezeigt haben es zu kosten. Du wirst vermuthlich wissen daß das Seewasser bey gewissen Winden des Nachts leuchtet, diese schöne Erscheinung habe ich bey dieser Fahrt recht genossen, wo unser Schif das Meer schäumen machte, war es als wenn die Sonne auf Haufen von Stückchen Lahn[13] schiene, und wenn man in das Meer spuckte oder pisste, welches beydes fast von uns allen, ohne egard[14] für die Damens an Bord, versucht worden ist, so schien es allemal in dem Wasser zu blitzen. Auf dieser 8tägigen Reise bin ich von der Sonne und der Seelufft beynah schwartz geworden. Wenn ich das Hemd von meinem Arm aufstreife, so sticht die Farbe der Hand gegen den Arm so ab, daß man glaubt, ich hätte Handschuhe an, oder die Hand in eine verdünnte quantität succi glycyrrhizae[15] gesteckt. Wieder auf Hamburg und Herrn Vetter Eckhardt zurück zu kom-

men, Wie wehe muß es dem guten Mann gethan haben einen
solchen Ort zu verlassen, und sich an ein paar Oberförsters
Buben anschließen zu lassen? Aber warum ist er nicht grade
wieder zurückgegangen. Schreibe mir doch, wenn es Dir anders bekannt ist, bey wem er sich aufgehalten hat, ich will
würcklich das Hauß besuchen, wo dieser rechtschaffene aber
verunglückte Candidat gelebt, und, wie ich mich erinnere gehört zu haben, eine Köchinn immer in sein Gebet eingeschlossen hat. Ich werde in 14 Tagen oder drey Wochen wieder hin reisen.

Es ist diese Messe eine kleine Schrifft von 5 Bogen zu Berlin herausgekommen, die betitult ist: Timorus oder Vertheidigung zweyer Israëliten pp.,[16] die in Göttingen sehr viel
Aufsehen gemacht hat. Von Anfang hielt man Kästnern,
dann Michaëlis für den Verfasser, ob es gleich weder in dem
Stil des einen noch des andern abgefaßt ist, und nun soll ich
es geschrieben haben, blos weil sich der Verfasser Photorin
genannt, und Professor Dieze zuerst entdeckt hat, daß dieses Lichtenberg auf deutsch hiese.[17] Ich weiß nicht was den
Verfasser bewogen haben mag, sich so zu nennen, allein ich
bin es nicht, so wenig ich mich sonst auch des meisten in
dem Büchelchen zu schämen hätte, so muß ich es bekennen. Der Verfasser ist vermuthlich ein gewißer Herr Heidevogel in Riga, der vor einigen Jahren in Göttingen studirt
hat, ein Mensch, der sich gewiß noch einmal in diesem Fach
zeigen wird. Die Schrifft ist allerdings grob und geht zu weit,
aber dem ohngeachtet sind doch Stellen darin, die viel Laune und Genie verrathen, wie kein vernünfftiger läugnen
wird, und doch sollen, ich habe es nicht gelesen, sich die
Franckfurther Recensenten[18] darüber lustig gemacht haben. Sage mir doch wer diese Recensenten sind, es sind gewiß junge Leute, die sich durch eine sich angezwängte Frey-
müthigkeit das Ansehen geben wollen, als wüsten sie was, in
Göttingen sagt man, Kölbele in Franckfurth und ein Advocat Schultz in Darmstadt schrieben diese Zeitungen, wer ist
dieser Advocat Schultz? Den Kölbele kenne ich wohl. Er
heißt Baltzer.

Die Geschichte mit der Amsel ist allerdings sonderbar.[19] Ich habe es meinem lieben Göbel doch immer angesehn, daß er sich einmal durch eine Amsel bekannt machen würde, und man kan es wahrlich keiner Amsel verdencken wenn sie ihn lieb hat, er hat seine besten Jahre mit ihrer Erziehung hin gebracht, und dafür nie einen Pfennig erhalten, aber desto reichlichere Flecken, auf Hut und Hosen, die Pfennigen ähnlich sahen, die er zuweilen noch weg klaubte, wenn unser seeliger Recktor[20] uns in das Staatsinteresse des alten Roms führte.

Vor einigen Monaten schrieb ich einen Brief an den jungen Eswein nach Mörfelden, es war eine Antwort auf einen von ihm.[21] Da er mir nicht wieder geantwortet hat, so erkundige Dich doch ja, es liegt mir sehr viel daran. Wenn Du ihn in einem kleinen Brief fragen woltest, so geschähe mir eine grose Gefälligkeit.

Die Königin von Dänemarck habe ich in Celle speisen sehen und über eine halbe Stunde nur 3 Schritte von ihr gegen über gestanden.[22] Der lieben Schwester zu gefallen, weil sie, wie ich weiß, diese Neuigkeiten interessiren, füge ich eine kleine Beschreibung mit aller Aufrichtigkeit eines philosophischen, unpartheyischen Bruders bey.

Die Königin ist nicht sehr groß, dabey recht, was man ausgestopft nennt, alles ist dick, doch ohne in das schmalzigte Forstmeistermäßige[23] zu fallen. Ihre Mine ist nicht gantz frey, und aus ihren Augen leuchtet, zumal so bald sie aufhört zu lächeln, etwas trotziges bey vielem Feuer hervor. Ihre Gesichtsfarbe ist gesund aber mehr blaß als roth, und ihr Gesicht über haupt nicht was man schön nennt. Man sieht ihr, meiner Meinung nach, Muth und Entschlossenheit an, den sie auch würcklich bey ihrer Arretirung gezeigt hat. Sie aß mit grosem Appetit, und hörte dem was gesprochen wurde mit vieler Aufmercksamkeit zu, ohne selbst viel zu sprechen. Wenn sie nur eine Hand bey dem essen brauchte, so legte sie sich gantz nachlässig mit dem andern Arm über den Tisch. Sie lachte einmal gantz laut, über etwas das eine alte Dame auf frantzösisch sagte. Ich habe es nicht verstanden, ob ich sonst gleich

Spässe und frantzösisch verstehe. Sie war sehr simpel in einen himmelblauen seidenen Schlender[24] gekleidet, und nur Mittelmäßig hoch aufgesezt. Sie hatte die gantze Zeit etwas mit ihrem Halsschmuck zu schaffen. Was dort versehen gewesen seyn mag, habe ich nicht entdecken können.

Von den Trümmern der Dänischen[25] Revolution habe ich neulich unsern Herrn Landsmann, den Herrn Regierungs Rath Stürtz gesprochen, er ist Oldenburgischer Regierungs Rath geworden, und hat mich hier unvermuthet überfallen.[26] Es ist ein vortrefflicher Mann, dem seine grosen Erfahrungen und zum Theil traurige Schicksale nun mehr die gesezte Gefälligkeit und die bescheidene Zurückhaltung gegeben haben, die immer den Cosmopoliten begleiten. Ich habe lange so keinen angenehmen Besuch gehabt. Er erinnerte sich Deiner und des Bruders in Gotha mit vieler Freude, und er vergaß über mich und unsere angenehme Erinnerungen an unser Vaterland und Freunde alle andere Gesellschafft, darunter Leute waren, die 6000 Thaler Revenüen[27] und 24 Ahnen zählen. Empfehle mich der Lieben Schwester, auch der Frau Amtmännin, wünsche ihr in meinem Nahmen ihres vortrefflichen Sohnes wegen Glück und lebe recht wohl. Mit Herrn Eßwein bitte ich nicht zu vergessen. Ich bin Dein treuer Bruder

G.C.Lichtenberg.

Herr Stürtz hat mir ausdrücklich aufgetragen Dich und den Bruder[28] zu Grüßen. Schicke doch diesen Brief bey Gelegenheit nach Gotha, ich kan unmöglich auch dort hin schreiben.

P.S. Wegen der Flecke in diesem Brief bitte ich um Vergebung, er ist vor der Stadt in einem Garten und Kämmerchen geschrieben, wo sich Briefsachen nicht so gut führen lassen.

Schlüßlich erinnere ich noch, daß ich bisher so sonderbare Fata[29] gehabt habe, daß ich, glaube ich, jezt schon bey der Familie ansuchen kan mir im Stammbaum den Beynahmen des Ebentheurers zu geben. Doch davon künfftig.

28. An Ernst Gottfried Baldinger

Kew. Den 10ten Jenner 1775.

Mein werthester Freund,

Sie haben mich durch Ihr freundschafftliches Schreiben aus einer rechten Last von Gedancken, die ich mir Ihres Stillschweigens wegen machte, ausgespannt, und innigst froh, daß ich einen so werthen Mann gleichsam wieder gefunden habe, setze ich mich nieder und beantworte, unter der Menge von Briefen,[1] die mir der Ostwind am vorigen Sonnabend herübergeweht hat, den Ihrigen zu erst.

Ich sitze noch immer in dem neblichten Kew, bewohne ein Königliches Hauß allein, schlafe zwischen Königlichen Bett-Tüchern, trincke königlichen Rheinwein und kaue, wenigstens 2mal die Woche, mein königliches rost beef. Ich bewohne ein Eckzimmer des Hauses, ein Fenster desselben geht gegen Osten und zwey gegen Süden. Aus dem ersten sehe ich auf einen grosen, grünen, und theils mit königlichen theils andern Gebäuden fast gantz umgebenen Platz, der Kewgreen genannt wird. Im Sommer spatzieren hier eine Menge Personen beyderley Geschlechts, und geniessen der frischen Lufft, jezt ist da nichts zu sehen, als einige Pferde und Knaben, die darauf herumtollen, und zuweilen eine englische – – – – Hunde Hochzeit. An der Seite, wo der Platz mehr offen ist, etwas Nördlich, sehe ich die Themse, die hier schon starcke Ebben und Fluthen hat, und das wegen seiner Middlesex Elecktion, wegen seines Pastor Horne, und des daselbst über Wilkes und Liberty im Jahr 1768 entstandenen Auflaufs und verübten Mordthaten berüchtigte Brentford[2]. Die Aussicht gegen Osten begränzt die Rauchwolcke, die beständig über dem unermeßlichen London ruht, das etwas über eine deutsche Meile entfernt ist, und hinter dieser Rauchwolcke, aber – aber über 100 Meilen weiter hinaus, (dencke ich offt wenn ich an dem Fenster stehe:) da liegt Göttingen, mit einigen wenigen, sehr wenigen Freunden von mir, die ich aber nicht um alle die dazwischen liegende Reichthümer entbehren wolte. Die beyden andern Fenster gehen in den Weltberühmten Garten und zwar grade auf einen Tempel der Sonne, den Sir William Chambers im Jahr 1761 gebaut hat. Er steht auf einem mit Lorbeer und Taxus wild und verlohren besezten Platz. Die Säulen sind Corinthisch und das Gebälck ist nach einem von den Tempeln von Balbec angeordnet.

Wenn das Wetter schön ist, so habe ich herrliche Tage. Ich gehe alsdann nach dem Observatorio bey Richmond, oder wenn es nicht gantz heiter ist, so spatziere ich in den Gärten. Der Winter hat hier wenig zu bedeuten, und die Gärten von Kew und Richmond sind so mit Lorbeer und andern immergrünen Stauden und Bäumen besezt, unter denen so viel Vögel singen und flattern, daß ich kaum innen werde, daß das die Zeit ist, da man in Göttingen (fast in derselben Breite) in Schlitten fährt. Noch vorgestern habe ich an einem solchen Tag die gantze Tour durch den hiesigen Garten gemacht. Die Glashäußer waren zum Theil aufgezogen, die Vögel sangen vollstimmig, die Gold und Silberfische spielten in ihren Bassins, bey jedem Schritte fast sah ich bald nah bald fern den Goldphasan oder einandern Vogel über den Weg schlüpfen, der nun nach einem Wasser zu führen schien, dann sich auf einmal wendete und mir eine reitzende Gegend, oder einen niedlichen Tempel in der Ferne zeigte. Die zwo Stunden, die ich in diesen romantischen Spaziergängen in der süßesten Melancholie zugebracht habe, sind mir wie wenige Minuten hingegangen.

So lebe ich, wenn das Wetter schön ist, was thue ich aber, wenn es häßlich ist? Wenn es nebelt, gütiger Himmel, was für ein Ort ist Kew da? Die Nebel sind nicht allein häufiger, als bey uns und am Rhein, sondern auch dicker, neulich ritt bey einem solchen Nebel um 9 Uhr des Morgens ein Bedienter in voller Carriere[3] gegen den Schafft einer Postchaise, daß der Schafft dem Pferd auf einen Fuß tief in den Leib drang. Der Engländer zieht den Kragen seines Überrocks über die Nase und schleicht in seinen Grillen fort, einige weissagen, andere bekehren sich und andere erschießen sich, und was thue ich? Ich sehe zuweilen Stundenlang in mein Caminfeuer, suche Gesichter in den Kohlen und ihre Gestalten, und dencke an

Göttingen und zwar, weil ich weder Barde, noch Schäfer bin,[4] gantz schlecht weg an meine Freunde und Freundinnen. Wohl dem, der bey einem so schweren Himmel ein gutes Gewissen hat und nicht verliebt ist, wenigstens nicht mit bösen Prospeckten, sonst schneidet er sich den Hals ab wie Lord Clive, erschießt sich, wie mein Nachbar neulich, oder erhenckt sich wie am vorigen Sonnabend ein junges schönes Mädchen von 16 Jahren gethan hat. Sehr offt aber stehe ich alsdann auf, sehe nach meinem Geldbeutel, und wenn es da auf gut Wetter steht, so nehme ich eine Kutsche und fliege für 18 pence nach London; dieses habe ich während meines hiesigen Auffenthaltes auf 14mal gethan. Da vergesse ich mich denn sehr leicht, und um Ihnen einiger massen zu zeigen, daß es kaum anders möglich ist, will ich Ihnen ein flüchtiges Gemählde von einem Abend in London auf der Strase machen, das ich mündlich nicht blos ausmalen, sondern auch noch mit einigen Gruppen vermehren will, die man nicht gern mit so dauerhaffter Farbe, als Dinte, malt. Ich will dazu cheapside und fleetstreet nehmen, so wie ich sie in voriger Woche, da ich des Abends etwas vor 8 Uhr aus Herrn Boydells Hauß nach meinem Logis gieng, gefunden habe. Stellen Sie sich eine Strase vor etwa so breit als die Weender[5], aber, wenn ich alles zusammen nehme, wohl auf 6mal so lang. Auf beyden Seiten hohe Häuser mit Fenstern von Spiegel Glas. Die untern Etagen bestehen aus Boutiquen und scheinen gantz von Glas zu seyn; viele tausende von Lichtern erleuchten da Silberläden, Kupferstichläden, Bücherläden, Uhren, Glas, Zinn, Gemählde, Frauenzimmer‑Putz und Unputz, Gold, Edelgesteine, Stahl‑Arbeit, Caffeezimmer und Lottery Offices ohne Ende. Die Straße läßt[6], wie zu einem Jubelfeste illuminirt[7], die Apothecker und Materialisten[8] stellen Gläßer, worin sich Dietrichs Cammer Husar[9] baden könte, mit bunten Spiritibus[10] aus und überziehen gantze Quadratruthen mit purpurrothem, gelbem, grünspangrünem und Himmelblauem Licht. Die Zuckerbäcker blenden mit ihren Kronleuchtern die Augen, und kützeln mit ihren Aufsätzen die Nasen, für weiter keine Mühe und Kosten, als daß man beyde nach ihren Häusern kehrt; da hängen Festons[11] von spanischen Trauben, mit Ananas abwechselnd, um Pyramiden von Aepfeln und Orangen, dazwischen schlupfen bewachende und, was den Teufel gar los macht, offt nicht bewachte weißarmigte Nymphen mit seidenen Hütchen und seidenen Schlenderchen[12]. Sie werden von ihren Herrn den Pasteten und Torten weißlich zugesellt, um auch den gesättigten Magen lüstern zu machen und dem armen Geldbeutel seinen zweytlezten Schilling zu rauben, denn hungriche und reiche zu reitzen, wären die Pasteten mit ihrer Atmosphäre allein hinreichend. Dem ungewöhnten Auge scheint dieses alles ein Zauber; desto mehr Vorsicht ist nöthig, Alles gehörig zu betrachten; denn kaum stehen Sie still, Bums! läuft ein Packträger wider Sie an und rufft by Your leave[13] wenn Sie schon auf der Erde liegen. In der Mitte der Strase rollt Chaise hinter Chaise, Wagen hinter Wagen und Karrn hinter Karrn. Durch dieses Getöße, und das Sumsen[14] und Geräusch von tausenden von Zungen und Füßen, hören Sie das Geläute von Kirchthürmen, die Glocken der Postbedienten, die Orgeln, Geigen, Leyern und Tambourinen englischer Savoyarden[15], und das Heulen derer, die an den Ecken der Gasse unter freyem Himmel kaltes und warmes feil haben. Dann sehen Sie ein Lustfeuer von Hobelspänen Etagen hoch auflodern in einem Kreis von jubilirenden Betteljungen, Matrosen und Spitzbuben. Auf einmal rufft einer dem man sein Schnupftuch genommen: stop thief[16] und alles rennt und drückt und drängt sich, viele, nicht um den Dieb zu haschen, sondern selbst vielleicht eine Uhr oder einen Geldbeutel zu erwischen. Ehe Sie es sich versehen, nimmt Sie ein schönes, niedlich angekleidetes Mädchen bey der Hand: come, My Lord, come along, let us drink a Glass together, or I'll go with You if You please;[17] dann passirt ein Unglück 40 Schritte vor Ihnen; God bless me,[18] rufen Einige, poor creature[19] ein Anderer; da stockt's und alle Taschen müssen gewahrt werden, alles scheint Antheil an dem Unglück des Elenden zu nehmen, auf einmal lachen alle wieder, weil einer sich aus Versehen in die Gosse gelegt hat; look there, damn me,[20] sagt ein Dritter und dann geht der Zug weiter. Zwischen durch hören Sie vielleicht einmal ein Geschrey von hunderten auf einmal, als wenn ein Feuer auskäme, oder ein Haus einfiele oder ein Patriot zum Fenster herausguckte. In Göttingen geht man hin und sieht wenigstens von 40 Schritten her an, was es giebt; hier ist man (:hauptsächlich des Nachts und in diesem Theil der Stadt (the City):) froh, wenn man mit heiler Haut in einem Neben Gäßgen den Sturm auswarten kan. Wo es breiter wird, da läuft alles, niemand sieht aus, als wenn er spatzieren gienge oder observirte, sondern alles scheint zu einem sterbenden gerufen. Das ist Cheapside und Fleetstreet an einem December Abend.

Bis hieher habe ich fast, wie man sagt, in einem Odem weg geschrieben, mit meinen Gedancken mehr auf jenen Gassen, als hier. Sie werden mich also entschuldigen, wenn es sich zu weilen hart und schwer ließt, es ist die Ordnung von Cheapside. Ich habe nichts übertrieben, gegentheils vieles weggelassen, was das Gemählde gehoben haben würde, unter andern habe ich nichts von den umcirckelten Balladen Sängern gesagt, die in allen Winckeln einen Theil des Stroms von Volck stagniren machen, zum horchen und zum stehlen. Ferner habe ich die liederlichen Mädchen nur ein eintziges mal auftreten lassen, dieses hätte zwischen jede Scene, und in jeder Scene wenigstens einmal geschehen müssen. Man wird alle 10 Schritte angefallen, zuweilen von Kindern von 12 Jahren, die einem gleich durch ihre Anrede die Frage ersparen, ob sie auch wüsten, was sie wolten. Sie hängen sich an einen an,[21] und es ist offt unmöglich von ihnen loß zu kommen, ohne ihnen wenigstens etwas zu schencken. Sie packen einen zuweilen auf eine Art an, die ich Ihnen dadurch deutlich genug bezeichne, daß ich sie Ihnen nicht sage. Dabey sehen sich die vorbeygehenden nicht einmal um, da ist liberty und property.[22] So lang einem dieses neu ist, so lacht man wohl darüber, zumal da die meisten wie Christtags Puppen gekleidet und, wenn sie wollen und Gehör finden, hundert mal mehr belebt sind, als manche unserer lebendigen vornehmen Christtagspuppen, hingegen ist man es ein mal gewohnt, und ist mehr auf seine Geschäffte, als auf dieses Hexenwesen bedacht, so ist es höchst unangenehm, und kan ich nicht begreifen, warum man diesem Unheil kein Einhalt zu thun sucht. Ich habe von einigen, die wie Fräuleins[23] aus sahen, Fragen an mich thun hören, bey welchen ein junger Student durch ein Sohlendikkes Fell roth geworden wäre.

[Eben als ich diese Zeile geschrieben habe, will ich, unter dessen sie trocken wird, eine Mischung von Brantwein und warmem Wasser in den Mund nehmen, weil ich mir gestern einen Zahn habe ausziehen lassen, und siehe, ich stosse mit dem Ellenbogen an und besprize die eine Seite dieses Blats erbärmlich. Weil ich sie jetzt nicht <u>um</u> schreiben kan, so bitte ich um Entschuldigung.]

Ich habe nunmehr das Volck so ziemlich kennen lernen, und versäume keine Gelegenheit meine Kenntniß darin zu erweitern. Ich habe zuweilen zu meiner grösten Satisfaction Engländer sagen hören, daß sie nicht gewagt hätten, was ich gewagt habe. Wenn ich den Eifer in mir verspüre, so sind mir Rippenstöße und Schimpfwörter grade was Stoppeln dem Behemoth;[24] ich folge allzeit dabey dem ersten Eindruck, den der Anblick eines Mob oder einer Gesellschafft auf mich macht, dieser belehrt mich bald, ob ich ohne Gefahr untertauchen kan oder nicht, und ich betrüge mich alsdann selten, unterdessen habe ich ein Schnupftuch und ein silbernes Petschafft[25] eingebüßt, denn es ist bey einer eintzigen Seele nicht möglich offt zugleich über die Haut und die Taschen zu wachen und Beobachtungen anzustellen.

Englische Schauspiele habe ich genug gesehen, und darunter Herrn Garrick fünfmal.[26] Meine Beobachtungen über diesen Mann sollen Sie zu einer andern Zeit lesen.[27] <u>Im gantzen</u> kommt ihm in beyden Häußern nicht ein eintziger nur nah. In einzelnen Rollen hat er einige sehr glückliche <u>Nachahmer</u> gefunden, und in dem drolligten, so wie es sich in unerfahrnen, treuhertzigen Leuten äußert, ist ein gewisser Weston, der ebenfalls zu Garricks Theater gehört, über ihn. Sie können also dencken was es für ein Vergnügen seyn muß, diese beyden ausserordentlichen Männer in derselben Scene zusammen zu sehen, dieses Vergnügen habe ich gehabt, nemlich in the stratagem, einem berühmten Stück des Farquhar, machte Garrick den Archer, einen Herrn von Stande, der sich für einen Bedienten ausgiebt, und Weston den Scrub, einen würcklichen Aufwärter in einem armseeligen Wirtshauß, worin jener logirt. Garrick erscheint mit allen Insignien einer Laquayen Majestät mit beseztem Kleid und einer rothen Feder, weisen seidenen Strümpfen, und ein paar Waden und Schnallen, wie sie seyn müssen. Weston hingegen, der arme Teufel, in einer abgeregneten traurigen Hanf; Perücke, mit einem grauen Camisol[28], das er wohl ausfüllen könte, wenn er mehr zu Essen kriegte, und einer grünen Schürtze und rothen Strümpfen. Er geräth in eine Art von Andächtigem Erstaunen, wenn er den Herrn Bedienten (wie das Mädchen zu Kerschlingröder Feld[29] einmal sagte) erblickt: den er doch zu der selben Classe von Geschöpfen rechnet. .... Archer, der ihn zu seinen Absichten braucht, ist besonders Gnädig, und Scrub fängt sich würcklich an zu fühlen, er schlägt so gar so gut seine Beine im Sitzen nachlässig übereinander, als Archer, allein wenn dieser im Sprechen seine seidenen Waden auslegt, so sucht jener arme Teufel seine rothen wollenen so viel als möglich mit der grünen Schürtze zu bedecken. Diese Scene und einige andere, wo Scrub und Archer beysammen sind, werden so gespielt, daß vielleicht nichts in dieser Art vollkommneres ist. Denn bedencken Sie, Garrick an der einen Seite, der gröste Schauspieler vielleicht in den neuern Zeiten, und an der andern Weston, der eintzige Mann, der es in solchen Rollen Garricken, nach einem allgemeinen Geständniß, zuvorthut, und sagen Sie, ob ich Unrecht haben kan. Weston ist ein gantz eignes Geschöpf, die Natur scheint ihn blos bestimmt zu haben, andere Leute lachen zu machen, ohne ihm Fähigkeit gegeben zu haben, selbst zu lachen. Ich habe ihn auf dem Theater nie lachen sehen, ja man sieht nicht das geringste Zeichen von einer Mühe, die ihn die Unterdrückung desselben kostete; aber er soll auch ausser dem Theater sehr selten lachen; indessen ist sein Körper und gantze Seele des ernsthafften völlig unfähig, und er würde eine jede eigentlich ernsthaffte Rolle schlechterdings verderben. Einige neuere Schauspieldichter haben nun gar Characktere nach dem seinigen gebildet, und da ist er freylich unnachahmlich, so habe ich ihn in einem neuen Stück the maid of the oaks[30] gesehen, wo er wieder ein Aufwärter ist, wie wohl in besseren Umständen als Scrub. Er stellt da einen treuen, guten Kerl vor, der zwar unerfahren ist, aber sich bisher gantz gut in seinem Dienst zu finden gewußt hat, allein an dem Tage da ein Hochzeitfest gefeyert werden soll mit aller der Pracht, die sich der Dichter in seiner Begeisterung nur dencken, und die englischen Feuerwercker, directeurs des plaisirs[31] und Zuckerbäkker nur ausführen können, da weiß er nicht, was er machen soll; als Bedienter vom Hauß muß er einen gewissen Rang vor allen übrigen Bedienten behaupten; Er läuft daher beständig in einer völlig unnöthigen und unzweckmäßigen Geschäfftigkeit herum, will immer und kan vor lauter wollen nicht, giebt Ordre blos um contre ordre[32] geben zu können, und das mit einem Ansehen von Treuhertzigkeit und Redlichkeit, daß man dem ehrlichen Tropf von Hertzen gut wird, zugleich aber mit einem Ansehen von Wichtigkeit gegen die Weißbinder[33], Lampenanstecker, Gartenleute und Tafeldecker, daß man sich des herzlichsten Lachens unmöglich enthalten kan. Er und eine gewisse Mrs Abington, von der ich nachher etwas sagen will, machen allein das Stück sehenswürdig und haben allein es zur 23ten Vorstellung in diesem Winter gebracht, und ohne sie würde es, der herrlichen Decorationen ungeachtet, die den Garrick 9000 Thaler gekostet haben, vielleicht die erste Vorstellung nicht gantz überlebt haben.

Unter den Acktricen, die ich gesehen habe, sind die grösten Mrs Barry, die oben genannte Mrs Abington und Miß Pope. Noch nicht gesehen habe ich Mrs Yates und Mrs Hartley, werde sie aber vielleicht noch diese Woche sehen. Mrs Barry habe ich schon vor fünfftehalb Jahren als Desdemona im Othello gesehen,[34] dieses mal als Cordelia in King Lear und als Beatrice in much ado about nothing.[35] Sie ist eine wahre Schönheit und eine gebohrne Schauspielerin; in ihrem neunten Jahr schmiß sie das Strickzeug und den Catechismus weg und schlich sich mit dem Shakespear auf den Boden des Hauses und sprach mit den Schornsteinen. Wenn ich Geld hätte, so packte ich einmal die deutschen Actricen, die ich kenne, zusammen auf ein Schiff und brächte sie nach London, um von Mrs Barry den Gebrauch der Arme zu lernen. Sie hat in ihren Gesichtszügen vieles von Mamsel Stock, allein ihr Thun ist geschmeidiger und ihre Mine sanffter. Wuchs und Busen unverbesserlich. Als sie neulich im König Lear die Hände gegen den Himmel zusammen schlug und darauf ihren Vater umarmte, so war ich völlig weg; alles ausser der Freyheit, Mrs Barry zu weilen auf dem Theater zu sehen, hätten Sie von mir für einen Mattier haben können.

Mrs Abington war ehmals eins von den Geschöpfen, die ich auf der 5ten Seite meines Briefs mit Come, my Lord pp redend eingeführt habe.[36] Ihre vortreffliche Figur fesselte einmal einen solchen vorbeygehenden, der sie aus einer allgemeinen zu einer besondern machte, und so blos zu seinem Gebrauch fütterte. Dieser Mann starb bald und hinterließ ihr, ob er sie gleich nie geheyrathet hatte, ein solches Vermögen, daß sie selbst mit einiger Pracht, ohne in Drurylane[37] zu dienen, leben könte; sie erscheint daher in den höheren Rollen immer mit ächten Steinen, die ihr selbst zu gehören. Ihr Wuchs und Art sich zu tragen ist höchst vollkommen, ihr Gesicht aber nichts weniger als schön; sie hat aber ein gewisses schneidendes, mehr französisch als englisches Wesen in ihren Minen, das sich für die Rollen, die ihr Garrick ertheilt, ausserordentlich schickt. Im Comischen, und zwar wo die Sitten des ersten Rangs (:wie man in Hannover sagt) lächerlich gemacht werden sollen, ist sie die eintzige in ihrer Art auf dem englischen Theater. In dem erwähnten Schauspiel the maid of the oaks spricht sie den Epilog[38] meistermäßig; sie vergleicht darin die Logen einer, und Parterre und Gallerie anderer Seits mit dem Ober und Unter Hauß und ficht und wispert und zischelt, daß es eine rechte Freude ist anzusehen. Künfftig mehr von dieser einnehmenden Hexe.

Daß ich Herrn Wilkes einige Stunden hinter einander, gantz in der Nähe, angeguckt und so gar zu zeichnen versucht habe,[39] wissen Sie vermuthlich schon von Herrn Sprengeln, dem ich es, wo ich nicht irre, geschrieben habe.[40] Vor einigen Wochen habe ich so gar (das sich nur wenige Personen rühmen können) mit dem Könige von diesem Politischen Monster gesprochen. Doch alles dieses würde mich zu weit führen, also nur noch einiges.

Meine Gesundheit ist in diesem Jahr (es ist heute der 24te Jenner) schlechter als jemals. Ich habe es bisher bald im Hals, bald in den Augen, und bald in den Zähnen gehabt, gestern bin ich expreß nach London gegangen um mir einen ausziehen zu lassen, welches mir wenigstens von dieser Seite Ruhe geschafft hat. Ich habe seit einiger Zeit so schlecht geschlafen, und so wenig solides essen können, daß ich gantz verfallen bin, ich glaube Ew. Wohlgebohren würden mein Gesicht nicht mehr kennen, wenn Sie es sähen. Noch gestern fragte mich die Königin, was mir fehlte, weil ich so blaß aussähe. Es ist blos allein der Mangel an Schlaf, und, wie ich sage, in diesen lezten Tagen an solider Nahrung, denn ich muste fast wie ein Kind blos von Milch und Brey, und diese sparsam genommen, leben. Wenn uns die Sonne etwas näher kommt, und ich dieses feuchte Nest verlassen kan, so soll es, wills Gott, besser werden.

Ich werde mit diesem Courier[41] an Herrn und Madame Dieterich schreiben, aber nichts von dem, was ich Ihnen geschrieben habe, daher ich Sie bitte, diesen Freunden alles aus diesem Brief vorzulesen, was Sie für dienlich erachten. Ich werde ihnen auch sagen, ein gleiches mit ihren Briefen zu thun. Herr Dumont, Sprengel, Meckel, Zimmermann und andere Freunde von mir, denen ich mich gehorsamst zu empfehlen bitte, sind hierin eingeschlossen. Sie werden alle meine Art zu schreiben, die und's und die aber's entschuldigen, nicht als einem, der auf dieser Insul seine Muttersprache vergessen,[42] sondern als einem, der so viel zu schreiben hat, daß es ihm unmöglich ist Concepte zu machen und Perioden zu drechseln.

Nun Ihre Frau Liebste. Empfehlen Sie mich ihrem geneigten Andencken tausendmal. Dieser Brief – ich getraue es kaum zu sagen – ist zugleich mit an sie. Doch über diejenigen Stellen, die mehr für den Hausvater als die Haus Mutter sind, wird sie, mit der ihr eigenen, und leider! in Göttingen so seltenen Discretion, den Mantel christlicher Verzeyhung schlagen. Ich schreibe so dahin, offt muthwillig, offt unbesonnen und übereilt, aber wahrhafftig immer wohlmeinend und immer mit einem Hertzen voll Freundschafft, vorzüglich für Sie und Ihr gantzes Hauß.   G.C.Lichtenberg.

N.S. Ich werde an Kästnern einige englische Bücher Verzeichnisse schicken, und ihn ersuchen, sie Ihnen und Heynen mitzutheilen; sie sind eigentlich für Herrn Kirchenrath Geißler in Gotha, der sie bey mir bestellt hat. Verschonen Sie mich nicht mit Aufträgen für sich und Ihre Freunde, es sey an wen es wolle. Warum haben Sie mir Ihr Buch[43] für Pringeln nicht geschickt. Er hat mir durch die Königin sagen lassen, daß er mich gerne sähe, was wäre das für eine Empfehlung für mich gewesen!

Die Recension[44] von Mayers Wercken ist nicht mitgekommen, Sie haben doch auch die Schnitzer bemerckt, das kommt von der Correcktion in den Bogen. Ich habe sie doch noch früh genug bemerckt, um sie in den Exemplaren zu corrigiren, die ich ausgetheilt habe. Doch das sind Possen, wenn nur die Sachen besser wären. Die Dedication[45] habe ich auf dem Wege von Hannover nach Osnabrück geschrieben, und die hat hier vorzüglichen Beyfall erhalten. Ich habe sie aus Mistrauen an Heynen geschickt, und der hat in der zweytlezten Zcile ein eintziges Wort geändert.

Leben Sie recht wohl, mein bester Freund, vielleicht bin ich im May wieder bey Ihnen. Da sollen Sie hören!

London den 29ten Jenner 1775.

N.S. (2) Schon wieder in London. Ich reiße Ihren Brief wieder auf blos um Ihnen zu sagen, daß ich unter den kleinen Bildern, die man hier von den hiesigen Schauspielern hat, auch die Scene angetroffen, die ich oben beschrieben habe. Nur hat da Garrick keine rothe Feder und Weston eine andere Perücke und auch einen Rock an. Weston gleicht sich, wie in einem Spiegel. Garrick gar nicht. Hingegen habe ich noch kein besseres Porträt von ihm gesehen, als er auf einem dieser kleinen Gemählde in dem Charackter von Abel Drugger[46] vorgestellt ist. Es ist sein völliges Gesicht. Ich habe dieser theuern kleinen Dinger 6 gekauft und an Herrn Schernhagen geschickt,[47] von dem Sie sie abfodern und für mich aufheben können. Herr HofRath Heyne und Herr Professor Feder müssen sie vor allen Dingen sehen. Auch in den beyden Charackteren von Sir John Brute[48], wo er sizt, und wo er besoffen ist, gleicht er sich, auch da so ziemlich, wo er sich in Frauenskleidern mit den Londonschen Polizey Jägern prügelt. Sir John Brute ist die Favorit Rolle Garricks, ob man ihn gleich dieses Stücks wegen schon öffters angegriffen, ja so gar, aus dem Eifer, womit er es auf der Bühne erhält, öffentlich gesagt hat, sein eigner Charackter könne unmöglich viel besser seyn, als Sir John Brute's, so spielt er es immer fort, diesen Winter schon zweymal, und ich habe ihn auch hisce oculis[49] gesehen. Das Stück ist zuweilen sehr schmutzig, aber wegen Sir John's Charackter, der so ausserordentlich von Garricken gespielt wird, höchst unterhaltend. – Nun habe ich auch das Paquet erhalten, worin die Hallische Zeitung lag. Ich dancke Ihnen gehorsamst für Ihre Anzeige.

Was dencken Sie von dem Musen Almanach?[50] Meines Erachtens ist das meiste förmlich abscheulig, zumal das Klopstockische und das darnach geschnittene der andern. Haben Sie wohl ein eintziges neues Bild darin gefunden, das ist das ewige rauschen im Hayn, das Silbergewölck und die Eiche,[51] die wir schon hunderttausendmal gehabt haben, und dieses glauben sie neu zu machen, wenn sie es mit dicker Gurgel wie vom Dreyfuß geheimnißvoll herunter lallten. In dem Fach lobe ich mir allemal den Jacob Böhm[52]. Der Teufel hol's, der konte Quartbände[53] wegschreiben, die keine lebendige Seele verstund, als die initiirten Narren, und 20 Musen Almanache wiegen noch keinen Quart Band. Einige Gedichte von dem Jahr gefallen mir, zumal unter den kleinen, und die Höltyischen. Wer wohl der Md. seyn mag auf der 214 Seite;[54] das ist recht, so wie man sie in Sekunda macht, wenn's nur mit den Worten geht, für den Sinn sorgt der Recktor. Haben Sie in Ihrem Leben gehört daß etwas, das strahlt und hoch steht, nur gesehen werden kan, wenn man sich auf einen Schemel stellt? Das Männchen hat an die Sonne gedacht, wie ich aus dem lezten Strahl verstehe; allein wenn man hoch stehen muß, um ihre lezten Strahlen zu sehen, so steht sie tiefer als der Beobachter, und ist entweder schon wieder unter, oder noch nicht aufgegangen. Und das wird ihm der vernünfftigste Theil von Deutschland gerne einräumen, daß Klopstock entweder noch nicht auf oder schon wieder untergegangen ist. Vermuthlich wird nun der Musen Almanach besser. Ich wolte unmaßgeblich rathen, daß keine Oden hinein kommen, als wie von Leuten die sich legitimirt haben, daß sie auch etwas vernünfftiges nüchtern und im Ernste schreiben können; solchen Leuten hört man gerne zu und wenn sie würcklich raßten. Ein Einfaltspinsel, der närrisch wird, ist gewiß im Tollhaus der lezte Einfaltspinsel, aber Simson und Lee,[55] wenn sie närrisch werden, sind immer hörens werth, so gut wie Hamlet wenn er sich rasend stellt. Aber wer sind denn unsere Oden Dichter? meistens Leute, welche die Welt so wenig kennen, als die Welt sie.[56] Und wie ist es anders möglich, als daß Leute, die mehr Kenntniß der Welt als diese Säuglinge besitzen, Alles, was sie sagen, höchst albern finden müssen, ob sie selbst gleich glauben, <u>sie berührten mit erhabenem Nacken die Sterne</u>, wie Pastor Lange den Horatz sagen läßt.[57]

G.C.Lichtenberg.

Dem guten Dieterich sagen Sie, daß ich alle seine Briefe[58] erhalten, und daß ich ihm bald, und viel schreiben würde, seine eine Hälffte bekommt einen Brief[59] mit diesem Courier, wie oben gemeldet, ich weiß aber nicht, ob der an die andere fertig werden wird.

29. An Christian Gottlob Heyne

London den 6ten März 1775.

Ew. Wohlgebohren
Schreibe ich meinem Versprechen gemäß, ohne die Nachricht von dem Empfang des Paquets[1] oder weitere Befehle abzuwarten, und mache den Anfang mit der Beantwortung einer Frage, die ich neulich[2] unbeantwortet gelassen habe: HE. Maskelyne hat von den Commentarien der Göttingischen Societät gantz und gar nichts, und HE. Demainbray nur den ersten und 2ten Band empfangen. Ich kan nicht begreifen wie es zugegangen seyn muß, daß HE. Maskelyne nichts erhalten, da ich weiß daß an ihn ein Paquet mit dem ersten Band abgegangen ist. Wo ich nicht irre, so ist Sir Francis[3] der Ueberbringer gewesen. Doch dieses will ich bald ausmachen, so bald Sir Francis, der sich jezt in der Nähe von Oxford aufhält, nach der Stadt kommt.

Ew. Wohlgeboh*ren* können nicht glauben, mit wie vielem Beyfall Ihr Pindar aufgenommen worden ist. HE. Salgasse, Hofmeister des Printzen von Wallis und der Bischof von Chester sind gantz voll davon. Der erstere hat mich [*gebeten?*] Ew. Wohlgebohren zu fragen ob Hofnung wäre den Virgil[4] bald geendigt zu sehen. Er ist so voll von Ihnen, daß er mich neulich blos in der Absicht zu sich invitirt hat um ihm, so viel ich auftreiben konte, von Ew. Wohlgeboh*ren* zu erzählen. Dieser HE. Salgasse hat in Holland unter den berühmtesten Alterthumskennern studirt, und wird für einen ungewöhnlichen Kopf gehalten. Er ist unter allen Gelehrten, die ich bisher auf dieser Insul gesprochen habe, der eintzige, der eine ziemlich gnaue Kenntniß von unserer Litteratur hat, er ließt deutsch und findet ein besonderes Vergnügen an den Göttingischen Zeitungen[5], die ihm jedesmal von der Königin mitgetheilt werden. Er wünscht ebenfalls minder medicinische Artickel[6] und desto mehrere von Ew. Wohlgeb*oren*. Ich glaube ich könte diesem würdigen und gantz für Ew. Wohlgebohren eingenommenen Mann kein größeres | Vergnügen machen, als wenn ich ihm einige von Ihren kleinen Schrifften geben könte. Er ist ein Vertrauter des Königs, und dabey ein redlicher Mann, ich bin überzeugt, daß dieses Mannes Achtung für Ew. Wohlgebohren für unsere gantze Universität heilsam seyn wird.

Dieterich hat mit seinem Druck hier ausserordentliche Ehre eingelegt[7] das war es grade, was der König wünschte. Er war beständig überzeugt, daß die Deutschen alles so gut thun können, als die Engländer, und es war ihm nur leid, daß die Proben davon in England so rar waren. Dieterich hat eine Probe gegeben, daß die deutschen Künstler Geschmack haben, den ihnen die Engländer gantz streitig machten. Selbst die Damen und die Buchdrucker sagen, daß sein Druck ausserordentlich sey. Ich wünsche, daß der arme Teufel eben so reich dadurch werden möge, als mancher hiesige Buchdrucker ist, den er übertroffen hat. Allein die Proben von seinem Eifer für die Ehre der Universität, sind durch mich allein, den nächsten Weg, zum König gegangen, der sie sehr gnädig und mit besonderm Wohlgefallen aufgenommen hat. Könten doch die Gnadenbezeugungen durch eben diesen Canal zurück zu dem armen Teufel gehen, aber dieses wird der Weg nicht seyn, von dem Strom so reich und rein er auch ausfließen mag, darf er schwerlich auf mehr als ein paar trübe Tropfen hoffen.

Am 7ten des vorigen Monats habe ich einer der wichtigsten Debatten im Parlament, deren man sich erinnert, mit beygewohnt. Es wurde nemlich an dem Tage dem Oberhauß die Addresse an den König von dem Unterhauß übergeben, worin sie ihn bitten kräfftige Mittel gegen die Amerikaner zu gebrauchen und ihm zugleich Beystand mit gut und Blut versprechen. Die Lords und Bischöffe solten nemlich die leergelassenen Stellen (blanks) in der Addresse mit den Worten Lords spiritual and temporal[8] gehörig ausfüllen. Kaum war die Addresse gelesen, als der Herzog von Richmond, ein hitziger Anhänger der Opposition, aufstund: und sagte: Eher will ich Beutel und Kopf hingeben, ehe ich so etwas thue (I'll sooner part with my head and my purse pp). Er sprach sehr lang mit einem Eifer, der sehr offt zu weit | gieng, er stemmte einmal beyde Arme in seine Seite und that ein paar Schritte vorwärts gegen seinen Gegner den Grafen Gower zu, der mit vieler Bescheidenheit Lord North's ehmaligen Plan vertheidigt hatte und sagte: Es ist Tollheit so zu sprechen (it is madness to speak so); ich habe nicht geglaubt daß solche Ausdrücke in einer solchen Versammlung erlaubt wären. Nach ihm sprachen mehrere Lords gut und schlecht durch einander als auf einmal Verdienst gegen Verdienst ich meine Lord Camden gegen Lord Mansfield auftrat, der erste für die Opposition, der andere für das Ministerium, zween der grösten Redner und hellsten Köpfe die England jetzo hat. Ich habe vieles von dem, was sie gesagt haben, aufgezeichnet[9], es würde mich aber zu weit führen, wenn ich auch nur weniges davon gehörig erzählen wolte. Sie folgten einander Punckt für Punckt Citirten aus dem Kopf Parlaments Ackten Nahmen und Seitenzahlen, brauchten alle Macht, die Ihnen ausser den bestgewählten Gründen, Stimme und Anstand, Ründe der Perioden und Witz, selbst den bittersten nicht ausgenommen, gewähren konte, so daß einen solchen Dispüt über einen erdichteten Fall, in einem Hörsaal und zwischen Professoren anzuhören schon kein geringes Vergnügen gewesen seyn würde. Hier aber stunden zween Männer, davon der eine, ob er gleich nicht reich ist, (Lord Camden) das Amt eines Canzlers von England aufgegeben, und der andere ausgeschlagen hat, in einer der ehrwürdigsten Versammlungen in Europa und stritten über eine Sache, wo bey es auf Gut und Blut von ein paar Millionen Menschen ankommt, Block und Kopf nicht zu erwähnen, an die sie sich beyde öffters einander erinnerten. Es war höchst ehrwürdig und rührend, jederman, dem ich es sage, daß ich an diesem Tage im Parlament gewesen wäre, schäzt mich glücklich. Ich habe auf besondere Empfehlung des Lord Boston, der, seiner Schwachheit ungeachtet, mit mir nach dem Hauß fuhr, um mich mündlich zu empfehlen, Zutritt erhalten. Es mochten unser Zuhörer etwa 50 seyn, und wir haben einigen tausenden vielleicht den Platz versperrt. Ich habe 6 Stunden auf einem Fleck gestanden und Mittag Essen und Thee darüber versäumt. |

Erst heute bekomme ich wieder ein wenig Zeit in meinem Brief fort zu fahren. Meine Zerstreuungen von allerley Art häufen sich in dieser Stadt so, daß ich, glaube ich, am Ende alles schreiben nach Deutschland werde aufgeben müssen. Lebte ich allein unter der Noblesse, oder hätte je allein unter ihr gelebt, so würde ich mich in diesem Lärm für sehr glücklich halten, da ich aber auch lernen will und verschiedene Bekanntschafften unter der Classe von Menschen gemacht habe, die mit dem westlichen Ende der Stadt wenig zu schaffen hat, so werde ich erbärmlich hin und hergezogen. Die Gelehrten glauben ich wäre blos ihrentwegen herüber gekommen, und die andern, die Weltmenschen, dencken, Zerstreuung sey die Absicht meiner Reise gewesen. Leider sind die Verbindungen mit den lezteren für mich die Interessantesten, weil es hier auf Essen und nicht Essen ankommt. Eine Sache, die sich in Göttingen in einer halben Stunde abthun läßt nimmt mir hier zu weilen einen Morgen weg (:so heißt man hier die Zeit von halb eilf bis halb vier sie ist zwischen dem Augenblick, da man vom Frühstück aufsteht und dem, da man sich dem Perückenmacher obliefert, enthalten:), [10] die Personen nemlich, die gesprochen werden müssen, wohnen so weit von einander und unter wegs wird die Hauptbeschäfftigung, durch allerley Episodische Verrichtungen so in die Länge gezogen, daß zuweilen gar ein Theil aufgeschoben werden muß. Nie sind in meinem Leben meine Füße so acktiv gewesen; in diesem Stück wird mir Göttingen gewiß zu klein vorkommen. Hier ist es gar nichts ungewöhnliches, daß man, um einen Bleystifft zu kaufen, einen Gang thut, der einer Reise nach der Scharfischen Mühle[11] von Göttingen aus nicht viel nachgiebt, man entschließt sich aber so sehr leicht zu solchen Reisen, weil man gewiß ist bey jedem paar hundert Schritte einmal etwas zu sehen, das schon für sich eines Ausgangs würdig gewesen wäre.

Am vergangenen Donnerstag vor 8 Tagen habe ich einer Versammlung der Königlichen Societät[12] mit beygewohnt, HE. Maskelyne und Dr Price introducirten mich. Den Sontag darauf habe ich gantz in Greenwich auf dem Observatorio zugebracht. Bey Dr Priestley bin ich gewesen, er hat verschiedene Versuche in meiner Gegenwart, und blos meinetwegen angestellt.[13]

Vorgestern habe ich in Pascal Paoli's Gesellschafft gespeißet. Dieses ist ein äusserst belebter, schöner einnehmender Mann. Aus seinen Manieren zu urtheilen, solte man glauben, er wäre blos für den Hof erzogen und hätte beständig da gelebt. Ich erwartete einen Spartaner, als der Bediente seine Ankunfft der Gesellschafft | meldete, und herein trat ein so feiner wohlriechender Athenienser, als ich kaum je einen hier gesehen habe.[14]

Den 17ten Mertz. Ich habe bisher sehr viele Unterredungen mit beyden Majestäten gehabt, und gestern mit dem Printzen von Wallis und Bischof von Osnabrück.[15] An einem Tage in dieser Woche, da alle Planeten zugleich am Himmel stunden, war ich mit dem Könige auf zwo Stunden auf dem Tache des Observatorii. Ich habe ihn nie so munter und aufgeräumt gesehen, unter andern als ich einmal sehr ernsthafft durch einen Tubum sah, hielt er aus Schertz seinen Hut vor das Objecktiv Glas und da ich die Ursache der Verfinsterung nicht gleich entdeckte, so lachte er nicht wenig über meine Verwirrung.

HE. v. Lichtenstein, der Hannöverische Ober-Marschall, sagte mir neulich, daß der hiesige Baumeister Stuart ihm gesagt hätte, er hätte der Universität Göttingen vor einem Jahre ein Geschenck mit seinem Werck[16] gemacht, aber bisher noch keine Nachricht erhalten, ob es dort abgeliefert worden sey. Stuart hat es Heydingern mitgegeben, und der hat wohl schon schlimmere Streiche gespielt, als ihm anvertraute Sachen behalten. HE. v. Lichtenstein glaubt, daß, wenn es angekommen wäre, ein paar Zeilen von dorther dem guten Stuart eine grose Freude seyn würde.

Es war nicht schön von Herrn K. [*ästner*] gehandelt, daß er Dinge aus meinem Briefe[17] hat drucken lassen, ohne daß ich es, ich will nicht sagen erlaubt, sondern nur gantz von Ferne gewünscht hätte. Die Nachrichten waren nicht an den Direcktor der Societät, und auf diese Art war es auch gantz wider den bisherigen Gebrauch, sie drucken lassen. Ausserdem ist die Beschreibung des Barometers so abgefasset, daß sie, wie Alembert von der Logick sagt, nur denen brauchbar ist, die sie nicht nöthig haben. Ich hoffe er wird es nie wieder thun. Vornehmlich schmerzt mich die Nachricht von Newtons Grabmal, so etwas schickt sich allenfalls für die Franckfurter, aber nicht für die Göttingische Zeitung,[18] ob sich gleich in einem Brief an einen Mann, den man kennt, ein gantz guter Gebrauch davon mag machen lassen.

Vor ein paar Tagen bin ich in Richard Parker's Laden von Statuen[19] bas reliefs und Büsten gewesen. Ich wünschte daß ich das Geld hätte, so wolte ich der Bibliotheck ein Geschenck mit einer Bronzirten Büste von Sterne und Garrick machen, das Stück kostet 26 Schillinge. Garrick ist sich sehr ähnlich und eben das sagt man von Sterne's. Von Garrick ist auch eine für 2 Guineen da, in natürlicher Gröse, die andern sind etwas kleiner, aber doch mit dem Postament 2 Fuß hoch. Wedgewood's und Bentley's Sammlung,[20] die mit unter die sehenswürdigsten Sachen in England gehört, habe ich auch besucht. HE. Irby und ich haben Ew. Wohlgebohren so offt hieher gewünscht als wir eine Vase oder sonst eine Figur erblickten, die unsere Bewunderung auf sich zog, die Sachen sind über alle massen theuer, wenigstens für einen Deutschen, | und dieses macht die Betrachtung derselben unangenehm, weil man in jedem schönen Stück sein eigenes Unvermögen erblickt.

Vor etwa drey Wochen bekam ich gantz durch ein ungefähr Sterne's Grab zu sehen. Er liegt auf demselben Kirchhof begraben, auf dem meine Gebeine eingescharrt werden würden, wenn ich in London stürbe, nemlich ausserhalb der Stadt auf dem Gottes Acker des Kirchspiels von St. Georg in Westminster, in welchem ich wohne, und wovon Lord Boston noch überdas Vorsteher ist. Zween Freymäurer haben ihm einen armseeligen Grabstein gesezt, womit sie indessen alle die reichen Bewunderer seiner Schrifften beschämt haben. Vermuthlich ist alles nach Vermögen geschehen und in so fern wäre es unbarmherzig das Grabmal zu tadeln, aber der Verse, die sie darauf gesezt haben, bedurfte Yorick nicht, oder mancher geistreicherer Verehrer desselben, als diese Herren gewesen seyn müssen, hätte ihnen ja wohl um Gotteswillen ein paar bessere gemacht. Ich habe sie indessen abgeschrieben.[21]

Ich weiß nicht ob ich Zeit haben werde HE. Dohm mit dieser Post zu antworten, ich bitte daher Ew. Wohlgebohren gehorsamst ihm gelegentlich sagen zu lassen, daß ich seinen Brief[22] erhalten hätte, und ich würde mein bestes thun.[23] Dr Maty auf den, nächst den Statuten des Musei, alles ankommt, ist ein sehr guter dienstwilliger Mann. Wenn ich Gelegenheit habe, so dencke ich meinen Weg nach der Bibliotheck des Musei durch das Cabinet von St James zu nehmen,[24] wenigstens in dieser Sache. HE. Dohm werde ich Nachricht geben, so bald die Sache eingeleitet ist. Auch HE. Professor Büttners Schreiben[25] habe ich erhalten und so gar von manchem schon Gebrauch gemacht, allein schreiben kan ich jezt nicht. Ich hoffe er wird mir vergeben, wenn ihn Ew. Wohlgebohren in meinem Nahmen bitten.

Der König hat neulich gegen einen gewissen Mann gesagt ich hätte ohngefähr 80 Pfund Besoldung, das wären gegen 480 Thaler. Ich habe mich noch nichts gegen den König von meinen Umständen mercken lassen, ob ich gleich Gelegenheiten gehabt habe, deren sich vielleicht weder Deutsche noch Engländer von meinem Rang rühmen kan. Es ist mir unmöglich einen so vortrefflichen Mann, der, wenn er einen halben Tag den wichtigsten Berathschlagungen beygewohnt und sich an Bittschrifften müde gelesen und gehört hat, mich in seinen Ruhe Stunden in sein Cabinet rufen läßt, wieder aufs neue mit solcher Vorstellung zu quälen; allein das werde ich thun, ich werde ihm auf | irgend eine Art zu verstehen geben oder vielmehr geben lassen, daß ich gerade 40 Pfund hätte inclusive des Licent Equivalents. Ich bin begierig zu vernehmen wer Ihm von den 80 Pfunden gesagt hat.

Ich schließe hier mit der Bitte an Ew. Wohlgebohren mir nur mit ein paar Zeilen auf den Artickel, der HE. Salgasse betrifft, mit umgehender Post zu antworten, und mich Dero werthe-

sten Frau Liebsten gehorsamst zu empfehlen, der ich mit vollkommenster Hochachtung bin

Ew. Wohlgebohren
gehorsamster Diener
GCLichtenberg.

P.S. An HE. HofRath Kästner und HE. Prof. Dieze werde ich
ebenfalls mit dieser Post schreiben, wenn ich nicht unvermuthet abgehalten werde, ich habe Briefe an beyde angefangen.[26]

Das dritte Stück der Wochenschrifft The Crisis, das am Montag vor 8 Tagen, vor der Börse und dem Parlaments Haus
durch den Hencker verbrannt worden ist, habe ich nach Hannover geschickt, Ew. Wohlgeboh*ren* können es von HE.
Schernhagen abfordern und für mich aufheben, weil ich die
5 übrigen Stücke auch besitze,[27] ich wünschte aber nicht, daß
es ausser HE. HofR. Kästner jemand in Göttingen zu lesen bekäme. Meiner Meinung nach verdient es die Aufmercksamkeit nicht, deren es von dem Parlament gewürdigt worden ist,
es kommt den Briefen des Junius und Wilkeschen Schrifften
in keinem Betracht bey. Zugleich ist eine andere Schrifft,
eben so betitult, die aber, grade umgekehrt, despotische
Grundsätze predigt, verbrannt worden, diese soll etwas besser
seyn, ich habe sie aber nicht erhalten können, weil ich erst davon hörte, als die Strafe schon auf Kauf und Verkauf gesezt
war. Der Umstand, daß ein Pasquil pro und ein Pasquil contra
zugleich verbrannt wurden, ist allerdings merckwürdig und
ist eine Probe von der Vortrefflichkeit der englischen Staats-
verfassung. Jedes Gewicht findet sein Gegengewicht herunter
bis auf das Pasquil, und deren verdienter Ahndung.

30. An Johann Christian Dieterich

London den 1ten May 1775.

Mein lieber Dieterich

Für den Maulbeersaamen und die Zeitungen[1] dancke ich und Herr Irby, der kein Officier mehr ist, sondern seine Stelle für 1500 Pfund verkaufft hat,[2] gehorsamst. Das war ein unangenehmer Streich mit dem Pindar[3], doch wenn er nun kommt, so ist es gut. Wie kam es, daß mein Bruder in Gotha einen Brief von mir vom 20ten December erst vor 3 Wochen erhielt?[4]

Für die Leiden und Freuden und Tollheiten des jungen Werthers[5] dancke ich Dir vielmals. Ist es wahr, daß sich ein junger Herr von Lütichow über das Buch erschossen hat, das mag mir ein rechter Herr von Lütichow gewesen seyn.[6] Ich glaube, der Geruch eines Pfannkuchens ist ein stärckerer Bewegungs Grund in der Welt zu bleiben, als alle die mächtig gemeinten Schlüsse des jungen Werthers sind aus derselben zu gehen. Die Holzschnittchen in dem Prometheus[7] ließen sich also noch mit folgenden vermehren. Ein Verliebter (wie der gemahlt wird, wissen die empfindsamen am besten) und zwar ein unglücklicher steht da mit einer Pistole in der einen und einem Brodmesser in der andern; vor ihm steht ein Tisch, worauf das besagte Buch und ein Pfannkuchen zu sehen ist, oben drüber stehen die Worte Numero eins nebst dem Vers aus Addisons Cato:

my bane, my antidote are both before me.[8]

Das andere Bild stellt denselben Mann vor; die Pistole liegt auf der Erde, das Brodmesser steckt in dem Pfannkuchen und der Pfannkuchen halb im Maul mit Cäsars Worten:

Jacta est alea.[9]

Die englischen und lateinischen Worte laß Dir in Göttingen aufkörnen[10], ich habe keine Zeit dazu.

Wie viel könte ich Dir nicht schreiben, mein lieber Freund, wenn ich Zeit hätte und es meine Augen verstatteten, allein leider muß ich sagen, sie sind so übel, daß ich mich deswegen schon an einen der ersten Wundärzte habe wenden müssen. Gott weiß was es geben wird, ich muß es ruhig abwarten.[11]

Grüße mir alle Freunde und hauptsächlich im Hause; vielleicht bald mehr.

Gestern habe ich mein erstes Gewitter in England erlebt, das uns, nach 3 Tagen unausstehlicher Hitze, wieder Leben, Krafft und Muthwillen gegeben hat.

Adieu.   G.C.Lichtenberg.

31. An Johann Andreas Schernhagen

Kew, den 16 October 1775.

P.P.

Am vergangenen Freytag[1] bin ich von einer Reise[2] von mehr als 72 <u>deutschen</u> Meilen in die Runde glücklich wieder zu<u>rückgekommen</u>. Ich habe Oxford, Birmingham und Bath besehen. Wer die beyden leztern Orte nicht gesehen hat darf kaum sagen, daß er in England gewesen ist. Diese Reise habe ich ohne Bedienten ohne Coffer und selbst ohne Portmanteau[3] gethan, sondern ich gieng nach London legte da in einem Winckel meinen Glantz ab und bestieg, wie ein Webergeselle[4] mit ein paar reinen Hemden und Halsbinden in einem Schnupftuch den Postwagen, und kam ohne aufgegessen worden zu seyn, wieder hierher. Was ich auf dieser Tour gesehen habe zu beschreiben ist kaum für einen Brief. Ich führe nur an daß ich HE. Bolton's berühmte Manufacktur oder gantzes System von Manufackturen zu Soho in Staffordshire bey Birmingham gesehen habe, wo täglich 700 Menschen Knöpfe, Uhrketten, Stahlschnallen, Degengefäße, Etuis, alle Arten von Silberarbeiten, Uhren, alle nur ersinnlichen Zierrathen, aus Silber, Tomback und anderen Compositionen, Dosen pp machen. Jeder Arbeiter hat da nur ein gantz kleines Feld vor sich, daß er also gar nicht nöthig hat Stellung und Werckzeuge zu verändern, wodurch eine unglaubliche Menge Zeit gewonnen wird. Jeder Knopf der ZE. auf Buchsbaum oder Elfenbein oder sonst etwas aufgeküttet ist geht durch wenigstens zehn Hände. Ich habe da eine Feuer oder Dampf: Maschine von einer neuen Construcktion gesehen, die hebt mit 112 Pfund Steinkohlen, 20000 Cubikfuß Wasser 24 Fuß hoch, in einer so kurtzen Zeit, daß das Wasser durch seinen Fall ein Rad in Bewegung sezt, das so groß ist als eines an der Herrenhäußer Kunst.[5] HE. Bolton macht noch ein Geheimniß daraus, ich habe aber so viel gesehen, daß der Stiefel oben zu ist, und daß die Stange des Embolus so gnau in die Oeffnung eingeschmieret ist, daß die Lufft nicht auf den Embolus würcken kan, die ihn bey allen Londonschen allein hinunter treibt. HE Bolton, der also das Gewicht der Atmosphäre, das bey andern Maschinen so nöthig ist, ausschließt, druckt also vermuthlich den Embolus auch durch Dämpfe wieder nieder, dieses ist vermuthlich das Geheimniß. Da die Krafft, die eingeschlossene Dämpfe ausüben, fast gar keine Bekannten Gräntzen hat, so kan er so viel Wasser auf einen Zug heben als die Festigkeit der Maschine zuläßt. Ich muß nicht vergessen zu erinnern, daß die 112 Pfund Kohlen den HE Bolton auf der Stelle etwa 14 Pfennige Hannöversches Geld kosten. Ich habe da eine Seltsame Pumpe gesehen, die das Wasser, nicht durch den Druck der Lufft, auch nicht durch Dämpfe hebt, reichlich, aber nicht sehr hoch. Aus allem diesem erhellt, warum man die sogenannten Birminghamer Waaren in Berlin und Straßburg wohlfeiler kauft als in London selbst. HE. Bolton und seine Kaufleute in London, für die er allein in England arbeitet, haben sich über einen gewissen Profit verglichen, und machen den Preiß in England, der mit einem solchen Profit verbunden ist, daß die Ausländer, die ihre Sachen zu Soho nehmen, nach der grosen Fracht, sie doch noch wohlfeiler verkaufen können, als der Londonsche Kaufmann. Von den vortrefflichsten | Knöpfen, verkauft Bolton seinen Kaufleuten 12 Dutzend Rock und 12 Dutzen[d] Westenknöpfe für 15 Mariengroschen. In London bekommt man nicht leicht ein eintziges Dutzend dafür. Das paar Tombackene Hemden: Knöpfe kommt im Dutzend geringer als die kleinste englische Müntze nemlich 1¾ Pfennig. In London fordern sie 10½ Mariengroschen für ein paar. Ich möchte wohl wissen ob Müller in Hannover unmittelbar mit Bolton handelt. (Er giebt bey baarer Bezahlung noch 5 Procent Rabat)

Nächst dieser sah ich Clay's Manufacktur von Lackirter Arbeit,[6] wo nemlich die vortreffliche Lackirte Eisenwaare, die man nun auch in Braunschweig nachmacht, verfertigt wird, ferner Papierne Dosen, Theekästgen, Blätter zu Kutschen und Portchäsen, denn in London fährt man jezt in Papiernen Kutschen.[7]

Man macht da Caffeebretter von Papier[8] und allerley andere Gefässe, schwartz mit Orangefarbenen Figuren nach Art der Hetrurischen[9] Gefäßen, die unbeschreiblich schön sind. Ein Theekästgen kostet 3 Guineen, aber weil man sie nicht essen kan, so durfte ich mir auch keins kaufen.

Von hier gieng ich nach Mrs Baskerville und besah die Weltberühmte Schrifftgießerey und Druckerey. Ihr Mann ist todt. Die Druckerey wird sie aufgeben allein die Schrifftgießerey fortsetzen bis sie alles verkaufen kan. Diese Frau wohnt vor der Stadt in einem Hauß von Gärten umgeben, deren sich kein Printz zu schämen hätte, überall sieht man Reichthum mit Geschmack und doch mit der Bescheidenheit eines vernünfftigen Kaufmanns, der ihn selbst erworben hat, gezeigt. Sie empfieng mich mit ungemeiner Höflichkeit, und als sie fand daß ich ein Bewunderer ihres Mannes war, so schenckte Sie mir nicht allein einige Exemplare ihrer Schrifftproben, wovon ich eines schon an Dietrich geschickt habe, sonder[n] auch ein common prayer Book, das ihr Mann gedruckt hat, und das nun rar geworden ist, und tracktirte mich mit Madeira und toast.

Birmingham ist ein sehr groser und volckreicher Ort, wo fast alles hämmert, klopft, reibt und meiselt.

Bath ist der schönste Ort, den ich in England und fast überhaupt noch gesehen habe, aber ich muß hier abbrechen, sonst komme ich auf diesem Bogen nicht von Bath nach Hauß. Doch noch etwas. Mr Hornsby der Prof. Astronomiae zu Oxford hat mich 2 Tage in seinem Hause gehabt und mir ein Geschenck mit einem theuren Werck gemacht nemlich mit den Tafeln, die der board of Longitude zur Erleichterung der BeRechnung der beobacht[et]en Distanzen des *Monds* von Fixsternen bekant gemacht hat. Das Buch ist in klein Folio und 5 Zoll dick.[10] Dieses Observatorium, übertrifft das Richmondische eben so weit, als dieses das Göttingische. Ich habe HE. Hornsby überredet deutsch zu lernen, und er wird es thun. Was sagen Ew. Wohlgebohren zu einem Tubo | wodurch man Sterne der fünften ja der 6ten Gröse zu weilen am hellen Tage ZE. um 4 Uhr des Nachmittags im Sommer sieht. Dieses kan mit HE. Hornsbys Transit Instrument geschehen. Ich hatte vorher davon gehört, aber es für ein Misverständniß gehalten, bis es mir der ehrliche u gewiß nicht windige Mann selbst gesagt hat, und bis ich den Alcor bey dem mittleren Stern im Schwantze des grosen Bären, durch den Tubus an des Königs Secktor, so deutlich um Ein Uhr des Nachmittags sah, daß er kaum zu übersehen war.[11] Als ich in Oxford war, war das Wetter, obgleich zu andern Beobachtungen, hierzu nicht günstig genug. Wenn das so fort geht, so werden sich endlich die Astronomen, wie andere Handwercksleute des Nachts aufs Ohr legen können. Man wird auf das Oxfordische Observatorium 120,000 Thaler verwenden. HE. Hornsby hat mir schon geschrieben,[12] ob ich gleich nur 10 Tage von ihm wegbin.

Nun etwas von Freund Forster,[13] und zwar erst von seinem Charackter. Er ist ein Mann in seinen besten Jahren, voller Feuer und Muth. Er würde glaube ich den Jupiter umsegeln, sein Gedächtniß ist ausserordentlich und eben so soll seine Stärcke in der Naturhistorie seyn. Gegen seine Freunde ist er dienstfertig und bescheiden, aber unversöhnlich, wenn man ihn beleidigt, seine Feinde behandelt er mit einer eignen Art von Witz, der am besten durchdringt, nämlich er schlägt ihnen hinter die Ohren. Man hat mir gesagt, daß er auf der Reise | zweymal hat müssen in Arrest gesezt werden. Einmal da ein Deutscher, den er gar nicht kannte, etwas laut in der Comödie deutsch sprach und sich ein Engländer darüber in Ausdrücken aufhielt, die gegen die Deutschen überhaupt giengen, so stund Forster, der nicht einmal nah saß, auf und redete den Engländer gleich mit den freundschafft*lichen* Worten: You infamous scoundrel oder du infamer Spitzbube, an, foderte ihn auf der Stelle heraus und in einem solchen Ton, daß der Engländer für

heilsam befand nach der Comödie nicht zu erscheinen sondern sich wegzuschleichen. Diese Geschichte hat mir HE. F.
nachher selbst erzählt. Seine Liebe zur Wissenschafft und sein
Eifer für die Wahrheit sind eben so ausserordentlich, und um
alles ins kurtze zu ziehen muß ich sagen, daß der ausserordent-
lichste Mann, den ich fast in England gesehen habe ein Deutscher und zwar HE. Forster ist. Hätte er das Schif selbst com-
mandiren können, und bey seinen grosen Talenten Capt
Cook's Erfahrung besessen, so würden wir jezt dreymal mehr
wissen, obgleich die Reise, wie sie ist, schwerlich vergessen wer-
den wird. |

Ich seze einiges her,[14] was mir jezt beyfällt. Sie sind in der
Breite von 71° 10' gewesen, also fast 10 Grade weiter, als noch je
ein Schif gekommen ist, das seinen Rückweg wieder gefunden
hat. Dort hinderte sie erst das Eis weiterzugehen. Das äußerste
Land das sie gesehen haben liegt unter dem 60ten Grad der
Breite, aber nicht im südlich stillen, sondern im Südlichen At-
lantischen Meer etwa 40 bis 50° östlich von Cap Horn. Sie haben es Neu Georgien genannt, einer Bay haben sie den Nahmen Forsters Bay und der äußersten Insul den Nahmen des
südlichen Thule gegeben. Sie sahen nichts als Berge und Thä-
ler mit Schnee bedeckt, über denen einer der traurigsten Himmel hieng, den Sie gesehen haben, doch haben sie auch einen
schwärzlichen Berg bemerckt. Einige Zeit vorher ehe sie bis auf
die 71° 10' kamen hatten sie den Antarcktischen Circkel schon
einmal passirt, giengen aber wieder zurück. Da haben Sie Vögel gesehen, die blos bewohner der kalten antarcktischen Zo-
ne sind, und die sie sonst niemals antraffen. Das Cap de la Circoncision, das auf den Charten angegeben ist haben sie zweymal gesucht, aber nicht gefunden, existirt also wohl nicht. Die
gröste Insul die sie gefunden haben ist Nova Caledonia, ich
glaube unter dem 22° süd*licher* Breite nicht weit von Neuholland, sie ist 80 englische Meilen lang. In der Gegend wo auf
Vaugondy's Charte Manicola steht haben sie sehr sinnreiche
Menschen angetroffen, die aber in den Gesichtern den Affen
ähnlicher sind, als irgend ein bekanntes Volck. Unsern Nord-
lichtern ähnliche Südlichter haben sie 7 mal gesehen aber nur

im ersten Jahr und nicht als sie dem Pol am nächsten waren. Sein Sohn[15] von 21 Jahren ein vortrefflicher Zeichner war mit ihm, sie haben eine grose Menge von Neuen Thieren= und Pflantzen= Arten und = Gattungen entdeckt und theils in Zeichnungen theils in Natur mitgebracht, anderer Naturalien und Artefackten der Völcker, die sie besucht haben, nicht zu gedencken. Sie sind sehr Christlich und weise mit den Armen Teufeln verfahren, und haben sich sehr offt aus Mitleiden zurückgezogen, wenn sie sich wiedersezten. Einmal aber, da sie Wasser nöthig hatten, und die Wilden allen Vorstellungen ungeachtet einen Angrif thaten, und einem Matrosen eine Lanze quer durch die Backen warfen, musten sie 4 Todtschießen ehe sich die übrigen retirirten. Otaheite und die benachbarten Insuln haben sie ziemlich befunden so wie Banks und Solander, manches doch anders. HErrn Forster, der auf seiner gantzen Reise und selbst in Otaheiti nicht ist bestohlen worden, brachen | die Diebe in London, in der ersten Nacht nach seiner Zurückkunfft in sein Hauß und nahmen ihm viele Sachen weg, waren aber so gütig und warfen ihm die Bücher und Msspte, in einen Winckel nicht weit von seinem Hauß wieder hin. Allein das sind würckliche Wilde. Ew. Wohlgebohren haben vielleicht nicht geglaubt, daß es noch Wilde in England gäbe, ich schertze hier nicht, sondern ich meine Leute, die in den Feldern gemeiniglich bey den Ziegelhütten um London gebohren werden, viele werden nicht getaufft und noch weniger beschnitten. Sie wachsen auf ohne Lesen und schreiben zu lernen und ohne nur das Wort Religion oder Glauben zu hören, selbst das Wort: Gott nicht anders als in der Phrase: God damn it. Sie nähren sich durch allerley Arbeiten beym Ziegelbrennen, helfen den Miethkutschern pp. bis die Wollust in Ihnen aufwacht, alsdann stehlen sie und werden gemeiniglich zwischen 18 und 26 Jahren gehenckt. Ein kurtzes und vergnügtes Leben wäre das beste, das sind ihre Grundsätze, die sie sich nicht scheuen vor Gericht zu äussern.

HE. Forsters Reise wird erst in einem Jahre herauskommen, er wird sie selbst englisch und deutsch herausgeben. [16] Ein Matrose von seinem Schiff läßt indessen schon eine drucken, die auch schon in London ins Deutsche übersezt wird;[17] voller Unrichtigkeiten und vorsätzlicher Lügen. HE. Forster, der den Drucker kennt, hat indessen aus Mitleiden manches verbessert und besser buchstabirt. Die Reise hat 3 Jahre und 14 Tage gedauert. Sie haben Gefahr, aber nicht sonderlich grose ausgestanden. HE. Forster spricht von einer Reise, so wie etwa Anson's, zwischen den Tropicis,[18] so wie ich von einer nach Holland, er sagt, das wäre nichts, aber das verdammte Eis nach dem Südpol zu das hat den Teufel im Leib, dieses waren seine Worte. Ich fragte ihn ob er wohl glaubte, daß ich eine Reise um die Welt aushalten könte, darauf sah er mich an that einige Fragen an mich, und dann sagte er: o wie nichts. Ich habe den Mann schon lieb blos deswegen. Von dem grosen Nutzen des sauren Kohls[19] und der Maisch oder des Bieres, wie es vom Malz kommt, haben Sie vielleicht schon gehört, diese Entdeckung ist in ihrer Art wichtiger als die Harrisonischen. Man glaubt hier, daß die fixe Lufft[20] die der Mensch mit den Gewächsen verschluckt und die zur Erhaltung des Körpers unumgänglich nöthig wäre, und die der saure Kohl und jenes Bier in groser Menge enthält Ursache von dieser vortrefflichen Würckung sey, Was wird der Mensch nicht noch endlich mit einer Magnet Nadel, einer Harrisonschen Uhr und einer Ladung von Saurem Kohl ausrichten.

So weit in Kew. Das übrige in London, denn ich muß sogleich abreißen.

London den 17. 8bris

Meinem Versprechen gemäß fahre ich in meinem Briefe fort und genieße da | bey mein Frühstück in einem Caffeehaus[21], wo ich die vergangene Nacht geschlafen habe.

Gestern Abend habe ich im Drurylane der Vorstellung von Shakespears As You like it beygewohnt, ich wurde durch den Favorit Pagen[22] des Königs dahin geführt und vorher, (das wollte ich eigentlich erzählen:) dem HE. Garrick vorgestellt. Ich habe also nunmehr diesen merckwürdigen Mann nicht allein in seinen grösten Rollen gesehen, sondern auch gesprochen. Er machte mir ein sehr groses Compliment (denn weiter war es doch wohl nichts) indem er sagte: er hätte noch nie einen Ausländer so englisch sprechen hören wie mich, und solte mich kaum für einen halten.[23] Er invitirte mich zum Thee nach dem 2ten Ackt in sein Zimmer im Comödienhaus, allein aus einem Versehen meines Führers wurde nichts daraus, welches mich sehr kränckte.

HE. Garrick bringt mich auf Lavaters grose Physiognomick. Die Königin hat mir das Buch geliehen[24] ob sie es gleich selbst nur geborgt hat. Das Papier, Format, Druck und die gröstentheils guten Kupferstiche machen einen Eindruck auf einen ehe man noch ließt, der den Bemerckungen selbst zum Vortheil gereicht. Sonst sieht man wieder, wie in allen Schrifften dieses Schwärmers, den entsezlichen Aufwand von Worten, Beschreibungen von Empfindungen die sich nicht beschreiben lassen, und die gewiß offt guten Beobachtungen in eine in Deutschland unter den sogenannten webenden Genies in den Wolcken, mode werdende Adepten Sprache gehüllt,[25] daß jedem der Sachen sucht und keine RedensArt die Geduld hundertmal ablauft. Warum doch der Mann ein solches Vergnügen daran findet uns seinen Merseburger[26] in lauter Schaum zu präsentieren. Wilckes und Lord Lovat sind beyde nach Hogarth meistermäßig copiert, so wie überhaupt alles was HE Lavater von Hogarth entlehnt hat. Der Abzeichner hat selbst in den wenigen Linien, womit einige nachgezeichnet sind nicht das mindeste von Hogarths Feuer und Natur verlohren. Allein Wilkes gleicht sich nicht, und Hogarth hat ihn auch gar nicht in der Absicht gezeichnet. Hogarth war bekanntlich ein groser Antagonist von Churchill und Wilkes den ersteren hat er in der Gestalt eines Bären und den andern so abgebildet, wie er im Lavater steht, aus Satyre. Vielleicht werden 100 gereißte Barone und Kaufmannsdiener, die den Wilkes gesehen haben, sagen, es gleiche ihm als wenn er in einen Spiegel sähe. Es ist aber nicht wahr. Wilkes hat kleine blinzende Augen, so daß man kaum sehen kan, daß er schielt und von der Seite etwas sehr vornehmes und gar nicht unangenehmes. Garrick gleicht sich viel besser. Nur hat Garrick ungewöhnlich feurige, wiewohl kleine Augen, und in der gantzen Mine mehr gefälliges als in dem Portrait ausgedruckt ist.[27]

Die Antelope ist etwas, aber nicht viel kleiner, als unser Rehbock aber sehr viel vetter es steht auf seinen beinchen, wie auf Stahlfedern, und hat sehr grose schwartze Augen. HE. Forster hat aber Zeichnungen von vielen Arten von Antelopen mitgebracht, worunter leicht einige größer oder kleiner seyn können, als das in Richmond. Es hat vor kurtzem ein junges geworfen. |

Am vergangenen Sonnabend war ich fast drittehalb[28] Stunden mit dem König und der Königin des Abends bey Licht in Kew, allein. Ich habe ihnen von meiner Reiße Nachricht geben müssen. Am Ende kamen die beyden ältesten Prinzessinnen[29] und der jüngste Printz (Adolph) dazu. Ich kan Ew. Wohlgebohren nicht beschreiben, wie schön die Prinzessinnen geworden sind, die Princess Royal ist eine wahre Schönheit, und so sind alle Kinder. Der König fieng an zu schreiben, doch ohne mich wegzuschicken, sondern sprach noch immer mit drunter, Prinz Adolph bat mich um meinen Stock fieng darauf an zu reiten und schwadronirte so fürchterlich damit unter den Tassen und auf dem Schreibtisch herum, daß er mir Pferd und Stock wieder abliefern muste, und zwar eigenhändig, als er auf mich zu kam, so sagte die Königin Now say, I thank You Sir, welches er sehr vernehmlich mit einem Compliment nachsprach. An demselben Tage habe ich den Prinzen von Wallis[30] und den Bischof[31] im Garten von Richmond gesprochen. Der König zcigtc mir allerley Sachen, die er sich seitdem er mich nicht gesehen hatte, hatte machen lassen.

Die Gurcken, für die ich gehorsamst dancke sind glücklich angekommen, ich habe sie ohne sie zu öffnen Nach Lord Bostons Landgut[32] geschickt, wo sich jezt HE. Irby aufhält und hoffe sie noch dort zu kosten.

HE. Kriegssekretärs[33] Glas für das Spaa⸗Wasser werde ich treulich besorgen.

Dr Priestley ist nun auf sehr schöne Untersuchungen gerathen. Er hat in einer Vorrede zu Hartley's Theory of the human mind[34] öffentlich bekannt, daß er glaube der Mensch höre mit dem Tod gantz auf, und in dem London Review, das Dr Kenrick schreibt, wird, anstatt ihn zu widerlegen, oder den Leser zu warnen, gesagt: Einigen wird dieses zwar seltsam und zu gewagt scheinen, wir aber glauben, daß man dem Dr Priestley Danck Schuldig ist, daß er Herz genug gehabt hat, der Welt eine so wichtige Wahrheit bekannt zu machen.[35]

Der Streit zwischen Hollmann u Kästner[36] hat mich recht in der Seele betrübt, die Professoren, die auf diese Art eine Comödie für die Studenten spielen, verliehren allemal ihren Respeckt dabey, und mich dünckt sie haben nicht viel zu verliehren, da ohnehin der Student dort schon glaubt er mache den Professor. Kästner hat mir die Sache geschrieben[37] und auch drey Sinngedichte[38] gegen Hollmann geschickt.

HE. Ebell hat dem Bruder des HE. de Luc einige Encriniten[39] zu schicken versprochen und der leztere hat mich gebeten ihn doch bey Gelegenheit an sein versprechen zu erinnern. Ew. Wohlgeboh*ren* haben wohl die Gütigkeit u thun es für mich, wiederholen auch wohl die Erinnerung bey Gelegenheit einmal, bis Sie anschlägt. HE. de Luc kennt HE. Andreä. A propos. HE. Andreä bringt mir etwas in den Sinn, worüber er wohl am besten Erläuterung geben könte. Auf dem Observatorio des Königs habe ich einen Schiefer gesehen,[40] der in der Grafschafft South-Lothian[41] in Schottland ohnfern Dunglass gefunden worden ist. Man hat ihm den Nahmen des Hermelin‍-Schiefers gegeben, weil der Cörper, davon er ein Abdruck ist Eindrücke auf ihn gemacht, die fast so aussehen oder wenigstens in der Ordnung liegen, wie die Figuren auf dem Heraldischen | Hermelin. Figur und Ordnung ist beyläufig[42] so:

und die Linien stehen etwa einen Zoll von einander. Jeder Fleck ist etwas über die Fläche des Schiefers erhaben, was ich aber mit Schwarz bezeichnet habe ist wieder vertieft. Sir John Pringle hat diesen Stein der Londonschen Societät vorgelegt, und die erfahrensten Sammler haben bekannt, daß sie dergleichen weder je gesehen, noch auch wüsten was es wäre, ja sie haben nicht einmal angeben können ob der Abdruck von einem Thier oder von Pflanze herrühre. Das Stück auf dem Observatorio ist ein Quadrat Fuß groß und enthält zu gleich auf der andern Seite einige Abdrücke von Farrnkräutern.

Dieses ist ein Fleck vergrößert. Ich werde mich bemühen ein Stück zu erhalten.

Meine Abreiße[43] werde ich vermuthlich entweder den 30 8^{bris} oder den 2 November antreten. Ich glaube aber über Calais und da käme ich über Cassel nach Göttingen. Wäre dieses der Fall, so wartete ich vielleicht künfftige Weyhnachten Ew. Wohlgebohren in Hannover auf.

Ich habe Ew. Wohlgebohren so offt mit Mordgeschichten und Räubereyen unterhalten, daß ich wohl zu folgender keiner weiteren Einleitung nöthig habe.

Am Sonntage vor 14 Tagen hatte ein Strasenräuber die Verwegenheit des Vormittags um 11 Uhr, da man zu Kew in die Kirche läutete, eine Postchäse keinen Büchsen Schuß von Kew anzuhalten und den beyden Herrn in derselben ihre Börsen und Uhren abzunehmen, und dem Postillion eine Guinee davon zu zu werfen. Nach diesem ritt er wie rasend und ohne Hut durch Kew durch, mit der gespannten Pistole in der Hand, die er gegen jeden mit den grösten Drohungen zuhielt, der Mine machte ihn aufzuhalten, passirte über Kewgreen, wo ich wohne, und ihn hätte sehen können, wenn ich am Fenster gestanden hätte, fort über die Themse Brücke, allein weil er nicht rathsam fand länger auf einer Strase zu verweilen die auf einige Meilen fast zu beyden Seiten mit Häusern bebaut und beständig voller Menschen ist, so wolte er, um in das Feld zu kommen, über ein Fall: Thor setzen, das fast 4$\frac{1}{2}$ Fuß hoch war, stürzte, und wurde auf der Stelle gefangen.

Eine Antwort auf diesen Brief würde mich wohl schwerlich mehr antreffen. Indessen schreibe ich gewiß noch einmal. Ich

empfehle mich Ew. Wohlgeboh*ren* fernrer Gewogenheit und bin mit wahrer Danckbarkeit für die mannigfaltigen Freundschafftsbezeugungen u mit wahrer Hochachtung Dero
ergebenster Diener
G.C.Lichtenberg

32. An Johann Christian Dieterich

London. Den 18 October 1775.

Mein lieber Dieterich

Da der Himmel in allen seinen Absichten weise und gerecht ist, so freue ich mich immer, wenn ich diese Weisheit und Gerechtigkeit in solchen von seinen Rathschlüssen entdecke, denen man sich gemeiniglich mit Unwillen unterwirft. Der Tod Deines kleinen Töchterchens[1] hat mir diese Art von philosophischer Freude gemacht und allerley Betrachtungen in mir veranlasst, mit denen ich Dich zu einer andern Zeit unterhalten will. Ich beklage weder Dich noch sie. Sie hat geschlafen, Brey gegessen, ist vermuthlich offt genug geküßt worden, hat ihren Eltern Freude ohne Verdruß gemacht, und hat also Vergnügen gehabt und welches gegeben. So konte sie wieder eingeschmolzen[2] werden. Diejenigen Pflichten eines Tugendhafften Mädchens, die sie nicht erfüllen konte, werden Deine andern statt Ihrer über sich nehmen, die hoffentlich der Himmel nicht eher einschmelzen wird, bis Ihr Bild abgegossen ist. Sey also zufrieden, mein lieber Dieterich, und gehe an Deine Arbeit, und ich will desgleichen thun, so bald ich noch ein paar Zeilen geschrieben habe.

Am vergangenen Sonnabend habe ich des Abends von 6 bis 8 in Kew, gantz allein bey beyden König*lichen* Majestäten zugebracht. Du kannst versichert seyn, daß ich Deine Sache[3] vorbringen will und zwar so gut als es die Umstände verstatten.

Ich werde entweder den 30ten October oder den 3ten November abreisen.[4]

Vorgestern Abend bin ich von einem Pagen des Königs HE. Garrick vorgestellt worden. Ich wurde nachher in seine Loge geführt und sah in Gesellschafft seiner Frau ein Stück des Shakespeare aufführen. Er machte mir ein groses Compliment, das ich wohl anführen darf, weil ich es blos für eines halte. Er sagte, Er hätte noch nie einen Ausländer so englisch sprechen hören, wie mich und solte mich kaum für einen halten.[5] Neulich reißte ich durch Stratford am Avon in Warwickshire, dem Ort wo Shakespeare gebohren ist. Ich sah sein Haus, und habe auf seinem Stuhl gesessen, von dem man anfängt Stücke abzuschneiden. Ich habe mir auch etwas davon für 1 Schilling abgeschnitten. Ich werde es in Ringe setzen lassen, und nach Art der Lorenzo-Dosen[6] unter die Jacobiter und Göthiter vertheilen. Die Haubenstöcke[7] zu Deinem Calender sind gut gestochen. Ich habe einen Mann[8] ausgemacht, der alles übernehmen wird, gegen einige Erkenntlichkeit. Ein Mann von geprüfter Ehrlichkeit und Gnauigkeit.[9] Für Gröningen habe für 19 Guineen Kupferstiche gekauft. Sein Hauß in Bremen verdient also wohl von Reisenden besucht zu werden.

Grüße alle Freunde und Freundinnen. Der Wagen in dem ich nach Kew Reise steht schon vor der Thür.

Ich habe alle Briefe[10] und Päckgen richtig erhalten.

Lebe wohl. Mein Auge ist nicht mehr entzündet,[11] allein es sind Umstände zurückgeblieben, die mich, fürchte ich, früh oder spat um das Gesicht bringen werden.

G.C.Lichtenberg

33. An Johann Christian Dieterich

London den 31. October 1775.

Mein lieber Dieterich,

Nun, Dein Memorial[1] ist dem König von mir selbst gestern morgen so gut übergeben worden, als Du es nur immer wünschen kannst. Ich muß es Dir etwas umständlich erzählen, weil es mir ein eben so groses Vergnügen ist davon zu schreiben als Dir und Deinen wahren Freunden es zu lesen. Gleich zur Einleitung muß ich Dir etwas gestehen, was ich Dir nie würde ge-

standen haben, wenn sich die gestrige Gelegenheit nicht ereignet hätte. Ich hatte nemlich in der langen Unterredung mit
dem König vor 14 Tagen eine Gelegenheit verlohren von Dir
zu reden, (wie wohl gantz ohne mein verschulden), dergleichen ich kaum wieder erwarten konte, die sich aber dem ohngeachtet gestern wieder ereignet hat und von mir so genüzt
worden ist, als in meinem Vermögen stunde. In jener Unterredung nemlich erzählte ich dem König von meiner Reise und
kam also endlich auf Madam Baskerville, als ich dieses erwähnt
hatte, sagte der König, vielleicht können Sie Ihrem Freund Dieterich mit manchem dienen, was Sie da gesehen haben. Kaum
hatte ich ein paar Worte weiter gesprochen, so kam ein Page in
das Zimmer mit einem verschlossenen Kästgen, welches der
König öffnete, einige Papiere herausnahm und darauf anfieng
zu schreiben. Ob ich gleich nicht dimittirt[2] wurde, sondern fast
noch eine Stunde mit der Königin an einem andern Ende des
Zimmers sprach, auch zuweilen wieder mit dem König, der beständig vor dem Schreibtisch saß, so wurde doch jene Unterredung abgebrochen, und es hätte Mangel an Lebens Art, wo
nicht etwas schlimmeres verrathen, wenn ich die Unterredung
wieder gewendet hätte; und dem König eine Bittschrifft zu
überreichen, während als er schreibt, so etwas läßt sich gar
nicht dencken. So wenig ich auch Schuld hatte, so sehr
schmerzte es mich dennoch und ich schrieb gleichsam einer
Nachlässigkeit von meiner Seite zu, was schlechterdings nicht
zu ändern stunde. Nun weiter. Am vergangenen Freytag bekam
ich hier in London Ordre durch einen Pagen, den nächsten
Montag um 9 Uhr des Morgens zum König zu kommen. Ich
steckte Dein Memorial in die Tasche und fuhr hinaus. Der König war nicht allein. Es waren eine Menge Personen in dem
Saal, die aber alle sehr weit abstunden. Bey dem König stund
Herr Salgas, der erste Hofmeister des Printzen von Wallis, und
ich. Nach einer Menge von Fragen, die Er an mich that, fragte
er endlich ob ich nicht wüßte, womit sich Herr HofRath Heyne
jezt beschäfftigte. Ich sagte Nein. Ich hoffe, fuhr der König fort,
daß Dietrich künfftig alle seine Sachen drucken wird, und sezte
die Worte hinzu, (deren er sich schon einmal von Dir bedient),

das ist ein gantzer Mann, der Dieterich. Nun, dachte ich bey mir selbst, soll mir kein sterblicher diese Gelegenheit wieder rauben und wenn das gantze Parlement im Saal wäre. Ich fieng also gleich an, daß die Herren Minister Deine Anstalten mit Ihrem Beyfall beehrt, daß man gewöhnlich Deine Druckerey so besuche, wie man die andern grosen Merckwürdigkeiten von Göttingen besuche, wie sehr diese Anstalten erweitert und unterstüzt zu werden verdienten, der König hörte mir sehr aufmercksam zu, dann kam ich auf Deine Bitte und trug sie gantz mündlich vor, mit Anmerckungen, und alsdann sagte ich, ich hätte sie schrifftlich bey mir, so gleich streckte der König die Hand darnach aus. Weil der Pack etwas dick war, so sagte ich ihm, daß Dein eigentliches Ansuchen in wenigen Zeilen enthalten wäre, das übrige enthalte die nöthigen Erläuterungen, der König sagte: sehr wohl, sehr wohl,[3] und anstatt sie dem aufwartenden Pagen zu geben, steckte er den gantzen Pack in die Tasche. So ist nun Deine Sache angehängt, bey einem König der viel auf Dich hält und gantz für Deine Anstalten eingenommen ist, Du wirst es also nun ferner lencken, daß man dem König nicht von einer andern Seite widerräth. Ich versichere Dich daß mir nun ungewöhnlich leicht um das Hertz ist, da ich Deinen Auftrag so ausgerichtet habe daß mir keine bessre Art zu wünschen möglich gewesen wäre. Einige Zeit, etwa eine halbe Stunde nach diesem hatte ich wieder eine Unterredung gantz allein, aber der Inhalt derselben, so unvergeßlich er mir auch ewig seyn wird, gehört nicht hieher. Ich wolte Abschied nehmen. Nein, sagte der König, Wir sehen einander noch einmal, und stellte mir so gar frey ob es der Donnerstag oder Freytag früh seyn solte.* Ich wählte den Freytag, da der König in der Stadt ist. Nun, Mein lieber Dieterich, mache ja einen weißen Gebrauch von dem was ich Dir hier gesagt habe. Es bringt Dir gewiß keinen Nutzen, daß es viele wissen; sage es also nur denen, die es wissen müssen, und das können nur wenige seyn. Meinen Brief zeige gar niemanden, und sey mißtrauisch gegen die Tischfreunde, denen es gleichgültig ist ob es Dir wohl oder

* weil er wuste, daß ich jezt meistens engagirt bin.

gut geht. Sey so viel als möglich püncktlich in allem, aber vornehmlich in den Dingen die die Universität angehen. Der König ist, wie ich sicher überzeugt bin, eben so wohl einer der rechtschaffensten Männer, die ich je gesehen habe, so wie er einer der ordentlichsten ist. Du hast wahrhafftig seine Gnade jezt, und wenn Du ihm püncktlich und mit Eifer dienst, so kan es gar nicht fehlen, Du wirst den grösten Vortheil davon spüren. Du verzeyhst mir als einem jüngeren, daß ich Dir solche Lehren gebe, weil Du mein Freund bist.

Nun, was wird es mit dem Logis geben?[4] Ich reise künfftigen Montag als den 6ten November zuverlässig von hier ab,[5] und zwar mit drey Engländern, wovon der eine ein Neveu des Hertzogs von Ancaster ist.[6] Sie müssen alle drey unter dem selben Dach mit mir logiren, und wenns das Zeughauß[7] seyn solte. Also müssen wenigstens vier Stuben und vier Schlafkammern, und ein Zimmer, wo man frühstücken und essen kan, da seyn.** Lasse mich um des Himmels willen nicht sitzen. Ich müste fürwahr ins Zeughaus ziehen. Den Winter über will ich schon für ein Haus sorgen, das ich die Ostern, wills Gott, beziehen kan, wenn ich nicht eins neben Ayrers Garten[8] beziehe. Ich huste starck, schlafe schlecht, mein Auge kan nicht mehr besser werden, ob ich gleich so ordentlich gelebt habe und noch lebe, wie ein vierwöchiges Lamm, nur daß ich zuweilen ein Glas Wein statt Schaaf= Milch trincke.

Vorige Woche habe ich 2 Trauerspiele von sehr verschiedener Art an einem Tage angesehen.[9] Des Morgends sah ich zu Tyburn drey Strasenräuber, einen Einbrecher und einen Falschmüntzer aufknüpfen, und am Abend Herrrn Garrick zum 6ten mal, und zwar die Rolle des Lusignan in der Zaire[10] machen.

Unter allem, was Ich (mit einem grosen I) mitbringen werde, wird sich nichts besser in Göttingen befinden, als meine Beine, denn die habe ich in London erbärmlich mitgenommen, und doch habe ich am wenigsten über sie zu klagen gehabt.

** und eine Bedienten Stube, nur eine.

Grüße das gantze Haus und alle Freunde, und sey versichert
daß ich ewig seyn werde   Dein treuer
                                        Freund G.C.Lichtenberg.

Für dieß mal zum lezten mal aus England.
          (Hierauf keine schrifftliche Antwort.)

                                        den 2ten November.

Weil der Brief auf den Quartals Courier[11] warten muste, so erhalte ich dadurch Gelegenheit Dir noch einen Vorfall zu melden, der Dir gewiß angenehm seyn wird.

    Heute Morgen um 10 Uhr ist der König in meinem Hauße
bey mir gewesen. Heinrich, der ihn auf die Haußthür zu gehen sah, lief in der grösten Bestürtzung nach derselben und
öffnete sie. Der König fragte ihn auf Deutsch: Ist der Professor
zu Hauß? Ich warf in der andern Stube meinen Rock an, allein die Schuhe steckte ich bey hängenden Strümpfen nur
blos wie Pantoffel an die Füße und steckte die Riemen unter,
so kam ich heraus und hatte eine Unterredung mit ihm, die
über eine Vierthelstunde dauerte. Hast Du je so etwas gehört?

34. An Dieterichs Töchter

[London, Ende Oktober/Anfang November 1775?]

Den Kindern dieser Welt,
den rothen, weisen blauen und schwartzen,
(Wangen, ... en[1], Augen und Augenbraun)
entbeut seinen Gruß aus einer andern Welt
G. C. L.

Hochzuverehrende Mamsellen.
Wenn ich mir Essen und trincken noch abgewöhnen könte,
so mauerte ich auch meine Stubenthüren zu.
    Weit davon ist gut fürn Schuß.[2]
    Ein verbrannt Kind fürchts Feuer.

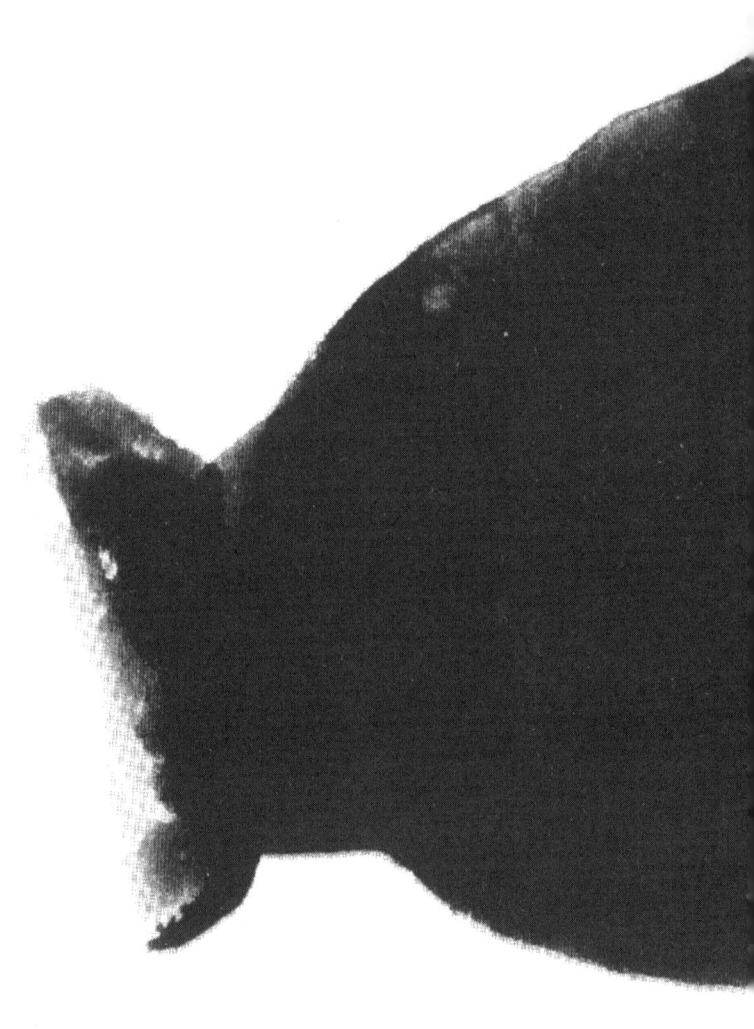

Lichtenbergs Hand:
Mit Tusche ausgemalte Umrißzeichnung (Originalgröße)
Zu Brief Nr. 34

Wer nicht in die Sonne guckt blendt sich die Augen nicht
Wem Cartuffeln schmecken sollen muß nicht an gebratenen Fasanen riechen.

Das ist die Antwort auf die eine Hälffte Ihres Briefes[3]. Zur
Antwort auf die zwote Hälffte schicke ich Ihnen den Schatten-
riß meiner rechten Hand[4], sie dient zur Versöhnung und zum
– – platschen[5] ein vortrefflicher Jahrmarckt und der eintzige,
den ich geben kan und den Sie fürchten.

Den 3ten December[6] komme ich gewiß, und vermuthlich
noch vorher. Ich bin mit wahrer Hochachtung
Ihr ergebenster Diener und Freund   Lichtenberg.

35. An Christiane Dieterich und ihre Töchter

Urthel.[1]

Da die hiesige Einwohnerin, unsere ehemals liebe Getreue
Elisabetha Christiana Dieterich, nebst deren beyden sonst gar
nicht verwerflichen Töchtern Luise und Friderike Dieterich,
wegen nächtlichen Mühlenbesuchens[2] und Schwärmens und
daselbst öffentlich verübten Hüpfens und Springens solenni-
ter und edictaliter[3] vor uns vorgeladen, nicht allein nicht erschienen, sondern auch noch, gleichsam mit uns und dem in
unsern Händen habenden Schwerdt der Gerechtigkeit ihr
ruchloses Gespötte treibend, an demselben Tag einen Gast-
schwarm gehalten und Tages darauf in Gesellschafft einer
noch zur Zeit unbekannten Frau[4], die aber der Rache nicht
entrinnen wird, über den Heinberg am hellen Tage gezogen,
und sich in den geheimen Schlupfwinckeln des Waldes dem
schändlichen Caffeetrunck unter einem Bachanalischen
Juchzen und Schreyen ungestöhrt ergeben haben, so ergeht
hiermit ohne weiteres Verhör nunmehr unser endliches Urthel dahin: Daß ihnen zwar für dieses mal, und zwar auf in-
ständiges Vorbitten unsers Lieben getreuen Professoris Lichtenberg, als welcher, ob sie ihn gleich mehrmalen von der
Bahn der Zucht und Sittsamkeit in ihre schändlichen Spazier

Lüste zu ziehen gesucht haben, dennoch für Dieselben eine unverdiente Freundschafft trägt und beweißt, die Strafe für dieses mal erlassen seyn soll, jedoch nicht anders als bis sie, und nicht eher als nachdem sie ihre uns noch nicht bekantgewordene muthwillige Spießgesellin[4], die sich bey dem Wald und Hecken Unfug hinter dem Heinberg durch ein Zuchtloses und leider den inneren heisen Muthwillen kühlen sollendes Geschrey, wovon die Erdbeern Mädchen und Jungen nicht genug erzählen können, hervorgethan, so gleich mit Nahmen und Wohnung anzeigen, damit auch sie zu gehöriger Verantwortung und verdienter Strafe gezogen werden könne. Zugleich aber wird dieser Christiane, Luise und Friderike Dieterich hierdurch ernstlich und unwiderruflich angedeutet, daß, wenn sie sich wieder des Nachts nach 12 Uhr auf der Strase, oder auf Mühlen, ferner auf Bier und Caffeebäncken, Schützenhöfen, Kirmessen, in sogenannter Waldlust und andern Zusammenkünfften, als wo sie mit ihren halbdurchsichtigen Gesichtern und Hälsen und vom Teufel selbst nicht ärger zu erdenckenden nettem Anzug, doch nur lauter Unheil anfangen, betretten lassen; so soll Ihnen ein häßlicher Bart von gebrandtem Korck, unter dem Näßgen weg, von Ohr zu Ohr gezogen werden, damit anzudeuten, daß bey ihnen die Milch und Blutfarbe der Zucht und Unschuld sich in die Brand= Bart[=] und Leib= Farbe des Teufels verwandelt habe, auch sollen sie gehalten seyn ihre Haare mit einem rothfärbenden Kamm drey Tage unaufhörlich zu kämmen, und alsdann mit besagtem Haar und Bart etwas vor Ein Uhr des Nachmittags am Fenster zu stehen, bis wenigstens 200 Pursche sich versammelt haben, da ihnen dann und nicht eher erlaubt seyn soll, wegzugehen und sich den Bart zu waschen.

Da es uns aber ferner als einer gerechten Obrigkeit nicht blos zu kommt die Verbrecher hart zu bestrafen, sondern auch dem begangen werden wollenden Verbrechen selbst starck vorzubeugen, als ergeht weiter unser Willen, daß mehr mal benannte Christiane, Luise und Friderike Dieterich besagtem unserm lieben getreuen Professori Lichtenberg gleich nach Einhändigung dieses unsers Urthels einen Schlüssel zu Ihren respective[5] Schlafkämmergen fertigen und einhändigen lassen sollen, damit derselbe zu jeder Stunde der Nacht, wenn es ihm gefällt, sehen könne ob die Nachtschwärmerinnen in ihren Betten seyen, und sonst alles richtig stehe, und uns davon getreulichen Bericht abstatten könne. Wir haben unsern lieben getreuen Professorem theils deswegen zu diesem wichtigen Dienst ausersehen, weil er mit besagten Vagabundinnen unter einem Dach[6] wohnt, wenn sie zu Hause sind; theils aber auch weil derselbe durch seine theils hier, theils in England sich erworbene Eulenmäßige Einsicht ins Nachtschwärmen am besten zu sagen weiß wie dem Nachtstreichen anderer Personen am Zweckmäßigsten vorzubeugen sey.

Gegeben [*Göttingen*,] den 30ten Junii 1776.

An unsere, ehemals lieben getreuen
Madam Dieterich und Demoisellen Töchter.   L. S.[7]

36. An Friedrich Nicolai

HochEdelgebohrner
Hochzuehrender Herr,
Hier habe ich die Ehre Ihnen einen von vielen verlangten etwas vermehrten Abdruck einer kleinen Abhandlung zu übersenden, die ich für Dieterichs Calender von diesem Jahre im vorigen Sommer auf einem Gartenhause flüchtig zusammen geschrieben hatte.[1] Hätte ich nur im mindesten voraussehen können, daß sie den Lärm machen würde, den sie schon gemacht hat, so hätte ich sie entweder gar nicht oder doch gewiß ordentlicher geschrieben. Es wurde mir sehr früh bekannt, daß Herr Lavater etwas aus der 4ten Etage seines Babylonischen Gebäudes[2] dagegen predigen würde, und deswegen dachte ich, wolte ich sie der Welt so überliefern, wie sie anfangs war, nemlich ohne die Verstümmelun-

gen, die sie leiden muste, damit sie[3] in einen Nähebeutel gesteckt werden konte. Herr Lavater hatte indessen seine Predigt schon drucken lassen, und ich habe sie gelesen. Er eröffnet damit den 4ten Theil seines Wercks, und sie dauert,
weil er um 5 einfältiger 4to Seiten wegen nicht anfängt, von
p. 1 bis p. 38. Er findet Widersprüche auf allen Seiten, weil
er mich nicht recht verstanden hat, ja so sehr wenig verstanden hat, daß er den Haupt Punckt verfehlt.[4] Freylich muß
ich hierbey auch etwas Schuld haben. Ich werde ihm vor der
Mitte des Sommers nicht antworten,[5] aber alsdann soll es
auch mit aller der Krafft geschehen, deren mein schwaches
Nerven System fähig ist, und alsdann will ich auch thun, was
ich bisher noch nicht gethan habe, und mich gegen sein
Werck selbst wenden, in welchem hier und da zwar, wie Sie
werden gefunden haben, etwas gutes steht, aber worin auch
solche Rasereyen[6] vorkommen, daß mir um des guten Mannes Verstand täglich banger wird. Indessen hat Dieterich seinen Endzweck erreicht und die 8000 Calender sind, wo ich
nicht irre, bis auf einige wenige alle fort.

Jemand aus Hannover hat mir gemeldet, daß Herr Mendelssohn etwas gegen mich deswegen schreiben würde.[7] Ich kan
es kaum glauben. Wahrhafftig, die Abhandlung ist seiner Aufmercksamkeit nicht würdig.

Verzeyhen Sie mir, daß ich noch nichts für die allgemeine Bibliotheck[8] geliefert habe. Meine Umstände haben es
schlechterdings bisher nicht verstattet. Da uns aber der Krieg
künfftige Ostern fast alle unsere Engländer nehmen wird,[9] so
hoffe ich mehr Muse zu bekommen. Ueber die Uebersetzung
des Vicar of Wakefield habe ich einige Anmerckungen gemacht,[10] die ich aber verschmissen habe, und sie erst durch
einen Zufall wieder finden muß. Gienge es nicht an, daß ich
Ihnen zu weilen Recensionen von Büchern schickte, die Sie
mir eben nicht grade vorgeschlagen haben? Denn ein Buch
zu lesen, das ich nicht würde gelesen haben, blos um es zu recensiren, ist bey meinen Zeitklemmen Tagen hart. Sie können sie hernach wegschmeißen oder einrücken, das soll mir
gleich viel seyn.

Auf Ihren Bunckel[11] freue ich mich, wie ein Kind. Sorgen Sie doch, daß ich ihn gleich bekomme, und nicht erst mit Dietrichs Meßgut, denn wenn dieses ankommt, sind die Ferien schon vorbey. Es ist sonderbar, daß ich in England nie etwas von dem Buche gesehen oder gehört habe. Vielleicht habe ich es auch gesehen, aber eben deswegen nicht darauf geachtet, weil ich in Deutschland nichts davon gehört hatte.

Für die mir überschickten Stücke der allgemeinen Bibliothek[12] dancke ich gehorsamst und verbleibe mit vollkommenster Hochachtung   Ew. HochEdelgebohren
                                                                            gehorsamster Diener
Göttingen den 15ten Februar 1778.   G.C.Lichtenberg.

N.S. Durch die Zueignungs Schrifft an Dietrich habe ich dem Werckchen die Mine von Bagatelle wieder zu geben gesucht, die es mit dem seidnen Band zugleich verlohren hatte.[13]

37. An Johann Andreas Schernhagen

Göttingen den 15 Febr. 1778.
P.P.
Es freut mich sehr, daß es doch mit dem HE. Cammerpräsidenten[1] noch nicht so weit ist, als ich gefürchtet habe, auch ist mir der Beyfall der HE. Geheimd. Räthe kein geringes Vergnügen, bey dem Krieg mit Lavatern,[2] der wahrscheinlicher Weise noch erst recht angehen wird.

Ich dächte nicht, daß Mendelsohn die Abhandlung einiger Aufmercksamkeit gewürdigt haben würde,[3] die wenigstens in manchen Stellen drüber hin geschrieben ist. Dietrich gewinnt bey der Affaire und seine 8000 Calender sind bis auf sehr wenige alle fort. Es sind sogar welche von Lausanne verschrieben[4] worden.

Hier schicke ich Ew. Wohlgebohren meine Silhouette,[5] sie ist mit vieler Sorgfalt gemacht. Daß man sie nicht gleich erkennt, rührt daher weil bey meinem Gesicht das Characteristische nicht im Umriß des Profils liegt.

Volta der Erfinder des Elecktrophors[6] unter dieser Gestalt, hat wieder des Teufels Entdeckungen gemacht. Er schießt mit einer Mischung aus fixer und dephlogisticirter Lufft[7] wie sie Priestley nennt (dephlogisticated air) aus einer Pistole die durch einen kleinen elecktrischen Funcken ohne viele Mühe angesteckt wird.[8] Wir gehen am Rande groser Entdeckungen herum. Künfftigen Sonnabend[9] werde ich in Königlicher Societät über meine Versuche[10] vorlesen, nicht blos eine Liste, sondern ich werde eine brauchbare Anwendung machen. Wenn meine Versuche erst unter andere Leute kommen, die mehr Geld, mehr Zeit und mehr Uebung haben |, als ich, so wird manches entdeckt werden, denn ich glaube dadurch einen gantz neuen Weg eröffnet zu haben die Beschaffenheit und Bewegung der elecktrischen Materie zu untersuchen. Ich dencke immer ich tappe an etwas sehr grosem nahe herum[11] und versuche zu weilen des Sonnabends und Sonntags von Morgen bis in die Nacht, daß ich so müde bin, als wenn ich von der Fuchsjagd käme.

Auf den Tubus[12] von Ew. Wohlgeb*oren* verlangt mich sehr. Ich mögte wissen was HE. Drechsler wohl für ein Paar Magnet Nadeln nähme, nemlich eine Declinations und eine Inclinations Nadel (Dipping Needle)[13] grade so wie zwey auf dem Observat:[*orium*] zu Richmond stehen. Ich hätte wohl Neigung mir einmal ein Paar mit der Zeit machen zu lassen.

HE. Prof. Baldinger, soll sehr kranck seyn.

Ich bitte mich allen Freunden und hauptsächlich im Hause zu empfehlen und bin mit wahrer Hochachtung Zeit Lebens

Ew. Wohlgeb.
gehorsamster Diener
GCLichtenberg.

38. An Johann Andreas Schernhagen

Göttingen den 18 März 1778.

P.P.

Daß der Nahme[1] gut übergekommen ist freut mich herzlich,
HE. Müller hat mir auch davon gesagt. Das Verfahren ist folgendes

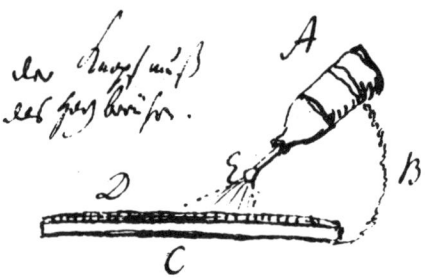

Man ladet eine Leidensche Flasche[2] A auf irgend eine Weise.
und bringt ihren Ableiter B mit der untern Belegung des Ku-
chens[3] in Verbindung, und indem Man die Flasche bey A mit
der blosen Hand faßt, schreibt man mit dem Knopf E auf dem
Harz D.[4] Hört man ein Knistern, so ist alles meistens richtig.
Alsdann beutelt man fein pulverisirtes Harz durch eine dichte
Leinwand aus der Ferne darauf.

Es soll mich verlangen was Hartmann dazu sagt. Ich bin die
Gantze Woche alle Abend tracktirt worden und weiß kaum,
wo mein armer Kopf steht.

Ich danck Ew. Wohlgebohren vorläufig für die Ehre, die sie
HE. Allen erzeigt haben.[5]

Man [*hat*] meine Silhouette[6] ohne mein Vorwissen nicht
sehr glücklich in Kupfer gestochen. Hier komt ein Exemplar.
Meiners ist [*mit*] mir eins das Z.s Einleitung, und selbst Men-
delsohns Eintheilung beyde sehr absurd sind.[7] Ich glaube er
schreibt dagegen.[8]   GCLichtenberg.

39. An Christiane Dieterich

Hamburg den 6ten Junii 1778.

Wertheste Madam,

Glücklich, lustig, obgleich unter ein paarmal hunderttausend Ohrfeigen in ein Gesicht, das wir aber niemanden zu zeigen brauchen,[1] sind wir diesen morgen um halb 4 Uhr in Haarburg und um 12 des Mittags in Hamburg glücklich angelangt.[2] Weil uns die Ebbe übereilte, so konten wir nicht stracks nach Hamburg hinein wandern, sondern wir musten bis Altona hinunter segeln, da wir denn diese niedliche Stadt gantz von aussen beleuchteten, hierauf trieb uns die Flut wieder herauf nach Hamburg durch eine unzählige Menge von Schiffen, worunter einige lagen, die eben vom Wallfischfang zurückgekehrt waren, und da lagen wie Kirchen. Der Anblick ist und bleibt unbeschreiblich und ein schönes Mädchen mit ihrem Kopfzeug[3], das eben vom Hertzenfang zurück kehrt, ist nur eine Kleinigkeit dagegen. Nun logiren wir in der Kramer Compagnie, einem gantz netten Wirthshause, und Dieterich befindet sich wohl und fett, ißt Fische, wie ein Raubfisch, und ist ein herrlicher Kerl. In Hamburg hat man noch den einfältigen Brauch auf Pfingsten fromm zu thun, des wegen ist heute keine Comödie, morgen keine, über morgen auch nicht, auch künfftigen Dienstag nicht, also erst künfftigen Mittewochen werden wir Mamsel Ackermann[4] trippeln sehen, wo uns denn der Himmel beystehen wird. Hier vor unserm Hause ist ein Lärm, daß ich wahrhafftig nicht höre was ich schreibe. Vielleicht gehen wir schon Morgen nach der See, wenn wir ein Schiff kriegen, und während sie den Herrn der Erde[5] anbeten, so wollen wir den Herrn verehren, dem Wind und Wellen gehorchen müssen.[6] Empfehlen Sie mich dem lieben Töchtergen und Kindern recht herzlich und sagen Sie, daß wir mehr häßliche als schöne Kinder gesehen hätten. Wenn Sie doch diesen Morgen hätten können bey uns seyn, gerechter Gott, was ist Wiederholts Hauß[7] gegen ein dreymastiges Schif. Der Anblick stärckt bis in die Wurtzel der Seele.[8]

Einliegenden Brief an meine kleine Tochter[9] lassen Sie doch durch Hannen bestellen, oder durch unsern Jungen. Ich habe Ihr zu schreiben versprochen, und das muß ich doch halten. Ich meine das kleine Mädchen, die ich schreiben gelehrt habe.

So eben sezt sich Dieterich in Staat um HE Maack aufzusuchen.

Lebt recht wohl, Mutter und Töchter, und vergeßt einen schlechten Besucher aber wahren Freund nicht. Die Besucher sind nicht immer die besten Freunde, und die besten Freunde besuchen einen zuweilen aus Ursachen nicht. Adieu.

Ich bin so äußerst müde, daß ich nur grade dieses noch sagen kan. GCLichtenberg.

In Celle haben wir um 1 Uhr des Nachts zu Abend gespeißt.

40. An Christiane Dieterich

(Verzeyhen Sie das entsetzliche Zeug, das dieser Brief enthält, wenn ich Zeit hätte, so schriebe ich einen andern.)

Hamburg den 9ten Junii 1778.

Wertheste Freundin,

Wir machen noch immer den edelsten Gebrauch von unserer Zeit, so wie es allen Reisenden zu kommt, denen die Besserung ihres Hertzens und Verstandes wichtig ist, ich meine, wir essen Seefische, trincken englisches small Bier, sehen nach den Mädchen und schlafen. Wenn wir ausgehen, so sagen wir zwar einander und andern Leuten, es geschehe um etwas neues zu sehen, die Sitten der Einwohner zu erforschen und Bemerckungen zu machen, die wir bey unserer Anheimkunfft und zwischen unsern 4 Wänden nützen können, eigentlich geschieht es aber blos damit uns die Seefische besser schmekken, das Bier leichter hinunterfließe, und um ein Paar artige Figuren mehr zu sehen. Dieterich ist gantz ausgelassen, so daß mir nie eine Hofmeisterschafft[1] so schwer geworden ist.

Ich bin willens Morgen mit ihm die warme Wasser und Haber-
mehl Cur anzufangen, und ihm am Knie zur Ader zu lassen.
Er springt in seinen feinen Westen herum, die ihm schon zu
eng sind, und lacht und spricht zum Fenster hinaus, wenn er
drinn ist, und herein, wenn er draussen ist, macht alle Töne
nach, die er hört, Wachteln, Frösche, Fisch: Milch: und Ret-
tig Mädchen, daß gar kein Auskommen mehr ist. Wenn er ein
schönes Mädchen sieht, so heißt er sie gleich meine Tochter,
als wenn alle schöne Mädchen seine Töchter wären. Das ist
ein Satan zu[2] einem Mann, wenn er Seefische gegessen hat.

Stellen Sie sich vor, wir haben die Mamsel Frantzen Ihre
Jungfer Base, hier angetroffen. Ein allerliebstes Mädchen,
schön und angenehm. Sie ist zweymal bey mir gewesen. Als sie
wieder hinaus war, so sagte HE Wynch, das ist ein sehr angenehmes Mädchen und wurde roth bis hinter die Ohren, reitet
Dich denn der Teufel auch schon, guter Junge dachte ich,
und war froh daß sie übermorgen wieder nach Stendal geht.
Sie war sehr niedlich angekleidet, auch HE Frantz sah aus wie
ein Hamburgischer Rathsherr. Dieterich ist heute mit ihnen
nach Altona gefahren, wir blieben zu Hause, des Vaters unsers
wegen, und führe uns nicht – – – – ich meine HE Wynch.

Am Sonntag als am ersten Feyertage waren wir in Wands-
beck und besahen den Schimmelmannischen Garten. Da hätten Sie seyn sollen, Madam; Wenn das Paradieß so ausgesehen
hat wie in Weigels Bilder Bibel[3], so gebe ich keinen Winckel
aus Schimmelmanns Garten dafür. In Schimmelmanns Para-
dieße giengen die Evgen alle gekleidet, das ist wahr, allein der
Teufel war auch dafür keine Schlange, ich habe ihn gesehen,
er war in helle Apfelgrüne Seide mit Zimmtfarbener Frisur gekleidet, ich erkannte ihn an den Ziegenfüßgen, und den Augen, es waren ein Paar rechte Verzeyh mirs[4] Augen. Er sah so
vornehm auf uns, sonst hätte Dietrich gewiß gesagt: meine
Tochter wie gehts.

Am Ende kam ein Donnerwetter über uns, und ein solcher
Sturm daß die Mädchen von Vornen aussahen als hätten sie
Hosen an, so entsezlich drückte der Wind, und die er von hin-
ten traf, sahen noch lustiger aus. Der Wetterschlag unter den

Kopfzeugern[5] war entsezlich. Ich schicke hier eine gnaue Liste.

Verlust an Kopfzeugern

Gäntzlich unbrauchbar geworden 82
Schwer zerknickt 170
Naß sind geworden 583
Vermißt 3 Stück
Hängen geblieben 1.

An Schuhen

An seidenen verdorben bis zum wegwerfen
　22 Paar
Einzeln ditto 31 Stück
Stecken geblieben 17 einzeln.

An Strümpfen

Besprüzt bis über die Knie Kehle 7 Paar
Bis über die Waden 182 Paar
ditto über die Knöchel 4523 Paar.

Menschen überhaupt

An Naßgewordenen Ohne Regenschirme 8739
　Personen, darunter verheyrathete Damens
　512, unverheyrathete 4520, Jungfern 16.

Mit Regenschirmen sind naß geworden 84 Hamburger und ein Buchhändeler aus Göttingen.

Mit der Flucht haben sich salvirt, weil sie sich etwas auf die Wolcken verstehen, ein Professor aus Göttingen, ein langer Engländer und ein fetter kleiner ditto,[6] nebst einigen andern Personen.

Kurz, obgleich die gantze Bataille nur ein 4^{tel} Stunde dauerte, so behielt doch das Donnerwetter einen completten Sieg, und beym nach Hause fahren hörten wir noch in der Lufft ein so majestätisches Vicktoria[7] Schießen daß so gar der Göttingische Buchhändler vergaß, daß sein Regenschirm und er naß geworden waren.

Nun Madame, ist unsere See Reise beschlossen, damit Sie für uns beten können, so will ich Ihnen gnau sagen, wenn es losgeht, wir werden künfftigen Sonnabend früh präciß halb fünf aus dem Hafen laufen, es mag Wetter seyn wie es will, und ist der Wind gut, so stechen wir noch vor Nacht in die See. Unser Schif ist vortrefflich, neu, groß und schön.

Morgen Abend geht Dieterich auf eine Hochzeit bey Herolds, glaube ich, und Ihr Bäsgen auch. Wir werden in die Comödie gehn.

Haben Sie doch die Gütigkeit und sagen HE Köhler, das Corpus Juris zu dessen Absendung HE Dieterich ihm die Addreße geben wolte, aber nicht gegeben hat, müsse an meinen Darmstättischen Bruder[8] geschickt werden, mit dem Bedeuten, es sey das Exemplar, wozu er mir den Pränumerations[9] Schein ohnlängst zugeschickt hätte, denn ich habe den Nahmen des Mannes vergessen, dem es gehört. Mein Bruder ist Ober Appellations Rath.

Wichers und Jungschulz waren bey uns, der erstere hat eine Frau. Maack kommt erst diesen Abend in die Stadt.

So eben fangen meine Geschäffte an, ich meine ich muß Seefische essen und Bier trincken, ich bitte mich daher dem gantzen werthesten Hause zu empfehlen, der ich bin

ein selten besuchender, aber treuer Freund
GCLichtenberg

Magrini ist hier.[10]
Dieterich kommt vermuthlich sehr spät nach Haus, ich will also den Brief zu machen, sonst käme er gar nicht fort.

41. An Johann Andreas Schernhagen

Göttingen den 27 Aug 1778

P.P.

Hier kommt endlich der Calender[1]. Er enthält weniger als Sie glauben werden, und doch auch von den andern mehr. Ein Paar seltsame Fehler, die mir nicht gantz zur Last gelegt werden können. Blumenbach spricht in der Beschreibung von gediegenem Zinn,[2] und ich zähle dieses mit unter die gemeinen Irrthümer,[3] weil ich Blumenbachs Abhandlung lange nicht gelesen, und er selbst den Druck durchgesehen hat. Indessen dachte ich während ich schrieb an die Stücke im Museum[4], die ich so wenig für gediegenes Zinn halte, als die Platte an meinem Electrophor[5], hatte aber vergessen, daß Blumenbach in seiner Abhandlung davon spricht. Der 2te Fehler ist noch ein Versehen des Setzers nemlich unter den Regeln, in dem Articel von Thieren als Wetterpropheten, ist S. 99. 8–12 Zeile offenbar unter die Zeichen von Regenwetter zu setzen. Die Kopfzeuge[6] fehlen noch. Der Druck ist diesesmal gut, und alles soll hoffentlich künfftig besser werden, wir haben uns diesesmal ein wenig übereilt, denn ob ich gleich 4 Wochen darüber zugebracht habe so war ich doch nur sehr geringe Zeit des Tags damit beschäfftigt, und offt 3–4 Tage hintereinander gar nicht. Der lezte Fehler ist in vielen Exemplaren noch angezeigt.[7] Weil die Frauenzimmer Köpfe[8] noch nicht fertig sind, so kan HE. Dietrich auch noch keine verschicken.

Gestern war ich mit dem Drachen[9] auf dem Masch, der Wind war hefftig und der Drache über 1000, wo nicht 1100 Fuß hoch er schien sich in den Wolcken zu verlieren. Der Wind feucht, und daher die Electkricität schwach. Allein der Tag ist merckwürdig | wegen einer seltsamen Wendung, die die gantze Affaire nahm. Beym ersten anziehen da der Drache mit Gewalt nach einem Pfosten hingeschleppt wurde, wickelt ein Pursche den Drat um die Hand, und das vielleicht etwas ungeschickt, so daß, als der Drache etwa eine halbe Stunde oben war, der Drat durch einen Windstoß abbrach, gantz nahe bey uns. Der Drache also flog fort unter den seltsamsten

Wendungen, und zwar nach der Stadt zu, und fiel in der Stadt nieder. Dieses konten wir deutlich sehen. Ein groser Theil des Drats wurde auf dem Masch gefunden und lag über den Stadtgraben und die Bäume auf dem Wall in die Stadt herein. Ich war in nicht geringer Verlegenheit wegen des Schadens und Schreckens, den der Drache selbst mögte verursacht haben, wenn er gerade auf ein Fenster geflogen wäre. In einer halben Stunde hatte ich Nachricht, und zwar, daß er sich auf des reichen Gumprechts Haus niedergelassen hätte; er lag da neben dem Schornsteine, und unten standen über 200 Jungens und Pursche, und alles rief: Des Prof. Lichtenbergs Drache pp höchst sonderbar war allerdings hierbey, daß, wenn er noch einen Schwung von 15 Schritten genommen hätte, welches für einen Drachen von solcher Größe so viel ist, als für mich ein pas frisé [10], so wäre er gerad in meine Fenster geflogen. Weil nun Gumprecht an der Seite des Dachs gar keine Dachfenster hat, so muste ein Schornsteinfeger zum Schornstein heraus klettern ihn zu holen und als ihn dieser in die Strase werfen wolte greift ihn der Wind | wieder und hätte ihn fast noch alsdann in meine Fenster geführt, die grade in der Richtung des Windes lagen. Hier fiel er nieder unter einem entsezlichen FreudenGeschrey. Lustig soll es gewesen seyn, den Witz anzuhören, der dabey fiel einige sagten: Er weiß doch sein Hauß zu finden, und das war nicht übel, andere schrien Der Drache bringt Gumprecht Geld, und dieses soll sogar Büttner dem Gumprecht zugerufen haben. Andere die am gröbern Witz, der etwas krazt, Vergnügen finden schrien Gumprecht, der Messias kommt u.s.w. Ich hörte und sah davon nichts, sondern saß indessen auf dem Schützenhofe und regalirte mich in der Gesellschafft von Dr Habernickel und einiger meiner besten Zuhörer bey einer Pfeiffe Taback und einem Glas Bier. [11]

Heute hat ihn der Chirurgus, und richtet ihm die Glieder ein, ergänzt ihm den Schwantz und verbindet die Löcher. Gegen 400 Fuß Drat werden vermißt, und das ist mein Schade, und der eintzige, der dabey passirt ist. Die Höhe worin er war hätten Ew. Wohlgebohr*ren* sehen sollen.

Morgen wird HE. HofR. Heynes GeburtsTag groß auf Wakkers Garten begangen, ich bin soeben eingeladen worden. Ew. Wohlgebohren dancke ich gehorsamst für die Nachricht, wegen des Postdienstes. Solte ein Feld Post regulirt werden, so wäre da vielleicht etwas für den armen Schelmen[12]

GCLichtenberg

42. An Carl Friedrich Hindenburg

[*Göttingen, Ende Dezember 1778*]

Wenn Es Ew. Wohlgebohren und HE. v. Schönberg nicht übel nehmen, so will ich Ihnen diesen Abend zwischen 7 und 8 den Weltumsegler, Otaheiten[1] und weyland Antipoden auf einige Augenblicke vorführen.[2] Ich hoffe es wird Sie nicht gereuen diesen guten und artigen Mann kennen gelernt zu haben.

Ich bin mit vollkommenster Hochachtung

Ew. Wohlgebohren
gehorsamster Diener
GCLichtenberg.

43. An Carl Friedrich Hindenburg

P.P.

[*Göttingen, 1778*]

Haben Ew. Wohlgebohren schon alles hierbey kommende gelesen? Di Klopstockische Ordografi[1] bitte ich mir wider disen Abend aus weil där Herr Prof. Fäder[2] si wider zurick haben wil. Das Buch wird file ferführen, mich verfürz nicht.

Das übrige könn Ew. Wohlgebohren nach Belieben behalten.

GCL.

44. An Albrecht Ludwig Friedrich Meister

[Göttingen, Ende Mai 1779]

P.P.

Hertzliche gute Besserung zuvor. Diesen Abend ist unser Club[1], wo ich willens bin eine Rede über die beste Form der Stadtthore[2] zu halten, weil ich aber nur ein eintziges in meinem Leben gezeichnet, und nachher nie wieder daran gedacht habe, so wünschte ich mich gern erst ein wenig zu gründen, und bitte also Ew. Wohlgeboren gehorsamst um die Mittheilung solcher Bücher, oder auch Büchertitul, wo ich mich Raths erholen könte.[3] Sie sollen alles Morgen wieder haben!

Die Jungfer Stechardin hat neulich Ihre Abwesenheit sehr beklagt, und läßt Ihnen gute Besserung wünschen.

GCLichtenberg.

Es hat bis um 5 Uhr Zeit da ich noch ein paar tauben Ohren von 4–5 zu predigen habe –.[4]

45. An Albrecht Ludwig Friedrich Meister

[Göttingen, Ende Mai 1779]

Ew. Wohlgebohren

sende ich hierbey die vorgestreckten Bücher mit gehorsamstem Danck wieder zurück.[1] HE. Prof. Feder der ein sehr vertrauter Freund des OberCommiss. Maynberg[2] ist, solte gelegentlich einmal meine Meinung über die Schönheit eines Stadtthors vernehmen, und ob ich gleich mehrere schöne Thore gesehen, auch selbst dem Bau zweyer beygewohnt habe, die ebenfalls mehr gegen die Feinde der Licent=Casse[3] als des Vaterlands angelegt worden sind, so wolte ich doch gern meine dunckeln oder höchstens klaren Ideen ein bisgen aus Büchern deutlich machen, und diesen Zweck habe ich durch Ihre Gütigkeit, so viel als nöthig erreicht. Nur Schade ich hatte mich auf eine Rede geschickt, die ich wie's zum Knoten kam, nicht halten konte. Nemlich die Göttingischen Thore,[4] (auf diese nemlich war es angesehen), sollen keine Bogen und kein anderes Gewölbe haben, als den blauen Himmel. Bey solchen Vorschlägen weint freylich die architectonische Muse und überträgt die Sache dem Mauermeister. Alles was ich also bey der Sache gethan habe, war zu verhindern daß keine Würfel auf die Spitze gestellt wurden, daß keine Ananas auf den Thorpfosten einer Stadt blühen mögten, wo die Cartoffeln kaum in der Erde gerathen. Auch den Artischocken habe ich mich widersezt und eben so den Urnen und Blumentöpfen, u dagegen gerathen, daß wenn man ja Blumentöpfe da haben wolte, man lieber gelben Lack und die Viola matronalis[5] in Natura hinstellen mögte, als die Bildung derselben unsern Künstlern überlassen die ihren Stil an den Fußbäncken verdorben und sich daher selten über 6 Zolle über die Gosse erhöben. Es werden also wohl der Stadt Leu und der Lüneburgische Hengst[6] und zwar von HE. Nahl in Cassel gearbeite[t] sich einander Wappen weisen und Gesichter schneiden, und jeder Pfosten soll aus gekuppelten Dorischen Pfeilern[7] bestehen, just stark genug um den | blauen Himmel zu tragen.

Ich hatte einen Plan im Kopf, der würcklich, recht wenig zu sagen, von der Art war, von denen man zu sagen pflegt, daß sie sich gewaschen hätten. Das Thor solte einen Fronton[8] erhalten, auf dessen scharfer Kante ich einen Globum coelestem[9] und eine PunschBowle nach Art der Würfel balanciren wolte, um sie solte ein Krantz aus Coquarden[10], Zwieback und Rosen nebst Citronen Schaalen Bändern geschlungen seyn mit der Ueberschrift Omnibus idem.[11] Zwischen die Triglyphen hatte ich in die Quadrate[12] Mettwürste[13], ebenfalls Zwiebacke in Pythagorischen Triangeln[14] nebst Pottkuchen[15] gestellt. In den Fronton nach dem Felde solte Kulenkamps Silhouette mit dem Matrikulwerck aufgeschlagen und der deutlichen Zahl 999 und der Unterschrift kommt her zu mir[16] zu stehen kommen; nach der Stadt zu solten Stocks und Maynbergs Silhouette gestellt werden mit der Unterschrift Stockio & Maynbergio in Philistea Leinana conss.[17] Im Schlußstein nach dem Feld hätte ich eine Fuchsfalle abgebildet, auf dem andern aber gegen die Stadt einen Fuchs im Taubenhaus, oder auch den Storch wo er den Fuchs auf eine Flasche Milch invitirt, in die er mit seinem dicken Maul nicht hineinkam,[18] oder so etwas. Sagen Sie selbst, liebster HE. Professor, ob es nicht schändlich ist, in diesen Tagen des drängenden Genies solche Sachen zu unterdrücken, ja ich habe so gar gedacht ob man nicht selbst dem Grönder und Weender Thor Flügeln das Ansehen von einer Fuchsfalle hätte geben sollen, um einen zudringlichen Postwagen nicht so wohl auszuschließen, als viel mehr zu fernerer Behandlung ein | zu klemmen.[19]

Allein nun Schertz bey seite, und (den Danck zu Anfang allein ausgenommen) zur eigentlichen Absicht meines Briefs. Morgen Abend wird ein armer Mensch, den ich in Osnabrück gekannt habe,[20] zu guter lezt zu mir kommen, und auf einem Flügel einige Hillersche Arien vorspielen und die Jungfer Stechhardin wird ebenfalls da seyn, weil ich hier schon halb und halb versprochen habe den HE. Prof. Meister auch zu bereden. Können Sie also morgen ausgehen, liebster HE. Professor, so geschähe mir ein groses Vergnügen, wenn Sie mich um die gewöhnliche Zeit besuchen wolten. Sie sollen etwas Spargel und etwas Wein bey mir finden, auch allenfalls die bewußte Artzeney.[21] Schlagen Sie es mir nicht ab.

Ich bin mit vollkommenster Hochachtung   Dero
                                        ergebenster Diener
                                        GCL.

46. An Ernst Gottfried Baldinger

[Göttingen, Mitte August 1779]

Ew. Wohlgeboh*ren* ersuche ich gehorsamst, wenn es ohne Ihre Unbequemlichkeit geschehen kan um Schurigs Spermatologie, ich glaube so heißt der Mann. Da zwischen mir und Diez[1] solche Wörter wie Sperma nicht mehr sagen als Semmel, so würde ich mich nicht gescheut haben mir das Buch aus dem Litterarischen Proviant⸗Magazin zu verschreiben,

Johann Georg Zimmermann:
Anonymer satirischer Kupferstich.
Zu Brief Nr. 46

aber das ist nun schon geschlossen,[2] und ich brauche die Spermatologie diesen Abend.

Gegen den Zimmermannischen Kupferstich[3] mache ich nicht etwa deswegen Lärm, weil ich den Mann noch geschont wünschte, sondern weil es ein einfältiges Ding ist. Es ist ärgerlich für den Verfasser eines Wercks[4] angegeben zu werden, das jeder witzige Handwercksbursch anzugeben weiß. Auch die Fliege will ich gerne seyn,[5] so bin ich wenigstens der Verfasser nicht mehr. Beleidigungen von der Art[6] fechten mich nicht an, ich räche mich nur bey Gelegenheit. Ich glaube, daß ich den Verfasser in den ersten 2 Stunden gerathen habe, und bin fast gewiß, so bald ich es völlig bin, so sollen sie seinen Nahmen nur mit einem Zusatz von 6 Worten angezeigt in den Zeitungen lesen.[7]

gehorsamste gesegnete Mahlzeit! Der Herrenhutische[8] Bediente ist ein sehr braver Mann und vortrefflicher Kopf GCL.

47. An Carl Friedrich Hindenburg

[*Göttingen, spätestens Sommer 1779*]

Ew. Wohlgebohren
werden es kaum glauben können, wenn ich Ihnen sage, daß der Ungenannte, welcher die Disharmonie der Evangelisten[1] geschrieben, nicht Schmidt der verfolgte Werthheimische Bibel Uebersetzer,[2] sondern der vortreffliche Reimarus ist, der dieses Mspt auf der Wolfenbüttelschen Bibliothek bey seinem Tod hinterlegt hat: Ich weiß dieses von so guter Hand,[3] daß wohl kein Zweifel deswegen übrig bleibt.   GCL.

48. An Johann Andreas Schernhagen

Göttingen den 25ten May 80

P.P.

Vorgestern hat sich hier ein sehr trauriger Zufall ereignet. Ein Pursche Nahmens Händig[1] aus Salzgitter von etwas liederlicher Disposition, schoß an dem Garten des Patricius Clazius, Vögel; hierüber entstund ein Streit zwischen den beyden Söhnen des Besitzers, einem Purschen von 18 und einem von etlichen 20 einer Seits und dem Purschen von der andern; doch hatte der 20jährige wenig Theil daran, hingegen der 18Jährige war eifriger und gab dem Purschen allerley harte Reden. Der Pursch drohte, also, wenn er das Maul nicht hielte so schöße er, er solte nur schießen war die Antwort. Dieses that der Pursch augenblicklich, traf aber nicht seinen eigentlichen Gegner sondern den andern so, daß er gleich zur Erde fiel. Er wurde sprachlos herein getragen und starb erst 9 Stunden nach dem Schuß, welches zu verwund[ern?] ist, da nicht allein die Leber gantz zerschossen war, sondern auch 3 Hagel Körner in das Hertz gedrungen sind. Der jüngere Bruder, ob er gleich auch eine Wunde am Arm bekommen hatte, verfolgte den Purschen, fiel aber im laufen, und so ist er glücklich entkommen, wohin weiß man nicht. Der alte Vater des jungen entleibten Menschen soll fast gantz trostlos seyn. Vielleicht hören Ew. Wohlgebohren die Geschichte anders, nemlich es wird gemeiniglich dabey erzählt, daß der Pursch des jungen Clazius wegen auf dem Carcer gesessen, und ihm beym herunterkommen gedroht hätte sich an ihm zu rächen. Es ist aber gewiß falsch, den der Pursch der dieses Menschen wegen auf dem Carcer gesessen heißt HE. v. Hagen, und ist, wie ich höre gar nicht einmal mit dem Händig bekannt.

Nun steht der Blitz Ableiter,[2] ich habe gestern den gantzen Tag von 6 des Morgens bis 8 des Abends damit zugebracht. Sonderbar war es, daß es um 2 Uhr in der Ferne an zu donnern fieng, wir musten also eine Leitung so gut als möglich in der Eile machen. Die Wolcke kam auch und es regnete sehr |

starck allein es blizte und donnerte nicht mehr. Einige Particularitäten sind noch nicht zu Stande. Künfftigen Montag soll die Beschreibung erfolgen.[3] Einige Urtheile darüber, die ich gestern von vorbeygehenden gehört habe, kan ich aber Ew. Wohlgebohren nicht länger vorenthalten. Einer sagte: Siehe du der Magnetstein steckt schon. Es ist kein Magnetstein sagte der andere: Es ist ein Wetterlüchter[4]. Noch ein anderer Wortführer in einer Gesellschafft von einigen Kerlen und Weibern sagte: oben an der Spitze blizt es und unten auf dem Kessel donnerts. Andere sagten so bald als es dunckel wird so gehts los, und würcklich soll eine Menge Menschen da gestanden haben bis es Nacht wurde, die meisten glauben jedes Gewitter schlüge jezt in das Gartenhauß ein pp. Ist das nicht schön; so mag wohl öffters der Himmel über unsere Theorien und Muthmasungen lächeln.

HE. Ramberg[5] war vorgestern bey mir und hat mir verkündigt daß der Drache fertig sey. Wir werden also bald einmal aussteigen.[6]

Ew. Wohlgebohren und allen Freunden empfehle ich mich gehorsamst

GCLichtenberg.

P.S. Bald hätte ich vergessen zu melden, daß HE. Prof. Forster keinen Urlaub erhalten, und auch das Hertz nicht gehabt seinen Abschied zu nehmen, so bleibt alles beym Alten.[7]

49. An Johann Andreas Schernhagen

P.P.

Fast haben mir Ew. Wohlgeboh*ren* bange gemacht. Erst bekam ich keinen Brief mit der fahrenden Post[1], alsdann bekam
ich um 5 des Nachmittags zwar ein Päckgen aus London mit
der fahrenden aber nichts von Ew. Wohlgeboh*ren*. Da ich nun
kein Geld erwartete, welches von einem dritten Kerl offt spät
herumgetragen wird, so verzweifelte ich gäntzlich an einem
Brief, und siehe heute, Sonntag früh brachte mir der Geld-
mann das Perspecktiv[2], für dessen gütige Besorgung, ich so
wohl als HE. HofR. Gatterer gehorsamst dancken. Ich hab es
so gleich nach meinem Ziel dem Wetterhahn auf dem Jacobi
Thurm gerichtet und sehr gut befunden.

Hier kommen schon nebst HE. Prof. Büttners gehors. Empfehlungen die Erklärungen,[3] sie werden hoffentlich befriedi-
gend seyn. N° 12, die Pagode[4] war die eintzige, die ich hätte
erklären können, ich habe einmal in London einen halben
Himten dergleichen gesehen. Die Nabobs erhalten ihr Blut-
geld aus Ostindien gemeiniglich in diesen Sorten.

Vielleicht erinnern sich Ew. Wohlgeboh*ren,* daß ich vor etwa
6 Wochen die Abhandlungen eines gewissen Abbt Hemmers
in unsern Zeitungen recensirt habe.[5] Es waren elecktrische
und eine davon be⸗ | traf die Gewitter Ableiter in der Pfaltz.
Ich hatte gegen einiges etwas erinnert, was ein minder aufrichtiger Mann und weniger philosophischer Kopf als er seyn
muß, hätte übel nehmen können. Er hat dieses aber so wenig
übelgenommen, daß er mir mit lezter Post nicht allein zu-
schreibt,[6] sondern mir auch im Nahmen der Pfaltzischen
Acad. der Wissenschafften anträgt ob ich correspondirende
meteorologische Beobachtungen für die Academie machen
wolte.[7] Entschließe ich mich dazu, so erhalte ich vom Chur-
fürsten 3 kostbar gearbeitete Instrumente. Ein Barometer, ein
Thermometer und ein Hygrometer nach des de Retz Art (eigentlich ein DeLucsches, nur daß er statt der elfenbeinernen
Capsel des DeLuc nur [*eine*] aus einem Federkiel hat). Ich

werde mich dieser Arbeit herzlich gern unterziehen, wenn anders meine Wohnung die Bedingungen zuläßt, die die Academie vorschreiben wird.

Die Kleinigkeiten bey dem Blitzableiter machen mir viel zu schaffen und muß ich würcklich eine kleine Veränderung vornehmen, deswegen erfolgt heute noch keine Beschreibung.[8] Man sagt die beyden HEE. Geheimden Räthe würden hieher kommen.[9]

Zusätze und Verbesserung zur Mordgeschichte[10]

Der Pursch heißt Hentig und ist ein studiosus S.S.Theol.[11] Die Beyden Clacius und ein Schneider sangen in ihrem Garten, | als Hentig und einige Freunde vorbey giengen: Hört, sagte Hentig, was die Knoten[12] sich lustig machen. Hierauf fieng der 18jährige an zu schimpfen und der Pursch drohte zu schießen, und zwar sehr ernstlich. Der 20jährige kam also heraus und wolte seinen Bruder in das Gartenhauß beym Rock ziehen, während dieser Reträte geschah der Schuß, dieser Umstand macht es zu einem würcklichen Mord. Man wolte gestern sagen man hätte ihn in Heiligenstadt erwischt, es ist aber nicht an dem und scheint die Nachricht von den Freunden des Thäters ausgesprengt, damit er sich nach einer andern Weltgegend desto leichter salviren könne.

Ew. Wohlgebohren werden sich wundern, daß das Magazin[13] so spät erscheint, es ist theils die Messe[14] schuld daran, theils HE. Leßing, der mich von Posttag zu Posttag vertröstet hat,[15] an Materie fehlt es mir so wenig, daß ich den Merkur und das Museum[16] noch versehen wolte.

Ew. Wohlgebohren und allen Freunden empfehle ich mich gehorsamst   GCLichtenberg.

50. An Philippine Henriette Koch

HochEdle
Hochzuehrende Jungfer Kochin,
Unter allen Personen, aus deren Nachbarschafft ich mit Gottes Hülfe den Blitz verbannt habe,[1] sind Sie die erste, die mich dafür belohnt hat, und zwar mit den herrlichsten Früchten des Sommers. Die andern, zumal die, die in den kleinen Häußern[2] wohnen, haben mir statt Rosen Flüche zugesandt. Ich werde die Geschencke beyder Art nicht vergessen, und hoffe auch, daß der Himmel, da ich es so wenig im Stande bin selbst zu thun, beyde vergelten wird.

Ich verharre Hochachtungsvoll

Ew. HochEdeln
ergebenster Diener
GCLichtenberg.

[*Göttingen,*] den 15 Jun. 1780.

51. An Johann Heinrich Merck

Ew. Wohlgeboh*ren*
Verzeyhen mir gütigst, daß ich Sie noch einmal schrifft*lich* aufsuche. Die Zeit zum mündlichen[1] war zu kurtz. Könnten Sie es mit Ihrer Reise[2] so einrichten daß Sie künfftigen Montag[3] hier wären, so wolte ich mir die Ehre Ihres Zuspruch alsdann auf den Abend ausgebeten haben. Ihre Gesellschafft werden seyn: Fünf ächte Engländer, wahre Söhne der Natur. Mr Nevil, Mr Fortescue, Mr Byng, Mr Tindal und Mr Beauclerc, künfftiger Hertzog von St Albans, Prof. Blumenbach, Prof Meister, HE. v. Schuttdorf,[4] ein unermeßlich reicher, aber sehr artiger, feiner Oldenburgischer Edelmann p ein Stück englisches roast beef und Ihr wahrer Freund und aufrichtiger Verehrer

[*Göttingen,*] Donnerstag Abend [*22. März 1781*].

GCLichtenberg

52. An Wilhelm Gottlieb Becker

Göttingen den 26 März 1781.

Ihr vortreffliches und sehr interessantes Leben von Waser, mein werthester Freund, habe ich mit grosem Vergnügen gelesen, und es soll ohne Aufschub in das 2te Stück von diesem Jahr eingerückt werden, denn in dem ersten, das fast völlig abgedruckt ist, waren die Plätze, zumal die ersten, alle besezt, und ein solcher Aufsatz verdiente den ersten. Die Stellen welche Schlötzern betreffen, will ich herausschreiben und ihm zuschicken,[1] allein mit einer solchen Einleitung[2], daß er die Einrückung wohl zulassen muß, allein befragen muß ich ihn aus Collegialischer Freundschafft, auch ihm allenfalls erlauben, etwas dagegen zu sagen, wenn er etwas hat. Sie erlauben denn doch das auch?

Ueber die Verfügung in hiesigen Landen dem Kinder Mord vorzubeugen, ist mir wenig oder nichts bekannt und eben so von denen in England. Kirchenbußen[3] giebt es hier nicht und noch weniger in England. Auch ist der Kinder- Mord hier in unserer Gegend und in Middlessex sehr selten. Ich bekomme schon seit Jahr und Tag die Trials at the old Bailey[4] zugeschickt, ich kan mich aber keines eintzigen Kindermords erinnern. Freylich mögen sie in dem unermeßlichen London leichter verheimlicht werden können. Wie es in England in den Kleineren Städten ist, wo das dicier haec est [5]mehr auf die Mädchen wircken muß kan ich nicht sagen. Zu Hamburg hingegen, wo Pastor Götze die Menschen an den Haaren nach dem Himmel schleppt[6] ist der Kindermord sehr gemein. Ich erkundigte mich sehr gerne über die Verfassung in den hiesigen Landen, allein man würde gleich dencken, ich arbeite an einer Preißschrifft, welches ich in mannichfaltiger Rücksicht nicht von mir geglaubt haben wolte.[7] |

Recht sehr bitte ich Sie um Ihre Reisebeschreibung, sie soll promt honorirt werden.[8]

Neues haben wir hier wenig. Der gelehrte Magister Bruns[9] ist hier und wird bis zu seiner weiteren Beförderung hier seine Bude aufschlagen. Er und Kennicot hätten sich nicht länger gut vertragen.

Heute vor 8 Tagen war der Herz. von Weimar incognito hier, er ritte nach dem er einige Profess. und auch mich besucht hatte, zum Amtmann Bürger, und blieb einige Zeit bey ihm, nöthigte ihn mit nach Heiligenstadt und brachte da die Nacht mit ihm zu.[10] Seit der Zeit will man sagen B. gienge auch nach Weimar um die Zahl der dortigen Heiligen zu vermehren. Ich glaube es aber nicht, wünschen wolt ich es indessen dem guten Manne, daß er im limbo[11] eines schöngeisterischen Hofs zu seiner Ruhe käme, zum Amtmann ist er nicht geschaffen.[12]

Unsere Clubgesellschaft empfiehlt sich Ihnen gehorsamst. Was sagen Sie zu Leßings Tod? Mich schmerzt nur, daß Götze glauben wird, der Engel habe ihn geschlagen, der Sanheribs Heer schlug.[13] Leisewitz hat mir etwas über seinen Tod versprochen.[14]

Ich habe die Ehre mit wahrer Hochachtung zu verharren

Ew. Wohlgebohren
gehorsamster Diener und Freund
GCLichtenberg. |

O! fast hätte ich etwas vergessen. Wolten Sie nicht Ihrem Waserischen Leben eine kurze Schilderung seines Gesichts und Statur beyfügen, es ist noch Zeit und ich will sie schon an dem gehörigen Ort einschalten, es wird sehr viele Leute interessiren. Ich bitte recht sehr darum.[15]

53. An Johann Friedrich Blumenbach

[*Göttingen, Frühjahr 1781?*]

Das Hauptsächlichste aus Hartley's Theorie[1] so viel ich mich dessen erinnere, und so wie ich es dem HE. De Luc auf einer Reise von

Hannover nach Göttingen im October 1776[2]
in der Kutsche vorgetragen habe.

Newton, sowohl in s. Principiis, als in seiner Optic muthmaset, daß unsere Begriffe von Farben, so wie die von Tönen durch Vibrationen erregt werden könten[3], die sich von den äusseren Werckzeugen, der respecktiven Sinne, bis in das Gehirn fort pflantzen, wo sie von der Seele auf eine uns unerklärbare und unbegreifliche Weise anerkant werden, und zu dem gedeihen, was wir Ton und Farbe nennen: dieses mag nun durch die Fibern der Nerven selbst geschehen oder durch irgend ein Flüssiges Wesen[4], das ist gleich viel. Es könte sogar, wie Newton nicht undeutlich zu erkennen giebt, das elecktrische seyn. Die Weichheit des Gehirns beweißt da gar nichts, die Einwendung ist viel zu roh und die Vibrationen zu subtil. Vom Ohr ist alles dieses fast geometrisch gewiß, die erste Erweckung der Sensation[5] geschieht durch Vibrationen und da die erstere sich in das Gehirn erstreckt, warum nicht auch die lezteren. Vom Auge ist dieses höchst wahrscheinlich, HE. Euler würde sagen gewiß, und so ist es (Hartley spricht) mit allen andern Sinnen. Also unser gantzes Gehirn zittert und bebt im wachenden Menschen, wie eine Lufftmasse bey einem Concert, nur heisen die Erschütterung[en] vor dem Richterstuhl der Seele, hier Ton, dort Farbe, und dann wieder, Wohlgeruch und Gestanck und Schmertz, und haut gout[6]. Schwäche und | Stärcke der Vibrationen bestimmen den Grad derselben; Ort und Departement im Gehirn die Art. Allein da das Gehirn nur eine Masse ausmacht, so gräntzen die Abtheilungen an einander die Cammer an die Regierung, und die an die Justitz Cantzley so kan Ton an haut gout gräntzen und Rosenfarb[7] an Wollust, Fischers Menuet[8], an Liebe so wohl als eine gebratene Schnepfe. Auf dieses gründet sich ein **Hauptpfeiler** des Hartleyischen Systems **die Association der Ideen.** Und dieses ist ein Umstand, der mich für dieses System sehr eingenommen hat. Fibern des Gehirns die eine gewisse Schwingung offt empfangen haben, nehmen diese bey dem geringsten Reitz auch wieder leichter an als ein[e] neue. Alles sehr natürlich. Und wer nicht roth unter Gestalt von Trompetenschall, Schwartz unter Gestalt von ungeheuren sich daher wältzenden Bällen u. s. w. gesehen und gehört hat, muß noch

163

kein Fieber gehabt haben, und Gott bewahre alle Menschen, daß sie eine Pastete nicht für einen Menuet halten. Wie Association der Ideen sich hieraus herleiten[9] läßt, darf ich nicht erklären; es ergiebt sich von selbst. Jede Vibration, ob sie gleich in ihrem Departement hauptsächlich und vorzüglich würckt, erstreckt sich dem ungeachtet in gewissem Maße über das gantze. Dieses erklärt wie schöne Music, die Gesellschafft angenehm macht und umgekehrt die Krafft der Schweitzer Lieder.[10] Wie eine Linie schön werden kan wen[n] ich sie an einem Körper bemerckt | habe, der mir Wollust verschafft hat. Hogarths Schlangen Linie[11] &cet. Gedächtniß und Einbildungskrafft erhält hieraus sehr viel Licht. Diese gantze Music läßt nun Hartley eine Seele empfinden. Aber HE. Josephus, aër fixus,[12] Priestley[13] glaubt, man brauche weiter nichts, und wenn er sagt, man nehme ein einfaches Wesen blos deswegen an, weil man es so nicht erklären könne, so hat er so Unrecht nicht. Ein einfaches Wesen anzunehmen, wovon wir keinen Begriff haben, ein Ens occultum cum qualitatibus occultis[14] sey[15] nur eine neue Art die Schwierigkeit einzugestehen. Jedoch eben deswegen, weil hier alles so dunckel ist, hätte Er auch nicht so positiv seyn sollen. Er sagt mit klaren Worten heraus, der Mensch höre mit dem Tode auf, und aller Trost, den er behalte, sey das[16] scheme of revelation[17] (ich getraue mir diese Worte nicht so kräfftig zu übersetzen als sie würcklich sind. Scheme? etwas zwischen Plan, Griff, Erfindung und Projeckt).

Durch diese Associationen erklärt er nun alles, Gedächtniß, Verstand, Leidenschafften und Willen. Wir können uns keiner Sache nach Willkühr erinnern, sondern wir müssen associirte Ideen aufsuchen die gegenwärtig sind mit jener die wir suchen. Alles hat seinen bestimmten Gang: wir können, keinen Vers rückwärts hersagen wenn wir ihn auch noch so gut auswendig können, ohne wenigstens es offt versucht [zu] haben. Urtheilen heißt die congruenz oder incongruentz zweyer Ideen fühlen. Bey den Leidenschafften geht es ihm | sehr gut von statten. Der Geizhaltz, der sein Gold mit den Augen genießt, und eigentlich eine Music von Noten ließt, giebt hier ein herrliches Exempel. Die Art wie er das erste greifen der Kinder, unser blicken mit den Augen, wenn man etwas schnell dargegen bringt [*erklärt*] ist sehr artig. Er nimmt fast keinen Instinckt an, sondern blos eine fühlende Maschine, wenn ich so reden darf, aus der Man alles machen kan, die aber durch die Vibrationen auf dem Boden des Lufftmeers, worauf wir herum kriechen, so gebildet wird, wie wir sie sehen, und wie wir sie selbst sind.

Allein nicht blos Sensationen erklärt er so, sondern auch complexe und abstrackte Ideen. Alles komme von äussern Sinnen her nur seyen die abstrackten die Frucht solcher complexen Associationen, deren Ursprung man nicht mehr ergründen kan. Gruppen von Sensationen können auf eine so wunderbare Weise in eins fliessen, und mit einem Wort bezeichnet werden, daß man, wenn man das Wort hört, glaubt, sie sey simpel. So denckt niemand der weiß sieht[18], daß er eigentlich 7 Farben sieht. Wenn man ein Kind in die Comödie führt, und sagt: siehe das sind Schauspieler, was für eine Menge von Ideen muß dieses Wort nicht in ihm hervor rufen, von Anfang selbst gewisse Züge und Gestus, so gehts mit allen Abstractis, sie sind Mengen und Clusters[19] nennt er es so gar (Büschel von Sensationen, von Anfang sehr bestimmt) endlich aber verliehren sich jene, man kan sie aber mit etwas Nachdencken in vielen Fällen wieder heraus bringen, da man denn nicht ohne angenehmes Erstaunen sieht daß was man für einen festen steten Zug hielt eigentlich eine Reihe von Punckten und das Gebäude kleiner Sensationen ist, die man in dem Zug nicht mehr erkennt. So gelangen wir zu allen abstrackten Begriffen, Substantz, Raum, Dauer, Krafft, eben so gut als zu dem Begrif weiß, anfangs war es Schnee oder ein Schnupftuch. So ists mit dem moralischen ebenfalls.

Der Wille ist derjenige Zustand des Gemüths, (des Gehirns, nach, Joseph, aër fixus) der unmittelbar vor Handlungen vorher geht die wir freywillig nennen. Seltsam genug.

Ich glaube Sie werden nun, liebster HE. Professor, aus dem wenigen, was ich gesagt habe, sich selbst den Hartley bilden können, alles ist bey ihm Association. Die Beweise und die offt

herrlichen und treffenden Beyspiele, womit er seine Sätze be-
stättigt muß ich übergehen. Man ließt ihn mit Vergnügen,
und mit philosophischer Erbauung, auch wenn er einen nicht
überzeugen solte. Priestley gesteht, er habe aus keinem Buch
je mehr Nutzen geschöpft, als (nächst der Bibel) aus diesem,[20] und Hartley hätte mehr Respeckt von HE. De Luc verdient, denn er war ein eben so guter Mann, u gewiß ein größerer Metaphysiker als HE. de Luc. Und das Vergnügen, das einem Hartley durch seine feinen Beobachtungen gewährt ist
zu dem was HE. de Luc verschafft wie 100 zu 1.

So etwas wie Hartley annimmt muß seyn, sonst wäre gewiß
der Bau nicht so künstlich, und jeder Pudding-stone[21] wäre
der Seele zum Kopf hinreichend gewesen, und hat die Seele
solche Vibrationen von nöthen, so ist gewiß Hartley's Art, alle
Erscheinung des Kopfs daraus zu erklären, ein wahres Meisterstück.

Verlangen Sie über einige Artickel besondere Erläuterung
so bin ich allezeit bereit   GCL.

54. An Georg Heinrich Hollenberg

[*Göttingen, Ende September 1781*]

Liebster Hollenberg
Wenn ich schon selten schreibe, Liebster Mann, so handle ich
doch, und es wird Ihnen doch wohl lieber seyn Ihre Aufträge
mit Wercken als mit Worten beantwortet zu sehen; an Gedancken, können Sie glauben, fehlt es auch nicht.[1] Kästners
Urtheil[2] über Ihre Abhandlung[3], an der bereits gedruckt
wird, liegt bey. Ich dencke nicht daß es nöthig war viel Feder-
lesens mit Anmerckungen zu machen, Ihr introitus galeatus[4]
dient ja ohnehin zum Ableiter.

Für die Geschichte von dem Osnabrückischen Blitz dancke
ich ergebenst. Sonderbar war es, ich bekam Ihren Brief[5] am
Sonnabend vor dem 6ten August, der der nächste Montag war.
An diesem Montag wurde ich um $\frac{1}{2}$ 5 Uhr von einem schwe-

ren Donnerwetter aus dem Bette gejagt, es zog aber, wie wohl sehr nah, vorbei. Kaum lag ich wieder, so donnerte es wieder, und aus dem Strich des ersten Donnerwetters, und der Situation von diesem, merckte ich, daß uns dieses auf das Korn gefaßt hatte, und zwar hatte es alle Zeichen eines fürchterlichen Donnerwetters. Es blizte fast jede $\frac{1}{4}$ Minute, und unter 2 oder 3 Blitzen war allemal wenigstens Ein Schlag. Ich kleidete mich also an. Es zog sehr geschwind und das war das eintzige gute. Kaum war ich fertig, so schien meine Stube wie im Feuer zu stehn, und der Donner begleitete die Illumination.[6] Der Blitz fuhr in eine Scheune zwischen der rothen und der Baarfüßer Straße (Rumanns Scheune) ohne zu zünden, gleich drauf schlug es beym Schützenhof in einen alten Weiden Stock, und dann in das Amthauß zu Weende.[7] Es that noch mehr sehr nahe Schläge, und Dieterich bekam Nachricht, noch während des Regens, es hätte in die Commentarios Societatis regiae[8] im Zeughaus geschlagen, das war aber ein Einfall der Madam Becke, die gegen über wohnt. Ich sagte gleich zu Dieterich, das hat die Comödianten gegolten,[9] sey Du ruhig wegen der Commentarien, die sind zum vermodern bestimmt, und werden nicht verbrennen. Sie können sich vorstellen, daß ich gieng die Würckungen zu besehen. Ich fuhr so gar nach Weende. Allein unsystematischere Blitze habe ich in meinem Leben nicht gesehen. Wenn der seelige Münchhausen noch gelebt hätte, so wären sie gewiß anders ausgefallen, es war gar nichts dran zu lernen; Bretter, Balcken, Thürbekleidungen pp zersplittert, als wenn es unser einer mit einer Holtz Axte gethan hätte, nicht einmal ein blau angelaufner Nagel war da. Nach der Idee, die ich mir von einem Universitäts⸗ Donnerwetter mache, solte der Blitz deutlich angeben:

1) ob er aus der Erde oder aus der Wolcke gekommen[10] und das könte durch + und – leicht eingebrannt werden (*)

2) ob er kalt oder heiß schmeltze, und das wäre ausgemacht, wenn einmal der Blitz einen Radnagel mitten in einer Pulver Tonne schmeltzte, und

(*) oder durch ein*en* ⇛⟶ wie Sie beym Wasserrad.

3) ob ein Professor Philosophiae[11] würcklich keine Ideen mehr hat, wenn er durch dieses beseelende Fluidum[12] hingestreckt für todt aufgenommen wird. Ich sitze nicht mit in der Facultät[13], und habe keine Stimme, verbitte mir also diese Ehre. Es scheint aber, der Himmel bekümmert sich wenig um unsere Compendia[14]. In Weende wurde eine sehr schöne Frau vom Blitz umgeworfen, und daher wolten einige schließen, der Blitz habe Absichten gehabt, und sey deswegen von unten gekommen, weil die Weiber nur allein von unten einnähmen, Orackel-Sprüche wie die Delphische Pythia, oder – – – wie die Gött – – – und die Osnabrückischen Mädchen, ich läugnete aber dem, der das sagte, majorem[15] schlecht weg, und sagte, was die Mädchen von unten einnähmen, sey in dubio[16] allemal sehr positiv, und so war die Sache so ungewiß als vorher. Aber doch nun, liebster Hollenberg, Scherz bey Seite. Ich habe bey dem hiesigen Schlag etwas sonderbares bemerckt.

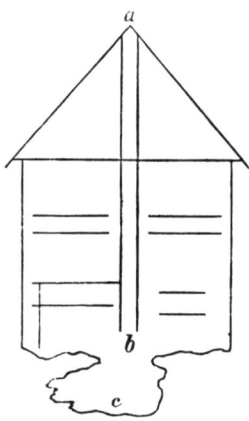

Der Blitz traf den östlichen Giebel der Scheune, der wenigstens 50 Fuß hoch ist, lief an der äuseren Seite von a bis b fast in grader Linie herunter und verlohr sich in einem Misthaufen bey c. Die Ständer[17] waren alle zersplittert, aber mit dem würcklich merckwürdigen Umstand, daß die Späne, die nicht gantz abgerissen waren, alle **oben** fest hingen.

Das ist alles, was ich von diesem Donnerwetter, das eines der fürchterlichsten war, die ich hier erlebt habe, in meine Spaarbüchse[18] geworfen habe.

[19]Good God! I promised You to write in English and look there! the German gets the better of me.

Naturam expellas furcâ, tamen usque recurret.[20]

On the 26 of August an accident happened here, which would be reckoned uncommon in any place, tho' ten times bigger and more profligate than ours. On that day about $3/4$ after eight in the evening, when everybody was standing at the door to enjoy the evening, a man was murdered just opposite Claproth's new house at the Entrance of the Weender gate, not Bandith like, and Shakespeare says:

With a bare bodkin,[21]

but by really a gigantic thrust. The knife entered the breast bone, the lungs and the heart. The wound was near $5/4$ of an inch broad and about 5 inches deep, the man died $1/4$ of an hour afterwards. Six people, among whom the murderer certainly was, were seized immediately. The person most suspected or rather the only person then suspected was Young Bossiegel, whom You undoubtedly know. However now Bossiegel, after 3 weeks imprisonment, is released with 4 others and the only person in confinement still is the head apprentice in Barmeiers printing-shop, a man who, they say, is as profligate as he is cunning, and will certainly keep our academical senate in motion. They make a secret of every thing that happens in the different trials and therefore I can say no more, but it seems to be unquestionable now, that the printer is the man, who committed the fact, for immediately after the 5 others were set at Liberty, he was chained, and committed to the common prison of criminals under the jurisdiction of the university.[22]

Eben da ich dieses schreibe, erhalte ich einen Brief von Herrn De Luc,[23] der jezt in Paris lebt, der für mich zu wichtig ist, als daß ich englisch darüber schreiben solte. Ich lege ihn hier bey, ein Banquier, De Lucs Freund, verlangt für seine Kinder einen Hofmeister, oder vielmehr Lehrmeister; alte Sprachen werden nicht verlangt, aber Mathematic und Physic. Doch das sehen Sie alles selbst, der Mann soll ein Deutscher seyn u.s.w. Mir ist die Wahl überlassen. Ich würde gegen mein Gewissen handeln, bester Mann, wenn ich Ihnen diesen Platz nicht antrüge, ehe ich mich weiter umsehe. Uebereilen Sie sich aber nicht, überlegen Sie alles mit Herrn Möser und Ihrem Einsichtsvollen Freund Herrn D. Klincke. Ich rede Ihnen nicht zu, ob ich gleich aus dem vortrefflichen Charackter de Lücs, der immer nur die Hälffte des guten sagt, das er denckt, und in dessen Händen man so sicher ist, als in eines Engels, alles gute hoffe, und das Beste. Ich sammle nur einige Gründe Pro und Contra.

Contra 1) Sie verlassen Ihre Freunde (Das sind für einen Mann von Gesundheit und Kopf Kleinigkeiten).

2) Sie ziehen sich aus Verbindungen in Ihrem Vaterland. Aus den Augen, aus dem Sinn.[24] Das ist das wichtigste Contra, das ich aber nicht gantz übersehen kan.

3) Es ist eine Frage ob Sie gefallen werden. Minden.[25]

Pro. auf 1) ist schon geantwortet, die Erde ist überall des Herrn. Wer nichts wagt, gewinnt nichts.[26] Das sind empfindsame Possen und ich schäme mich fast, zuerst davon geredet zu haben.

ad 2) Vielleicht können Sie die Stelle annehmen, ohne Ihre Verbindungen aufzugeben. Durch nützliche Correspondentz vielleicht gar befestigen.

ad 3) Dafür stehe ich. De Luc, der feinste Menschenkenner, mein aufrichtiger Freund, wohnt selbst in dem Hauß. Von mir empfohlen, (und das will ich nach Gewissen thun) sind Sie dem gantzen Haus empfohlen.

Aber nun bedencken Sie

1) Sie sehen Paris mit allen seinen Herrlichkeiten, de la Lande, Buffon, Francklin, Jeaurat, Le Roi pp, die herrlichen Gebäude, unzähligen Maschinen pp.

2) Nur da gewesen zu seyn macht einen Charackter bey einem Mann wie Sie, der Kopf und Augen hat.

3) Es sind keine Conditionen angegeben, aber machen Sie ja keine als etwa die Reisekosten, und die verstehen sich, de Luc thut alles.

4) Sie werden auf ewig mit dem grosen und rechtschaffenen De Luc verbunden, der Sie sicherlich nie vergessen wird. Ich kenne die Genfer in diesem Stück. Solten Sie auch nicht approbirt werden, welches aber gewiß nach dem, was ich sagen werde, der Fall nicht seyn wird, so sollen Sie gewiß allemal gut abkommen.

Das ist es ohngefehr was ich zu sagen habe. Thun Sie aber als hätte ich <u>nichts</u> gesagt, und überlegen alles von unten auf. Aber um Gotteswillen schreiben Sie mir Ihren Entschluß, **womöglich** mit erster Post. De Luc ist ein Mann, der alles behandelt wie sein Barometer, püncktlich bis (mögte ich sagen) zum Fehler; die geringste Nachlässigkeit würde alles verderben. Ich bitte Sie inständigst um püncktliche Antwort. Zeigen Sie De Lucs Brief dem Herrn Rath Möser, und Herrn Dr Klincke, und schicken Sie mir den Brief wieder zurück.

Nun noch etwas. Ein Mann wie Sie, nur Herz gefaßt, erwählt Paris auf alle Fälle, von was für Nutzen könten Sie uns <u>hier</u> nicht seyn. Bedencken Sie auch das, aber immer mit <u>der</u> Rücksicht, daß ich nicht rathe, sondern blos vorstelle.

Es schlägt 5 [27] und ich muß schließen.   Adieu

G.C.Lichtenberg.

De Luc's Brief erwarte ich mit Ihrer Antwort [28] wieder zurück.

55. An Albrecht Ludwig Friedrich Meister

[*Göttingen, ca. 1.–3. August 1782*]
P.P.

Was ich bisher ausgestanden habe, Liebster Herr Professor, kan ich Ihnen nicht mit Worten beschreiben. Das gute, arme Mädchen so entsezlich leiden zu sehen.[1] Sie gleicht sich gar nicht mehr,[2] so daß wenn ich sie verliehre, ich gar nicht werde glauben können, daß die verstorbene, die sey mit der ich umgegangen bin. Es ist ein erstaunlicher Jammer, gestern Mittag wann ich ihr zurief, ob sie mich noch kenne sah sie sich um, und nannte mich mit zitternder Stimme, und durch die fürchterliche Maske schien die alte Freundlichkeit durch, gestern Abend kannte sie mich nicht mehr, sie hörte mich nicht einmal mehr. Sie fingert auf der Decke und läßt alles ins Bette gehen. Jetzt, da ich dieses schreibe faselt sie wieder laut immer von meinen Instrumenten im Saal, und ob die Feuerbekken sicher stünden, und ob mir die Mutter recht aufwarte. Man hat ihr Senf≈Pflaster[3] und Spanische Fliegen[4] gelegt, heute Morgen 2mal zur Ader gelassen um den Brand zu verhindern, und um 12 Uhr 8 Schröpfköpfe[5] auf den Rücken gesezt. Sie kennt auch ihre Eltern wieder, ich selbst habe mich heute nicht gezeigt, weil ich es nicht mehr aus halten kan, sie in diesem jämmerlichen Zustand zu sehen. Denn ich bin würcklich durch mein Wachen (ich sitze nicht auf, weil Leute genug da sind, sondern ich <u>kan</u> nicht schlafen) gantz weichhertzig geworden bin. Die Aerzte hoffen wieder. Mich dünckt aber es ist alles vorbey, denn ich bekomme kein Geld für meine Hofnung

GCL.

56. An Albrecht Ludwig Friedrich Meister

[*Göttingen, 5. August 1782*]
Ich dancke Ihnen tausendmal, liebster HE. Professor für Ihr mit so vieler freundschafftlichen Empfindung ausgedrucktes Beyleid. Ich werde alles versuchen was sie mir rathen. Mein Schmertz ist ausserordentlich; so bald ich alleine bin, glaube

ich ich könne es nicht ausdauern, allein eine Gesellschafft, wie die Ihrige, würde mir die Sache noch schwerer machen. Ich sehe lieber Leute um mich, die die Person[1] nicht gekannt haben, und die sie wenig interessirte. Ich bin nie in meinem Leben in einem solchen Zustand gewesen, die Umstände sind gar zu traurig gewesen. Eine so vortrefflich Person, in diesen Jahren so leiden zu sehen und mit so vieler Gedult, und die alles mit einem Ton sagte, was sie nemlich im Ernst und bey Verstand sagte, den ich gewiß in meinem Leben nicht vergessen werde. Die lezte Nacht um halb 4 des Morgens rief sie in diesem Ton gute Nacht, rührender und herzbrechender konte wohl für mich in dieser Lage nichts gesagt werden. Die Worte schallen mir noch immer in den Ohren, so wenig sie wohl auch die Lange Nacht gemeint haben mag, in welcher sie sich schlafen legen wolte. Wenn sie irre redete so sprach sie wie gewöhnlich nur fast etwas langsamer und da kamen Sie und HE. D'Pikel[2] etlichemal vor. Sie ist 17 Jahre und 39 Tage alt geworden.   GCL.

Jezt nach dem Tode, sagen die Leute, gleicht sie sich völlig wieder

Sagen Sie doch dem HE. Adean daß mich die Herrn[3] bis auf Donnerstag oder Freytag verschonen. Uebermorgen früh wird sie begraben.

57. An Albrecht Ludwig Friedrich Meister

[*Göttingen, 8. August 1782*]

Liebster Herr Professor,

Was sagen Sie zu unserm Hause? Als mein vortreffliches Mädchen[1] 2 Stunden weggetragen[2] war, starb die kleine Dieterich[3]. Sie haben sich alle Stunden nach einander erkundigt und ihre Ruhestätten sind hart neben einander. Die kleine Stechardin ist ein Opfer der **Artzney Wissenschafft** geworden,[4] das ist wohl gewiß. Ich ließ alles geschehen, denn ich sah voraus wie entsezlich marternd es seyn würde, wenn sie dennoch gestorben wäre, sich vorwerfen lassen zu müssen, sie lebe noch, wenn man den Aerzten gefolgt hätte. Dieser Kampf war mir das härtste. – Es ist alles vorbey und ich bemü- he mich gar nicht mehr an das vergangene zu dencken, und nach grade fange ich an einige Fertigkeit darin zu erlangen. Ich bitte also Ew. Wohlgebohren mir die Ehre Ihres gütigen Besuchs zu erzeigen und zwar, wenn es ohne Ihre Beschwerde geschehen kan, nächsten Sonnabend, und nächsten Sonn- tag[5] zum AbendEssen. Sie finden mich auf einer gantz an- dern Etage, in einem meiner vorigen Zimmer[6] und HE. Die- terich bey mir. Wir schlafen beysammen, in derselben Stube nicht weit von Hackfelds. Schlagen Sie mir doch diese Bitte nicht ab. Sie sollen keinen beschwerlichen Weiner oder Klä- ger finden, über alles das bin ich weg, und Freunden etwas vorwinseln, ist nie meine Sache gewesen. Ich erwarte Sie also übermorgen um 7 Uhr des Abends gewiß, ich glaube alle Ihre Freunde bey denen Sie etwa engagirt seyn könten, würden mir gerne in einem solchen Fall nachstehen. Die kleine Dietrichen wäre nächsten 31ten August 21 Jahr alt geworden. Hätte ich nur die meinige so lange behalten. Sie starb 4 Jahre Jünger.   G.C.L.

58. An Albrecht Ludwig Friedrich Meister

[*Göttingen, 9. August 1782*]

Ich freue mich ausserordentlich auf morgen Abend[1], solte aber die Witterung so elend seyn, wie jezt, so will ich lieber des grosen Vergnügens Ihrer Gesellschafft entbehren als Ihnen zumuthen auszugehen. Was die Eigenschafften des Hertzens betrifft, so kan selbst Dieterich nicht läugnen, daß die kleine Stechardin[2] seiner Tochter[3] darin überlegen war. Dieterichs Tochter war auffahrend und eigensinnig, bereute es aber bald wieder, die meinige gab immer nach und ließ sich alles gefal- len, und hat mich sehr offt mit nachgeben beschämt. So wa- ren sie auch während ihrer Kranckheit, die eine schrie heftig und war gleich ausser sich wenn nicht augenblicklich da war, was sie wolte, machte einen Unterschied zwischen Personen und jagte Leute weg, die andere hingegen sprach mit dem liebreichsten Ton mit jedem; niemand konte sich der Thränen enthalten wenn sie sprach, und ich würde schon sehr viel ruhiger seyn, wenn ich den Ton ihrer Reden vergessen könte. Doch was hilft das alles sie kommt nicht wieder.

Hier über sende ich Ihnen ein Paar Gedichte[4] auf Mamsell D. das kleinere ist von HE. v. Sacken, einem sehr guten Menschen, der im Hause logirt. Das andere hat HE. Tutenberg getutet.   GCL.

59. An Franz Ferdinand Wolff

P.P.

Der Himmel hat meinen Unruhen ein Ende gemacht, aber auf eine Art, die, so sehr ich auch von der unendlichen Weisheit überzeugt bin, mit der sie ihm vor andern beliebt hat, mich dennoch bisher sehr gemartert hat. Die beyden Personen sind gestorben. Mamsel Dietrich in ihrem 21[ten] Jahr und, die die mich am nächsten angieng, ein Mädchen von ungewöhnlichem Geist, und einer himmlischen Gu[t]müthigkeit, die ich gantz nach meinem Sinn erzogen hatte, nach einem Alter von 17 Jahren und 39 Tagen.[1] Mein Wachen und mein Kummer haben mir eine Kranckheit zugezogen, an der ich seit vorigen Dienstag völlig gelegen habe ohne aufstehen zu dürfen oder zu können,[2] jezt geht die Maschine wieder, wie lange, das weiß der, dem es gefallen hat ihren Gang zu zerrütten.

O mein lieber Mann, was sagen Sie da vom Phosphorus, wenn ich es gnau nehmen wolte so haben sie mir wohl gar zu viel Geld geschickt. Schicken Sie mir nur die Büchse wieder, sie sollen noch mehr haben, denn ich kan ja immer daran kommen.

Ich warte täglich auf einen Brief von Nairne, der noch einige Erklärung zur Lufftpumpe mitbringen solle,[3] und deswegen habe ich noch nicht geschrieben, kommt er diese Woche nicht, so schreibe ich ohne ihn weiter abzuwarten.[4] Meine Cy-

linder[5] kommen mich mit Fracht und Assecurantz 30 Thaler
das Stück einen in den andern gerichtet, denn ich bekam 4
auf einmal[6] wovon der Hertzog in Gotha 2 behalten hat. Sie
werden nächst der Größe nach dem Gewicht bezahlt. Ehestens mehr von   Ihrem ergebensten Diener
G.[*öttingen,*] den 19 Aug. 82.   GCLichtenberg

60. An Franz Ferdinand Wolff

Göttingen den 28 Aug. 1782.

P.P.

Für Ew. Wohlgeboh*ren* freundschafftliches Beyleid[1] statte ich
Denselben den verbindlichsten Danck ab. Es war dieses allerdings einer der empfindlichsten Schläge, die mich in meinem
Leben betroffen haben, und die Philosophie, in deren Diensten ich zu stehen die Ehre habe,[2] hat sich selbst gefürchtet
mich zu trösten, ich habe mich ohne weitere Zerstreuung
meinem Schmertz gantz überlassen, gantz gegen den Rath
meiner Freunde, weil mir meine Philosophie so viel sagte, daß
auf diese Weise die Empfindung bald stumpf wird, so wie es
ein Schmertz stillendes Mittel ist, den Finger ans Feuer zu halten, wenn man ihn verbrannt hat. Ich spüre die guten Folgen
bereits recht gut. Die Zerstreuungen (um im Gleichniß fort
zu fahren) helfen so viel als das Kalte Wasser beym verbrann-
ten Finger, wenn man ihn herauszieht, so kommt der
Schmertz desto lebhaffter wieder. Hingegen werde ich, während als ich dem Schmertz nachhänge ruhig, so bin [*ich*] auch
gewiß geheilt. Das peinigende ist bereits vergangen, allein eine nicht gantz unangenehme melancholische Empfindung
bey der Erinnerung an die vorigen Zeiten, wird mich vielleicht nie verlassen.[3]

Der Kegelschieber[4] ist angekommen, und ich dancke gehorsamst für die gehabte Mühe, ich probirte ihn auf der Stelle das ⌢ [5] drehte sich vortrefflich, aber es gieng nicht;
Als ich schüttelte, so rappelte etwas inwendig. Ich nahm also

die Maschine auseinander, und siehe das Bleygewicht, was dem Löffel zum Gegen Gewicht dient, war an der Queer= Axe abgebrochen. Dieses war in einer halben vierthel Stunde hergestellt und nun geht er vortrefflich, und der Credit von Hexenmeisterey, worin ich hier bey | verschiedenen Personen stehe, hat nicht wenig dadurch gewonnen. Ich habe allerley Leute dazu gerufen, Gelehrte und Ungelehrte, und de lüttge Törke[6] ist würcklich jezt noch der Gegenstand eines fast zu lauten Gesprächs vor meiner Stuben Thüre. Die Erfindung ist recht artig. Klindworth glaubt, daß er auch das Bleygewicht, welches die Kegel aufrichtet, durch denselben Mechanismus heben will, wodurch das Niederdrücken des Knopfs wegfiele. Es geht zuverlässig. Als ich zuerst die Maschine mit dem Finger aufwand, dachte ich nicht, daß die Elecktricität es thun würde, denn das ⌒⌒⌒ lief mit ziemlicher Krafft rückwärts, sobald ich nachließ, allein meine Maschine[7] trieb es mit solcher Gewalt um, daß es aussah wie eine Glasscheibe. HE. Geh. Sekr. Schernhagen wird Ew. Wohlgeboh*ren* das Geld für die Maschine bezahlen, mich dünckt Sie sagten sie koste 6 Ducaten.

HE. Nairne's Brief habe ich am Dienstag durch HE. Geh. Justiz Rath von Hinüber empfangen und mit heutiger Post den Cylinder verschrieben.[8] Wann er ankommen wird, kan ich schlechterdings nicht sagen, ich habe indessen ihm alles so eingebunden und so nahe gelegt, daß die Zeit, da Sie ihn erhalten werden, gewiß die kürtzestmögliche ist, denn ich kenne den braven Mann persönlich. Er ist selbst Mitglied der Societät der Wiss. zu London, von einem grosen Vermögen, und der für Ehre arbeitet, und Ausländer vorzüglich fördert. Ich habe ihn gebeten mir mit umgehender Post umständlich zu antworten, und Ew. Wohlgeboh*ren* sollen selbst lesen | was er sagt.[9]

Die Lufftpumpe, so wie ich sie habe, ist noch nirgends beschrieben.[10] Im Grunde aber ist es eine Smeatonsche, das heist eine die durch Ventile exantlirt und comprimirt, ohne daß man nöthig hätte etwas andres zu thun als 2 – Hähne zu drehen. Die Arbeit ist äusserst vollkommen, und niemand hat

Nairne noch darin übertroffen. Er hat zuerst die Lufft 2000 mal verdünnt, das will sagen die Lufft unter der Exantlirten Glocke nimt nach Zulassung der äussern Lufft nur den 2000ten Theil des Raums ein den sie als freye atmosphärische Lufft einnahm. Allein dieser Versuch erfordert wie die Elecktricität ein Zusammenpassen von Umständen, die man nicht immer in seiner Gewalt hat. In Elecktrisier=Maschinen ist ebenfalls in England niemand über ihm. Er hat zuerst den soliden Funcken aus dem Conducktor[11] auf 20 Zolle gebracht mit seinen Cylindern. Er schickte, wie er mir selbst erzählte, eine solche Maschine auf Verlangen an den Grosherzog von Toscana. Die Rechnung betrug 50 Guineen, sie wurde dort von Kennern probirt, und er erhielt 100 Guineen dafür.

Wie verfertigen Sie Ihr Amalgama für die Kissen? Das aus Zinck und Quecksilber ist das beste. Ich besitze ein Stück von Nairne, das hart ist wie Stein, von diesem schabe ich alle viertel Jahr einmal etwas auf das Kissen.[12]

Nun etwas auf alte Fragen? Fürst Gallitzin im Haag hat eine Scheibe von 5 Fußen im Durchmesser. Ich weiß dieses von zween Grafen von Bentinck (Holländern) die bey mir die Physick gehört haben. Er hat grose Dinge damit ausgerichtet, allein so weit als Nairne hat er es nie bringen können. | Nairne war einmal auch bey den Scheiben, er hat sie aber wieder aufgegeben und sich zu den Cylindern gewendet. Unsre jetzige Theorie ist noch groses, groses Stückwerck. Wir thun noch immer am besten, wenn wir der Erfahrung folgen.

Ich bedaure, daß der Versuch mit dem Phosphorus[13] nicht gelungen ist, nehmen Sie einmal sehr wenig, denn viel phlogistisirt die Lufft bald. Etwa ein Stückgen von der Gröse 𝔇 und etwa von der Dicke ▭, es wird alsdann gewiß gehn.

O glauben Sie wohl, daß ich in meiner Kindheit auch einmal Phosphorus gepisst habe.[14] Ich glaubte, der Todt stiese mich an; und gantze 8 Tage sah ich die Welt als ein Wirthshauß an, worin ich mehr schuldig wäre, als ich bezahlen konte. Ich pißte gegen ein neu mit Leimen[15] beworfnes Haus, und das Feuer lief an der Wand herunter. Für gefährlich halte ich es nicht. Der Phosphorus ist nur gefährlich unter der Form, in welcher man ihn in der Apothecke verkauft, in irgend einem Fett aufgelößt, ist er, ohne seine leuchtende Eigenschafft zu verliehren, weder ätzend noch brennend. In Nelcken= Oel Z.E. aufgelößt, kan man sich gantz damit überschmieren, wie ich, wenigstens mit meinen Händen, alle halbe Jahr einmal thue. In Paris verfertigt man so gar daraus eine leuchtende Pommade pour les Dames[16], weil die Damen da Besuch im Dunckeln annehmen, welches hier zu Lande, so viel ich weiß, unerhört ist.

Künfftig mehr. GCLichtenberg.

61. An Gottfried Hieronymus Amelung

[*Göttingen, Herbst 1782?*]

Mein allerliebster Freund,
Das heise ich fürwahr deutsche Freundschafft, liebster Mann. Haben Sie tausend Danck für Ihr Andencken an mich. Ich habe Ihnen nicht gleich geantwortet, und der Himmel weiß wie es bey mir gestanden hat! Sie sind, und müssen der erste seyn, dem ich es gestehe. Ich habe vorigen Sommer, bald nach Ihrem lezten Brief[1], den grösten Verlust erlitten, den ich in meinem Leben erlitten habe. Was ich Ihnen sage muß **kein Mensch** erfahren. Ich lernte im Jahr 1777 (die sieben taugen wahrlich nicht) ein Mädchen kennen, eine Bürgers Tochter aus hiesiger Stadt, sie war damals etwas über 13 Jahr alt;[2] Ein solches Muster von Schönheit und Sanfftmuth hatte ich meinem Leben noch nicht gesehen, ob ich gleich viel gesehen habe. Das erste mal, da ich sie sah, befand sie sich in einer Gesellschafft von 5 bis 6 andern, die wie die | Kinder hier thun, auf dem Wall den vorbeygehenden Blumen verkauften. Sie bot mir einen Strauß an, den ich kaufte. Ich hatte 3 Engländer[3] bey mir, die bey mir aßen und wohnten. God almighty, sagte der eine, what a handsome girl this is.[4] Ich hatte das ebenfalls bemerckt, und da ich wußte was für ein Sodom unser Nest ist, so dachte ich ernstlich dieses vortreffliche Geschöpf von einem solchen Handel abzuziehn. Ich sprach sie endlich allein,

und bat sie mich im Hause zu besuchen; sie gienge keinem Purschen auf die Stube sagte sie. Wie sie aber hörte, daß ich ein Professor wäre, kam sie an einem Nachmittage mit Ihrer Mutter zu mir. Mit einem Wort, sie gab den Blumenhandel auf, und war den gantzen Tag bey mir. Hier fand ich, daß in dem vortrefflichen Leib eine Seele wohnte, grade so wie ich sie längst gesucht aber nie gefunden hatte. Ich unterrichtete sie im Schreiben und rechnen, und in andern Kenntnissen, die ohne eine empfindsame Geckin aus Ihr zu machen, ihren Verstand immer mehr entwickelten. Mein physikalischer Apparat, der mich über 1500 Thaler kostet, reizte sie anfangs durch seinen Glantz und endlich wurde der Gebrauch | davon Ihre eintzige Unterhaltung. Nun war unsre Bekanntschafft aufs Höchste gestiegen. Sie gieng spät weg, und kam mit dem Tage wieder, und den gantzen Tag über war ihre Sorge meine Sachen, von der Halsbinde an bis zur Lufftpumpe, in Ordnung zu halten, und das mit einer so himmlischen Sanfftmuth deren Möglichkeit ich mir vorher nicht gedacht hatte. Die Folge war, was Sie schon muthmasen werden, sie blieb von Ostern 1780[5] an gantz bey mir. Ihre Neigung zu dieser Lebensart war so unbändig, daß sie nicht einmal die Treppe hinunterkam, als wenn sie in die Kirche und zum Abendmahl gieng. Sie war nicht wegzubringen. Wir waren beständig beysammen. Wenn sie in der Kirche war, so war es mir, als hätte ich meine Augen und alle meine Sinnen weggeschickt. – Mit einem Wort – sie war ohne priesterliche Einsegnung (verzeyhen Sie mir, bester, liebster Mann, diesen Ausdruck) meine Frau. Indessen konte ich diesen Engel, der eine solche Verbindung eingegangen war, nicht ohne die gröste Rührung ansehn. Daß Sie mir alles aufgeopferte hatte, ohne vielleicht gantz die Wichtigkeit davon zu fühlen, war mir unerträglich. Ich nahm sie also mit an Tisch, wenn Freunde[6] bey mir speißten, und gab ihr | durchaus die Kleidung, die Ihre Lage erforderte, und liebte sie mit jedem Tage mehr. Meine ernstliche Absicht war mich mit ihr auch vor der Welt zu verbinden, woran sie nun nach und nach mich zuweilen zu erinnern anfieng. O du groser Gott! und dieses himmlische Mädchen ist mir am

4ten August 1782. Abends mit Sonn⸗Untergang <u>gestorben</u>.[7]
Ich hatte die besten Aerzte, alles, alles in der Welt ist gethan
worden. Bedencken Sie liebster Mann, und erlauben Sie mir
daß ich hier schließe. Es ist mir unmöglich fortzufahren
GCLichtenberg.

Zerreisen Sie diesen Brief, und behalten blos das Andencken
an ihn, als ein Zeichen meiner Freundschafft gegen Sie, der
sich unter allen mein Schulbekannten allein meiner erinnert
hat!

62. An Johann Andreas Schernhagen

Göttingen den 2ten December 82.
P.P.
Tausend Danck für die schönen Zeichnungen. Ich habe über
die Carricaturen gantz laut gelacht, und ich sehe, daß der
kleine Raphael[1] schon ein wahrer Engländer ist; die frantzösischen Courier Beine

sind wahrer englischer National Geschmack, so gut als das Gesicht des Grafen d'Estaing

Sie sind sehr schön. Ich habe mich mit einigen meiner Freunde recht ergözt daran, und die hiesigen Engländer[2] walfahrten recht darnach. Freylich ist die Original Zeichnung von den Milchmädchen besser als die Copie.[3] Man kan in lezterer sogar fehlerhaffte Richtungen im Schatten entdecken. Das flüchtigste unter allen: die Schlacht bey Rosbach hat mich sicherlich nicht am wenigsten gefreut. Man glaubt es schneyte Frantzosen und blizte Preussen. Das ist Recht.[4] Die Hartz Prospeckte sind vortrefflich.[5] Ich werde sie mit erster Post wieder zurückschicken. Selchow war bey mir en Uniforme.[6] Gegen HE. Brandes ist er entsetzlich aufgebracht und erlaubte sich Ausdrücke, die ich kaum auf meiner Stube dulten konte. Der Uhu auf den Schmeltztiegeln ist doch wohl das LeichHuhn das auf der Goldversprechenden Physiognomick ruht?[7]

Die Zeit lauft ab und ich muß gantz kurtz abschließen

GCLichtenberg.

HE. Herschel hat mir (1 Thaler 7 *Gute*groschen Porto) seine Beobachtungen zugeschickt.[8] Ich habe mich sehr darüber gefreut.

63. An Franz Ferdinand Wolff

Göttingen den 21 Julii 1783.
um 4 Uhr Nachmittag

Mein lieber Freund,

So eben erscheint der erste Sonnenblick wieder nach einem fürchterlich schönen Donnerwetter mit Hagel, das wir gehabt haben und von welchem die Ziegel noch tropfen. Mir war diesesmal unsrer Stadt wegen nicht wenig bange. Beym Anzuge wurde es fast finster und jeder Blitz war ein Schlag. Ich bin eigentlich nicht empfindsamer Natur, wenigstens nicht für die Gesellschafft, ich genieße in der Stille und lasse andere davon plaudern. Aber wahrhafftig, ich bin noch so voll von diesem grosen Schauspiel, daß das übrige was ich Ihnen sagen wolte, und was ich Ihnen diesen Morgen allein gesagt haben würde, gar nicht heraus kan, ehe ich Ihnen etwas von meinen Empfindungen gesagt habe. Der Tag war erdrückend heiß und ich gantz ungewöhnlich empfindlich, ausserdem ist dieses der Sterbetag meines Vaters, an dem ich mich gemeiniglich einschließe. Nichts in der Welt konte mit meiner Empfindung mehr correspondiren, als ein solches Wetter. Als es einmal so tief donnerte daß ich dachte, es wäre <u>unter mir</u>, so kan ich wohl sagen habe ich niemals meine Nichtigkeit mehr gefühlt, als in dem Augenblick. Wahrhafftig es kamen mir Thränen in die Augen blos der Bewunderung und der innigsten Andacht. Es kan nichts größeres und majestätischeres seyn. Ich weiß nicht ich befinde mich jezt unge-|wöhnlich leicht, es ist mir, als wenn ich eine grose Schuld abgetragen hätte und als wenn sich der Geist meines Vaters freute daß ich an seinem Sterbe Tage eine so ungeheuchelte Betstunde gehalten habe. Nun ists heraus und ich gehe nun wieder den gewöhnlichen Schritt.

Das Wetter gieng zum Glück geschwind, der nächste Schlag war 3 Secunden, könte also wohl hier eingeschlagen haben, ich höre aber nichts. Der Hagel war gering es ist keine Fensterscheibe in meinem Gesichtskreis zerbrochen, er klapperte aber auf den Ziegeln nicht wenig, allein die Strase war eine Leine. Die Schweine sehen so rein aus wie Menschen und die Menschen wie Schweine. [1]

Aber was Sie für einen Conducktor gezeichnet haben! Das ist wahrlich über Hogarth, und wie schön bey aller Flüchtigkeit gezeichnet! So gar der Cartoffel Wanst a der leeren (ledi-

gen) Mädchen ist ausgedruckt. Sagen Sie ums Himmelswillen keinem Menschen, daß ich wüste, daß selbst die unangefüllten Mädchen dicke Bäuche haben, wenn sie horizontal auf dem Rücken liegen, ich käme aufs Junggesellen Carcer.

Vortreffliche kleine Elecktrophore [2] geben 5 Theile Gummilack, 3. Mastix, 2 venet.[*ianisches*] Terp.[*entin*]. Diese bindet man in einem leinen Tuch B zugleich mit einem Stock C ein, und schmelzt es so in einem neuen Töpfchen, indem

man | zugleich in der Rechten einen 2ten Prügel hält und die Masse durch drückt. Diese ausgedrückte Masse rollt man in Stangen und hebt sie zum Gebrauch auf. Man pulverisirt sie und streut sie auf runde polirte Kupferplatten, und läßt sie über dem Feuer anschmeltzen. (Es donnert ein neues Wetter entsezlich) Sie sehen vortrefflich aus die Masse ist fast durchsichtig und erhält durch das Metall einen Glantz wie die hellen Stellen auf englischen Theebrettern. Die Würckung ist ausnehmend.

Heute ist mein Gutachten[3] mit einer Kutsche und 4 Pferden nach Hannover gegangen, da sonst meine Briefe reiten.[4] (Ein sehr naher Schlag! etwa von 4 Secunden, aber knatternd) Das macht, das leichte Ding hat einen Coffer bey sich, worin 1) ein elecktrischer Bratenwender[5] 2) die Hemmkette[6] dazu in einem 2ten Pack 3) allerley elecktrische Zünd Röhren. 4) Satyrische Purgirsaltze nebst causticis.[7] 5) einige vergifftete Pfeile, höllisch und dann endlich 6) eine gantze Ladung von bon sens sub signo W.[8]

Ich dachte auch ans schmeltzen bey Berschützens Stanniol, indessen zündet sich das Pulver doch nicht so augenblicklich auf den Metallen, die, ohne zu glühen, schmeltzen. Aber freylich, das pulverisiren kan es befördern. Indessen etwas muß beym Schlag schmeltzen (wieder ein entsezlicher Schlag der vermuthlich Stanniol geschmeltzt hätte:) es sey nun Metall oder Schwefel. Ich und Klindworth haben nun die Kunst Häuser anzuzünden doch wieder | etwas herab gebracht.[9] Wir machen die Masse für die Lichtchen vortrefflich in dicken Eau de Lavende Flaschen einmal für alle mal. Will man eine Pfeife anzünden, so steckt man den Fidibus in die Flasche und zieht ihn heraus so brennt er.[10] Ist Ihnen mit einem solchen Apparat gedient. Nur Befehl.

Ich hätte Ihnen noch tausend Dinge zu sagen, allein HE. Schernhagen muß noch einen Brief[11] haben, und die Zeit ist fast vorbey. Haben Sie gespottet, als Sie sagten, Sie wolten mir die Lichtchen wieder zurücksenden? Ich schickte sie Ihnen um Ihr Hauß anzuzünden. Das verstund sich ja. Das Gewitter entfernt sich und die Mamsellen tretten vertical an die Fenster.

Ich habe die Ehre zu verharren in nebula nebulorum[12]

GCL.

Vom Nebel nächstens, nebelhafft.

Auch von Dr Ludewig etwas, der, unter uns, etwas von Pinsel ist.[13]

64. An Gottfried Hieronymus Amelung

Göttingen den 6ten des Wintermonats
alias May 1784.[1]

Liebster Hertzens Mann

Ein Päckel mit farciminibus Gottingensibus[2] zur Probe folgt anbey, wenn das Zeug nur nicht verdorben ist, ich habe sie schon etwas lange in meiner Bibliotheck hängen gehabt,[3] weil da der Feind[4] nicht hinkommt. Sollten sie abgestanden seyn, so erfolgen mit erster Gelegenheit andere. Es ist besonders wie diese Würste ausserhalb in Credit seyn müssen.[5] Dieterich schickt alle halbe Jahr mit andern Geistes Produckten wenigstens ½ Centner davon nach Berlin. Die Litterarischen Produckte und hiesige Mett= Bücher kamen zuweilen wieder zurück, aber man hat kein Beyspiel das je eine Wurst wieder zurückgekommen wäre. Um den Handel recht in Aufnahme zu bringen werde ich Nikolai'n rathen einmal ein paar Pfunde in der allgemeinen deutschen Bibliotheck recensiren zu lassen. Man hat hier ein altes Gedicht[6] auf die Stadt, darin heißt sie

Berühmt in allerley Bedeutung
Durch **Würste,** Bibliotheck und Zeitung,
Compendien und Regenwetter
Und breite Stein und Wochenblätter

wo sie auch neben den Geistes Produckten stehen.

Die Montgolfiersche Erfindung[7] hat die Physic in Deutschland doch würcklich etwas in Gang gebracht. Ich habe so eben den 8ten Purschen abgewiesen, weil Mein Auditorium nur 100 hält,[8] die ich schon in voriger Woche voll hatte

Empfehlen Sie mich Ihrer vortrefflichen Frau Liebsten und lieben Kindern. Hora et auriga ruunt.[9]   Vale ac fave
Tuissimo[10]
GCLichtenberg.

65. An Georg Heinrich Hollenberg

Göttingen den 16 August 1784

Gefangen, Gefangen! – – O das ist schön, so gehts den Vögelchen, denen das Futter bey der Schlinge besser schmeckt, als des lieben Gottes Hirsen und Mohnsaamen in der weiten, weiten Welt.[1] Da sizt der junge Herr nun im Käfig des heiligen Ehestandes[2], und muß sich vorpfeiffen lassen – O ich wolte ihn mahlen, wie er vom Hochzeit=Stängelchen aufs Kinderstängelchen, und dann aufs Heye[3] Stängelchen hüpft, und schwänzelt und den Schnabel puzt und sich ziert und zupft, als wäre die Welt sein, obs gleich nur ein gantzer Cubicfuß davon ist. Sieh er her, lieber Ehestands Mann, wir haben der Cubicfüße tausend; wir haben unser Futter, wo wir wollen, und er, er muß warten, was man ihm vorsezt. I can't get out; I can't get out, sagte der Staar beym Yorick.[4] We can get in and out where we please, sagen wir Freyheits=Vögel, hört ers, Stäärchen, Stäärchen! You can't get out.[5] – – Ay!

186

Doch das ist vielleicht schon der Murky[6] zu viel, es ist Zeit zum Andante. Ich nehme an Ihrem Glück den herzlichsten Antheil, vielleicht nimmt niemand so viel daran als ich. Ich habe mich bis zu Thränen gefreut. Denn ich weiß was es ist sich auf die Nacht freuen, und dabey versorgt seyn. Der Himmel will Ihnen wohl, lieber Mann, wandeln Sie nur so fort. Ehestens mehr.

Leben Sie recht wohl und empfehlen Sie mich der lieben Beschließerin Ihres Käfigs. Ich bin   Totus Tuus[7]
G.C.Lichtenberg.

66. An Johann Gottwerth Müller

Göttingen, den 20. Dec. 1784.

Liebster Freund,

Recht sehr viele Freude hat mir Ihr kleiner aber vortrefflicher Brief[1] gemacht. Mit Ihrem freundschaftlichen Antheil an meiner Freude über die Reise nach Italien habe ich indessen eine kleine, erlaubte Veränderung vorgenommen. Ich habe seinen ganzen Werth behalten, aber die Sorten umgesetzt. Leider! Aus meiner Reise ist nichts geworden,[2] nicht allein ganz ohne meine Schuld, sondern auch noch mit einem kleinen Schaden von 500 Thalern. Ich hatte Geld und zwar ein beträchtliches mehr, als für Wagenschmiere und Haber[3] nöthig war, ich hatte Erlaubniß, Gesundheit und Muth – allein mein Freund und Reisegefährte, der dänische Finanzrath Ljungberg in Coppenhagen hatte mir die Sache mit seinem Urlaub zu leicht gemacht, er wurde hingehalten und bekam endlich, nachdem ich lange alle meine Collegia aufgegeben, 60 blanke Louisd'or zurück bezahlt, und auf 40 andere Verzicht gethan hatte[4], keinen Urlaub. Als ich die Nachricht erhielt, ich glaubte, ich würde niedersinken. In der That, ob ich gleich nie närrisch gewesen bin, so weiß ich doch jetzt, wie es einem ist, wenn man es werden will, und das ist das einzige, was ich bei der Sache profitirt habe. Ich hatte mich über 9 Wochen auf die Reise präparirt, ich fühlte schon die classische

Erde unter meinen Füßen, passirte mit dem Cäsar den Rubicon, mit dem Hannibal die Alpen, und mit Constantin die
Brücke, wo das heil. Creuz am Himmel stund.[5] Ich stieg zum
Capitol hinauf, betastete die Schiffschnäbel[6] und mir schwin-
delte am Tarpejischen Felsen[7]. – Im zweyten Act erschien der
Laocoon, der Apoll in Belvedere und die Mediceische Venus
zu Florenz; alle Wände waren mit Raphaels und Coreggios be-
hangen. – Im dritten bekletterte ich den Vesuv, ging auf den
Pontinischen Sümpfen[8] spatzieren, die neulich abgebrannt
sind, sah den Styx und die Hundshöle[9] und wandelte in Al-
leen von blühenden Aloe‌ und Apfelsinen‌Bäumen – und
auf einmal, als wenn der Blitz einschlüge, war nichts da für
den ganzen Winter, als Göttingischer Schnee, Schlittengeläu-
te[10] und magere Hyazinthen‌Zwiebeln an meinem Fenster.
Ich will wetten, wenn man so was auf dem Operntheater vorstellen wolte, es ginge alles in Granatenbissen[11]. Gottlob aber,
daß ich doch jetzt merke, daß nichts entzwey ist. Allein, mein
Freund, die Reise ist auch nur aufgeschoben; künftigen September reise ich, wenn ich Gesellschaft[12] bekomme, woran
kein Zweifel ist, ganz gewiß. Es ist schon lange, nach reiflicher
Ueberlegung bei mir ein Grundsatz gewesen, kein Mensch,
der es kann, soll Italien ungesehen lassen. Die Reise ist Leib‌
und Seelenstärke. Es war Ihnen für mich bange wegen des
Winters. Nein, lieber Mann, Italien muß man im Winter sehen. Einmal schwänzt man einen ganzen Winter, welches für
unser einen wahrlich keine Kleinigkeit ist, man geht dann unter Blüthen spatzieren, während gewisse Leute zu Itzehoe,[13]
die ich nicht nennen will, die schönen Eiszapfen an ihrem
Bart bewundern; und dann ist würklich für uns Italien im
Sommer zu heiß, und wenn man sich nicht in manchen unin-
teressanten Gegenden Monate lang aufhalten will und kann,
sehr ungesund. Zwischen Rom und Neapel stehen schon die
Pomeranzen‌ und Apfelsinen‌Bäume an den Heerstraßen,
und da, dünkt mich, läßt sich das Lied: „Ein Kind, geboren
zu Bethlehem, Bethlehem" ohne Pelz und Feuerstübchen[14]
anstimmen. Könten Sie mitgehen, liebster Freund, was wäre
das für ein Glück. Acht hundert Thaler müßte man haben, je-

der mitreisende meine ich, und dafür sähen wir Dresden, Prag, Wien, Triest, Venedig, Mayland, Turin, Pavia, Bologna, Florenz, Rom, Neapel, vielleicht Calabrien und Messina; rückwärts Loretto, Lucca, Livorno, Turin, die Alpen, Genf, Lausanne, Bern, Zürch, Basel etc. Welche Erndte da, für Sie, die gewiß auf dem Wege sind, unser Fielding und mehr zu werden! Was können da für psychologische Prospekte gesammelt werden! Einem Mann, wie Sie, muß der Buchhändler die Reise bezahlen – –

Nun, lieber Freund, ein Paar Worte vom braunen Manne.[15] Ich habe Ihren Roman zweymal und mit großer Aufmerksamkeit gelesen. Sie haben mein Urtheil verlangt und dies gebe ich sehr gerne; in wiefern sich daraus auf das Urtheil des jetzigen Publikums oder der Nachwelt schliessen läßt, darum bekümmere ich mich nicht. Auf diese Weise kan ich mich kurz fassen.

Ich halte ihn im Ganzen für vortrefflich, und ich wüßte nach meiner Empfindung im Deutschen nichts von der Art, das ihm gleich käme. Zumal hat mich der zweyte Theil hingerissen, ich zählte gegen das Ende die Blätter, die noch übrig waren, und mich befiel ein wahrer Unwillen, als ich fand, daß ich nur noch 16 hatte. Verschiedene Bogen, zumal des zweyten Theils, flogen dahin, ohne daß mir auch nur einfiel, daß ein Hr. Müller und ein Prof. Lichtenberg in der Welt war, ich hatte mich ganz auf dem Waldheimischen Gut einlogirt. Der hats getroffen, sagte ich endlich, wenn ich einmal nach meiner Dose[16] griff, und da ist es mir unbeschreiblich, was ich in diesen Zwischenzeiten für Freude **Ihrentwegen** empfand. Das ist Dein Freund, der dieses schreibt, und der Vater und Unterstützer einer so rechtschaffenen Familie, war ohngefehr, was ich dachte.

Nun will ich Ihnen auch mit eben der Offenherzigkeit sagen, was mir nicht gefallen hat. Ich spreche nicht von Fehlern, davor behüte mich der Himmel, sondern ich sage nur, wie die Dinge durch Mein, Mein Glas aussehen. Es sind ohnehin nur Kleinigkeiten. Was mir nicht ganz gefallen hat, sind die Sternischen Ausschweifungen,[17] zumal die, wozu zuweilen nicht die Sache in sich, sondern blos das Wort die Veranlassung ist. Doch nehme ich davon die Lehre vom Stoß der Nase[18] aus*), die zumal wegen des Schlusses, wozu vielleicht meine Billiard=Kugeln[19] Veranlassung gegeben haben, daß die erste abfliegt, wenn man die letzte stößt, unnachahmlich schön ist. Ich tadle die Stellen in sich selbst nicht, sie sind sehr witzig, nur scheinen sie mir zuweilen eine üble Würkung in der Verbindung zu thun. Und das ist Schade, denn wenn der Leser, der nun mitten in der Handlung ist, der sich und den Verfasser nicht mehr kennt, sondern blos die Helden des Stücks, auf so etwas stößt, so ist er oft unbarmherzig genug selbst das Schöne nicht zu erkennen, das diese Stellen enthalten. Man wirft Perlen vor die Schweine. Das Schwein ist unschuldig. Fielding scheint dieses gefühlt zu haben. Er fängt daher nur seine Bücher[20] mit Betrachtungen an. Der Leser, wenn er die Aufschrift xtes Buch sieht, ruht, so wie der Verfasser und wohl gar der Setzer. Selbst die Aufschrift ist Intermezzo, und nun kann der Leser Betrachtungen vertragen, die nicht zur Sache gehören, so wie er eine Meilische Vignette ansieht. Ich setze nämlich voraus, daß die Abtheilung in Bücher nicht bloß in Worten geschehe, sondern daß auch der braune Mann sowohl als Waldheim sein Pfeifchen ausklopft und mit dem Kinde oder der Geliebten spielt, wenn er welche hat. Solte dieses aber nicht immer angehen, so ist ein Schlußleisten und ein weißes Blatt hinreichend. Der Mensch ist nun einmal so. Muntus fuld tezibi, sagt Mencken.[21]

Für das zweyte wolte ich für den armen Plümike[22] bitten. Ihr Tadel ist gerecht, bitter und witzig, folglich satyrisch schön, allein ich denke für ein **solches Buch** ist der Mann zu unbeträchtlich. Wollen Sie einmal einen Haasenfuß[23], wie diesen, verewigen, so findet sich ja wol ein besonderer Bogen. Denn hier verliehrt die Satyre auch ihren Zweck, denn es ist unmöglich am Schluß eines solchen Romans sich noch der Nahmen zu erinnern, die darin verschwinden, wie ein Regentropfen im Meer.[24] Es ist ein boshafter Rath, den ich Ihnen ge-

*) Auch ist hier mehr als das Wort die Veranlassung.

ben will, aber er führt zum Zweck! Stellen Sie den albernen
Menschen als handelnde Person im Stücke selbst auf; wenn
Sie ihn Pfläumicken, Dunecken, oder so was nennten, so wäre
er kenntlich genug; so züchtigte Voltaire seinen Freron unter
dem Nahmen Frelon, der nun freylich noch eine herrliche
Nebenidee mit sich führt.[25]

Das ist alles was ich zu sagen habe. Weitere Entschuldigung
hinzufügen, hiesse Ihren Geist verkennen. Empfehlen Sie
mich Dero Frau liebsten, dem lieben kleinen und meinem
theuren Repräsentanten bey der Taufe Hrn. Pflug,[26] und allen Freunden, und besuchen Sie uns ja künftigen Sommer.
Ich habe mich nun noch etwas mehr ausgebreitet, und Sie
können ganz **bey Mir** logiren. Dieterich hat das benachbarte
grose Büttnersche Hauß für 6000 Thaler gekauft.[27] Nun bekommen wir auch einen Garten hinter dem Hause, und da
wollen wir leben, wie (sagte einmal ein hiesiger Bauer) Die
Engel im Hanfsaamen. Ich bin ganz der Ihrige

G.C.Lichtenberg.

67. An Samuel Thomas Soemmerring

Göttingen den 7 Jenner 1785.

Liebster Freund,

Also hat der Satan von einem Jungen, Amor, endlich die fatale
Injection in Ihr Herz gemacht.[1] Ich dachte es wohl, mit dem
Genuß Rheinischer Speißen stellt sich gemeiniglich eine ge-
wisse Hochachtung gegen die Damen ein, die sich der lose
Pursche zu nutze macht. Ich erinnere mich der Mayntzer
Muttergottes, Gesichter noch recht wohl,

whom Jews might kiss and Infidels adore.[2]

Forster hat mir geschrieben[3] und damit einen Stein von meinem Hertzen weggewälzt. Er sagt er habe mir auch von Leipzig geschrieben, davon habe ich keine Zeile gesehen. Man
sagt es jezt ziemlich laut hier, daß er Theresen heyrathet, und
zwar soll die Nachricht von Mayntz hieher gekommen seyn,

nicht von Ihnen unmittelbar, sondern von einer Dame, die es von dem lieben Sömmering daselbst haben will. Ich wünsche dem guten F. viel Glück dazu, glaube aber nicht, daß er es finden wird. F. ist für die Liebe im eigentlichen Verstand; Th. für die à la Grenadiere[4] wie man mir sagt, denn ich kenne das Mädchen nicht.

Aus meiner Reise nach Italien ist ohn mein Verschulden diesesmal nichts geworden.[5] Ljungberg liegt noch jezt in Aachen kranck. Ob ich gleich nie närrisch gewesen bin, so weiß ich doch jezt, wie es einem ist, wenn man Hofnung hat es zu werden. In einen solchen Zustand wurde ich durch die Nachricht versezt, daß es mit der Reise nichts sey. Ich bin dadurch in einen Schaden von 500 Thalern versezt worden. Kan ich indessen Gesellschafft bekommen, so reise ich künfftige Michälis[6]. Gütiger Gott! Wenn Sie mitreisen könten; versuchen Sie es. Binden Sie sich in diesen Jahren noch nicht. O! liebster Sömmering spannen Sie alle | Kräffte an, verkaufen Sie Ihr Cabinet, oder nehmen Sie das Geld auf. Es verinteressirt[7] sich tausendfach. Man mag so alt, so gelehrt, so weise und so geschmackvoll seyn, als man will, eine Reise in jenes göttliche Land giebt immer noch dem Geist ein neues Gepräge, das ihn empfiehlt. Wer Italien sehen kan, und siehts nicht, dem ists Sünde.[8]

HofRath Franck geht nun doch nach Pavia.[9] Er ist es hier schon müde; er muß doch ein etwas unruhiger Mann seyn. Ich glaube Scarpa und Volta haben ihn aufgemuntert.

Unser guter Stallmeister[10] liegt auf dem Tode, doch ist noch Hofnung Der König hat zum Accouchir Hospital[11] 20000 *Reichstaler* hergegeben. Dieterich hat nun auch das Büttnersche Hauß gekauft, nun bekomme ich Gottlob wieder ein Gärtchen.[12]

Bürger hat hier vielen Beyfall.[13]

Dietrichs Taschen Calender hat einen solchen Abgang gehabt, daß er ihn noch einmal gantz neu aufgelegt hat. Ich habe ihn etwas vermehrt.[14]

Blumenbach hat einem Salamander ein Auge ausgestochen welches wieder wachsen soll,[15] wie mir heute Professor Michälis[16] erzählt hat. Haben Sie Ingenhoußens Abhand*lung* über

Priestleys grüne Materie gelesen. Er beweißt da, daß es würcklich Thiere seyen, die in Pflantzen übergehen, und endlich
wohl gar wieder in den Thierischen Zustand.[17] –
– Nun wahrlich glaube ich auch daß es Lufftarten giebt, die
aus Thieren bestehen. A propos ist wohl Molitor in Maynz?
Wenn er da seyn solte, so sagen Sie ihm doch, daß ich das ver-
sprochene Buch nicht erhalten hätte, ich habe auch deswegen auf seinen verbindlichen Brief nicht geantwortet, weil ich
den Empfang des Buchs abwartete.[18]

Für Ihr schönes Programm dancke ich recht herzlich. Sie
haben aber meiner | darin mit mehrerer Ehre erwähnt, als
ich verdiene.[19] Als ich Ihrem Nachfolger zu Cassel von Ihrem Programm sagte, so wurde er gantz schwartzroth, was ist
das?

Was macht denn Dieze?[20] Wenn Sie ihn sehen, so grüßen
Sie ihn in meinem Nahmen. Erxlebens Physic habe ich bey
Dietrichen wenigstens 3 mal bestellt, ob Sie sie schon haben
werden Sie selbst am besten wissen.[21]

Die 1001 Nacht[22] stehn Ihnen lange genug zu Befehl.

Mein Bruder in Darmstadt soll, wie ich heute durch die dritte Hand erfahren habe, fast ohne Hofnung liegen!![23]

Leben Sie recht wohl, liebster Freund, und schreiben Sie
mir bald wieder.   GCLichtenberg.

68. An Gottfried Hieronymus Amelung

Liebster Freund,
Mich freut es nur, daß Sie über meine Nachlässigkeit im
Schreiben die Gedult nicht verliehren. Der Himmel vergelte
Ihnen diese Güte, ich kan es nicht. Diesen Winter hat mich
ein seltsames und hartes Schicksal verfolgt; wäre ich ein Printz
gewesen, so hätte es wenigstens im hinckenden Boten[1] gestanden, wo es auch in mehr als einer Rücksicht hingehört,
wie Sie gleich hören sollen; jezt aber rührt es nur meine
Freunde, freut meine Feinde, und beschäfftigt zu weilen noch
die liebe Georgia Augusta[2], eine Dame, die viel Gelehrsam-

keit und Fleiß besizt, aber beym Coffeetisch ein eben so loses Maul hat, als die Damen aus Fleisch, oder die aus Haut und Knochen.

Schon vor 10 Jahren hatte ich mit einem meiner Busen-freunde einem Schweden Nahmens Ljungberg (sein Nahme ist eine schwedische Uebersetzung des meinigen) der jezt dänischer Finantz Rath in Koppenhagen ist, eine Reise nach Italien[3] [*pro*]jecktirt; allein bald konte E̲r̲ nicht bald i̲c̲h̲ nicht, und bald keiner von bey[*den.*] Vor zwey Jahren t̅h̅a̅t̅ er auf Ordre seines König eine Reise durch Deutschland die sich etwa im September in Aachen endigte. Von da schrieb er mir:[4] bist Du nun bereit, ich bin es; ich habe zwar n̲o̲c̲h̲ k̲e̲i̲n̲e̲n̲ ̲U̲r̲l̲a̲u̲b̲, allein es ist gar keine Frage, daß ich [*ihn*] nicht erhalten solte; hast du weiter kein Bedenken, so halte du sogleich um Urlaub an, in 4 Wochen bin ich hier fertig, dann komme ich nach Göttingen und wir bringen den Win-ter in Rom und Neapel zu. Gehst Du nicht mit, so mag ich Italien nicht sehen und ich gehe wieder nach England bis Ostern. Dieser Brief kam mir just zur rechten Stunde, wo mein gantzes Wesen, Verstand, Hertz Einbildungskrafft, so zu einem Jawort gestimmt waren, als sie es nie gewesen sind. So sah es im Oberhause aus, und das Unterhaus der Beutel hatte ebenfalls nicht ein Wort | dagegen einzuwenden. Ich schrieb also nach Aachen[5] Topp! und nach Hannover[6] um Urlaub, und glaubte schon auf classischem Grund und Bo-den zu schreiben. Ich erhielt Urlaub. Nun gab ich mein Wintercollegium auf. Ich gab wenigstens 50 Louisd'or zu-rück, die ich schon pränumerirt erhalten hatte, und wieß wohl eben soviele Pursche ab, Laß italianische Reißbeschrei-bungen, vom Morgen bis in die Nacht, scheuerte mein etwas rostig gewordnes Italiänisch[7] wieder blanck und wischte den Staub von meiner Archäologie ab u. s. w. Aber Ljungberg – – siehe da, der bekam keine Antwort aus Koppenhagen. Ich warf erstlich blos Speyteufel[8], dann Schwärmer und endlich fieng ich an zu bombardiren; Er wurde aus Verdruß kranck und am 30ten November erhielt ich endlich die Nachricht, daß er gefährlich läge und zugleich von Koppenhagen die erfreuliche Nachricht erhalten hätte er solle nicht nach Italien gehen. Ich bin nie närrisch[9] gewesen, aber nun weiß ich wie es einem zu Muthe ist wenn man es werden will. Das ist der Verlauf. Ich habe also Italien nicht gesehen, und 500 Thaler Schade gehabt. Erst zu Anfang dieses Monats war L. wieder so weit, daß er von Aachen abreisen konte. Was weiter beschlossen worden ist und werden wird sollen Sie künfftig lesen. Die Poststunde rückt heran und ich habe noch eine Stelle in Ihrem Brief[10] zu beantworten.

Ihr Regenbogen war wiederum ein Stück von sogenannten Nebensonnen Parheliis[11]. Sonderbar ist es, daß sie dort die Dinge so offt sehen, hier sind sie selten. Allein freylich wenn man wie hier vierthel Jahre lang keine Sonne hat, wo wollen die Nebensonnen herkommen? |

Ihre Data zur Ausrechnung der Höhe des Berges, sind unvollkommen. Um die Höhe eines Berges mit dem Barometer zu bestimmen muß man nicht blos die Differenz der beyden Stände haben, sondern auch die absoluten, d.i ich muß wissen wie hoch es unten gestanden, 26, 27 oder 28 Zoll u. s. w. und dann muß man nothwendig auch an beyden Stellen die Grade des Thermometers wissen. Indessen da ich dieses nicht weiß, so will ich annehmen das Barometer habe unten 29½ Zoll *englisches* Maaß hoch gestanden das ist 29 $^{50}/_{100}$ oder wie man das zu schreiben pflegt = 29,50; Ihre rothe Linie ist etwa 15 englische Linien lang, so viel stund es also oben niedriger, die müssen also abgezogen werden; bleiben (10 Linien auf den Zoll gerechnet) 28,00 Zoll. Nun suchen Sie den Logarithmen von 29[50] und ziehen davon den Logarithmen von 2800 ab, von [dem] Rest schneiden Sie hinten 3 Ziffern ab, so haben s[ie] die Höhe in Toisen zu 6 Fuß.

$$\begin{aligned} \text{Log. } 2950 &= 34698220 \\ \text{Log. } 2800 &= 34471580 \\ \hline \text{Rest.} \qquad &\ 226{,}640 \end{aligned}$$

also ist Ihr Berg über 226 Toisen, oder 1356 eng*lische* Fuse hoch gewesen. Diese Höhe muß nun noch durch das Therm.[*ometer*] verbessert werden.

Empfehlen Sie Ihrem werthesten Hause und dem HE. v.
Weyhers[12] gehorsamst   Ihren aufrichtigen Freund
Göttingen, den 11ten Febr. 1785   GCLichtenberg.

69. An Johann Friedrich Blumenbach

Liebster HE. Professor
Forster, senior[1] versteht sich, ist zu Creutze gekrochen und
hat mir heute einen sehr geschmeidigen Friedensbrief[2] geschrieben; Er besteht nun nicht weiter auf der Eröffnung der
Schelde, und ich gebe ihm dafür eine kleine Grentzfestung
heraus, wofür er mir wieder etwas bezahlt.[3] Es ist mir recht
lieb, so bleibt doch in Europa litteraria[4] Frieden, und ist dem
Dintenvergießen gesteuert. Ich war würcklich willens ihm im
2ten Stück des Magazins[5] mit einer kleinen Beleuchtung seiner Aerostatischen Vögelhistorie[6] ins Land zu rücken; es ist
aber bereits contreordre[7] gegeben, und das schwere Ge-
schütz wieder in meinem Schreibpult angelangt. Warum ich
schreibe ist folgendes: Er beklagt sich bitterlich (Siehe die Figur Litt.[8] A.) daß man hier seine Nordische Entdeckungs-

historie[9] nicht recensirt habe, und will wissen warum? Nun
bin ich fast moralisch[10] gewiß, daß sie recensirt ist,[11] kan mich
aber nicht besinnen in welchem Blatt,[12] kan | auch nicht
nachschlagen, weil ich meine Zeitung Bündelweiß ausser
Landes verleihe. Wüsten Ew. Wohlgeboh*ren* in welcher N° die
Recension steht, so geschähe mir ein groser Freundschaffts-

dienst, wenn Sie es mir wissen lassen wolten. Ich werde gernst-
willigst reciprociren.[13]
[*Göttingen,*] den 8ten April 85.   GCL.

70. An Christian Wilhelm Büttner

Ew Wohlgeboh*ren*
sage ich den verbindlichsten Danck für die gütige Mittheilung der Designationis Linguarum.[1] Mein Gott was für ein
Fleiß auf ein Paar Blättern! Wie viel mögen wohl der Menschen jezt in Europa leben, die Lectüre von Folianten auf ein
Paar Quartblätter zu bringen wissen, oder bringen können!
Man befindet sich besser dabey, das, was man auf Quartblät-
tern gelernt hat in Folianten zu dehnen. Man kan mit Recht
von Ihren Wercken sagen, was ein englischer Dichter von einem tiefsinnigen Schrifftsteller seiner Nation sagt:
  The weighty bullion of one sterling line
  Drawn to French wire, would through whole pages shine.[2]
In der englischen Stelle auf der Rückseite des Titulblatts habe
ich einen kleinen Schreibfehler bemerckt. Es muß nemlich in
der 2ten Zeile des zweyten Absatzes statt also get heißen also
got.[3]
  Ich nehme mir zugleich die Freyheit Ew. Wohlgeboh*ren*
Meinung über 3 beygehende Steine einzuholen, die mir ein
Freund[4] zu geschickt hat um die Meinige zu wissen. Sie sind
alle zuverlässig aus Ceylon. Den großen schwartzen halte ich
für einen schönen aber sehr dunckeln Schörl[5] er ist, wie ich
heute gefunden habe sehr elecktrisch wenn er erhizt wird, er
schneidet auch Glas sehr gut, scheint mir aber doch weder die
Farbe noch die Härte des Turmalins[6] zu haben auch ist er
sehr groß. Die beyden andern sind wohl Crystalle | zumal
scheint mir der kleinere, auf einer Seite platte ein schlechter
Stein zu seyn. Ich sezte ihn heute, der Hitze meines Ofens aus,
und daher erhielt er vermuthlich den kleinen Riß. Solte der
andre wohl ein Topas seyn?
  Die beyden zugleich kommenden Platten sind wohl Elephanten Backzähne.

In Erwartung Ew. Wohlgeboh*ren* gütigen Unterrichts den Sie Ihrem ehmaligen Schüler[7] nicht versagen werden, habe ich die Ehre Hochachtungsvoll zu verharren

Ew. Wohlgeboh*ren*
gehorsamster Diener
[*Göttingen,*] den 16ten Nov. 85.   GCLichtenberg

71. An Gottfried Hieronymus Amelung

Mein bester Freund,
Diesen Nahmen gebe ich Ihnen aus der gantzen Fülle meines Hertzens,[1] denn keiner meiner Freunde, selbst meine Brüder nicht ausgenommen, behandeln meine unverzeyhliche Nachlässigkeit im Schreiben mit der himmlischen Nachsicht mit der Sie derselben begegnen. Sie können nicht glauben mit wie vieler gantz eigner Rührung ich daher vor etwa 8 Tagen Ihren vortrefflichen Aufsatz im Kirchenboten[2] laß, bey jeder Zeile dachte ich, siehe diesen vortrefflichen Mann hast Du beleidigt.[3] Ich war auch würcklich im Begrif in einer umständlichen Beichte um Ihre Absolution zu bitten, als Ihr lieber Brief kam, der mich von neuem belebte und mir die Versicherung gab, daß ich ohne dieses verdrüßliche Geständniß meiner Sünden wieder grade weg an meinen Ammelung schreiben könte. Doch bin ich Ihnen folgendes Geständniß schuldig: Ich habe sehr viel zu thun, ob ich gleich nur 3 Stunden des Tages lese, allein die Art meiner Vorlesungen erfordert nicht gewöhnliche Präparation wie etwa die Dogmatic, Pandeckten[4] pp sondern die viele Instrumente, die ein halbes Jahr geruht haben, müssen, bey der Menge, offt erst gesucht werden, wenn sie gefunden sind, in Ordnung gestellt, öffters gar ausgebessert werden, denn es giebt welche darunter, an denen der Zahn der Zeit[5] sowohl als der Mäuse und Motten sehr bald zu nagen anfängt, der Finger und Ellenbogen des unwissenden Gesindes pp nicht einmal zu gedencken. So geht der Tag hin. Ferner meine hiesigen Freunde | die meine Geschäffte kennen, kennen auch meine freyen Stunden, wel-

ches ich ihnen sehr dancke, und besuchen mich des Sontags, oder an den Abenden; bleibe ich allein so bin ich öffters sehr müde, oder sehe mich genöthigt, um nicht zurück zu bleiben, das neue in meiner Wissenschafft nachzuholen, und selten bin ich überhaupt in der Laune, ohne die man nie an einen Ammelung schreiben muß. Sehen Sie so ohngefehr sieht es bey mir aus – und vergeben Sie mir.

Was macht denn mein lieber kleiner,[6] fällt er schon brav? und zerbricht er brav? Ersteres ist ein sehr gutes Zeichen, nur muß man suchen, daß es allemal auf den Hintern geschieht, der hauptsächlich deswegen da ist.[7] Ich sehe zwar den psychologischen Grund nicht ein, allein gewiß ist es, daß der Mensch ein Thier ist, bey dem wenn es seine Bestimmung erreichen soll, bis ins 10te Jahr der Hintere und nachher der Kopf angegriffen werden muß. Ich stelle mir Hintern und Kopf, wie die Pole der MagnetNadel vor, die so sehr sie auch einander entgegengesezt sind, doch eine grose Verwandtschafft miteinander haben. – Was kan ich wohl dem lieben kleinen schicken? Sagen Sie es mir. Sie kennen unsern Activ= Handel, Mettwürste und Compendia.[8] Kann ich damit dienen? Nur ein Wort.

Die in Ihrem lezten Schreiben[9] an mich geäuserten Begriffe über Religion und – **Theologie** haben mich unendlich gefreut. Sie sind so sehr die meinigen, daß ich glaubte Sie hätten in mein Hausbuch[10] geblickt, in welches ich meine kleine Geistes Einnahme Pfennigsweiße täglich einzutragen pflege. Allein freylich ein Mann von Ihrem Geist und thätigem Wohlwollen das nur allein bey Ueberzeugung stehen kan, braucht, um so etwas auszufinden, nicht in das Haußbuch eines Professors und noch dazu eines Layen | zu blicken. Ich sehe indessen, ruhig im Hafen, allen den Plackereyen gelassen zu und bin überzeugt, daß sie zu dem großen Endzweck unsrer eigentlichen Bestimmung doch am Ende mitführen. Da wir nicht sehr weit über unsern Standpunckt hinaus sehen können, so kan der beste Weg nicht anders als durch Versuche gefunden werden, bey welchen denn mancher freylich im Morast untergeht, den aber eben deswegen sein Nachfolger vermeidet. Es wird am Ende alles klar werden und gut seyn, wenn wir nur einander lieben und jeder mit geübtem Verstand so viel Gutes zu thun sucht, als er vermag. Wenn ich je eine Predigt drucken lassen solte,[11] so wäre es gewiß über das große Vermögen, das jeder Mensch, er sey wer er wolle, besizt gutes zu thun, ohne etwas wegzuwerfen. Alle Stände in der Welt verkennen hierin ihre Wichtigkeit. Ein jeder, er sey wer er wolle, ist ein Printz in diesem Stück in seiner Lage. Der Hencker hole unser Daseyn hienieden, wenn nur allein der Kayßer wohlthun könte. Das ist das Gesetz und die Propheten.[12] Mich dünckt in jede Predigt müste hievon etwas hinein. Sie sind der Mann, der dieses durch sein Beyspiel zeigt, was für Eindruck müste es nicht machen, wenn Sie es von der Cantzel lehrten, und **detaillirt** darthäten, wie jeder etwas ähnliches für seine Lage werden könte.

Nun eine Geschichte, die sich in der dritten Nacht von der vergangenen in unserm Hause ereignet hat und in der That hier gäntzlich unerhört und würcklich fürchterlich ist. Sie hat sich auf meiner Etage zugetragen, aber, da ich eines der größten Häußer der Stadt bewohne, so weit von mir, daß ich von der gantzen Sache während sie geschah, nichts vernommen habe: Es logirt nemlich auf dieser Etage ein Graf Breuner[13] aus Wien, Sohn des kayßerlichen Gesandten bey der Republic Venedig, mit seinem Hofmeister dem Hauptmann | Burdell, beyde von dem vortrefflichsten Charackter. Diese wolten auf Ostern von hier weg und erhielten vorige Woche ihre Gelder, zur Abreiße und Bezahlung ihrer Rechnung, etwa 2000 Reichsthaler den Louisd'or zu fünf. Dieses wurde unserem Gesindel bekannt, dessen Aufklärung überhaupt mit sehr viel stärckern Schritten zunimmt, als die von den Häuptern unserer Polizey. Es brachen also in der benannten Nacht 6 bis 7 Kerle, maskirt in das Zimmer des Hauptmanns, banden ihn im Bette mit den zerrissenen Gardinen, suchten gantz ruhig die Schlüssel und entwischten mit dem gantzen Gelde, nachdem sie gedrohet, bey dem geringsten Lärm, den er machte, das Hauß in Brand zu stecken, auch gerieth würcklich die Fußtapete[14] in Brand, welches Feuer der Hauptmann, der sich aus dem Bette warf mit seinem Cörper ausgewältzt hat. –

Ist dieses nicht eine abscheulige Geschichte zu mal in einem Hauße, in welchem zum wenigsten 50 bis 60 Menschen schlafen, und in einem solchen Nest, wie Göttingen. Da es hier solche Menschen giebt, so ist würcklich niemand mehr seines Lebens und Vermögens sicher. Bis jezt hat man, obgleich 50 Ducaten durch den Ausruf zur Belohnung gesezt worden sind, noch nicht die mindeste Spur.

Leben Sie recht wohl, mein liebster, und empfehlen Sie mich Ihrer werthen Familie und dem lieben kleinen, der ich ewig seyn werde   Ihr
                                    gantz ergebener Freund
Göttingen den 24ten März 1786.   GCLichtenberg.

72. An Christoph Girtanner

Werthester Freund

Ich glaube unser gemeinschafft*licher* Freund HE. Prof. Fischer[1] wird Ihnen von meinem schleichenden Indolentz Fieber[2] erzählt haben, das die seltsame Würckung äußert, daß es mich zu allen epistolarischen[3] Funcktionen (das lesen von Briefen ausgenommen) völlig unthätig macht. Heute als am grünen Donnerstag habe ich den ersten guten Tag, ich setze mich also sogleich nieder und schreibe Ihnen, werthester Freund, und zugleich noch einige andere Briefe[4], die Sie mit Vergnügen bestellen werden.

Heil Ihnen, daß Sie in England sind! – Wahrhafftig mein Heiz blutet mir wenn ich bedencke, daß England noch steht und ich nicht darin seyn kan. – Ich habe, Gott verzeyh mir meine schweren Sünden, schon manchmal im Sinne gehabt aufzupacken und deutscher Sprachmeister zu werden. Wer weiß was noch geschieht, denn Ihnen kan ich es gestehen, meine Entfernung von England wird mir zuweilen unerträglich. Ich mögte alsdann immer wissen, warum ich kein Geld habe, und thue diese Frage an den Himmel offt so laut, daß sie meine Leute in der nächsten Stube hören. Der Mensch wird nirgends so gewürdigt,[5] als in diesem Land und alles wird da mit Geist und Leib genossen, wovon man unter den Soldaten-Regierungen nur träumt. Nun fühle ich mich etwas leichter. |

Haben Sie tausendfachen Danck für Ihren herrlichen Brief, auch für die die Sie an HE. Fischer geschrieben haben und die er mir offt mitgetheilt hat. Von Ihrer Nachricht von Droz konte ich nicht wohl Gebrauch machen, weil ich schon vor einigen Jahren einmal eine Beschreibung von diesen sublimen Nürnbergereyen[6] in den Taschen Calender eingerückt habe.[7] Das Bild des Königs und der Königinn sind sehr artig gezeichnet.[8] Ich glaube, das gantze ist vielleicht ein sehr sublimer Storchschnabel, der gar leicht durch Tischbeine und Fußboden verlängert werden kan.[9]

Mit einem Saussüreschen Hygrometer bin ich schon einige Jahre versehen, als ich vorigen Sommer das meinige neben das vom Fürsten Gallitzin hing so fand sich ein Unterschied von 10 Graden. Ich glaube aber der gute Fürst ist hintergangen worden und es hat es ihm jemand aufgehängt, der ein Haar von seinem eignen Haupt angeknüpft hat, er hat es nachher dem HE. v. Trebra geschenckt, dem ich deswegen eben nicht gratulire.

Nach diesem Danck für Geistesnahrung komme ich zu dem für Ihre Fürsorge für den Leib; ich meine für den herrlichen Käße. HE. Prof. Fischer hat mich mit einem Ausschnitt von wenigstens 80 Graden davon versehen so daß ich jezt ob ich gleich zuweilen an einem Tage nicht leicht unter 40 Minuten[10] davon herunter theile, ich doch noch einen Secktor[11] übrig habe eine gantz beträchtliche Distantz von Mond und Fixsternen zu nehmen, wenn er mit einer Alidade[12] versehen wäre. |

Nun liebster Freund eine inständigste Bitte. Wenn Sie in England etwas neues erfahren so schreiben Sie es uns doch ja ich verlange keine besondere Briefe, es ist genug wenn Sie einmal nach Göttingen schreiben. In Birmingham vergessen Sie ja den vortrefflichen Watt nicht zu besuchen. Er scheint mir mehr Genie zu besizen, als Priestley. Ihre Briefe geben Sie unter meiner Addresse nur an HE. Justitzrath v. Hinüber, Great Jermyn Street St. James's, fast dem Kirchhoff von

St. James's Church gegenüber, Er ist ein Mann von vielen Kentnissen, der Ihnen bey Förderung Ihrer Correspondenz gewiß nützlich seyn kan. – Doch was spreche ich da viel, ich will Ihnen einen Brief[13] an ihn geben.

Melden Sie mir ja Ihre Addresse bald, sollen Sie alsdann gleich mehr hören.

Die wichtigste Neuigkeit in dem Reiche der Gelehrsamkeit die ich Ihnen schreiben kan ist diese, daß HE. Westrumb gefunden hat, daß das färbende Wesen in der Blutlauge die Phosphorsäure sey.[14] Nun leben Sie recht wohl und vergessen Sie nicht Ihren

Ihren gantz ergebenen Freund

[Göttingen.]   und Diener

Am Grünen Donnerstage. [*13. April 1786*]   GCLichtenberg

Von einer seltsamen physikalischen Beobachtung von mir gebe ich Ihnen ehestens Nachricht.

Wenn Sie etwas brauchen, Papier, Siegellack Zeitungen Journale, so besuchen Sie meinen braven Mr. Knight stationer St. James' street, und grüßen Sie ihn 1000 mal, er ist die ehrlichste Seele von der Welt.

73. An Gottfried Hieronymus Amelung

Mein werthester Freund,

Wie es hier zugeht, wie man gestöhrt wird, was Arbeiten, zu denen man sich unterzeichnet hat, für Zeitverlust verursachen, können Sie nicht glauben. Zuweilen brüte ich 8 Tage über mir selbst und habe Muße und da thue ich freylich was ich will, und dann, wenn die Zeit kömt, daß ich thun mögte was ich wolte, ist des müssens so viel, daß man sich kaum einfällt.

Empfehlen Sie mich Ihrer Familie, die in aller Rücksicht vortrefflich seyn muß. Ich hoffe Sie noch in loco[1] zu besuchen ehe ich sterbe und damit tröste ich mich bey meinem jetzigen angebundenen Auster: Leben.

Ich soll Sie also hier sehen. Liebster Mann, lassen Sie mich es vorher wissen. Ich bewohne ein weitläufftiges Logis, aber immer als Junggeselle, wo Sie wohl wissen wie es hergeht, nur ein Wort vorher so sind Ihnen Logis und Tisch bey mir bereit, | der Tisch auf alle Weiße,[2] auch unvorbereitet, denn für einen Freund findet sich bey mir immer etwas, zumal bey einem, der durch sein Gespräch die Würtze dazu hergiebt.

In Holland habe ich wenige oder keine Bekanntschafft. Ich liebe die Leute da nicht, die Städte sind vortrefflich und Sie werden da Einrichtungen sehen, so wie man sie sich träumt. Es ist keine beträchtliche Stadt in Holland, die ich nicht gesehen habe. Ich habe Ihre Schiffahrt und ihre Häußer betrachtet, aber ihre Bewohner waren mir, die von einigen Gelehrten ausgenommen, unerträglich. Sie verliehren gar zu viel gegen die Engländer. Wer aus England nach Holland kömmt, glaubt aus einer Gesellschafft wohlgezogener Officiere unter Tamboure und Profoße[3] versezt zu seyn.

Wenn Sie die See in vollem Lüster[4] sehen wollen so versäumen Sie ja nicht Scheveningen oder Schevelingen 1 Stunde vom Haag, am Ende eines angenehmen Waldes,[5] fast des eintzigen in Holland zu be≠ | suchen. Der Prospekt ist da vortrefflich, weil keine Inseln gegenüber liegen auch keine Tiefe des Hafens durch die Menge der Schiffe die Aussicht versteckt; Sie sehen die See da so wie die Tanne am neuen Thor in Darmstadt.[6] Aber, liebster Freund versuchen Sie ja eine kleine Seefahrt, wäre es auch nur auf einem Fischerboot, wenigstens 3 bis 4 Meilen vom Lande. Sie werden da Dinge sehen wovon sich ein Mittelländer keinen Begrif machen kan. Ich bin 6mal zur See gewesen, und einmal in Gefahr, allein im Jahr 1778,[7] da ich nicht in Gefahr war, wiewohl der Wind hefftig wehte, hatte ich einen Anblick, den ich nie vergessen werde. Das Meer schlug hohe Wellen, Muschelförmige, tiefe Ausschnitte die leicht 30 bis 40 Fuße in die Länge haben mochten,

darauf schwebte unser Schiffchen sicher, aber wie ein Stroh-
halm. Ich stund auf dem Verdeck und hatte mich mit einem
Strick an dem Hauptmast fest gemacht. Etwas größeres habe
ich nie gesehn. Das unaufhaltsame im Gantzen, die menschliche Verwegenheit und der Geist der sich hierin zeigt, ver-
bunden mit dem Donner der Wogen | denn es ist ein wahrer
Donner, was man aus der Ferne hört, haben mir in Wahrheit
Thränen, ich weiß nicht wie ich sie nennen soll, der An-
dacht, des Entzückens oder der Demüthigung vor dem grosen Urheber ausgepreßt. In der Cajüte lagen Leute die
glaubten es gienge zum Ende. Es ist kein größerer Anblick
in der Natur.

So eben werde ich wieder gestöhrt, wiewohl auf eine sehr
gute Art, es läßt sich der HE. Vice Berghauptmann von Trebra
bey mir melden, ich breche also, um die Post nicht zu versäumen kurtz ab, und verbleibe   gantz der Ihrige
[*Göttingen,*] den 21 April 1786   GCLichtenberg

74. An Friedrich Nicolai

Wohlgebohrner,
Hochzuverehrender Herr,
Werthgeschäzter Freund,
Wenn Ew. Wohlgebohr*ren* die Einleitung zu diesem Brief, die
ich Ihnen durch die Herrn v. Moutach und v. Tillier zu senden
mir die Freyheit genommen habe, später erhalten solten, als
diesen Brief selbst, so bitte ich gehorsamst einsweilen auf Credit meiner Rechtfertigung gegenwärtige beyden Bernischen
Cavalliere, den HE. v. Kilchberger u. v. Gingins mit Ihrer gewöhnlichen Güte aufzunehmen.[1] Sie gehören sicherlich so
wie die beyden erst erwähnten mit unter die vortrefflichsten
jungen Leute unserer Universität, zu welcher auch diese wieder zurückkehren, da erstere auf immer abgegangen sind. Ich
will nicht hoffen, daß Sie sich meiner Empfehlungen wegen
die mindeste Ungelegenheit machen, wäre dieses unvermeidlich, so klagen Sie nicht mich sondern Ihren Ruhm an.

Das Denckmal, welches Sie Moses Mendelssohn in Ihrer Bibliotheck errichtet haben,[2] ist vortrefflich, und hat mich bis zu Thränen gerührt. Ich lese es täglich wieder. Die Häupter sterben hin und Gott weiß was die Erbprintzen machen werden. Der Laudator temporis acti[3] regt sich täglich stärcker in mir, ich fürchte fast daß es Alter ist. Ich weiß nicht.

Allein Sie, werthgeschäzter Freund, Sie müssen Mendelssohns Biographe werden. Erlauben Sie mir einmal, daß ich frey rede, man ist bey offnem Hertzen nirgends besser aufgehoben, als bey Ihnen.[4]

Es zeigt sich hier, wie mich dünckt, für Sie eine Gelegenheit, ein Zusammenfluß von Umständen, Ihren bereits gegründeten Ruhm mit einem Werck zu krönen, die ich möchte fast sagen seltner sind, als das Genie sie zweckmäßig zu nützen. Das Leben Mendelssohns müßte unter Ihren Händen ein Fundamental-Werck für die Menschheit werden.[5] Tolerantz, wahre Gottes-Erkenntniß, wahrer Protestantismus, Ueberzeugung daß man, ohne Kayßer oder König von Preußen zu seyn, in dem einen bescheidenen Sprengel, ohne einen Groschen auszugeben, sehr viel gutes thun kan, wäre es auch nur der Almosen der Verträglichkeit und der der Zeit angemessnen Anschmiegung an Lehrmeinungen, die sich noch nicht umschaffen lassen; Hofnung, daß diese Almosen, in dem großen Schatz zur Besserung der Welt niedergelegt, dereinst sicher ihre Interessen[6] tragen werden; Uebung eigner Denckkrafft der Mitglieder des Raths[7] über Wahrheit und Irrthum ohne Rücksicht auf Nahmen, zu allem diesen würde sich Gelegenheit finden und zwar eine, die vielleicht in Jahrhunderten nicht wieder kommen mögte. Es wird so bald kein Mendelssohn wieder sterben, und geschieht es in hundert Jahren etwa einmal wieder, wird da auch ein Nikolai wieder da seyn, der der Welt mit der Kenntniß und Ueberzeugungskrafft für die stärckern und mit dem Credit und Autorität für die schwächeren, also für alle auf einmal mit der Macht des Stils, die Sie besitzen, sagen können wird, das haben wir verlohren, so sieht es um unser Vaterland aus und das müssen wir thun. Sie können das alles sonst tausendmal sagen, aber das Publikum wird so leicht nie wieder die Disposition haben es so aufzunehmen. Man <u>will</u> jezt etwas lernen und annehmen und der Beyfall fliegt Ihnen entgegen. – O hätte ich doch Mendelssohn gekannt wie Sie, hätte ich Ihre Erfahrung in der Welt und Ihre Thätigkeit. Ich schickte Ihnen wahrlich statt dieses gantzen aus dem Hertzen fließenden[8] Zurufs das Mspt zum ersten Bogen. Mendelssohn wird auf diese Weiße vollenden, was er angefangen hat. Sie werden sein Leben fortleben, wenn Sie sich der Arbeit unterziehen. Glauben Sie, Ihres verstorbenen Freundes Seele hat sich Ihnen nicht vergeblich mitgetheilt. Im physischen lebt das zerstörte noch immer in Nachkommen fort, warum nicht auch hier? – O nützen Sie diesen Zeitpunckt mit der Welt ein Wort zu reden. Sie hat ihre eigne Weiße und die Krafft der Lehre ihre Zeiten; geht diese vorüber, so wird ein Augenblick im Kampf mit Aberglauben, falscher Religion und falscher Philosophie pp versäumt, den unsere Augen nie wieder haben werden. – Ich habe noch nie Subscribenten gesammelt;[9] für dieses Werck verspreche ich Ihnen meinen gantz unbeschränckten Beystand von der Seite, ich will alles thun, was ich in der Welt kan, doch eines solchen Beystandes bedarf ein solches Werck nicht.

Lassen Sie sich doch ja dieses gesagt seyn, denn wer in aller Welt will es thun, wenn Sie es nicht thun?

Leben Sie recht wohl und vergeben Sie mir meine Zudringlichkeit, ich meine alles wohl, und verharre Hochachtungsvoll   Ew. Wohlgebohren
                                              gehorsamster Diener
Göttingen den 21. April 1786.   GCLichtenberg

75. An Samuel Thomas Soemmerring

Liebster Freund,
Wenn ich einen Brief von Ihnen bekomme, so ist es immer als wenn mein gantzes Gedancken System ein neuer Hauch belebte,[1] ich gehe in meinen Stuben von Westen nach Osten und dann von Norden nach Süden spazieren, singe, pfeife,

baue manches nette Schlößchen in die – Lufft, und lasse mir eine Bouteille[2] englisches Bier holen, und erhöhe die Lufft-schlösser noch um ein paar Etagen u. s. w. Allein mit dem Be-antworten geht fast alles umgekehrt, alles mentula pendula[3], es ist abscheulich, was für ein leidiger Schreiber ich seit eini-ger Zeit geworden bin. Ich dencke an meine Freunde, träume von ihnen und spreche wachend mit ihnen, nur die Feder will nicht mehr folgen. Ob wohl eine moralische Lähmung vorge-gangen ist? Heute da ich diese Paralysis[4] wegen der morgen eintrettenden Pfingst Ferien weniger fühle, ergreife ich also gleich die Feder an Sie liebster Freund zu schreiben Forster hat mir einen ganz vortrefflichen Brief[5] geschrieben, so daß ich jetzt wieder ruhig bin. Es ist wahr dieser Mann schreibt Briefe, wie der Bauer sagt, wie gedruckt. Würklich im grösten Ernst gesagt, höchst vortrefflich. Daß er in seiner Ehe glück-lich ist, erhellt nicht allein aus dem was er sagt, sondern noch mehr wie er es sagt, worauf ich mehr sehe, als auf das erstere. Er ist trotz seinem Exil ein glücklicher Mann. Ich kann dieses beurtheilen, ob ich gleich nur etwa 3 Jahre x^6 in der Ehe und noch dazu einer unprivilegirten gelebt habe, die aber äußerst glücklich war.[7]

Von meiner neuesten Ausgabe von Erxlebens Physic sind schon wieder 8 Bogen abgedruckt, diese wird sehr viel besser werden. Können Sie glauben, daß eine ganze starke Auflage von diesem Buch in $1\frac{1}{2}$ Jahren so abgegangen ist, daß kaum $\frac{1}{3}$ meiner Herrn Zuhörer[8], davon heuer 114 sind, das Buch hat bekommen können. Jetzt aber bin ich in den Bogen schon viel weiter, als ich in dem Vortrage bin.

Hoffmann ist glaube ich in der Physic ein ganz unerträgli-cher Mensch, ob ich gleich nicht sagen kann, daß sein HE. Bruchhaußen schlecht ist; ich habe mehrmalen in sein Buch hineingesehen.[9]

Mit dem Diebstahl[10] in unserm Hauße hat es wohl, trotz al-lem was die Verläumdung sagt, seine Richtigkeit. Die Kerls hatten schon einige Tage vorher angesezt, wie sich nach der Hand sehr rechtschaffene Leute erinnert haben. Auch der Zustand des Leibes und der Seele, in welchem die Beraubten angetroffen wurden, läßt sich durch keine Kunst erhalten. Ich bin sehr zu zweifeln geneigt, allein an der Wahrheit dieser Räuberey zweifle ich nicht. Sollte es künftig erwiesen werden, daß ich mich irre, so will ich nie in meinem Leben wieder über Vorfälle urtheilen.

Daß drey englische Prinzen hieher kommen, um zu studiren, wissen Sie doch schon?[11] Sie kommen in unser Haus. Die beyden ältesten, Ernst und August, in das worin ich wohne, und in Zimmer, die ich ehemals bewohnt habe; der jüngste, Adolph, und die Hofmeisterey[12] füllt, nebst dem Gesinde, und was Cour₌ Zimmer[13] angeht, das gantze ehemalige Büttnerische[14], das würcklich printzlich zurecht gemacht ist, von außen und von innen. Dietrich hat vieles Lob erhalten und hier ist er wirklich zuhause. Er bekommt 1400 Thaler Cassenmüntze Haußzins also etwa 300 Louisd'or des Jahrs. Die 10000 Thaler also, die ihn das Hauß mit Reparatur kostet, verinteressiren[15] sich zu 30000 Thaler; sic oves sunt tondendae.[16] Doch muß ich erinnern, daß die Prinzen, einige eigene Einrichtungen abgerechnet, nicht mehr bezahlen, als jeder Bursch bezahlen würde, der diese vortreffliche Zimmer, die schönsten in Göttingen, bezöge. Die Prinzen werden ganz wie Grafen gehalten, bekommen fürs erste keine Reitpferde. Sie besuchen Assembléen und Picknicks,[17] gehen, sobald sie deutsch verstehen, in alle Collegia, werden also auch vermuthlich, da ich nunmehr HofR. Beckmann in der Physik die Bank für mich gesprengt habe,[18] (:Dieses halbe Jahr hat er sie sogar nicht einmal mehr angesetzt:) auch bey Dero gehorsamstem Diener Physik hören.

Bürger[19] sagt mir, Sie wären, wie er glaube verliebt. Recht so. Mich freut es immer, wenn ich von einem verliebten Anatomicker und Physiologen höre; da schneiden sie und zerlegen, und betrachten die Partes und raisonniren,[20] und am Ende müssen sie doch die unzerstückelte Maschine nehmen um vergnügt zu seyn und finden sich bey dem cultro carneo besser, als dem ferreo.[21]

Leben Sie recht wohl, Liebster Freund, und vergessen Sie nicht Ihren treusten

[*Göttingen,*] den 2. Juny 1786   GCLichtenberg

Morgen werden die Preiße ausgetheilt, und damit Sie sehen, daß ich richtig rathen kan, so will ich Ihnen sagen, daß ein gewisser HE Pfaff aus Stuttgard (wo ich nicht irre) den mathematischen Preiß gewiß erhalten wird.[22]

76. An Johann Daniel Ramberg

Wohlgebohrner Herr
Hochzuverehrender HE. Kriegssekretär,
Es hat mich gantz ungemein gefreut, daß Sie meine Ironie auf W.[*olff*]s Abhandlung approbirt haben.[1] Die Ausführung muß aber nun wohl unterbleiben. – Ich bedaure nur mein schönes Capitel von Tritten vor den A. . .sch.[2] Das Schimpfliche, was diese Art von Elecktricitäts= Erweckung hat, habe ich würcklich aus der infl.[*ammablen*] Lufft erklärt, die Adam schon mit diesem Instrument erzeugte, wie ich gewiß weiß. Dabey hatte ich eine gelehrte Ausschweifung gemacht und bewiesen, daß der Hintern eigentlich nichts anders sey als Volta's Lufftpistole[3], u. daß man schon im Paradieß damit geschossen habe; auch daß die gefallenen Engel wahrscheinlich blos damit geschossen haben, wie ich aus einer Stelle im Milton[4] gantz unwidersprechlich darthue; | Denn daß der Teufel sich mit Gestanck entfernt, ist eben diese Parthische[5] Vertheidigungsart mit Inflammabler Lufft zu schießen, die er noch aus jenen Zeiten beybehalten hat.

HE. Lavater hat mich zweymal besucht,[6] und hat mir würcklich (offenhertzig gesprochen) ungemein gefallen. Auget (kan man bey ihm sagen) præsentia famam.[7] Ich hatte einen hitzigen, enthusiastischen Disputirer erwartet, Er ist aber nichts weniger; jezt wenigstens; Ich halte ihn würcklich für einen vortrefflichen Kopf, den schwache Gesellschafft etwas verrückt hat. Hätte Lavater hier gelebt, wo man allenfalls calculirt, wo Schwärmer blos schätzen, so würde er gewiß so vielen wahren Ruhm erhalten haben, als er jetzo Geschrey für sich hat. Ich wiederhole es noch einmal: ich kan Ihnen nicht genug beschreiben, wie gut dieser Mann ist. Er meint alles ehrlich, und wenn er betrügt, so ist er ein betrogner Betrüger.[8] Wie sehr er auf Gründe horcht, davon muß ich Ew. Wohlgebohren ein Beyspiel erzählen, allein mit der gehorsamsten Bitte nicht | viel davon ins Publicum kommen zu lassen, weil, wie Ew. Wohlgeboren wissen, man offt den schändlichsten Gebrauch davon macht.

Kaum hatte sich HE. Lavater nieder gesezt (Leß war mit dabey), so kamen wir von ohngefehr auf Mendelssohn, Leßing, Jacobi und **Spinotzismus** zu sprechen.[9] Da ich nun (offenhertzig) den Spinoza seit der Zeit, da ich ihn verstund, für einen gantz ausserordentlichen Kopf hielt, so nahm ich mir, zwischen diesen beyden Theologen, vor, mich seiner anzunehmen. Ich sagte also, daß ich glaubte tieferes Studium der Natur, noch Jahrtausende fortgesezt, werde endlich auf Spinozismus führen, welches dieser große Mann vorausgesehen. So wie unsere Kenntniß der Körper≠ Welt zunehme, so verengerten sich die Gräntzen des Geisterreichs. Gespenster, Dryaden, Najaden,[10] Jupiter mit dem Bart über den Wolcken pp seyen nun fort. Das eintzige Gespenst, was wir noch erkennten, sey das, was in unserm Körper spücke[11] und Würckungen verrichte, die wir eben durch ein Gespenst erklärten, so wie der Bauer das Poltern in seiner Kammer; weil der hier, so wie wir dort die Ursachen nicht erkennten. Träge Materie sey ein bloses menschliches Geschöpf | und etwa blos ein abstrackter Begriff; wir eigneten nemlich den Kräfften eine träge Basin zu und nennten sie Materie, da wir doch offenbar von Materie nichts kennten, als eben diese Kräffte. Die träge Basis sey blos Hirngespinst. Daher rühre das infame **Zwey** in der Welt.[12] Leib und Seele Gott und Welt. Das sey aber nicht nöthig. Wer habe denn Gott erschaffen. Der feine Organismus im Thierischen und Pflantzen Körper rechtfertige nur hier Bewegung dependent von der Materie anzunehmen. Mit einem Wort alles was sey, das sey Eins, und weiter nichts! Εν καὶ πᾶν **Unum et omne**.[13] Alles dieses sagte ich ihm. Wissen Sie wohl was Lavater sagte der mir unglaublich aufmercksam zugehört: Das glaube er auch. Nur machte er einige Einwürfe, auf die er selbst nicht viel rechnete u. die alle aus dem christlichen Sy-

stem flüchtig hergeholt waren. Ich kan nicht | läugnen, ich
wurde über des Mannes wahre Philosophie und Unpartheylichkeit so bewegt, daß ich ihm sagte: ich wäre^{b}bey allem meinem Widersprechen^{c}gegen seine Behauptungen, immer ein
Bewunderer seiner großen Talente gewesen, allein einen solchen unpartheyischen Dencker, als ich jezt in ihm fände, hätte ich, aufrichtig zu reden, nicht in ihm erwartet. Es war
würcklich ausserordentlich. Nachdem er weg war, fand ich einen größern Zusammenhang zwischen diesen Umständen,
als ich anfangs erwartet hätte. Er hielt bis jezt Jesum Christum
für wahren Gott, daraus fließt sein Wunderglaube; findet er
den falsch, so ist das andre Extremum Spinozismus; und ich
glaube, er ist auf dem Punckt jenen falsch zu finden.

   Auf seinen Magnetismus[14] habe ich ihn nicht bringen können, es gab Ein Wort das andere und so verfloß die Zeit. Beym
zweyten Besuch, den er mir blos gab, wie er sagte, weil er Göttingen nicht verlassen könte, ohne mich noch einmal zu sehen, und wobey er sich nicht einmal setzen wolte, war es gar
nicht möglich. Er hat mir seinen Sohn[15] empfohlen, der sich
auch auf den Winter für die Physic aufgeschrieben hat. Ich
empfehle mich Ew. Wohlgeboh*ren* gantzen Familie gehorsamst, der ich die Ehre habe mit vollkommenster Hochachtung zu verharren   Deroselben
                              gehorsamster Diener
Göttingen den 3ten Julii 1786.   GCLichtenberg

77. An Johann Daniel Ramberg

Wohlgebohrner Herr,
Hochzuverehrender HE. Commerz⸗ Rath,
Ehe ich Ew. Wohlgeboh*ren* auf Ihren vortrefflichen Brief[1] ant-
worte, muß ich Ihnen erst meine innigste Freude über Ihre
Erhebung zu der neuen Charge[2] bezeugen. Ich nehme gewiß
den herzlichsten Antheil daran, und der Umstand, daß man
bey der Wahl auf Sie gedacht hat, giebt mir von den Direcktoren einen sehr hohen Begrif, und daß Sie sich der Sache un-

terziehen, macht mir das gantze Institut ehrwürdig. Ich füge nun nur noch die Brief Schlußformel des seel. Cicero hinzu cura ut valeas[3], so wird alles gut gehen.

Sie haben wohl recht, der Besuch des HE. Herschel[4] verhielt sich für mein Gefühl zu dem von HE. L.[5] wie der majestätische Aufgang des vollen Mondes an einem Sommerabend, zu dem Tantzen eines | Irrwisches in einer Herbstnacht, oder wie Natur und Grillenfängerey. Die Gesellschafft des Mannes hat mir unendliches Vergnügen gemacht. Was er nicht noch thun wird, wenn [*er*] sein großes Teleskop wovon der Hauptspiegel 1035 Pfund wiegt, fertig bekömt. Er wird das für den Himmel werden, was Löuwenhoeck für die Erde war, und die Cometen werden wie die Inseckten nicht mehr gezählt werden können.

Nun etwas zur Vertheidigung Lavaters. – Sie müssen aber ja nicht glauben, daß mich die Jesuitische Influenza[6] befallen, sondern ich sage nur was Recht ist. Nikolai ist gewiß mit Nachrichten betrogen worden, vielleicht gar (welches mir Leid thun solte) von muthwilligen Leuten. Lavater schwört, er habe von dem bewußten Catechismuß nur ein eintziges Exemplar empfangen, nie ein anderes gesehen, und es nur Catholicken empfohlen, die ihn um Rath gefragt. Er hat Schlötzern gebeten diese seine Versicherung in sein Journal einzurükken, und sie wird erscheinen.[7] – Ich glaube gewiß, Lavater ist ein ehrlicher Mann, der aber seinen Kopf für die Welt hält, und jeden Gedancken der ihm aufsteigt für einen neuen Planeten. Wären nur immer Leute um ihn | gewesen, die ihm freundschafftlich gezeigt hätten, daß es Nebel wären, (denn er hört würcklich einem zu), so hätte etwas großes aus ihm werden können. Nun ist es zu spät.

Von den Munchhusianis ist in England, wie ich sehe, schon die 3te Auflage erschienen.[8] Wäre es nicht möglich sie von Herrn Partz auf ein Paar Tage zu erhalten?

Mein Gott wer mag das Leben des Ignatius Loyola im Hannöverschen Magazin geschrieben haben?[9] Ich habe lange nichts gelesen, was so zur Rechten Zeit kömt und so schön geschrieben ist. Es ist völlig Voltäre. Der beissende Witz, so unerwartet gewendet, und immer wahr, etwas was man im Deutschen selten findet. Voltäre schildert einmal den Luxus, wie er plötzlich unter dem vorigen Könige von Preussen, in Berlin gestiegen war: „Viele, sagt er, trugen schon Manschetten Vorermel und manche hatten so gar gantze Hemden[“]. [10] Dieses Leben hat hier allgemeinen Beyfall. Ich wünschte sehr den Verfasser zu kennen. – Und sagen Sie mir aufrichtig, sind Sie es nicht gar selbst?

Nun noch eine kleine aber traurige Geschichte, von welcher ich noch viel zu voll bin, um stille davon zu schweigen, und viel zu delicat | in Rücksicht auf Briefstellerey[11] um nicht Gebrauch davon zur Entschuldigung mancher Sprünge in meinem gegenwärtigen Brief zu machen. – In der Nacht vom 4ten auf den 5ten August, wurde ich um halb 1 Uhr durch das Geschrey von Feuer! erweckt. Als ich die Augen aufthat war meine Schlafkammer so helle, als wenn die Sonne schiene, und ehe ich noch die Ermel meines Schlafrocks finden konte, stieg die Farbe ins Rosenrothe. Es war grade gegen mir über. Ich faßte mich aber gleich, lief nach meinem Bisgen Geld, und sah alsdann erst nach, da fand ich denn den Giebel eines Haußes in vollen Flammen, und ich spürte die Wärme, indessen war wenig Wind, und das Wenige, das war, war mir günstig, ich verbot also alles Retten von meinen Sachen, und es lief glücklich ab; eine Sprütze mit einem Windkessel[12] würckte so vortrefflich, daß ich unter Freudenthränen gelacht habe, es war eine seltsame Empfindung. – Ich habe bey dieser Gelegenheit eine Bemerckung bestättigt gefunden, die ich schon ehmals gemacht habe. Feuersgefahr und vielleicht oder vermuthlich jede Gefahr ist in der Vorstellung fürchterlicher, als in re, man denckt gemeiniglich an solche Dinge bey übeln Dispositionen des Körpers und der Seele. Ist die Gefahr würcklich da, so verliehrt sich das Grübeln aus Verzärtelung und Muße, und man wird ein thätiger Mensch, der blos res facti[13] aufs Korn nimmt, ich war vorsichtig und aufmercksam, und höchst gelassen und auf alle Fälle gefaßt. – Ungemein hat es mich gefreut, daß | die Printzen Hoffmeister von Malortie, von Linsingen und Tatter zu mir kamen, und bis ans Ende

blieben. Den folgenden Morgen ließen Printzen und Hoffmeister nach meinem Befinden fragen und als den Abend
darauf die Printzen vorbey giengen und ich am Fenster lag,
kamen sie unter dasselbe gelaufen und sprachen herauf mit
mir über den Vorfall. Sie selbst hat man es weißlich verschla-
fen lassen, denn sie wohnen zwar zum Theil in demselben
Hauße mit mir, aber doch in einer andern Straße.[14]

Herr de Luc wird ehestens hier eintreffen, denn ich habe
schon Briefe für ihn, die an mich addressirt sind.[15]

Von den Printzen wolte ich noch sagen, daß sie sich jezt vortrefflich anlassen. Am Anfang schien es als wenn sie sich, zumal
der älteste, hier verhaßt machen würden. Jezt geht alles recht
gut und die beyden jüngsten August und Adolph können nicht
beßer seyn. Der jüngste ist ein wahrer lebender Engel.[16]

Ich gebe ihnen 4 Stunden die Woche über den Euklid, dem
jüngsten über die ersten, und den ältesten über die lezten Bücher, und allen dreyen 2 Stunden über einige physicalische
Lehren, da sie denn zu mir ins Haus kommen, welche Ehre
bis jezt noch kein Professor genießt.[17]

Kommen Sie doch nun einmal herüber und sehen diese
Haußhaltung an, oder da dergleichen für einen beschäfftig-
ten Mann keine Reitzung haben und haben können, so kommen Sie, das Herschelsche Teleskop zu sehen.[4] Glauben Sie
mir, bester Freund, als ich den grosen Spiegel sah, so merckte
ich, daß ich bisher in meinem Leben noch nicht in einen eigentlichen Spiegel gesehen hatte. Es ist 10 Fuß lang und das
Stativ ein wahres Meisterstück. Dieses grose Fernrohr, jezt
wohl das beste in Deutschland, nahm Herr Herschel sammt
dem Stativ unter den Arm und lief im eigentlichen Verstand
damit auf dem Observatorio herum. Ich freue mich darauf
den Mond dadurch zu sehen, habe aber bis jezt noch keine
Gelegenheit dazu gehabt.

Stellen Sie sich vor, ich habe Newtons Gesicht, aus der Form
gegossen, die man nach seinem Tode über sein Gesicht gemacht hat.[18] Die Form gehörte dem berühmten Bildhauer
Roubillac, der Newtons Statue für die Universität Cambridge
verfertigt hat, jezt ist sie im Besitz eines reichen Engländers,

der sehr geitzig mit Copien ist, indessen erhielt ich eine durch einen Freund, der alles bey jenem Manne vermag. Ich habe einige Copien machen lassen und will Ew. Wohlgebohr*en* hertzlich gerne mit einer aufwarten, wenn sie es befehlen. Auch habe ich einen kostbaren Wedgewoodschen bas relief von Herschels Brustbild[19] erhalten, das ihm ungemein gleicht, das Bild ist ohne den eleganten Rahmen wohl 4 Zolle hoch, weiß auf himmelblauem Grund, und ist unter 3 bis 4 Louisd'or schwerlich gekaufft. Nun das heise ich geplaudert; Werden Sie mir je vergeben können, daß ich Ihnen so viel Zeit geraubt habe?

Fac valeas, meque mutuo diligas.[3]   GCLichtenberg.
[*Göttingen,*] den 6ten Aug. 86.

78. An Johann Friedrich Blumenbach

Liebster Herr Professor,
Wenn Ihr Urtheil über meine Calenderabhand*lung*[1] gantz von Hertzen kömmt, so habe ich in der That ein größeres Honorarium[2] dafür gezogen als ich erwarten konte. Denn nie habe ich mit üblerem Muth gearbeitet, wie ich Ihnen glaube ich auch damals geklagt habe, als ich Sie um Ihre so vortrefflich ausgefallenen Beyträge[3] ansprach. Wenn alle Leser so von meinen Aufsätzen dencken, wie Sie, und so wie ich von den Ihrigen so wird Dietrich bald verspüren was er für einen Zug gethan hat dieses Jahr. Was einige von Grellmanns Aufsätzen übles haben, ist ihm gar nicht sondern gäntzlich mir beyzumessen. Denn er gab sie nur als Stoff her, den ich verarbeiten solte. Ich laß aber einige gar nicht einmal durch, auch hatte Beneke[4] und Er die Correcktur, daher rührt das latein, das eigentlich nur für mich gemünzt war.[5]

Uber den Druckfehler habe ich laut gelacht: ein keiner Cherub, es läßt wie ein α privativum ein acherub.[6] Das kein hat überhaupt aber noch allerley associrte Würckungen auf mein Zwergfell. Im Orbis pictus von den Cammermädchen werden sie vielleicht gelesen haben, daß diese Geschöpfe Kei-

ne statt K̲n̲i̲e̲ schreiben, ein K̲e̲i̲n̲s̲t̲ü̲c̲k̲ anstatt K̲n̲i̲e̲s̲t̲ü̲c̲k̲.[7]
Hierzu muß ich Ihnen die wahre Geschichte erzählen. Viel-
leicht erinnern Sie sich noch Dietrichs schöner Köchin aus
Arnstadt.[8] Sie war würcklich zu ihrer Zeit eines der schönsten
Mädchen in Göttingen, mit dieser hatte ich einen k̲l̲e̲i̲n̲e̲n̲
schreibe Kleinen, (nicht k̲e̲i̲n̲e̲n̲) erlaubten Umgang, so daß
wir, bis kurtz vor ihrer Verheyrathung zu Erfurt mit einander
correspondirten[9]; | Gleich nach ihrer Ankunfft zu Arnstadt
schrieb sie mir eine umständliche Nachricht von ihrer Reise;
Sie war zwischen hier und Heiligenstadt, wie gewöhnlich[10]
umgeworfen worden und sagte sie hätte bis an ihre K̲e̲i̲n̲e̲ im
Morast gestanden. In meiner Antwort machte ich ihr ihren
Schreibfehler deutlich und sagte sie solte dem Himmel
dancken, daß es nicht bis an ihre E̲i̲n̲e̲ gegangen wäre. Sie
nannte mich dafür einen losen Vogel, indessen aber erhielt
mein Schützenhof⸗Witz doch Beyfall u es wurde in unsern
Briefen, die ich noch einmal mit den Lettres der Babet und
der Ninon[11] heraus zu geben gedencke, so offt mit Keinen
und Einen gespielt (A et non A)[12] daß ich würcklich noch jezt
immer das Wort k̲e̲i̲n̲, so bald der Accent darauf gelegt wird,
den ersten Augenblick für eine Zote halte.

Ew. Wohl*geboren* haben doch gute Abdrücke erhalten, in
meinem Exemplar sind die Hogarth. Köpfe so abgeschlif-
fen[13], daß wenn ich sie gegen das Lob halte, das ich Riepenhaußen gegeben habe,[14] ich mich des Lachens kaum enthalten kan. Was werden die Leute dencken, die solche Exemplare erhalten, und weder den Hogarth noch das Verfahren der
abdruckenden Taglöhner kennen.

Künfftiges Jahr soll der Marsch nach Finchley[15] kommen,
eines der besten Blätter, die Hogarth je geliefert hat, es kömt
zwar vieles von E̲i̲n̲ und K̲e̲i̲n̲ darinnen vor, ich will aber sehen
ob ich im Stand bin den Flor, der über diese Theile | dessel-
ben gelegt werden muß, gehörig zu weben, daß alles bedeckt
und alles doch sichtbar ist.

Hat sie nicht das Läuse⸗Opfer bey dem Rabbinen[16] etwas
choquirt. Ich wünschte jene Stelle weg, wenigstens jezt da ich
in die Kirche läuten höre.[17]

Wenn Sie St Andre's Geschichte[18] lesen wollen, so will ich
Ihnen Nichols's Buch über den Hogarth[19] schicken. Dieser
Buchhändler Nichols (bekanntlich der Verleger der Trans-
act.[20]) ist unser Nicolai mit dem der Nahme selbst Ähnlich-
keit hat. Er giebt gute critische Nachrichten von Hogarths
Werken, aber in dessen Geist u Laune dringt er selten ein.

Für die Mittheilung von Doctor Baaders Buch[21] dancke ich
gehorsamst. Es war mir auch ein Exemplar versprochen. Ich
hätte dieses Honorarium wohl für die vielen Stunden verdient, die mir der Bruder[22] geraubt hat. Es scheint eine gute
Compilation[23] zu seyn. Aber immer keine oder doch nicht ge-
nugsam Rücksicht auf das Licht, was unter gewissen Umständen mit der Hitze verbunden ist. Lamberts Pyrometrie,[24] ci-
tirt HE. B. immer als Pyretologie[25], daran hatte der unminera-
logische Lambert wohl nie gedacht. Ich verharre Hochachtungsvoll   Ew. Wohlgeboh*ren*
                                                    gehors. Diener
[*Göttingen,*] den 12 Nov. 1786.   GCLichtenberg

79. An Johann Friedrich Blumenbach

[*Göttingen, 17.? Oktober 1787*]
Empfangen Sie meinen verbindlichsten Danck, liebster Herr
Professor, für die hierbey zurückgehenden Schrifften.[1] Ach
Hollmann Hollmann, als wenn Du leibtest und lebtest und auf
Deinen beeden Beenen vor mir mitstündest, habe ich Dich zu
sehen und zu hören mitgeglaubt, als ich Deine 5 Bogen mit-
laß.[2] – Einen großen Theil von dem was hier vorkömt habe ich
grade so gehört, die Geschichte von dem Spanier, dem polnischen Schuster,[3] von der Vorstadt Geißmar[4] sogar mehr als einmal; ob es bey der Lehre von der Cohaesion oder in der Hydro-
static war, ist mir nicht mehr erinnerlich.[5] Schade daß es nur so
wenige Bogen sind; denn obgleich das Gantze die Anlage zu einer unendlichen Reihe hat, so hätte ich sie doch gerne auf einige Glieder weiter gesucht gelesen. Bey der Geschichte, daß
man in Göttingen die Anatomie für eine Branche der Abdek-

ker≠ Kunst gehalten,[6] vermisse ich einen Ausbruch von Enthusiasmus für diese Wissenschafft, womit er jene Erzählung gewöhnlich schloß, nemlich: Meine Herren, wahrlich wenn mich nicht gewisse Rücksichten abmithielten, so wolte ich in meinem Testament verordnen, daß mein Leib einmal mit Paucken und Trompeten auf die Anatomie gebracht mit würde. Bey den Worten Paucken und Trompeten brach eine unbeschreibliche Illumination[7] in dem gantzen Gesicht aus, wie ich denn nicht leicht noch ein Menschen Gesicht gesehen habe, das bey einer so sehr für das saure überwiegenden natürlichen Anlage so sehr freundlich aussehen konte: Ernst[8] so

und dann gleich darauf so:

dieses ist besser[9]

Was Pechlin von Greatrake sagt, war mir sehr bekannt, wiewohl nicht so umständlich, und zwar aus den Schrifften des St Evremond.[10] Vielleicht ist es dem Herrn Baldinger nicht unangenehm zu erfahren, daß dieser witzige Philosoph vieles von diesem Betaster hat. – Lesen Sie doch einmal Wunders wegen die Stelle S. 103 im Pechlin,[11] wo der Herr Verfasser mit fast studirter Petronischer Mellifluenz[12] von einem Weibe spricht, die beym Beyschlafe unempfindlich seyn solte. Mich wundert, daß weder er noch der venerabilis Dominus maritus[13] gemerckt haben, daß dieses eine studirte Hexe war, und daß die minae lacrymae mit den blanditiis[14] einerley Zweck hatten. Ich verbleibe   ganz der Ihrige
Mittewochen Mittag.   G.C.Lichtenberg.

80. An Georg Forster

Liebster Freund,

Sie werden sich wundern, daß ich Ihnen, da Sie kaum in Abrahams Schoos[1] angelangt sind, zwar nicht aus der Tiefe[2], doch aus der mittlern Region ein kleines Memorandum[3] nachsende. Es betrifft nicht mich, sondern unsern gemeinschafft*lichen* Freund Bürger, doch thue ich es lediglich aus eignem Antrieb, denn ich habe ihn seit dem angenehmen Abend, den Sie uns machten nicht gesprochen, auch nicht mit ihm correspondirt. Sie haben jezt die herrlichste Gelegenheit für diesen guten und fleissigen Mann zu sorgen. Es hat hier jemand, dessen Nahmen ich nicht behalten habe, den mir aber HE. v. Arnswaldt als einen Mann von Kopf gerühmt hat, und der mehrere Universitäten besucht hat, gesagt, er habe überhaupt noch niemanden gehört, dessen Vortrag auch ausser der Gründlichkeit der Darstellung der Sachen so vielen asthätischen[4] Wehrt hätte als Bürgers. Er ist gewiß ein vortrefflicher Kopf, und was für Würckung würde nicht ein Professor Titul auf ihn thun. Es ist nicht nöthig, daß Sie ihn in forma[5] empfehlen, das ist ein verdrüßliches Geschäffte, sondern sagen Sie nur von ihm, was Sie von ihm selbst neulich gehört ha-

ben. Mich schmerzt es nur daß man glaubt er lege sich jezt
erst auf Philosophie. Nein ein gewisser Grübel≈ Geist, der sich
nichts weiß machen läßt ruht schon auf ihm solange ich ihn
kenne, und er war seit jeher ein Feind der geschmelzten Was-
sersuppen≈ Philosophie[6], die hier fast allgemein | gespeißt zu
werden anfieng. Ich habe einmal gelesen, daß die schiefen
Hälse entweder daher kamen, daß ein Muskel ungewöhnlich
starck zöge, oder daß sein Antagonistes[7] gelähmt würde. Und
daß beyde gesund bleiben müssen, wenn der Kopf grade stehen soll. Das vorsätzliche Schiefhalten wird ja dadurch niemanden benommen. Bürger hat würcklich schon diesen Winter manches Purschen Kopf grade gezogen, der ihn auf der
Seite trug, blos weil es Alexander that.[8] Haec sub rosa[9].

Printz August[10] behauptet noch immer: er habe es gelesen,
und hofft mir die Zeitungen noch zu weißen[11].(*)

Empfehlen Sie mich dem gantzen Brandesschen[12] Hauße
und allen Freunden und Bekannten von mir, die Sie sehen gehorsamst, und leben Sie recht wohl.
Göttingen den 24 Dec. 1787.   GCLichtenberg

81. An Friedrich August Lichtenberg

Mein lieber Vetter,
Hier kommen wieder ein Paar herrliche Briefträger, die Du
die Güte haben wirst so aufzunehmen, als wäre es der HE. –
HofRath Lichtenberg (denn dieses bin ich seit gestern Morgen)[1] selbst. Der eine ist Dr Creighton (lies Kreiton)[2], ein
sehr gelehrter junger Schottländer, und der andere HE v.
Humboldt[3] aus Berlin. Von dem lezteren kan ich Dir sagen,
daß er einer der besten Köpfe ist, die mir je vorgekommen
sind. Du kanst nicht glauben was hinter dem etwas blassen Gesicht für ein Geist steckt. Wenn es anders unter dieser Regie-

(*) Wenn künfftig einmal meine Epistolae ad familiares[13] etwa in den
Schulen des Archipelagus[14] gelesen werden, so möchte ich wohl wissen
was die Con und Subconrecktoren[15] zu dieser Stelle sagen mögen.

rung so geht, wie unter Frid. II[4], daß nur allein Geistesvorzüge zu hohen Stellen führen, so wird er dereinst eine große Rolle spielen, zumal da bey ihm res nicht angusta, sondern augusta zugleich ist.[5] Er war vergangenen Sommer mein Zuhörer und wird es künfftigen Winter wiederum seyn.[6] Du kanst mit ihm sehr frey über die jezige Berlinische Regierung[7] sprechen, denn er ist in allem nur von der Seite des gesunden Menschenverstandes. Nimm doch ja diese Freunde gut auf. Solten Dir meine Rekommendationen dieser Art Unkosten machen, so melde es mir, ich werde alsdann gerne suchen Dich auf irgend eine Weiße zu entschädigen.

Einliegende Antwort[8] auf Deinen vorigen Brief ist würcklich an dem Tage geschrieben, da sie datirt ist, aber einige Ausdrücke, die dem Verfasser des Reise Journals hätten mißfallen können, wurde ich erst am Ende gewahr; ich nahm mir also vor, den gantzen Brief abzuschreiben, da mir aber nichts entsezlicher ist, als meine eigene Sache abzuschreiben, so verschob ich es von Tag zu Tag, und weil der Brief in meinem Bureau[9] auf dem Garten vor der Stadt lag, so wurde es gar vergessen. Hier lege ich ihn, etwas corrigirt, gantz bey. Von der Riesen‹ Harffe habe ich etwas in den Calender eingerückt.

Noch muß ich anzeigen, daß HE. Creighton den Lord Inverury und HE. Richy sehr gut kennt.[10]

Empfehle mich deinem werthen Hauße und meinem Bruder recht sehr, der ich verbleibe   Dein

treuer Freund

Göttingen den 16 Sept 1788.   GCLichtenberg

N. S. Solte dieses Jahr sich wieder eine Traubengeschichte ereignen, so sorge, mein bester, daß der Andreas[11] nicht mit kömmt. Ich halte sehr viel auf diesen Gespielen meiner Kindheit, und selbst meines Selectaner[12] Alters, allein hieher muß er nicht kommen. Sein Besuch würde mich in allerley Verlegenheit bringen. |

HE. v. Humboldt wünscht sehr ausser unserer Familie, HE Starck, Gatzert, auch besonders Wencks kennen zu lernen[13] verhilf ihm doch dazu.

82. An Georg Heinrich Hollenberg

Liebster Freund,

Legen Sie mir ums Himmelswillen nicht zur Nachlässigkeit aus, daß ich Ihren mir so lieben Brief[1] etwas spät beantworte, eigentlich hätte ich sagen sollen: erklären Sie, lieber, freundschafftlicher Mann, Ihrer Frau Liebsten,[2] daß meine etwas verspätete Antwort nicht aus Nachlässigkeit fließe. Denn Sie, weiß ich, kennen mich, und wissen, wie sehr mich alles interessirt, was Sie angeht, und wie viel Vergnügen mir jeder Umstand macht, der mich in nähere Verbindung mit Ihnen und Ihrer Familie bringt. – Also es lebe der Dauphin, Bernhard der erste,[3] und seine wackern Eltern, und tausendfacher Danck für die Ehre der Gevatterschafft. – Ich war würcklich willens dem kleinen selbst zu schreiben, und ich bedachte erst sehr spät, daß er den Brief schwerlich würde lesen können:[4] Er fieng so an: Willkommen, lieber Kleiner, in diesem Jammerthal[5]! Es freut mich ungemein Dich hier zu sehen, allein nimm Dich in acht, Du kannst gar nicht glauben was das für ein Nest ist, die Welt. Wenn du glücklich seyn willst, so halte Dich ums Himmelswillen mit Deinem Fuhrwerck auf der Chaussee, denn sonst riskirst Du, daß Dir die Pfaffen die Pferde ausspannen und da sitzest Du dann, oder kürtzer: thue in allen Stücken wie Dein braver Vater und in den allerwenigsten wie Dein braver Pathe, so kan es Dir nicht fehlen. Übrigens weine mir nicht zu viel, zumal sey des Nachts ruhig, und bedencke, daß Deine rechtschaffene Mutter auch schlafen will, und daß sie am Tage wenn Du schläfst mehr zu thun hat als auch zu schlafen. Fängst Du an zu laufen, so will ich Dir zwar erlauben zu fallen, denn ein rechtschaffener Junge fällt wenigstens des Tags dreymal. Stürtze mir aber ja nicht auf den so genannten Hirnkasten, denn den hat Dir der liebe Gott gegeben um Compendia[6] zu schreiben, und nicht auf die Nase, denn die dient Brillen darauf zu setzen. Sondern Du wirst bald finden, daß Dich die Natur in der Mitte des Leibes (NB nach hinten,) mit 2 Polstern versehen hat, die man Hinterbacken nennt. Sieh, lieber Kleiner, diese beyden Dinger ha-

ben sonst keinen Nutzen in der Welt als folgenden, der sich
füglich unter 4 Nummern bringen läßt 1) bey Erlernung der
lateinischen Sprache und des Christenthums, oder Ungezo-
genheiten, darauf anfangs mit der Hand gekloppt, und bey
reiferem Verstand mit Ruthen gestrichen zu werden. 2) Darauf zu fallen. Wenn Du also merckst, daß der Fall auf den Kopf
gehen würde, so giebst Du Dir einen Schwung und fällst auf
die resp. Fallkissen. 3) Sich darauf nieder zu lassen oder wie
man spricht sich zu setzen. Weil nemlich die Stühle der Patri-
archen[7] von Holtz oder Stein waren, so muste die Natur die
Kissen am Leibe anbringen. Heut zu Tage, da, zumal die Vor-
nehmern, diese natürlichen Polster öffters verspielen,[8] so hat
man die Hinterbacken auf den Stühlen selbst angebracht.
4) und das ist ein Hauptgebrauch. Wenn Dich ein schlechter
Junge schimpft, der nicht einmal Hertz hat Dir so lange Stich
zu halten, bis Du ihm ein Paar Ohrfeigen geben kanst, so
machst Du Deinen Rock hinten auseinander und weißt ihm
Deine Polster. Diese Rache trägt, je nachdem der Feind gute
Augen hat, weiter als eine gezogene Büchse oder eine Feld-
schlange und tödet niemanden, darf aber auch nie gebraucht
werden, als da, wo keine Hofnung ist, einen Schurcken mit
dem Arm oder dem Degen zu erreichen. – Bey gelehrten
Streitigkeiten gilt indessen diese Art von Gegenwehr nicht,
die Gelehrten haben einen gantz eigenen Hintern, den man
den moralischen[9] zu nennen pflegt, und der nicht in der Mitte des Systems liegt. Wie man sich den einander weiset, wirst
Du auf Universitäten lernen, wo man reichlich Gelegenheit
findet sich zu unterrichten; die Wissenschafft heißt die Pole-
mick.

Liebster Freund, verzeyhen Sie mir diesen kleinen Muthwillen, er ist lediglich durch die Freude erweckt worden, die mir
Ihr vortrefflicher Brief, der hier vor mir liegt, gemacht hat,
ich konte Ihnen keinen bessern Beleg von der Wahrheit meiner Empfindung geben als einen solchen. Denn die Worte zu
einer Antwort enthalten selbst die Briefsteller, eben so wie
man heut zu Tage die Arschbacken aus Reh= und Pferde=
Haar und Eiderdaunen auf die Stühle und Bergeren[10]

schnallt. Mangel an Empfindung hingegen läßt sich nicht durch Affectation ersetzen – – Vorgestern schickte mir Herr HofRath Schlötzer einliegenden Bogen, der Ihre Nachricht über das Postwesen enthält.[11] Er hat Ihnen noch einen Bestättiger beygefügt (to support the motion,[12] sagt man im englischen Parlament,) der Sie freuen wird. – Unten werden Sie von Schlötzers Hand mit Röthel beygefügt finden: an Herrn Hofr. L. nemlich das P. des Professors sticht noch durch das H des HofRaths durch, weil leztered neu ist. Mit einem Wort: der König hat mich durch ein sehr gnädiges Patent[13] vom 5ten September zu seinem Hofrath gemacht. Man mag von dem positiven Werth solcher Prädicate so gering dencken, als man will, so ist ihr negativer von großem Gewicht, zumal auf Universitäten. Ich meine eigentlich: daß bey einer solchen reichlichen Promotion **übergangen** worden zu seyn, hier nicht auszuhalten gewesen wäre.

Nun, liebster Freund, empfehlen Sie mich Ihrer Frau Liebsten recht hertzlich, so wie dem Dauphin, der ich mit wahrer Freundschafft und Ergebenheit verharre gantz der

Ihrige

Göttingen den 23ten September 1788.   G.C.Lichtenberg

83. An Georg Heinrich Hollenberg

Liebster Herr Hollenberg,
Wenn ich nicht sonst von der Aechtheit Ihres gantzen Christlichen Wesens durch Hertz, Physiognomie und tausend andere Dinge überzeugt wäre, so solte ich fast dencken, es ruhte der Seegen Abrahams und der Beschneidung[1] gantz unvertauffwässert auf Ihnen. Aber nicht allein jene untrüglichen Zeichen, sondern auch die unverkennbaren Spuren Christlicher Salbung, die in Ihrer gantzen Zeugungs Regel herrscht: Pflantze auf Ostern, so erndtest Du am großen Erndtefest der Christen, Weyhnachten, verräth den Neutestamentarischen Mann. Ob ich gleich mir die Frage nicht verheelen kan: Können Gumprecht und Jeremias mehr thun? Also nun wären die

3 Stämme Israëls[2] da, oder, weil die Mädchen nicht mit unter die Stämme gerechnet werden, zwey, und dieses in so kurtzer Zeit! Ich dächte, wenn Sie es nun ein paarmal mit Zwillingen versuchten, so könte ich vielleicht noch die Freude erleben, den Jacob unter seinen zwölfen[3] zu sehen, sonst fürwahr nicht. Ich dancke Ihnen sehr für die Freude, die Sie mir gemacht haben, so etwas hilfft immer ein wenig, aber im Gantzen geht meine Reise nach den Vätern[4] ziemlich schnell fort. Briefe von Ihnen machen, daß ich etwas anhalte und mich nach den herrlichen Gegenden umsehe, von denen ich herkomme, freue mich und fahre dann in Gesellschafft des spleens[5] und der Auszehrung weiter. O liebster Hollenberg, ich stehe sehr viel aus. Bald sizt mein Uebel hier bald dort, aber nie ausser mir, und heute zumal ist mir sehr übel, Sie verzeyhen also, daß ich ausser einer inständigsten Bitte fast nichts mehr hinzufüge:

Ich habe einen Garten in der Miethe, auf dessen Bepflantzung ich mich jezt sehr freue.[6] Ich habe den vorigen Sommer gröstentheils darauf zugebracht, er ist mein alles, und was ihn mir noch besonders angenehm macht, ist, daß ich meine Grabstätte daraus aus dem Fenster sehen kan.[7] In diesen wünschte ich künfftigen Frühling recht ächte große Osnabrückische Bohnen zu pflantzen, ein Gemüße, das ich gerne esse, essen darf und mir über alles behagt. Also, liebster Freund, wolten Sie mir nicht ein Säckchen der besten Sorte, die Sie bekommen können, so bald als möglich gerade weg auf der Post unfranckirt übermachen,[8] mit einer kurtzen Nachricht, was bey dem Pflantzen, qua[9] Ort, Zeit und andere Umstände zu beobachten ist? Thun Sie es, ich esse mich entweder daran gesund, oder ich nütze Ihnen im Himmel dafür. Vergessen Sie es nicht. Sobald ich mich leidlicher finde, schreibe ich es Ihnen. Empfehlen Sie mich Ihrer Frau Liebsten[10] und Ihren Kindern recht herzlich, zumal dem kleinen Unholden, der meinen Nahmen trägt, und seyn Sie von meiner aufrichtigen Liebe überzeugt.   G.C.Lichtenberg.
Göttingen den 10ten Jenner 1791.

84. An Heinrich David Wilckens

Ew. Wohlgeboh*ren*
Dancke ich gehorsamst für den übersandten Werner[1], und sehe der Erfüllung Ihres Versprechens mich zu besuchen mit Verlangen entgegen
[*Göttingen,*] 26 Jenner 91.   GCL.

85. An Heinrich David Wilckens [?]

[*Göttingen, Februar? 1791*]
Ich habe ausser Ihrem lezten Billet, drey von Ihren[1] Briefen[2] aufgehoben, einen als eine Probe von Ihrer Logick, den andern von Ihrem Witz und den dritten von Ihrer Höflichkeit. Weiter verlange ich keine mehr und schicke Ihnen daher diesen uneröffnet wieder zurück. Haben Sie mir etwas zu sagen, so erfüllen Sie Ihr zweymal gegebenes Wort u besuchen Sie mich, so will ich Ihnen antworten.   GCLichtenberg

86. An Samuel Thomas Soemmerring

Mein werthester Freund,
Das meisterhaffte Ohr ist da,[1] ich wünschte, daß ich hinzusezen könnte: ganz unversehrt. Einige Theile haben gelitten, doch ist alles reparabel, und dadurch daß alles doppelt da ist, ist der Verlust im Ganzen nichts. Bey den festsitzenden Hammern ist ein Theil des Processus[2] der in der Wand des Gehörganges festsitzt abgebrochen und das äußerste Ende fehlt. Auch ist der Ambos entzwey gewesen, aber die Stücke sind unversehrt, ferner ist der Steigbügel der in dem einen Labyrinthe festsaß, entzwey, aber die Stücke alle da. Ich werde sie so zusammensetzen, daß man es gar nicht sehen soll daß sie entzwey waren. Das Labyrinth habe ich noch nicht auf die Drat gespießt; ich will erst alles leimen und dann an einem recht guten Tag meine Hände waschen und beten und mich zur

Spießung gürten.[3] – Aber lieber Freund, wie soll ich Ihnen für die göttliche Arbeit dancken, wer es sieht erstaunt darüber, und ich bin wahrlich stolz darauf, daß ich Sie dazu vermocht habe, allein freylich, mein Gesicht würde ich mich einer solchen Zumuthung wegen schämen je vor Ihnen wieder zu zeigen, wenn ich nicht wüßte daß einem Geist, wie dem Ihrigen, den der Himmel zur Erweiterung dieser Wissenschafft hat werden lassen, eine solche Arbeit ein Vergnügen ist. Wenn Ihnen der Himmel Ihre Mühe nicht so vergilt, so möchte die Zahlung lange ausbleiben, denn ich Wicht kan es nicht.

Mit umgehender Post haben Sie die Güte mir Ihre Auslagen dabey zu melden, und die danckbare Erstattung soll sogleich mit der nächsten erfolgen. Wenn ich hier einen geschickten Künstler finden kan, so will ich doch am Ende alle die Theile die hier aus Wachs sind, in Lindenholz schneiden lassen. Gesezt auch, sie gerathen nicht ganz genau, so thut das wenig, da die anderen unschätzbaren Modelle dabeyliegen. Meinen Sie nicht auch? und alsdann werde ich einen Glaskasten über das Gantze machen lassen, und so in dem Cabinet aufstellen.

Blumenbach[4] ist außer sich über die Arbeit und danckt Ihnen durch mich für das herrliche Geschenck. Er gieng einige Tage nach dem Empfang des Embryo nach Gotha[5] und Sie werden ihn also erst nach seiner Zurückkunfft wieder erhalten können. Mir fielen bey dem Embryo die groß gewordenen Ameisen Alexander und Cäsar und Newton ein. Wären diese in ein solches Schnapsgläßchen gekommen, wo wäre unsere jetzige Historia universalis etc., ja wo möchten wir seyn? Es ist doch eine drollige Idee, sich zu dencken, daß es eine Zeit war, da man einem den Alexander auf einem Butterbrod hätte können beybringen, ohne daß man es gemerckt hätte, wenn er einem nicht wie ein Kümmelkörnchen zwischen den Zähnen stecken geblieben, oder in die unrechte Kehle gekommen wäre.[6]

O! daß aus der Heyrath nichts geworden ist, das thut mir leid.[7] Machen Sie, machen Sie mit bedächtlicher Geschwindigkeit; Sie heyrathen sonst nie, und das sollte mir der Welt wegen leid thun und Ihrentwegen. Ich nenne die Welt zuerst, weil ich glaube, daß Sie mit sich selbst in jedem Stande fertig würden, aber es giebt Grade des Fertigwerdens. Machen Sie es aber ja zur Bedingung, daß Sie Ihre Frau fortjagen, wenn sie keine Kinder kriegt. Ehe ich eine Frau haben wolte, die mir keine Kinder brächte, lieber wolte ich mir eine mahlen lassen, oder mich in die Muttergottes verlieben. O es liegt in der Männerphantasie eine Schöpferkrafft in der weiblichen Seele den Leib mitgerechnet, alsdann Dinge zu finden, oder (wenn Sie wollen) hineinzudencken und zu dichten, die dieser geschlizten Race einen Werth geben, wovon ihr ledigen Bettlackenmahler keinen Begriff habt. – Also liebster Sömmering geheyrathet, geheyrathet![8]

HE. Dr Wolff[9] ist abgereiset und wird vor Mitte des May schwerlich bey Ihnen eintreffen. Schade, daß er das Ohr nicht sehen konnte, er gieng den Mittwoch ab und ich erhielt es den Freytag. Sie werden gewiß an diesem würcklich noblen Holländer Freude haben. Ich kan aufrichtig sagen, ich habe ihn nicht blos geschäzt sondern würcklich geliebt. Sie verehrt er über alles, er sieht so auf Sie jezt, wie Sie ehemals auf Campern,[10] präciser kan ich mich nicht ausdrücken. Sagen Sie ihm, sobald Sie ihn sehen, daß ich ihn nie vergessen würde.

Unserm lieben Forster dancken Sie für sein vortreffliches Geschenck,[11] und sagen Sie ihm, daß ich ihm schreiben würde, sobald ich sein Buch zum zweitenmal gelesen haben werde. Es ist unglaublich viel großes und gedachtes in dem Buche. Vieles wird nicht gefunden werden, wenigstens vom grösten Theil der Leser nicht, und der unübertreffliche Druck wird manchen es zu kaufen bewegen, der das Unsterbliche im Wercke selbst nicht zu berühren werth und aufzuheben nicht im Stande ist. Ihr Tadel ist allerdings gegründet, dieses schadet aber dem Wercke selbst nicht, weil er blos die Form trifft. Ich lese es als ein Buch über den Menschen. Diese Welt von Anlagen pp – Wissen Sie, warum ich abbreche? da führt mir der Teufel meine Alexander auf dem Butterbrod und in der unrechten Kehle wieder in den Sinn, und damit bin ich auf eine Viertelstunde für diese Betrachtung gelähmt. Mein Kopf, mein Kopf. Er wird nur auf einer Seite alt.[12] – Nun leben Sie

recht wohl. Der arme Dieterich ist sehr kranck, und das am Ende seines 69 Jahres, dieses ist nicht die beste Saison zum krancken.[13]   ganz der Ihrige
Göttingen den 20 April 1791.   GCLichtenberg
auf dem Garten, unter Blüthen,
Luscinien Sang und Alaudenklang.[14]

87. An Georg Forster

Göttingen den 1. Juli 1791.

Werthgeschätzter Freund!

Wenn es mir vor zehn Jahren möglich gewesen wäre, Vergehungen gegen Sie, mein Theuerster, mit Vergehungen so zu häufen wie jetzt, so hätte ich Ihnen auch gewiß in meinem Leben nicht wieder geschrieben. Allein weil ich seit einiger Zeit fast nichts mehr thue, was ich thun soll (Gott weiß warum! es ist ein complicirtes Uebel), so habe ich auch das herrlichste Fell dazu, dem Beleidigten unter die Augen zu treten, sobald ich nur gehen kann, welches mir nicht immer gelingt. Mein Zustand ist unbeschreiblich, könnte ich ihn so ganz schildern, wie er ist, ich glaube, meine Feinde selbst würden mir vergeben, was ich bisher non agendo[1] verübt habe. Wenn ich ein paar Pfunde Blei trage, so habe ich nichts zu überwinden, als das Gewicht davon, denn ein Element[2] desselben trägt das andere mit unerforschter Kraft, ohne daß ich das mindeste dazu beitrage. Sollte ich auch die Kräfte hierzu hergeben, wer wüßte, ob meiner Zehntausende im Stande wären das Blei über meinen Schreibtisch zu heben. So geht es mir jetzt oft im Moralischen. Wenn ich etwas seyn will, so muß ich mich erst dazu machen und erhalten, – das ermüdet entsetzlich! Ich habe aber auch gesehen, daß der Mensch viel mehr vermag, als ich ihm sonst zutraute. Was müßte nicht aus dem Mann werden können, der sehr vieles ist, ohne es zu wissen, wenn er nun noch Kraft von der Art anwendete zu Selbsterschaffung und Erhaltung. Aber ich fürchte, man lernt jene Fähigkeit des menschlichen Geistes nicht kennen, als in dem Zustande von kränklicher Empfindlichkeit und kränklich scharfer Bemerkungsgabe, die wieder von einer Seite die Ausführung erschwert. Liebster Freund, was ich zwischen meinen vier Wänden hierin gethan habe, würde mich verewigen können, wenn ich entweder schreiben könnte wie Sie, oder diese Kräfte auf Gegenstände anwenden, die mehr ins Auge fielen. Allein man setzt niemandem Ehrensäulen, der mit Heldenmuth bloß verhindert, daß er nicht – zum alten Weibe wird.[3] – Für Ihr vortreffliches Geschenk, ich meine für Ihre Ansichten[4] und Ihre Sacontala[5], danke ich Ihnen vielleicht mit größerer Herzlichkeit, als es sonst gewöhnlich ist für Geschenke von Büchern zu danken. Ich sage Ihnen eben so aufrichtig als gerade heraus, daß ich Ihre Ansichten für eins der ersten Werke in unserer Sprache halte. Ich bin aber auch stolz genug zu glauben, daß sie nicht von jedem Leser so verstanden und so innigst anerkannt werden möchten als von mir. Ich habe einmal in einem Feenmährchen[6] eine sehr angenehme Vorstellung gelesen; der Held nämlich reiset, und unter der Erde reist ihm beständig ein Schatz nach, wohin er auch geht. Bedarf er etwas, so pocht er nur leise an die Erde, so steht der Schatz still und öffnet sich ihm. Sie sind mir, bester Freund, auf Ihrer Tour hundertmal so vorgekommen, wie jener Glückliche in der Feenwelt. Auch da, wo Ihr Stab den Boden nicht anschlug, sah ich immer den Schatz Ihnen folgen. Wer Ihre Worte zu wägen weiß, kann es auch unmöglich übersehen. Die Gabe, jeder Bemerkung durch ein einziges Wort Individualität[7] zu geben, wodurch man sogleich erinnert wird, daß Sie die Bemerkung nicht bloß sprechen, sondern machen, habe ich nicht leicht bei einem Schriftsteller in solchem Grade angetroffen. Dazu kommt noch bei mir, daß ich alles als das Werk meines Freundes lese, dessen immer steigendem Ruhm ich mit einer Art von Wollustgefühl zusehe, jeder Ausdruck, jede Wendung, die mich frappirt, freut mich als mein eigen. Nun bedenken Sie, Freund, was Sie mir für ein Vergnügen gemacht haben. O, die innigste Theilnahme an allem, was den Verfasser angeht, verbreitet über das Werk ein unbeschreiblich angenehmes Licht! Manche Ihrer trefflichen Be-

merkungen würden mir aus dem Munde des Mongolen Meiners[8] gewiß als wenigstens unangenehme Wahrheit geklun-
gen haben, dieses Menschen unbändiger Eigendünkel würde
mir alles entstellen. Zum Glück giebt es bei ihm nichts zu entstellen. Ich soll Ihr Buch für die hiesige Zeitung recensiren.[9]
Ich habe den Antrag auf gut Glück angenommen; allein was
kann man in einem so engen Blättchen sagen! – Wenn mir nur
mein seltsames Befinden des Morgens die gehörige Ruhe ge-
stattete, des Nachmittags nimmt mir mein Collegium, da ich einen neuen Gehülfen[10] anlernen muß, sehr viel Zeit weg, und
dann bin ich zwar nicht für das Lesen, aber für das Schreiben
verloren. Indessen wenn auch die Recension etwas spät
kommt, so läßt sich das ja mit einer Zeile entschuldigen. Wenn
ich nur den Riesen von Thätigkeit, Ihren Herrn Schwiegervater[11], nicht immer so bona fide[12] betröge. Wenn ich verspreche, so glaube ich auch, ich könnte leisten, und dann schwin-
det aller Muth wieder. Doch es wird ja gehen. Die Sacontala
habe ich noch nicht gelesen, weil jetzt meine Neigung in der
Lesestunde nicht da hinaus liegt. Das Wörterbuch[13] aber habe
ich keinen Tag ungelesen gelassen, denn es kam von Ihnen,
und ich konnte vergleichen, mir anpassen, lernen &c.
Empfehlen Sie mich Ihrer Freundin[14] als

Ihren treuen Freund.

88. An Samuel Thomas Soemmerring

Werthester Freund,
Was müssen Sie von mir dencken? So gütig gegen mich und
ich so unbändig undanckbar? O nein so unüberschwänglich
nachlässig. Sagen Sie lieber Indolent, kräncklich, aufschie-
bend, aber nicht undanckbar. Ihr herrliches Geschenck für
das Cabinet wird nun bald unter einem noblen Glasgehäuse
auf einem eigenen Tische prangen. Ich habe vor einigen Tagen eine Liste der neu angeschafften Sachen und Hannover
eingesandt, und bey Gelegenheit des Ohrs die gantze Geschichte desselben und Ihre Güte erzählt[1].

Mit der heutigen fahrenden Post[2] geht ein Paquet an Sie ab
mit 4 Exemplaren der Erxlebenschen Physic,[3] einem für Sie,
einem für unsern lieben Forster[4], einem für HE D. Wolff[5]
und einem für Herrn Professor Metternich, nebst des HE
Dr Wolffs Präparaten: Glas. Ich weiß nicht, ob es seinen und
Ihren Beyfall erhalten wird, es ist aber auch, wie Sie sehen werden, gar zu componirt und würcklich schwer zu verfertigen.
Die Leute haben viele vergebliche Versuche gemacht und verlangen, wie Sie aus der demselben beygelegten Rechnung sehen werden, 2 Thaler. Sagen Sie doch dem Herrn Dr Wolff,
nebst meiner gehorsamsten Empfehlung, daß die Parkersche
Maschine noch nicht abgegangen sey. Ich erwarte sie, noch
wie ehemals, es ist unverzeihlich. Ich weiß nicht, woran alles
liegt, und werde sie auch wohl schwerlich vor dem nächsten
Jahrmarckt, der in 14 Tagen ist, erhalten.

Beyliegendes Briefchen[6] bitte ich gütigst besorgen zu lassen.

Dem Grafen von Artois bitte ich mich zu empfehlen, wenn
Sie ihn sehen solten, wir kennen einander von Gibraltar her
und aus § 531 der Erxlebenschen Physic in der Note.[7] Ich
schließe mit   Uxorem esse ducendam.[8]
Göttingen den 1ten Jul 1791.   GCLichtenberg

N. S. Die Nachricht von dem Paquet muß ich dahin berichti-
gen, daß es mit mehrern andern Paqueten nach Franckfurth
an Knoop[9] abgeht, und ich also nicht genau sagen kan, wie
bald es ankommen wird, auch habe ich noch ein Exemplar
für HE. Prof. Bergmann[10] beygelegt.

89. An Margarete Elisabeth Lichtenberg

[*Göttingen, 11. Oktober 1791?*]

Guten Morgen, Zuckerpüppchen,
Nun wie geht Dirs denn? – Mir geht es nicht sonderlich. Ich
habe sehr an Zahnweh[1] ausgestanden und bin gantz verdrüßlich. Warte nur, wenn Du ein kleines Mädchen mit zwey
Schwäntzen zur Welt bringst,[2] so hast Du die Schuld.

Künfftigen Sonntag Abend will ich in die Stadt ziehen, es gefällt mir hier gar nicht, es fehlen mir Bücher und alles. Vielleicht mache ich aber noch einmal eine Tour in der Stoßmaschine[3], worin ich Dir entgegen gereiset bin. Lebe recht wohl und grüße die Großmama[4], Herrn Dieterich und das gantze Hauß, auch die Jungfer Braunholdin[5]. Ich bin Dein

ewig treuer
G.C.L.

90. An Immanuel Kant

Vergeben Sie, verehrungswürdiger Herr, einem armen Nervenkrancken[1], daß er die Zuschrifft eines Mannes, den er schon so lange über alles schäzt, so spät beantwortet. Was mich bey dieser Schuld immer, vor mir selbst wenigstens etwas rechtfertigte, wenn sie mich zu hart zu drücken anfieng, war das Vertrauen auf die Freundschafft unsers vortrefflichen Herrn Dr. Jachmanns[2], der Ihnen sowohl meine seltsamen Umstände erklärt, als Sie auch von dem Enthusiasmus überzeugt haben wird, womit ich Sie, theuerster Mann, verehre. Herrn Dr. Jachmanns Schilderung von ersteren selbst etwas zuzusetzen hindern mich eben diese Umstände selbst, etwa so wie beym Leßing dem Heldensänger der Faulheit, die Heldin selbst bey der zweyten Zeile dem Sänger den Mund stopft,[3] und statt alles was ich über | leztern sagen könte empfangen Sie hier aus dem innersten meines Hertzens die Versicherung: Daß es meine gantze Meinung von mir Selbst, nicht wenig erhöht hat, daß ich Ihre Schrifften schon im Jahr 1767 mit einer Art von Prädilection[4] gelesen, und daß ich bey der Erscheinung Ihrer Critik[5], so bald ich nur davon so viel gefaßt hatte, um zu sehen, wo alles hinaus wolte, gegen einige meiner Freunde schrifftlich und mündlich erklärt habe: gebt acht das Land, das uns das wahre System der Welt gegeben hat, giebt uns noch das befriedigendste System der Philosophie.[6] Das waren meine Worte, ob ich gleich noch nicht alles übersah, und mit diesen Gesinnungen schrieb ich auch jene im Taschen Calender, die Ihnen zu Gesicht gekommen sind.[7] Ich rechnete auf diesen Umstand nicht, sondern schrieb sie, weil ich glaubte sie Ihren großen Talenten nach meiner Ueberzeugung schuldig zu seyn. So viel für jezt.

Da Herr Dieterich soeben ein Paquet nach Königsberg abschickt, so habe ich mir die Freyheit genommen ein Exemplar von meiner neuen Auflage von Erxlebens Physik beyzulegen. Was ich in der Vor- |rede darüber gesagt habe, ist im strengsten Verstande wahr.[8] Ich wünschte nun fast, daß ich dem Vorschlag des Verlegers gefolgt wäre, die vorlezte Ausgabe ohne Veränderung, weil es an Exemplaren fehlte, abdrucken zu lassen, denn ich finde nun fast täglich die traurigsten Spuren der Eile und des Mismuthes. Einige Verbesserungen habe ich auch noch hinter dem Register angezeigt. Zugleich erfolgen hierbey zwey Exemplare des Taschen- Calenders, wovon ich das eine nach dessen Addresse, nebst meiner gehorsamsten Empfehlung gütigst bestellen zu lassen bitte. Sie werden diese heilige Christwaare mit den Augen ansehen, mit denen man überhaupt Nürnberger Waare ansieht.[9] Der Goldschaum und die Farben und die unschuldige Absicht sind immer das beste daran. Ich schreibe diese Blätter deswegen immer ununterbrochen fort, weil ich damit meinen etwas schweren Haußzins bezahle, und mein gütiger Wirth, der Verleger diese Müntze ohne sie zu wägen oder selbst sie nur anzusehen, einsteckt, daher ich denn schlau genug bin, immer etwas Rechenpfennige[10] und Metallene Knöpfe mit darunter zu mischen. S. 199 unten ist eine Stelle, die mich in einige Verlegenheit gesezt hat: Im Mspt stund Freunde der neuen Philosophie, allein, als ich die Stelle im Druck laß, kam sie mir so beleidigend für einige meiner besten Bekannten | vor, und das so gantz wider meine Absicht, daß ich um keine Parthey zu beleidigen und um kurtz abzukommen Feinde sezte, da sie denn beyde wohl mit mir eins seyn werden.[11]

Nun leben Sie recht wohl, Verehrungswürdiger Mann, und nehmen Sie mich in Ihren Schutz, denn auch ich habe meine Feinde, und seyn Sie versichert daß ich mit der größten Hochachtung und Verehrung bin   Ihr
                                                                  gehorsamster Diener
Göttingen den 30. Oct. 1791.   GCLichtenberg.

91. An Georg Simon Klügel

[*Göttingen, Februar?* *1792*]

Für Ihr mir mit so vieler Herzlichkeit bezeugtes Andencken, theuerster Freund, dancke ich Ihnen verbindlichst. Ihr Brief[1] hat mir ungemein viel Freude gemacht, und mir bey meinem Uebel, dem jezt mehr durch Kopf und Hertz als den Magen beyzukommen ist, sehr viel Erleichterung verschafft.

Da mir das Schreiben ungemein schwer fällt, so übergehe ich jezt einige Stellen in Ihrem lieben Briefe, über die ich mich gerne ausgebreitet hätte und wende mich gleich zu dem Punckt über welchen Sie mein Urtheil verlangen. – Sie haben sehr Recht, werthester Freund,: das Wasser könte in Lufftgestalt hie und da erscheinen und doch auch zersezt werden. Allein dieses sagt doch weiter nichts, als daß die Zersetzung keinen Widerspruch in sich enthält; daß dieses aber in der Natur würcklich statt finde, wird wenigstens durch das von mir in der Vorrede angeführte Argument[2] sehr zweifelhafft. Denn wenn sich Wasser in der Atmosphäre als reine und als Stick Lufft darstellt, oder mit andren Worten, wenn aus Wasserdämpfen dephlog. und Sticklufft werden kan, wenn ihnen vermuthlich ein drittes die permanente Elasticität[3] giebt, so glaube ich daß sie auch die Form von brennbarer und mit einem Wort allen Lufftarten annehmen können, und Wasser könte zum Lufftartigen Zustand durch mehr als eine Ursache gebracht werden. Ja vielleicht ließe sich diese Reihe auch nach unten zu fortsetzen und unsere Säuren wären auch wieder Wasser dem das säurende principium, Säure und größere Dichtigkeit und | specifisches Gewicht gäbe. Selbst der feste Zustand mancher machte darin keine Ausnahme. Das trockne Wasser der Alchymisten[4] ist so lächerlich nicht. Was ist Eis, oder gar das Crystallisations Wasser?[5] Eine trockne gypserne Statüe[6] enthält so viel festes Wasser, daß man einen Thierischen Cörper, der so viel enthielte, wassersüchtig nennen würde. Ich muß gestehen ich liebe diese allgemeine Blicke sehr. Diese Betrachtungen mögen nun objective Realität haben, oder, welches mir wahrscheinlicher ist blos etwas subjectives seyn, Wir müssen sie nun einmal verfolgen, wenn wir als Menschen die Natur studiren wollen. Selbst was die frantz. Chemie so gefällig macht ist eben der Umstand, daß man vieles geschwind zusammenlernt dadurch, sie hat also für Lehrer und lernende wenigstens den Werth der Bequemlichkeit. DeLuc, der von Professoren etwas andere Begriffe hat, als wir, nennt sie eine Theorie für die Professoren.[7] Aber werthester Freund, Sie werden mir gewiß beyfallen, wenn ich sage daß dem allem ungeachtet immer eine höhere Philosophie über diese Memorial Theorien walten, und nachsehen muß ob das Bequeme auch das wahre ist. Und hier finde ich bey der franz. Chemie Zweifel überall. Diese schaden ihrer jetzigen Vorzüglichkeit nicht, machen mir aber die Nomenclatur im Gantzen verächtlich. Hypothesen sind Vota, aber neue Nahmen sind Decreta, wo will das am Ende hinaus.[8] Die neue Chemie wird gewiß nicht dauern, und die Epoche ihres Falles wird die seyn da die Chemie der Elecktricität aus dem Saamenkörnern die wir bereits haben zu keimen anfangen wird. Die Nahmen aber werden bleiben, und müssen gelernt werden, so lange noch vortrefflich Sachen damit vorgetragen werden. | Ich kehre jezt zur Hauptsache zurück. Die Frage über das Phlogiston ist glaube ich gantz einfach, nemlich diese: setzen die Körper bey dem Verbrennen, verkalcken pp etwas ab oder nicht. Darauf kömt alles an. Was dieses etwas ist können wir noch einige Zeit unentschieden lassen, denn es könte wohl seyn, daß es nicht immer dasselbe wäre. Bey der Kohle haben die Franz. ihren Kohlenstoff der mit dem oxygène Lufftsäure macht, bey der Verbrennung des Schwefels, des Phosphors und dem Verkalchen der Metalle haben sie nichts, und sie nennen daher diese Dinge einfach. Gantz adäquat folgt darau[s] die Einfachheit noch nicht. Die Kohle ist nicht einfach, verbände sich die erzeugte Lufftsäure mit dem Residuo und machte eine tropfbare Säure aus, so würde man sie für so einfach gehalten haben als den Phosphor. Also könte der Phosphor beym Verbrennen etwas absetzen, dieses die dephlog. Lufft zersetzen und nun alles zusammen unter der

Form von Phosphor Saure erscheinen. Daß aber die Metalle beym verkalchen etwas absetzen solte man wenigstens aus dem Geruch schließen den manche schon beym erwärmen äussern so gut als ein Stück sehr erwärmtes Tuch oder Kienholtz. Auch beym verbrennen der Stahlfeder in dephlog. Lufft[9] sieht das Kochen und sprühen eher einem Absetzen als einer blosen Vereinigung ähnlich. Was dieses ist, kan noch unentschieden bleiben, genug daß es die dephlog. Lufft zersezt, und den Wasserdampf in infl. Lufftform darstellt. Es wird den Franz. schwer werden zu zeigen daß die Metalle nichts absetzen. Die Materie dürfte ja nur imponderabel[10] seyn wie ihr so häufig gebrauchtes Calorique[11] oder wie so manche Gerüche. Nun einen Hauptumstand. Was wird dann aus der Elecktrischen | Materie, diesem wahrhafften 5ten Elemente[12]? Da denckt kein Mensch, wenigstens kein Antiphlogistiker dran. Das Feuer läßt man eine so große Rolle spielen, und doch halten es noch einige, ich glaube sogar der höchst vortreffliche Cavendish, für eine Modification der Körper,[13] und die liebe Elecktricität, die überall verbreitet ist, alles durchdringt, die noch niemand für eine Modification der Körper gehalten hat, die vergißt man. Das heiße ich doch in Wahrheit bey chemischen Processen die Substantz der Schmelztiegel nicht in Betracht ziehen. Elecktricität zeigt sich fast bey allen Auflösungen, sie zersezt die alkalinische Lufft, und die schweren Inflammablen Lufftarten, ja sie zersezt das Wasser in dem Paets van Troostwyckischen Versuch (nemlich Zersetzung in dem neuen Sinne genommen).[14] Solte wohl eine solche Zersetzung ohne doppelte Verwandschafft möglich seyn? Man hat ja schon von einer gantz andern Seite her die El. Mat. für componirt gehalten, ja der alte Forster hat sogar die Wörter Phlogiston und Feuer dabey gebraucht. Wilke andere, deLuc wieder andere, obgleich der leztere nur eine El. Materie annimmt so ist doch diese eine nach ihm zusammen gesezt. Paets van Troostwyck ließ den El. Schlag durch Wasser gehen, es erzeugte sich Lufft, als der Drat von Wasser dadurch frey wurde, entzündete sich diese Lufft. Siehe da, sagte man, die De- und Recomposition des Wassers. Aber man hat sich nicht

gefragt was ist denn aus der El. Materie geworden? Verkal-
chung[15] der Metalle war nicht da. Ist also das Wasser vielleicht
blos durch Erschütterung oder Hitze zersetzt worden. Ich
glaube nicht. Sondern gewiß reagirte hier die El.[16] Wie wenn |
nun ein Theil derselben mit dem Wasser infl., der andre
dephlog. Lufft gegeben hätte? Die Versuche des Herrn Austin
in Transact. Vol. 80 mit den schweren infl. Lufftarten, die er
durch El. in phlog. und leichte infl. zersezt hat, sind vortrefflich, und es wird zum hohen Grade Wahrscheinlich, daß diese
heavy inflamm. air[17] nichts weiter ist, als der Franzosen ihr
Carbone.[18] Sonderbar ist es, daß, wo Zersetzung durch El. geschieht, immer ein Theil der zersetzten Dinge leichte inflamm. Lufft ist. Hier ist gewiß noch sehr vieles verborgen,
und wer will nun da entscheiden, und fest auftreten, wo solche verborgene Fußangeln liegen. Jede Theorie, in diesen
Dingen, wobey dieses 5te Element[12] gar nicht in Rechnung
kömt, und eine solche ist die frantzösische, denn in ihrem In-
ventario steht so gar das Wort nicht einmal, gilt wenigstens vor
dem Richterstuhl der Wahrheit nicht für voll, ob sie gleich
von sehr großem Nutzen seyn kan. Ja, mein theuerster
Freund, ich bin geneigt zu glauben, daß Elecktr. so gar mit
dem was wir Feuer nennen, im Spiel ist, und manche Erklärung so schwer macht weil es durch Feuer allein erklärt werden soll. Schade, daß diese Materie so sehr schwer ein zu sper-
ren ist, sie ist der spiritus sylvestris[19] der neuern, künfftige Zeiten werden ihn auffangen und binden lernen, und so lange
sie das nicht lernen, müssen sie auch an keine Chymische Systeme gedencken. Also alle Versuche wodurch man eine Zersetzung des Wassers beweisen will, lassen sich gar gut durch eine blose Lufftform desselben erklären. Diese leztere Erklärung ist aber vorzuziehn 1) weil wir bey der Entstehung des
Regens eine Erfahrung haben, die wenigstens so gut ist als irgend eine von der andern Seite 2) weil Priestley immer noch
neuerlich Salpeter Säure erhielt, wenn er der zu verbrennen-
den Mischung von dephl. und infl. Lufft zuviel der ersteren
zusezte ja 3) so gar einmal statt Wasser Ruß (fuliginem) erhalten hat.[20] Leidenfrost in s. herrlichen Büchelchen de aquae

communis non nullis qualitatibus. Duisb. 1756. hat schon einen Satz: Aqua et fuligo sunt eadem materia.[21] Wer will die Gestalten zählen, unter denen das Wasser erscheinen kan. Das was ich Ihnen hier gesagt habe, will ich, wenn ich einmal aufgelegt bin, weiter ausführen mehr ordnen und HE. Crell für s. Annalen geben.[22] Noch muß ich anführen, daß ich in einem der neuern Stücke von Rozier gelesen habe,[23] daß man in Franckreich anfangen soll zu glauben, daß doch die Metalle beym verkalchen **etwas** absetzen. Auf dieses Absetzen imponderabler Flüssigkeiten gründet sich auch die leichteste Erklärung eines würcklich sonst nicht leichten Phänomens, daß zwey Substantzen zum Ex. Kiesel Erde und englische Kreide, die beyde eintzeln kaum zu schmeltzen sind, zusammen gemischt, schmeltzen. Doch nun genug. Verzeyhen Sie mir die Unordnung. Was ich hier wie Sand ausgieße, wird sich von Ihrer Vernunfft berührt in Formen ziehen, wenn dieser Staub derselben überhaupt fähig ist.[24]

92. An Margarete Elisabeth Lichtenberg

[*Göttingen, 16. April 1792*]

Liebster Schatz,

Nun wie geht Dirs denn, Frau Strohwittwe? Was macht der kleine Junge? Ich wolte sagen der große, denn daß sich der halbjährige Bengel wohl befindet, daran zweifle ich keinen Augenblick.[1] Er sah gestern vortrefflich aus, die Amme hat mir seine beyden Gesichter gewiesen. Das N° 1 war schön, rund und freundlich wie die Sonne, das andere N° 2 blanck und still wie der volle Mond, oder eigentlich wie das erste und lezte Vierthel gegen einander gestellt.

Wie mirs geht? J, so ziemlich, wenn ich mir nur vorstellen könte, daß es Frühling wäre, aber das ist mir schlechterdings unmöglich. Schicke mir doch meinen Peltz und die Peltzhandschuhe, ich will sehen ob es dann besser geht.[2]

Aber höre mal, mit meinem Ober Bette ist etwas vorgegangen. Ich glaube, die Hartmannin[3] hat die Federn herausgenommen und Duckstein[4] hineingestopft. Denn Vögel mit solchen Federn giebt es in gantz Europa nicht. Wenn ich des Morgens erst ein Bein heraus habe, so geht es so ziemlich, ich halte mich am Ofen und ziehe dann das andere nach, aber das erste, das ist der Hencker. Nein! liebes Fleisch von meinem Fleisch,[5] das Bett mag für ein Paar Eheleute gut genug seyn, aber für einen eintzelnen Menschen wie ich ist es wahrlich zu schwer. Des Abends muß mich Georg zudecken und dann drückt es mich so, daß meine Beine gemeiniglich eine halbe Stunde eher einschlafen als ich.

Weißt Du, daß es heute ein Jahr ist, daß wir im Holtze[6] waren? Wo möglich wollen wir hinauf so bald wir es ohne Feuer Stübchen[7] thun können. Lebe recht wohl, liebes Bein von meinem Bein,[5] und empfehle mich dem gantzen Dietrichschen Hauße, der Mamsel Braut[8] und Mamsel Ranchat

von Deinem

G. C. Lichtenberg.

93. An Georg Forster

Liebster Freund,
So eben sagt mir Herr Dr Geyert, der Ueberbringer dieses Briefs, daß er nach Mayntz geht,[1] und ich eile mit dieser Gelegenheit ein Versehen von Dieterichs Leuten gut zu machen und Ihnen ein Exemplar von Erxlebens Physik[2] zu übersenden, das Sie, wie ich erst vor einigen Wochen erfuhr, noch nicht erhalten haben.

Nun tausendfältigen Danck für den 2ten Band Ihrer Ansichten. Ich erhielt ihn zwar schon heute vor 8 Tagen habe aber vorsätzlich die Lectüre auf die Pfingstferien[3] verspart, die ich auf dem Garten zubringe, wo Lauben, reiche Blumenbeete, und reine Lebenslufft[4] sich besser an Didotschen[5] Druck und Forstersche Empfindungen und Gedancken anschließen, als hier die Atmosphäre von Philistäa und seiner Wurstthiere.[6] Allein wahrhafftig nun im Ernst gesprochen, liebster Mann, es wundert mich höchlich, daß Ih-

nen, dem großen Hertzen und Nierenkenner und Prüfer |
die Erfahrung, daß das omnibus satisfacere, sibi autem nun-
quam satisfacere posse[7] grade das rechte Criterium eines
großen Schrifftstellers ist, noch nicht so geläufig geworden
ist, wie andere unendlich feinere, die mir Ihre neueren
Schrifften zu einem wahren Geistes: Fest machen. Cicero,
glaube ich, sagt es von sich und dafür ist er auch Cicero. Lächeln muste ich gestern, da ich eine Recension dieses
2ten Bandes Ihres Buchs im Hamburger Correspondenten[8]
laß, und mit Ihrem Briefe verglich. Der Recensent merckt
nemlich an, daß wenn er ja einen Unterschied zwischen Beyden Bänden angeben solte, so wäre es der, daß ihm der 2te
fast besser gefallen hätte als der erste, und so wird es mir gewiß aus sehr bekannten ästhetischen Gründen auch gehen,
denn den 2ten ließt man und den ersten <u>hat</u> man gelesen.
Nein, lieber Freund, wer Ihnen den Ruhm eines unsrer ersten Schrifftsteller, ja in vieler Rücksicht das des ersten nicht
zuerkennt, muß Ihre Schrifften nicht mit <u>Aufmerksamkeit</u>
gelesen haben, oder weiß nicht was er sagt.

Sie müssen dünckt mich jezt nicht mehr weiter <u>spannen</u>[9],
Sie würden zwar selbst alsdann noch viele Leser behalten, und
mich immer darunter, die | gerne lesen, was die Aufmerck-
samkeit nicht blos unterhält, sondern sehr strenge fordert allein ein eigentlich sogenannter beliebter Schrifftsteller selbst
im guten Verstande bleibt man alsdann nicht mehr. Doch
hiervon künfftig einmal mehr, und vielleicht einmal ex pro-
fesso.[10] Daß, was ich von Ihrem Schrifftstellerischen Verdienst
gesagt habe, aus dem Hertzen kömt können Sie und werden
Sie versichert seyn, widrigenfalls muß ich es mit einem Geständniß belegen, das zwar wieder eine[11] Versicherung ist,
aber doch von der Art, daß es mehr als andre die Zeichen seines Ursprungs an der Stirne trägt[12] und das ist dieses: daß ich
mich von keinem Schrifftsteller so gern genannt lese, als von
Ihnen. Ist das wahr gesprochen oder nicht? Sagen Sie? Bey
mir hat das Geständniß auch der kleinsten Eitelkeit, als Beleg
gesprochen, <u>Eideskrafft</u>. Sehen Sie das heiße ich Stolz, und
Wahrheit.

An Ihren Schicksalen, widrigen und guten, finden Sie immer in mir den hertzlichen Theilnehmer. O ich habe Theilnehmen gelernt, und lerne es immer mehr, mein Bester. Wegen Ihrer kräncklichen Umstände werden Sie Rather genug haben, und einer mehr oder weniger kan also nicht schaden. Vielleicht hat Ihnen aber noch niemand gerathen was ich Ihnen rathen werde. Essen Sie einmal so wenig, daß Sie im eigentlichen Verstand aufhören, wenn andere erst recht anfangen, und des Abends etwa 8 Löffel voll Häring‐Salat oder etwas Sardellen mit Aepfeln, oder kalten Gallertichen Braten‐Jus[13] mit | blosem Brod, solte es Ihnen recht herzlich zu schmecken anfangen, so hören Sie ja auf, amputando[14], ich meine abgedeckt und hinausgetragen. Ich bin überzeugt der gröste Theil des menschlichen Geschlechts ißt $^2/_3$ mehr als er essen solte, zumal die, die nicht im Schweiß ihres Angesichts, sondern in den ätherischen Verdampfungen ihres Nervensaffts ihr Brod essen. Ferner lernen Sie ja die Kunst (denn sie kan erlernt werden) sich der Sorgen zu entschlagen, man muß freylich als treuer Hausvater dem Quell derselben entgegen arbeiten aber ohne an die Sache selbst zu dencken, so wie Sie nach Franckfurt gehen können, ohne den gantzen Weg nur ein eintziges mal daran zu dencken. Es ist freylich nicht gantz leicht, aber bey weitem nicht so schwer als auf dem Seil zu tantzen, und es geht am Ende gewiß. Warum will man solche Künste nicht lernen, die so nöthig in der Welt sind und so nützlich? Von meiner Diät habe ich zuweilen so augenblickliche Hülfe gesehen, daß sich zuweilen sogar Stammbaum‐Erweiterungs Triebe ziemlich hefftig einstellten, wo ich blos Kräffte zum leidigen Präceptorat[15] verlangte.

Da Sie einmal mit dem Himmel einen Tausch[16] treffen solten, so halte ich doch eine Eins 1 immer für besser als eine Nulle o. Sie erinnern sich doch des Berlinischen Castellans der nicht schreiben konte und daher die Printzen mit 1 und die Prinzessinnen mit o bezeichnete.[17] – Der lose Vogel Sömmering meldet mir nicht einmal, daß er auch diese Dyadik (o1) treibt. Ich werde ihm 3 Zeilen schreiben, die schwer ge-

nug seyn sollen. Grüßen Sie Ihre liebe Frau Gemahlin hertzlich und behalten Sie mich lieb.   GCLichtenberg
Göttingen den 27 May 1792.

Könnten Sie nicht durch Müllern etwas für den jungen Zulehner thun.[18] Er ist würcklich ein sehr guter Kopf.

94. An Samuel Thomas Soemmerring

P. P.
Das glaube ich gar gerne, daß es Ihnen nicht mehr Überwin-
dung gekostet hat mir Ihre Vermählung[1] nicht zu melden, als
jemanden ein Bein abzuschneiden, aber Sie müssen darum
nichts destoweniger wissen, daß es mir sehr wehe gethan hat;
und hiermit Gott befohlen.   GCL.

O nein! Das kan ich doch nicht, so Abschied nehmen. Empfangen Sie meine hertzlichen Seegenswünsche theuerster
Freund, zu Ihrem neuen Stande! Nun sind Sie ein Mann,
denn wahrlich ich getraue nicht recht zu sagen was man ist
wenn man nicht verheyrathet ist – doch ledig[2] ist ein herrliches Wort. Empfehlen Sie mich Ihrer Frau Gemahlin. Ich bin
mit wahrer Hochachtung, Verehrung und Freundschafft
                                                      Ihr
Göttingen den 27 May 1792.   GCLichtenberg

95. An Georg Heinrich Hollenberg

Liebster Freund,
Sie müssen und müssen mir vergeben, wenn ich nicht gleich
jeden Wechsel, den Ihre Liebe auf mich stellt, in der Müntze
honorire, die Sie verlangen. Ich meine wenn ich Ihre Briefe
nicht gleich mit Briefen beantworte. Gerade diese Conven-
tions≈Sorte[1] wird meinem Hertzen am schwersten aufzutrei-
ben. Kämen Sie einmal zu mir, bester Hertzens Mann[2], so wolte ich Ihnen erzählen, vorlesen, voressen und vortrincken, ich

wolte Ihre lieben Kinder, und mit Erlaubniß der Obern, auch Ihre Frau Liebste küssen und tausend Dinge thun und sagen und thun und sagen lassen, woraus Sie sehen könten, wie sehr ich Sie liebe und wie präcis ich Ihre Briefe mit stillem Danck beantworte, aber Briefe schreiben, schreiben, mit Dinte und Feder auf Papier, das, das, Engelsmann, ist mir zuweilen so schwer als über einen Zaun zu springen. Aber freylich wenn es so geht, so muß man –

> Doch hierzu gehört eine neue, reine Seite
> also umgewendet.

Lieber, kleiner Hermann Hollenberg[3], sey mir tausendmal gegrüsset, Deiner Braven Eltern wegen, die ich liebe, und denen Du so viel Freude machst, und wenn Du Ihnen folgsam bist, noch ferner machen wirst. Aber erlaube mir, einem alten Freunde Deines guten Vaters und der die Welt etwas kennt, ein Paar Worte: Ich sehe, Du hast keine Hosen an, solche Menschen heißt man jezt sans culottes[4], und darunter versteht man in vielen Gegenden Deines Deutschen Vaterlandes die Satans Brut der Aufklärer, Philosophen, Volckslehrer und Freydencker, kurtz alle Menschen, die sich nicht auf die goldne Dosenjägerey[5] legen. Ob es uns nun gleich keine Schande macht wie Du ohne Hosen in die Welt zu kommen, oder, wie Deines Vaters Freund, bald ohne welche hinauszugehen, so bedecke Dich ja mit diesem nöthigen Kleidungsstück, so lange Du in der Welt wandelst, und lasse sie Dir so schneiden, daß sie, wo möglich, noch über Augen und Ohren gehen, und trage auch Deinen Kopf im Hosen Latz, so wird es Dir nie fehlen. Vor allen Dingen aber, bester Hertzensjunge, befleißige Dich – – Mein Gott, was mache ich? ich dachte nicht, daß sich Wahrheiten nicht mehr gut auf der Post verschicken lassen,[6] also das übrige einmal mündlich. O! Schertz bey Seite! Ihr häusliches Glück hat mir einen hertzlich schönen lieben Abend gemacht. Wenn ich nur Gedult und Krafft zu schreiben hätte![7]

Stunden lang habe ich heute Ihren lezten Brief[8] gesucht um einiges daraus zu beantworten, es ist mir unmöglich gewe-

sen bey meiner Ungedult ihn zu finden, und da ich eben heute etwas Laune zu schreiben habe, so drängen sich die Briefe
so fürchterlich, daß ich schließen muß. Empfehlen Sie mich
daher Ihrer lieben Frau Wöchnerin und Ihrem kleinen sans
Culottes Arminius und allen übrigen recht hertzlich und vergessen Sie mich nicht,   Ihren
                                                          treuen
Göttingen den 2ten September 1793.   G.C.Lichtenberg.

96. An Johann Wolfgang von Goethe

Hochwohlgebohrner Herr,
Hochzuverehrender Herr Geheimder Rath,
Alles was ich seit einigen Jahren unternehme, geht sehr lang-
sam von Statten, und, was das betrübteste bey der Sache ist,
obendrein meistens ohne den Vortheil, den ein altes Sprüchwort sonst einem solchen procedere zusichert, ich meine ohne den einer besseren Ausführung. Ich leide noch immer ausserordentlich an Nerven, und es wird nun auch wohl nicht
besser werden bis ich die Nerven selbst ablege. Ich rechne daher sehr auf Ew. Hochwohlgebohr*nen* Excellentz geneigte Gesinnungen gegen mich, bey dieser Verzögerung meiner Ant-
wort. |
    Ew. Excellentz hätten mir nicht leicht ein größeres Vergnü-
gen machen können, als durch die gütige Mittheilung Ihres
vortrefflichen Aufsatzes[1]. Sie haben mich dadurch auf einen
Theil der Lehre vom Lichte aufmercksam gemacht um den
ich mich bisher wenig bekümmert hatte. Es waren mir zwar einige der gemeinsten Phänomene bey den farbigen Schatten
bekannt, aber die Wahrheit zu gestehen, ich hatte nicht gedacht, daß dort noch so vieles läge, das einer weitern Entwik-
kelung so sehr bedürfte.[2] Die Sache ist sehr angenehm und
soll mich, wenn es meine Kräffte verstatten nicht wenig beschäfftigen.
    Ehe ich Ew. Hochwohlgebohr*ren* einige meiner Gedancken
über die Sache vortrage, muß ich Dieselben vor allen Dingen

246

auf eine Schrifft über diese Materie aufmercksam machen die Dr Gehler in seinem phys.[*ikalischen*] Wörterbuch Artickel: Schatten (blaue) Band III.[3] S. 826 anführt, weil sie nicht allein eine große Menge von zum theil sehr schönen Versuchen enthält (92 an der Zahl) sondern weil der scharfsinnige Verfasser am Ende auf eine Erklärung des Phänomens geräth, die mit der Ihrigen auf eines Hinaus läuft. Der voll- | ständige Titul ist: Observations sur les ombres colorées, contenant une suite d'Expériences sur les différentes couleurs des ombres, sur les moyens de rendre les ombres colorées, et sur les causes de la différence de leurs couleurs. par H. F. T.[4] à Paris 1782 in groß 12mo. Daß dieses Mannes Theorie von der von Ew. Hochwohlgebohr*en*, nicht sehr verschieden ist, werden Sie schon aus dem wenigen was Dr Gehler davon sagt (vermuthlich nach Brisson)[5] ersehen können. Da ich das Buch selbst in Händen habe, so setze ich noch ein kurtzes Resultat aus seinem Versuche mit des Verfassers eignen Worten her: Tout ceci prouve bien, sagt er S. 197, qu'une certaine proportion de clarté entre les Lumieres est non-seulement nécessaire pour colorer les ombres, mais encore que leurs différentes couleurs dépendent aussi de la proportion d'intensité entre les mêmes lumieres.[6] Ich wünschte sehr, daß Ew. Excellentz einmal dieses Buch sehen könten, und erbiete mich daher, falls es , wie ich fast vermuthe, in Ihrer Gegend nicht anzutreffen seyn solte, Ihnen das Exemplar von hiesiger Bibliothek zu übersenden, wenn Sie es befehlen. Es scheint das Aufsehen nicht gemacht zu haben, das es zu machen verdient. Der Verfasser hat sehr viele nette Versuche; unter andern hat er vermittelst zweyer Käfiche, | deren Schatten einander kreuzten, und bey dem Lichte von zwey Talglichtern und einem Caminfeuer rothe, violette, gelbe, blaue und grüne Schatten zu gleicher Zeit gesehen. Wenn anders die Beobachtungen nicht durch die Phantasie zu des Verfassers Zweck etwas abgerundet worden sind; welches gerade in diesem Theil der Physik, bey voller Unschuld des Beobachters, leichter als in irgend einem andern geschehen kan, wovon ich am Ende noch etwas sagen werde.

Trotz der frappanten Versuche, womit Ew. Hochwohlgeboh*ren* Ihre Theorie unterstützen, und so sehr derselben
auch die Beobachtungen des eben genannten HE. T. zu statten zu kommen scheinen, so kan ich mich doch, nach eini-
gem, was ich beobachtet habe, noch nicht entschließen, sie
für gantz ohne Einschränckung richtig zu erkennen. Ich
rechne nämlich bey der gantzen Schatten-Geschichte sehr
viel auf die Unbestimmtheit der Ausdrücke weiß, weißes Papier u.s.w. Die Menschen wissen freylich was das für eine Farbe ist die sie weiß nennen, aber wie vielen mag wohl je die reine weiße Farbe zu Gesicht gekommen seyn? Im gemeinen Leben nennen wir weiß, nicht was weiß aussieht, sondern was
weiß aussehen würde wenn es dem reinen Sonnen Lichte aus-
gesezt wird, oder doch einem Lichte, | das der Qualität nach
nicht sehr von dem Sonnenlichte abweicht. Es ist mehr die
Disposition zum weiß werden und weiß seyn können, in allen
ihren Gradationen, was wir an den Körpern weiß nennen, als
ihre reine weiße Farbe selbst. Ich halte diesen Bogen Papier
z. B für weiß, in der tiefsten Dämmerung, selbst in der Nacht
beym schwächsten Sternenlicht, bey Talg-Wachs-und Lam-
penlicht, im höchsten Sonnenschein, in der Abendröthe, bey
Schnee und Regenwetter, im Walde und im tapezierten Zimmer pp ich bin aber überzeugt, daß er den höchsten Sonnenschein, etwa auf einer Alpenspitze ausgenommen, wo man
noch den Widerschein des blauen Himmels entfernt hätte,
nichts weniger als weiß ist. Wir mercken dieses freylich nicht,
weil in allen unsern Urtheilen die sich auf Gesichts Empfindungen gründen, Urtheil und Empfindung so zusammen-
wachsen, daß es uns in gewissen Jahren kaum möglich ist sie
wieder zu trennen; wir glauben jeden Augenblick etwas zu
empfinden was wir eigentlich blos schließen. [7] Daher rührt es,
daß die schlechten Porträtmahler die Gesichter gantz über
und über mit Fleischfarbe anstreichen; sie können sich gar
nicht vorstellen, daß in einem Menschen-Gesicht blaue grüne gelbe und braune Schatten seyn können, und bey ihrem
Manschetten-Werck verfahren sie so sauberlich, daß man nur
aus dem Ort und dem Umriß erräth, daß der Kalchfleck, den

sie hingeklext haben, eine Manschette vorstellen soll. Meinem Fenster gegenüber steht ein weißer Schornstein, dessen beyden mir sichtbaren Seiten selten einerley Grad von Erleuchtung haben. Zuweilen wenn mir die eine Seite gelb | oder bläulich zu seyn scheint, frage ich Personen von übrigens sehr richtigem Verstand um die Farben des Schornsteins. Gewöhnlich ist die Antwort, er ist so weiß auf der einen Seite als auf der andern, auf die eine scheint aber die Sonne, das macht den Unterschied. In der Camera obskura fallen die Urtheile schon richtiger aus; daher wird auch das Colorit[8] leichter nach den Wercken großer Meister als nach der Natur studirt, weil man dort die Farbe schon vom Urtheil geschieden auf der Leinwand hat, u sie wie jeden andern gefärbten Lappen untersuchen kan gegen allerley Licht und in allerley Neigungs Winckeln gegen dasselbe; hier aber erst Urtheil von Empfindung geschieden werden muß, das nicht jedermans Sache ist. Mit einem Wort: Weisse nennen wir die Disposition der Oberfläche eines Körpers alle Arten gefärbten lichtes gleich starck nach allen Richtungen zurückzuwerfen und ein solcher Körper erscheint auch würcklich weiß, wenn jenes gefärbte Licht, der Menge sowohl als der Beschaffenheit u Intension nach, auf ihn fällt, in allen andern Fällen nicht.[9] Es läßt sich also fast das unendliche gegen Eins verwetten, daß ein Körper z.B. ein Bogen weißes Papier, der die <u>Capacität</u> zur Weisse im höchsten Grade besizt nie eigentlich weiß erscheinen werde und nie auf einem Gemählde weiß dargestellt werden dürfe. z.B. Ich schreibe jezt einem Fenster gegenüber, das nach Mitternacht sieht, der Himmel ist ziemlich heiter u mehrere Dächer, die gegen Mittag u Abend gerichtet sind, werden von der Sonne etwas | beschienen; mein Zimmer ist himmelblau tapeziert, die weiße Decke desselben wird beträchtlich durch die genüberstehende[10] Häußer erleuchtet, was für mannigfaltiges Licht fällt nicht auf dieses Blatt? Daß aber alle die Farben dieser Gegenstände auf dem Papier liegen bedarf dünckt mich keines Beweißes. Denn, wenn ich das Zimmer gantz verfinstern und nun nach Belieben bald hier und da ein Loch in die Wand stechen könte, so würde sich auf ihm allemal die Farbe eines Gegenstandes an der Stelle zeigen, die mit dem Gegenstand und dem Loche in einer geraden Linie läge. So wie ich also, nachdem ich das Loch bald hier bald da bohrte, blaue rothe u gelbe pp Flecke auf meinem Papier hervorbringen könte, so entstehen auch die Schatten auf einem sogenannten Weißen Papier, wenn Licht abgehalten wird, das nöthig ist die sogenannte Weisse (die es aber nicht ist) hervorzubringen. Daß der blaue Schatten nicht vom blauen Himmel herkomme, haben Ew. Hochwohlgebohren, glaube ich, unwiderleglich dargethan;[11] allein ich glaube daß auch beym trüben Himmel entweder das blaue immer herrschend sey, oder daß wenigstens das graue in der Nachbarschafft von dem gelben uns blau scheine.[12] Dieses habe ich auf eine Weise erfahren, die mir keinen Zweifel übrig läßt. Ich besitze einen Planspiegel von fast Orangegelbem Glase. Mit dem setzte ich mich an die vom Fenster am weitesten entfernte Wand.[13] Es war ein sehr | trüber Tag. Als ich in diesem Spiegel das Fenster mit seinen dunckeln Stäben betrachtete, so sah ich manche darunter dreymal, einmal schwartz, einmal orange Gelb u einmal himmelblau. Ich erklärte mir die Erscheinung so u ich glaube nicht, daß ich mich irre. Der Spiegel machte 2 Bilder eines von der Oberfläche wie jede andere Spiegelscheibe und eines von der Belegung, das Bild eines Stabes von der Belegung her war schwartz wenn es zugleich mit dem Bilde eines Stabes von der Oberfläche her zusammentraf; orangefarb, wenn das Bild von der Oberfläche her den hellen Himmel von der Belegung her unter sich hatte, und himmelblau, wenn das Bild von der Belegung her den hellen Himmel von der Oberfläche her über sich hatte. Es sah vortrefflich aus. Sobald ich aber eine gelbe nicht belegte Spiegelscheibe darneben legte, so fand ich aus der Vergleichung, daß das, was ich in schmalen Streifen zwischen dem vielen und herrlichen gelben für himmelblau hielt, weiter nichts war als das Graue des Himmels, das ich auch auf der Spiegelscheibe sah, und endlich fieng ich sogar an meine himmelblauen Streiffen nicht mehr für blau zu halten.

Ob ich mir also gleich einiges in Ew. Excellenz Versuchen noch nicht erklären kan, so möchte doch dieses vielleicht geschehen, wenn mir das Locale, auf welches hier ausserordentlich viel ankömt, gantz bekannt wäre. Auch dieses | habe ich erfahren. Vor etwa 10 Tagen, da die Sonne auf meinen Gang um 12 Uhr schien, hielt ich einen Schlüssel gegen eine weiße Wand, die durch bloße Reflexion erleuchtet war, und fand den Schatten blaß lilla. Heute um 12 Uhr, da die Umstände bis etwa die verschiedene Declination der Sonne, den vorigen sensibiliter[14] gleich waren, hielt ich den Schlüssel an dieselbe Wand u der Schatten war schmutzig gelblich. Haben Ew. Hochwohlgebohren wohl auch schon die herrlichen lilla Schatten gesehen? Da ich seit dem Empfang Ihres Schreibens den bunten Schatten nachlaufe, wie ehmals als Knabe den Schmetterlingen,[15] so hatte ich neulich in einer meiner Kammern unvermuthet einen herrlichen Anblick. Es herrschte in dieser Kammer, worin ich Bücher stehen habe, ein sonderbares, ungewisses, magisches Licht dem man ansah, daß es das Product durcheinander geworfener Bilder von gegenüber befindlichen u von der Sonne beschienenen Gegenständen war, denen ein halb herabgelassener weißer Vorhang den Eingang zum theil erschwerte. Gleich stellte ich am entferntesten Ende vom Fenster einen Bogen Papier auf, als ich meine Hand dargegen hielt war der Schatten lilla u nah angehalten Schwartz mit lilla Einfassung u zur Seite lagen 2 bis 3 blaß grüne Schatten. Ein dicker Bleystifft horizontal gehalten, zeigte nur einen lilla Schatten; vertikal, lilla und blaß grüne neben einander. |

Ohne mich weiter in meine Erklärung einlassen zu dürfen, werden Ew. Excellenz schon sehen wo ich hinaus will, ich lasse also die Anwendung weg. Doch will ich damit gar nicht sagen daß nicht irgend hierin etwas noch zurück sey, das anders erklärt werden muß. Es ist z.B. gewiß, daß wenn man lange durch ein rothes Glas sieht und zieht es plötzlich vor den Augen weg, so erscheinen die Gegenstände einen Augenblick grünlich; sieht man hingegen durch ein grünes Glas, so erscheinen sie alsdann Anfangs röthlich. Dieses hängt mit Büffons couleurs accidentelles[16] zusammen, die man in den Augen bemerckt.[17]

Mit einem Wort, ich glaube die Sache ist sehr wichtig und ich verspreche mir von Ew. Excellenz Bemühungen nach diesem herrlichen Anfange sehr viel. Ich werde gewiß so viel es die Umstände verstatten mitarbeiten u nicht versäumen Denselben Nachricht zu geben.

Dr Gehler führt noch 2 Schrifften an, eine von Beguelin[18] und eine von Opoix[19], die wahrscheinlich von weniger Bedeutung seyn werden.

Ich bitte mir mein flüchtiges Geschreibe gütigst zu vergeben, der ich mit der größten Hochachtung und innigsten Verehrung die Ehre habe zu verharren

Ew. Excellenz
unterthäniger Diener
Göttingen den 7 Oct. 1793. GCLichtenberg.

97. An Johann Daniel Ramberg

Wohlgebohrner Herr
Hochzuverehrender Herr Commerz⸗Rath.
Mit der Absendung der Laterna magica[1] hat sich es wieder bis jezt durch einen Zufall verspätet. Mein Herr Magister Seyde, der im Collegio mein amanuensis[2] ist hatte die Verpackung übernommen und alles bey sich im Hauße, als er bey Verfertigung eines Phosphor⸗Feuerzeugs sich die Finger so entsezlich verbrannte, daß seine Hand wircklich einige Zeit unbrauchbar ward, und er nur froh ist, daß er jezt den Gebrauch mit einem geringen Verlust von Substanz wieder hat.

Ew. Wohlgeboh*ren* werden einige [*Teile?*] etwas zerbrochen finden. Ich bitte daher inständigst um Vergebung. Es ist bey so häufigem Gebrauch kaum möglich. Es geht | mir selbst, ich meine an meinem eigenen Leibe so. Es wird alles alt!!!

Der eine Hohlspiegel, den Ew. Wohlgeboh*ren* dabey finden werden, that anfangs vortreffliche Dienste. Er ist in Franckfurt von einem berühmten Reverberen⸗Macher[3] versilbert worden.

Ich sage Ew. Wohlgebohren nochmals gehorsamsten Danck für die Geduld die Sie mit einem so bösen Bezahler gehabt haben, kan aber denn doch nicht unterlassen gehorsamst an das Versprechen zu erinnern, das Sie mir gütigst gethan haben mir einmal eine Laterna magica besorgen zu lassen. Daß ich [*für*] alle Auslagen stehe, versteht sich von selbst.

Haben Sie wohl ein Hefft Hogarthischer Kupferstiche erhalten, das ich Ihnen geschickt habe?[4] Nehmen Sie es doch ja nicht übel auf und beurtheilen Sie es nicht zu strenge. Es sind ja keine eigentliche Kunstwerke. Mit Werken jener Art lassen sich solch Einfälle so | wenig vergleichen, und nach ihnen richten als Hudibras[5] nach dem Virgil. Hätte Hogarth lauter solche Menschen

gezeichnet[6], so hätte man schon bey manchen seiner Ideen zufrieden seyn können.

Noch immer kein Friede![7] Was wird das werden? Fast wird einem bange, zumal wenn man seine Begriffe von der Sache nicht nach den Zeitungen, sondern nach Briefen von der Stelle formirt. Das frantzösische Militär wird überall verachtet, nur von den sehr braven Leuten nicht, die ihnen gegenüberstehen, und das ist recht. Würden sie auch von unsern Generalen verachtet so wären wir verlohren. Mann gegen Mann mit den unsrigen verglichen ist es wahres Lumpen Volck aber die Menge, nicht blos im Raum auf einmal, sondern auch in der Zeit hinter einander. Mir fällt immer die Geschichte von dem Elephanten ein, keine Fabel, sondern sie steht in einem der lezten Bände der Philos. Transacktionen. Ein Elephant gerieth in ein Feld Ameisen, von den berühmten hungrigen Bestien. Sie fielen ihn muthig an und überzogen seinen gantzen Körper und krochen ihm in den Rüssel. Er mag ihrer vielleicht viele Millionen zertretten und zu Brey gewälzt haben, allein das Ende vom Liede war, man fand nach einigen Tagen vom Elephanten nichts als das bloße Skelet.[8] Vielleicht machen beyliegende Zeichnungen Ew. Wohlgeboh*ren* einiges Vergnügen. Es sind gefangene Franzosen, von meinem Bruder, der in der Eile gut trifft, ad vivum gezeichnet.[9] Die meisten hat er selbst gesprochen. Auf Hände und Füße ist weder Zeit noch Kunst verschwendet worden. Ich bitte sie mir einmal gelegentlich wieder zurück aus.

Nun empfehlen Sie mich Ihrem Herrn Sohne[10], so wie überhaupt Dero gantzem werthen Haußе, Ihren innigsten Verehrer, Freund und   gehorsamsten Diener
Göttingen den 8ten Jun 1794.   GCLichtenberg

98. An Johann Daniel Ramberg

Verehrungswerther Herr Commerzrath,
Was das für ein vermaledeyter Sünder seyn muß, werden Sie von mir sagen, der einen erst um ein Almosen quält, und wenn man es ihm reichen will, zu faul ist darnach zu greifen. – Ich habe freylich schuld, aber so arg doch nicht. Die Sache verhält sich so: Eine gantz honorable Bürgerfrau, die ich sehr wohl kenne, wolte eines Gesuchs wegen bey der Regierung nach Hannover reisen[1] und fragte bey mir an ob ich etwas mitzuschicken hätte. Ich packte also, um ihr einen Gefallen zu thun, das Glas[2] für Ew. Wohlgeboh*ren* ein und überschickte es ihr. Sie können also glauben, werthester Freund, als ich von Ihnen erfuhr daß das Glas nicht abgeliefert worden war, erschrack ich nicht wenig. Indessen ist alles recht gut, die Reise hat sich verzögert und ich habe das Glas wieder; ich bedaure nur, daß ich Sie für Ihre große Güte so lange in suspenso gelassen habe. Ich habe also die Ehre die verlangte Oefnung[3] beyzulegen. Am angenehmsten wäre es mir, wenn die gantze Maschine unter Ihrer Einsichts⸗|vollen Leitung verfertigt werden könte. Aber eine nothwendige Bedingung ist, daß ich für alles bezahle und zwar weil Sie, was Sie hierbey schencken wolten, wenigstens <u>mir</u> nicht schencken <u>würden</u>. Ich werde das Gantze dem Physikalischen Cabinet einverleiben. Nun hat

mir Königliche Regierung gantz überlassen, was ich anschaffen will, wovon ich die Rechnung an HE. Eisendecher[4] einschicke. Was wolten Sie sich also da in Unkosten setzen? Freylich wird, wie ich leicht voraussehen kan, das beste immer ein Geschenck seyn und bleiben müssen, ich meine die Gemählde. Eine Bezahlung für diese nach Würde möchte auch die Summe gar sehr übersteigen, die ein Cabinet wie das unsrige auf eine Zauberlaterne verwenden kan.

Ach Gott ich mag fast die Zeitungen gar nicht mehr lesen. Wer hätte als wir in Hannover beysammen waren,[5] dencken sollen, daß mitten in Europa eine Räuber: Nation entstehen würde, mit der, wenn sie glücklich ist, die übrigen Staaten Krieg und Frieden so beschließen und schließen werden müssen wie mit Tunis und Algier[6] und daß diese Nation die seyn würde, zu der wir unsere Regenten in die Schule schickten, um Sitten und Artigkeit zu lernen.[7] Daß doch noch niemand im Convent[8] den Vorschlag gethan die Guillotinirten zu essen. Ich glaube das | kömt noch – und dann die Pest!

Verzeyhen mir Ew. Wohlgebohren diesen etwas verwirrten Brief. Ich schreibe ihn in Gegenwart von Personen, die bey mir sind um mit mir einer Gesellschafft entgegen zu reisen, die aus dem Bade zurückkehrt.[9]

Empfehlen Sie mich allen Freunden gehorsamst, gantz

der Ihrige

Göttingen den 10ten Julii 1794.　　　　　GCLichtenberg

99. An Johann Gottwerth Müller

Verehrungswerther Herr und Freund,

Ich weiß nicht, ob Ihnen bekannt geworden ist, daß gerade um die Zeit, ja fast an demselben Tage, da die Revolution in Frankreich ausbrach, eine höchst merkwürdige in meinem Körper und in meinem Hauswesen ausgebrochen ist.[1] Ich habe mich verheyrathet, und das ist die schöne Seite der Umwälzung, und wurde von einem asthmate convulsivo[2] befallen, das mir über vier Wochen hinter einander fast täglich mit Ersticken drohte, das ist die häßliche. Von dem ersten Theil sage ich Ihnen, theuerster Freund, weiter nichts, als daß ich höchst glücklich und vergnügt lebe, vier Kinder um mich her laufen habe, die Gottlob alle sehr gesund sind, und mir, mit meinem vortrefflichen Weibe[3] mein Leben so sehr versüßen, daß ich auf den Theil desselben, da ich verheyrathet hätte seyn können und es nicht war, als auf einen halb wilden Zustand zurückblicke. Dieses geht so weit, daß ich, so wie Cato ehemals seine Reden immer mit Carthaginem esse delendam schloß, ich meine Briefe an unverheyrathete Freunde immer mit uxorem esse ducendam[4] schliesse. – Aber von dem zweyten Theil, mein Liebster, habe ich mehr zu sagen. Wäre es bey den benannten 4 Wochen geblieben, so würde ich kaum einmal davon geredet und am allerwenigsten ihn eine Revolution genannt haben. Nach jenem Anfall wurde ich bettlägerig, lag im strengsten Verstand ein geschlagenes Calender halbes Jahr von $^{365}/_2$ Tagen, lebte in demselben größtentheils von Arzneien, machte mich zwar wieder heraus, aber wie? Eheu quantum mutatus ab illo![5] Wahrlich unser verklärter Leib,[6] am Tage der Auferstehung, kan von dem eingescharrten Madensack[7] nicht so verschieden seyn, als es der sich herausmachende Hofrath von dem vor $^{365}/_2$ Tagen zu Bett gebrachten war, nur mit dem mächtigen Unterschied, daß der verklärte im Bette blieb und der Madensack aufstund. Meine Munterkeit, meine Furchtlosigkeit, meine Sorgenlosigkeit, meine Liebe zum lesen und zu schreiben wenigstens für mich selbst, Thätigkeit überhaupt, alles das blieb im Bette, und ist nun fort. Mein ganzes jetziges Leben kommt mir so unzusammenhängend mit sich selbst und mit dem vorigen Theil vor, daß Sie es kaum für den Index darüber halten würden, wenn Sie es mit meinen Augen sähen. Ich fing an, mich als eine ganz andere Person anzusehen und glaube förmlich, die Schulden, die der verklärte contrahirt hätte, wäre der Madensack nicht schuldig zu bezahlen. So fieng meine ganze Correspondenz an, stille zu stehen. Wenn ich noch Briefe schrieb, so waren es immer solche, worin, wenigstens im Postskript, etwas vorkam, was das Feuer in der <u>Küche</u> zu unterhalten diente, oder wo ich wegen

Saumseligkeit gerichtlich hätte belangt werden können. Die Feder, aus der sonst mancher Scherz für meine Freunde floß, gebahr jetzt fast nichts mehr als Valuta's, Uso's und Sichte,[8] wenigstens weiß ich das, was sie schrieb, nicht kürzer auszudrücken als mit diesen Worten, die wohl nicht leicht unästhetischer seyn können. Hier haben Sie, vortrefflicher Mann, die data zu einer Einleitung zu dieser erneuerten Correspondenz mit Ihnen, die*) ich nun nicht weiter verfolgen will. Ich setze nur dieses einzige hinzu, daß ich mich in diesem fruchtbaren Gewitter⸗Jahre[9] sehr, sehr viel leidlicher befinde, und Hoffnung habe, noch einmal wieder zu werden.

Aus meinem Herzen sind Sie, guter Mann, warmer Freund und – deutscher Fielding[10], nie gekommen, so wenig nach meiner Auferstehung, als vor meinem Hintritt. Ihren Brief, den mir Ihr vortrefflicher von Brincken überbracht hat, habe ich nicht ohne die größte Rührung gelesen. Wäre Dieterich damals hier gewesen, dessen Gegenwart zu einer vollständigen Antwort nöthig war, so hätte ich sogleich wieder geantwortet, aber der blieb lange aus, weil er von Leipzig über Gotha zurückkehrte, wo die künftigen Schwieger⸗Eltern seines ältesten Sohnes[11] wohnen und noch eine Menge Menschen, mit denen Dieterich vor 50, schreibe funfzig, Jahren gewirthschaftet hatte und nun in s. 73sten Jahre auf demselben Fuß zu wirthschaften anfieng. Als er kam, stellte sich mit dem süd-heissen (es mag stehen bleiben, ich wollte schreiben siedheissen) Wetter wieder meine fürchterliche Indolenz[12] ein und so unterblieb die Antwort bis heute, da sich Ihr vortrefflicher Freund erbietet, sie Ihnen zuzustellen. Dieterich ist wahrlich Ihr Freund vor wie nach. Etwas Nachlässigkeit, die ihm immer eigen war, und etwas Gedächtnißschwäche, wodurch allein sich sein Alter etwas offenbart, und allerley häußliche Umstände, von der traurigsten Art, worunter aber Gottlob Abnahme an HandelsWohlstand nicht gehöret, haben mehrere solche Stillstände verursacht, wie der zwischen Ihnen und

---

*) Videlicet die Einleitung, nicht die Correspondenz, videatur contextus.[16]

ihm. Er liebt sie unaussprechlich und hält sich für von Ihnen vergessen. Vergessen Sie ihn doch nicht und segnen Sie einmal seine Presse wieder. Ich weiß, er wird selbst die Brosamen begierig aufnehmen, die von Ihrem Tische fallen, denn es hat ihn nicht wenig geschmerzt, daß Sie Ihre Ananas[13] nach Berlin und Stettin geschickt haben. Wollen Sie ihn wieder zu Gnaden annehmen: so lassen Sie die Sache durch meine Hände gehen.

Ueber die Unerschöpflichkeit Ihres Genies, theuerster Freund, muß ich in Wahrheit erstaunen. Sie tragen in dem kleinen Itzehoe ein ganzes London in Ihrem Kopf. Sagen Sie mir doch, wie Sie das anfangen, und was für eine Herschelsche Erfindung Sie gemacht haben, daß Sie an Ihrem geringen Wohnort so tief und so richtig in die Welt hineinschauen, daß die Umfahrer und Umsegler derselben hinter Ihnen zurückbleiben. Vielleicht nehme ich ehestens Gelegenheit, Ihnen meinen Dank für das Vergnügen, das Sie mir gemacht haben, öffentlich zu bezeigen, wenn es auch blos in einem Paar hingeworfenen Zeilen geschehen solte, freylich wird es auch nicht blos des Danks wegen geschehen, sondern (dieses wird blos gewispert) um dem Publikum zu sagen, daß ich diesen Mann kenne und daß er mein Freund ist.[14]

Was macht denn mein liebes Pathchen[15], kömmt er bald nach Göttingen?

Nun, liebster Freund, empfehlen Sie mich Ihrer würdigen Gattin, von deren Lobe jeder voll ist, der dorthin kömt, und behalten Sie mich lieb   Ihren ewig treuen
Göttingen d. 16. Juli 1794.   G.C.Lichtenberg.

Hr. Dieterich, der Ihnen tausend Grüsse schickt, wolte Ihnen etwas substantielleres schicken, nemlich Mettwürste und eine Flasche Liqueur, aber Ihr Freund konte es nicht mitnehmen.

100. An Friedrich August Lichtenberg

Dein Brief[1], mein theuerster, liebster Vetter, hat mich und die Meinigen sehr gerührt. Ich nehme den herzlichsten Antheil an dem traurigen Geschicke, daß Dich und Deine liebe Frau Gemahlin betroffen hat.[2] Ich bitte den Himmel, daß er von Dir und Deinem Hauße, bey dieser traurigen Zeit, wenigstens die körperlichen Leiden entfernen möge, gegen welche der stärckste Muth nichts vermag. Den übrigen, hoffe ich, wirst Du als Mann entgegen gehen und den lieben Deinigen zum Beyspiel dienen. Du bist noch jung; Deine Stärcke wird wieder kommen. Mit mir ist es anders, und dennoch habe ich Muth. Wir sind bisher auf unserer Reise durch dieses Jammerthal in Kutschen gefahren, jezt stehen wir alle am Ufer des stürmischen Meeres und müssen hinüber.[3] Es kan seyn, daß da Wasser und Brodt unser wartet, oder daß wir versincken. Auch gut, dencke ich zuweilen. Das ist der Fall von Tausenden. – Du thust sehr Recht, Dein Vaterland nicht zu verlassen. Ich bin willens die Schurcken[4] an meinem Schreibtische zu erwarten, es gehe wie es gehe. Ich habe den Tod sehr nahe gesehen,[5] und seit der Zeit sind mir eine Menge von Dingen, die die Welt fürchtet, eine Kleinigkeit. Aber Alter thut auch etwas dabey, freylich.

Noch zur Zeit fürchte ich im Ernst die Franzosen nicht, ich kan mich irren. Allein je weiter sie vordringen, desto mehr vergrößert sich der Umfang. Denckt man sich die Ausbreitung sehr weit hinaus, so würden sie eintzeln todt geschlagen werden, und so etwas könte ihnen früher passircn. An Muth dazu fehlt es bey uns im Innern des Landes nicht, wie es auch sonst mit unsern Armeen stehen mag. Die Schurcken möchten ihr Ende finden, ehe sie die Elbe erreichen.

Theuerung haben wir unter unserer weisen Regierung schlechterdings nicht.[6] Einige Veränderungen in den Preißen der Dinge sind nicht der Rede werth, wir haben es in nassen Jahren sehr viel schlimmer gehabt,[7] und wäre kein Krieg und keine Furcht, so würde man davon nicht einmal reden.

Meine Zeit verstreicht, also nur noch kurtz Einiges. Vierzehn Tage vor der Revolution in Holland erhielt ich einen Ruf nach Leyden[8] mit 2000 *Gulden* Gehalte und 500 *Gulden* an Emolumenten[9] und Freyheit mir bessere Conditionen noch zu machen. Und was mich besonders gefreut hat, war der Umstand, daß ich von allen Curatoren, wovon 2 von der oranischen und 2 von der patriotischen Parthey[10] waren, einstimmig gewählt worden bin. Du kannst Dir, mein lieber Vetter, leicht dencken, daß ich es ausschlug, und zwar ohne unserer vortrefflichen Regierung auch nur ein Wort davon zu sagen. Sie erfuhr es aber, und ich erhielt das ehrenvollste Schreiben, eine Art von Danck, mit der Versicherung unter Siegel, bey der ersten Gelegenheit entschädigt zu werden.[11]

Vom Hogarth[12] erhältst Du alle Fortsetzung gewiß. Gott gebe, daß es in Frieden geschieht. Ich habe mich zu dieser Arbeit entschlossen meiner Familie wegen.[13] Hiervon künfftig mehr. Ich weiß meine müssigen Stunden nicht besser anzuwenden, wie Du mir gerne zugeben wirst, wenn ich Dir im **Vertrauen** sage, daß ich für das erste Hefft 80 Louisd'or erhalten habe, ich glaube nach eurem Gelde 720 Gulden, und das habe ich spielend an etwa 20 Sommer Morgen zusammengeschrieben. Soll man so etwas nicht thun? Das zweyte Hefft[14] erscheint ehestens. Auch diese Anstalt würden die Vandalen vernichten, wenn sie kämen.

Laß Ja kein solches Correspondentz‍: Interregnum[15] mehr eintreten. Ich verspreche Dir von meiner Seite Präcision. Der Mezger, der Deinen lezten Brief überbringen solte, hat ihn nicht selbst gebracht, und eben so wenig hat er sich bey seiner vermuthlichen Retour bey mir eingestellt.

Nun Adieu, mein Lieber, sey von meiner Liebe überzeugt. Ich vergesse [*die beiden?*] diesjährigen [*Kalender gewiß nicht?*] Empfiehl mich Deiner Frau Gemahlin und dem sämtlichen Hause gehorsamst.   GCLichtenberg
Göttingen
den 20ten Febr 1795.

101. An Ludwig Christian Lichtenberg

Mein lieber Bruder,
Der Himmel hat am vergangenen Sonnabend unsere kleine Heerde wieder mit einem Mutterschäfchen[1] vermehrt. Ich schreibe dieses mit Empfindungen, die mir kaum noch die Fähigkeit dazu laßen. Sprechen würde ich nicht können, wenn ich Dir dieses in der Wochenstube vor dem Bette sagen solte. Die Güte, die Geduld und das Vertrauen auf den Himmel bey dieser vortrefflichen Frau, und unsere wechselseitige Liebe, die Freundschafft die täglich wächßt sind nicht für Worte. Sie so wohl als das Kind sind so gesund, als es nur möglich ist. Als ich ihr den liebevollen Schluß Deines Briefs vorlaß drückte sie mir die Hand, und wendete ihr Gesicht ab um ihre Freudenthränen zu verbergen. Ich bin überzeugt, der Himmel wird sorgen. Sparen und arbeiten muß freylich die Ordre du Jour[2] seyn, und in der Welt giebt es dazu für Menschen von Gefühl kein größeres Reitzungs Mittel, als Kinder und eine solche Ehe, von der noch gestern gesagt wurde, sie habe wohl nicht viele ihres gleichen in der Welt, und der Antheil, den alle gute Menschen an unserm Schicksale deswegen nehmen, ist unbeschreiblich. Friede und häußliches Vergnügen den gantzen Tag. Liebe für unsere Kinder und unserer Kinder für uns, keinen Pfennig Schulden, u.s.w., wer das sehen will, der komme zu uns. Sind wir unglücklich, so haben wir den Trost, es weniger verdient zu haben, als irgend eine Familie in der Welt. Um die Fortsetzung Deiner brüderlichen Liebe dürfen wir wohl nicht bitten, denn einen größern Trost in der Welt haben Wir nicht und schwerlich Du ein Dir mehr ergebenes Hertz als unser für sich und Dich vereintes. Wir wollen aber doch, geliebts Gott[3], sorgen daß die Heerde nicht größer wird![4]
Da ich nicht selbst schreiben kan und mag, so thue uns die Liebe und laß den Vorfall in dem Friedheimischen Hause ansagen, blos als einen Auftrag von Mir und meiner Frau. Sie werden alsdann zugleich empfinden, daß sie einen Fehl-

tritt begangen haben, da sie Dir die Niederkunfft der jungen Madame[5] nicht anzeigten, und doch ist der Verweis auch so, daß es nicht läßt[6], als hättest Du es übel genommen, da das Gantze blos ein Auftrag ist. Dieterich wird es freylich schreiben, aber ich wünschte doch, daß auch etwas von meiner Seite geschähe, da die Leute meiner Frau sehr viele Ehre erzeugt haben.

Der Beyfall, den Du dem Operi[7] geschenckt hast, ist für mich der größeste Triumph. Wahrlich ich verlange keinen größern Lohn, denn, die Wahrheit zu gestehen, ich habe Dich gefürchtet, und fürchte überhaupt (salvis juribus fraternis[8] versteht sich) wenig Menschen als Dich. Lebten wir beysammen, so wolten wir etwas aus dem Werck machen, das schwerlich seines gleichen haben würde. Das Schreiben ist verdrüßlich, allein wo das pro und contra mündlich Schlag auf Schlag gegeben und parirt werden kan, da geht es ohne großen Gewinn nicht ab, und es entstehen Gedancken von großem Werth, die keiner Parthey gantz gehören, und die, isolirt, auch keine Parthey gehabt haben würde. Zwey Verbesserungen gehören gantz meiner Frau zu. S. 102 Z. 4 hatte ich beschnitten statt verstümmelt[9] gesezt, und sie fand es unanständig. Aber wahrlich, ich bin ihr Danck schuldig für eine andre Verbesserung, deren Unterlassung übele Folgen wo nicht für mich, doch für Dieterich hätte haben können, indem das Buch gewiß zu Wien[10] würde verboten worden seyn. Nämlich S. 229 Zeile 12 der Note hatte ich gesezt: Hier ist mehr als Trianon,[11] (auf welches bekanntlich die selige Königin von Franckreich Millionen verschwendet hat). Kaum hatte ich ihr den Sinn erklärt, als sie mir sagte: O das lasse ja weg und wahrlich ich bin froh, daß ich es weggestrichen habe. Jezt begreife ich kaum wie ich so etwas habe schreiben können. Aber ich dachte blos an die sinnlose Verschwenderin, und nicht an das unglücklichste Geschöpf der gantzen Welt auf dem Schinderkarrn mit abgeschnittnen Haaren und mit an den Ellnbogen durchgescheuertem Wams!!! Meine liebe Frau dachte nur an die lezte Scene, die freylich alles verschlingt.

Ich werde sie künfftig immer bey ähnlichen Gelegenheiten befragen.

Ihren Gruß an Dich gab Sie mir mit gefalteten Händen und ich mußte mich entfernen. Lebe recht wohl, mein lieber Bruder. Es wird alles gut gehen.

Den Sterbe Tag unserer unvergeßlichen Mutter[12], den 11ten Junii habe ich, wie einen Heiligen=Tag, begangen. Ich glaube, wenn ich fähig wäre irgend in der Welt etwas schlechtes zu machiniren,[13] so würde der Gedancke an folgende unvergeßlichen alles in der Brut zerstöhren, an unsere Mutter, an meine Frau und Kinder und an Dich!

Adieu, Adieu.

Künfftig etwas auf Deine Bemerckungen über das Brod und die Cocus Nußschaale.[14] Heute habe ich nicht einen Augenblick mehr Zeit.

[*Göttingen.*] Den 15ten Junii 95. G.C.Lichtenberg.

102. An Johann Wolfgang von Goethe

Hochwohlgebohrner Herr,
Hochzuverehrender HErr Geheimer Rath
Für die mir übersandten Schrifften[1] statte ich Ew. Hochwohlgeboh*ren* unterthänigen Danck ab und nehme mir zugleich die Freyheit Ihnen das 2te Hefft von meinen skandaleusen Excursionen über den Hogarth[2] vorzulegen. Obgleich zwischen meinem Danck und meiner Anmeldung eines kleinen Geschencks die copula Und steht, so | muß ich doch sehr bitten, mir zu Liebe dieses mal lieber alles in der Welt bey diesem Und zu dencken als eine copulam zwischen beyden, ich meine so was wie Ersatz für das Gedancken=Fest[3], das mir Ihre unnachahmlichen Schrifft[*en*] gewährt haben. Wahrlich ich darf mir bey den jetzigen trüben und langen Abenden gar die Möglichkeit einer solchen Vergleichung nicht einmal gedencken, ohne mich herzlich zu schämen. Ich hoffe aber auch oder bin vielmehr sicher überzeugt, daß Sie alles zum Besten kehren werden.

Vielleicht habe ich die Ehre Ihnen noch diesen Herbst eine kleine physikalische Schrifft[4] von mir vorzulegen. Meine Absicht war auch wircklich gegenwärtige noch bis dahin zurück zu halten. Da aber Herr Prof. Hufeland[5] sich zu einer Bestellung nach Weimar erbietet, so mag diese allein vorangehen.

Mit der größesten Hochachtung und innigsten Verehrung habe ich die Ehre zu seyn

Ew: Hochwohlgeboh*ren*

gehorsamster Diener

Göttingen den 12 oct. 1795.   GCLichtenberg.

103. An Johann Wolfgang von Goethe

Hochwohlgebohrner Herr,

Hochzuverehrender Herr Geheimer Rath,

Meinen herzlichsten Danck für die wahrhafft große Unterhaltung, die Sie mir mit der Fortsetzung Ihres Romanes gewährt haben.[1] Solte es wohl gantz ein Roman seyn?[2] Ich habe sie mit dem Gefühl von Gegendruck gelesen, ohne welches ich in keinem Buch fortfahren kan. Ich kan nicht recht deutlich sagen was ich unter diesem Ausdruck verstehe, ich glaube aber der Sache nahe zu kommen, wenn ich es durch offt wiederkehrendes Gefühl von der Superiorität des Schrifftstellers über mein werthes Selbst nenne; diese bestehe nun in der Anordnung, dem Ausdrucke, den Gedancken oder den Empfindungen. Mit einem Wort ich lese gar keine Bücher, wo ich noch beym dritten oder 4ten Bogen sagen kan: das kan ich auch.[3]

Hier kömmt der Cellini.[4] Ew. Hochwohlgeboh*ren* Brief war unter Colleg- Papiere gerathen, und erst vor ein Paar Tagen, da ich eben willens war noch einmal nach dem Nahmen zu fragen, fand ich ihn zu meiner großen Freude von ungefehr. Sie können ihn bis gegen Ostern behalten. Nach Ostern | müssen aber nach einem neuen, aber gewiß sehr guten Gesetz alle Bücher in natura vorgezeigt werden. Denn man hat gefunden, daß bey dem bisherigen Verfahren Bücher verlohren giengen, und für die Bibliothek in bloßen Assignaten existirten.[5]

Mit der größten Hochachtung und Verehrung verharre ich

Ew. Hochwohlgeboh*ren*
gehorsamster Diener
Göttingen den 15 Jenner 1796.   GCLichtenberg.

104. An Johann Beckmann

Ew. Wohlgeboh*ren*
überhäufen mich in der That mit Güte. Ich dancke Ihnen verbindlichst für die beyden vortrefflichen Geschencke[1], die sie mir gemacht haben. In ihren Schrifften giebt es für mich nichts zu erinnern aber sehr viel zu lernen. Ich habe durch die Lectüre dieser beyden letzten manches Inselchen meines Wissens mit dem Theil des festen Landes verbunden, auf dem ich mich angesiedelt habe. Wenn meine Gesinnungen nicht gantz mit den[en] des Campanella (4te Abh. S. 234)[2] über einstimmen, so differiren sie doch fürwahr so wenig davon, daß es mir schwer fallen würde den Unterschied anzugeben, wenigstens kan ich mir doch wahrlich kaum etwas armseligeres | und erbärmlichres dencken, als des Philosophen (!) Meiers Urtheil.[3] So etwas verräth den gantzen Mann.

Ew. Wohlgeboh*ren* dancke ich für Ihr gütiges Anerbieten einen Einschluß nach Schweden zu besorgen ich weiß jetzo nichts zu senden; etwas das ich vielleicht hätte senden können[4] ist nicht fertig geworden. Mit der vollkommensten Hochachtung habe ich die Ehre zu verharren

Ew. Wohlgeboh*ren*
[*Göttingen.*]   gehorsamster Diener
Auf dem Garten d. 24 April 1796.   GCLichtenberg

Diesen Morgen habe ich die erste Nachtigall gehört[5] und zwar gantz nahe.

105. An Johann Christian Dieterich

[*Göttingen.*] Auf dem Garten den 27ten April 1796.

Mein lieber Dieterich,
Deinen Freundschafftsvollen Brief habe ich am vergangenen Sonntage[1] auf dem Garten erhalten und mit großer Rührung in der Stube gelesen, in welcher wir bisher so manchen Sonntag Nachmittag vergnügt zugebracht haben. Ich glaubte Du wärest gegenwärtig. So wie er, nach meiner Ueberzeugung, von Hertzen geschrieben war, so kannst Du mir auch glauben, daß er wieder zum Hertzen gegangen ist. Aber darin irrst Du, mein lieber, theurer Freund, wenn Du glaubst, daß ich nicht an Dich dächte. Es würde Dich gewiß sehr bewegen, wenn ich Dir sagen wollte, was ich empfunden habe, als an dem Morgen Deiner Abfahrt[2] der Postillon das Signal gab. Ich verspüre nur zu deutlich, daß die Zeit ziemlich schnell heranrückt, da wir uns zum leztenmale sehen werden; ich werde mich wohl zuerst entfernen. – Doch das ist genug getrauert für einen so herrlichen Tag, wie der heutige. Das übrige wollen | wir auf einen Winterabend, etwa von 1809[3] versparen, der für uns beyde, wie ich glaube, ein gantz sonderbarer Winter seyn wird. Nun meine Geschichte:
    Sobald Du nicht mehr unterwegs warest, wurde, wie billig, das Wetter zusehends besser. Ich faßte also den Entschluß noch nach dem Garten zu gehen, wohin ich auch Freytags Abendes um halb 9, in der Strohmeyerschen Kutsche, unter Abfeurung von 2 bis 3 unangenehmen Gesichtern, die eine gewisse Person[4] immer für diese Feyerlichkeit parat hält, glücklich abfuhr.[5] Die Tage waren alle vortrefflich, an jedem habe ich die Sonne auf und untergehen sehen, und heute Nachmittag stach sie förmlich, so, daß ich, um meine Haut nicht zu verderben, und weil keine Wolcke da war, das Schnupftuch (mit Respeckt zu sagen, hätte <u>Braunhold</u>[6] gesagt) nehmen muste. Am Sonntag schlug eine Nachtigall den gantzen Morgen in der Laube nach Willichs[7] Garten, obgleich noch kein Blättchen daran war. Was wird das nicht wer-

den, wenn erst Du und die Blätter kommen! Die Schwalben habe ich dieses Jahr gerade um eine halbe Minute eher gehört als gesehen. Ich lag am Freytage, als dem Tage meiner Abreise, um halb 2 Uhr auf dem Canapee und ruhte, als mich auf einmal das Zwitschern | einer Schwalbe ermunterte. Ich wischte die Augen, suchte die Pantoffel, dachte an die Wette und natürlich an **Dich** (an den ich, NB, nicht dencken soll, wie die Leute sagen) das mochte etwa 30 Secunden betragen, und sah hinaus. Und siehe, da saß eine Schwalbe. Ich habe zwar, auf Ehre, nichts weiter von ihr als den Schwantz gesehen und die Stimme gehört, die nicht von dieser Seite, ich meine der Schwantzseite kam. – O dachte ich, das ist das Hauptstück für die Wette und schlug das Fenster zu. In den Calender wurde nun eingetragen:

> „Den 22ten Aprilis den Schwantz einer Schwalbe gese-
> „hen, und ihre (nicht dessen) Stimme deutlich gehört.[8]
> „ – Ist die Bouteille Champagner gewonnen?"

So viel von den Schwalben. Nun von einer andern Entdekkung etwas. In der Nacht vom Sonnabend auf den Sonntag habe ich, Punckt 2 Uhr des Nachts, da ich nicht ruhte, auf dem Garten bemerckt, was gegen die Nachtigall gar fürchterlich abstach und was Dich freuen wird: **Wantzen.** Ich glaubte, der Himmel – von der Bettlade[9] fiele mir auf den Kopf. Es sind nun gerade 29 Jahre, daß ich die lezte zu Clausthal[10] gesehen habe. Ja es ist würcklich an dem, es liefen mir zwey über die Hand, die so groß waren, ich lüge nicht, wie die sogenannten Gottes⸗Lämmchen, wie man hier die kleinen Käfer (Coccinellen)[11] [*nennt.*] | Ist das nicht abscheulig? Daß sogleich Krieg erklärt wurde, wirst Du mir auf mein Wort glauben. Den folgenden Tag wurde alles demolirt. Um indessen meinen Feind nicht zu verachten, wovon man traurige Exempel hat, wurde sogleich an eine Demarcations⸗Linie gedacht, und ich zog mich etwas näher nach Weende, und campirte in der folgenden Nacht auf dem Canapee, unter dem König und der Königin von England und den beyden Circassierinnen[12], an denen der untere Theil fehlt; da hatte ich natürlich Friede.[13]

Das wäre nun meine Geschichte auf dem Garten. Doch noch nicht alles. Unser guter, lieber Stallmeister hat mich zweymal tracktirt[14], einmal mit saurem Kohl, der aussah wie gesponnenes Gold und schmeckte wie Goldes Werth, und dann mit dem Vierthel eines Auerhahns, keinen von St Jacobi's Kirchspitze, versteht sich. Wenn es Dir hierbey irgendwo wässert, so rathe ich zu einem Stückchen Edamer, im Bücher Gewölbe, mit der Serviette auf einem Makulatur Ballen. Es schmeckt herrlich, wenn man – dabey an etwas besseres denckt, und nichts besseres hat.

Nun wahrlich da ist ein Bogen voll und noch kein <u>Wort</u> | von dem was jenseit des Weender Thores vorgeht.[15]

Also kurtz: Professor Grellmann sagte mir heute, daß gewiß auf 200 inskribirt[16] seyen, darunter 5 Grafen, und es ströhmt noch immer; in meinem Auditorio[17] habe ich einige über 70 und fange Morgen[18] an; es mögen leicht 80 werden, so viele habe ich in einigen Jahren nicht gehabt.[19] – Die gute Madame Kirsten, präsumtive Tochter des alten Kästners, ist in den Wochen gestorben.[20] Es war eine Geschichte, wie die mit der seeligen Lotte[21], bey welcher sie auch begraben liegt. Auch dieser Tod ist mir sehr nahe gegangen; es war eine vortreffliche Person, ich habe das Begräbniß aus dem Cammerfenster am 23ten mit angesehen! An dem Tage Deiner Abreise war die Kindtaufe, und am Mittewochen starb sie schon. So nahe liegen sich manche Dinge in der Welt!

Meine liebe Frau, ich und die Kinder sind alle recht wohl, <u>Ein gewisses Paar</u> darunter wartet vorzüglich auf Dich allein, die übrigen auf Dich und die Maykäfer. <u>Mimi</u> fragte mich heute sehr ernstlich: wo ist denn Großvater? Mein Schatz?[22] Gerne wolte ich aus dieser Frage hier einen Schertz machen, aber wer das Gesichtchen und die Unschuld darin gesehen hat, kan es nicht. Will, Will wird alle Tage handfester, und Wiese schöner. In die lezte weiß ich mich nicht zu finden, wenn sie nicht unklug wird, so wird sie sehr klug. Gestern hielten ihr ein Paar Damen auf der Chaussee,[23] die ich nicht kannte, eine Lobrede, die wenigstens sehr von Hertzen zu gehen schien. Ich sah dabey durch die Jalousien. Das waren aber

Lobreden von der Chaussee, ich wünschte, sie kämen aus einem bessern Quartier. Der Himmel gebe es; ich erwarte nicht viel, ihr Auge ist mir für diese Jahre viel zu starr, und das Auge sizt bey dem Frauenzimmer, wie Du weißt, so, wie bey uns, zwar im Kopfe, das ist wahr. Aber was bey uns noch ausserdem im Kopfe sizt, soll sich, wie man sagt, bey manchen Frauenzimmern, ich weiß nicht recht wohin, ich glaube – in das Kopfzeug[24] gezogen haben.

Nun, mein lieber Dieterich, empfehle mich vor allen Dingen Deinem lieben Sohn und seinem Jeannettchen und sage ihnen, daß ihre liebe kleine mich vor ihrer Abreise noch auf dem Garten besucht hätte,[25] das freute mich sehr. Ferner grüße recht herzlich die gantze Friedheimische Familie, und wenn Du durch Gotha gehst, auch Herrn und Madam Schröpfer.

Herrn Professor Hindenburg melde doch den Empfang seines Briefs[26] mit dem verbindlichsten Danck für seine große Freundschafft. Ich werde ihm ehestens schreiben. Nun Lebe recht wohl. Ich bin Dein ewig treuer

G.C.Lichtenberg.

Soeben da ich über Hals und Kopf schließen will kömmt meine Frau unter Abfeuerung eines ihrer Festtags Gesichtchen[27] und bittet mich, ein Pfund Thee zu bestellen und etwas Futter= Parchent[28]. Ich schreibe das so hin wie es mir dictirt wird; und verspare die Einleitung auf den mündlichen Vortrag.

Dieses schreibe ich am 28ten April in der Stadt. Nach den neusten Zetteln[29] zu urtheilen wird wohl oben im Text statt 5 Grafen 4 stehen müssen. Doch bin ich noch nicht genug orientirt um so etwas genau zu wissen.

Heute fange ich an zu lesen!![18]

Alles küßt und grüßt Dich. G.C.L.

106. An Margarete Elisabeth Lichtenberg

[*Göttingen, 11. Juni 1796*]

Meine Liebe,

Es schmerzt mich sehr, daß die arme <u>Mi, mi, mi</u>[1] noch immer hustet. Mit <u>Mir, mir, mir</u> ist es auch gar nicht richtig, meine Beine wollen mich fast nicht mehr tragen.

Weil das Barometer sehr steigt, und ich die liebe Sonne noch nicht habe aufgehen sehen: so will ich diese Nacht noch hierbleiben.[2] Wenn Du kannst, so komme morgen vor Tische oder nach Tische heraus, so wollen wir zusammen leben, und den Abend zusammen hineinfahren.[3] Heute ist es noch sehr windig.

Grüße die Kinder, und wenn Du die gute Familie unter uns[4] siehst, so empfehle mich ihr. Gestern habe ich ein galantes Leichtfüßchen gesehen, das sah so aus:

Ich konte den Brantwein am Fenster riechen.

Dein Treuer
G.C.L.

107. An Johann Wolfgang von Goethe

Hochwohlgebohrner Herr,
Hochzuverehrender Herr Geheimer Rath,
Ew. Hochwohlgeboh*ren* erhalten hier durch Herrn Ingversen[1], einen jungen Dänen und sehr Hoffnungsvollen Chemiker meine Fortsetzung des Hogarthischen Wercks,[2] für welche ich mir Ihre gütige Nachsicht erbitte. Ich habe diesesmal,
bloß durch meine Hypochondrie[3] verleitet, die immer, was
sie an Zeit verliehrt, am Ende wieder durch Krafft zu ersetzen
hofft, die Uebersendung verschoben. Ich wolte | mich über
manches erklären. Daraus ist nun nichts geworden. Der
Wunsch dieses sehr braven und geschickten jungen Mannes
ihm dadurch, daß ich ihn zu meinem Briefboten machte, einen kurtzen Zutritt bey Ew. Hochwohlgebohrnen zu verschaffen hat nun jenen Vorsatz aufgehoben. Ew. Hochwohlgeboh-
ren verliehren dabey gewiß nichts, und der Hypochondrie
sind solche Wendungen sehr angenehm.

Mit Ihrem Benvenuto Cellini[4] haben Sie mir und allen, die
ich kenne, ein sehr großes Geschenck gemacht. Schade daß
die Erzählung so offt abgebrochen worden ist, oder daß die
guten Monatschrifften nicht so in die Zeichen des Thierkrei-
ses treten können wie die Sonne,[5] und daß man so lange warten muß. Ich habe das Ende der herrlichen Geschichte noch
nicht gesehen. Sie erscheint doch wohl bald besonders mit einem guten Porträt?[6]

Mit der vollkommensten Hochachtung habe ich die Ehre
zu verharren   Ew. Hochwohlgcbohr*ren*
                                        gehorsamster Diener
Göttingen den 17 Sept. 1796.   GCLichtenberg.

108. An Carl Friedrich Hindenburg

Theuerster Freund

In Gegenwart Lord Ossulston's und HE. Davy's[1] schreibe diese Zeilen bloß in der Absicht Sie zu bitten diesen beyden
rechtschaffnen Engländern so viel Dienst zu erzeigen als in
Ihrer Gewalt steht, und das ist in der That viel gesagt

Leben Sie recht wohl

Göttingen den 24ten Sept. 1796.   GCLichtenberg.

109. An Christiane Marie Agnes Wendt

Theuerste Freundin,

Ich weiß Sie vergeben mir diese herzlich gemeinte Ueber-
schrifft[1]. Das Wort Baase wolte mir nie recht gefallen, und das
von Cousine haben die neulichen Cousins[2] wohl um allen
Credit gebracht.

Ich nehme mir die Freyheit, meine Theuerste, Ihnen unsere beyden Calender für das Jahr 1797 hier zu überreichen,
und Ihre Sammlung, falls Sie eine gemacht haben sollten,
durch die Beylage von den diesjährigen zu completiren.[3]
Warum ich voriges Jahr zurückgeblieben bin, habe ich Ihrem
Herrn Vater erklärt.[4]

Ihr kleines Pathchen[5] ist ein wahrer Engel geworden. Ich
sage dieses nicht blos als Vater, sondern in Wahrheit unter der
Firma der Philosophie, deren Professor ich bin.[6] Mir und allen meinen Freunden ist noch nie ein Kind von dieser Art vorgekommen. Künfftigen Märtz wird sie 3 Jahre alt, und dennoch hat sie sich es schon zur Regel gemacht jedesmal bey
meinen Collegien sich um $^3/_4$ vor die Thüre des Auditoriums
zu stellen, die nach meinem Wohnzimmer führt. So wie ich
herauskomme, nimmt sie mir Uhr und Dose ab, faßt mich bey
der Hand und führt mich so zu der Mutter, wo ich schon allerley zu meiner Bequemlichkeit, größtentheils durch die Kleine
zurecht gelegt, bereit finde. Hierdurch hat das vortreffliche
Kind nicht allein die Aufmercksamkeit aller Personen im

Hause auf sich gezogen, sondern auch einiger ausser dem Hause. Die Frau Professorin Arnemann, eine gebohrne Engländerin und vortreffliche Dame, die selbst ein Töchterchen[7] von ungefähr gleichem Alter hat, läßt sie fast wöchentlich zu sich holen, wo sie gewöhnlich den gantzen Nachmittag bey ihr zubringen muß. – Sie sehen also, meine Theuerste, aus diesem unwidersprechlichen Exempel, wie viel in der Welt auf die Wahl guter Taufpathen ankommt.

Meine Frau und ich wie auch Mamsel Köhler[8] empfehlen sich Ihnen gehorsamst, und ich verharre mit wahrer Ergebenheit   Ihr gantz gehors. Diener
Göttingen den 23ten Dec. 1796.   GCLichtenberg

110. An Christian Heinrich Zimmermann

[Göttingen, Ende? 1796]
[…] Großer Gott! was habt Ihr indessen dort erlebt![1] – Eine vollständige Erzählung von dem, was Du vermuthlich erlitten hast, erwarte und wünsche ich nicht einmal von Dir: Du würdest mein Herz zu tief verwunden. Allein dürfte ich wohl nur um ein Paar Hauptzüge bitten, wenn einmal Deine innere Ruhe verstattet, eine kleine Gedankenreise durch die hoffentlich nun ganz zurückgelegte Wüste[2] zu unternehmen? Wie oft habe ich an Dich, an Dein Bickenbach und an Seeheim, an Darmstadt und an die Schloßgasse[3] gedacht! Du warst immer die Person, die sich meine Phantasie wählte, wenn ich die Angst und alles Leiden, das mein armes Vaterland betroffen haben muß, meinem Herzen so nahe als möglich legen wollte. […]

111. An Christoph Wilhelm Hufeland

Sie erzeigen mir, Verehrungswürdiger Mann, dadurch, daß Sie meinen Nahmen einem Ihrer Meisterwercke vorgesezt haben,[1] eine Ehre, wofür Ihnen der Himmel lohnen wird, denn ich bin es nicht vermögend. Seyen Sie aber überzeugt, daß ich den hohen Werth derselben erkenne und zu schätzen weiß, und diese öffentliche Bezeugung Ihrer gütigen Gesinnungen gegen mich unter die angenehmsten Vorfälle meines späteren Lebens rechne. Der Anblick der Zuschrifft hat eine unglaubliche Wirckung auf mich gehabt, und eine Heiterkeit in meinem Gemüthe erzeugt, die sich sehr schnell meiner gantzen kleinen Familie mittheilte, die immer nach meiner Stirne sieht und mir alle Launen und Bewegungen, die sie dort erblickt, ziemlich richtig nachexercirt. Wahrlich ich glaube auch nicht, theuerster Freund, daß in dem gantzen Vorrath physischer Ammunition[2], womit Sie die Kranckheiten so glücklich bekämpfen, irgend etwas anzutreffen ist, das für mich armen Nervenkrancken so restaurirend hätte seyn können, als die Zeilen, die Sie mir da geschrieben, ich möchte fast sagen, die Sie mir da verordnet haben. Ein seltner Fall, daß selbst die Dedication schon durch ihre Einwirkung keinen geringen Theil dessen durch die That bestätigt, was der Titul des Buchs verspricht, was aber das Buch selbst auch treulich hält. Für mich wenigstens ist nicht blos die Materie heilsam, sondern selbst die Form hat mich erquickt. Ueber den guten Nobs habe ich doch fürwahr laut gelacht. Der Nahme an sich hat schon etwas drolliges für den Engländer, der dieses Wort gerade so liest wie sein Knobs. Ein Mann, der dort Knobs oder Nobs heißt, ist entweder schon ein Original, oder das Publikum macht bald eines aus ihm.[3] Eben so viel Freude machte mir der ehrliche alte Dietrich, dem ich wircklich über Tisch die Geschichte des Cornaro[4] vorlaß, und ich habe ihm am Ende bewiesen, daß er, während meiner Vorlesung, seinem Straußen Magen ungefehr so viele Untzen zugeführt hatte, als Cornaro dem seinigen Lothe in einem gantzen Tag. Er schien etwas betroffen. Ich tröstete ihn aber mit der Note, die Sie zu der Stelle gemacht haben.[5] Cornaros Magen und Dietrichs lassen sich beyde gantz gut mit Livres abfinden, nur mit dem Unterschiede, daß der eine nach frantzösischen rechnet und der andere nach Livres Sterling.

Gerne hätte ich Ihnen, theuerster Freund, noch eine Frage vorgelegt, die zwar mit dieser Schrifft nur in entfernter Verbindung steht, allein ich muß hier abbrechen, um nicht diesen Posttag zu verlieren, da ich um den neulichen durch unerwartete Besuche gekommen bin.

Behalten Sie mich lieb, theuerster Freund, empfehlen Sie mich Ihrer Frau Gemahlin und gelegentlich meinem theuersten Ammelung,[6] der mich nun wohl vergessen hat, und ich habe Ursache zu glauben, von Rechts wegen. Ich bin mit wahrer Hochachtung und innigster Verehrung

Ew. Wohlgebohren
gehorsamster Diener
Göttingen den 9ten Januar 1797.　　　　G.C. Lichtenberg.

112. An Christiane Marie Agnes Wendt

Der Empfindungsvolle und mit Sinn und Hand gleich schön geschriebene Brief[1], womit Sie mich, meine theuere Freundin, beehrt haben, hat mir und allen den Meinigen, denen sowohl, die ihn lesen und empfinden, als denen, die ihn blos buchstabiren konten, ausserordentliche Freude gemacht.

Das liebe kleine Geschöpf, das Ihren Nahmen trägt,[2] und dessen Sie mit so vieler rührenden Hertzlichkeit gedencken, ist bisher sehr gesund gewesen, ob es gleich von ungemein zartem und feinem Körperbau ist. In ihren Minen hat sie sehr viel sanfftes fast möchte ich sagen, heiliges, daher sie auch vorzüglich von Personen geschäzt wird, denen die Madonnen-Gesichtchen lieber sind als die von runden pausbäckigen Porzellan Püppchen. Es ist ein vortreffliches Kind. Etwas eigen freylich, aber eben weil sie einen Charackter hat. Wir geben hierin um desto williger vieles nach, als wir gefunden haben, daß ihren Eigenheiten immer etwas gutes zum Grun-

275

de liegt. Meine Uhr und Bücher trägt sie mir jezt nicht mehr aus dem Collegio, weil sie seit einiger Zeit angefangen hat selbst Collegia zu hören. Von Morgens neun Uhr an bis um eilf und Nachmittags von zwey bis um vier übt sie sich im Strikken ausser dem Hause und nebenher in den ersten Anfangsgründen der deutschen Litteratur. Wenn sie in die Collegia geht, so trägt die Magd den Strickbeutel, sie selbst aber das Buch unter dem Arm, ausgenommen bey sehr schweren Witterungs⸗ Fällen, da sie zwar das Buch unter dem Arm behält, aber nun der Magd verstattet, noch ausser dem Strickbeutel auch sie mit sammt dem Buche zu tragen. Mit dem Stricken soll es, wie ich höre, gantz leidlich gehen, wenigstens übertrifft einiges, was ich davon gesehen habe, meine in dieser Kunst im <u>zehnten</u> Jahre gewagten Versuche bey weitem. Allein mit der Litteratur will es noch nicht so recht fort. Ich höre nemlich, daß sie die Betrachtung der 4 Evangelisten, die auf der Decke des Compendiums[3] in Gold abgedruckt stehen, dem Inhalte desselben gar sehr vorziehen soll. – Doch dieses alles hindert nichts. Sie ist ein Kind von dem vortrefflichsten Hertzen und zeigt so viel hertzliche Theilnahme an jedem auch dem geringsten Leide, das uns oder ihren sonstigen Bekannten zustößt, daß wir öffters darüber bis zu Thränen gerührt werden.

Ich nehme mir die Freyheit Ihnen hier etwas von unserer Hausbackenen heil. Christwaare[4] bey zu legen. Der Himmel gebe nur, daß Ihnen bey meinem Calender der alte Stammvater dieser kleinen Race, ich meine der hinckende Bothe[5], nicht einfällt. Der Artickel von der Wurst[6] und der Auctions⸗ Catalog[7] hat so was von jenem Ahnherrn.

Nun bitte ich, theuerste Freundin, mich und die Meinigen Ihrem Herrn Vater, Frau Mutter und Herrn Bruder bestens zu empfehlen und zugleich einen kleinen Gruß von Ihrer lieben kleinen Freundin anzunehmen, die soeben neben mir sizt, der ich mit wahrer Ergebenheit verharre

Ihr ganz ergebener Diener

Göttingen den 16ten Dec. 1797.   GCLichtenberg

113. An Margarete Elisabeth Lichtenberg

Wohlgebohrne,
insonders Hochzuehrende,
Liebe Hexe.
Gott Lob und Danck, mein Gebet ist erhört. Die Profeßoren
haben sich geregt, und die meisten fangen erst den 30ten April
an.[1] – Also, liebe Bett=Schwester, komme Morgen mit Sack
und Pack, Haus und Hof heraus.[2] Ich bin wie neu gebohren.
Der Teufel hole alle neue Anstalten. – Gantz der Deinige
[*Göttingen.*] Den 21ten April 1798.   G.C.L.

114. An Johann Friedrich Benzenberg

Ew: Wohlgeboren
Aeußerungen so sehr gütiger Gesinnungen gegen einen armen Hypochondristen haben ihm sehr viele herzliche Freude
gemacht, so wenig er auch berechtigt ist, unter dem von Ihnen angegebenen Titul Anspruch darauf zu machen.

So sehr ich mich auch bei den Abscheulichkeiten der bürgerlichen Räuber[1] entsetzt habe, und so unerhört sie in mancher Rücksicht sind: so halt' ich doch die der militärischen wo
nicht für eben so grausam als jene, doch gewiß für infamer.
Wenn es Friede wird, so muß jeder echte Deutsche seinem
Hunde den Nahmen eines fr.[*anzösischen*] Generals oder
Commissairs geben. Wenn mein guter Pyram[2] stirbt oder gestohlen wird, so ist ihm schon gesagt worden, daß sein Nachfolger Rapinat[3] heißen wird, dem jungen Rapinat selbst aber
wird gesagt werden, daß, so bald er den Charakter eines treu-
en, redlichen Stubenhunds verläugnet, und etwa in Küche
und Speisekammer den Citoyen Rapinat spielen will, so soll
sogleich sein Schädel auf die Bleiche beim Kirchhofe Egalité[4]
gebracht werden. –

Es thut mir in der That in der Seele weh, daß wir Sie verlieren sollen, und wenn ich die politische Lage des Orts, den Sie
zu verlaßen willens sind, mit der der Gegend vergleiche, die

Ihr nächster Aufenthalt seyn wird, wahrlich so möchte ich sie fast so sehr beklagen, als uns.[5] Indeßen ist denn doch auch von der andern Seite wieder zu bedenken, daß es ein junger Mann von Ihrem Geist, der mir recht für die Beobachtung der Natur so wohl, als der Menschen geeignet zu seyn scheint, dereinst nicht bereuen wird, auch in dieser Schule gewesen zu seyn.

Mündlich und hoffentlich ehestens mehr.

Ich habe mir die Freyheit genommen, Ihnen das franz: Journal für das Lese= Institut[6] hierbey zu übersenden. Wäre es nicht möglich einige Bände von Hufelands Journal[7] oder nur auf eine Nacht das Junius= Stück der Ephemeriden[8], und etwa auf ein paar Tage Jean Pauls Campaner Thal[9] zu erhalten?

Verzeihen Sie meine Zudringlichkeit, da ich die Ehre habe mit wahrer Hochachtung zu verharren   Ew: Wohlgeboren
gehors. Diener
[*Göttingen,*] den 18ten Juli 1798   Lichtenberg.

115. An Johann Friedrich Benzenberg

[*Göttingen, 22.? Juli 1798*]

Ew. Wohlgebohren
überhäuffen mich in der That mit Güte, und ich sehe fürwahr nicht ein, wie ich mit Abtragung meiner Schuld in diesem Jahrhundert will fertig werden, zumal wenn es schon, wie die Leute glauben, mit künftigem Jahr zu Ende geht.[1] Mit verbindlichstem Dank nehme ich Ihren Antrag, den allg:[*emeinen*] Anzeiger[2] an mich heraus auf den Garten zu besorgen, an, nur muß ich bitten, daß die Bestellung auf einen andern Fuß geschieht, als gestern. In Fällen, wo der Bothe ungleich interessanter ist, als die Bothschaft verfährt man anders. Man läßt allenfalls die Bothschaft Retour laufen und behält dafür die Bothen. Morgen sollen die beiden Hufelande und vielleicht auch das Campaner Thal[3] ihre Aufwartung ebenfalls machen. Um den ersten Theil der neuen Auflage des Hesperus[4] bitte ich recht sehr, blos des Portraits wegen, das ich über

alles gern zu sehen wünschte. Ein Schrifftsteller wie Jean Paul ist mir noch nicht vorgekommen,[5] unter allem was ich seit jeher gelesen habe. Eine solche Verbindung von Witz, Phantasie und Empfindung möchte auch wohl ungefähr das in der Schriftsteller Welt seyn, was die große Conjunction[6] dort oben am Planeten Himmel ist. Einen allmächtigern Gleichniß-Schöpfer kenne ich gar nicht. Es ist, als wenn in seinem Kopf sich jeder Gegenstand in dem Reiche der Natur oder der Körperwelt sogleich mit der schönsten Seele aus dem Reich der Sitten, der Philosophie oder der Gnade, vermählte und nun mit ihr in Liebe verbunden wieder hervorträte. Haben Sie wohl die Stelle in dem Campaner Thal gelesen, wo Gione[7] in einem Luftball aufsteigt?

Ich kan mich nicht erinnern, daß seit langer Zeit irgend nur ein Bild einen so hinreißenden Eindruck auf mich gemacht hat. Ich muß gestehen, ich legte das Buch weg, um ihn recht lange zu behalten, denn ich fürchtete, er möchte vielleicht in der nächsten Periode durch einen vielleicht blos witzigen Einfall gestört werden.

Dieses ist, wo ich nicht sehr irre, der einzige Fehler dieses wunderbaren Schriftstellers; er weiß seinen Reichthum nicht immer mit Geschmack anzuwenden. Ein Bild jagt das andere und eine Blüthe erstickt die andere. Deswegen kann ich, die Wahrheit zu gestehen, nicht viel auf einmal in ihm lesen.

Vielleicht gäbe sich das mit den Jahren, und wenn man einige Alten nicht der Materie, sondern blos der Form wegen liest.

Mein Gott was mache ich da! Ich wolte Ihnen ein Billet schreiben, Ihnen für Ihre Güte zu danken und schreibe Ihnen eine Chrie, die eher einer Züchtigung ähnlich sieht, und nicht einmal recht deutsch ist.[8] Verzeyhen Sie mir und leben Sie recht wohl.

Sonntag Mittag auf dem Garten.   Lichtenberg.

116. An Immanuel Kant

Empfangen Sie, Verehrungswürdiger Mann, meinen herzlichsten Danck für Ihr gütiges Andencken an mich, wovon Ihr
leztes Schreiben wieder so manchen unschätzbaren Beweis
enthielt. Die Freude, die mir jede Zeile, die ich von Ihnen erhalte, zu jeder Zeit macht, wurde dießmal nicht wenig durch
einen Umstand vermehrt, der meinem kleinen häußlichen
Aberglauben[1] gerade recht kam: Ihr vortreflicher Brief war
am ersten Julii datirt, und dieser Tag ist mein Geburtstag. Sie
würden gewiß lächeln, wenn ich Ihnen alle die Spiele darstel-
len könte, die meine Phantasie mit diesem Ereignisse trieb.
Daß ich Alles dabey zu meinem Vortheil deutete, versteht sich
von selbst. Ich lächele am Ende darüber, ja zuweilen sogar
mitten darunter, und fahre gleich darauf wieder damit fort.
Ehe die Vernunfft, dencke ich, das Feld bey dem Menschen in
Besitz nahm, worauf jezt noch zuweilen diese Keime sprossen,
wuchs Manches auf demselben zu Bäumen auf, die endlich
ihr Alter ehrwürdig machte und heiligte. Jezt kömmt es nicht
leicht mehr dahin. Es freute mich aber in Wahrheit nicht wenig mich gerade Ihnen, Verehrungswürdiger Mann, gegenüber, auf diesem Aberglauben zu ertappen. Er zeugt auch von
Verehrung und zwar von einer Seite her, von welcher wohl,
ausser dem Kantischen Gott, alle übrige stammen mögen.[2]

Die Bekanntschafft des HE. von Farenheid und Herrn Lehmann[3] macht mir sehr viel Freude. In Preussen giebts doch
noch Patrioten. Dort sind sie aber auch am nöthigsten. Nur
Patrioten und Philosophen dorthin, so soll Asien wohl nicht
über die Grentzen von Curland vorrücken. Hic murus ahe-
neus esto.[4] O wenn mir nur meine elenden Gesundheits ₌ Umstände[5] verstatteten mehr in Gesellschafft mit diesen vortrefflichen Leuten zu seyn. Wir wohnen wie in einem Hause, nämlich in verschiedenen, die aber demselben Herrn[6] gehören
und in allen Etagen Communication haben, so daß man zu
allen Zeiten des Tages ohne Hut und im Schlafrock[7] zusam-
menkommen kan, wenn man will. Ich hoffe die wiederkeh-
rende Sonne soll mir neue Kräffte bringen, von jener häußli-

chen Verbindung häufigern Gebrauch zu machen, als mir
bisher möglich gewesen ist.

Mit der innigsten Verehrung und unter den aufrichtigsten
Wünschen für Ihr Wohlergehen habe ich die Ehre zu verharren   ganz der Ihrige
Göttingen den 9ten Dec.   GCLichtenberg.
1798.

117. An Ludwig Christian Lichtenberg

Mein lieber Bruder,
Deinen angenehmen Brief erhielt ich am Donnerstag den
14ten Februar mit der Postmarcke von Duderstadt, zum Zeichen daß die Sündfluth auch die Gerechten auf dem Eichsfel-
de heimsucht[1] und wenigstens die Reisen zu Fuß sperrt. Der
Bote selbst ist noch nicht da. Auch unser Wohnplatz, der doch
eigentlich keine Wasserstadt ist, hat jezt wenigstens sehr spie-
gelartige Environs[2], und obgleich noch keine Rehböcke bey
den Atzelnestern[3] gefunden worden sind, so soll doch jemand, der einen Garten in den Transleinanischen Republik=
Ländern[4] hat, eine Schmerle[5] in der Schublade seines
Schreibtisches im Häuschen gefangen haben. – Unser armes,
armes Vaterland![6] Ich kan die Nahmen **Bischofsheim** Rüsselsheim u.s.f. ohne die tiefste Rührung nicht lesen. – Haben wir
weniger verschuldet? Aber freylich wir sind noch nicht durch.
Es sieht jezt nicht zum Besten mit uns aus. Die Franzosen haben (ich sage dieses nicht gantz ohne Autorität) bey ihren
Unternehmungen nur Einen Gesichtspunckt, in welchem sie
alle zusammenlaufen, und dieses ist der Sturtz von England.
Zu dieser Absicht schlagen sie eine Burg von Republiken um
dieses glückliche Land, nicht um es mit freyen Staaten, sondern es mit sich frey dünckenden, eigentlich von Franckreich
abhängigen einzuschließen. Zu diesem Belagerungs Cordon
ist ihnen Hamburg und Bremen unentbehrlich und auf dieses soll jezt ihr Auge gerichtet seyn. Doch genug hiervon. Es
thut mir weh mich in ein Räsonnement[7] über mögliche Vor-

fälle einzulassen, die ich nicht überleben würde, wenn sie in Erfüllung gehen solten.

Dein Antikantianismus hat mich herzlich gefreut, da ich jezt weiß, wie Du die Sache nimmst. Er für seine Person ist gewiß ein großer, und was wohl eben so viel werth ist, ein wohlmeinender, rechtschaffener Mann. Seine Critik der reinen Vernunfft ist das Werck eines 30jährigen Studiums. Er hat lange über philosophische Systeme Vorlesungen gehalten, dadurch sind ihm eine Menge von Dingen freylich geläufig geworden, die es unzähligen Menschen, selbst von Geiste, nicht sind, wenigstens nicht zu dem Grade. Daher spricht er offt undeutlich ehe man mit ihm bekannt[8] wird. Selbst K. .r[9] weiß daher offt nichts gegen ihn vorzubringen, als daß Leibnitz z. B. so etwas schon vor 100 Jahren gesagt. Aber Kant gibt sich auch nicht für den Erfinder von allem aus, er verbindet nur, was große Männer längst einzeln gesagt und gedacht haben, und NB zeigt, warum man so dencken und sprechen müsse. Bekantlich hat Aristarch von Samos mehr als 1000 Jahr vor Copernikus gelehrt daß die Sonne stille stehe und die Erde um sie herum laufe,[10] aber das waren eintzelne Lichtblicke, die sich in dem übrigen Wust von Dunckelheit wieder verlohren. Kant spielt einmal, wo ich nicht irre in der Vorrede zu seiner Critik der reinen Vernunfft,[11] auf so etwas mit großer Feinheit an. Das Gleichniß hält Stich. Man hat bisher geglaubt, wir seyen das Werck der Dinge ausser uns, von denen wir denn doch nichts wußten und wissen konten, als was unser Ich uns angab.[12] Wie also, wenn es gerade die Natur unsers Wesens wäre, was diese Welt eigentlich macht? Hier ist Umlauf und Umdrehung der Erde um die Axe dem Umlaufe der Sonne und des Sternenheeres um sie entgegengestellt. Er gibt ja Alles auf die Probe. Ein dogmatisirender Kantianer ist gewiß kein ächter. Selbst Fichte, quod pace tua dixerim,[13] hat mehr wider die Klugheit verstoßen, als wider die Philosophie. Es war von ihm wie mich dünckt, strafbarer Muthwille, jezt so zu sprechen, und wird es wohl immer bleiben. Wir feineren Christen verachten den Bilder Dienst, das ist unser lieber Gott besteht nicht aus Holtz und Goldschaum, aber er bleibt immer ein Bild, das nur ein anderes Glied in eben derselben Reihe ist, feiner, aber immer ein Bild. Will sich der Geist von diesem Bilder Dienst losreissen, so geräth er endlich auf die Kantische Idee.[14] Aber es ist Vermessenheit zu glauben, daß ein so gemischtes Wesen, als der Mensch das Alles je so **rein** anerkennen werde. Alles was also der eigentlich weise Mensch thun kan ist, Alles zu einem guten Zweck zu leiten, und dennoch die Menschen zu nehmen, wie sie sind. Davon scheint Herr Fichte nichts zu verstehen, und in dieser Rücksicht ist er ein voreiliger Thor. – Verzeih mir, lieber Bruder, ich bin heute weiter gegangen, als ich wolte. Das geht so wenn das Herz mit spricht.

Bey meiner lieben Frau ist die Frau Leib: Medica Richter[15] heute zum Besuch, und ich befinde mich wenigstens 4 Stuben: Durchmesser südwestlich von ihr entfernt. Ihre Aufträge aber, Gruß und Schwester Kuß habe ich schon vorher von ihr empfangen. Auch der gute Alte[16] empfiehlt sich. – Nun wird endlich die frantzösische Sündfluth unsern lieben Vetter[17] auch dort wegführen. Ich höre nichts von ihm. Gantz gut scheint mir dieses nicht. Adieu Adieu.[18]

[*Göttingen,*] den 18ten Februar 99.   G.C.L.

118. An Margarete Elisabeth Lichtenberg

[*Göttingen, ohne Datum*]

Wie ich mich befinde? O! mein lieber Schatz, wie ein Fisch im Wasser, ich meine so gesund, und wenn ich eben so naß seyn will, darf ich nur den Kopf einen Augenblick zum Fenster hinaus stecken. Laß Dir des Regens wegen nicht bange seyn; wenn ich mich hübsch mitten in der Stube halte, so sprützt kein Tröpfchen an mich. An den Fenstern herum trifft einen freylich manchmal eins, aber das wischt man wieder ab. Und an den Fenstern ist ohnehin jezt nichts zu thun. Ich habe diesen gantzen Morgen noch keine Seele gesehen als ein Bauermädchen, die sich so eingewickelt hatte, daß ich nichts von ihr sehen konte als die Knie. Kalt ist es nicht, aber wohl, wie die Leute sagen, etwas frisch. Noch habe ich kein Feuer im Ofen, aber desto mehr im Leibe. – Der kleine Bote[1] eilt, deswegen muß ich schließen. Wenn Du mich besuchen willst, so wickele Dich besser ein als das Bauermädchen. Mein Compliment an die bekannten Freunde und Freundinnen.[2] Adieu.

G.C.L.

119. An Margarete Elisabeth Lichtenberg

[*Göttingen, ohne Datum*]

Meine Liebe

Ich habe Dir weiter nichts zu sagen, als daß es im Himmel gantz artig seyn muß, wenn es da so aussieht, wie diesen Morgen hier im Garten. Wornach[1] sich also unterthänigst zu richten befohlen wird von   Deinem
G.C.L.

120. An Margarete Elisabeth Lichtenberg

[*Göttingen, ohne Datum*]

Madam,

Machen Sie geschwind, daß Sie mit der Wäsche fertig werden, ich kan den Regen unmöglich länger halten, habe auch diesen Nachmittag keine Zeit mehr dazu.   Ihr
ergebenster Diener
G.C.Lichtenberg.

Die schwartze Dinte steht auf meinem Sommerpalais, und weil dieses ausgekehrt wird, so haben wir uns nach dem Winter Pallast erheben müssen, wo nur rothe ist.[1]

121. An Margarete Elisabeth Lichtenberg

[*Göttingen, ohne Datum*]

Liebes Schwälbchen,

Hier sitze ich im Nebel bis über die Ohren und kan kaum vom Tisch bis an den Camin sehen. Es ist so finster, daß ich diesen Morgen um 8 Uhr die Barometerin[1] für die Mimi[2] gehalten habe. Indessen will ich heute noch bleiben. Komme also morgen früh heraus, und wenn Du vor 9 Uhr kommen willst, so vergiß die Laterne nicht: so wollen wir etwa um 6 Uhr Abends zusammen hinein. Vergesse das Geld nicht, wenn Du noch welches hast, denn der Kutscher muß morgen bezahlt werden. Ist es wahr was die Leute sagen, Du hättest die Arche Noah gekauft zum Brennholtz? Wenn das ist, so schicke mir heute eine Etasche[3] davon heraus. Empfehle mich unserm guten alten Freund[4], dem gantzen Hause und den Kindern. In Ewigkeit der Deinige   G.C.L.

122. An Margarete Elisabeth Lichtenberg
[*Nicht abgesandt?*]

[*Göttingen, ohne Datum*]

Meine Liebe Böse,

Heute war ich willens nach der Stadt zu kommen um dir eine bessere Mütze zu kaufen und den Spiegel roth färben zu lassen,[1] denn ich kan nicht begreifen warum Du nicht kömst. Ich habe aber förmliches Zahnweh[2], und gräme mich fast zu Tode, daß der meschante[3] Spiegel gar nicht will was ich will. Ich habe eine wahre Kopf- Salat Farbe [...]

Anhang

Erläuterungen

Häufiger herangezogene Werke
und ihre Siglen

Auf die von Albrecht Schöne und mir im Auftrag der Göttinger Akademie der Wissenschaften besorgten Gesamtausgabe des Briefwechsels von Lichtenberg (1–4, 1983–1992, Bd 5 im Satz) ist mit der Sigle *Bw* verwiesen (zur Erleichterung des Nachschlagens mit der an sich überflüssigen Bandangabe). Um Mißverständnisse zu vermeiden, sind die Nummernverweise innerhalb der vorliegenden Ausgabe mit irgendeinem Hinweis ergänzt (→ oben, → unten, → vorige, → folg. Nr. – o. ä.).

Da vorliegende Auswahl sich an einen größeren Benutzerkreis richtet, werden (in Abweichung vom Verfahren in Bw) Lichtenbergs Sudelbücher und Schriften soweit irgend möglich nach der derzeit verbreitetsten Edition zitiert, die Wolfgang Promies 1967–1992 bearbeitet hat („Schriften und Briefe" – mit der Sigle *SB* und Angabe des Bandes). Diese Edition bietet (im Gegensatz zu der in Bw zitierten Leitzmannschen) einen teilweise modernisierten Text (das heißt im Angesicht der jüngsten Rechtschreibreform wieder einen, der zwischen allen Stühlen sitzt) und im Bereich der Schriften zu Lebzeiten nur eine sehr schmale Auswahl. Sie hat aber von allen Lichtenberg-Ausgaben den vollständigsten Text der Sudelbücher (die Buchstabenmarkierungen für die Hefte bzw. Bücher A bis L sind ab C Lichtenbergs eigene Bezeichnung; die Bezifferung dagegen stammt von ihren Herausgebern – hier also nach SB 1 f. und nur ausnahmsweise mit einer Seitenbezifferung). Was dort fehlt, zitiere ich in Ermangelung einer philologisch befriedigenden Edition nach den beiden alten Ausgaben der „Vermischten Schriften": der zuverlässigeren des Bruders 1800 ff. und der recht ungenauen, aber reichhaltigeren der Söhne 1844 ff. (als *VS*, hier nur durch ihre Erscheinungsjahre unterscheidbar).

BL meint den Katalog von L.s Büchern: Bibliotheca Lichtenbergiana. Hrsg. von H. L. Gumbert 1982.

DWb verweist, wenn nicht anders angegeben, auf Grimms Deutsches Wörterbuch. Beigezogen (nicht immer zitiert) habe ich ferner noch die von Adelung, Campe, Sanders und Moriz Heyne.

Erxlebens „Naturlehre" sind die „Anfangsgründe der Naturlehre" von L.s frühverstorbenen Studienfreund und Kollegen Christoph Polykarp Erxleben; → Chronologische Übersicht S. 399 (bei 1784).

GGA meint die „Göttingischen Gelehrten Anzeigen" (vielleicht das älteste noch heute fortbestehende Referaten-Organ), die damals freilich noch „Göttingische Anzeigen von Gelehrten Sachen" hießen.

GMWL das von Lichtenberg gemeinsam mit Georg Forster hrsg. „Göttingische Magazin der Wissenschaften und Litteratur", das zweimonatlich geplant war, von dem aber 1780 bis 1785 nach anfänglicher Regelmäßigkeit nur 20 Stücke erschienen, woraufhin es eingestellt wurde.

GTC der „Göttinger Taschen Calender" (Nebentitel: „Taschenbuch zum Nutzen und Vergnügen"), erschien immer zur Herbstmesse des Vorjahres in Göttingen bey Johann Christian Dieterich, der die Gattung bereits in Gotha (als Gothaer Hofkalender) erprobt hatte, seit dem Jahrgang für 1776 in Göttingen verlegte. Die ersten beiden Jahre von wurden von L.s Studienfreund J. C. P. Erxleben herausgegeben, aber schon 1776 begann L. mit der eigenen Planung und führte den Kalender bis zu seinem Tod – 22 Jahrgänge redigierte er bzw. schrieb den größten Teil der Artikel selbst.

L.-Jb meint das „Lichtenberg-Jahrbuch 1988" ff. (Titeljahr und Erscheinungsjahr differieren in aller Regel um eins: 1988 erschien 1989 usf.).

Pütter weist auf Johann Stefan Pütters „Versuch einer academischen Gelehrten-Geschichte von der Georg-Augustus-Universität zu Göttingen" 1, 1765. 2, 1788 (2 Folgebände von Saalfeld u. Oesterley im 19. Jhdt.).

Tagebuch, wenn nicht anders angegeben, ist das von L. im letzten Lebensjahrzehnt in ein Exemplar des „Hannoverschen Staatskalenders" eingetragene, das ich demnächst gemeinsam mit Christian Wagenknecht vollständig vorlegen werde (annähernd die Hälfte ist gedruckt in SB 2). Das älteste *Tagebuch* 1770–1774 und das *Reisetagebuch* 1774 in England werden nach den Seiten der Handschrift zitiert, da sie sich beide nur unvollständig in SB 2, 599–619. 623–635 finden; die Handschriften-Pagina ist aber bei letzterem auch in ihrer zweimaligen Edition durch Gumbert gegeben („L. in England" 1.2, 1977 und korrigiert als „London-Tagebuch" 1979, 55–85). Auf die gleiche Weise werden die an das *Reisetagebuch* 1774 anschließenden *Reise-Anmerckungen* (= vorderer Teil des Sudelbuchs E) zitiert. Sie wären auch vollständig in SB 2 (mit anderer Zählung) verfügbar; um dort die Stelle zu finden, muß man, da Handschriften- und Druck-Seite dieses Buchs ungefähr gleichen Umfang haben, zur jeweiligen Handschriften-Seitenangabe nur 641 addieren.

Wander meint K. F. W. Wander, „Deutsches Sprichwörterlexikon" 5 Bde 1867–1880, immer noch unerschöpflich und daher auch zweimal nachgedruckt.

Die im Kommentar sonst noch gebrauchten Kurzformen vor allem der *biblischen Bücher* und anderer Titel dürften sich dem, der nachsehen will, von selbst verstehen.

Münzen, Maße und Gewichte; Lichtenbergs Kürzel sowie einige häufig wiederkehrende Ausdrücke und Wendungen in den Briefen

Zur Vermeidung ständiger Wiederholungen im Kommentar sind die allgemeinen Erläuterungen zu Personen und Orten im Namenregister gesammelt. In der nachstehenden Liste sind außerdem die Abkürzungen, Münzen, Maße und Gewichte in alphabetischer Folge erläutert (in moderner Orthographie; man suche also C unter Z oder unter K). Manche der folgenden Erläuterungen werden einigen Lesern selbstverständlich scheinen – sie sind das, wie mich der akademische Unterricht und das Kollegengespräch belehrten, keineswegs durchweg.

Auditorium: Hörsaal.
Bogen: Druckbogen; je nach Format 4, 8, 16 (bei Oktav, dem damals wichtigsten Buchformat), 24, 32 Druckseiten.
dephlogistisierte Luft: Sauerstoff.
Dukaten: Goldstück im Wert von 2 ⅔ Talern oder 4 Reichsgulden.
Elle: Längenmaß, in Hannover/Calenberg 0,584 m.
fixe Luft: Kohlensäure.
Fuß: Längenmaß, unterteilt in 12 Zoll oder 144 Linien; in Hannover/ Calenberg: 1 F.: 0,292 m; franz. (pied de roi): 0,325; engl. (foot): 0,304 m.
Groschen: (abgekürzt: gg., ggr. gr., Grl.) → Gutegroschen.
Guinee: engl. Goldmünze (bis 1816); L. rechnet 1784 selber um: ‚nach jetzigem Cours die Louisd'or zu 5 Rthlr.: 5 Thaler 19 Groschen 4 Pfennige'; zumindest in den 90er Jahren aber wohl über 6 Rtlr.
Gulden: ursprünglich italienische Goldmünze (Florenus, Florentiner; daher abgekürzt: fl.); im 18. Jhdt. im Oberdeutschen und in den rheinischen und hessischen Gegenden, nicht eigentlich aber in Kurhannover kurrente Silbermünze im Wert von ½, 4/9 (so rechnet L. zumeist) und ⅔ Reichstaler (→ a. Kammergulden).

Gutegroschen: ¹⁄₂₄ Taler, enthält 12 Pfennig.

H., HE.: Herr (mit dem zweiten Majuskel ursprüngl. der Schreibung GOttes des HErren vorbehalten: Als um die Reformationszeit die Großschreibung seines Namens auch auf Eigennamen allgemein ausgedehnt wurde, bildete sich rasch die neue Hervorhebung heraus, beide Anfangsbuchstaben groß zu schreiben).

Himten: dt. Hohlmaß, in Kurhannover = ¹⁄₂ Scheffel oder ¹⁄₆ Malter = 31,15 l.

Hofmeister: Erzieher, Hauslehrer, oft auch Finanzverwalter, Reisebegleiter, Aufseher u. ‚Alleslehrer' für wohlhabende (also meist adlige oder großbürgerliche) Kinder oder Studenten.

inflammable Luft: Wasserstoff.

Kalender / Calender: Gemeint in aller Regel der GTC.

Kalender: bei L. meist der GTC (→ d.)

Kassenmünze (C. M.): im Unterschied zu den Münzen, deren Wert durch Münzverschlechterungen (Umprägungen) nicht mehr ihrem angegebenen Metallgewicht entsprach (= Courant), festgesetzte Kurszettel (insbesondere bei der Besoldungszahlung von Staatsbediensteten). Zu Ende des 18. Jhdt.s fiel der Louisd'or auf 4, 5 Taler Kassenmünze.

Klafter: 1) dt. Raummaß; in Hannover: 1 K.: 144 Kubikfuß: 3,589 cbm; 2) dt. Längenmaß; in Preußen: 1 K.-1,883 m; in Hannover 1,752 m (franz.: Toise).

Kollegium: Vorlesung.

Kreuzer: damals nur mehr süddt. Kupfer- (früher: Silber-)münze zu 4 Pfennig (→ d.)

Ld'or: Louisd'or (→ d.).

Linie: Längenmaß ¹⁄₁₄₄ Fuß (→ d.).

Lot: ¹⁄₃₂ Pfund oder 4 Quentchen (in Kurhannover also ca. 16 Gramm).

Louisd'or, Ld'or: ‚Ludwig aus Gold'; ursprünglich französische Goldmünze (1640–1803), dann von vielen Potentaten auch im Metallwert imitiert (Preußen: Friedrichsd'or). Galt als Münze 5 Taler, als „Kassenmünze" (Geldanweisung) infolge der Münzverschlechterung 4, 5 Taler.

Luft, Luftart: Gas.

Mariengroschen: ¹⁄₃₆ Taler enhält 8 Pfennig; vorwiegend in Kurhannover kurrent.

Matthiasgroschen → Matthier.

Mattier: auch: Vierer; minderwertg. nds. Münze (ursprüngl. Silber), zuerst 1400 in Goslar geprägt, mit dem Bild des St. Matthäus, daher ihr Name (Matthäus-, Matthiasgroschen); in Braunschweig letztmalig 1758 im Wert von nur 1 Pfg. geprägt.

Meile: europ. Längenmaß; in Dt. im 18. Jhdt. regional unterschiedlich zwischen 4 und 10 (zumeist aber 7–7,5) km; L. rechnete in Erxlebens „Naturlehre" in dt. M. zu 7,407 km, sonst auch in hannov. Postmeilen (Land- o. Chaussee-M. zu 2000 Ruten oder 32000 Fuß = 9,323 km. Die engl. Meile wurde zu 1760 m gerechnet, die nautische (eine Bogensekunde des Äquators) 1829 m.

Mgr.: → Mariengroschen.

Mspt.: Manuskript.

N. S.: Nachschrift.

NB.: Notabene (= wohlgemerkt).

P. M., Pro Mem.: Pro Memoria (= ‚Zur Erinnerung‘: Denkschrift).

P. P.: Praemissis praemittendis (= nach Vorausschickung des Vorauszuschickenden).

p., pp., ppp.: perge (= und so weiter).

Penny; pl. Pence: engl. Kupfermünze, ca. 7 Pfg. in hannov. Geld.

Pfennig: (‚denarii', daher abgekürzt ‚d'); im 18. Jhdt. schon Scheidemünze aus Kupfer im Wert von $\frac{1}{288}$ Taler.

Pfund (Gewicht): das damalige Braunschweigische Pfund entsprach fast exakt dem heutigen (498 Gramm).

Pfund (Münze) → Pound Sterling.

phlogistisierte Luft: Kohlenmonoxid.

Pistolen: in Deutschland übliche Bezeichnung für den Louisd'or, → d.

Pound Sterling: damals keine Münze, sondern nur Rechnungseinheit u. etwas niedriger bewertet als die Guinee (→ d.).

Pursche: (Bursche) Student (damals nichts weniger als abwertend!).

Quartier: regional unterschiedliches Hohlmaß für Flüssigkeiten, meist Vierteleinheit. In Bremen = $\frac{1}{4}$ Stübchen = 0,805 Liter.

Reichstaler: Neben dem Gulden (in Norddtld. vor ihm) die damals verbreitetste Münze im Reichsgebiet (Abkürzungen: Rthl., rthl., rth., Thlr., rh.); beruhte auf dem Duodezimalsystem: 1 T. = 24 Gutegroschen (Ggr.) = 36 Mariengroschen (Mgr.) = 288 Pfennige (d.).

Rute: Längenmaß, unterteilt in 12 Fuß, in Hannover/Calenberg: 1 R. = 4,673 m.

s. v.: salva venia (= mit Verlaub).

Scheffel: Hohlmaß von regional sehr unterschiedlichem Umfang; im norddt. Raum zwischen 60 und 80 Liter.

T. . ..: Teufel. Das Verschweigen einiger der Ausdrücke, die man im 18. Jhdt. durch solche Punktierung nicht ausschrieb, mutet uns heute nur mehr seltsam an; darunter eben der Teufel, Ochsen u. Esel (als Schimpfworte) usf.

Taler: → Reichstaler.

Toise → Klafter.

Tubus: (Fern-)Rohr; L. gebraucht das Wort sowohl für terrestrische (Erd-) wie coelestische (Himmels-)tubi.

verschreiben: bestellen.

ZE.: zum Exempel (= zum Beispiel).

Zeitungen: bei L. immer (wenn nicht ausdrücklich von ‚politischen': Tageszeitungen die Rede ist) gelehrte Blätter; zumeist die GGA, in denen er selbst knapp 50 Beiträge veröffentlichte.

Zentner: 100 Pfund, (→ d.).

Zoll: Längenmaß; $\frac{1}{12}$ Fuß (→ d.).

Anmerkungen

1. An Christian Gottlob Heyne 17. April 1770

1 vgl. L.s Tagebuch 1770 (p. 3–12), das in London abbricht (SB 2, 590 ff.).

2 der jährl. gewählte Bürgermeister von London, seinerzeit William Beckford.

3 ,Wilkes und Freiheit': der radikale Parlamentarier Wilkes war 1769 während einer Haftzeit wieder ins Unterhaus gewählt worden, und 1770 unter großer Anteilnahme der Londoner Bevölkerung aus der Haft entlassen; → unten Nr. 28 Anm. 2.

4 vgl. L. über das „Fortrücken der Essenszeit in England" im GTC 1779, 68; Tagebuch 1770, p. 11; Hogartherklärung (vgl. Promies im Kommentar zu SB 3, 690). → unten Nr. 29 bei Anm. 10; ferner Bw 1 Nr. 271 bei Anm. 7. 283 bei Anm. 5.

5 Peter Elmsley; „Correspondent" hier: Verbindungsmann im Handel mit engl. Büchern.

6 Royal Society for Improving Natural Knowledge.

7 über die hierdurch angeregten Überlegungen Heynes und Münchhausens vgl. O. Deneke, „L.s Leben" 1944, 107 f.

8 eine Übersetzung von Pütters Buch kam nicht zustande.

2. An Johann Christian Dieterich 19. April 1770

1 L. war Pate von Dieterichs Sohn Friedr. Peter Thomas.

2 sprichwörtl. Anverwandlung von Cicero, „Laelius" 17, 64; möglicherweise auch des Titels der Anweisungsschrift J. B. Schupps (1657). – „Gutsagen" wofür?

3 Anspielg. auf die Jagdleidenschaft Ludwigs VIII. von Hessen-Darmstadt; vgl. auch L.s Entwurf zu e. Erzählung „Der Oberförster" (SB 3, 605).; → Nr. 27 Anm. 23.

4 kupferner (wie eine Pfanne mit Deckel geformter) Behälter für glühende Kohlen, an einem langen hölzernen Stiel tragbar, zum Anwärmen der Betten im Winter.

5 bequemes Schleppenkleid; → unten Nr. 27 Anm. 24 u. Nr. 28 Anm. 12.

6 Sonnenschirm.

7 Frederic Calvert B., 1768 wegen Freiheitsberaubung u. Vergewaltigung angeklagt, nur durch bestochene Zeugen entlastet freigesprochen. Darauf scheint L. anzuspielen.

8 Demosthenes habe (nach Gellius, „Noctes Atticae" 1, 8, 5) auf die Forderung der Lais, für ihre Gunst 10 000 Drachmen zu zah-

len, ausgerufen: So teuer kaufe ich meine Reue (= poenitere) nicht. Wegen der Wortform (bei Gellius: ‚paenitere‘) u. der Anspielg. in Bw 2 Nr. 1278 wohl vermittelt durch Lauremberg „Acerra Philologica" (in der Nr. 8 der 2. Centurie, Hamburg 1654, 206).

9 bescheiden und einfach (eben).

10 der von Dieterich begründete u. bis zum Verkauf der Handlung in Gotha verlegte „Gothaische Hof-Kalender", Vorläufer des nachmaligen „Gothaer"; enthielt außer der Genealogie der europäischen Fürstenhäuser damals v. a. Information für die Frau über die neuste Mode.

11 der im Sinne der Reichsverfassung damals noch bestehende ‚Niedersächsische Kreis‘ entspricht grosso modo dem Gebiet von Kurhannover, das seit 1714 in Personalunion mit England regiert wurde; insofern sind die Niedersachsen (näml. als Seegermanen) ‚schon einmal nach Engelland‘ marschiert.

12 Bestellung (Subskription) mit Vorauszahlung, ein damals aufkommendes u. eine Zeitlang vielgeübtes Verfahren (Klopstock, Wieland, Bürger); dieser hier vermutl. für das ‚Corpus juris civilis‘ des göttg. Juristen Gebauer, dessen einziger Bd. erst postum 1776 bei Dieterich erschien (vgl. Pütter 2, 32; → unten Nr. 40 bei Anm. 8; 71 Anm. 4); gemeint sein könnte aber auch Dieterichs „Deutsche Schriften der Sozietät der Wissensch." (einziger Bd. 1771), oder der im vorigen Brief bei Anm. 8 erwähnte engl. Pütter.

13 Paul Ludwig B.; die ‚Rechnung‘:? ‚meistermäßig‘: Meisterlohn zugrunde legend?

14 Wilkes hatte seit 1762 in Flugschriften u. der Zeitung ‚The North Briton‘ Butes Politik angegriffen, war 1764 des Parlaments verwiesen worden u. nach Frankreich emigriert. Nach s. Rückkehr wurde er 1768 zu 22 Monaten Gefängnis verurteilt; als er 1769 wieder ins Unterhaus gewählt wurde, die Wahl daher für ungültig erklärt; eben war er unter gr. Anteilnahme der Londoner Bevölkerung aus der Haft entlassen. → oben Nr. 1. unten Nr. 28 f.; ferner Bw Nr. 262 f.

15 hier: Zuchthaus (sonst auch: Siechenhaus).

16 Irby u. Swanton.

17 Demainbray

18 auf dem dortigen Schloß unterhielt der König e. eigene Sternwarte. Dieser Begegnung, auf die L. noch in s. Widmung der „Opera inedita Tobiae Mayeri" an Georg III. 1774 anspielt, dürfte L. s. göttg. Professur verdanken.

3. An Johann Christian Dieterich 2. März [1772]

Adresse: „à Monsieur / Monsieur Dieterich und Consortin."
1 → unten Nr. 78 bei Anm. 8 f.

4. An Johann Christian Dieterich 3. März 1772

1 zweiten; Begriff aus dem Wechselwesen: Um zu garantieren, daß
   der Wechsel seinen Empfänger erreichte, konnte er in mehreren
   Ausfertigungen versandt werden (jeweils gezeichnet: prima, secunda, tertia oder eben sola: einziger). Nach Ankunft der schnell-
   sten Ausfertigung wurden die andern automatisch ungültig.
2 weise an.
3 nicht überliefert.
4 der von L. (wohl aus persönl. Bekanntschaft heraus) hochverehr-
   te ehemalige göttg. Prof. C. A. Klotz war Ende 1771 43jährig gest.
   (L. kaufte offenbar in Hannover s. Porträt u. sandte es mit Bw 1
   Nr. 79 u. 81 nach Göttg.; las die bald erscheinende Smlg. der
   Briefe an jenen); „Kupferstückel": Kreuzer oder Pfennig; Zusammenhang?
5 Rückzahlung; im Wechselwesen die Geldübersendung durch
   Wechsel. – Vgl. auch H 120 (SB 2).
6 Bezeichnungen.
7 → Bw 1 Nr. 45.
8 Nachteil, Beschwernis. L. hatte wohl der Flasche zugesprochen;
   → oben Nr. 3.
9 vermutl. Anspielg. auf Matth. 12, 44, wo der unsaubere Geist aus
   dürren Stätten in sein Haus zurückkehrt, u. es leer, gekehrt und
   geschmückt findet.

5. An Christiane und Johann Christian Dieterich
   [5. März 1772]

1 am nördl. Stadtrand von Göttg.
2 damals südwestl. Einfahrt Hannovers.
3 student. Schimpfausdruck für den Stadtbürger (angebl. nach
   dem Zuruf Delilas in Richter 16: ‚Philister über dir, Simson'. → a.
   unten Nr. 45 bei Anm. 17; 93 bei Anm. 6.
4 „einem feierlich Tod und Verderben an den Hals wünschen"
   („Idiotikon der Burschensprache" 1795). Vgl. B 56 (SB 1).
5 T. Zachariä (Prorektor); → oben Nr. 4; Bw 1 Nr. 45.
6 (eigentl. Bote, Hausmeister) an Universitäten Gerichtsdiener.
7 bibl.: „welches das kleinste ist unter allen Samen" (Matth. 13,
   32).

8 ‚Hut ab‘: der damalige ‚Stutzer‘ hatte speziell für diese Mode einen Hut, der nur unter dem Arm getragen wurde.

9 die hann. Regierung, die ‚ex mandato et officio generali’ alle Geschäfte (mit Ausnahme von Geldangelegenheiten: da mußte erst in London angefragt werden) in den ‚deutschen Landen des Königs‘, dem Kurfürstentum Braunschweig-Lüneburg, versah, bestand aus einem Geheimen Rats-Kollegium von damals 7 Angehörigen des hann. Adels; einer von ihnen führte als Kammerpräsident den Vorsitz, ein anderer (meist der zweite) war nebenbei der Kurator der Göttinger Universität.

10 esquire = Junker. Als Hofmeister ‚studierte‘ Boie engl. Sprache, Literatur und Kultur.

11 nach dem Westfälischen Frieden mußte dem ständisch verfaßten Hochstift Osnabrück immer abwechselnd ein Katholik und ein dem welfischen Fürstenhaus entstammender Protestant als Bischof vorstehen; damals war das gerade der Protestant Prinz Friedrich von England, Herzog von York, ein Sohn Georg III.

12 Otto v. Münchhausen; sein „Hausvater“ erschien in 5 Bdn. 1764–1773.

6. An Christiane und Johann Christian Dieterich
11. März 1772

1 nicht überliefert.

2 eigentl. Saum aus Pelz und Verzierung; → unten Nr. 9 bei Anm. 13.

3 Berichte.

4 Predigt.

5 → folg. Nr. bei Anm. 3.

6 seit Beginn des 18. Jhdt.s ist dieses Sitzmöbel zunehmend populär u. im Gesellschaftslied gepriesen (vgl. die zahlr. Varianten bei H. M. Böhme, „Volkstüml. Lieder der Deutschen im 18. u. 19. Jhdt.“ 1895, 532.). Von L. u. s Zeitgenossen (vgl. Hölty an Miller 12. 12. 1774) in tropisch gebraucht für Gemütlichkeit u. Geborgensein, auch für ‚locus amoenus‘; in diesem Sinne in L.s Briefen von der Vermessungsreise s. metonymische Umschreibung für die Geselligkeit bei Dieterich; → unten Nr. 8 bei Anm. 13; 11 bei Anm. 5; 12 bei Anm. 16; 13 bei Anm. 1.

7 höfliche Gesellschaft – das Folg. (→ a. Bw 1 Nr. 19) vermutl. Seitenhieb auf Boies notorisch schwaches Englisch (dazu L.s Tagebuch 1771, p. 28 vom 12. 8.: SB 2, 611).

8 → Bw 1 Nr. 49 Anm. 2.

9 Titel adl. Beamter in Norddtl. an der Spitze ehemals selbständiger Verwaltungsbezirke, hier: O. v. Münchhausen und s. Sohn O. F. J.

10 wohl E. A. F. v. Lenthe, seinem Schwager.

11 vereinbart; hier: bewilligt.

12 Schere mit kleinem Auffangkasten zum Kürzen und Reinigen des Dochts bei Kerzen und Lampen.

13 Wäsche, hier: Tisch- u. Bettwäsche.

14 Ludw. Christian L.; seit Studentagen plante er ein umfangreiches Werk, dessen Ms. die Gothaer Bibliothek noch bewahrt, über die nach dem freigelassenen Sekretär Ciceros, Tiro, genannte alte Stenographie.

15 offenbar hatte Dietrich ,Fotzen' gemeint oder L. dies so verstehen wollen: Alles Folg. also unernst. – ,belegt' damals (wie heute noch bei Vieh und Wild) ,begattet', ,gedeckt'; → Bw 3 Nr. 1395 bei Anm. 12.

16 vgl. Promies im Kommentar zu SB 3, 387.

17 Teufel.

18 Th. Swanton, W. Irby.

19 Ideenassoziation; → unten Nr. 53.

20 als Papierformat damals 33 × 21 cm (sogenannter Kanzleibogen).

21 keiner davon überliefert.

7. An Christiane Dieterich 15. März 1772

1 beide nicht überliefert.

2 nicht überliefert; → vorige Nr. Anm. 5; ferner Bw 1 Nr. 629 Anm. 10.

3 → vorige Nr. bei Anm. 5.

4 L. parodiert Dieterichsche Sprachfehler.

5 vgl. Ephes 6, 16.

6 offenbar ist L. schlecht informiert, denn selbst wenn er die Meile zu 9,3 km rechnet (geläufiger sind 7,5 km), ist die hier gemeinte Reisestrecke nach Hannover zu gering bemessen (damals ca. 110 km); → unten Nr. 18 Anm. 2.

7 Bw 1 Nr. 52.

8 Wortspiel mit der Bedeutung von ausschießen: schlechtere Geldsorten beiseitelegen – im Buchdruck: die Kolumnen korrekt in die Druckform einlegen; dort aber auch: ,Ausschuß': auszusonderndes, wertloses Zeug. Zur kommerziellen Metapher → auch unten Nr. 95 Anm. 2.

9 Tagebücher L.s aus dieser Zeit nicht überliefert.

10 → Bw 1 Nr. 42.

11 → Bw 1 Nr. 49 Anm. 2.

12 studentischer Ausdruck für Polizeidiener (vgl. F. Kluge, „Dt. Studentensprache" 1895, 123).

8. An Christiane und Johann Christian Dieterich [17.-20.] März 1772

1 nicht überliefert

2 → oben Nr. 6. bei Anm. 17.

3 Gehstock aus bambusartigem Rohr, meist mit verziertem Metallknauf; → unten Nr. 22 bei Anm. 7. 25 Anm. 9.

4 vgl. 2 Petr 2,4; gebraucht L. auch E 345. F 730 (SB 1).

5 Anspielg. auf den Streit um die Sittlichkeit der Schaubühne, in dem J. M. Goeze von der Göttg. Theol. Fakultät ein Gutachten erbat. Gegen dieses (wohl von Leß verfaßte) polemisiert L. in einem Satire-Entwurf, vgl. B 290. 297 (SB 1). Vgl. ferner „Zwo Schrifften . . ." in „Aus L.s Nachlaß" 1899, 196 („Strasen Raub" ebd. 30. 49: Shakespeare, Racine: 23. 37. 40; ‚leidige Apostel des Teufels': 23; „Ketten der Finsternis" (vgl. vorige Anm.): 37; „Comödianten und Epigrammatisten": 49); und schließl. „Timorus" (SB 3, 215. 222. 225).

6 Pastiche auf G. E. Lessings „Vade Mecum für Samuel Gotthold Lange" 1754, Schluß der Vorrede (Lessing, „Sämmtl. Schriften" 5, 1890, 226 Muncker).

7 vor Erfindung des Penizillins einzige (und beharrlich angewandte) Therapie venerischer Krankheiten jeder Art.

8 unanständig.

9 Auszehrung, Schwindsucht.

10 ‚Viertelkreis': astronom. Winkelmeßgerät mit Fernrohr. Für seinen Auftrag, die bis dahin nicht oder nur unzulänglich astronomisch berechneten Positionen der drei Hauptorte des Kurfürstentums Hannover (die Stadt H., Osnabrück u. Stade) zu messen, war L. von s. Lehrverpflichtungen beurlaubt und mit den nötigen Gerätschaften versehen, darunter diesem aus England gelieferten Quadrant.

11 Ansprüche.

12 die weitverbreitete Fabel, die diese Eigenschaft mehreren Erbauungsbüchern nachgesagt, erwähnt L. noch spät in L 19 (SB 1).

13 → oben Nr. 6 Anm. 6.

14 Röm 12, 20.

15 spielt vielleicht mit dem bibl. Sinn von bauen (Nachkommenschaft zeugen; vgl. 1 Mos 2, 23. 16,2); auf der Ernstebene ist natürlich der Bau des Observatoriums gemeint.

16 Offb 3, 19: Welchen der Herr liebt, den züchtigt er.

17 Ph. G. Schröder; sein „Hauß": in der Wendenstr.; zum ortsgeschichtl. vgl. O. Deneke: „Leibmedicus Schröder und sein Haus", in: „Alt Göttingen" 15./16. 2. 1936.

18 lt. Pütter 2, 386 betrug das stud. Hörergeld für Praktika damals
10 Taler (dagegen Vorlesungen nur 5, Pandekten-Vorlesungen
8).

19 von L.; falls überhaupt geschrieben, nicht überliefert.

20 dagegen Bw 1 Nr. 75.

21 wohl Marie.

9. An Johann Christian Dieterich 19. [richtig: 21.] März 1772

1 ausgehängt (damals geläufig).

2 vgl. Luk 22, 44.

3 Buchformat (= Viertelbogen, durch zweimaliges Falten des Pla-
nobogens entstehen 4 Bl./ 8 S.); gängiges Format von Disserta-
tionen.

4 nicht überliefert.

5 student.: wie es hergehen muß: Brauch, Sitte u. das Gesetz darüber.

6 Honigwein.

7 Diele: großer Vorplatz, Vorzimmer.

8 Lehrer (russ.); Anspielg. auf Kästners Polemik gegen Schlözer :
„Schreiben an den Utschitel von ganz Teutschland" 1772.

9 → Bw 1 Nr. 18.

10 vgl. 1 Mos 2,7.

11 unsere Nr. 7.

12 nichts davon überliefert.

13 → oben Nr. 6 bei Anm. 2.

14 → folg. Nr.

10. An Johann Christian Dieterich 26. März 1772

1 v. Lenthe.

2 nicht überliefert.

3 die langsamere (u. billigere) fahrende Post, statt der reitenden.

11. An Johann Christian Dieterich [8.–]9. April 1772

1 damit es/sie uns gut geht/gehen (wohl mit obszönem Hinter-
sinn → Bw 3 Nr. 1996 bei Anm. 1, vgl. Ovid, „Ars amatoria" 1,
601).

2 nicht überliefert.

3 damals zunächst ‚angemessen‘, ‚passend‘, ‚anständig‘ (wie es sich
ziemt).

4 witzige Umkehrung: F. war Hofmeister des H. H. v. Essen.

5 → oben Nr. 6 Anm. 6.

6 meint: Mathematik f. E.; nicht überliefert. Der ganze folg. Absatz, ein Pastiche auf Laurence Sternes Stil, doch wohl eher eine Fiktion (und nicht eine wirkliche Schrift L.s). – „Vortheil": alter Ausdruck für ‚Handgriff'. Hier im Doppelsinn von ‚Gewinn' und Heinrich Braunholds, des Schneiders, Handwerkerausdruck ‚Kunstgriff'. – Auf ders. Metapher vom Einfädeln beruht auch die Pointe in der 25. der „Contes drôlatiques" des Honoré de Balzac („La belle fille de Portillon"); gibt es eine beiden gemeinsame Tradition?

7 vgl. Predg Salomonis 1, 9.

8 nimmt eine witzig-bissige Vergleichung (Hut, der nicht paßt / Frau, die jmd. anders heiratet) aus Bw 1 Nr. 52 Abs. 3 wieder auf.

9 nicht überliefert; L.s Antwort vielleicht Bw 1 Nr. 111; → dort zur Datierung.

10 (Männer-)Überrock aus grober Wolle; Zusammenhang mit Bw 1 Nr. 49 bei Anm. 8 („Flauß-Connoissancen")?

11 vgl. E 61 (SB 1); GTC 1778, 89 (= VS 6, 1845, 297).

12 vgl. B 160 (SB 1).

13 vgl. Mt 15, 27.

14 Hofmeister Bode; zu den im folg. gen. weiblichen Dienstboten Dieterichs Lenchen (= Helene), Gertrudchen, Marie (aus Arnstadt) u. Regine nichts weiter ermittelt.

15 Wundt.

16 ‚unter Nr. 3'; → vorige Nr. Abs. 7.

17 über L.s Ängstlichkeit vgl. Kästners Epigramm in „Ges. Werke" 1, 1841, 58: „Durch Deutschland, wo Georg gebeut, / Da reise waffenlos in voller Sicherheit. / Bewehrt den Reisenden um eine Gabe bitten, / Gehört zur Freiheit stolzer Briten. [Mit der Anm. Kästners:] Er verlangte von mir ein Paar Pistolen zur Reise nach H."

18 Ich bin der Ihre.

12. An Christiane Dieterich 20. Mai 1772

1 nicht überliefert.

2 H. Braunhold; → oben Nr. 11 bei Anm. 6.

3 Gänge.

4 ältere Nebenform von ‚Urteil', im 18. Jhdt. noch in jurist. Texten geläufig, sonst schon damals veraltet u. von L. gern parodist. gebraucht (→ Nr. 13 bei Anm. 2. Nr. 35 bei Anm. 1).

5 kräftiges Stück (unbest. Menge) vgl. DWb 10, 4, 1942, 227. 202 (IIA1 a).

6 ‚Murmelstück'; eine im ganzen 18. Jhdt. (von Telemann bis Beethoven) beliebter Klavier- und Liedsatz mit e. Baßführung in fort-

laufend gebrochenen (‚murmelnden') Oktaven; wohl engl. Ursprungs (vgl. „Musik in Geschichte und Gegenwart" 9, 1961, 937), L. aber vermutl. bekannt aus Sperontes „Singender Muse"; → auch unten Nr. 65 Anm. 6.

7 da die Post im 18. Jhdt. nicht jeden Tag beförderte, bildete sich bald die Gewohnheit, immer den Abgangstag der Briefpost zum Posttag zu machen. → Nr. 54 bei Anm. 28.

8 vgl. Matth. 10, 30 f.; bezieht sich natürlich zugleich („ein gewisses Talent") auf die enorme Kopulationsfreudigkeit der Sperlinge; → auch Bw 3 Nr. 1354 S. 41.

9 student. Brüderschafts-Trinksitte, bei der unter Absingen eines Huldigungsliedes an den Souverän des Heimatlandes (daher der Name) die Hüte der Anwesenden mit einem Degen durchstochen wurde; hatte L. auch für s. „Lexidion für Studenten" (B 171: SB 1) vorgesehen.

10 Seitenhieb auf B.s (konventionelle) Gedichte, vgl. z. B. das bei K. Weinhold, „H. C. Boie" 1868, 59 abgedruckte.

11 ders. wie Anm. 1.

12 unspezifisch für diverse fiebrige Erkrankungen mit Fleckenausschlag wie Typhus, Kinderblattern, Masern.

13 unspezifische Bezeichnung für Lungenembolien, -ödeme und Keuchhusten.

14 nichts ermittelt.

15 Wortbildung nach ‚Buchführer' (damals = Buchhändler): Dieterich, der selber schlachtete u. als Verleger alljährl. zur Leipzg. Messe reiste. Vgl. L.s satir. Gedicht im „Göttg. Jahrbuch" 1978, 149.

16 → oben Nr. 6 Anm. 6.

17 das Dreieck L. (in Hannover), Frau D. (in Göttingen), ihr Mann (in Leipzig).

18 nicht überliefert.

13. An Christiane Dieterich 26. Juni 1772

1 → oben Nr. 6 Anm. 6.

2 → vorige Nr. Anm. 4.

3 nicht überliefert; beantwortete wohl Bw 1 Nr. 63.

4 die nach dem Vorbild von Gottscheds Leipziger ‚Dt. Gesellschaft' zur Förderung der dt. Sprache u. Lit. gegründete Göttg. hatte damals schon ihren Zenit überschritten und wird von L. durchgängig iron. abgetan (Bw 1 Nr. 4 bei Anm. 10).

5 Koseform für Georg (hess.); vgl. auch Kästners Epigramm „Die Ursache der Kriege" (mit Bezugnahme auf Hagedorn, Oden): „Fragt Görgel den Gevatter Hein" („Ges. Werke" 1, 1841, 125).

14. An Johann Christian Dieterich 10. Juli 1772

1 Sänften.

2 H. Braunhold; → oben Nr. 11 Anm. 6.

3 L.s Knittelverse stehen vollständig im Brief Bw 1 Nr. 63.

4 nicht überliefert, wenn nicht Bw 1 Nr. 111 gemeint ist.

15. An Johann Christian Dieterich [26.? August] 1772

1 den 31. 8.

2 → Bw 1 Nr. 84 ff. u. L.s Tagebuch 1770, p. 94 ff.

3 ähnl. wie bei Bw 1 Nr. 81 bei Anm. 13 u. Bw 1 Nr. 506 bei Anm. 3 Pastiche auf den Schluß barocker Romane, wie z. B. Chr. Reuters „Schelmuffsky", von dem L. die Ausgabe Frankfurt 1750 besaß (vgl. BL 1612)?

16. An Johann Christian Dieterich [12. Oktober?] 1772

1 Text in der Zeichnung (im Original wohl vor Beginn des Briefs): „Lieber Gevatter – Witz – Einbildungskraft – Feuer. Feuer! [→ Bw 1 Nr. 87] – Sorge – Leben des Professors Lichtenbergs in Osnabrück [→ Bw 1 Nr. 68, Schlußabsatz] – Vereinigung der Sonne und des Monds [wohl Mondfinsternis vom 11. 10., → Bw 1 Nr. 93] – Fuimus Troes [Trojaner waren wir: Vergil, "Äneis„ 2, 324] – Pumpernickel – prosit Christelgen – Krieg und Frieden [→ Bw 1 Nr. 98 bei Anm. 3] – so weit es trifft. Drey Grade der Laune. – Geldbeutel – 1 Quent – O Hand, Hand! O! O! – Du lieber Gott."

2 Anspielg. auf Laurence Sterne, „Tristram Shandy" (5, 17 u. 39), wo Tristram durch ein herabfallendes Schiebefenster die Vorhaut eingequetscht wird; woraus L. hier eine Zirkumzision (Beschneidung) macht.

3 nicht überliefert.

4 gemeint ist der Thebaner Archias, dessen Geschichte der von L. witzig-pennälerartig verballhornte Corn. Nepos („Pelopidas" 3) erzählt.

5 laut summen (Intensivum); → unten Nr. 28 Anm. 14.

6 vgl. Laurence Sterne, „Tristram Shandy" 4, 21.

7 mit Abbildungen (geläufige Angabe auf Buchtiteln).

8 Reinhold suchte e. Verleger für s. vielfältigen Arbeiten; vgl. Bw 1 Nr. 103 u. 107.

9 Musenalmanache; als Kommissionsware.

10 ältere (wertfreie) Bezeichnung für den Westfalen; seit Voltaire, „Candide" 1759 auch metonymisch für den ungehobelten Deutschen, vgl. etwa J. J. Bodes Übers. von Sterne, „Sentimental Journey" (Kap.: „Die Übersetzung. Paris").

11 witzige Umkehrung der Transsubstantiationslehre (Verwandlung des Brotes in den Leib Christi).

12 nicht überliefert, wenn nicht s. „Reise nach Gotha" (SB 3, 639f.;
→ Bw 1 Nr. 44. Anm. 2) gemeint ist (L.s „Dusch-Cantate" – SB 3,
644 – erschien erst 1784 im „Göttg. Musenmalmanach" u.
kommt daher kaum in Betracht).

13 C. M. Wieland, „Der neue Amadis" 1771.

14 wo in L. Sternes „Tristram Shandy"? (Erfindung L.s?).

15 Anm. zum 17. Gesang („Werke" 17, 221 Hempel).

16 Schlafhaube u. Reifrock.

17. An Joel Paul Kaltenhofer 12. Oktober 1772

1 nicht überliefert; nach der Angabe unten vom 4. 10.

2 Speckstraße. in Göttg.

3 J. F. Borckenstein; → Bw 1 Nr. 87.

4 vom 11. 10. 1772.

5 → Bw 1 Nr. 93 Anm. 9.

6 die „Aufwärterin", jedenfalls Marie Tietermann, als Quelle ist Fiktion L.s; die folg. mundartl. Beispiele stammen nämlich allesamt
aus J. C. Strodtmann, „Idioticon Osnabrugense" 1756 (besaß L.,
vgl. BL 1473): „44 Redensarten": S. 389 (Schluß: „Probe des
Reichthums der Osnabrückschen Sprache"); „Lurcklock" etc.:
89 („Holl"). – „Schröerholl" (= Schneiderhölle). ‚-holl' ist natürlich die aus dem Märchen noch wohlbekannte ‚Hölle', wie das
Loch genannt wurde, in dem die Schneider bei der Arbeit saßen;
Wicht: 285, wo auch Bösewicht angeführt ist; „Grummel" (mit
dem von L. benutzten Beispiel): 77. – → auch unten Nr. 18 bei
Anm. 10. 19 Anm. bei 5 u. 9.

7 Lurch; als Neutrum Schimpfwort für Mädchen. Vgl. Georg
Schambach, „Götting.-Grubenhag. Idiotikon" 1858, 125 f.

8 Kaltenhofer, A. L. F. Meister, Baumann; vgl. L.s Tagebuch 1770.

9 fast wörtl. Bw 1 Nr. 93 bei Anm. 13.

10 davon überliefert unsere Nr. 16?; ferner Bw 1 Nr. 92 f.

18. An Joel Paul Kaltenhofer 12. November [1772]

1 zu der erweiterten Metapher vom Selbst-Einspinnen → auch Bw
1 Nr. 4 Anm. 8 (Puppenstand).

2 gleiche Entfernung; wieder ein Rechenfehler wie in Nr. 7 vorlie-
gender Ausgabe.

3 zur geplanten Reise nach England vgl. die Chronologische Übersicht unten S. 399.

4 Kaltenhofers Wohnung in Göttg.

5 P. Brosche hat im „L.-Jb 1993", 78–106 (Skizze 85) den genauen
Ort bestimmt: bei der „Neuen Mühle" in e. Turm der Stadtbefe-
stigung.

6 die ‚Himmlische': zuständig für die Astronomie.

7 die horizontale Koordinate am Himmel; entspricht auf der Erde
der geograph. Breite.

8 geograph. Länge und Breite.

9 auch Taschenbuffer, -puffer: kleine Pistole für Damen.

10 → vorige Nr. bei Anm. 6 f..

11 ‚Mann'; aus Spanien stammendes, im 18. Jhdt. in Deutschland
beliebtestes Karten(glücks)spiel.

12 sprichwörtl. Kombination der Bibelstellen ‚Pfahl im F.' (2. Kor
12, 7) u. ‚Splitter im Auge' (Mt 7).

13 → Bw 1 Nr. 97 Anm. 8.

14 Joh. Phil. Murray; vielleicht in ähnl. Angelegenheit wie Bw 1
Nr. 40.

15 → Bw 1 Nr. 79.

16 Festungsbau (→ unten Nr. 23 Anm. bei 5.)

17 → Bw 1 Nr. 98 Anm. 3.

19. An Johann Christian Dieterich 12.[-21.] November 1772

1 nicht überliefert

2 „Gothaischer Hof Calender".

3 J. B. Michaelis, „Wiegenlied für unsre Schönen", im „Musenalmanach" 1773, 101.

4 wer ist gemeint? (wohl ein Frauenname wie Hanne, Henriette
o. ä).

5 von L. (ungenau, vielleicht aus dem Gedächtnis) zitiert nach dem
oben Nr. 17 Anm. 6 gen. Titel; dort S. 90 („Hoße-boßen [. . .] von
einer zu andern Seite stoßen"): „Hin und her, aufs Jahr zwei / Zum
anderen Jahr / Auch ein Paar / geht die Wiege immerdar."

6 nichts ermittelt.

7 → Bw 1 Nr. 110 bzw. C 63. 93. 108-113 (SB 1).

8 → vorige Nr. bei Anm. 5.

9 wie Anm. 5, dort S. 39: „Dyrk, Dieterich, ein Name"; → unten
Nr. 23 bei Anm. 8 u. Bw 1 Nr. 132 Anm. 1.

20. An Johann Christian Dieterich 25. November 1772

1 → Bw 1 Nr. 52 Anm. 3.

2 mineral. Kohle (im Gegensatz zu der sonst im 18. Jhdt. noch fast
überall verwendeten Holzkohle); diese hier ist Braunkohle, die
am Riesberg bei Osnabrück im Tagebau ‚gefördert' wurde.

3 wohl Wortbildgn. L.s nach engl. to stir: rühren; weist aber das DWb 10, 4, 1942, 574 (als stüren) im Frühnhdt., als ,stören' (10, 3, 1957, 386. 424 mit diesem Beleg) noch um 1800 nach.

4 erg. (z. B. nach J. G. Seybold, „Viridarium" 1677, 82): ,den fressen die Schwein'.

5 erkünstelt. Abzuleiten von schlegeln: sich irren? Die ersten Bedeutungen von schlegeln ($= schlägeln) passen besser: hinken, zappeln; also etwa ,erzappeltes Wortspiel'; weniger wahrscheinl. dagegen die bergmännische Bedeutung (von Schlägel): heraushauen.

6 aus dem oben Nr. 17 Anm. 6 nachgewiesenen Titel; dort S. 151.

7 beim (Verleger) Johann Christian (Dieterich).

8 → Bw 1 Nr. 91 Anm. 5.

9 wohl nicht der Jurist Barnabé Br. („De verborum, quae ad jus pertinent, significatione" 1557), sondern der Naturforscher Mathurin Jacques Br. („Système du règne animal" 1756). L. gebraucht bümmeln noch D 433 (SB 1, 296); vgl. auch G. A. Bürger an Dieterich, [1. 1. 1781] (1988, Nr. 44 Joost).

21. An Johann Christian Dieterich [ca. 15. Januar 1773]

1 zur Sache nichts ermittelt; die sprichwörtl. Redensart gebraucht L. sonst gern parodist. (den bösen Willen für die Tat nehmen; → Bw 3 Nr. 1531 bei Anm. 9. Bw 4 Nr. 2281 Anm. 112).

2 feuerfangende Sachen in den Ofen; → vorige Nr. Abs. 1.

3 scherzhafte Anspielg. auf die Empfehlung der älteren Blitztheoretiker (wie z. B. L.s Bruder Ludw. Chrn.: „Verhaltungs-Regeln bey nahen Donnerwettern" 1774, 32) „alles Metall, als Geld, Schlüssel, Uhren, Schnallen, sorgfältig von sich" zu legen.

4 fügte als Gehilfen bei (amtl. Ausdrucksweise).

5 parodiert die ,Siste-Viator'-Formel: die Anrede der Grabschrift an den Betrachter (der ganze Absatz ist Pastiche u. zugleich Parodie auf Laurence Sternes Texte, bes. aus der „Empfindsamen Reise").

6 hebräischem G (Gumprecht war Jude).

22. An Marie Tietermann 19. Mai 1773

1 viereinhalb.

2 außer Bw 1 Nr. 158 (von H. C. Boie) nichts überliefert. Die Absender: Marie Tietermann, Christiane Dieterich, Schernhagen, Pagenstecher; Kästner? Baumann? Ljungberg? (→ die folg. Briefe).

3 wer mit dem zudringlichen Freier gemeint ist, nicht ermittelt; dem damalg. Gebrauch von ,Dr.' entsprechend vermutl. e. Arzt. Vgl. D 575 (SB 1).

4 → folg. Nr. Anm. 1.

5 zum Besuch bei der nach Struensees Hinrichtung exilierten Königin Karoline Mathilde von Dänemark → unten Nr. 23. 25. 27; ferner Bw Nr. 163.

6 korpulent; vgl. ihr Porträt bei Promies, „Lichtenberg" [4]1992, 45; → unten Nr. 27 bei Anm. 22.

7 → oben Nr. 8 Anm. 3.

8 Hotel zum Römischen Kaiser, wo L. die erste Zeit in Osnabrück gewohnt u. ,Miecken' (Mariechen) Tietermann kennengelernt hatte.

9 läuft hin und seht . . . (der so heftig klopft, daß ihm der Gehstock zerspringt).

10 nach der sprichwörtl. Redensart: ,rotes Haar u. Erlenholz wachsen auf keinem guten Grund' (Wander 2, 1867, 229 f.).

23. An Christiane Dieterich 20. Mai 1773

1 nicht überliefert; → vorige Nr. Anm. 2.

2 beschweren, belästigen.

3 nicht überliefert; zur Sache → Bw 1 Nr. 152.

4 (febris biliosa) fiebriger Infekt, der nach damalg. med. Vorstellg. von zuviel Gallenflüssigkeit herrührte: dadurch unspezif. Sammelbezeichng. für Gelbsucht, fiebr. Krankheiten mit Erbrechen usw.

5 zur Zunft gehörig (Dieterich war urspr. Seidenhändler).

6 erg. wohl: nicht geliebt zu haben; spielt an auf die sogen. Nonnenklage, einen im Volkslied ungemein verbreiteter Stoff (vgl. etwa die Beispiele bei L. Röhrich / R. W. Brednich, „Dt. Volkslieder" 2, 1967, 441), von den Hainbündlern, worauf L. hier anspielen könnte, wiederbelebt, z. B. von Hölty, „Klagen einer Nonne" 1769 („Sämtl. Werke" 1, 1914, 20 Michael) oder J. M. Miller in e. halben Dutzend Gedichte.

7 Riccaut de la Marliniere in Lessings „Minna von Barnhelm" (4, 2): „O, was ist die deutsch Sprak für ein arm Sprak! für ein plump Sprak!"

8 → oben Nr. 19 Anm. 9.

9 franz. ,üble Gesellschaft'; das würde sich dann auf einen Zuruf von Frau Dieterich auf die fröhliche Runde beziehen: in der bei Anm. 7 nachgewiesenen Szene redet Riccaut in s. Wechsel zwischen dt. u. franz., den L. dann hier nachahmen würde, von „gens d'esprit". (Denkbar allenfalls auch e. franz. verballhornen-

de ‚Transkription' von ‚schonmal' oder göttingisch für ‚jenes Mal'.) – Zur Reise → Bw 1 Nr. 42 Anm. 2 u. Nr. 44.

10 → vorige Nr. Anm. 2.

11 → ebd. bei Anm. 5. – E. ähnl. Darstellungstechnik gebraucht L. unten in Nr. 28 (London) u. in Bw 1 Nr. 189 S. 345 (Hamburg).

12 Befehl weitergegeben (eigentl.: übertragen aller Rechte aus e. Wechsel auf e. andere Person).

13 Zeitumstände; ursprgl. astrolog. Terminus.

14 wohl am 22. 4. 1770; vermutl. Dollond.

15 wird mit Nr. 25 fortgesetzt.

24. An Joel Paul Kaltenhofer 14. Juni 1773

1 Probestiche oder zumindest -abzüge einzelner Segmente der Mondkarte, die K. für die von L. veranstalteten „Opera Inedita" I von Tobias Mayer nach dessen Zeichnung stechen sollte; → Bw 1 Nr. 136 passim. Vgl. vor allem D. B. Herrmann in den „Mittlgn. d. Archenhold-Sternwarte" 72, 1965 und E. Forbes in „Annals of Science" 28, 1972, 31 ff. bzw. dess. Monographie über Mayer 1980.

2 → oben Nr. 12 Anm. 7.

3 gemeint: Göttg.; L. rechnet offenbar nach hannov. Postmeile zu 9,32 km: ca. 280 km.

4 unterbrochene.

5 Prellschüsse; A. L. F. Meister lehrte (als angewandte Mathematik) u. a. Festungsbau und Kriegswesen.

6 Rechnung.

7 astron. Zeiten (auf der Karte als Legende angebracht?)

8 Teile des Mikrometers (Meßschraube am Quadranten) → auch Bw 1 Nr. 169 bei Anm. 7.

9 → Bw 1 Nr. 161 Anm. 1.

10 ursprüngl. Dämpfe, dann: hysterische Launen; zur (eingebildeten) Schwindsucht → Bw 1 Nr. 133 Anm. 1.

11 → Bw 1 Nr. 163 Anm. 4.

12 → Bw 1 Nr. 163 Anm. 5.

13 die beiden Entfernungen betragen ca. 2 bzw. 3 km.

14 Akkusativ Plural von Tubus; → auch oben Nr. 11 drittletzter Abs.

15 zu der von mehreren spätantiken Autoren kolportierten Fabel, nach der Aristoteles die Strömungen des Euböa-Sundes Euripos nicht zu erklären vermochte und sich deswegen in diesem ertränkte, vgl. Zedlers „Universal-Lexicon" 2, 1732, 1478 ff. und Pauly/Wissowas „Realencyclopädie" 11,1, 1907, 1281.

16 über den Stapellauf der hannov. Elbzollfregatte samt dem Unfall, der sich dabei ereignete, berichtet L. ausführl. Bw 1 Nr. 164 bei Anm. 4.

17 Diesseitigkeit (im Gegensatz zur Ewigkeit), die für den (hier parodierten) frommen Christen allemal der Durchgang durch ein ‚Jammertal' (Ps 84, 7) zu sein hat; → unten Nr. 82 bei Anm. 5; 100 bei Anm. 3.
18 nicht überliefert; demnach gehörte auch Kaltenhofer zu den Lieferanten korresp. Beobachtungen?
19 am Observatorium, das diesmal nicht in e. festen Haus, sondern in e. kabriolettartigen Schutzhütte mit Faltdach untergebracht war; → Bw 1 Nr. 165 Abs. 3.
20 → Bw 1 Nr. 176 bei Anm. 9.
21 diese sonst bei L. nicht gebräuchl. (frühnhdt.) Form ist im 18. Jhdt. noch belegt; vgl. DWb 7, 1889, 1544.
22 nicht überliefert; der Blutsturz verlief nicht tödl.

25. An Christiane Dieterich [28. Juni 1773]

Auf der Adressenseite e. Notiz, wohl von Frau Dieterich: „Günther in Ebergötzen / 14 Centner Heu".

1 Einlage zu Bw 1 Nr. 174; Fortsetzung von unserer Nr. 23.
2 Hüte; metonymisch: Männer. → oben Nr. 23.
3 zurechtzurücken.
4 nach engl. Sitte.
5 dem Rückzug.
6 für gut zu befinden.
7 → oben Nr. 22 Anm. 5.
8 mischfarben: fleckig.
9 → oben Nr. 8 Anm. 3.
10 spart.

26. An Johann Andreas Schernhagen 19. Juli 1773

1 eigentl. aussätzig, mit Ausschlag befallen; hier Lippenentzündung durch Sonneneinwirkung.
2 → die ausführl. Berichte unten in Nr. 27; ferner in Bw 1 Nr. 182. 184 ff. 197. 199.
3 Eingangsstufe der Juristenlaufbahn, entspr. dem heutigen Referendar.
4 Stutzengewehr.
5 gegen den Wind aufkreuzen.
6 steife Kühle, -lung = steife Brise; vgl. F. Kluge, „Seemannsprache" 1911, 496 f.
7 Neuwerk.
8 = Reede (sicherer Ankerplatz).
9 Sumpfschnepfen.

10 Neben-, Geheimzimmer; hier: die naturhist. Sammlungen.
11 damals noch geläufig für Garneelen: Sägekrebse (Krabben).
12 Zeichnung fehlt in d. allein überlieferten Abschrift.
13 noch 25 Jahre später berichtete L. davon in d. Vorlesung; vgl. G. Gamauf, „Erinnerungen aus L.s Vorlesungen über die physik. Geographie" 1818, 36.
14 Schernhagen, Ramberg, Partz u. Flügge in Hannover.
15 vgl. Offb 19, 20 u. pass. (‚feuriger Pfuhl').
16 im 18. Jhdt. auch in Norddtl. auch in der (heute nur mehr österr.) Bedeutg. ‚ungefähr'.
17 Gemenge von Ton und Kalkstein.
18 also 54–72 m u. damit von L. etwas überschätzt; in Wahrheit damals noch ca. 30–60 m.
19 damals ca. 3500 Einwohner.
20 nicht überliefert.
21 mit Bw 1 Nr. 183.

27. An Friedrich Christian Lichtenberg 13. August 1773

1 die von L. gern gebrauchte Metapher ist bibl. Ursprungs, vgl. z. B. 1. Petr 4, 8.
2 F. A. Lichtenberg.
3 Zusammenkunft.
4 Truthahnpastete und wohl Apfelkrapfen.
5 von allen etwas.
6 vgl. E 174 (SB 1).
7 meint: ‚Klassiker' in 4 Sprachen, ohne recht zu verstehen.
8 L. hatte Justus M. in Osnabrück persönl. kennengelernt (Tagebuch 1770, 10. 9. 1772: SB 2, 618).
9 unregelmäßige Verben.
10 → Bw 1 Nr. 156 Anm. 1.
11 vgl. F 1209 (SB 1); dort auch L.s Quelle.
12 → vorige Nr.
13 Draht.
14 Rücksicht.
15 Saft der Süßholzwurzel = Lakritze.
16 → Bw 1 Nr. 176 Anm 10.
17 griech.: phos = Licht, oros = Berg.
18 vgl. „Frankf. Gel. Anzeigen" 1773, 474 f., Verf. unbekannt (wiedergedr. in O. Deneke, „Lichtenbergs Leben" 1, 1944, 189 f.). Kölbele, über den sich Lessing (an Nicolai 17. 5. 1770) den Witz erlaubte: „Das Kälbele von Frankfurt ist gar ein Ochs", ist als Rezensent der „Frankf. Gel. Anz." sicher verbürgt nur im Jg. 1771; der unten wohl gemeinte Gießener Prof. J. C. F. Schulz (Verwech-

selung mit einem darmst. Anwalt könnte durch K.s Beruf veranlaßt sein) kommt für 1772 in Betracht. Die Zuweisung der anonymen Rez., die L. hier als Gerücht kolportiert (ebensogut selbst
gutgläubig diviniert oder böswillig erfunden haben kann!), beruht vielmehr auf der allgemein bekannten Haltung der beiden:
K. hatte wiederholt gegen Mendelssohn und die Juden überhaupt öffentl. gestritten, vor allem 1765 (1771 in 3. Aufl.) unter
d. Titel „Die Begebenheiten der Jungfer Meyern, eines jüdischen
Frauenzimmers, von ihr selbst beschrieben" romanhaft die Kon-
version einer Jüdin im Umkreis des Frankfurter Pietismus dargestellt; S. hatte der Judenbekehrung das Wort geredet.

19 nicht ermitelt.

20 J. M. Wenck.

21 beide nicht überliefert.

22 → oben Nr. 22 Anm. 6.

23 → oben Nr. 2 Anm. 3.

24 → oben Nr. 2 Anm. 5.

25 Karoline Mathildes Leibarzt Struensee hatte mit ihrer Hilfe ihren
schwachsinnigen Mann König Christian VII. entmachtet, um im
absolutistisch regierten Dänemark (freilich überstürzte) Reformen durchzuführen; dagegen erhob sich alsbald eine Fronde des
begüterten Adels, die Struensee und s. Getreuen stürzte, ihn in e.
Schauprozeß wg. Hochverrats zum Tode verurteilen ließ. Mathilde entging einem ähnl. Schicksal durch das massive Eintreten ihres Bruders Georg III. von England; sie mußte daraufhin ins Exil
nach Celle, wo sie schon 1775 starb (das Gerücht über e. Gift-
mord ist aber wohl unbegründet). Vgl. Stefan Winkle, „Struensee". 2. Aufl. 1989.

26 → Bw 1 Nr. 176 Abs. 3.

27 Einkünfte.

28 Ludw. Christian L. in Gotha.

29 Schicksale; Anspielg. auf Buchtitel? L. besaß Schnabels „Wunderliche Fata einiger Seefahrer" (besser bekannt als ‚Insel Felsen-
burg') in der 8. Aufl. 1768 (vgl. BL 1619).

28. An Ernst Gottfried Baldinger 10.-29. Januar 1775

1 keiner davon überliefert.

2 in B. wurde 1769 Wilkes zum Abgeordneten von Middlesex gewählt (→ oben Nr. 1 Anm. 3).

3 Galopp.

4 weder Hainbund-Dichter noch Rokoko-Sänger. Seitenhieb L.s
auf zeitgenöss. Literaturströmungen.

5 die göttg. Hauptstraße war u. ist ca. 12–15 m breit.

6 scheint; → unten Nr. 78 bei Anm. 6 u. 101 bei Anm. 6.

7 beleuchtet.

8 Drogist, Gewürzhändler.

9 Wilhelm Dieterich.

10 farbigen Spirituosen oder Lösungen (Ablativ Plural von Spiritus).

11 Blumen-, Fruchtgirlande.

12 → vorige Nr. Anm. 24.

13 mit Ihrer Erlaubnis.

14 → oben Nr. 16 Anm. 5.

15 Schausteller aus Savoyen, wie sie damals oft „avecque la marmotte" (Goethe, Lied des Savoyarden im „Jahrmarktsfest zu Plundersweilen" 1778 V. 173 ff.): mit dressierten Murmeltieren durch ganz Europa zogen.

16 ‚Halt, Dieb!' (in der engl. Großstadtliteratur von Daniel Defoes „Moll Flanders" bis zu Charles Dickens vielgestaltete Szene).

17 ‚Kommen Sie, mein Herr, lassen Sie uns ein Glas zusammen trinken, oder ich gehe mit Ihnen, wenn Sie wünschen.'

18 ‚Gott segne (schütze) mich!'

19 ‚armer Teufel!'

20 ‚Sieh da, verdammt'.

21 vgl. Reise-Tagebuch p. 10 f.

22 Freiheit; Schicklichkeit.

23 junge Damen von Stand, Adlige.

24 Hiob 40, 10: „Siehe da den Behemoth [Nilpferd] ... er frißt Gras wie ein Ochse."

25 das von O. Deneke („L.s Ahnen" 1950, 7) beschriebene Siegel; → Bw 1 Nr. 273 Schluß.

26 Reise-Tagebuch p. 7 ff.; demnach als Abel Drugger in Ben Jonson, „Alchemist"; als Archer in Farquhar, „Beaux Stratagem"; als John Brute in Vanbrugh, „Provoked Wife" und 2mal als Hamlet.

27 demnach plante L. schon damals s. später als „Briefe aus England" berühmt gewordenen Theaterbeschreibungen (Bw 1 Nr. 285. 286. 294; auch in SB 3 wie den meisten L.-Anthologien).

28 Hemd; → Bw 1 Nr. 294 bei Anm. 16.

29 = Kerstlingeröder Feld (evtl. Dialektnachahmung); → Bw 1 Nr. 294 S. 587 Z. 1.

30 von Burgoyne; vgl. Reise-Tagebuch p. 8.

31 Leiter der (Festlichkeiten u.) Vergnügungen.

32 Befehl und Gegenbefehl.

33 Verputzer, Anstreicher.

34 am 24. 4. 1770.

35 am 24. 11. bzw. 10. 12. 1774.

36 → bei Anm. 17.

37 neben dem Haymarket berühmtestes Londoner Theater u. e.
von L.s Lieblingsaufenthalten; → auch Nr. 31 bei Anm. 22.

38 von Garrick verfaßt (New Edition 1775), abgedr. bei Gumbert,
„L. in England" 2, 1977, 210.

39 vgl. Reise-Tagebuch p. 25, die Skizzen ebd. p. 60.

40 nicht überliefert.

41 der sogen. Quartalskurier brachte vierteljährl. die Regierungs-
post aus d. ‚Deutschen Kanzlei' in London nach Hannover; auch
später durfte L. Post nach London auf diesem Wege expedieren
lassen.

42 vgl. E 144 (SB 1).

43 „Von den Krankheiten einer Armee, aus eignen Wahrnehmungen im preußischen Feldzuge aufgezeichnet", deren 2. vermehr-
te Aufl. 1774 erschienen war.

44 B.s auch unten in der N. S. (2). erwähnte Rez. über L.s Edition
der „Opera inedita Tobiae Mayeri" I steht anonym im 93. St. der
„Neuen Hallischen Gelehrten Zeitungen" vom 25. 11. 1774,
743–745.

45 Widmung; als Faksimile mit dt. Übersetzung gedr. in L., „Observationes. Die lat. Schriften" 1997, 56–61 D. N. Hasse; nur dt.
auch bei Gumbert, „L. in England" 1, 1977, 335–337. → a. Bw 1
Nr. 265 bei Anm. 1.

46 in Ben Jonsons „Alchemist".

47 nicht überliefert.

48 in Vanbrughs „Provoked Wife".

49 mit diesen Augen.

50 Göttg. „Musenalmanach" auf 1775; wesentl. beherrscht von der
Poesie Klopstocks und des ‚Hains'.

51 Klopstocks Ode „Unsre Sprache", auf die L. sich wohl bezieht, eröffnet den Almanach; vgl. E 504. 506 (SB 1) u. noch in der Polemik gegen Voß (VS 4, 1844, 265).

52 J. Böhme, der schon in den frühen Sudelbüchern von L. ironisch
behandelt wird (vgl. Promies zu D 9, wo Leitzmanns allerdings ir-
rige, nämlich L. ernstnehmende Auffassung korrigiert wird).

53 → oben Nr. 9 Anm. 3.

54 Joh. Friedrich Hahn (vgl. C. C. Redlich, „Chiffernlexikon" 1875,
20); sein Versdialog (zum Verständnis des Folg.):
„Klopstock. / A. Hinaufgeschwebt ist er durch alle Sonnenhöhen,
/ Und schwebt, und stralt durch seiner Himmel Licht! / B. Wie?
Wo? Ich kann ihn nirgends sehen! / A. Nein, Männchen, nein! du
siehst ihn nicht! / Und ständest du auf dem Katheder, / Auf allen
Werken deiner Feder, / Mit langem Hals', und auf den zehn; / Du
wirst ihn nimmer stralen sehn! / Den lezten Stral von ihm, errricht'
ihn dein Gesicht; / Er schwebte wahrlich droben nicht!"

55 gemeint ist Thomas Simpson, der in geistiger Umnachtung starb, und Nathaniel Lee (über ihn auch B 368: SB 1), und nicht Anna Lee, die Prophetin, wie Kelletat vermutete.

56 ähnl. D 610 (SB 1, 324) und VS 4, 1844, 187.

57 gegen Langes Übersetzung von Horaz, „Oden" 1, 1, 36 vertex – Nacken (statt Scheitel) polemisierte Lessing im „Vade Mecum für den Pastor Lange" 1754 („Sämmtl. Schriften" 5, 1890, 227 Muncker), worauf L. offenbar anspielt (diese Schrift war auch sonst wiederholt für L. Vorbild s. Polemik); → oben Nr. 8 Anm. 6.

58 keiner überliefert.

59 an Christiane D.: Bw 1 Nr. 271.

29. An Christian Gottlob Heyne 6.-17. März 1775

1 nichts bekannt.

2 wohl aus England; nicht überliefert.

3 Fr. Clerke.

4 Heynes oft wiederaufgelegte V.-Edition, deren Stärke (wie die s. anderen auch) eher im Poesie- u. Sachgeschichtl. liegt als im Editorischen, erschien zuerst in 4 Bdn. 1767–1775 (letzter Bd. im Mai).

5 GGA.

6 bes. Hallers Rezensionen.

7 → Bw 1 Nr. 265 Abs. 1.

8 geistl. und weltl. Herren.

9 außer einer Namensliste der Sprecher (Reise-Tagebuch p. 35) scheint nichts erhalten; L. besaß eine Protokollabschrift der Debatte (UB Göttg., Ms. Licht. Anhang III 4 b).

10 zu den Essenszeiten → oben Nr. 1 Anm. 4.

11 Scharfsche Mühle bei Weende, ca. 3 km.

12 Royal Society, vgl. Reise-Tagebuch p. 38 (am 2.3.).

13 vgl. Reise-Tagebuch p. 34.

14 vgl. Reise-Tagebuch p. 42.

15 die Prinzen Georg und Friedrich aus England.

16 „Antiquities of Athens" 1762.

17 Bw 1 Nr. 267.

18 „Frankf. Gel. Anzeigen" u. GGA.

19 vgl. Reise-Tagebuch p. 44.

20 vgl. Reise-Tagebuch p. 18. 57.

21 → Bw 1 Nr. 311.

22 nicht überliefert.

23 für s. Edition von Engelbert Kämpffer; → Bw 1 Nr. 278.

24 nach der British Library, durch königl. Empfehlung.

25 nicht überliefert.

26 beide nicht überliefert.

27 nicht im Auktionskatalog von L.s Bibliothek 1799; das verbrannte 3. St. trug den Titel „Thy name, O! Chatham (with some few
more) is made, rare instance, immortal by defeat; and to thee
new country rise – from the ruins of the country ... To the King".

30. An Johann Christian Dieterich 1. Mai 1775

1 → Bw 1 Nr. 273 Abs. 3 u. Bw 1 Nr. 264 Abs. 2.

2 → Bw 1 Nr. 276 bei Anm. 1.

3 → Bw 1 Nr. 265 Anm. 2.

4 dieser Brief an Ludw. Christian L. nicht überliefert.

5 außer Goethes „Leiden des jungen Werthers", 1774, wohl auch
Nicolais Parodie „Freuden des jungen Werthers, Leiden und
Freuden des Werthers des Mannes" 1775.

6 vielleicht der ehemalige göttg. Student C. F. T. von Lüttichau,
nichts ermittelt.

7 H. L. Wagner, „Prometheus, Deukalion und seine Recensenten"
1775.

8 mein Verderben, meine Gegengift liegen beide vor mir: „Cato" 5,
1. Dort über Schwert u. Platons „Phaidon".

9 der Würfel ist gefallen (Cäsar vor Überschreiten des Rubicon,
vgl. Büchmann, „Geflügelte Worte"^{22} 1905, 132).

10 = aufkernen (im Sinn von: die Nuß knacken)

11 vgl. D 629 (vom 9. 4.: „Blindheit bemerckt"); Reise-Anmerckungen p. 22 ist ein Rezept exzerpiert; vom Arztbesuch berichtet L.
noch 1791 im GTC: „Einige Pflichten gegen die Augen" (SB 3,
88 f.); → unten Nr. 33, ferner Bw 1 Nr. 284. 285.

31. An Johann Andreas Schernhagen 16.-17. Oktober 1775

1 den 13. 10.

2 an Dieterich schreibt er (13. 10.: Bw 1 Nr. 287, die durchgängig
zu vergleichen ist), ihm zuliebe: um in Birmingham die Geheimnisse der Druckerei Baskervilles zu ergründen.

3 Mantelsack.

4 vgl. E 68: „Ich habe in England bald wie ein Lord und bald wie ein
Handwerks-Pursche gelebt" (SB 1, 357).

5 künstliche Wasserspiele (‚Kunst' damals soviel wie Technik) im
Park von Schloß Herrenhausen bei Hannover.

6 damals schon so berühmt, daß L. sie schon in C 221 (SB 1) erwähnte.

7 aus Pappmaché.

8 nach Art von Sperrholz zusammengeleimt.

9 etruskisch.

10 „Tables for correcting the apparent Distance of the Moon and a Star" 1772 (BL 357).

11 über diesen Besuch berichtet L. an Kästner 16. 10. 1775 (Bw 1 Nr. 288 Abs. 1 f.).

12 nicht überliefert.

13 Joh. Reinhold F.

14 zum Folg. → Bw 1 Nr. 288 Abs. 3.

15 Georg F.; ein Teil s. Zeichnungen hat sich erhalten, vgl. „Vögel der Südsee" 1971 G. Steiner/L. Baege.

16 wurde ihm von der Admiralität untersagt, so daß Georg F. beide Ausgaben (nach des Vaters Aufzeichnungen) zu besorgen hatte.

17 der Matrose und Kanonier John Marra veröffentlichte 1775 sein „Journal of the Resolution Voyage" (dt. Ausgabe nicht ermittelt). Vgl. J. C. Beaglehole, „Journals of James Cook" 2, 1961, XVII. 961. – Was Reinhold Forster an dem Buch auszusetzen hatte, findet sich in seinem Brief an J. K. Ph. Spener 22. 12. 1775 (G. Forster, „Werke" 13, 1978, 550 Akademie) und dem ganz entsprechend in Georg F.s „Nachricht an das Publikum" 4. 10. 1776 (ebd. S. 58; in der Anm. dazu S. 581 der volle Titel von Marras Buch).

18 Wendekreise.

19 Sauerkraut gegen Skorbut.

20 Kohlendioxid.

21 St. Paul's Coffee House.

22 Ramus.

23 ähnl. folg. Nr. bei Anm. 5.

24 von Lavater „Physiognom. Fragmenten" erschien der 1. Bd. 1775; „grose" im Gegensatz zu Buch u. Aufsatz (→ Bw 1 Nr. 93 Anm. 9); gemäß s. Brief an Feder (Bw 1 Nr. 274 bei Anm. 8) muß die Entleihung schon länger zurückliegen.

25 vgl. D 530. E 109 (SB 1).

26 damals sehr geschätzte Biersorte (vgl. J. Hubner, „Reales Staats- und Conversationslexicon" 1748, 686 u. in d. folg. Aufl.).

27 die Karikaturen (zu Lord Lovat → unten Nr. 79 bei Anm. 9) dort bei S. 122, Nr. 2 f. (Wilkes übertrieben schielend). Abb. nach Hogarth ferner zu S. 96 ff.; über Garrick S. 181. 184.

28 zweieinhalb.

29 Charlotte u. Augusta von England.

30 Wales: George von England.

31 Friedrich von England.

32 Hedsor.

33 J. D. Ramberg.

317

34 Kurzfassung von dess. „Observations on Man, his frame, his duty, and his expectations" 1749; → unten Nr. 53.

35 L. meint wohl das in London erscheinende „Monthly Review" 53, 1776, 381: „Another discovery, very consonant to the first, is that the whole man becomes extinct at death. For this concession Atheists will likewise thank him, as it has been one of the chief articles of their creed, from the beginning of the world."

36 vgl. K.s Brief an Nicolai 29. 9. 1775 „Briefe" (1912, 103 f. Scherer) über diesen Streit.

37 nicht überliefert.

38 wohl „Ob Leibnitz, der so tief gedacht" (Werke 1, 1841, 73). „Ein Dialog" (ebd. 102), „Wenn Hollmann lauter Dummheit spricht" u. „Wenn einst der [lies richtig: den] Mann Augusta nicht mehr hört" (in: „Opale" 1907, 200).

39 fossile Reste von Haarsternen (Meergetier); vgl. die Notiz L.s im Sudelbuch D, vorletzte Seite (defekt), gedr. zuerst bei Gumbert, „L. in England" 1, 1977, 127, vollständiger SB 1/2K, 291 (nach „L.-Jb 1989", 195–197).

40 vgl. „Reise-Anmerckungen" p. 44 f. (vom 22. 9.).

41 in Haddingtonshire (Südostschottland, am Firth of Forth).

42 ungefähr.

43 erst am 7. 12. (Ankunft in Göttg. am 27. 12.) 1775; → Bw 1 Nr. 299.

32. An Johann Christian Dieterich 18. Oktober 1775

1 Johanna Dieterich (→ Bw 1 Nr. 273 Anm. 1).

2 in dieser für uns grauenhaften Trostmetapher verbindet sich die Empfängerzuwendung (der Buchdrucker D.) mit e. zentralen pietist. Denkbereich von Gott als dem großen Seelenschmelzer (vgl. A. Langen, „D. Wortschatz des dt. Pietismus" 1954, 291 ff. u. pass.); → auch oben Nr. 4 Anm. 9 u. unten Nr. 71 Anm. 1; 74 Anm. 8; 95 Anm. 1.

3 wohl die Bw 1 Nr. 272 bei Anm. 4 gen. Angelegenheit; → auch folg. Nr. Anm. 1.

4 → vorige Nr. Anm. 43.

5 ähnl. → vorige Nr. bei Anm. 23.

6 in Sterne, „Empfindsame Reise" (Kap. „Die Tabaksdose. Calais") empfängt Yorick von Lorenzo e. Tabaksdose zum Geschenk; das Motiv übernahm Jacobi („Winterreise" 1769); vgl. D 610 (SB 1). Daher erklärt sich L.s Seitenhieb auf die „Jacobiter" (zugleich witzige Doppeldeutigkeit mit den Anhängern des 1689 vertriebenen Stuart Jakob II. aus England) u. „Göthiter" (schwärmerische Verehrer Goethes; vgl. auch R. Kleineibst, „L. in s. Stellung zur dt. Literatur" 1915, 102).

7 Holzkopf zur Aufbewahrung von Haube oder Perücke; hier (natürl. abfällig) für Modekupfer.
8 wohl ein engl. Kupferstecher, nicht ermittelt.
9 L. legte erst viel später diese dialektal erklärliche Schreibweise ab.
10 keiner überliefert.
11 L. litt in London an e. schweren Augenentzündung, befürchtete sogar zu erblinden.

33. An Johann Christian Dieterich 31. Oktober 1775

1 D.s Bittschrift; → Bw 1 Nr. 272 bei Anm. 4.
2 entlassen.
3 diese Gewohnheit Georgs III., Satzstücke zu wiederholen, ist mehrfach bezeugt.
4 → Bw 1 Nr. 284 bei Anm. 5.
5 erst am 7. 12.; → Bw 1 Nr. 293. 299.
6 → Bw 1 Nr. 299 Abs. 1.
7 Zeughaus.
8 am Friedhof vor dem Weender Tor.
9 vgl. „Reise-Anmerckungen" p. 48.
10 von Voltaire, hier in d. Bearbeitung von Aaron Hill unter dem Titel „Zara"; → Bw 1 Nr. 285 bei Anm. 9.
11 → oben Nr. 28 Anm. 41.

34. An Dieterichs Töchter [Ende Oktober/Anfang November 1775]

Dieser in Bw 1 auf [Mitte November 1773?] datierte Brief gehört wohl doch eher hinter Nr. 33, deren Beilage er gewesen sein möchte; die ‚andere Welt' wäre dann sinnvoll England (Abreise von dort war ja ursprünglich auf den 6. 11. festgesetzt, die Ankunft in Göttingen also auf ca. den 20. 11.).
1 die Farben sind den jeweiligen Körperteilen zuzuordnen; zu erg. also: ‚Backen' (Gesäß), was dem „platschen" entspräche; darauf deutete auch die ganz ähnl. Stelle in Bd. III Nr. 1564; (indessen erschienen die Schamhaftigkeitspunkte vielleicht sinnvoller im Zusammenhang mit ‚Busen').
2 über die weite Verbreitung dieses u. der folg. Sprichwörter gibt Wander Aufschluß (5, 152; 4, 612 u. 622; 4, 611 f. 622; 2, 1155).
3 nicht überliefert.
4 → die Abb. auf S. 134 f.; der bislang früheste Beleg für die Mode, Schattenrisse (und gar Abgüsse!) von Händen als Freundschaftsgruß zu schenken (im Juni 1779 aus Weimar als Stammbuchein-

tragungen Goethes, Mercks u. a. verbürgt, vgl. Th. C. Starnes, „Chrph. Martin Wieland. Leben u. Werk" 1, 1987, 658); vgl. auch Lavater in den „Physiogn. Fragmenten" 4, 1778.
5 klapsen, schlagen. Folgt gestr. „und wie ich höre so".
6 Geburtstag von Luise Dieterich.

35. An Christiane Dieterich und ihre Töchter 30. Juni 1776

1 → Nr. 12 Anm. 4.
2 die rings um Göttg. gelegenen Ausflugsziele (Tanzlokale) lagen zumeist an Mühlen (z. B. Rasemühle, Stegemühle, Papiermühle, Scharffs Mühle).
3 feierl. u. im öffentl. Aufgebot.
4 nicht bekannt; etwa Friederike Baldinger?
5 ihnen jeweils zugehörigen.
6 seit d. Rückkehr aus England (Jahrswechsel 1775/76).
7 loco sigilli = anstelle des Siegels: Vordruck auf Urkundenpapier.

36. An Friedrich Nicolai 15. Februar 1778

1 „Über Physiognomik, wider die Physiognomen"; zuerst im Herbst 1777 im GTC auf 1778, dann als selbständiger Druck Anfang 1778. → Bw 1 Nr. 428 Anm. 3.
2 L. vergleicht noch mehrfach das monumentale Werk Lavaters, dessen 4. Bd. gerade erschienen war, und s. pathetische Sprache mit dem babylon. Turmbau in F 525 (SB 1); ferner „Über Physiognomik" (SB 3, 263). → Bw 1 Nr. 539 Anm. 5.
3 als Taschenkalender: L. tat wiederholt die (doch wohl ironische) Meinung kund, daß s. Kalender nur von der (großbürgerl. oder adligen) ‚Dame von Stand' am Toilettentisch gelesen werde.
4 → Bw 1 Nr. 443 Anm. 2–6.
5 → Bw 1 Nr. 444 Abs. 1.
6 Wahnsinnstaten.
7 → Bw 1 Nr. 447 Abs. 2. Nr. 455 Anm. 3; jemand: Ramberg sen.? (→ Bw 1 Nr. 441).
8 Nicolais „Allgem. Dt. Bibliothek", in der von L. nur eine Rez. erschien; → Bw 1 Nr. 183 bei Anm. 4. Bw 2 Nr. 794 Abs. 2.
9 → Bw 1 Nr. 441 Anm. 9.
10 wohl zu J. J. Bodes Übersetzung von Goldsmiths Roman; falls wirklich geschehen, nicht überliefert.
11 anonymer Verf. des von Nicolai 1778 dt. verlegten, zuerst engl. 1755–65 ersch. Romans „Leben, Bemerkungen und Meinungen Johann Bunkels" war Thomas Amory Nicolai.
12 → oben Anm. 8 u. BL 7.

13 → Bw 1 Nr. 429 Anm. 8; Kalender damals bes. für die Dame gern in bemalte Seide eingebunden.

37. An Johann Andreas Schernhagen 15. Februar 1778

1 → Bw 1 Nr. 439 Anm. 6.
2 → vorigen Brief u. Bw 1 Nr. 443.
3 → vorigen Brief bei Anm. 6; Abhandlung → Bw 1 Nr. 411 Anm. 8.
4 bestellt.
5 zu L.s Ikonographie vgl. Achenbach/Joost: „L.s äußere Erscheinung" 1991.
6 ‚Elektrizitätsträger': diente zur Erzeugung hoher elektr. Spannungen; das 1762 von Wilcke beschriebene Prinzip beruht auf der elektr. Influenzwirkung. Der 1775 von Volta konstruierte E. bestand aus einem Harzkuchen, der durch Reiben oder Schlagen mit Fuchsschwänzen, Hasen- oder Katzenfellen elektrisiert wurde; die Elektrizität konnte mit e. isolierten Metallscheibe (dem ‚Deckel'), an andere Körper abgegeben werden.
7 Kohlendioxid u. Sauerstoff.
8 L.s Quelle?
9 am 21. 2. Am 8. 5. 1778 werden L. für Vorlesungen 20 Taler in Gold aus der Sozietäts-Kasse bezahlt (Akademie Archiv Göttingen, Etat 17, 1, 20). Vermerk von Heyne: „Die Abhandlung ist bereits abgedruckt"; → Bw 1 Nr. 450 bei Anm. 1. – Jetzt synopt.-zweisprachig in der Nr. 28 Anm. 45 nachgewiesenen Ausgabe.
10 die Staubfiguren; diese u. e. spätere lat. Abhandlg. zu diesem Thema jetzt zweisprachig gedruckt in: „Observationes" hrsg. von D. N. Hasse 1997, 142–203.
11 erst 1942 konnte Chester F. Carlsson L.s Entdeckung (wie C. selbst später betonte, auf L.s Grundlage) mit e. Patent für „Electrophotography" (unser heutiges Xerokopierverfahren) technisch nutzbar machen.
12 Fernrohr.
13 Bussole: e. Kompaß mit Gradeinteilung u. Nadel, wichtiges Winkelmeßinstrument in der Vermessungstechnik des 18. Jhdt., u. a. zu Bestimmung der magnet. Mißweisung (Abweichung des geograph. vom magnet. Nordpol).

38. An Johann Andreas Schernhagen 18. März 1778

1 wohl der des Empfängers (→ Bw 1 Nr. 450 Abs. 3), den L. als Gleitentladung auf e. nichtleitenden Harzplatte geschrieben u. mit Schwefelstaub sichtbar gemacht hatte (diesen dann auf

Leimpapier abgehoben), oder ein ebensolches Monogramm des Königs (GA: Georgius Rex), das L. bei s. Demonstration d. Staubfigurenexperimente (den nach ihm benannten elektrostatischen „Lichtenberg-Figuren") vor der Göttinger Sozietät d. Wiss. geschrieben hatte (vgl. die Abb. im Katalog „Lichtenberg – Wagnis der Aufklärung" 1992, 352).

2 nach dem Ort ihrer Erfindung benannte Vorform unserer Naßbatterie.

3 des Elektrophors, → Bw 1 Nr. 37 Anm. 6.

4 Text in der Zeichnung: „Der Knopf muß das Harz berühren".

5 vermutl. hat Schernhagen ihn in der guten Gesellschaft Hannovers, bei den adligen Ministern u. d. sogen. ‚hübschen' (d. hofnahen bürgerl.) Familien eingeführt.

6 bislang nicht aufgefunden, vgl. Achenbach/Joost, „L.s äußere Erscheinung" 1991, Nr. 3.

7 über diesen Federkrieg, der sich urprüngl. an Lavaters „Physiognom. Fragmenten" entzündet hatte und den ich demnächst geschlossen publizieren werde, vgl. vorläufig: „Eine ‚Physiognomik des Stils' gegen ‚Don Zebra Bombast'" in: „Wolfenbüttler Forschungen: Johann Georg Zimmermann" 1998.

8 nicht geschehen.

39. An Christiane Dieterich 6. Juni 1778

1 Stöße der Postkutsche aufs Gesäß.

2 die „Hamburgische Addreß-Comtoir-Nachrichten" melden (11. 6. 1778, 45. St.) unter der Rubrik „angekommene Fremde": „Den 6ten dieses: [. . .] Der Herr Professor Lichtenberg wie auch die Herren Mathew, Winnich [= Wynch] und Diedrich kommen von Göttingen, logieren bey Eckhardt im Kramer-Amthause").

3 zierlich gesteckte Frauenhaube, auch aller sonstiger Zubehör des modischen Frauenkopfputzes samt Frisur; → unten Nr. 105 bei Anm. 24.

4 in der „Hamburg. Neuen Zeitung" (93. St. v. 12. 6.): „Am Mittwochen ward hier von der Ackermannischen Gesellschaft die Bendaische Oper Romeo und Julie mit großem Beifall aufgeführt. Der erste Versuch in der ernsthaften Oper auf unserm neuen Theater verdient eine Anzeige". Im Begleitprogramm wurde vermutlich (wie lt. den „Hamburgische Addreß-Comtoir-Nachrichten" (45. St. v. 11. 6. 1778) an den übrigen Tagen auch) entweder „Präsentiert das Gewehr" von J. H. F. Müller oder „Der Deserteur aus kindlicher Liebe" von G. Stephanie gegeben. – Über die Schauspielerinnen Dorothea u. Charlotte Ackermann vgl. B. Litzmann, „Schröder" 2, 1894, 89.

5 unspez. bibl., vgl. z. B. Ps 148, 7.
6 vgl. Matth. 8, 23 ff. – Die Helgolandfahrt mußte wegen Sturmes bereits ca. 25 km von Cuxhaven abgebrochen werden (Bw 1 Nr. 491); → unten Nr. 73 bei Anm. 7.
7 W.s offenbar stattliches Haus lag dem Dieterichs gegenüber.
8 vgl. z. B. Weisheit Salomons 15, 3.
9 Dorothea Stechard; Brief nicht überliefert.

40. An Christiane Dieterich 9. Juni 1778

1 meint hier: Aufpasserrolle. L. hatte sich 1767–1771 größtenteils, danach noch immer nebenbei bis in die 80er Jahre als Hofmeister meist adliger englischer Studenten durchgeschlagen.
2 dieser partitiven Gebrauch von ‚zu' begegnet beim frühen L. noch wenigstens zweimal; → Bw 1 Nr. 3 Anm. 1.
3 Christoph W.s Bibel erschien 1693.
4 damals geläufiger Euphemismus für den Teufel.
5 → vorige Nr. Anm. 3.
6 der oben gen. Wynch; der andere wohl H. Gage.
7 Sieges-.
8 Friedr. Christian L. – 1. T. des „Corpus juris civilis" (→ oben Nr. 2 bei Anm. 12).
9 → oben Nr. 2 bei Anm. 12.
10 → Bw 1 Nr. 433 Anm. 6.

41. An Johann Andreas Schernhagen 27. August 1778

1 GTC auf 1779.
2 ebd. S. 45 ff.: „Etwas vom Akademischen Museum in Göttingen"; demnach von Blumenbach. Darin vom Zinn: 56.
3 ebd. 72 ff.: „Einige gemeine Irrtühmer"; das Exemplar der UB Göttingen hat als S. 77 f. allerdings einen sogen. ‚Karton' (nachträgl. umgedr. Blatt), wo urspr. L.s oben erwähnter Artikel stand (→ Bw 1 Nr. 522 bei Anm. 5).
4 im ‚Akad. (naturhist.) Museum'. → Anm. 2.
5 → Nr. 37 Anm. 6.
6 → oben Nr. 39 Anm. 3.
7 auf S. 136.
8 Kupferstiche von Damenmoden.
9 mit einem fliegenden Drachen die Luftelektrizität zu prüfen, unternahm der in solchen Dingen eher ängstliche L. nur bei gutem Wetter, nicht, wie es von Franklins lebensgefährlichen Experimenten berichtet wird, auch bei Gewitter.

10 ‚krauser Schritt' (= kleine Tanzfigur). Vgl. C 224 (SB 1), in d. „Methyologie" u. im „Liederlichen" (SB 3, 323. 839).

11 auf dieses Ereignis bezieht sich Kästners Epigramm „Auf einen hiesigen Sterngucker" („Ges. Werke" 1, 1841, 107): „Nerander sitzt schon manches Jahr", mit der Anm. (Kästners?): „Dieser Drache ging einmal mit einem 400 Ellen langen Drath durch, und flog vom Heinberge bis Göttingen, wo er sich auf des Juden Moses Gumbrechts Haus setzte, und den Schornstein hinabzog. Die Christen schrieen: Da sieht man, wo dem verfluchten Juden das Geld herkommt u. s. w., und der Jude schrie: Feuer, Feuer! denn er glaubte, sein Haus brenne; bis ein Schornsteinfeger Juden und Christen überzeugte, es sey ein Drache vom Pr. L. . ., der publice damit spiele."

12 gemeint ist Kühner; → Bw 1 Nr. 517 Anm. 5.

42. An Carl Friedrich Hindenburg [Ende Dezember 1778]

1 die alte, engl. auszusprechende Form: Tahitianer.

2 Georg Forster unterbrach s. Reise nach Berlin am 21. 12. 1778 in Göttingen (danach datiert), wo er bei L. logierte; vgl. den Brief an s. Vater vom 24. 12. Er erhielt dort für s. wiss. Verdienste auf der Cookschen Südseereise den Magister artium ehrenhalber, konte aber weder für sich noch s. Vater e. Stelle ergattern; er wurde dann in Kassel, der Vater später in Halle Professor.

43. An Carl Friedrich Hindenburg [1778]

1 Klopstock hatte in s. Schrift „Über die deutsche Rechtschreibung" 1778 mit Jahr 1779 (leicht zugängl. u. a. in „Sämmtl. Werke" 9, 1855, 325 ff.) eine neue, sich dichter an die Aussprache annähernde Orthographie vorgeschlagen; z. B. 333: „Fernumft (fon fernämen)"; s. Irrtum war freilich, daß er s. eigene Aussprache zugrundelegte (vgl. F. Neumann in „Indogermanica. Festschrift für W. Krause" 1960, 125 ff.). Von L. wurden daher alle zeitgenöss. Reformversuche als „Ordokrafi nach Globstockschen brincibiis" verlacht. Ähnl. wie heutige Professoren war L. in sprachwiss. Hinsicht zieml. ahnungslos, nahm aber (wie jene) doch keinen Anstand, sich in die Reformdiskussion zwar witzig, aber auch aggressiv konservativ einzuschalten.

2 Joh. Georg Heinr. Feder.

44. An Albrecht Ludwig Friedrich Meister [Ende Mai 1779]

Dieser u. d. folg. Brief, die jedenfalls auf denselben Tag fallen, sind in Bw 1 auf [Frühjahr 1779] gesetzt, datieren wohl vom 20. 5. (→ Anm. 2)

1 loser Zusammenschluß einiger gleichaltriger Kollegen L.s aus der Phil. Fakultät, v. a. Feder, Meiners, Sprengel u. Dieze, der freitags reihum in den Wohnungen der Mitglieder tagte und dem L. ungefähr bis zur Zeit des Zusammenlebens mit der Stechardin angehörte; erst später institutionalisiert (→ unten Nr. 75 Anm. 17).

2 vgl. zur Sache F. Wagner: „Die Niederlegung der Festungswerke nach dem Siebenjährigen Krieg" im „Jb. d. Gesch.vereins f. Göttg." 2, 1909, 61; zum Weender Tor ebd. 91–106. Zur Datierung ergibt sich (dort 101) mit dem Schreiben des Magistrats an die Regierung vom 18. 5. ein Terminus ante quem non. 104 Anm. 1 setzt Wagner L.s Briefe (v. a. die folg. Nr. 45) sogar später als den 8. 6., weil erst da der städt. Plan veröffentlicht wurde, was aber durch den Hinweis auf Feders Bekanntschaft mit Bürgermeister Meyenberg (→ Nr. 45) zu entkräften ist; der „Spargel" dort deutet auch auf Mai. Da nun L. in den Pfingstferien (Pfingstsonntag 1779: 23. 5.) sich in Hannover aufhielt (Leisewitz, „Tagebücher" 1, 1916, 41), auch schwerlich Vorlesung hielt (wovon bei Anm. 4 die Rede ist), und da der Club immer freitags zusammenkam, entfällt der 27. 5., ist der 20. 5. recht wahrscheinlich; sonst kämen erst wieder der 3., 10. oder 17. 6. in Betracht.

3 Meister war Prof. für angewandte Mathematik, v. a. Architektur u. Festungsbau.

4 im Kolleg: vgl. Jes 35, 5: „Der Tauben Ohren werden geöffnet werden."

45. An Albrecht Ludwig Friedrich Meister [Ende Mai 1779]

1 → den vorigen Brief.

2 Bürgermeister Meyenberg.

3 Der Lizent im Fürstentum Calenberg war eine Verbrauchssteuer, ähnlich wie in anderen Territorien.

4 inneren Festungswerke niedergelegt, v. a. das zu enge äußere Weender Tor gegen ein klassizist. (ohne Bogen) ausgewechselt.

5 Goldlack u. Stiefmütterchen (Latein scherzhaft inkorrekt).

6 Wappentiere: der Göttinger Löwe u. das Welfenroß. – Nicht der Bildhauer Nahl, sondern die Brüder Heydt erhielten den Auftrag.

7 Pfeiler aus scheinbar zusammengestellten dorischen Säulen.

8 Giebelfeld.

9 Himmelsglobus.

10 Kokarden zu tragen, war damals außer Offizieren nur Studenten erlaubt, die damit ihre ‚Landsmannschaft‘ zu erkennen gaben.

11 ‚für alle dasselbe‘: zu dieser meist negiert gebrauchten Devise vgl. Büchmann, Geflügelte Worte„ [22]1905, 180 f.

12 Metopen: Felder, die durch die Triglyphen (‚dreifach Geschlitzten‘) gen. Säulenenden über dem Architrav gebildet werden.

13 → Nr. 64 Anm. 6.

14 angeordnet wie e. Zeichnung zum Lehrsatz des Pythagoras: als Quadrate über die Seiten des Dreiecks.

15 Topfkuchen (nddt.)

16 vgl. Matth. 11, 28. – Mit der eigenhändigen Eintragung von Name, Herkunft u. Studienfach u. der gleichzeitigen Überreichung der Immatrikulationsurkunde erhielt der Student den Rechtsstatus e. akademischen Bürgers, der ihn mit allen Rechten u. Pflichten aus s. bisherigen Verhältnissen herausnahm (z. B. akadem. Gerichtsbarkeit!). Während Kulenkamps Amtszeit als Prorektor (Jan. 1778 bis Juli 1779) immatrik. sich insgesamt 636 Stud.; nach 211 Abgängen erreichte daher die Univ. am 15. 5. 1779 die Rekordzahl von 897.

17 Konsulen (meint: Bürgermeister) über die Leineanische Philisterei (Bürgerschaft von Göttingen; → oben Nr. 5 Anm. 3; unten Nr. 93 bei Anm. 6).

18 Aesop Fabel Nr. 31: Der Fuchs u. d. Storch. ‚Fuchs‘ war die student. Bezeichnung für den Studienanfänger.

19 die noch mittelalterl. göttg. Tore boten erhebl. Verkehrsprobleme; das Groner Tor etwa war ein 12 m langes Gewölbe im Wall von Wagenbreite.

20 C. C. Kühner.

21 welche?

46. An Ernst Gottfried Baldinger [Mitte August 1779]

1 Dieze.

2 die Bibliothek war geöffnet Mittwoch u. Samstag 14–17[h], sonst tägl. außer Sonntag 13–14[h] (Pütter 1, 219).

3 vgl. Abb. S. 155 des wahrscheinl. doch von L. angeregten Kupferstichs (nach e. Expl. im Hist. Museum Hannover, Orig. 35,5 × 24,3 cm). Zimmermanns Porträt darin ist von Lips’ Stich aus Lavaters „Physiognomischen Fragmenten“ kopiert (daher seitenverkehrt) u. satir.-allegor. umrahmt. „Famae postica tuba“: Die hintere Trompete (= Der Hintern als Trompete) des Ruhms. – „Date obolum [ergänze: ‚Belisario‘]“: gebt dem Belisar ein Almosen. Dieses Diktum geht auf e. spätantikes Apophthegma über den Feldherrn

Belisar zurück, der bei seinem Kaiser Justinian in Ungnade fiel, geblendet wurde und dann mit diesem Ruf vor Klostertoren bettelte. Zu s. weiterer Verbreitung vgl. „Goethe-Jahrbuch" 99, 1982, 282 f. und 101, 1984, 363. – „Niger est, caveto": hüte Dich, er ist schwarz (Horaz, Sat. 1, 4, 85, begegnet bei L. noch E 84. F 880 (SB 1) auf Geistliche bezogen: Lavater!). Auf den Zetteln stehen Zimmermanns Schriften: „Einsamkeit. Nationalstolz. Anecdoten [im] H: [annoverischen] Magazin". – Seifenblasen und Pusteblume stehen für Vergänglichkeit und Nichtigkeit, vgl. A. Henkel u. A. Schöne, „Emblemata" 1967, 1317; Bär und Fliege spielen auf die Fabel des Jean de Lafontaine, „L'ours et l'amateur des jardins" an. – Erwähnungen des Blatts in Bw 1 Nr. 602 (L. an Boie 26. 8. 1779); ferner Kästner an Friederike Baldinger 17. 8. 1779 („Briefe" 1912, 128 Scherer); Iselin an Nicolai 29. 10. 1779 („Profile der Aufklärung" 1997, 215 f. Jacob-Friesen); G. Forster an F. H. Jacobi, 29. 11. 1779 („Werke" 13, 1978, 258 Akademie); Marcard an Nicolai, 30. 11. 1779 (L.-Jb 1995, 263 f.).

4 gemeint wohl: als Urheber (Erfinder) dieses Kupferstichs bzw. s. satir. Randbeigaben.

5 auf der Stirn d. Schlafenden, in d. Kartusche unten im Stich.

6 Unterstellung dieser Verfasserschaft?

7 wie in vergleichbaren Fällen (beim „Timorus" u. dem „Avertissement" gegen Philadelphia) schließen diese Versicherungen L.s s. Urheberschaft keineswegs aus.

8 Mitglied der nach ihrem Herkunftsort benannten, von Zinzendorf gegr. pietistischen Brüdergemeine.

47. An Carl Friedrich Hindenburg [spätestens Sommer 1779]

1 die von Lessing 1774–1778 publizierten „Fragmente eines Ungenannten", hier wohl bes. das 5. u. 6. (1777 f.).

2 in der Einleitung zum 1. Fragment hatte Lessing selber, um vom wahren Verf. Hermann Samuel Reimarus abzulenken, Joh. Lorenz Schmidt namhaft gemacht.

3 von wem? → Bw 1 Nr. 610 bei Anm. 14.

48. An Johann Andreas Schernhagen 5. Mai 1780

1 J. G. Hentig; → folg. Nr. Abs. 6. – Nach den Akten des Univ.-Gerichts Göttingen (Univ.-Archiv Göttg. Cf LXXX 56) erlag Justus Basilius Ludwig Clazius am 24. 5. der am Vorabend erlittenen Schußverletzung (58 Schrotkugeln). Der Tathergang: Der Er-

schossene, sein Bruder Joh. Henr. und ein Schmied (nicht, wie L. in folg. Nr. meint, Schneider) hätten sich zum Spaß in der Laube verschiedene Schimpfworte zugerufen. Drei vorüberkommende Studenten, einer mit Flinte, riefen daraufhin, „ihr Hundsvötter und Knoten [→ die folg. Nr. Anm. 12; bes. das erste damals tödl. Beleidigung] was schimpft ihr uns"; trotz einer Erklärung prügelten die beiden Parteien mit Knüppeln und dem Flintenkolben aufeinander ein, Hentig drohte zu schießen. Auf den Zuruf, das möge er nur tun, habe er sofort gefeuert und floh dann mit den beiden andern. –Der jüngere Clazius hatte zuvor am 18. 5. den v. Hagen verklagt, weil er ihn beschimpft und ins Auge geschlagen hätte. Hagen, der behauptete, Clazius habe ihn „starr angesehen", wurde zu 2 Tagen Karzer verurteilt.

2 → Bw 2 Nr. 692 bei Anm. 3 erst Donnerstag, 1. 6. (Bw 2 Nr. 705).
4 -leuchter (niederdt.).
5 George Heinrich Daniel R.
6 im Sinne von ‚hinaussteigen aus der Stadt'?
7 → Bw 2 Nr. 694 bei Anm. 4.

49. An Johann Andreas Schernhagen 28. Mai 1780

1 → oben Nr. 10 Anm. 3.
2 (kleines) Fernrohr.
3 Bw 2 Nr. 697 Abs. 2.
4 eigentl. Pagoda, ostind. Goldmünze.
5 in der Sammelrezension von „Commentationes" der Mannheimer Sozietät (außer L. noch von Gmelin u. Kästner) Hemmers „Nachricht von [. . .] Wetterleitern" in den GGA 1780, 305–308 (37. St. vom 23. 3. 1780.
6 Brief nicht überliefert.
7 vgl. zu diesem Unternehmen A. Kappel, „Societas Meteorologica Palatina" in den „Annalen der Meteorologie" N. f. 16, 1980, 10. → Bw 2 Nr. 760 bei Anm. 6 u. 875 pass.
8 → Bw 2 Nr. 692 Abs. 3.
9 die Univ.-Kuratoren v. Gemmingen und v. d. Bussche kamen zum (offiziellen) Geburtstag des Königs (eigentl. s. Namenstag: 4. 6.). → Bw 2 Nr. 706 f.
10 → vorige Nr. Abs. 1; ferner Bw 2 Nr. 705 bei Anm. 9.
11 ‚sanctissimae Theologiae': Student der allerheiligsten Theologie.
12 → vorige Nr. in Anm. 1; vgl. J. H. Campe, „Wörterbuch" 2, 1808, 988: „Knote [. . .] ungebildeter, plumper, grober Mensch. So nennt man verächtlich die Handwerksgesellen, besonders die Schustergesellen und Tuchmachergesellen Knoten."
13 GMWL.

14 Leipziger Ostermesse.
15 außer Bw 2 Nr. 666 ist kein Brief Lessings überliefert, und dies zumal legt den Verdacht nahe, daß es L. war, der um Beiträge bettelte.
16 Wielands „Teutscher Merkur"; Boies „Deutsches Museum".

50. An Philippine Henriette Koch 15. Juni 1780

1 → Bw 2 Nr. 705 Abs. 4.
2 in unmittelbarer Nachbarschaft von Kästner (Nikolaistr.), dessen Haushälterin H. Koch war, lag das göttg. Elendsviertel ‚Klein-Paris' (heute Turmstraße).

51. An Johann Heinrich Merck [22. März 1781]

1 Besuch bei L. am 19. 3.
2 Merck begleitete den Herzog Karl August von Weimar am 21. 3. nach Appenrode zu G. A. Bürger, von da nach Heiligenstadt. Vgl. Dorette Bürger an Goeckingk, 22. 3. 1781 („Vierteljahrschrift für Litt.-Gesch." 3, 1890, 434 Sauer).
3 den 26. 3. Auf dem Rückweg nach Kassel scheint M. am 22. noch in Göttg. gewesen zu sein, war aber Sonntag schon auf dem Weißenstein bei Kassel; vgl. seinen Brief an Carl August von Weimar (27. 3.).
4 Schutdorf und die engl. Stud. immatr. sich sämtl. im Sommer 1780; L. verwechselte Aubrey B., der erst 1802 den Titel ‚Duke' erbte, mit George Beauclerk (der immatr. sich schon am 31. 5. 1776 in Göttg. u. dürfte sich kaum 1781 noch einmal dort besuchsweise aufgehalten haben).

52. An Wilhelm Gottlieb Becker 26. März 1781

1 → Bw 2 Nr. 777 Anm. 1; die Stellen ebd. S. 182. 221.
2 Brief L.s nicht überliefert; → Bw 2 Nr. 803 Anm. 4.
3 im Wolfenbüttelschen 1775 abgeschafft, im Hildesheimischen 1787; im Hannoverschen bestand sie zumindest de jure fort. Vgl. E. Sehling, „Kirchenordnungen" 6, 1955. – Zur juristischen Seite vgl. W. Wächtershäuser, „Das Verbrechen des Kindesmordes im Zeitalter der Aufklärung" 1973. Unmittelbarer Anlaß der Anfrage könnte gewesen sein, daß die Dienstmagd Catharina Elisabeth Erdmann bei Benniehausen ihr uneheliches Kind wenige Minuten nach der Geburt am 6. 1. 1781 umgebracht hatte; Bürger leitete als Amtmann des Bezirks die Untersuchung, wovon J. Clap-

roth e. überarbeitete Fassung in s. Musterslmg. „Gerichtliche Acten" aufnahm (2. Nachtrag 1791: „Inquisitions-Acten"; L. besaß einen Sonderabzug, vgl. BL 1227; wieder in B. s „Werke und Briefe" 1958, 276–293 W. Friedrich); Bürger hatte schon 1772 als Probearbeit eine „Relatio" des Kindsmordes der Anna Margareta Kerlin 1765 verfaßt (vgl. K. Goedeke, „G. A. Bürger in Göttingen und Gelliehausen" 1873, 83–93; dann wieder „Werke und Briefe" 1958, 240–245 Friedrich).

4 Prozesse im [Gerichtshof von] Old Bailey; von diesen Gerichtsprotokollen besaß L. die in BL 1233. 1237 f. angeführten.

5 ‚sie rufen: diese ist es': Persius „Sat." 1, 28 (dort: „hic est"). Das Zitat ist sinnentstellend aus dem Zusammenhang gerissen: ‚schön ist es, wenn diese rufen . . .'. Findet sich bei L. noch im „Rake" IV (SB 3, 1972, 860).

6 diese auf Hes. 8, 3 zurückgehende sprichwörtl. Redensart dt. wohl zuerst bei Agricola 1560, 72 b (DWb 4, 2, 1877, 16).

7 ein Ungenannter in Mannheim hatte 1780 eine solche Preisfrage aufgegeben; ausführl. dazu Bürgers „Gedichte" 2,[2] 1914, 318 f. Consentius. → Bw 2 Nr. 1274 Anm. 6.

8 → Bw 2 Nr. 777 bei Anm. 2. Von Becker ist GMWL (2, 1781, 2, 120) nur noch: „Ueber die Republik St. Marino, aus Addisons Beschreibung seiner italienischen Reise gezogen."

9 Paul Jacob Bruns, vorher in Oxford.

10 → vorige Nr. bei Anm. 2.

11 nach röm.-kath. Vorstellung der Aufenthalt der Seelen der Gerechten, dessen einer Teil (‚limbus patrum') auch Abrahams Schoß genannt wird. Begegnet bei L. noch in „Buhlerin" I (SB 3, 739).

12 zu Bürgers fehlgeschlagenen Hoffnungen, eine Stellung in Weimar als Jurist zu bekommen, vgl. W. v. Wurzbach, „G. A. Bürger" 1900, 178.

13 vgl. 2 Kg 19, 35.

14 → Bw 2 Nr. 779. 783.

15 → Bw 2 Nr. 795.

53. An Johann Friedrich Blumenbach [Frühjahr 1781?]

Dieser Brief, in Bw 1 als Nr. 368 auf [1776/1777?] gesetzt, läßt sich inzwischen genauer datieren: Ein Stück aus Abs. 1 (S. 163 Z. 13 „Vom Ohr" bis Z. 18 „mit allen andern Sinnen") verwendete der Empfänger Blumenbach fast wörtlich in einer Rezension von Procházka, „Adnotationum academicarum Fascic. III" in seiner „Medicinischen Bibliothek" 2, 1785, 57. Eine von B.s Änderungen gegenüber L.s Text betrifft den 1783 gestorbenen Euler, dessen L. noch als eines Lebenden gedachte, und von dem Blumenbach jetzt als „seel." und im Perfekt redet. Das ergibt einen Terminus post quem non (zunächst 1783). In Blumenbachs Besprechung von Delucs „Lettres" in d. GGA 1781 Zugabe S. 46 sodann ist Hartley erwähnt, aber anscheinend nur nach Delucs Angaben im rezensierten Buch. Vielleicht hat sich im Anschluß an diese Rezension zu Jahresbeginn oder im Frühjahr 1781 eine Korrespondenz zwischen L. und Blumenbach über Hartley angeknüpft, von der vorliegende Nummer der einzige Überrest ist; diese Ansetzung paßt zu Anm. 14.

1 → oben Nr. 31 bei Anm. 34. – L. hatte die alte Ausgabe des Buchs am 30. 6. 1776 von der göttg. Bibliothek entliehen (vgl. Hinrichs/Joost, „L.s Bücherwelt" 1989, 56) und im Sudelbuch E exzerpiert (SB 1: E 453 passim).

2 am 23./24. 10. 1776 (→ Bw 1 Nr. 336 Abs. 2.)

3 wo?

4 Verdeutschung von Fluidum, worunter Chemie u. Naturphilos. des 18. Jhdt.s nicht bloß alle drei Aggregatzustände, sondern auch (als expansible Fluida) Energieformen (Elektrizität – → folg. Nr. bei Anm. 12, Wärme, Licht) zusammenfaßten.

5 Sinneswahrnehmung.

6 Fein-, Wildgeschmack.

7 von Wieland in seiner Rokoko-Phase gern für ‚erlesene Schönheit' und ‚Genuß' gebraucht (etwa in den „Komischen Erzählungen": „Aurora und Cephalus" (1764: „Werke" 11, 56 Hempel) oder im „Don Sylvio von Rosalva" (1764; „Werke" 14, 51 bzw. 15, 98 Hempel)

8 seinerzeit in England berühmtes Rondeau-Menuett von Joh. Chrn. F.

9 eingefügt für gestr. „erklären".

10 über die Wirkung des Kuhreihens, bei im Ausland lebenden Schweizern Heimweh zu verursachen, vgl. „Zs. f. dt. Wortforschung" 2, 1902, 243.

11 William Hogarth, „Line of Beauty" in dess. „Analysis of beauty" 1753.

12 fixe Luft (Sauerstoff), die Priestley entdeckt hatte.

13 in dess. Vorrede zur Neuausgabe von Hartley (wie Anm. 1).

14 verborgenes Wesen mit verborgenen Eigenschaften: e. unter Rückgriff auf die Peripatetiker von der scholastischen Philosophie eingeführter Begriff, wann immer sich ihnen zur Erklärung des wesentl. Seins eines Dinges nichts im Verstande Unterscheidbares darbot (erst Kant hat nachgewiesen, daß alle Qualitäten subjektiv sind); von L. daher gelegentl. ironisch gebraucht (SB 2: J 1485); spielt um diese Zeit in der Korrespondenz L.s mit Deluc

e. wichtige Rolle, → Bw 2 Nr. 753 bei Anm. 5 u. bes. Nr. 772
S. 156.

15 aus: „empfinden allein die fixe Lufft>".

16 eingefügt für „<ist>". – „positiv" hier natürl.: ‚festsetzend'.

17 ‚Vorstellung göttl. Offenbarung'.

18 aus: „So <weiß und> denckt niemand".

19 vgl. E 475 (SB 1).

20 vgl. E 453 (SB 1: Exzerpt des engl. Wortlauts).

21 in England weit verbreitetes Flintkonglomerat aus mehrfarbig
geschichtetem Feuerstein.

54. An Georg Heinrich Hollenberg [Ende September 1781]

1 Anspielg. auf das Beichtbekenntis (‚Confiteor'): ‚daß ich gesün-
digt habe in Gedanken, Worten und Werken'.

2 nicht überliefert.

3 „Etwas zur Verbesserung der Feldgestänge, vorzüglich in Betref
des krummen Zapfens" im GMWL 2, 1781, 2, 108.

4 behelmter Eingang: zur Verteidigung bestimmte Eröffnung
(Rhetorik). Gemeint ist Hollenbergs Vorbericht (wie Anm. 3).

5 nicht überliefert.

6 Erleuchtung.

7 die gen. göttg. Örtlichkeiten (Rote Str., Barfüßerstr. etc.) u. damit die Blitzeinschläge lagen 0,5 bzw. 2 bzw. 5 km von L.s Wohnung entfernt.

8 die von Dieterich gedr. u. vertriebenen Abhandlungen der Königlichen Sozietät der Wissenschaft (der heutigen Akademie d.
W.).

9 in dem zur Hälfte von Dieterich als Lagerraum gemieteten städt.
ehem. Zeughaus auf dem heutg. Wilhelmsplatz spielte auch die
Abtsche Truppe (→ Bw 2 Nr. 798 Anm. 4). – gelten mit Akk.: sel-
tenere Nebenform, auch bei H. v. Kleist bezeugt.

10 ein damals heiß diskutiertes Thema, in welcher Richtung der
Blitz ginge.

11 die Naturwiss. waren damals noch Teil der Philosoph. Fakultät, L.
also Prof. der Phil.

12 näml. Elektrizität; → a. vorige Nr. bei Anm. 4.

13 = Fakultätsrat.

14 Lehrbücher (→ unten Nr. 82 Anm. 6); auf sie und ihre Abfassung hat L., der Erxleben „Naturlehre" immerhin viermal neu
bearbeitete u. selbst eins schreiben wollte, immer wieder in Brief
u. Sudelbuch (vgl. z. B. SB 1: L 155) gestichelt.

15 den Obersatz (Voraussetzung): ‚Major' in der philos. Logik das
erste Glied eines Schlusses.

16 im Zweifelsfall.

17 senkrechte Balken des Fachwerks.

18 vgl. J 471 (SB 1).

19 ‚guter Gott! Ich versprach Ihnen auf Englisch zu schreiben, und sieh da! das Deutsche hat mich überwältigt. Treibst du die Natur auch mit dem Knüppel aus, sie kommt dennoch zurück [lat.]. Am 26. Aug. hat sich hier ein Unfall ereignet der wohl an jedem Ort für ungewöhnlich gehalten würde, wäre er auch zehnmal größer und verworfener als unserer. An diesen Tage um Viertel vor Neun abends als jedermann an der Tür stand, den Abend zu genießen, wurde ein Mann ermordet, gleich gegenüber Claproths neuem Hause am Eingang des Weender Tors, nicht banditenmäßig, und, wie Shakespeare sagt: mit einem bloßen (schmalen) Dolch, sondern mit einem wahrhaft gigantischen Stoß. Das Messer drang in das Brustbein, die Lunge und das Herz. Die Wunde war nahezu ⅗ Zoll breit und 5 Zoll tief, der Mann starb ¼ Stunde hernach. Sechs Personen, unter denen der Mörder sicherlich war, wurden sofort festgenommen. Der Hauptverdächtige oder besser Einzigverdächtige war der junge Bossiegel, den Sie zweifellos kennen. Indessen ist Bossiegel jetzt nach drei Wochen Haft, mit vier anderen entlassen, und die einzige Person in Gewahrsam ist der Obergeselle (Faktor) in Barmeyers Druckerei, ein Mann, der – sagt man – so verworfen ist wie durchtrieben und der unsern akademischen Senat sicherlich in Bewegung halten wird. Man macht aus allem ein Geheimnis, was in den verschiedenen Prozessen geschieht und infolgedessen kann ich nicht mehr sagen; aber es scheint nun außer Frage zu sein, daß der Drucker der Mann ist, der die Tat begangen hat, denn unmittelbar nachdem die fünf anderen in Freiheit gesetzt waren, wurde er in Ketten gelegt und dem allgemeinen Strafgefängnis unter der Universitätsgerichtsbarkeit übergeben.'

20 Horaz „Ep." 1, 10, 24.

21 „Hamlet" 3, 1; in Tieck/Schlegels Übersetzung: „mit einer Nadel bloß".

22 die Beteiligten unterstanden als Universitätsverwandte der akademischen Gerichtsbarkeit. Der Ermordete war (lt. Akten des Univ.-Gerichts Kur 3 k Nr. 16) der Buchdruckergeselle Schorch. Als Tatverdächtiger wurde J. K. Wöllecke für 12 Wochen in schweren Arrest genommen, dann mangels Beweis freigelassen und 1783 noch zur „Abstattung des ReinigungsEydes" verurteilt. W. hatte angegeben, er habe sich „gewehrt, als ich von Bossiegel überfallen wurde".

23 → Bw 2 Nr. 853.

24 belegt z. B. bei J. Eiselein, „Sprichwörter" 1838, 46.

25 beim Erstdruck von Bw 1 Nr. 336 berichtete Hollenberg: „Bei meinem Abgange von Göttingen, wo ich mit Lichtenberg bis Hannover reisete, ging ich weiter nach Minden, woselbst ein preussischer General einen Hofmeister bei seinem natürlichen [= unehehlichen] Sohn verlangte; – ich hatte aber nicht das Glück dessen Jungfer Mutter zu gefallen, und so reiste ich – wohl zu meinem Glücke – weiter nach meiner Vaterstadt".

26 belegt z. B. bei Wander 1, 1867, 835 u. 4, 1876, 1737.

27 Postabgangszeit (→ oben Nr. 12 Anm. 7).

28 nicht überliefert; zum weiteren Fortgang → Bw 2 Nr. 884. 906.

55. An Albrecht Ludwig Friedrich Meister [ca. 1.–3. August 1782]

1 M. D. Stechard; → folg. Nr. Anm. 1.

2 Rötung und starke Schwellung des Gesichts (bes. der Lider) führt bei Erysipel (→ Bw 2 Nr. 948 Anm. 2) zu schwerer Entstellung.

3 Pflaster aus zu grobem Brei gemahlenem Senf.

4 ein aus Kanthariden (Span. Fliegen, Goldkäfer), Öl, Wachs u. Terpentin zusammengesetztes Zugpflaster, auch zur Hautreizung u. Schmerzstillung.

5 runde oder walzenförmige Glocken aus Glas oder Metall, die vorher erhitzt, beim Abkühlen dienten, Blut in die Haut abzuleiten (‚trockenes Schröpfen‘) oder aus der geritzten Haut zu ziehen (‚blutiges Schröpfen‘).

56. An Albrecht Ludwig Friedrich Meister [5. August 1782]

1 M. D. Stechard starb am 4. 8. morgens; Todesursache lt. Kirchenbuch: hitziges Gallenfieber; nach L.s Angaben (→ Bw 2 Nr. 948 Anm. 2 f. Nr. 986 Anm. 8) die Rose am Kopf: Im 18. Jhdt. trat das Erysipel en- u. sogar epidemisch auf; vgl. R. Kumsteller, „Anfänge der med. Poliklinik zu Göttg." 1958, 72. A. G. Richter, „Die spez. Therapie" 1, 1824, 239: Die Rose werde durch sich selbst nicht, eher durch das begleitende Fieber tödlich. Dies Fieber sei oft eine ‚febris biliosa‘ oder ‚Gallenfieber‘ (ebd. 234), worunter aber keine Leber- oder Gallenwegserkrankung zu verstehen ist. Zum Krankheitsverlauf → unten Nr. 55. 57 f. 61, ferner Bw 2 Nr. 941. 948. 986.

2 Joh. Georg Pickel.

3 seine Studenten.

57. An Albrecht Ludwig Friedrich Meister [8. August 1782]

1 M. D. Stechard; → vorige Nr. Anm. 1.
2 zum Friedhof vor dem Weendertor am 7. 8.
3 Friederike Christiane Henrietta D.; über ihre Krankheit → außer
voriger u. folg. Nr. noch Bw 2 Nr. 940 f. 943, sowie G. A. Bürger,
„Briefe" 3, 1874, 81 f. 84. 91 Strodtmann; ferner „Mein schar-
mantes Geldmännchen. G. A. Bürgers Briefwechsel mit Dieterich" 1988, Nr. 64 Joost.
4 nach unserer Nr. 55 Anm. 3 f. wohl begründete Annahme.
5 den 10. u. 11. 8.
6 L. wohnte bis Anfang 1777 im Trakt zur Gotmarstraße, dann in
dem zur Prinzenstraße im 2. Stock (→ Bw 1 Nr. 371 bei Anm. 4).

58. An Albrecht Ludwig Friedrich Meister [9. August 1782]

1 Samstag; → oben Nr. 57 bei Anm. 5.
2 M. D. Stechard; → oben Nr. 56 Anm. 1.
3 Friederike D.; → oben Nr. 57 bei Anm. 3.
4 nicht überliefert; zwei weitere Trostgedichte von Philippine Gat-
terer-Engelhardt vom 16. 8. 1782 u. G. A. Bürger (vgl. an Boie
2. 9. 1782) nebst ihrer Silhouette im Göttg. „Musen Almanach"
1783, 177 f.

59. An Franz Ferdinand Wolff 19. August 1782

1 → oben Nr. 56 f.
2 ähnl. Bw 2 Nr. 952.
3 ihr Eintreffen samt erster Beschreibung meldet L. an Schernhagen am 25. 7. 1782 (→ Bw 2 Nr. 939 Abs. 2); → unten Nr. 60 bei
Anm. 10.
4 das wollte er schon am 17. 7., → Bw 2 Nr. 937 Anm. 11.
5 Glaszylinder für die Elektrisiermaschine, die L. sich aus England
kommen ließ.
6 Dez. 1779; → Bw 1 Nr. 648 Abs. 2.

60. An Franz Ferdinand Wolff 28. August 1782

1 zum Tod von M. D. Stechard (→ oben Nr. 56); nicht überliefert.
2 → oben Nr. 54 Anm. 11, unten Nr. 109 Anm. 6.
3 im letzten Lebensjahrzehnt ist ihr Todestag im Tagebuch regelmäßig vermerkt.

4 vgl. G. Gamauf, „Erinnerungen aus L.s Vorlesungen" 3, 1812,
227: „wird vermittelst des elektrischen Flugrades in Bewegung
gesetzt, und ist von dem geschickten Uhrmacher Ahrens zu Hannover verfertiget. Ein Männchen wirft auf der Bahn Kegel um;
diese setzen sich von selbst auf; die Kugel springt in einen Kanal
und läuft dem Männchen wieder in die Hand."

5 elektrisches Flugrad. Vgl. Gamauf (wie Anm. 4, 225 f.): In „Gestalt eines lateinischen großen S umgebogner, und an seinen Enden fein zugespitzter Drath, wird in seinem Mittelpunkte horizontal mit einem senkrechten Stifte verbunden, daß er sich um
diesen mit großer Leichtigkeit drehen kann. Wird nun der Drath
mit dem Conduktor in Verbindung gesetzt: so wird er elektrisiert,
die Elektricität strömet aus den zugespizten Enden aus, und so
die Umdrehung desselben nach entgegen gesetzter Richtung be-
wirkt."

6 der kleine Türke (→ Anm. 4).

7 Elektrisiermasch.

8 beide Briefe nicht überliefert; → Bw 2 Nr. 937 Abs. 5. Zur Sache
→ vorige Nr. letzter Abs.

9 → Bw 2 Nr. 956 Abs. 2. Nichts davon überliefert.

10 → oben Nr. 59 Anm. 3. L. fügte voll Stolz über den neuen Besitz
(immerhin entsprach ihr Preis seinem Jahresfestgehalt) eine Beschreibung samt Abb. in Kupferstich s. Bearbeitungen von Erxlebens „Naturlehre" bei; das Originalgerät befindet sich noch heute in der musealen Smlg. des II. Physikal. Instituts in Göttg.

11 Pol würden wir heute sagen, doch wurden damals auch die Blitzableiter Konduktor gen.

12 → Bw 2 Nr. 773 Anm. 3. – Die damaligen Elektrisiermaschinen,
gleichviel ob sie mit Scheiben, Kugeln oder Zylindern aus Glas
bestückt waren, erzeugten statische El. durch Reibung an einem
beweglich angebrachten, fallweise angedrückten Lederkissen,
das mit e. Paste aus Zink-, Quecksilber- oder anderen Metall-
Amalgamen eingestrichen wurde, um die Leitung zu verbessern;
aufgenommen wurde der el. Strom von metallischen (meist
kammartig angeordneten) Zinken, um sie zur Speicherung einer
Leidener Flasche oder einem Verbrauch zuzuleiten.

13 → Bw 2 Nr. 922 Abs. 6 f.

14 jedenfalls nicht Phosphor, sondern eine phosphoreszierende
Substanz, die sich wohl auch nicht im Urin, sondern an der Haus-
wand befunden haben wird.

15 Lehm.

16 für die Damen.

61. An Gottfried Hieronymus Amelung [Herbst 1782?]

1 nicht überliefert; „Andencken“: Vielleicht Anzeige der Geburt von A.s 1. Sohn Joh. Simon Wilh. Jul. (25. 9.).
2 M. D. Stechard, damals 12 Jahre alt.
3 wohl Allen, Tisdall u. Murray.
4 ‚allmächtiger Gott, was das für ein hübsches Mädchen ist.‘
5 → Bw 2 Nr. 679; sie wurde 1779 konfirmiert und konnte damit Patin sein und nach damaligem Recht auch heiraten.
6 verbürgt nur für A. L. F. Meister, vielleicht Chrn. Garve und J. G. Müller von Itzehoe.
7 → oben Nr. 56.

62. An Johann Andreas Schernhagen 2. Dezember 1782

1 J. H. Ramberg.
2 Studenten. – Auf die Karikatur bezieht L. sich im GTC 1786, 136 (Hogarth, „Marriage“ IV: Der Friseur).
3 → Bw 2 Nr. 816. Nr. 993 bei Anm. 2.
4 bei Roßbach besiegte Friedrich der Große 1757 die Franzosen.
5 Originalalben mit 31 lavierten Federzeichng. im Nds. Ld.-Museum Hannover, Kupferstichkabinett (dort auch verschiedene unbestimmte Schlachtendarstellungen u. Londoner Straßenszenen Rambergs). Eine Ansicht von Scharzfeld reproduziert bei G. Schnath, „Augewählte Beiträge“ 1968, zu 129. → Bw 1 Nr. 343 Anm. 7. Nr. 993 Abs. 2.
6 → Bw 2 Nr. 974 Abs. 2.
7 bezieht sich wohl auf eine Zeichnung Rambergs. – „Leichhuhn“: volkstüml. Ausdruck für Käuzchen, das durch sein Schreien den Tod eines Menschen verkündet.
8 „On the Parallax of the fixed stars“ 1782 (BL 284). → Bw 2 Nr. 1006. 1008 Abs. 3.

63. An Franz Ferdinand Wolff 21. Juli 1783

1 vgl. F 100 (SB 1) vom 23. 7. 1776.
2 → Nr. 37 Anm. 6. – Die Skizze, dererwegen L. befürchtete, ins Junggesellen-Gefängnis zu geraten, hatte Wolff in s. Brief (Bw 2, Nr. 1114) veranlaßt:

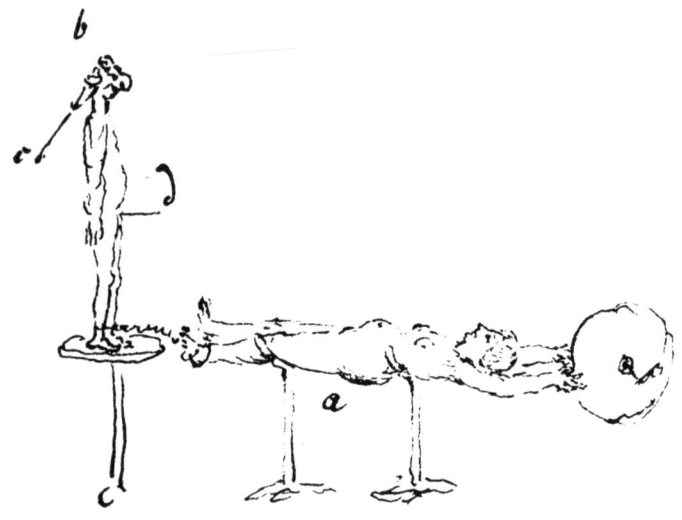

Sie ist wiederum angeregt durch einen oft demonstrierten Versuch, z.B. bei Christian Wilhelm Hausen, „Novi profectus in historia electricitatis. 1743, Frontispiz: Die Leitungsfähigkeit des menschlichen Körpers durch einen isoliert aufgehängten (schwebenden) Knaben verdeutlicht.

3 wohl nochmals über den Blitzableiter von Mandelsloh, aber nicht Nr. 1078a in Bw 5, das schon vom 18. 5. 1783 datiert, sondern ein kürzeres, wie L. in Bw 2 Nr. 1110 versichert.

4 mit der Fahrenden Post, statt wie sonst mit der Reitenden.

5 Demonstrationsspielzeug aus L.s Physikvorlesung: auf die Spitzen e. S-förmig gebogenen Drahts als Propeller springen Funken von e. Stromquelle über u. setzen ihn dadurch in ruckartig drehende Bewegung; um e. Bratenwender damit anzutreiben, dürfte das aber nicht ausgereicht haben.

6 zur elektr. Leitung; die folg. gen. „Zündröhren" wohl elektr. Pistolen (→ Bw 2 Nr. 978 Anm. 17)?.

7 satir. Abführmittel nebst ätzenden Stoffen. Wohl Streitschriften wie die folg. ‚vergifteten Pfeile'.

8 gesunder Menschenverstand unter dem Zeichen W[olff?].

9 → Bw 2 Nr. 1103 Abs. 1

10 → Bw 2 Nr. 1129. – „Eau de Lavande": Lavendelwasser (Parfüm); „Fidibus": Pfeifenanzünder.

11 → Bw 2 Nr. 1117.

12 im Nebel der Nebel (satir. Anspielung auf die liturg. Formel ‚in saecula saeculorum': in alle Ewigkeit). Gemeint ist der Hahlrauch; → Bw 2 Nr. 1102 Anm. 5.

13 → Bw 2 Nr. 1137 Abs. 1.

64. An Gottfried Hieronymus Amelung 6. Mai 1784

1 → Bw 2 Nr. 1271 Abs. 4.

2 Göttg. Würsten.

3 → Bw 2 Nr. 1256 Abs. 5

4 in d. Predigtmetaphorik: Teufel; hier aber doch wohl: Mäuse.

5 vgl. z. B. W. Krieg, „Materialien zu einer Entwicklungsgesch. der Bücherpreise" 1953, 90: Hartknoch in Riga zahlte Kant für die Kritik der prakt. Vernunft 700 Taler, außerdem 16 Göttg. Würste u. 2 Pfund Schnupftabak.

6 von L., → Bw 1 Nr. 10, Z. 5–8. Zum Motiv der Göttinger Würste, am bekanntesten durch H. Heines „Harzreise" (unmittelbare Vorlage sei lt. H. W. A. Oppermann, „Hundert Jahre" 5, 1871, 287 eine Sottise des Juristen Dabelow), vgl. „Mitt. d. Raabe-Gesellschaft" 1979, 9 bzw. (überarbeitet) „Lichtenberg und . . ." 1991, 17–22. → oben Nr. 45 Anm. 13.

7 → Bw 2 Nr. 1156.

8 → Bw 2 Nr. 1264 bei Anm. 3.

9 die Stunde und der Wagenlenker eilen; → Bw 2 Nr. 1104 Anm. 5.

10 lebe wohl und bleibe wohl gesonnen dem Deinigsten; ähnl. dt.-lat. Scherze → Bd. III Nr. 1363 letzter Abs. („das aller besteste"); Nr 1362 bei Anm. 16 („amicabus").

65. An Georg Heinrich Hollenberg 16. August 1784

1 Hirse und Mohnsamen wurden damals die Fruchtbarkeit befördernde Wirkung zugeschrieben (vgl. Bächtold-Stäubli, „HWb d. dt. Aberglaubens" 6, 1935, 450).

2 H. heiratete am 23. 11. 1784 in Quakenbrück Margarete Rebecca Luise Heye. → Bw 2 Nr. 1085 Anm. 8.

3 Schlagwerkzeug (u. a. Holzhammer).

4 ich kann nicht heraus: Laurence Sterne, „A sentimental journey" (Kap. „The passport. The hotel at Paris"). → Bw 2 Nr. 717 Anm. 18; ähnl. Caroline Michaelis an Julie von Studnitz 14. 3. 1783 (Caroline, „Briefe aus der Frühromantik" 1, 1913, 73 E. Schmidt).

5 ‚wir können hinein und heraus, wo es uns beliebt. [. . .] Du kannst nicht heraus.'

6 → oben Nr. 12 Anm. 6.

7 ‚Ganz der Deinige': geläufiger antiker Briefschluß, von L. u. einigen s. Zeitgenossen gern verwendet.

66. An Johann Gottwerth Müller 20. Dezember 1784

1 nicht überliefert.

2 den Plan legte L. an Schernhagen 30. 9. 1784 eingehend dar (Bw 2 Nr. 1303).

3 klass. Reisespesen: ‚Schmiergeld' (daher der der Name!) und Hafer.

4 insges. also Kolleggelder für 100 Hörer.

5 vor der Schlacht an der Milvischen Brücke in Rom (312 n.Chr.) soll Konstantin diese Erscheinung gehabt haben, die ihn dann veranlaßt habe, zum Christentum überzutreten. Vgl. Büchmann, „Geflügelte Worte"[22] 1905, 435.

6 Rednerbühnen, die mit diesen Bugteilen erbeuteter Schiffe ausgestattet waren, lagen am Rande des Forum Romanum. L. meint wohl die von Augustus errichtete rostra aedis Divi Julii (vgl. Sueton, „Augustus" 100, 3).

7 von dort wurden in röm. Frühzeit die zum Tode Verurteilten herabgestürzt.

8 südl. von Rom gelegenes Gebiet von rd. 750 qkm, erst im 20. Jhdt. trockengelegt.

9 bei Neapel, östl. von Pozzuoli, auf deren Grund eine 0,5 m hohe CO_2-Schicht steht (in der Hunde ersticken); hier von L. mit dem Eingang zu Unterwelt identifiziert, hinter dem der Styx fließt (dieser befindet sich nach griech. Mythologie in Arkadien).

10 beliebtes winterl. Studentenvergnügen im Göttg. d. 18. Jhdt.; Rinck („Studienreise" 1897, 203): „Heute Mittag sind viele Studenten Schlitten gefahren. Die Stund kostet einen Thaler, sie fahren alle einzeln wol 10mal an einem Hauß vorbey, weil Göttingen klein ist und sie sich doch in der Stadt wollen sehen lassen."

11 nach den Kernen des Granatapfels: kleine Happen? oder Anspielung auf den Mythos von Persephone, die nur auf Urlaub aus dem Hades (der griech. Unterwelt) entlassen werden konnte, weil sie schon von einer Frucht (näml. diesem Gr.-apfel) genascht hatte?

12 kam trotz L.s Bemühungen (an Soemmerring 7. 3. 1785 Bw 3 Nr. 1362) nicht zustande.

13 Müller.

14 Kohlenbecken zum Füßewärmen. – Der Weihnachtschoral ist der

„Puer Natus deutsch"; vgl. Ph. Wackernagel, „Das deutsche Kirchenlied" 2, 1867, 582. 5, 1877, 978. 1226.

15 „Die Herren von Waldheim eine komische Geschichte" erschien 1784 f. in M.s Smlg. „Komische Romane aus den Papieren des braunen Mannes und des Verfassers des Siegfried von Lindenberg".

16 Schnupftabakdose.

17 die ‚digressive' Erzähltechnik des Laurence Sterne, die (u. a.) s. „Tristram Shandy" zum ersten modernen Roman macht.

18 Buch 1, Kap. 8 (S. 126 u. bes. 140, wo L. auch genannt ist). – Zugleich etwas matter Pastiche auf die Nasenkapitel in Laurence Sternes „Tristram Shandy".

19 wohl gemeint L.s „Anmerkungen zum 68ten und 72ten St. des Hannov. Magazins" („Erklärung der rückwärts gehenden Bewegung einer fortgestoßenen Kugel") ebd. 1780, 1345 ff.

20 jedes Buch des „Tom Jones" eröffnet Fiedling mit einer allgemeinen (zumeist poetolog.) Überlegung.

21 diese Verballhornung der sprichwörtl. Redensart ‚Mundus vult decipi': die Welt will betrogen werden stammt von J. B. Mencke (Titelkupfer s. Schrift „De charlataneria eruditorum" 1715: Über die Windbeutelei der Gelehrten). L. gebrauchte den Witz schon an Schernhagen 19. 6. 1780 (Bw 2 Nr. 713). – „Pfeifchen ausklopft": ist Anspielg. auf L. Sternes „Tristram Shandy" (z. B. 1, 21. 2, 6); dort zugleich erzählerisch-retardierendes Moment und (nicht bloß freudianisch interpretierbare) Symbol- und Ersatzhandlung.

22 Schröder (beim Erstdruck): „Er hatte mit einem Gedichte von M., das er nach einigen Abänderungen für das seinige ausgegeben, eine Schauspielerin angesungen, wofür M., ihn denn arg in den Waldheimen züchtigte. Pl. schrieb später entschuldigend an M. und damit war die Sache beendigt."

23 Narr, Faulpelz (die heutige Bedeutung: Feigling trat erst später dazu).

24 dass. Bild in Bw 1 Nr. 79 bei Anm. 3.

25 in V.s „L'Ecossaise" 1760; vgl. Lessing in der „Hamburg. Dramaturgie" 12 („Sämmtl. Schriften" 9, 1893, 232 Muncker). – ‚frelon': ‚Hornisse'.

26 → Bw 2 Nr. 1227 Anm. 1.

27 das nachmalige Prinzenhaus, das Büttner ohnehin nur als Scheineigentümer für göttg. Juden besaß, die nach damaligen Gesetzen keinen Grundbesitz erwerben durften. → unten Nr. 75 Anm. 14 u. Bw 2 Nr. 1144 bei Anm. 3.

67. An Samuel Thomas Soemmerring 7. Januar 1785

1 über S.s Bemühungen um Susanne Holthof, die er dann aber
nicht heiratete, vgl. G. Forster, „Werke" 14, 1978, 258 u. pass.
Akademie.

2 das Zitat aus A. Pope, „Rape of the lock" 2, 8 von L. selbst später in
der „Ausführl. Erklärung" übersetzt: „welche Juden hätten küssen und Ungläubige anbeten mögen". („Heirat" IV; vgl. SB 3,
1972 951).

3 dieser u. der nachstehend gen. Brief nicht überliefert.

4 auf Soldatenart; vgl. auch SB 3, 1972, 681: „Komödiantinnen". –
L.s Bemerkung stellt ihm und dem göttg. Stadtklatsch kein eben
gutes Zeugnis aus. Über Therese Heynes angebliche Koketterie
vgl. Luise Meier an Boie 22. 7. 1780. 5. 5. 1782. 5. 10. 1784 („Briefe" 1963, 69. 144. 383 Schreiber) und die schwärmerischen Briefe
F. L. W. Meyers aus dem Sommer 1785, hrsg. v. Leitzmann in „Fun-
de u. Forschungen" (Festschrift f. J. Wahle) 1921, 50–62.

5 → Bw 2 Nr. 1303.

6 29. Sept., damals Ende des Sommersemesters und Beginn der
Herbstferien vor dem Wintersem. (→ unten Nr. 113 Anm. 1)

7 verzinst (begegnet in dieser Bedeutg. noch in Nr. 73 u. Nr. 74 bei
Anm. 6; 75 bei Anm. 15).

8 Kombination von Jak 4, 17 (‚wer da weiß, Gutes zu tun, und tut
nichts, dem ist's Sünde') mit der häufigen Wendung für ‚Ver-
stocktheit' (z. B. Mt 13, 13) ‚sehend nichts sehen'.

9 → Bw 2 Nr. 1245. Joh. P. Frank folgte Ostern 1785 einem Ruf
nach Pavia. – Scarpa u. Volta besuchten Göttg. Ende Okt. 1784,
→ Bw 2 Nr. 1308.

10 J. H. Ayrer erlag dieser Krankheit nicht.

11 das Gebäude dieser ersten göttg. Entbindungsklinik steht noch
am Wall vor dem Geismartor.

12 hinter der heutigen Prinzenstr. 9; das Gartenhaus (mit Eingang
von der Paulinerstr. durch Schlözers Haus) bezog G. A. Bürger
bereits im Spätsommer 1784. L.s erster Garten (1777) lag im Bereich der Bühlstraße, der 2. in der Hospitalstraße mußte dem
Chem. Institut weichen, diesen 3., der gemäß der Erwähng. in voriger Nr. gleich hinter dem Dieterichschen Haus lag, hat er kaum
erwähnt; über den 4. → unten Nr. 83 Anm. 6.

13 über Gottfr. Aug. B.s, der Ende Juni 1784 s. Uslarsche Amtmannstelle (Altengleichen) niedergelegt hatte, akadem. Laufbahn u.
Dozententätigkeit → Bw 2 Nr. 1269 Anm. 2 ff. u. unten Nr. 80 bei
Anm. 4; vgl. Ebstein in der „Zschr. f. Deutschkunde" 1925, 191 u.
ders. „Südd. Monatshefte" 4, 1907, 2, 419 (Brief an Heyne 2. 9.
1787); neuerdings die kundigen Einleitungen d. Hrsgg. zu den

Neuausg. der beiden wichtigsten s. Vorlesungen „Hauptmomente der krit. Philosophie" (H. D. Feger) u. „Lehrbuch der Ästhetik" (H.-J. Ketzer) 1994.

14 die sehr seltene 2. Aufl. (Exemplar aus Paul Ernsts Bibliothek in
der Bochumer UB) unterscheidet sich durch 10 S. Ergänzung
zum „Liederlichen" (2. Aufl. S. 169–179) nebst zwei Kupfersti-
chen; vgl. „Lichtenberg-Jahrbuch 1997", 53 ff.

15 → Bw 3 Nr. 1356 Abs. 9.

16 da wohl nicht Joh. David Michaelis, sondern dessen Sohn Friedr.
(Soemmerrings Nachfolger in Kassel) gemeint ist, dürfte die Unterstr. iron. Distanz ausdrücken sollen; → den übernächsten Abs.
17 → Bw 3 Nr. 1337 Anm. 8.

17 spielt an auf Ingen-Housz, „Sur la matière verte de Mr. Priestley";
über die Auseinandersetzung zwischen den beiden großen Na-
turforschern vgl. P. C. Ritterbush, „Overtures to Biology" 1964,
140 f.

18 über diese Korrespondenz mit M. nichts ermittelt.

19 S.s Abhandlg. „Ueber die körperl. Verschiedenheiten des Mohren vom Europäer" (Univ.-Programm Mainz 1785) zit. S. 7: „Vergleicht man den Zusammenhang des Kopfs mit dem Rumpfe bey
einem Mohren und Europäer, so findet man, wie Herr Professor
Lichtenberg in einer Unterredung mit mir scharfsinnig bemerk-
te, einen merklichen Unterschied; beym Mohren ist der Ueber-
gang vom Hinter-Kopfe zum Rücken flacher, weniger tief ausge-
höhlt, grade als gienge dem gehirnfassenden Schädel hinter-
wärts etwas ab; in noch weit stärkerem Grade ist dieses der Fall
beym Affen."

20 → Bw 2 Nr. 1286 Anm. 9.

21 → Bw 3 Nr. 1356 bei Anm. 25. Nr. 1362 bei Anm. 13.

22 L. besaß eine engl. Übers. der franz. Ausg. des A. Galland (vgl. BL
1687). → Bw 2 Nr. 1269 bei Anm. 13.

23 Friedr. Chrn. L. starb erst 1790, → Bw 3 Nr. 1718.

68. An Gottfried Hieronymus Amelung 11. Februar 1785

1 beliebter Titel oberdt. Volkskalender seit dem 17. Jhdt. (z. B.
„Basler" oder „Lahrer Hinkender Bote").

2 Name der Univ. Göttg. nach ihrem Gründer Georg II. von England; L. allegorisiert sie in dieser wenig erhabenen Weise auch Bw
3 Nr. 1351 (bei Anm. 19).

3 → vorige Nr. – L.s Etymologie von Ljungberg erscheint mehr als
gewagt (schwed. ‚ljungeld' = Blitz). Richtig bedeutet der Name
wohl ‚mit Heidekraut (ljung) bewachsener Berg'.

4 dieser Brief, wohl vom Sept. 1784 nicht überliefert. → Bw 2
Nr. 1303 Anm. 4.

5 nicht überliefert.

6 Bw 2 Nr. 1306.

7 hatte L. nicht auf der Schule, sondern vielleicht bei s. Hauswirt
Tompson 1767 gelernt.

8 Feuerwerkskörper aus zermahlenem u. zu einem Kegel geform-
ten Pulver.

9 wahnsinnig.

10 nicht überliefert.

11 beschreibt L. selbst ausführl. an Amelung 18. 6. 1784 Bw 2
Nr. 1273.

12 A. E. Ph. v. Ebersberg gen. Weyhers und Leyen, der reichsritter-
schaftl. Stadtherr.

69. An Johann Friedrich Blumenbach 8. April 1785

1 Reinhold F.

2 nicht überliefert.

3 1784 hatte Joseph II. die militärische Schwäche der Niederlande
ausgenutzt u. den Barriere-Traktat, auf dessen Grundlage die
Holländer von 1648–1792 die Schelde geschlossen hielten, aufgehoben; er verlangte außerdem die Abtretung von Maastricht.
Zum Krieg kam es nicht (Vertrag von Paris 20. 9. 1785), das mit
beiden verbündete Frankreich vermittelte den Frieden von Fontainebleau (8. 11. 1785) nach dem die Niederlande das Schlie-
ßungsrecht des Flusses behielten, jedoch Grenzforts an der
Schelde abtraten und mit franz. Hilfe 5 Millionen Gulden Repa-
rationen zahlten.

4 im gelehrten Europa.

5 GMWL 4, 1783 (erschien 1784); nicht geschehen.

6 „Neue Theorie über den Flug der Vögel nach den Grundsätzen
der Aerostatik [Luftfahrt]" in der „Berl. Monatsschrift" 4, 1784,
304.

7 Gegenbefehl.

8 ‚littera': beim Buchstaben.

9 F.s „Geschichte der Entdeckungen und Schiffahrten im Norden"
1784.

10 innerlich (dürfte bei L. e. Anglizismus sein: ‚moral certain', im
Gegensatz zu ‚demonstrative c.').

11 GGA 1784, 1972.

12 auf p. 1 Notiz von C. G. Heynes Hand: „197. St. S 1972"; demnach
hatte Bl. die Anfrage an s. Schwager Heyne weitergeleitet.

13 erwidern, vergelten.

70. An Christian Wilhelm Büttner 16. November 1785

1 ‚Kennzeichnung der Sprachen'. Die „Vergleichungs-Tafeln der Schriftarten versch. Völker", wovon das 1. St. 1771, das 2. 1781 (mit Jahr 1779) schon erschienen war und S. 40 mitten im Satz abbricht, kann wegen der Korrektur bei Anm. 3 nicht gemeint sein. Lt. Ersch/Grubers „Encyclopädie" 13, 1824, 393 (Verf.: Baur) wohl nur hds.; auch Blumenbach erhielt demnach eine Abschrift. Ähnl. im Nachruf im „Teutschen Merkur" 10. St. Okt. 1801, 157: „Seine Designatio linguarum ist in vielen Abschriften in den Händen der Liebhaber". Meine Suche in Weimar, Jena und Göttingen war aber bislang vergeblich.

2 ‚das vollwichtige Edelmetall einer einzigen ausgeprägten Zeile / zu französischem Draht gezogen, würde durch ganze Seiten glänzen': Roscommon, „An Essay on translated Verse" V. 53. Notiert L. bereits 1768 im „Keras Amaltheias" 157 (SB 2, 65) u. im Stammbuch für J. R. Nicolai 29. 8. 1769, jedesmal irrig als von Dorset; ohne Nennung des Verf. paraphrasiert in F 860 (SB 1, 582) u. im GTC 1792 „Einige Neuigkeiten vom Himmel" (VS 6, 1803, 427 f. über Schroeter); → Bw 3 Nr. 1953 Anm. 6.

3 nicht ermittelt.

4 unter L.s Bekannten mit mineralog. Interessen kommt in dieser Zeit nur J. F. Blumenbach in Betracht.

5 im 18. Jhdt. noch Bezeichnung für verschiedene Mineralien, später von A. G. Werner auf schwarzen Turmalin eingeschränkt.

6 Borsilicat mit der besonderen Eigenschaft, beim Erhitzen elektr. zu werden; manchmal auch als Bezeichnung für den Schörl gebraucht.

7 Über L.s Studium bei B. vgl. O. Deneke L.s Leben 1944, 39 ff.

71. An Gottfried Hieronymus Amelung 24. März 1786

1 zu diesem zentralen Ausdruck säkularisierter protestant. Sprache vgl. A. Langen, „D. Wortschatz des dt. Pietismus" 1954, 436 u. pass.

2 „Bericht, den wahren Zustand der Kirche, Schule und Pfarrei zu Gersfeld samt deren möglichen Verbesserung betreffend" in der von Pfenninger hrsg. Zeitschrift „D. Kirchenbote für Religionsfreunde aller Kirchen" 1785, 2. St., 144−162. (Das anscheinend einzige in öffentl. Besitz erhaltene Expl. dieser Zs. findet sich im Familienarchiv Lavater der ZB Zürich.)

3 meint wohl: durch Nichtbeantwortung eines Briefs; weder dieser noch der folg. erwähnte überliefert.

4 Hauptteil von Justinians ‚Corpus iuris civilis‘, entsprechend im Lehrbetrieb der Jur. Fak. die Hauptvorlesung über röm. Recht.

5 die Metapher, deren Locus classicus Büchmann, „Geflügelte Worte"[24] 1910, 324 nachweist, nimmt L. ebenso wie hier beim Wort in Bw 1 Nr. 108 S. 204.

6 Bernhardine Christiane Charlotte A.; zu L.s Irrtum, sie mit Karl Chrn. Gottlieb A. zu verwechseln → Bw 3 Nr. 1374 Anm 2. Die Schreibweise ‚Ammelung‘, vielleicht phonetisch, auch in J. G. Meusels „Gelehrtem Teutschland".

7 → Bw 3 Nr. 1425 Anm. 5.

8 → Bw 3 Nr. 1425 Anm. 6; oben Nr. 64 Anm. 6.

9 nicht überliefert.

10 L.s Sudelbuch (aus diesem Zeitraum – wohl H – nichts im Original überliefert); ‚gelehrtes Hausbuch‘ nennt L. es auch im Tagebuch 17. 12. 1793. → Bw 3 Nr. 1532 bei Anm. 6.

11 vgl. H 156 (SB 2, 201). → a. unten Nr. 74 bei Anm. 5.

12 vgl. Mt 7, 12. 22, 40. Lk 6, 31. Tob 4, 16; → Nr 1508 bei Anm. 10.

13 Joseph v. B., Sohn des Karl v. B. u. sein Hofmeister Johannes Burdell. Über den Raubüberfall → unten Nr. 75 bei Anm. 10; ferner Bw 3 Nr. 1427. 1428; nach den Akten im Univ.-Archiv (D XXV 19) brachen 5–6 Vermummte in der Nacht auf den 22. 3. ein; die genaue Summe, die sie raubten, war am 27. 3. noch nicht bekannt; die Prämie wurde – ohne Erfolg – auf 100 Pistolen erhöht. Verdächtigt wurden der Stud. F. A. Kobert u. ein göttg. Einwohner namens Hünfeld, der sich dem poliz. Zugriff entzog.

14 Teppich.

72. An Christoph Girtanner [13. April 1786]

1 Joh. Heinr. F.

2 Assoziation oder Interferenz mit ‚Influenzfieber‘ (Influenza: Grippe): schleichendes Gleichgültigkeits-, Schlaffheitsfieber.

3 brieflichen.

4 Einlagen zur Portoersparnis; davon nur überliefert Bw 3 Nr. 1432.

5 ähnl. in L.s Rez. von J. W. v. Archenholz, „England und Italien" 1785 in den GGA 1786,794. (SB 3, 189 ff.). Diesen Satz zitierte Girtanner im Brief an Kielmayer 12. 6. 1786 (Stiftsbibliothek St. Gallen).

6 Spielwaren (Nürnberg damals Zentrum der Spielwarenindustrie; → u. Nr. 90 Anm. 9); weitere Belege dieses Ausdrucks, den L. auch mit Bezug auf Droz in der gen. Rez. gebraucht, bei Promies, Komm. zu SB 3, 192.

7 über die Mechaniker H. L. u. P. J. Droz hatte L. im GTC 1780,
66 f. berichtet.

8 von England; welche Porträts?

9 ‚Storchschnabel' bezeichnete schon damals den ‚Pantographen'
(Gerät zu maßstabsgetreuer Größenübertragung von Zeichnungen).

10 Winkelminuten: also ⅔ Grad.

11 (Kreis-)Ausschnitt.

12 eigentl. Alhidade: bewegliche Skala an Winkelmessern.

13 nicht überliefert.

14 J. F. Westrumbs Untersuchungen publizierte dieser 1784 im 1. St.
von Crells „Beyträgen zu den Chem. Annalen" (das Referat in
den GGA 1784, 1047 ist aber mißverständl. Über W.s Versuche
mit Phosphorsäure vgl. die GGA 1787, 208); ausführlicher dann
in W.s eig. „Kleine phys. chem. Abhandlg." 1, 1786, 2, 217 ff.: „Etwas von dem sauren Bestandtheil des färbenden Wesens der so
genannten Blutlauge, nebst einigen Vorschlägen wie man über
dieser Säure zur Gewisheit kommen kann."

73. An Gottfried Hieronymus Amelung 21. April 1786

1 an Ort und Stelle.

2 jedenfalls. – „Tisch" natürl. Mittagstisch, -Essen. Zu dieser Zeit
hatte L. schon ‚Familie'.

3 Vollzugspersonen (Unteroffiziere u. Henker) beim Militär;
„Tamboure": Trommler.

4 Glanz (etwa von Perlen).

5 's Gravenhage (Den Haag) u. Scheveningen (Schevelingen). –
Über L.s Aufenthalt im April 1770 dort vgl. H. L. Gumbert, „L. u.
Holland" 1973, 19; ebd. u. SB 2, 602 auch L.s eigene Tgb.-Auf-
zeichng.

6 Fichtenwald westl. v. Darmstadt.

7 bei der Reise nach Helgoland; → oben Nr. 39 Anm. 6.

74. An Friedrich Nicolai 21. April 1786

1 → Bw 3 Nr. 1433 Abs. 2 u. N. S.

2 in dess. „Allgem. Dt. Bibliothek" 65, 1786, 624.

3 ‚Lobredner vergangener Zeiten': Horaz, „Ars Poetica" 173. Zu
L.s Gebrauch dieser Wendung → Promies, Komm. zu SB 3, 377.

4 e. solche Biographie hat N. nicht veröffentlicht.

5 zu den folg. Idealen → oben Nr. 71 Abs. 3.

6 Zinsen (→ Nr. 67 Anm. 7).

7 → Bw 1 Nr. 383 bei Anm. 14; jedoch wird sich diese Wendung doch nicht auf Klopstock beziehen lassen (wie dort vermutet).

8 pietist. Wortwahl; → Nr. 71 Anm. 1. – folg. „Bogen": Druckbogen.

9 → Nr. 2 Anm 12. Das System, Vertrauensleute (,Collecteurs') z.T. gegen Freiexemplare Subskriptionen sammeln zu lassen, hatte sich besonders durch Klopstocks Unternehmungen verbreitet.

75. An Samuel Thomas Soemmerring 2. Juni 1786

1 dieser Satz bildet bibl. Redeweise nach; vgl. Weisheit 7, 251. Mo 2, 7 usw. (die meisten Übersetzg. haben aber ,Odem').

2 Flasche.

3 mit hängendem Zeugungsglied.

4 Lähmung. – Pfingsten 1786: 4. 6.

5 Bw 3 Nr. 1430. wieder ruhig bezieht sich wohl auf Bw 3 Nr. 1414 Abs. 4.

6 ein Wort nicht entziffert: von L.s Sohn Wilhelm wurde in der Abschrift, die Bw zugrundeliegt, hier ein ganzer Satz fast unleserl. getilgt – offenbar um das Ansehen der Mutter zu wahren.

7 gemeint ist wahrscheinl. nicht das (seit 1780 eheartige) Verhältnis mit M. D. Stechard, sondern die Gewissenehe mit der 1782 konfirmierten Marg. Elis. Kellner, die bereits 1783 begann (→ Bw 2 Nr. 1035. 1256). Auch das Präteritum, das in L.s Sprachgebrauch ein noch andauerndes Geschehen bezeichnen kann, spricht nicht dagegen. Vgl. die von Promies wohl mit Blick hierauf dem verlorenen Sudelbuch G (194: SB 2, 167) zugewiesene Notiz: ,im Stand der unheiligen Ehe'.

8 → Bw 3 Nr. 1438 bei Anm. 5. – Zur Neuausgabe von Erxlebens „Naturlehre" → oben Nr. 67 bei Anm. 21.

9 gemeint ist vielleicht nicht der Physiker Antonius Bruchhausen, dessen „Institutiones physicae" 1778–85 L. besaß (vgl. BL 386), sondern der Stud. C. W. Barkhausen. In diesem Fall wäre Hoffmann vermutl. der Stud. Gg. Chrn. H. – sein „Buch": Vorlesungen wurden damals zumeist in gebundenen Büchern aus Schreibpapier mitgeschrieben.

10 → oben Nr. 71 Anm. 13.

11 die drei jüngsten Söhne Georg III. kamen mit kleinem Hofstaat. → Bw 3 Nr. 1442 Anm. 5. 1493. L. unterrichtete sie 4 Std. pro Woche in Mathematik, 1 in Physik.

12 die 6 Prinzenerzieher waren meist kurhannov. Militärs u. von Adel: K. v. Malortie, F. W. v. Linsingen, W. v. Uslar, K. v. Jonquieres, G. E. v. Hanstein u. G. E. Tatter.

13 Empfangs-, Visitenzimmer,

14 das ehemalig Büttnersche, jetzt Dieterichsche (→ oben Nr. 66 Anm. 27), später nach ihnen so benannte Prinzenhaus (an s. Stelle heute e. Jugendstilbau mit der Commerzbank). → Bw 3 Nr. 1381 Anm. 16.

15 verzinsen sich (→ Nr. 67 Anm. 7). – Über die Münzen u. ihren Wert vgl. die Übersicht in d. Einltg. (S. 5 u. 291)

16 ‚so muß man die Schafe scheren‘: meint, lt. Wander 4, 1876, 57: ‚von den Fügsamen nehmen‘. Vielleicht von L. ins Lat. rückübersetzt; ähnl. Apophthegmenbildung Bw 2 Nr. 1278 Anm. 14. 18.

17 über akadem. Geselligkeiten vgl. Pütter 2, 368; → oben Nr. 44 Anm. 1.

18 dem zahlungsunfähigen Geldwechsler wurde in Italien der Tisch zerbrochen (‚banca rotta‘), daher die mißverständliche Spielermetapher vom Sprengen der Bank. – Beckmann hatte auch Experimentalphysik gelesen, mußte aber gegen L. aufgeben; → Bw 3 Nr. 1434 Anm. 5.

19 Gottfr. Aug. B., in dieser Zeit als Bewohner von Dieterichs Gartenhaus L.s Nachbar u. zeitweilig auch Hörer.

20 die Teile u. vernünfteln. Über S.s Heiratsversuche → Bw 3 Nr. 1739 Anm. 24.

21 bei dem fleischernen Messer als bei dem eisernen.

22 → Bw 3 Nr. 1429 Anm. 16.

76. An Johann Daniel Ramberg 3. Juli 1786

1 → Bw 3 Nr. 1454. Rambergs Brief nicht überliefert.

2 Arsch.

3 aus der Hauptvorlesung Experimentalphysik: e. mit e. Korkstöpsel verschlossene, mit brennbarem Gas zu füllende Pistole wird elektr. gezündet u. bezeugt damit zugleich die Explosivität des Wasserstoffgases.

4 vermutl. „Paradise Lost", 6. Gesang.

5 List der Parther, aus scheinbarer Flucht auf den bereits wieder abgewandten Feind zu schießen. L. mag übrigens den Ausdruck aus Ovid, „Ars amatoria" 1, 209–11. 3, 785 f. gekannt haben, der denn auch den „Modi veneris" die ‚parthische Reitart‘ empfiehlt.

6 über Lavaters Deutschlandreise u. sein wundertätiges Magnetisieren (→ unten Anm. 14) u. Predigen in Bremen vgl. den anonymen zeitgenöss. Bericht, gedr. in Sievers, „Akadem. Blätter" 1, 1884, 420; ferner F. W. Ebeling, „Gesch. d. kom. Literatur in Deutschland" 1, 1869, 459 (dort auch 460 ff. das satir.-kontrafaktor. Gedicht von J. L. Ummius: „Was leuchtet uns von Norden her / der Wundertäter Lavater").

7 ,der unmittelbare Eindruck fördert den Ruhm'; dem lat. Sprich-
wort ,Minuit (= vermindert) p. f.', das wohl zurückgeht auf Clau-
dian, „De bello Gildonico" 384, nachgebildet.

8 diese schon antik belegte Wendung, die L. auch F 920 (SB 1),
dann „Wider Physiognostik" 1778 u. „Buhlerin" II 1795 (SB 3,
557. 749) gebraucht, mag ihm Lessings „Nathan der Weise" 3,
508 wieder in Erinnerung gerufen haben.

9 → Bw 3 Nr. 1484 Anm. 22; vgl. auch A. Neumann in „Kantstu-
dien" 4, 1900, 80; – Promies im Kommentar zu L.s Kalenderauf-
satz „Amintors Morgenandacht" (GTC 1791: SB 3, 76 ff.).

10 Wald-, Quellenymphen

11 spuke (das -ck – im 18. Jhdt. kein Kürzungszeichen).

12 vgl. J 153 (von 1789, in SB 1: das ,angenehme Zwei'); ferner die
wohl iron. Notizen J 1142. 1142 (zum „Doppelten Prinzen"; SB
1). → Bw 3 Nr. 1414 Anm. 9.

13 ,eins und alles': auf Parmenides zurückgehende Formel der pan-
theistischen Anschauung einer Identität von Gott und Weltall.

14 auch Lavater hing zeitweilig dem Aberglauben der im 18. Jhdt.
grassierenden paramedizinischen Anwendungen des physikal.
Magnetismus an; → a. Nr. 79 bei Anm. 10 u. deren Konzept.

15 Joh. Heinr. Lavater.

77. An Johann Daniel Ramberg 6. August 1786

1 nicht überliefert.

2 Beförderung zum Rat (→ Anrede) im neuerrichteten Kommerz-
Kollegium (L.: „Institut"); dessen „Direcktoren": L. F. v. Beulwitz
u. Chrn. L. A. v. Arnswaldt; Ratstitel führten in Kurhannover vornehmlich Adelige.

3 ,Sorge, daß es Dir gut gehe', oft mit dem von L. am Schluß dieses
Briefs („Fac valeas": ,Mach, daß es dir gut gehe') gebrauchten
Nachsatz ,meque mutuo diligas': ,und umgekehrt behalte mich
lieb', geläufiger antiker Briefschluß, bei Cicero z. B. in d. „Episto-
lae ad familiares". Gebraucht L. in Bw 2 Nr. 753; Bw 3 Nr. 1718;
Bw 4 Nr. 2309. Nr. 2955.

4 die wichtigsten Belege über den Aufenthalt der Prinzen sind Bw
3 in Nr. 1458 Anm. 2 gesammelt.

5 Joh. Kaspar Lavater; → Bw 3 Nr. 1455 Anm. 5.

6 A. van Leeuwenhoek, der 1685 mit dem Mikroskop die Infuso-
rienwelt, 1693 die roten Blutkörperchen endeckte.

7 über Lavaters angebl. Kryptokatholizismus und die in s. Verteidi-
gungsschrift „Über Jesuitismus und Katholizismus an Herrn Professor Meiners in Göttingen" 1786 eingehend behandelte Angelegenheit mit J. M. Sailers Gebetbuch vgl. G. Geßner, „Lavaters

Lebensbeschreibung" 3, 1802, 18 – in A. L. Schlözers „Statsanzeigen" findet sich aber anscheinend nichts dergl.

8 über R. E. Raspes engl. Ausgabe des Münchhausen vgl. W. R. Schweizer, „Münchhausen u. Münchhausiaden" 1969, 54 ff.

9 „Leben und Thaten des Hlg. Ignatius von Loyola, Stifters und ersten Generals des Jesuitenordens", anonyme Übersetzung nach des P. Ribadeneira „Vita Ignatii Loiolae" 1584, erschien im „Hannov. Magazin" 1786, 929 ff.

10 in „Das Privatleben des Königs von Preußen oder Nachrichten zum Leben des Herrn von Voltaire, von ihm selbst geschrieben" 1784, 41 (L. besaß – BL 1018 – diese Übersetzung des im selben Jahr wahrscheinlich von Beaumarchais hrsg. „Mémoires pour servir à la vie de M. de Voltaire écrits par lui-même", dort S. 52). L. hat aber die Pointe selbst verbessert oder geht auf eine sekundäre Quelle (etwas Nicolais „Vade mecum für Lustige Leute"?) zurück; denn aaO. heißt es wört.: „etliche Personen hatten schon Meublen [franz. Original: Meubles], die meisten trugen sogar Hemden; denn unter der vorigen Regierung wußte man nur von Häsgen [,Haß', obdt.: Überrock], die man mit Bändern angebunden hatte".

11 Briefschreibekunst.

12 mit Luft gefüllter Behälter an Pumpwerken zum Ausgleichen der Ungleichheiten des Wasserstoßes (J. K. Jacobsson, „Technolog. Wörterbuch" 4, 1784, 654).

13 Tatsachen; „in re" (4 Z. zuvor): in der Sache.

14 demnach brannte es in der Gotmarstr., wo L. dann auch in jener Zeit sein Schlafzimmer gehabt hätte. – Die „Hoffmeister": Karl v. Malortie, Friedr. Wilh. v. Linsingen u. Georg Ernst Tatter.

15 wann in dieser Zeit kam Jean André Deluc nach G.? → Bw 3 Nr. 1520 bei Anm. 2.

16 v. England.

17 → Bw 3 Nr. 1442 Anm. 5.

18 mit L.s Bibl. wurde 1799 verkauft: „Newton's Gesichts-Abbildung in Gyps abgegossen, wobey sich folgende eigenhändige Nachricht von dem sel. Hrn. Hofr. Lichtenberg befindet. Dieses Bild ist in der Form gegossen, welche man über Newton's Gesicht im Tode gemacht hat; die Form befand sich im Besitz des berühmten Bildhauers Roubillac, der die schöne Statüe von Newton für die Universität Cambridge verfertigt [abgebildet z. B. W. Busch, „J. Wright of Derby" 1986, 73]. Nach Roubillac's Tode, kam sie an einen Freund eines gelehrten jungen Engländers Hawkins, der sich jezt in Deutschland aufhält, und der für einige geringe Dienste, die ich ihm geleistet habe mir kein größeres Geschenk hätte machen können, indem der gegenwärtige Besitzer der Form ein

eigner Mann seyn soll, der mit seinem Schatz nicht sehr freygebig ist. G. C. L." („Verzeichnis derjenigen Bücher" 1799, 114). Lt. s. Brief an Goethe 2. 7. 1822 (ungedr., GSA Weimar) hat Wilh. Körte Maske u. Beschreibg. erworben.

19 nicht im Nachlaß erhalten.

78. An Johann Friedrich Blumenbach 12. November 1786

1 „Leichtgläubigkeit, Aberglauben und Fanatismus" (Erklärung von Hogarths Stichen) im GTC 1787, 212 ff.; wieder gedr. VS 14, 1853, 153 u. 13, 1–16; korrekterer Abdruck mit Erläuterungen im „L.-Jb" 1991, 7–28.

2 als Metapher für Lob s. Leistung von L. noch gebraucht z. B. Bw 4 Nr. 2382.

3 welche? In Betracht kommen thematisch Artikel unter den „Physikal. u. anderen Merkwürdigkeiten" (GTC 1787, 199), vor allem der über den „Zitter-Rochen" (Raja Torpedo, 201 ff.); eher noch der ethnolog. Aufsatz „Sonderbare Behandlungsart der neugebohrnen Kinder" (142 ff.) u. der biolog.-pharmazeut. „Ueber einige kräftige Mittel die Vernunft zu betäuben" (164 ff.).

4 L. hatte also die in Bw 2 Nr. 1289 versprochenen Bemühungen für B. wahrgemacht.

5 über Grellmanns Mitarbeit am GTC vgl. Ebstein in der „Zs. f. Bücherfreunde" N. F. 15, 1923, 145 ff. Für 1787 ist ihm mit Bestimmtheit nur der Artikel „Geschichte der Hochzeitskränze und Trauringe" (153 ff.) zuzuweisen.; nach dem „latein" noch „Vom Recht der Hagestolze" (178 ff.) u. „Christl. Ostergelächter" (151 ff.).

6 ‚beraubendes': verneinendes Alpha. S. 217 in dem Anm. 1 nachgewiesenen Artikel steht der Druckfehler „keiner Cherub" (in den VS 14, 1853, 156 verbessert zu „kleiner"). – „es läßt": → Nr. 28 Anm. 6.

7 SB 3, 1972, 402. → Bw 2 Nr. 733. Bw 3 Nr. 1824 Anm. 3.

8 Marie, deren Nachnamen wir nicht kennen; O. Deneke hebt in „L.s Leben" 1844, 196 die Tagebuchnotizen aus, bei denen L. von s. vermutl. ältesten sexuellen Aktivitäten mit e. Frau berichtet.

9 Marie verließ Göttg. am 3. 10. 1778 (vgl. SB 1: F 1132).

10 über die Straßenverhältnisse des Eichsfelds zit. L. gern den nördl. von Göttg. aufgewachsenen Carsten Niebuhr: „daß er zwischen Göttingen u dem Berg Sinai seinesgleichen an Abscheulichkeit nicht habe" (Bw 1 Nr. 650); → unten Nr. 117 bei Anm. 1.

11 Klassiker der Briefliteratur: die „Briefe der Ninon von Lenclos an den Marquis von Sévigné, nebst den Briefen der Babet an den

Boursault aus dem franz. übersetzt" (von Joh. Elias Schlegel) erschien 1751 u. wurde von Lessing rez. in d. „Berlin. Privil. Zeitg." 11. 5. 1751 („Sämtl. Schriften" 4, 1889, 317 f. Muncker); 2. Aufl. 1755 (vgl. W. Eiermann, „Gellerts Briefstil" 1912, 152). Eine Auswahl der unterweisenden Briefe der nachgerade legendären Kurtisane Ninon de Lenclos war franz. 1750 (mit Jahr 1751) herausgekommen; auf die Briefe der Babet (die nicht von Claude Crebillon fils stammen, wie man manchmal liest, sondern im Roman des Edme Boursault „Lettres de respect, d'obligation et d'amour" 1666 stehen) spielt L. noch in den „Tags-Zeiten" I an (SB 3, 722).

12 A und Nicht-A.

13 von e. Kupferplatte lassen sich höchstens 800–1000 saubere Abzüge drucken; der GTC hatte e. Auflage von 4000, ja bis zu 8000 Expl. → oben Nr. 37 bei Anm. 4.

14 GTC 1787, 243 (nicht in die VS übernommener Abs.): „was Hr. Riepenhaußen aus dem Original für uns diesesmal dargestellt hat, und zwar, wie unsere Leser finden werden, mit mehr Kraft als jemals. Er scheint sich hier nächst dem Hogarthischen Ausdruck auch dessen Manier mehr eigen gemacht zu haben, als in den vorhergehenden Blättern."

15 erschien erst im GTC 1789, 177 ff. (VS 14, 1853, 115).

16 in „Leichtgläubigkeit" (wie Anm. 1); → Bw 3 Nr. 1469.

17 der 12. 11. 1786 war So.

18 erwähnt L. in „Leichtgläubigkeit" (wie Anm. 1: VS 14, 161; Näheres von den Bearbeitern ebd. 165).

19 John N., „Biographical anecdotes of William Hogarth" 1781, von L. sehr gelobt („Vorrede" zur „Ausführlichen Erklärung": SB 3, 666).

20 „Philosophical Transactions" der Londoner Royal Society.

21 Franz Xaver v. B., „Vom Wärmestoff, seiner Vertheilung, Bindung u. Entbindung, vorzüglich beym Brennen der Körper" 1786 (BL 545).

22 Joseph v. B.

23 Zusammenstellung; bei L. meist negativ: Zusammenstoppelung von Abgeschriebenem.

24 „Pyrometrie, oder vom Maß des Feuers und der Wärme" 1779.

25 eigentl. Fieberlehre; L. verwechselt das offenbar mit Pyritologie, die Lehre von den Kiesen.

79. An Johann Friedrich Blumenbach [17.? Oktober 1787]

Von diesem Brief gibt es zwei Konzepte oder richtiger: nicht vollendete frühere Versionen. Die erste, ganz fragmentarische Fassung: „Empfangen Sie meinen verbindlichsten Danck, liebster

Herr Professor, für die hierbey zurückgehenden Schrifften. Ach!
Hollmann! Hollmann! ich dachte mich bey Durchlesung Deines
Wercks 20 Jahre jünger, in Deinem Auditorio, und Dich auf Deinen *beeden Beenen* [H. war Mecklenburger] vor mir. – Schlimmer
ist er in den lezten 20 Jahren nicht geworden oder diese 5 Bogen
sind bereits vor 20 Jahren concipirt mit worden. – – Das ewige:
Principiis obsta pp, den Spanier, den Polnischen Schuster und
daß er dem Herrn von Haller zuweilen assistirt mit hat" [→ unten
Anm. 1. 3 f.; „principiis obsta" (Ovid, „Remedia amoris" 91: Weh-
re dich gleich zu Beginn) zitiert Hollmann im Verszusammen-
hang auf S. 75; über A. v. Haller heißt es S. 56 anläßlich einer
dort erwähnten Sektion auf der Anatomie: „In was für Bekannt=
und Freundschaft der Verfasser bey der Gelegenheit mit ihm gerathen, wird an einem andern Ort besser, als hier, vielleicht sich
sagen lassen.]. –
Die 2. Fassung: „Empfangen Sie hiermit meinen verbindlichsten
Danck, liebster Herr Professor, für die mitgetheilten Schrifften.
Ach Hollmann! Hollmann! Lebendig wie auf dem Catheder
dachte ich Dich zu sehen! Schlimmer ist er seit 20 Jahren entweder nicht geworden, oder hat, was hier gedruckt ist, vor 20 Jahren
schon concipirt. Das Principiis obsta pp, den *Spanier,* den *Polnischen Schuster* pp, alles habe ich, so wie es hier steht, gehört, ob in
dem Capitel vom Feuer, der Lufft, oder der Elecktricität, weiß ich
nicht, vielleicht in allen dreyen, denn bey ihm schloß alles an alles an wie bey unserm S. v. [= Salva venia. Gemeint ist Chrn.
Wilh.] Büttner.
Mir hat die Durchlesung dieser 5 Bogen sehr sehr großes Vergnügen gemacht; dieses aber gantz zu genießen muß man freylich den
Mann gekannt haben, so wie ich ihn würcklich kannte. Was Pechlin da von Greatrake sagt, war mir sehr bekannt und zwar aus dem
St Evremond; vielleicht ist es Herrn B. nicht unangenehm zu erfahren, daß in dieses witzigen Philosophen Schrifften vieles von jenem Jungfern Betaster vorkömmt. – Meine Meinung offenhertzig
über den Magnetismus zu sagen, so kömmt es mir doch vor, als
wenn man die Sache ein wenig gar zu cavalierement tractirte [un-
gezwungen, leichtfertig behandelte], und weil sie das nicht seyn
kan, wofür man sie ausgiebt, sie gar nichts sey. Dieses glaube ich
doch würcklich nicht. Sind Leute auf diese Weise geheilt worden,
welches doch kaum in Zweifel gezogen werden kan, wohlan so wollen wir es so nützen wie es ist. Man stirbt ja vor Freude, also hat
Freude die Würckung, die ein gut geführter Prügel hat, eben so tödet Verdruß. Nun welche Abstufungen können nicht hier zwischen seyn? Von den physischen Würckungen des Reibens will ich
nicht einmal reden, die des Kitzelns sind unabsehbar. Ich weiß,

daß bey Mamsellen, die ein geliebter Chapeau mit krummen Fingern in eine Ecke getrieben hatte, ohne sie zu berühren, aber immer zu berühren drohte, große Veränderungen vorgegangen sind. – Groß sind die Wercke des Herrn und die Erde ist voll seiner Güte [Ps. 111, 2. 33, 5]. Was ich meine, ist, anstatt so sehr über diese Dinge zu lachen, solte man sie auf eine andere Weiße zu erklären suchen und Versuche machen, ein jeder in seiner Schlafkammer. Das Wort *Magnetismus* müste freylich ausgestrichen werden, das ist schlechterdings nichts werth, aber man solte auch, dünckt mich, diesen sonderbaren Anlaß nicht verschertzen Dinge an den Tag zu bringen, die noch nicht gantz entwickelt sind. Meinen Sie nicht auch so? Solte es auch weiter nichts seyn als etwas bestimmter über die Würckungen der Einbildungskrafft reden zu können. Jezt wird alles durch einander geworfen. Sichten, Sichten macht den Philosophen. Baldinger (unter uns) ist hierin gar nichts. Olbers aber sehr viel [→ Bw Nr. 1562 Abs. 4]. Ich wünschte, daß der einmal deutlicher redete. Ich *muß* in diesen Tagen an ihn schreiben in einer gantz fremden Sache [→ Bw Nr. 1557 im P. S.], vielleicht wage ich eine Frage an ihn. – Daß unter unsern Magnetiseurs Schuffte sind, wie *Cagliostro,* das glaube ich hertzlich gerne. – Aber alles kan ich doch nicht so schlechtweg verwerfen. Solte es auch weiter nichts seyn, als daß ich glaube, daß sich die Erscheinungen erklären lassen, *ohne offenbaren Betrug und Taschenspielerische Verabredung anzunehmen.* Hierauf müste man, dünckt mich, zuarbeiten und dieses würde zum Vortheil der Wissenschafft gereichen. Die Gelegenheit möchte sobald nicht wiederkommen, und ist vielleicht schon jezt vorbey. Die manipulirten Jungfern werden nunmehr schon nachgemacht (das ist der Hencker) und die eigentlichen Sünder der Natur werden fein und schweigen still, oder werden aus Schaam unmanipulirbar. Die Schreyer und Spötter haben uns die Vögel verjagt, wie ich fürchte, und was wir nun noch fangen ist nichts werth oder zweifelhafft. Unser *activer* Spott wird Furcht erwecken, und die Mamsel=Seelen werden nun durch eben die Anlage, die sie so empfindlich machte, (unserer Philosophie entgegen), nunmehr unserer Hochgebohrnen Weißheit gemäß künfftig das Maul halten.„

1 → Bw 3 Nr. 1558 Anm. 10; demnach hätte Heyne, der als Zensor der Univ. Göttingen bereits im Besitz der Korrekturbogen war, L. an Blumenbach verwiesen, von dem der sie erhalten hat.

2 → Bw 3 Nr. 1550 Anm. 2.

3 eine digressive Anm. Hollmanns, aaO. S. 8: „Diesen Gastwirth hieß man damals den Spanier, weil er in seiner Jugend, vielleicht in Spanien einmahl mochte gewesen seyn; so wie man einen Schuster, den Pohlnischen Schuster, noch nannte, weil er auf sei-

ner Wanderschaft auch Pohlen mochte gesehen haben; [...] Ein Zeichen, wie wenig die Göttinger ausser ihren Ringmauern sich in der Welt ehedem müssen umgesehen haben."

4 ebd. berichtet H., wie er bei s. Ankunft das Dorf Geismar für eine Vorstadt gehalten hätte, dann aber doch noch nach dessen Durchquerung 3 km über Land habe fahren müssen.

5 während L.s Studienzeit 1763–66, in H.s Physikvorlesungen. – Mit Kohäsion begründete H. das Laufen des Hebers, wofür er (sehr zu Unrecht, wie man heute weiß) von s. Kollegen, insbesondere Kästner, belacht wurde. Allerdings funktionierte ein entscheidender Versuch bei H. nur, weil s. Geräte nichts taugten.

6 S. 52: „fast als unehrlich ansahe, und Menschenschinder [= Henker] öffentlich nannte".

7 Erleuchtung.

8 ist hier ‚Erst' zu lesen?

9 die Zeichnungen stellen nicht Hollmann dar (vgl. dessen Porträt bei M. Voit, „Bildnisse Göttg. Professoren" 1937, Nr. 16), sondern sind angelehnt an Hogarths Stiche „Simon Lord Lovat" („Ernst") und die Mittelfigur aus „The laughing audience" („dieses ist besser"); vgl. Busch, „Nachahmung als bürgerl. Kunstprinzip" 1977, 217 ff. Beide Blätter waren L. bekannt: zu „Lovat" → oben Nr. 31 Anm. 27; „Audience" kommentierte L. im GTC 1789, 206 (VS 12, 1853, 191).

10 über den Wunderheiler u. Hypnotiseur Valentin Greatrak(e)s vgl. L. im GTC 1790, 152–163; → o. Nr. 76 Anm. 14 u. Bw 3 Nr. 1465).

11 „Observationum physico-medicarum libri tres" 1691, 101 ff.: „Aphrodisia sine voluptate" (Geilheit ohne Lust).

12 eigentl. ‚Honigfluß': liebliche Rede.

13 liebenswürdiger Herr Ehemann: Dies und die folg. lat. Wörter zit. aus Petronius 108–113.

14 Drohungen u. Tränen mit Schmeicheleien.

80. An Georg Forster 24. Dezember 1787

1 vgl. Lk 16, 22. – F. war unmittelbar nach Hannover gereist, um mit J. G. von Zimmermanns Hilfe die ungeklärte russ. Expeditionsplanung zu einem Abschluß zu bringen; → Bw 3 Nr. 1583.

2 vgl. Ps 130, 1.

3 Denkschrift.

4 was parodiert die scherzhafte Schreibweise „asthätischen Wehrt", die auch in der 2. Aufl. des GTC für 1785 begegnet? – Über Gottfr. Aug. B.s Dozentätigkeit → oben Nr. 67 Anm. 13.

5 förmlich.

6 vgl. J 182 (SB 1).

7 Gegenmuskel.

8 vgl. F 214 u. L 471 (SB 1).

9 dies unter der Rose (der Verschwiegenheit, dem alten Beichtsymbol): im Vertrauen.

10 Aug. Friedr v. England.

11 zu weisen: nddt. ‚zu zeigen'. – Welche Zeitungen? In L.s Sprachgebrauch wohl ein Blatt der GGA.

12 Georg B., dessen Schwiegersohn Heyne Forsters Schwiegervater war.

13 ‚Briefe an die Hausgenossen' (im weiteren Sinne auch Verwandte u. Bekannte): Titel e. Smlg. der Briefe Ciceros.

14 der Inselwelt; hier: der griech. Inseln (vor allem der Ägäis) mit ihren antiken Gelehrtenschulen.

15 unterste Lehrercharge (darunter nur noch die Kantoren); unterrichteten z. B. lt. Lektionsverzeichnis des Fürstl. Pädagogs zu Darmstadt 1786 in der 3. u. 4. Klasse die 10–14jähr. Anfänger.

81. An Friedrich August Lichtenberg 16. September 1788

1 → Bw 3 Nr. 1615 Anm. 5.

2 über Alex. Crichton, den Humboldt von Berlin her kannte und mit ihm mindestens den Sept. zusammen reiste, und „den wir hier wegen seinen sanften Charakters sehr liebgewonnen haben", vgl. auch d. Empfehlungsbrief G. Forsters an Soemmerring vom selben Datum („Werke" 15, 1981, 192 Akademie).

3 Wilh. v. H. „ein aufgeklärter Mann, dem jeder Zweig des Wissens Vergnügen macht, und die Bekanntschaft eines jeden verdienstvollen Mannes wichtig ist" (Forster, wie Anm. 2), berichtet selbst über s. Besuch in Darmstadt in s. Tagebuch unterm 6. 10. („Werke" 14, 1916, 31 ff. Leitzmann).

4 Friedrich II. von Preußen.

5 die Sache nicht eng, sondern erhaben zugleich ist (Zitat?).

6 davon zeugt noch das Fragment der Nachschrift von L.s Kolleg über Licht, Wärme und Feuer (referiert Leitzmann in H.s „Werken" 7, 2, 1908, 550. 553).

7 die restriktive und bes. im Theolog. dogmatische Regierung unter Wöllner; auch in H.s Tagebuch (wie Anm. 3) zu dieser Zeit ein Hauptthema.

8 Bw 3 Nr. 1608.

9 Schreibschrank, Sekretär: → Bw 2 Nr. 1264. 1302.

10 Inverury war von L. schon 1784 mit Empfehlungsbrief an F. A. L. ausgestattet worden, → Bw 2 Nr. 1264. – Die „Riesen-Harfe" steht im GTC 1789, 129 ff.

11 → Bw 3 Nr. 1560. 1748. – Über die Traubengeschichte nichts ermittelt.

12 das Pädagogium in Darmstadt hatte nach den üblichen 6 Jahren
(Tertia bis Prima zu je 2 Jg.) e. Selecta (Auswahlklasse), die auf
die Univ. vorbereitete; in ihr blieb L., durch die Kriegswirren und
materielle Probleme am Studieren gehindert, volle 3 Jahre.

13 H.s Tagebuch (wie Anm. 3) meldet nur ausführl. den Besuch bei
Starck, kurz den bei Wenck.

82. An Georg Heinrich Hollenberg 23. September 1788

1 nicht überliefert.

2 Margarete Rebekka Luise H.

3 H.s erster Sohn Georg Bernhard, geb. am 25. 8.

4 → unten Nr. 95.

5 → oben Nr. 24 Anm. 17.

6 → oben Nr. 54 Anm. 14.

7 Vor-, Erzväter der Bibel. Ursprüngl. nur Abraham (Heb 7, 4),
dann auch Jakobs 12 Söhne (Apg 7, 8 f.) u. David (Apg 2, 29);
schließlich alle hlg. Ahnherren der israelit. Vorzeit.

8 L. bezieht sich wohl auf vulgäre Redenarten, die das Verspielen
des eigenen Körpers, insbes. der Keimdrüsen u. eben auch des
Gesäßes artikulieren (vgl. DWb 12, 1, 1956, 1412 f.). das Glücks-
spiel, im frühneuzeitl. Staat grundsätzl. u. ständig durch Verord-
nungen bekämpft, wurde nichtsdestoweniger unter Göttg. Stud.
so heimlich wie eifrig betrieben.

9 → Bw 3 Nr. 1425 Abs. 2; vgl. B 78.

10 Lehnsessel

11 „Klagen zweier Reisender über das Postwesen in einigen Gegenden Deutschlands“ in A. L. Schlözers „Stats-Anzeigen“ 12, 1788,
229.

12 um den Antrag zu unterstützen.

13 → Bw 3 Nr. 1622. – Wie Sch.s Selbskorrektur aussah, zeigt folg.
Faksimile aus L.s Tagebuch:

83. An Georg Heinrich Hollenberg 10. Januar 1791

1 Segen des Stammes Israel u. der alltestament. Propheten: die
Fruchtbarkeit.

2 gemeint H.s Kinder Anne Sophie, Georg Bernhard u. Friedr.
Wilh., womit Hollenberg in die Rolle des bibl. Altvaters Jakob (hier

witzig verglichen mit den beiden ältesten Oberhäuptern jüd. Familien in Göttg.) u. dessen Fortpflanzungsauftrag versetzt ist.

3 Söhnen: den Stammvätern des Volkes Israel.

4 sterben; → Bw 3 Nr. 1858 Anm. 10.

5 Hypochondrie (mit ganz ders. Komplexität des Begriffs wie im Dt.): das folg. „Auszehrung" verrät, daß L. schon damals nicht unseren modernen Begriff e. eingebildeten Krankheit hat, sondern extreme Empfindlichkeit als psychosomatische Reaktion auf e. echte Krankheit meint. → auch unten Nr. 107 Anm. 3. 114; ferner Nr. 90 Anm. 1.

6 L.s kleinbürgerl. Tusculum, dessen er auch Nr. 81. 86. 93. 104f. 115. 117. 119 gedenkt, lag an der heutigen Ecke Weender Ldstr./Güterbahnhofstr., das Haus, das abgebrochen werden mußte, heute im Brauweg. (Frühere Gärten → oben Nr. 67 Anm. 12)

7 ca. 300 m entfernt; → Bw 4 Nr. 2398 (über Bürgers Begräbnis).

8 Tagebuch 6. 3. 1791: „Bohnen von Osnabrück".

9 als, betreffend.

10 Margarete Rebekka Luise H.

84. An Heinrich David Wilckens 26. Januar 1791

1 vermutl. Gg. Friedr. Werners Schrift „Entwurf e. neuen Theorie der anziehenden Kräfte, des Aethers, der Wärme und des Lichts" 1788; → Bw 3 Nr. 1641. (In Betracht käme allenfalls noch Abr. Gotth. W.s „Versuch der Erklärung der Entstehung der Vulkanen durch Entzündung" 1789).

85. An Heinrich David Wilckens [Februar? 1791]

1 folgt <Proben>.

2 außer Bw 3 Nr. 1809. 1815 u. 1822 A wäre dann mindestens noch 1 Schreiben W.s verloren. – L.s Tagebuch erwähnt am 18. 2: „Planet Wilckens. Abends Brief zurück"; 19. 2.: „Epigramme deutsch und lateinisch auf Wilckens". → auch Bw 3 Nr. 1826; auch J 549–553. 560 (SB 1) dürften Reflexe auf s. Ärger sein.

86. An Samuel Thomas Soemmerring 20. April 1791

1 → Bw 3 Nr. 1805 bei Anm. 6; 1857 Anm. 2. – Im ältesten „Verzeichnis des Physikal. Kabinetts" beschrieben: „1 sehr vergrößertes Ohr eines Menschen. Das Aussenohr von Gyps. Die inneren Gehörknochen zum Theil von Holz, zum Theil von Wachs, unter

Hofr. Sömmerings Direction zu Maynz gemacht. vortrefflich gearbeitet" (UB Göttg., Licht. VII G 2; vgl. auch im hds. Katalog des
Physikal. Apparats 1813 Sign. S 68 u. S 71).

2 Knochenfortsatzes.

3 bibl. Redeweise; ,Hände waschen' z. B. 2. Mo 30, 19; ,Lenden
gürten' → Bw 3 Nr. 1533 Anm. 10; ,ein Schwert gürten' z. B. 2 Mo
32, 27.

4 Joh. Friedr. Bl. → Bw 3 Nr. 1864 bei Anm. 5.

5 → Bw 3 Nr. 1857 Anm. 2; Tagebuch 16. 4.: „Blumenbach auf dem
Cabinet Abschied nach Gotha, von wo er am 2.5. zurückkehrte."

6 vgl. J 547 (von ca. Febr.; SB 1).

7 → Bw 3 Nr. 1849 Anm. 2.

8 über die für das editorische Verfahren im Erstdruck charakteri-
stische ,Bearbeitung' dieses Abs. → die ,Vorbemerkungen der
Hrsg.' in Bw 1, S. VIII. XV. – Zur Onanie-Metapher „Bettlackenmahler" vgl. Tagebuch 21. 11. 1791: „Painted my breeches."

9 Gijsbert Jakob W.

10 über Soemmerrings Verehrung für P. Camper vgl. R. Wagner,
„Sömmerring's Leben und Verkehr mit seinen Zeitgenossen, 2,
1844, 23.

11 Forsters „Ansichten", → folg. Nr. bei Anm. 4 ff.

12 vgl. J 2059 (SB 2); Tagebuch 23. 5. 1794: „Ich finde eine starcke
Veränderung in meinem Gesicht auf der linken Seite. Alter vielleicht! (möglicherweise Zunahme der als ,Gesichtskoliose' bekannten Asymmetrie bei schweren Seitenausbiegungen der Wir-
belsäule, die schon 1787 L.s Zuhörer Pieter Poel konstatierte:
"Bilder aus vergangener Zeit„ 1, 1884, 272: "der bekannte Ge-
sichtszug aller Verwachsenen„).

13 → Bw 3 Nr. 1857 Anm. 23

14 „Nachtigallensang und Lerchenklang"; vgl. Tagebuch 19. 4.:
„Nachtigallen überall, Baumblüte in vollem Trieb"; 21. 4.: „Blü-
tengesumse, warm Wohlgeruch."

87. An Georg Forster 1. Juli 1791

1 ,durch Unterlassung' (eigentl. alter Terminus aus dem Strafrecht
für Omissivdelikte).

2 L.s Betonung liegt auf „ein". Anm. im Erstdruck dieses Briefs
(dessen Original verloren ist): „So steht es aufs deutlichste in der
Lichtenberg'schen Handschrift"; gemeint: kleinster Bestandteil
u. s. Kohäsionskräfte.

3 vgl. J 337 (SB 1). – F. an Heyne 17. 7. 1791: „Ich habe von Lichtenberg auch endlich einen Brief. Er ist doch wahrlich zu bedau-
ern, der unglückliche Mann. Lassen Sie ihn nur volle Zeit mit je-

ner Anzeige von meinen Ansichten" („Werke" 16, 1980, 312 Akademie).

4 F.s „Ansichten vom Niederrhein" 1791, im Tagebuch (als Empfang oder Lektüre?) erwähnt am 5. 4. → vorige Nr. Anm. 11; ferner Bw 3 Nr. 1849 Anm. 4 u. Bw 3 Nr. 2092.

5 „Sakontala oder der entscheidende Ring, e. ind. Schauspiel von Kalidas" 1791. Das bereits von W. Jones aus dem Sanskrit ins Engl. übers. Stück übertrug F. ins Dt. und gab Erläuterungen bei (→ Anm. 13).

6 als Märchenmotiv (nach Auskunft der Göttg. Arbeitsstelle ‚Enzyklopädie des Märchens' nicht bekannt. L.s Tagebuch verzeichnet unterm 10. 5. u. 16. 6. die Lektüre arabischer Feenmärchen in H. A. O. Reichards „Blauer Bibliothek aller Nationen" Bd. 4 f., 1790 (vgl. auch Sudelbuch J).

7 über dies Stilideal L.s vgl. H. Gockel, „Individualisiertes Sprechen" 1973.

8 Meiners hatte u. a. in anthropolog. Abhdlgn. im „Göttg. Histor. Mag." 1789 f. s. rassentheoret. Anschauung vertreten, nach der die Völker in Kelten u. Mongolen unterteilt werden – jene sittl. u. phys. vollkommen, diese mißgestaltet u. bösartig. Zu F.s ablehnender Haltung vgl. s. Rez. darüber („Allgem. Litt. Ztg"; wieder gedr. Forster, „Werke" 11, 1977, 236–251 Akademie).

9 für die GGA; nie geschehen. → Bw 3 Nr. 1866 bei Anm. 2.

10 J. H. Seyde → Bw 3 Nr. 1885 bei Anm. 3.

11 Chrn. Gottlob Heyne.

12 in gutem Glauben.

13 F.s Erläuterungen zur „Sakontala" haben die Form e. Wörterbuchs mit längeren Exkursen. Vgl. Forster, „Werke" 7, 1963, 386 ff. Akademie

14 Therese F.

88. An Samuel Thomas Soemmerring 1. Juli 1791

1 → Bw 3 Nr. 1891; über das Ohrmodell → Bw 3 Nr. 1805 Anm. 6; über d. Schenkung oben Nr. 86.

2 → oben Nr. 10 Anm. 3.

3 Erxlebens „Naturlehre" 5. Aufl. 1791; nicht wesentlich von d. 4. Aufl. 1787 unterschieden. → Bw 3 Nr. 1762 Anm. 5.

4 Georg F. → unten Nr. 93 bei Anm. 2.

5 Gijsbert Jakob W.

6 der vorige Brief?

7 L. erwähnte A., der sich damals mit emigrierten franz. Adligen wohl gerade in Mainz aufhielt, in s. Gedicht auf die Belagerung von Gibraltar (→ Bw 2 Nr. 1066 Anm. 2); in Erxlebens „Natur-

lehre" ist an der zit. Stelle ein Experiment erwähnt, das Artois mit den Kastraten der Pariser Oper vornehmen ließ (→ Bw 2 Nr. 1110 bei Anm. 13).

8 ‚die Frau muß geheiratet werden': → unten Nr. 99 Anm. 4.
9 wohl Joh. D. K. – dann als Buchhandelspost.
10 wohl Joseph B.

89. An Margarete Elisabeth Lichtenberg [11. Oktober 1791]

1 Tagebuch 10. 10.: „Die Nacht Zahnweh, so wie den gantzen Morgen [...] abends Zahnweh"; 11. 10.: „Immer Zahnweh zuweilen starck, zuweilen Schwach."

2 meint: ‚männliche Zwillinge', oder eher: ‚männliches Teufelchen'; Chrn. Wilh. Thomas L. wurde am 22. 10. 1791 geb.

3 Tagebuch 29. 8. 1791: „Ich den Nachmittag meiner l. Frau [die von Kassel zurückkam] bis in das Ellershaußer Holtz entgegen gefahren und selbige auch glücklich angetroffen." – „Stoßmaschine": Wortbildung L.s für Kutsche (→ Bw 1 Nr. 156: „Motionsmaschine").

4 → Bw 3 Nr. 1912 Anm. 8.

5 wenn nicht die damals erst 6jährige Katharina B. gemeint sein sollte, kämen nur deren (mit ‚Jungfern' gleichfalls ironisch bezeichneten) Schwestern Johanna Dorothea Luise oder Dorothea Henrietta Luise B. in Betracht. Erstere („Hannah", „Hanne") war seit 21. 12. 1790 in L. s Dienst, vgl. Tagebuch u. Silke Wagener im „Lichtenberg-Jahrbuch" 1995, 180.

90. An Immanuel Kant 30. Oktober 1791

1 gemäß der damals herrschenden Neuralpathologie machte L. für s. krampfartiges, vom Buckel herrührendes Asthma, das ihn im Winter 1789/90 f.ast umgebracht hatte und sein Leben in Qualität und Quantität nachhaltig reduzierte, die ‚Nerven' verantwortlich; → auch Nr. 36. 90. 111; ferner Nr. 83 Anm. 5.

2 Joh. Benjamin J.; berichtet ausführl. von s. Besuch bei L. am 23. 9. 1790 (in L.s Tagebuch notiert) im Brief an Kant 14. 10. 1790.

3 Gotthold Ephraim Lessing, „Lob der Faulheit" 1747 („Sämmtl. Schriften" 1, 1886, 74 Muncker).

4 Vorliebe. → Bw 3 Nr. 1539 Anm. 3

5 „Kritik der Reinen Vernunft" 1781; → Bw 3 Nr. 1641 bei Anm. 15.

6 Preußen. Kopernikus war im damals poln.-preuß. Thorn geboren., im ermländ. Frauenburg Domherr gewesen. Vgl. J 473 (SB 1) u. GTC 1798, 123 f. („Das war einmal eine Wurst": VS 6, 1845, 149).

7 L., „Fortsetzung der Betrachtungen über das Weltgebäude. Von
Cometen" im GTC 1787, 81–134, wo Kants Aufsatz „Über die
Vulcane im Mond" benutzt ist u. es über den Verf. heißt: „Sein
Ruhm ist bessern Zeiten vorbehalten" (89 f.); in den VS 6, 1803,
359).
8 E.s „Naturlehre"5 1791, XXXIV ff.; vor allem meint L. wohl: „Diese ganze Auflage ist nemlich durchaus unter sehr widrigen und
nicht selten bedenklichen Gesundheitsumständen von mir ver-
anstaltet worden. Die Folgen davon waren unvermeidlich. Am
meisten fürchte ich den Vorwurf der Unvollständigkeit" usw. →
Bw 3 Nr. 1762 Anm. 5.
9 → o. Nr. 72 Anm. 6. ‚Hlg. Christ', ‚Goldschaum', ‚Nürnberger
Ware' von L. immer distanziert-iron. metonymisch für wertloses
oder kindl. Spielzeug gebraucht. – Lt. Tagebuch ging der eine
GTC an Jachmann.
10 auch Raitpfennige, seit dem Mittelalter zum Zählen u. Rechnen
gebrauchte wertlose Metallscheiben. → Bw 3 Nr. 1378 Anm. 4;
1968 bei Anm. 8; 2111 bei Anm. 5.
11 GTC 1792, 199 bei der Bilderklärung von „Folgen der Emsigkeit
und des Müssiggangs" VIII über ein ausgemergeltes Wesen, das
mit leerem Löffel am Festessen teilnimmt: „Die Feinde der neueren Philosophie werden sagen: seht da das Ebenbild einer Metaphysik, die sich selbst auffrißt" (wiedergedr. VS 11, 1852, 111).

91. An Georg Simon Klügel [Februar? 1792]

Der (in Bw noch unbekannte) Empfänger dieses nicht abgesand-
ten Briefs ergibt sich aus dem Bezugsbrief Klügels vom 5. 1. 1792
(Bw 3 Nr. 1998).

1 wohl nicht überliefert.
2 Erxlebens „Naturlehre" 5. Aufl. 1791, Vorrede (dat. 30. 4.),
XXXVIII.: „Sollte also dieser Umstand nicht das Hauptfunda-
ment der französischen Hypothese untergraben, so muß aus derselben erklärt werden, wie aus einer so trocknen Luft Wolken
und die ungeheure Menge Wasser entstehen kann. Ehe dieses
nicht auf irgendeine befriedigende Weise erklärt ist, bleibt alles,
was bisher über die Zusammensetzung und Zersetzung des Wassers gesagt worden ist, äussert unsicher und ungewiß."
3 → auch Bw 3 Nr. 2020 Anm. 1.
4 in der frühen Neuzeit war die Annahme e. Verwandlung d. Wassers in feste Stoffe weit verbreitet; selbst noch Newton, Leibniz
u. a. sahen z. B. Quarz als kristallisiertes W. an.
5 vgl. J 1753 (SB 2, 319).

6 vgl. J 1285 u. pass., bes. 1291 (SB 2, 235 ff.).

7 Jean André Deluc; vermutlich in d. „Idées sur la météorologie" 1786. → auch Bw 3 Nr. 2196.

8 vgl. J 1691 (SB 2, 309). – Hier u. im ganzen Brief geht es um die Widerlegung der nach J. J. Bechers Vorgang durch G. E. Stahl etablierten Theorie vom sogen. (im folg. gen.) Phlogiston, einem bei der Verbrennung sich vom jeweiligen Körper lösenden Grundstoff (→ auch Bw 3 Nr. 2077. 2157); dessen Existenz hatte Lavoisier geleugnet u. durch s. Versuche mit Quecksilber (Oxidation u. Reduktion) zu widerlegen gesucht. L. stand noch lange diesen Versuchen u. besonders der neuen Terminologie des Oxigen (‚Hypothesen sind Vota, Termini Dezisionen') kritisch, ja ablehnend gegenüber – teils aus prinzipiell methodischen, teils freilich aus bloß national(istisch)en Gründen.

9 zu diesem Versuch → Bw 2 Nr. 922 Anm. 12; vgl. J 1685 (SB 2, 308).

10 unwägbar; → Bw 3 Nr. 2030.

11 Wärmestoff.

12 neben den 4 antiken Elementen Luft, Wasser, Feuer, Erde.

13 → Bw 3 Nr. 2028 bei Anm. 3. Vgl. J 1757 (SB 2, 320).

14 vgl. J 1673. 1749. 1751 (SB 2, 306. 318 f.) Paets Versuch ist erläutert in Erxlebens „Naturlehre" 6. Aufl. 1794 § 538 a.

15 Oxidation. – Vgl. L. im GTC 1792, 179–181: „Was vermag Elektrizität nicht?" (wieder gedr. VS 6, 1803, 471–73). – H. Steffens 1798: „L.s Vermutung, daß die Trennung des Wassers in Wasserstoff und Sauerstoff eine Trennung der Elektrizitäten sei, schlug selbst wie ein elektrischer Funke in die Entwicklung der Naturphilosophie hinein." H. St., „Lebenserinnerungen aus dem Kreis der Romantik" 1908, 110 (gekürzte Ausgabe; vollständig 1840).

16 in d. Vorrede zu Erxlebens Naturlehre, 6. Aufl. 1794, XXXI bemerkt L.: „Etwas muß hierin über kurz oder lang von der neuen Chemie gethan werden, denn mit der bloßen [us 1]Versicherung[us 0], daß die elektrische Materie bey der chemischen Operation so ganz leer ausgehe, wird sich der unpartheyische Naturforscher unmöglich länger abspeisen lassen. Man sollte sie wenigstens einmal eine Zeitlang auf die Probe stellen."

17 schwere brennbare Luft. – William A., „Experiments on the analysis of the heavy air" steht aaO. S. 51.

18 Kohlenstoff.

19 ‚Wild-', ‚Pflanzengeist': ältere, von dem Alchimisten J. B. van Helmont („Ortus Medicinae" 1648) eingeführte Bezeichnung für Gase, zu L.s Zeit schon spezieller für Kohlensäure. Gebraucht L. aber immer im übertragenen Sinn, wie hier fast synonym mit

‚Scherwenzel' (→ Bw 3 Nr. 1641 S. 596. 613. 623 bzw. Anm. 20):
Bw 4 Nr. 2281 S. 111. 126; vgl. auch „Einige Betrachtungen über
die physischen Revolutionen auf unsrer Erde" (GTC 1794, 134–
145; wiedergedr. VS 7, 1804, 53); „Bemerkgn. über e. Aufsatz des
H. Hofr. Mayer zu Erlangen" (Gilberts „Annalen d. Physik" 2, 2,
1799, 153; wieder in: „Verthdg. d. Hygrometers" 1800, 228; zu
dieser Schrift → Bw 3 Nr. 2106 Anm. 5).

20 vgl. J 1678. 1690 (SB 2, 307 309).

21 ‚Wasser und Ruß sind dieselbe Materie': Der vierte Abschnitt in
Leidenfrosts Buch ist betitelt „De conversione aquae in fuliginem" (‚Über die Verwandlung des Wassers in Ruß'); auch dies e.
auf Helmont (→ Anm. 19) zurückgehende Alchimistenvorstel-
lung.

22 nicht geschehen.

23 in welchem Heft von F. Roziers „Journal de Physique"?

24 Anspielg. auf L.s eigene Versuche mit den nach ihm benannten
elektr. Staubfiguren, auf denen unser Xerokopierverfahren beruht.

92. An Margarete Elisabeth Lichtenberg [16. April 1792]

1 Wilh. Chrn. Th. L. geb. 22. 11. 1791; der „große": Gg. Chrph. L.
Jr. – L. verbrachte die Osterferien (1792: 13. 4.–4. 5.) auf dem
Garten.

2 Tagebuch 15. 4.: „So kalt, daß ich um 8 Uhr Feuer haben muß."
16. 4.: „KALT −1°."

3 Anna Elisabeth H.

4 Tuffstein.

5 vgl. 1. Mo 2, 23.

6 Tagebuch 16. 4. 1791: „Den Nachmittag mit meiner L. Frau im
Ellershäußer Holtz Kaffee getruncken"; 30. 4. 1792 „Den Nachmittag mit m. l. Frau nach dem Ellershäußer Holtz. Göttlich
schön! wahrer Genuß des Lebens, der kleinste Junge wird uns
entgegen getragen! Ueberall Nachtigalle Guguck und Blüthen."

7 offenbar Versuch L.s, ‚Stövchen' (tragbares Gefäß zur Aufnahme
e. Kohlenbeckens, Öfchen) ins Hochdeutsche rückzuüberset-
zen.

8 Charlotte Wilhelmine Michaelis heiratete 1792 Heinrich Dieterich.

93. An Georg Forster 27. Mai 1792

1 Tagebuch 27.5.: „9 Briefe geschrieben [...] einen an Forster [...]. Dr. Geyert nimmt Abschied nach Maintz." (→ zu Bw 3 Nr. 1972). Empfang ist vermerkt in Forsters Postbuch (SA Würzburg): „accepi 5. 6. Lichtenberg 27 May."

2 ⁵1791; → oben Nr. 88 bei Anm. 3.

3 Pfingsten 1792: 27. 5.

4 eigentl. Sauerstoff.

5 formschöne Antiquatype, benannt nach François Ambrois. F.s Ansichten sind in e. ähnl. ansprechenden gesetzt (bei J. F. Unger gedr.); Faksimile von Titel u. Widmung: F., „Werke" 9, 1958, neben S. V Akademie.

6 Schweine; → Bw 3 Nr. 2050 bei Anm. 5. 9. – zu „Philistäa" → oben Nr. 45 Anm. 17.

7 allen Genüge zu tun, sich selbst aber niemals Genüge tun zu können; wenn wirklich von Cicero, hat L. es kontaminiert aus der „Oratio pro Q. Roscio" 9 („ipse mihi satisfacere non possum") und der „Oratio de leg. agr." 2, 79 („satisfacere omnibus"). L. umschreibt es deutsch Bw 4 Nr. 2956 Abs. 2 und im „Copernicus" (SB 3, 141). – Der „große Hertzen und Nierenkenner und Prüfer" ist eigentl. Gott selbst (vgl. Ps 7, 10. Jer 11, 20. Offb 2, 23)!

8 im „Hambg. Correspondenten" vom 14. 5.

9 (höhere) Ansprüche stellen? (vgl. DWb 10, 1, 1905, 1903); Eindeutschung von ‚prätendieren'. → Bw 3 Nr. 1849 bei Anm. 4.

10 geflissentlich, ausdrücklich.

11 folgt blose

12 vgl. 2 Mo 28, 38, wo es Gott dem Aaron zu tragen aufgibt.

13 -Saft.

14 durch Abschneiden. – Zu L.s Diätauffassung vgl. L. im GTC 1793, 137–143: „Hupazoli und Cornaro" (SB 3, 487).

15 Lehramt,-geschäft.

16 Tod der Tochter, Geburt des Sohns von Forster.

17 diese ‚Leibnizische Dyadik' bei L. in J 298 (SB 1) u. in d. Vorrede zu Erxlebens „Naturlehre" 6. Aufl. 1794, XXXVII verwendet. Die Anekdote von dem Kastellan Gigard stammt aus der auch Bw 3 Nr. 1676 zitierten Sammlung Nicolais „Anekdoten u. Karakterzüge von König Friedrich II. von Preußen und von einigen Personen, die um ihn waren" 19, 1789, 12.

18 Joh. v. M.; über Zulehner → Bw 3 Nr. 1972.

94. An Samuel Thomas Soemmerring 27. Mai 1792

1 Weihnachten 1791 mit Margarete Elisabeth Grunelius; → Bw
Nr. 1793 bei Anm 22.

2 im 18. Jhdt. noch häufiger als heute gebraucht für ‚frei von Ver-
pflichtung, Schuld, Strafe', dann aber auch soviel wie ‚unbebaut,
brach' (vgl. DWb 6, 1885, 502 ff.).

95. An Georg Heinrich Hollenberg 2. September 1793

1 kurrentes Geld, geläufige Münzart: derlei Metaphorik Geld –
Wahrheit, schriftstellerische Arbeit, Briefschreiben von L. ungemein gern gebildet; → oben Nr. 7 bei Anm. 8, Nr. 8 bei Anm. 3;
unten Nr. 99 Anm. 8.

2 wie das unten gebrauchte „Engelsmann", „Hertzensjunge" aus
dem Wortschatz des Pietismus in den des Freundschaftskultes
der Empfindsamkeit (aber auch in den l.schen) übergegangen;
→ auch oben Nr. 32 Anm. 2.

3 H.s u. s. „Frau Liebste" Margarete Rebekka Luise 4. Kind Hermann war am 28. 7. geboren; → Bw 4 Nr. 2217 bei Anm. 7. Ein
ähnl. Brief im Brief oben in Nr. 82.

4 ‚ohne Hosen': gängige Bez. für die frz. Revolutionäre, die nicht
die Kniehosen der höheren Stände, sondern die langen Hosen
der werktätigen Bevölkerung trugen.

5 Speichelleckerei bei Hof: goldene Schnupftabakdosen waren be-
liebte Geschenke der Fürsten.

6 L. meint die infolge der Frz. Revolution u. des Krieges in Dt. zu-
nehmende Gefahr der Briefzensur; → auch Bw 3 Nr. 2181; Bw 4
Nr. 2433 bei Anm. 4. 2711 bei Anm. 10. 2799 bei Anm. 5.

7 L.s häufige Klage über Schreibunfähigkeit (s. a. unten Nr. 99 bei
Anm. 8 u. 12) ist mit Bestimmtheit keine Koketterie, sondern e.
Nebensymptom s. Krankheit.

8 entweder Bw 4 Nr. 2217 oder e. nicht überliefertes Schreiben
H.s, dessen Eingang L. am 20. 8. im Tagebuch vermerkt.

96. An Johann Wolfgang von Goethe 7. Oktober 1793

1 vgl. Tagebuch 21. 9. 1791: „Aufsatz von Göthe gelesen." –
„altes Sprüchwort" meint natürl. ‚was lange währt, wird endlich
gut', vgl. Wander 4, 1876, 1746. – „Nerven": → oben Nr. 90
Anm. 1.

2 ähnl. K 366 (SB 2, 468): „Die gefärbten Schatten verdienen gewiß die größte Aufmerksamkeit des Naturforschers. [...] es
könnte sein, daß der gegenwärtige Zustand der Optik oder unse-

re Kenntnis vom Licht gar nicht einmal hinreichte sie zu erklären, daß also ein gründliche Auseinandersetzung dieses schweren Problems ein wahrer Gewinn sein würde." Vgl. auch K 367.
368. 369. 372. 373 (SB 2, 469 FF.); die von Promies diesem in der
Handschrift verlorenen Buch zugewiesenen Einträge dürften
wohl tatsächl. in die Zeit des Briefwechsels mit Goethe fallen.

3 von 1790.

4 Jean-Henri Hassenfratz; vgl. K 366 (wie oben Anm. 2): „Ein
Hauptbuch darin ist das kleine französische Werk, dessen Verfasser sich bloß mit H. F. T. bezeichnet [. . .]. Er hat fast ganz Herrn v.
Goethe's Idee." Vgl. Goethe, „Schriften zur Nat.wiss." II 3, 1961,
207 f. Leopoldina.

5 Mathurin Jacques B., „Ombre", in: „Dictionnaire raisonné de
Physique" 2, 1781, 244 ff.

6 ,das alles beweist wohl, daß ein bestimmtes Verhältnis der Hellig-
keit zwischen den Lichtern nicht nur notwendig ist, die Schatten
zu färben, sondern auch, ddaß ihre unterschiedl. Farben auch
von dem Verhältnis der Intensität zwischen denselben Lichtern
abhängen.'

7 vgl. K 366 (wie oben Anm. 2): „Ich glaube doch noch immer, daß
vieles bei Auflösung beruhet, was wir Weiß nennen. [. . .] Wir sehen selbst im Sonnenlicht nie einen weißen Körper, und noch
weniger im Schatten oder bei bedecktem Himmel. Allein ob wir
gleich kein reines Weiß bemerken können, so wissen wir doch gar
wohl, was wir unter Weiß verstehen. Denn wir korrigieren unsere
Empfindungen immer durch Schlüsse. Dieses lernen wir so früh
und es wird uns so zur Natur, daß wir endlich zu empfinden glauben, was eigentlich ein Schluß ist. Bei der Wäsche macht die Person, die sie trägt, die Art der Falten usw., daß ich sie selbst an einem trüben Tage, oder in der Abend- oder Morgenröte immer
für sehr weiß halte, da sie es gewiß nicht ist. Es wird bloß geschlossen, und so mit allen Farben."

8 Farbengebung in der Malkunst. – „Camera obscura": optisches
Gerät, bestehend aus einem dunklen Raum, in den die von den
äußeren Gegenständen ausgehenden Lichtstrahlen durch eine
sehr kleine Öffnung eindringen u. divergierend auf der gegen-
überliegenden Fläche ein umgekehrtes Bild erzeugen.

9 vgl. K 366: „Weiß, sagt man, ist derjenige Körper, der alle Farben
zurückwirft. Diese Definition setzt nicht allein stillschweigend
voraus, daß alle Farben da sein müssen, um sich reflektieren zu
lassen, wo man etwas Weißes sieht, sondern daß auch alle diese
Farben in dem gehörigen Verhältnis sowohl der Quantität als
Qualität nach da sein müssen."

10 wohl keine Flüchtigkeit: die ursprüngl. Form ‚gen' zwar seit dem
17. Jhdt. rückläufig, doch gerade in ‚genüber' in poet. Sprache
noch bis ins 19 Jhdt. lebendig; vgl. Dwb 4, 1, 2, 1897, 3342 f.

11 vgl. G.s „von den farbg. Schatten", Leopoldina-Ausg. (wie Anm.
4) I 2, 1951, 65.

12 vgl. dazu G.s Notiz Leopoldina-Ausg. (wie Anm. 4) I 3, 1951, 257;
→ Bw 4 Nr. 2305 Anm. 5.

13 Tagebuch 4. 10. 1793: „Morgens im Bette mit dem gelben Spiegel Experimentirt [. . .]"; → unten Nr. 122 bei Anm. 1.

14 sinnlich wahrnehmbar. – „Declination": Beugung, Abweichung
(hier natürl.: des Lichts).

15 wohl als bloße Höflichkeitsfloskel; außer den in Anm. 2 nachgewiesenen, dem Sudelbuch K zugeordneten Stellen gibt es nur
noch einen späteren Eintrag die farbigen Schatten betreffend (L
813: SB 2, 503). Auch erwähnt L. die farbigen Schatten in Erxlebens „Naturlehre" erstmals in der 6. Aufl. 1794 (→ unten Anm.
17).

16 zufällige Farben; subjektive oder, bei Goethe dann, physiolog.
Farben, die nur bei bestimmter Reizung der Augen wahrgenom-
men werden. – George-Louis Leclerc de Buffon, „Dissertation sur
les couleurs accidentelles" in den „Mémoires de l'académie royale des sciences 1743", ersch. 1746, 147 ff.

17 vgl. auch K 379 (SB 2, 471): – L. erwähnt zwar die farbigen
Schatten in Erxlebens „Naturlehre" 6. Aufl. 1794 am Ende s.
Anmerkungen zum § 386, der von den zufälligen Farben handelt, bringt beide Phänomene aber nicht direkt in Verbindung:
„Hier etwas von den farbichten Schatten, wovon die Theorie
noch nicht ganz aufs Reine gebracht ist, und vielleicht ohne ge-
nauere Kenntniß des wechselseitigen Einflusses gewisser Farben auf einander, der vom Organ selbst abhängt, auch nicht gebracht werden kann." (328). Vgl. auch G. Gamauf, „Erinnerungen aus L.s Vorlesungen über Erxlebens Anfangsgr. der Naturlehre" 2, 1811, 469: „Eine merkwürdige und bisher noch nicht
erklärte Erscheinung biethen auch die gefärbten Schatten dar."
Gamaufs Bemerkung ebd. 470: „Auch Göthe, der berühmte
Dichter zu Weimar, hat darüber herrliche Versuche angestellt"
ist wohl Beleg dafür, daß L. Goethes Versuche in s. Vorlesung
erwähnte.

18 Nicolas de B., „Mémoire sur les ombres colorées", in: „Mémoires
de l'académie royale des sciences et belles-lettres 1767", ersch.
1769, 27 ff.

19 Chrph. O., „Suite des Observations sur les couleurs" in Roziers
„Journal de Physique" 23, 1783, 401 ff.

97. An Johann Daniel Ramberg 8. Juni 1794

1 → Bw 4 Nr. 2319 bei Anm. 42395 bei Anm. 7.
2 eigentl. Schreibgehilfe, hier Assistent: Joh. Herm. S.
3 frz. réverbère: Reflektor, Spiegellampe, -laterne.
4 → Bw 4 Nr. 2377 bei Anm. 1. 2395.
5 Samuel Butlers satir. Epos „Hudibras" 1662–1678 (Bl. 1709 f.).
6 eine ähnl. Skizze in Bw 2 Nr. 1259.
7 → Bw 4 Nr. 2377 bei Anm. 7.
8 diese Geschichte findet sich nicht in den „Philosoph. Transactions", sondern in H. L. Piozzis „Observations and reflections made in the course of a journey through France, Italy, and Germany" 1, 1789, 127. L. las Forsters dt. Übersetzung „Bemerkungen auf der Reise durch Frankreich, Italien, u. Deutschland" 1, 1790, dort 131; vgl. J 828 (SB 1).
9 vgl. Tagebuch 27. 1. 1794: „Brief von meinem Bruder mit den Sansculottes". Matthisson, der L. besuchte (→ Bw 4 Nr. 2346), berichtet unter dem 23. (richtig 22.) 2. 1794 in s. Tagebuch, solche Zeichnungen bei L. gesehen zu haben (M.s „Gedichte". Anhang: Tagebuch 2, 1913, 266 Bölsing). Bölsings Annahme (aaO. 353), Schack Herm. Ewald habe sie gezeichnet, ist demnach zu korrigieren. Über die zeichnerische Fertigkeit L. C. L.s, die er sein Leben lang übte, geben einige Briefe (1800–1810) von ihm an s. Nichte Agnes L. Aufschluß (in L.schem Familienbesitz). – „Ad vivum": nach dem Leben.
10 Joh. Heinr. R.

98. An Johann Daniel Ramberg 10. Juli 1794

1 Dorothea Hachfeld, wohl in der in Bw 4 Nr. 2355 angesprochenen Angelegenheit; → Bw 4 Nr. 2403. 2415.
2 Linse für eine Laterna magica: → Bw 4 Nr. 2400 bei Anm. 8.
3 Objektiv.
4 Wilh. Chrn. E.; im „Dritten Nachtrag zum Verzeichnis des Phys. Kabinetts" (→ Bw 4 Nr. 2562) ist keine Laterna mag. aufgeführt. → Bw 4 Nr. 2434.
5 bei L.s Aufenthalt dort 1772; → Bw 1 Nr. 54.
6 damals berüchtigte Seeräuberstaaten, von den Europäern mehrfach vergeblich angegriffen.
7 Anspielg. auf die Imitation des franz. Hofs u. Adels durch die dt. Fürsten. – Zu L.s Einschätzung der Frz. Revolution → die zu Bw 4 Nr. 2328 Anm. 4 angegebenen Stellen.
8 vgl. auch K 224 (SB 2).

9 Margarete L. war mit den Dieterichs lt. Tagebuch am 28. 6. zur Kur nach Hofgeismar gefahren u. kehrte am 10. 7. zurück.

99. An Johann Gottwerth Müller 16. Juli 1794

1 Tagebuch 5. 10. 1789: „den 5ten von meiner Krankheit befallen und den Abend mit Margarethen copulirt [verheiratet], durch HE. Pastor Kahle." Mit dem Aufstand am 5./6. 10. 1789 wurden König u. Nationalversammlung gezwungen, von Versailles nach Paris umzuziehen. Als Beginn der Revolution wird allerdings alsbald der 14. 7. 1789 (Bastillesturm) angesehen; so vermerkt L. im Tagebuch 1789 (nachträglich im Juli): „Den 14 Pariser Revolution." – Einen ähnl. Bezug zwischen Weltgeschichte und Privatleben knüpft L. um Mitte 1795 „Noctes" p. 3: „Gegen revolution des großen eine kleine in der Haushaltung. Epoche machen."

2 → Bw 3 Nr. 1705 Anm. 3.

3 Margarete Elisabeth L. und die damals noch/schon lebenden Kinder Gg. Chrph. jr., Christine Luise Friederike, Wilh. Chrn. Thomas, Agnese Wilhelmine.

4 ‚Karthago muß zerstört werden' – ‚es muß eine Frau genommen werden' (die in dieser Gestalt durch Florus 2, 15 überlieferte, vom älteren Cato beständig im röm. Senat wiederholte Redensart sollte die Römer zum 3. Punischen Krieg gegen den großen Handelskonkurrenten aufstacheln); → oben Nr. 88 Anm. 8.

5 ‚Ach, wie verändert gegenüber jenem' (Virgil, „Aeneis" 2, 274).

6 vgl. Phil 3, 21.

7 → Bw 3 Nr. 1356 Anm. 10.

8 kaufmänn. Fachausdrücke aus dem Wechselwesen, hier metaphorisch aufs Briefschreiben bezogen: Valuta ist der Wert (Betrag) eines Wechsels; trägt dieser den Vermerk ‚Uso', muß er nach der am Ort übl. Wechselfrist bezahlt werden; ist er auf oder nach ‚Sicht' ausgefertigt, muß er eingelöst werden, wenn er dem ‚Bezogenen' präsentiert wird; → oben Nr. 95 Anm. 1. – Zu L.s immer wiederkehrenden Klagen uber s. brachliegende Korrespondenz → ebd. u. Bw 4 Nr. 2329 Anm. 2.

9 → Bw 4 Nr. 2400 Anm. 11.

10 die Adresse des Briefs lautete: „An Herrn Fielding-Müller zu Itzehoe". – L. vergleicht M. (und damit – ungerechtfertigter Weise – s. Romane) mit dem von ihm ungemein geschätzten H. Fielding auch in Bw 3 Nr. 1627.

11 Heinr. D. u. dess. Schwiegereltern Friedheim. – D. war am 11. 5. zur Jubilatemesse nach Leipzig gefahren.

12 e. der Folgen von L.s Krankheit war massive Antriebsstörung, über die er immer wieder klagte; → oben Nr. 95 Anm. 7.

13 ähnl. Delikatessenvergleich Bw 3 Nr. 1699; „Brosamen" spielt an
auf Mt 15, 27. – Bis 1791 waren mehrere Schriften M.s bei Dieterich erschienen; nach e. Streit mit D. veröffentl. M. kein Buch
mehr bei Dieterich, sondern v. a. bei Fr. Nicolai (Berlin u. Stettin). → Bw 3 Nr. 1858 bei Anm. 7.

14 L.s ‚Danksagung' in der im Frühjahr 1795 erschienenen 2. Liefg.
der Hogarth-Erklärung (→ Bw 4 Nr. 2400 Anm. 5): „Ich würde es
wagen [. . .], hätte ich deine Feder, vortrefflicher Müller, aus dessen unerreichbaren Romanen immer unverkennbare Menschen-
stimme noch rein und hell hervortönt [. . .]" (SB 3, 792). → Bw 4
Nr. 2824.

15 Joh. Gottwerth M. (jun.).

16 ‚man sehe den Zusammenhang nach'; „videlicet": nämlich.

100. An Friedrich August Lichtenberg 20. Februar 1795

1 vgl. Tagebuch 17. 2.: „Brief von meinem Vetter endlich."

2 Johannette Rosine L. – Friedr. Aug. L. hatte 1793 f.ür e. beträchtl.
Summe (vermutl. aus dem Vermögen s. Frau) in österreichischen
Obligationen angelegt, die durch die Niederlagen des Koali-
tionsheeres nunmehr im Wert fielen (vgl. J. R. Wolf in O. Webers
Katalog zur Ausstellung Ober-Ramstadt „Spuren e. Familie"
1992, 209); zum K.-Krieg → unten Nr. 110 Anm. 1.

3 kombiniert topisch Bibelstellen: zu ‚Jammertal' vgl. oben Nr. 24
Anm. 17; das Meer ist natürl. das Rote (2 Mo 14), auf dessen anderer Seite aber von Gott Milch und Honig verheißen war (2 Mo
3 u. pass.).

4 die französische Revolutionsarmee, die nach den holländ. Eroberungen nun auch Kurhannover (als Teil des Kriegsgegners England) bedrohte. → Bw 4 Nr. 2467. 2487. Zu Befürchtungen über
einen bevorstehenden Einmarsch der Franzosen → auch Bw 4
Nr. 2501. 2505. 2507.

5 während der schweren Krankheit 1789; → Bw 3 Nr. 1705.

6 → auch Bw 4 Nr. 2467. Preissteigerungen erwähnt L. Bw 4
Nr. 2574. 2629. 2682. 2711.

7 zu den ziemlich regelmäßigen Mißernten, die entsprechende
Hungerkatastrophen nach sich zogen, u. der allgem. wirtschaftl.
u. soz. Situation in Göttg. vgl. W. Sachse im „Photorin" 5, 1982,
1–15 (dort weitere Lit.).

8 → Bw 4 Nr. 2472. – „Revolution in Holland": die Ausrufung der
‚Batavischen Republik' am 26. 1. 1795 nach der Eroberung
durch die Franzosen (→ Bw 4 Nr. 2487).

9 Vorteile, Nebeneinkünfte, hier: Geld für den Transport von Mö-
beln und Büchern.

10 die Partei des Prinzen v. Oranien und die mit der Frz. Revolution sympathisierenden Gegner der Oranier.

11 Brief gedr. Bw 4 Nr. 2483.

12 L.s „Ausführliche Erklärung der Hogarthischen Kupferstiche", die er nach den ersten Versuchen seit 1784 im GTC nun seit 1794 in Lieferungen herausbrachte, wurde im 19. Jhdt. sein erfolgreichstes Buch; bis zu s. Tod erschienen 5 Hefte.

13 daß er die Hogarth-Erklärung aus finanziellen Gründen schreibe, äußert L. mehrfach; → Bw 4 Nr. 2377 Anm. 3.

14 → Bw 4 Nr. 2400 Anm. 5. 2620 bei Anm. 9.

15 Zwischenregierung; meint natürl.: Unterbrechung.

101. An Ludwig Christian Lichtenberg 15. Juni 1795

1 Auguste Friedrike Henriette L., geb. am 13. 6.; vgl. Tagebuch: „M. l. Frau eine kleine Tochter abends um 3/4 auf 6." – Zu Margarete Elis. L. u. den andern Kindern → oben Nr. 99 Anm. 3.

2 Tagesbefehl.

3 wenn es Gott beliebt, so Gott will (Formel).

4 das wurde sie aber: → Bw 4 Nr. 2796.

5 Johanna Christiane Dieterich, geb. Friedheim; Tagebuch 7. 6. 1795: „Geburtstag des Kindes [Johanna D.] zu Gotha".

6 → oben Nr. 28 Anm. 6.

7 Werk (natürl. selbstironisch): die 2. Liefg. der „Ausführlichen Erklärung" (→ vorige Nr. Anm. 12) enthält den „Weg der Buhlerin"; → Bw 4 Nr. 2400 Anm. 5.

8 unbeschadet der brüderl. Rechte.

9 vgl. SB 3, 754.

10 Sitz der kaiserlichen Zensurkommission; ähnl. Befürchtungen in Bezug auf die „Ausführl. Erklärung" äußert L. in Bw 4 Nr. 2629.

11 SB 3, 782 in der Anm., nach „erzogen werden" – meint ‚Le Petit Trianon', e. Garten-Pavillon im Park von Versailles, Lieblingsschloß der Marie Antoinette von Frankreich, die dort angebl. ausschweifende Feste feierte; diesbezügl. Vorwürfe spielten auch im Prozeß gegen sie e. Rolle.

12 Katharina Henriette L.; eine Notiz zum Gedenken an den Sterbetag der Mutter 1764 f.indet sich jedes Jahr im Tagebuch, so auch am 11. [dies ist das korrekte Datum, nicht wie man manchmal liest, der 14., an dem sie beerdigt wurde] 6. 1795: „Sterbetag!!!"

13 anzuzetteln.

14 nichts ermittelt. – Einen weiteren Brief L.s an L. C. L. verzeichnet das Tagebuch am 22. 6. 1795.

102. An Johann Wolfgang von Goethe 12. Oktober 1795

1 vermutl. Bd. 1 (vielleicht auch 2) von „Wilhelm Meisters Lehrjahren" (= Bd. 3 f. von G.s „Neuen Schriften", beide 1795), da L. im folg. Brief u. in Bw 4 Nr. 2598 von der Fortsetzung des Romans spricht. Vgl. BL 1586, Bd. 1 des „Wilh. Meisters" verschickte G. zum Jahreswechsel 1794/95, Bd. 2 im Mai 1795. Übersendung an L. ist nicht belegt (vgl. W. Hagen, „Quellen und Zeugnisse zur Druckgeschichte von Goethes Werken" 1, 1966, 257 ff.). Vielleicht bedankt sich aber L. auch erst jetzt für den „Reineke Fuchs", den G. ihm schon im Juni 1794 gesandt hatte (→ Bw 4 Nr. 2392).

2 → Bw 4 Nr. 2400 Anm. 5.

3 den Ausdruck, den L. noch Bw 1 Nr. 217 u. Bw 4 Nr. 2796 gebraucht, hat er nach eigener Auskunft in Friedr. Karl v. Mosers anonym ersch. „Der Herr und der Diener geschildert mit Patriotischer Freyheit" 1761, 20 gelesen (dort auch wird ihn A. M. v. Thümmel, den das DWb als frühesten Beleg verbucht, gelesen haben): „Ich habe ihn nie ohne hohe und hinreissende Empfindungen gesehen, seine Thaten seynd mein Gedancken-Fest".

4 vermutl. L.s Schrift gegen Zylius, an der er im Herbst 1795 arbeitete (→ Bw 4 Nr. 2554).

5 Chrph. Wilh. Friedr. H.; einen Besuch H.s verzeichnet das Tagebuch am 13. 10.

103. An Johann Wolfgang von Goethe 15. Januar 1796

1 aus Bw 4 Nr. 2598 bei Anm. 18 könnte man freilich schließen, daß er nicht gleich auf den Geschmack kam. – Das 4. Buch des Wilh. Meisters (zu Garrick) notiert sich L. in L 704 (SB 1).

2 L., der hier unter Roman noch ganz traditionell u. durchaus abfällig Erfindung versteht, spielt wohl auf die philosoph.-pädagog. Dimension des Werkes an; dies ist selbstredend als Kompliment gemeint. Zu L.s Begriff von ‚Roman' → auch Bw 3 Nr. 1641 bei Anm. 6. Bw 4 Nr. 2507 bei Anm. 4.

3 vgl. J 1855 (SB 2).

4 L. entlieh C.s „Due trattati" in der Ausg. von 1731 am 13. 1. von der göttg. Bibliothek, vgl. hds. Ausleihregister der UB; den Weiterverleih notierte L. im Tagebuch 1796, vorderes Vorsatzblatt.

5 neben der Eintragung im Ausleihregister (→ Anm. 4) existierte in der Bibl. ein auf das betr. Buch bezogener Quittungszettel (der nach der Rückgabe vernichtet wurde); vgl. W. Hinrichs/U. Joost, „Lichtenbergs Bücherwelt" 1989, 24. Zur Ausleihpraxis der UB

→ auch Bw 4 Nr. 2363 bei Anm. 8. 2650 bei Anm. 12. 2693.
2694. 2764. 2769. 2850.

104. An Johann Beckmann 24. April 1796

1 das 2. Stück von Bd. 4 der „Beyträge zur Geschichte der Erfindungen" 1796 (→ unten Anm. 2) sowie vielleicht die 1796 in der 4.
Aufl. erschienene „Anleitung zur Technologie, oder zur Kenntnis
der Handwerke, Fabriken und Manufacturen" (BL 915 u. 916).
2 der Anm. 1 nachgew. „Beyträge"; Beckmann zitiert dort in der
Fußnote die Meinung Tommaso Campanellas, daß in den Werk-
stätten der Handwerker mehr an wirklicher u. wahrer Philosophie zu finden sei als in den Vorlesungen der Philosophen, wes-
wegen man lieber Handwerker zu Rate ziehen sollte.
3 zitiert in ders. Fußnote: Georg Friedr. Meier, „Auszug aus der Vernunftlehre" 1752, 109: „Die gemeinen Handwerkskünste sind
unter dem Horizont der gelehrten Erkenntniß, und man kan sie
daher unter die Kleinigkeiten rechnen."
4 Bw 4 Nr. 2798? – wahrscheinlicher als dies eineinhalb Jahre später entstandene Schreiben doch wohl die in Bw 4 Nr. 2617 als im
Druck weit fortgeschritten bezeugte und dann zurückgehaltene
Abhandlung „Vertheidigung des Hygrometers".
5 Tagebuch 25. 4.: „erste Nachtigall" (dieses Wort von L. dreifach
unterstrichen).

105. An Johann Christian Dieterich 27. April 1796

1 den 24. 4. – D.s Brief demnach wohl vom 21. 4.
2 am 17. 4. zur Frühjahrsmesse nach Leipzig.
3 meint wohl nur: in ferner Zukunft, jedoch kein rundes Jubiläum:
D. wäre dann 87, L. 67 (hielt sich für 65, was aber damals noch
keine Ruhestandsaltersgrenze markierte).
4 wohl L.s Frau Margarete.
5 Tagebuch 22. 4. 1796: „Abends um halb 9 noch nach dem Garten in [Joh. Friedr.] Stromeyers Kutsche sehr heiteres Wetter."
26. 4.: „Immer die Sonne aufgehen sehen und unter."
6 Joh. Heinr. B.; → Bw 1 Nr. 50 bei Anm. 11.
7 Friedr. Chrph. W.? → Bw 4 Nr. 2623 bei Anm. 4.
8 im Tagebuch steht tatsächlich am 22. 4.: „Schwalben [doppelt
unterstr.] eher gehört als gesehen." – L. führte s. Tagebuch in e.
mit Schreibpapier durchschossenen Exemplar des „Hannov.
Staats- u.- Adreßkalender" (Auszüge daraus in SB 2, e. vollst.
Edition von Wagenknecht und mir geplant für 2000).

9 Bettstelle, das hölzerne Bettgestell (mit Betthimmel); – Tagebuch 24. 4.: „Vorige Nacht Wanzen auf dem Garten entdeckt."

10 also 1767; Vergnügungsreise oder auf einer Fahrt nach Gotha, vermutl. in den Pfingstferien. Bezeugt sonst nur durch L.s allerdings kühnen, von Caroline Michaelis überlieferten Vergleich Clausthals mit Bath, vgl. C. Michaelis an Luise Gotter 3. 4. 1784 („Briefe" 1, 1912, 78 E. Schmidt).

11 Marienkäfer.

12 Tscherkessen, ein Kaukasusvolk (über „Tschercassische Mädchen", berühmt für ihre Schönheit, schreibt L. im GTC 1790, 114–123; VS 6, 1844, 436–440). – Tagebuch 24. 4.: „ich schlafe in der großen Stube, wegen Wanzen".

13 L.s Metaphorik verweist auf das Zeitgeschehen: Krieg mit Frankr., Unterschätzung der Franzosen durch die Koalition u. Friedensschluß zu Basel 1795 mit der Ziehung einer Demarkationslinie quer durch Deutschland (→ unten Nr. 110 Anm. 1).

14 bewirtet. – Tagebuch 19. 4.: „Herr Stallmeister [Joh. Henr. Ayrer] schickt sauern Kohl."

15 näml. von L.s Garten aus gesehen: in der Innenstadt.

16 eingeschrieben; → oben Nr. 45 Anm. 13. – Im Sommersem. 1796 hatte die Univ. Göttg. 713 Studenten, darunter 212 neu eingeschriebene.

17 in m. Hörsaal, meint hier aber metonym.: in m. Hauptvorlesung (er hat sie ja noch nicht begonnen).

18 Tagebuch 28. 4.: „Colleg angefangen gegen 7o!!!" (ungewöhnl. spät: Ostern fiel 1796 auf den 27. 3., da hätte L. regulär am 11. oder spätestens 18. 4. beginnen müssen.).

19 L. hatte gemäß den Listen in s. Tagebuch, die aber vielleicht nicht bis zu Ende geführt wurden, an zahlenden Hörern in s. Astronomie (immer im WS) zwischen 20 u. 40, in der Experimtal-Physik zwischen 60 (Sommer 1796; Sommer 1793: 62) u. 91 (Sommer 1792; Winter 1793: 89); L.s Bemerkung ist also in Klage wie Euphorie nicht recht begründet.

20 Gertrud Katharina K. war Tochter der Köchin Henriette Koch und „präsumptiv" (mutmaßlich) gezeugt von deren verwitwetem Dienstherren Abr. Gotth. K. – Tagebuch 20. 4.: „Madame Kirsten stirbt im Wochenbette!!" 23. 4.: „So eben wird Madam Kirsten begraben!!"

21 Charlotte Wilhelmine Dieterich, die auch im Wochenbett gestorben war (über sie „Lichtenberg-Jahrbuch 1989", 161 ff.).

22 meint den ,Nenngroßvater' Dieterich. – Mimi„, "Will„ u. "Wiese„ sind die Kosenamen von L.s Kindern Agnese Wilhelmine, Wilh. Chrn. u. Christine Luise L.

23 Landfrauen.

24 → oben Nr. 39 Anm. 3.

25 Tagebuch 24. 4.: „Mamsell [Dieterichs franz. Gouvernante?] mit der kleinen Jeannette [Heinr. D.s Tochter] nach Gotha". – „Sohn": Heinrich D.; s. Frau Johanna (Jeannette) Christiane u. Tochter Johanna (Jeannettchen).

26 Karl Friedr. H.s Brief nicht überliefert.

27 die DWbb von Grimm, Sanders u. Heyne belegen F. nicht; Analogiebildung zu dem damals von J. G. Zimmermann, J. G. Müller u. Goethe gern gebrauchten ‚Alltagsgesicht'. Zu den rund 20 Komposita mit ‚Gesicht' in L.s Sudelbüchern vgl. die Register von Leitzmann u. Promies; → auch Bw 1 Nr. 396 Abs. 1.

28 auch Barchend, ein auf e. Seite aufgerauhtes, grobfadiges Baumwollgewebe.

29 Platzkarten für s. Hörer im Kolleg; → dazu Bw 4 Nr. 2515 bei Anm. 2. u. „Photorin" 4, 1981, 62 f. – Nach der Liste (→ oben Anm. 18) richtig: 6 Adlige u. 1 Graf.

106. An Margarete Elisabeth Lichtenberg [11. Juni 1796]

1 Margarete Elis. Agnese Wilhelmine L.; Tagebuch 10. 6. 1796: „Mimi noch immer sehr kranck. Hustet ausserordentlich." 11. 6.: „Mimi hustet noch immer."

2 Tagebuch 11. 6.: „Diesen morgen sehr schön und angenehm. Ich zum erstenmal [auf dem] Garten und gekegelt."

3 Tagebuch 12. 6.: „M. l. Frau heraus wir fahren um die Stadt."

4 Fam. Dieterich, die das 1. Stockwerk, die ‚Beletage' bewohnte.

107. An Johann Wolfgang von Goethe 17. September 1796

1 Martin Heinr. I.; ein Besuch I.s bei G. nicht nachgewiesen.

2 die 3. Liefg. der „Ausführlichen Erklärung"; → Bw 4 Nr. 2516 Anm. 3. L. hatte G. auch die beiden ersten Lieferungen geschickt: → Bw 4 Nr. 2419 u. oben Nr. 102.

3 → auch oben Nr. 83 Anm. 5.

4 G.s Übersetzung der Autobiographie Cellinis (→ Bw 4 Nr. 2593 Anm. 4) erschien auszugsweise in Fortsetzungen in Schillers „Horen" zwischen April 1796 und Juni 1797. Lektürefrucht in L 103 (SB 1).

5 d. h. pünktl. u. regelmäßig jeden Monat erscheinen: durch den Krieg bedingt wurden das Juli- u. das August-Heft der „Horen" (letzteres dann auch noch ohne die angekündigte Fortsetzung des „Cellini") erst im Oktober 1796 ausgeliefert; auch bei allen

weiteren Stücken verzögerte sich die Auslieferung (vgl. P. Raabes Kommentar-Bd. zum Nachdruck der „Horen" 1959).

6 die vollständige Buchfassung mit e. Porträt C.s erschien 1803: „Leben des Benvenuto Cellini". – „Besonders" hier im älteren Sinne von ‚gesondert'.

108. An Carl Friedrich Hindenburg 24. September 1796

1 Tagebuch 22. 9. 1796: „Abends im Bette Billet von Engländern aus der Crone" (in Göttingen). 23. 9.: „[Charles Aug. Bennet] Lord Ossulston und Mr. Davy bey mir."

109. An Christiane Marie Agnes Wendt 23. Dezember 1796

1 Anrede.

2 die (revolutionären) Franzosen, bes. wohl ihre Truppen; → auch Bw 4 Nr. 2711 (vom selben Datum) bei Anm. 8.

3 GTC und göttg. „Musenalmanach"; vgl. Tagebuch 24. 12.: „heute giengen die Paquete nach Erlan[gen] und Darmstadt ab. Die ersten 2 Calender von 96 und 2 von 97 [...]."

4 Tagebuch 23. 12.: „Brief an [...] Geh. Rath Wendt [dieser nicht überliefert] und seine Tochter".

5 Margarete Elis. Agnese Wilhelmine L.; → Bw 4 Nr. 2237.

6 → oben Nr. 60 Anm. 2.

7 wohl die 1792 geb. Luise Marie A.; ihre Mutter: Sarah A.

8 Luise K., die zweite Patin der Agnese Wilhelmine L.

110. An Christian Heinrich Zimmermann [1796]

1 im 1. Koalitionskrieg gegen Frankreich (1792–1797); → oben Nr. 100 bei Anm. 2; 105 Anm. 11; unten Nr. 117 bei Anm. 6; ferner Bw 4 Nr. 2711 bei Anm. 6.

2 vgl. 2. Mo 12 ff.: Auszug des Volkes Israel aus Ägypten.

3 → Bw 4 Nr. 2322 Anm. 2; die gen. Örtlichkeiten alle in u. um Darmstadt.

111. An Christoph Wilhelm Hufeland 9. Januar 1797

1 H.s „Die Kunst, das menschliche Leben zu verlängern" 1797, mit e. gedruckten Widmung für L., „seinem verehrtesten Lehrer und Freunde zum öffentlichen Zeichen der Dankbarkeit"; vgl. BL 850. Tagebuch 2. 1.: „Heut Hufelands Dedication [erhalten]".

2 veraltet für: Munition; meint: Medikamente.

3 nob: u. a. Kopf, Verstand; knob: Knopf, Knorren. – Die Episode vom gutmütigen „Nobs", der mit s. höchst regelmäßigen Lebenswandel das Alter von 96 Jahren erreichte, in „Kunst" (wie Anm. 1) Kap. 5, 121–125 (wiedergedr. „Photorin" 4, 1981, 38 f.).

4 Luigi C., der tägl. aus Gesundheitsgründen nur 24 Lot Speise und 26 Lot Getränke zu sich genommen haben soll („Kunst", Kap. 1, 18 ff.). Vgl. auch L.s „Hupazoli und Cornaro" im GTC 1793, 137–143 (SB 3, 1972, 485–487).

5 „Kunst", 21: „Auch würde ich recht sehr bitten, ehe man diese Diät im strengsten Sinn anfinge, erst seinen Arzt zu consuliren. Denn nicht jedem ist es heilsam, die Abstinenz so weit zu treiben."

6 Gottfr. Hier. Amelung, Vater von Juliane Wilhelmine Friederike H.

112. An Christiane Marie Agnes Wendt 16. Dezember 1797

1 nicht überliefert; → auch oben Nr. 109 u. Bw 4 Nr. 2491.

2 die 4jährige Margarete Elis. Agn. Wilhelm. L.; → Bw 4 Nr. 2237.

3 Lehrbuchs: die Bibel.

4 GTC u. göttg. „Musenalmanach" für 1798.

5 ein Volkskalender: → oben Nr. 68 Anm. 1.

6 „Das war mir einmahl eine Wurst. (Ein Beytrag zu einer Theorie der Prozessionen)" im GTC 1798, 121–131 (VS 6, 1844, 147–154); → Bw 4 Nr. 2804 bei Anm. 4.

7 „Verzeichniß einer Smlg. v. Geräthschaften": → Bw 4 Nr. 2793 Anm. 1.

113. An Margarete Elisabeth Lichtenberg 21. April 1798

1 Vorlesungsbeginn war regulär je 14 Tage nach Ostern (im Sommer) bzw. Michaelis (= 29. 9., im Winter), was bei extremen Osterzeiten ausgleichend um eine Woche vor- oder rückverlegt werden konnte, da die Vorlesungen unmittelbar vor den beiden Festen zu Ende zu gehen pflegten (Pütter 1, 277); → Bw 4 Nr. 2837 bei Anm. 1; zum Hintergrund noch Bw 4 Nr. 2821 Anm. 7.

2 auf den Garten.

114. An Johann Friedrich Benzenberg 18. Juli 1798

1 die republikan. Franzosen. – Zu L.s Einschätzung der Frz. Revolution → auch die zu Bw 4 Nr. 2328 Anm. 4 nachgewiesenen Stellen.

2 Anm. Benzenbergs: „Des Verfassers Windhund". Pyram, der auch
   einigemal im Tagebuch erwähnt wird und dem Joh. Friedr. Osi-
   ander in s. „Volksarzneimittel" (⁶1865, 285 Anm. 2) ein Denkmal
   setzte, wohl nicht unmittelbar benannt nach dem Geliebten der
   Thisbe, Pyramos, sondern nach einem der Windspiele Friedr. II.
   v. Preußen.

3 nach Jean Jacques R., einem der frz. Kommissare, die nach der
   Besetzung der Schweiz u. Ausrufung der Helvet. Republik im
   Frühjahr 1798 die Ausplünderung der Schweiz betrieben. – Über
   Hundebenennung vgl. K 258 (SB 2, 443), welche Bemerkung da-
   her vielleicht später zu datieren ist.

4 e. der Losungen der Frz. Revol.: Gleichheit.

5 B. sollte demnach vielleicht nach Hause ins teilw. frz. besetzte
   Rheinland (im Koalitionskrieg, → oben Nr. 110 Anm. 1) zurückkehren; er verließ Göttg. endgültig allerdings erst im Frühjahr
   1799; vgl. J. Heyderhoff, „J. F. Benzenberg" 1909, 3 ff.; ders.,
   „Der junge Benzenberg" 1927, 11 ff.

6 Canzlers Lesezirkel? → Bw 4 Nr. 2846. 2873.

7 „Journal der prakt. Arzneykunde und Wundarzneykunst" 1795 ff.

8 wohl Zachs „Allgem. geograph. Ephemeriden", die monatl. seit
   1798 erschienen.

9 → den folg. Brief bei Anm. 3.

115. An Johann Friedrich Benzenberg [22.? Juli 1798]

1 der alte, alle Jahrhunderte wieder aktuelle Streit (der nur darauf beruht, daß die meisten Menschen nicht bis 10 zählen können bzw. ein Jahr Null annehmen); hier: ob das 18. Jhdt. mit
   1799 oder 1800 zuende ginge. L. verarbeitete ihn in s. „Rede
   der Ziffer 8 am jüngsten Tage des 1798ten Jahres im großen
   Rath der Ziffern gehalten" im GTC 1799 (wieder gedr. SB 3,
   1972, 458 ff.).

2 Joh. Chrn. Roch, „Allgem. litterarischer Anzeiger oder Annalen
   der gesammten Litteratur" 3, 1798.

3 Jean Paul (Richter), „Das Kampaner Thal oder über die Un-
   sterblichkeit der Seele" 1797; L. hatte es zus. mit C. W. Hufelands Journalen von B. erbeten: → den vorigen Brief bei Anm.
   7 u. 9.

4 Jean Paul, „Hesperus oder 45 Hundsposttage" 1795,²1798; Bd. 1
mit einem Titelkupfer. L. notierte das Buch schon 1796 in den
Noctes p. 19.

5 zu L.s Verhältnis zu Jean Paul vgl. L 87. 514. 581. 592. 615 (SB 1);
ferner neuerdings „Lichtenberg-Jahrbuch 1988", 130–152. 153–
158; dass. 1990, 7 ff.

6 in der Astrologie Bezeichnung für die Konjunktion von Jupiter u.
Saturn; der Ausdruck begegnet auch Bw 1 Nr. 427 bei Anm. 3.

7 unmittelbar vor Schluß der (letzten) 507. Stazion (J. P., „Sämtl.
Werke" 1, 7, 1931, 63 f. E. Berend); über die Wirkung dieser zunächst verderbten Textstelle vgl. „Photorin" 2, 1980, 51–52.

8 das schulmäßige Chrienschema zur Abfassung von Reden u. Abhandlungen (das hier nicht volkständig ist) sieht bei der Verwen-
dung eines Diktums oder Textes das Lob des Autors (hier also
Jean Paul) vor – das L. ja im darauffolg. Abs. wieder stark zurück-
genommen hat, wenn auch nicht ‚züchtigend'; was meint L. damit, sie sei nicht einmal recht deutsch?

116. An Immanuel Kant 9. Dezember 1798

1 vgl. J 249. 715. L 356 (SB 1); ferner in der Hogarth-Erklärung
„Fleiß u. Faulheit" (SB 3, 1005).

2 meint: alle übrigen Götter außer dem Kantischen Gott, der eine
Forderung der praktisch-sittlichen Vernunft ist, während wohl
die anderen Götter ihren Ursprung in abergläubischer Vereh-
rung haben. L. besaß sowohl Kants „Critik der practischen Ver-
nunft" 1788 (BL 1327) wie dessen „Die Religion innerhalb der
Grenzen der bloßen Vernunft" 1793 (BL 1331) in denen Kant s.
Vorstellungen von Religion entwickelt hatte. → auch d. folg.
Brief bei Anm. 6; vgl. L 275 f. (SB 1). 952 f. (SB 2).

3 vgl. dessen Brief an Kant 1. 1. 1799 („Briefwechsel" 3, ²1922,
273 f. Nr. 832 [793] Akademie).

4 ‚hier sei eine eherne Mauer' (Horaz „Epist." 1, 1, 60).

5 → Bw 4 Nr. 2329 Anm. 2.

6 Joh. Chrn. Dieterich.

7 damals übliche bürgerl. Kleidung, die man sogar außer Haus tragen, in der man Besucher empfangen, Vorlesungen halten
(Gauß' Karikatur dessen Lehrer Kästner), oder auch sich porträ-
tieren lassen konnte (Goethe!): Spechts Porträt zeigt auch L. im
Sch. (→ dazu Achenbach/Joost, „Lichtenbergs äußere Erscheinung" 1991, 51 unten); solche Gepflogenheit kam erst um 1800
außer Mode.

117. An Ludwig Christian Lichtenberg 18. Februar 1799

1 vgl. 1. Mo 6, 5 ff.; 2. Pe 2, 5; diese kathol. Enklave und ihre erbärml. Wegverhältnisse (→ oben Nr. 78 Anm. 10) auch sonst Gegenstand iron. Bemerkungen L.s. – Der Brief L. C. L.s erwähnt im Tagebuch 14. 2.

2 Umgegend.

3 Elsternester.

4 Staatswesen jenseits (westl.) der Leine: Die urspr. röm. Bezeichnung für Provinzen (cis- u. transalpin., daher bei L. schon E 80: SB 1 u. gestr. in E 267: SB 1K, 358) wurde 1797 bei der revolut. Neuordnung Italiens wieder aufgenommen u. jetzt von L. auch zum Witz auf die Herkunft der christl. Religion (‚cis- u. transjudaisch') verarbeitet (L 393).

5 v. a. cobitis barbatula, gelegentl. auch Gründling gen., karpfenartiger Süßwasserfisch; im 18. Jhdt. sehr geschätzte Speise.

6 die rheinhess. u. mittelhess. Provinzen der Landgrafschaft Hessen-Darmstadt waren durch den Koalitionskrieg (→ oben Nr. 110 Anm. 1) besonders betroffen.

7 Argumentation, Vernünftelei.

8 hier: vertraut.

9 Kästner. Zu dessen Vorbehalten gegen Kant → auch Bw 4 Nr. 2452. 2918.

10 über Aristarch vgl. die 2. Beilage zu L.s Copernicus (→ Bw 4 Nr. 2493 Anm. 3; SB 3, 183).

11 meint die Vorrede zur 2. Aufl. 1787 u. allen weiteren Auflagen.

12 vgl. K 77 (SB 2, 412). L 277 (SB 1). 740. 811 (SB 2); → auch Bw 4 Nr. 2944.

13 feststehende Redewendung zur Entschuldigung e. abweichenden Meinung: ‚nimm es mir nicht übel! verzeihe mir meine Worte!' (Cicero, „Tusculanae disputationes" 5, 5, 12): gegen Joh. Gottl. Fichte war der Bruder also auch voreingenommen.

14 → den vorigen Brief bei Anm. 2.

15 Henriette Elis. R.; Margaretes Besuch dort vermerkt L. im Tagebuch unterm 18. 2.

16 Joh. Chrn. Dieterich.

17 Friedr. Aug. Lichtenberg, der sich als Gesandter in Berlin aufhielt (bis 1803); → Bw 4 Nr. 2930 bei Anm. 3.

18 Auf dem Original notierte der Empfänger lt. L/S: „Meines guten Bruders letzter Brief". Das veranlaßte einen Interpreten, die für L.s Briefschreiben recht geläufige Grußformel „Adieu Adieu" (→ auch Nr. 121 Anm. 3!) als die ‚eines schon Enteilenden' zu deuten.

118. An Margarete Elisabeth Lichtenberg [ohne Datum]

1 wohl L.s Sohn Georg Chrph. oder Wilh. Chrn. L.
2 Familie Dieterich.

119. An Margarete Elisabeth Lichtenberg [ohne Datum]

1 bis ins 19. Jhdt. (nicht nur in den mit diesem Korrelativsatz parodierten regierungsamtl. Schreiben) noch vorherrschend neben
‚wonach' (vgl. Dwb 14, 2, 1960, 1420f.).

120. An Margarete Elisabeth Lichtenberg [ohne Datum]

1 ‚Sommer-‘ u. ‚Winterpalast' meint Nord- u. Südzimmer des Gar-
tenhauses (die Wohnstube ging offenbar nach Norden, wie oben
aus Nr. 105 Abs. 4 S. 267 hervorgeht).

121. An Margarete Elisabeth Lichtenberg [ohne Datum]

1 die von L. auch sonst ‚Barmeter' geschriebene Gärtnersfrau Permeter.
2 Margarete Elis. Agnese Wilhelmine L.
3 Etage; ähnl. scherzhafte phonet. Schreibungen frz. Wörter an s.
Frau z. B. in Bw 4 Nr. 2288 („ajöh o wei“: Adieu, Au revoir) u. im
folg. Brief.
4 Joh. Chrn. Dieterich.

122. An Margarete Elisabeth Lichtenberg [ohne Datum]

1 mit einem farbigen Spiegel experimentierte L. zur Zeit seiner
Korrespondenz mit Goethe über farbige Schatten 1793 (→ oben
Nr. 96 bei Anm. 13).
2 Zahnleiden in den 90er Jahren regelmäßig im Tagebuch bezeugt.

Nachwort

1.

In den letzten Jahren ist so viel über Lichtenbergs Leben und Werk geforscht, geschrieben, ja gedichtet worden, daß man am Vorabend seines 200. Todestages von ihm nicht gut als von einem Unbekannten reden kann. Weniger die zusammenfassende Edition seiner ohnehin nur trümmerhaft (nämlich mutmaßlich nur zu 25 Prozent) überlieferten Korrespondenz mit über dreitausend Nummern auf knapp fünftausend Seiten, eher schon jene dreißigtausend verkauften Exemplare einer vielbändigen (und dennoch höchst unvollständigen) Werkausgabe demonstrieren seinen Aufstieg zum Parnaß der ‚Klassiker‘, worauf immer man ein Bleiberecht dort gründen möchte – von einer dauerhaften Existenz Lichtenbergs im Munde von Politikern, im Feuilleton und auf dem Abreißkalender inclusive Mystifikationen gar nicht zu reden. Der Buchhandel hält über ihn außerdem drei Romane (zwei davon schon als Taschenbuch) vorrätig, außerdem mehr als ein Dutzend Monographien für unterschiedlich einläßliche Annäherung, nämlich von der Eisenbahnlektüre bis zur gewichtigen und ernstschweren Abhandlung, welche (mit Tucholskys Wort) nach dem Seminar für Deutsche Philologie schmeckt. Ein solcher Grad an Bekanntheit erlaubt mir einerseits, den eventuell an einer äußeren oder intellektuellen Biographie interessierten Leser hier mit dem auf die Daten und Fakten reduzierten tabellarischen Lebenslauf (S. 399) abzuspeisen; er zwingt andererseits zu einer Erklärung über den Status der hier ausgewählten Briefe und wohl auch zu einer Begründung, warum sie in eine Bibliothek des 18. Jahrhunderts überführt sind, in der ganz andere Werke, nämlich die europäisch beachtete Prominenz der Literatur, Philosophie, Kultur und Gesellschaft sonst versammelt ist. Ein solches Vorhaben ist leicht: man beginne nur mit der Lektüre – und schwer zugleich:

weil es dazu gilt, einen traditionellen Werkbegriff vorläufig außer Kraft zu setzen und das scheinbar Nebensächliche für wichtig zu nehmen.

Die Zeitgenossen hatten diese Schwierigkeit übrigens nicht, überschlugen sich im Lob. Johann Gottwerth Müller (gen. von Itzehoe), öffentlich 1799: „Und alles las [. . .] sich so leicht, so angenehm weg, wie ein Brief von Lichtenberg". Georg Forster, privat 1779: „Ich kriege posttagtäglich einen Brief von Lichtenberg. Es ist wirklich was köstliches, einen solchen Korrespondenten in der Nähe zu haben".

2.

Und Lichtenberg selber? Der kannte genau seine Fähigkeit und den Status seiner Briefe. Oft genug wird man ihm gesagt haben, daß seine Reisebriefe in Göttingen weitergereicht wurden – und er verbot das, kokettierte aber und spielte selbst in der Reflexion das heitere Spiel geselliger und unprätensiöser Kommunikation weiter, etwa: Wenn er an Frauen schreibe, sei ihm, als wären alle Knöpfe von den Hosen abgeschnitten, ,gesteht' er dem Ehemann der Korrespondentin (notiert aber – viele Jahre später – im Sudelbuch: „Es erleichtert die Korrespondenz, wenn man weiß, daß der Korrespondent eine schöne Frau hat"). Indessen: Er nahm sein Briefschreiben *sehr* ernst.

In seinem Nachlaß fand sich ein Entwurf, lange unbeachtet, da er sich keinem seiner satirischen Projekte zuschlagen ließ. Es handelt sich bei diesem Text um eine fortgesetzte Metapher (,compound metaphor') oder klassisch-rhetorisch gesprochen: eine Allegorie, die das schriftstellerische Werk auf der Bildebene mit einem Brief gleichsetzt: „Dieses wird ein Brief werden, den ich selbst überbringe. Diese Art seine Briefe selbst zu bestellen hat einige Unbequemlichkeiten, aber auch gewiß grose Vorteile. Man kan ihn auf jeder Station aufmachen, ausstreichen, zu setzen auch wohl ganz unterdrücken, welches die Post Bedienten sonst nicht erlauben.

Und ein Haupt vortheil und unstreitig der gröste ist der, daß man ihn zu rechter Zeit übergeben, und in der Tasche stekken lassen kan, wenn die Aspeckten nicht günstig sind. Hätten die Posten noch den Vortheil, so würde sie eine der vollkommensten Erfindungen seyn, auf die der menschliche Geist je verfallen ist. Ich habe deswegen immer die Schriftsteller beneidet die sehr alt werden, wie ZE. HE v. Haller und Voltaire, weil sie gleichsam ihre Wercke bey der Nachwelt selbst bestellen, und die Mine beobachten können die sie bey der Ueberreichung macht, und also folglich den gantzen Brief zurück nehmen können, und in so fern sind unsere schönen Geister, die so entsezlich durcheinander schreiben zu entschuldigen." Daß man einen Brief dem Empfänger selbst übergibt, wohl gar dabei bleibt, wenn er ihn liest, scheint so ungewöhnlich nicht, auch wenn Minna von Barnhelm ihrem Tellheim ausrichten läßt, „daß das Briefschreiben für die nicht erfunden ist, die sich mündlich mit einander unterhalten können, sobald sie wollen": Nicht alles läßt sich eben aussprechen, ob nun der Mut zum Dialog fehlt oder ob der Sprecher gerade das Ausredenkönnen erzwingen will. Und manches muß niedergeschrieben werden, um das gehörige Gewicht zu bekommen oder um zu dauern; ‚Geschriebenes – Gebliebenes' reimen die Juristen. Wenige Briefkünstler in jener großen Zeit der bürgerlichen Briefkultur waren sich dieser Möglichkeiten und Grenzen der Gattung so bewußt wie Lichtenberg. Freilich ist uns etwas fremd geworden, daß die Post damals nicht per Nachtflug transportiert wurde, sondern (wenn man nicht die ungleich kostspieligere Reitende Post bemühte) mit dem Transportmittel für Reisende, mit den Fahrenden „Posten". Aber schon damals ‚erlaubten' offenbar die „Post Bedienten" nicht mehr, an dem Brief weiter zu arbeiten – genau so, wie man auch Bücher nur von Auflage zu Auflage korrigieren kann und konnte, zwischendurch höchstens durch Preßkorrektur oder Karton.

Die hier fingierten Kommunikationssituation ist irreal, die Selbstvergleichung mit den alten und zutiefst bewunderten Schriftstellern Haller und Voltaire ironisch gebrochen. Den-

noch bildet dieser wohl gegen Ende der siebziger Jahre entstandene Text Lichtenbergs schriftstellerisches Credo (aus-
führlich dargestellt hab ich den viel mehr als bloß ‚hübschen
Einfall', wie sein Entdecker ihn nannte, im Schlußkapitel von
„Lichtenberg – der Briefschreiber"). Die Vergleichung erlaubt noch eine entgegengesetzte Verknüpfung, und daher
erscheint mir dieser Text allemal als zureichende Begründung für die Identifikation von Lichtenbergs Briefen mit seinem Werk, zumindest für ihre Subsumption unter ein Werk,
welches der Wittgenstein-Schüler und Germanist Joseph Peter Stern einst im Titel seiner immer noch beachtenswerten
Monographie ‚eine Doktrin verstreuter Gelegenheiten' genannt hat (insofern nicht ganz genau treffend, als der Gesamtheit der Lichtenbergschen Sudelbücher alles Doktrinäre
fern liegt). Unter dem Schutz jener Briefübergabe-Allegorie
lassen sich diese Briefe – und zwar jeder für sich sowie alle in
ihrer Gesamtheit – als integraler Bestandteil von Lichtenbergs Werk ansehen. Es bleibt sich sogar gleich, ob sie als
chronologische Folge oder als aufeinanderbezogene und
–beziehbare Texte zu lesen wären, als empfängerspezifische
Endfassung oder als Zwischenstufe der Erprobung von Gedanken (wie Heinrich v. Kleists ‚Ideenmagazin': an Wilhelmine v. Zenge 18. 11. 1800), irgendwo angesiedelt zwischen Su-
delbuchnotiz und gedrucktem Buch. Zwar liegt eine solche
Auffassung vom Brief am Rande, ja fast außerhalb eines stren-
gen Werkbegriffs jener Zeit, der bis in die unsere fortwirkt.
Daß es sich aber genau so verhält, läßt sich sowohl in der Verfertigung von Lichtenbergs Briefen (bis hin zu der eigenen
Anschauung des Briefschreibers!) trefflich begründen, als
auch in der Aufnahme bei seinen Lesern – und ist zudem stili-
stisch bestens gedeckt.

„epistola non erubescit" zitiert Lichtenberg einmal den großen Briefschreiber Cicero – ‚ein Brief errötet nicht'. Folge-
richtig umfassen seine eigenen Texte auch alles Erdenkliche,
vom empfindsamen „Herzensarchiv" der Reisebriefe, stilisiert
in Yoricks Manier, bis hin zur gelehrten physikalischen oder
philosophischen Abhandlung, vom heiteren Briefgedicht zur

bissigen Physiognomik-Satire aus der akademischen Geselligkeit. Selbst in der strikt alltäglichen Korrespondenz, den Billets zu benachbarten Professoren um Rat bei einem gelehrten Problema oder an die Ehefrau vom Gartenhaus in die Stadt bis zum amtlichen und geschäftlichen Schreiben des berufsmäßigen Redaktors und Gutachters ist der Anspruch spürbar, literarisch zu sein. Es versteht sich angesichts einer solche Breite, daß Lichtenbergs Korrespondenz alles andere als ein einheitliches Bild bietet. Wollte man die stilistische Physiognomie dieser geistigen Weite mit einem Wort beschreiben, die eingekleidet ist in witzige Selbst- und Metareflexionen, aufschließende Metaphorik, Wortspiel, Antithese, Anspielungsreichtum und Zitatkollage, müßte man wieder zu Uneigentlichkeit und Oxymoron seine Zuflucht nehmen; ehestens etwa ,nachdenkliche Munterkeit'. Dies auf einen Titel zu bringen, fiel nicht eben leicht. Verlag und Herausgeber haben daher ihre Zuflucht genommen zu so einem nachdenklich-munteren Scherz Lichtenbergs (wenn auch für den Buchhandelskatalog in rücksichtsloser Ungenauigkeit zusammengestrichen) aus dem Sudelbuch B (Nr. 348 in der Zählung von Promies, SB 1): „Nun Liebster Ihre Hand. – – Ihren Mund – so, nächstens mehr. Leben Sie wohl." Der Satz, einer der vielen Keimzellen ungeschriebener Fiktionen in den Sudelbüchern, entspringt erkennbar einer der brieflichen nur verwandten Kommunikationssituation, wäre aber sehr wohl als Briefschluß denkbar. Seine Pointe hat mit Lichtenbergs Briefen zudem gemeinsam, daß man das Ungesagte mitdenken, das Gesagte beim Wort nehmen muß. Vordergründig erinnert sich der Leser, was mit dem „mehr" gemeint ist, bevor er bemerkt, wie es sich (nur scheinbar logisch) aus der alltäglichen Konvention einer Abschiedszeremonie ergibt. 28 Jahre nach diesem Scherz im Sudelbuch, November 1798, macht Lichtenberg im Brief an seinen Schüler Benzenberg an die Devotionsformel „Ganz der Ihrige" die Fußnote: „Ich sollte sagen, *halb,* da ich mich an dHerrn Brandes ebenso unterschrieben habe." Man täte Lichtenberg bitter Unrecht, würde man ihn auf den „Mann am Fenster" oder den ,hypochondrischen', gar ‚wehleidigen' Chronisten der eigenen allerdings schweren Krankheit reduzieren. Überlebt hat er als der Denker, der ähnlich respektvoll wie Karl Kraus (aber viel heitergelassener als dieser) die Sprache als autonomes Wesen auffaßte, ihr eigene Dynamik zubilligte – und vielleicht erstmals akzeptierte, daß sie sich anders und asynchron entwickelt als der Mensch, der sie gebraucht.

3.

Bis hierhin ist freilich nur gesagt, wie ein solcher Briefwechsel sich in den Kontext eines spezifischen Werkes eines bestimmten Autors stellt oder stellen könnte, nicht jedoch, wie er in eine Buchreihe paßt, die die europäische Aufklärung repräsentiert; da hätte man doch bei Lichtenberg eher eine kundige Auswahl aus dessen „Sudelbüchern", dem unauslesbarsten Werk des 18. Jahrhunderts, erwartet. Das bedarf allerdings der Erklärung.

Zum Begriff der Aufklärung gehören untrennbar auch ihre Gegensätze und Objekte, also das, was sie beseitigen oder verbessern will – neben anderem auch die Banalität des Alltags. Gedruckte Quellensammlungen halten sich meist an das Herausragende, Ungewöhnliche, und auch die landläufige Kultur- und Alltagsgeschichte fängt nicht so sehr das alltägliche Lebensgefühl – und kaum je das Affektive ein. Wie steht es etwa mit dem Aberglauben, jener anderen Seite der Aufklärung, hier dem eines Physikers zumal, der durch beide Eltern protestantischen Pfarrhäusern entsprungen ist? Oder wie verhält es sich mit den Regungen des Innern bei den biologisch vorgegebenen und daher doch extrem alltäglichen Ereignissen: Wie lebt ein von Kindheit an durch einen Buckel mißgebildeter und kränkelnder Mensch sein äußeres, kleinbürgerliches Dasein, antwortet er auf die Anfechtungen des Körpers wider den Geist? Da stirbt einem, der wohl gelernt hat, anderen den christlichen Trost zu spenden, die einzig geliebte Person – wie reagiert er, dem die stoizistisch-christliche Alltagsnorm es versagt, sein Gewand zu zerreißen und laut zu klagen, auf diese banalste Begegnung mit dem Erhabenen? Wie lebt einer, der in den geheimen Aufzeichnungen der Sudelbücher nahezu alle Denkschranken außer Kraft setzt und die kühnsten Flüge in unendliche Höhen und Tiefen wagt, in der trivialen Kleinstadt Göttingen mit ihrer akademischen Landbevölkerung, die mit Fleiß und Disziplin in kleinen Schritten den Fortschritt vorantreibt, gleichzeitig aber versucht, dem ‚Königsberger Adler‘ Kant die Flügel zu stutzen? Die herkömmliche Alltagsgeschichte gibt wenig Aufschluß über derlei Fragen landläufiger Mentalität und über die vielfältigen Brechungen der Affekte, die uns nur immer verzerrt – vergrößert, verkleinert oder gespiegelt – in den Selbstzeugnissen und Korrespondenzen, aber auch in der Literatur, besonders in Drama und Roman, indirekte Einblicke ins Innere vermittelt. Ich stehe nicht an zu behaupten, daß wenige Quellen sich so gut auch und besonders für diesen Zweck eignen, in die Lebenswelten des 18. Jahrhunderts einzudringen, wie die Briefe Lichtenbergs, wenn man sie mit solchen und ähnlichen Leitfragen liest. Auf ihre leichtfüssigere Weise stellen sie sich dann nahezu ebenbürtig den schwergewichtigeren Sudelbüchern zur Seite. Vielleicht vermittelt sogar die vorliegende Auswahl eine Ahnung von derlei Einsichten. Zumindest aber mag sie die Briefe herausstellen als das Kommunikationsmittel, welches Distanz und Nähe, Beharrlichkeit und Zurücknahme, Intimität und Kommunikation so in sich vereint, daß es die Mitte hält zwischen dem Solipsismus der geheimgehaltenen Aufzeichnung und der Unkontrollierbarkeit des gedruckten, abgelösten Textes, oder nach Maßgabe von Lichtenbergs eigener Meinung:

„Was mich allein angeht denke ich nur, was meine guten Freunde angeht sage ich ihnen, was nur ein kleines Publikum bekümmern kan schreibe ich, und was die Welt wissen soll wird gedruckt [...] Wäre es möglich auf irgend eine andere Art mit ihr zu sprechen, daß das Zurücknehmen noch mehr statt fände, so wäre es gewiß dem Druck vorzuziehen“ (B 272: SB 1).

Unter den nicht ganz achtzehnhundert Briefen Lichtenbergs, die uns ganz oder teilweise im Wortlaut überliefert sind, finden sich natürlich hunderte von belanglosen. Es ist dennoch einigermaßen hybride, aus dem Überlieferten eine Auswahl von knapp sechs Prozent zu treffen, wie sie Marktlage und Verlagskalkül nach ökonomischer Einschätzung von modernem Leserverhalten erzwingen. Ein wenig hält sich diese hier an die sozusagen klassisch gewordenen, durch zahlreiche Anthologien der Briefliteratur im allgemeinen Bewußtsein gehaltenen achtzig Texte und fügt ihnen noch vierzig andere hinzu. Ob es überhaupt mit einer solchen schmalen Sammlung gelingen kann, Lichtenbergs Leben, Leiden und Wirken auch nur entfernt repräsentativ darzustellen, scheint zweifelhaft. Indessen zeigt sie wenigstens exemplarisch den Schriftsteller, dessen Briefe zentraler Bestandteil seines Werkes sind. Das gilt mit unterschiedlichem Akzent sowohl für die munteren Reisebriefe im Stil eines Laurence Sterne mit dem übermütigen und überschäumenden Witz wie für die späteren wissenschaftlichen ‚Abhandlungen‘, die Lichtenberg an Freunde, Kollegen, ja Gegner in Briefform sendet. Das gilt selbstredend auch für die (mit Walter Benjamins Wort) „in Tränen gebeizten, in Entsagung geschrumpften Züge“ des um den Verlust der Geliebten Trauernden – wie für die nun ganz verhaltene Heiterkeit und seltsam zärtlich anmutende Distanz des Ehemannes, der ohne jeden verliebten Überschwang nach dem Befinden seiner Ehefrau sich erkundigt. Diese Briefe durften nicht fehlen, und sei es, weil sie eine andere larmoyantere oder outrierte Generation, ein empfindungsvolleres Zeitalter zum Widerspruch reizt, reizen muß. Diese Briefe sind zugleich auch die Antwort auf Gellert, Klopstock und die Hainbündler, auf Empfindsamkeit und Sturm & Drang. Und mehr noch: Diese Sammlung sollte dann auch in der Banalität des Alltäglichen die merkwürdigen Schattenseiten einer in ihrer Lichtsuche allzu selbstbewußten Aufklärung demonstrieren: Lichtenbergs Vorurteile sind exemplarisch für die Bewegung, die er verkörpert. So etwa seine irrationale, vielleicht aus einer hundertjährigen Familientradition gewachsene Abneigung gegen alles Französische, gepaart mit der späten Angst vor den Revolutionstruppen, die ins landgräfliche Südhessen und in die kurhannoversche Grafschaft Bentheim einmarschierten. Das ergibt eine ungute Mischung mit seinem übrigens ganz dem Zeitgeist entsprechenden, am Ende des Jahrhunderts aufkeimenden Nationalismus. Diese Vorurteile und noch weniger die andern gegen Juden etwa, gegen Neger, gegen Frauen nicht zu vergessen, passen nicht in das allzu verklärte Bild einer alles tolerierenden, alles harmonisierenden Aufklärung. (Lichtenbergs Kunststück ist es dabei immer, das Kollektiv mit dem Vorurteil zu belegen, den einzelnen Vertreter – ,stärkstindivualisierend', fordert er in der Sprache – als Ausnahme herauszunehmen: so bei Omiah (Omai), dem Südseeinsulaner, so bei Moses Mendelssohn, dem Juden). Man vergesse aber doch nicht, daß jeder Aufklärer, schon weil er sich selber dazu ernennt, auch seine Ziele selbst formuliert; daß er also, im sicheren Gefühl, die ,gute' und nicht die ,schlechte' Aufklärung zu vertreten, klare Absichten hatte über die jeweiligen pädagogischen oder politischen Ziele seines Aufklärens (das ist ein Bewegungsbegriff!). Die Objekte seiner fürsorglich-erzieherischen Begierde waren, so die innere Logik dieser selbstgefälligen Illumination, alle eo ipso unaufgeklärt und unerleuchtet. Die Dialektik der Aufklärung wird im Alltäglichen und Banalen doch viel deutlicher (und schmerzhafter deutlich) als in der großen Welt und ihren Ereignissen. Der Empirist Lichtenberg konnte abergläubisch werden, der die Empfindsamkeit Verachtende zu Tränen gerührt, der Spötter der Theologie kindlich gläubig, der staatsrechtlich-republikanisch gebildete Englandverehrer im Augenblick der Königshinrichtung zum Monarchisten.

4.

Die hier ausgewählten zwei Schock Briefe hab ich wieder und wieder gelesen. Aber auch nach vierundzwanzigjähriger Bekanntschaft und Beschäftigung mit diesem Briefschreiber ist mir noch manche Frage unbeantwortet geblieben; und wie sollte es auch, fehlen doch fast alle Gegenbriefe aus dem freundschaftlichen und privaten Umkreis Lichtenbergs – und haben zumal Briefe ihr eigenes Recht, auf das Lichtenberg den Freund Georg Forster in einer Fußnote zum Brief hinwies (unsere Nr. 80); der feine selbstironische Spott ist zugleich seinen Herausgebern, mit denen zu rechnen (hoffentlich nicht, sie zu fürchten) Lichtenberg allen Grund hatte, ins Stammbuch geschrieben: „Wenn künfftig einmal meine Epistolae ad familiares etwa in den Schulen des Archipelagus gelesen werden, so möchte ich wohl wissen was die Con und Subconrecktoren zu dieser Stelle sagen mögen."

Wer die hier mitgeteilten Briefe in der großen Ausgabe sucht, mag sich folgender Nummernvergleichung mit Bw bedienen:

1:	13	22:	157	43:	561
2:	15	23:	160	44:	580
3:	46	24:	168	45:	581
4:	47	25:	175	46:	600
5:	48	26:	181	47:	605
6:	50	27:	189	48:	700
7:	51	28:	269	49:	701
8:	53	29:	275	50:	710
9:	54	30:	279	51:	786
10:	56	31:	289	52:	787
11:	58	32:	290	53:	368
12:	61	33:	291	54:	857
13:	65	34:	223	55:	944
14:	66	35:	313	56:	946
15:	80	36:	446	57:	947
16:	90	37:	447	58:	949
17:	91	38:	460	59:	953
18:	99	39:	488	60:	957
19:	100	40:	490	61:	998
20:	101	41:	520	62:	999
21:	123	42:	560	63:	1116

64:	1263	84:	1816	104:	2623
65:	1290	85:	1828	105:	2624
66:	1322	86:	1859	106:	2641
67:	1339	87:	1893	107:	2674
68:	1355	88:	1894	108:	2675
69:	1372	89:	1938a	109:	2712
70:	1405	90:	1950	110:	2717
71:	1426	91:	2033	111:	2718
72:	1431	92:	2072	112:	2803
73:	1435	93:	2097	113:	2838
74:	1436	94:	2098	114:	2881
75:	1447	95:	2293	115:	2883
76:	1456	96:	2303	116:	2945
77:	1467	97:	2391	117:	2968
78:	1488	98:	2409	118:	2983
79:	1559	99:	2411	119:	2984
80:	1567	100:	2497	120:	2985
81:	1625	101:	2538	121:	2986
82:	1629	102:	2580	122:	2987
83:	1798	103:	2607		

Ihr Text folgt buchstäblich der Gesamtausgabe (Bw) von Lichtenbergs Korrespondenz (die, soweit überliefert, auch die Gegenbriefe umfaßt), unter Fortfall sämtlicher Angaben zu den gedruckten und handschriftlichen ‚Zeugen' und (mit ganz wenigen, mir besonders signifikanten Ausnahmen) der ohnehin sparsamen Textkritik. Das führt natürlich dazu, daß allerlei dort unmittelbar kenntliche Umstände hier nicht sichtbar sind; wer sich für derlei Feinheiten interessiert, muß also die große Ausgabe konsultieren. Corrigenda zum Text in deren Registerband, der möglichst noch im ausgehenden Jubiläumsjahr 1999 erscheinen wird, sind hier schon berücksichtigt (zum Beispiel bei den Nummern 34. 37. 48 f. 62. 79. 104). Von diesem Prinzip bin ich nur bei den Nummern 31 und 91 abgewichen, deren Text ich wegen zahlreicher kleinerer Versehen einer vollständigen neuerlichen Revision unterzogen habe beziehungsweise in früherer Ermangelung des Originals jetzt erstmals unterziehen konnte: der vorliegende Abdruck der genannten Nummern ist demnach jetzt der beste, auch wenn die bei 31 und 91 nicht einzeln zu spezifizierenden Abweichungen bloß orthographischer oder interpunktioneller Art sind. Über die verwendeten editorischen Zeichen genügt es zu wissen, daß vorliegende Ausgabe ebenso wie die große Ausgabe des Briefwechsels in der älteren Editionstradition steht und (wie die meisten Historiker noch immer) Textergänzungen der Herausgeber in [*Kastenklammern*], vom Briefschreiber ~~Gestrichenes,~~ hier nur selten überhaupt erwähnt, in <Winkelklammern> setzt. Alle Herausgebertexte, also auch die Auflösungen von Abbrechungszeichen und anderen Kürzeln oder Ligaturen, stehen in *Kursive*, Lichtenbergs <u>einfache</u> Unterstreichung ist auch im Druck so wiedergegeben, **doppelte** durch bloßen **Halbfettdruck**, <u>mehrfache</u> durch <u>**einfache Unterstreichung**</u> und zusätzlichen **Halbfettdruck** markiert. Der Abdruck erfolgt diplomatisch getreu, bewahrt also Orthographie und Interpunktion der mit Ausnahme der Hervorhebung von Namen und Fremdwörtern durch lateinische Schrift in deutschen Buchstaben geschriebenen Originale. Seitengrenzen der Originale sind (soweit jene vorlagen) durch senkrechten Strich markiert, Kustoden aber weggelassen; die Anordnung der Anreden, Gruß- und Devotionsformeln wurde nach Maßgabe moderner Typographie nur ähnlich nachbildend vereinheitlicht.

Die Begründung meiner zeitlichen Einordnung undatierter Briefe ist (wieder mit Blick auf die große Ausgabe) fast ganz weggefallen. Zweimal (vorliegende Nummern 34 und 53) bin ich – deren Irrtümer korrigierend – von der Anordnung dort abgewichen. Diese Veränderungen und eine die Reihenfolge nicht tangierende Datumspräzisierung (hier Nr. 44 f.) sind daher bei den Erläuterungen begründet.

Auch der Kommentar folgt der großen Ausgabe, jedoch mußte infolge ihrer ganz andersartigen Anlage vieles an Ort und Stelle erläutert werden, was sich dort mit einem Hinweis auf eine andere Briefstelle oder auf den schon erwähnten Registerband abtun ließ. Ansonsten erschien nur wenig des dort breiter Ausgeführten hier entbehrlich, anderes konnte ergänzt beziehungsweise richtiggestellt werden. So ist die vorliegende Ausgabe doch ganz selbständig und bemüht sich zumal, manches von mir als unzulänglich Empfundene der großen Ausgabe hier auszugleichen. Übrigens müssen Kommentatoren sich, denke ich, von mindestens einem weitverbreiteten Aberglauben verabschieden: Daß der sogenannte ‚gebildete Laie‘ (ein immer ein bißchen abfällig gebrauchter Ausdruck) mehr Informationen brauche als der professionelle Benutzer ihrer Ausgaben – inzwischen scheint mir eher das Gegenteil der Fall zu sein.

*

Vorliegendes Buch hatte mancherlei Hemmnisse und Hebammen: Katharina Joost vor allem fördert seit vier Jahren die Arbeit an ihm, vor die sich immer wieder andere Aufgaben stellten, mit kritischen Zwischenrufen; Wiard Hinrichs hat eine Korrektur mitgelesen; Ernst-Peter Wieckenberg drängte. Und es hat eine lange Vorgeschichte: Vor zweiundzwanzig Jahren rief mein Lehrer Albrecht Schöne, als ihm die Göttinger Akademie die Verantwortung für die Edition des Lichtenberg-Briefwechsels übertrug, den damals noch unpromovierten Anfänger als Gleichrangigen zur Herausgabe. Er führte mich mit dieser – nicht nur angesichts der in meinem Fach sonst üblichen Praxis – außergewöhnlichen Fairneß und Großherzigkeit wenn auch nicht zu Lichtenberg (den lernt man als Göttinger Gymnasiast kennen und manchmal auch schätzen), so doch zur Lichtenberg-Philologie. Damals schon planten wir, nach Abschluß des Werks eine kleine Auswahl zugleich populär und wissenschaftlich zu gestalten. Als Albrecht Schöne vor einigen Jahren seine Kräfte auf andere Aufgaben konzentrierte, überließ er mir die Fortführung unseres Projekts. Ihm sei jetzt das Büchlein dankbar in die Hände gelegt.

Ober-Ramstadt, den 1./17. 7. 1998   *U. J.*

Lichtenbergs Leben
Chronologische Übersicht

1742

1. Juli: Geburt von G. C. L. in Ober-Ramstadt als 17. und letzte (es überlebten aber nur 5 Kinder die ersten Jahre) seiner Mutter Henriette Katharina, geb. Eckhardt aus Bischofsheim (1696-1764) und des ‚Metropolitans‘ [Pfarrers einer Hauptkirche] Johann Conrad Lichtenberg (1689-1751).

1745

Umzug der Familie nach Darmstadt (Wohnung neben der Stadtkirche; der Vater ist jetzt Stadtprediger und ‚Definitor‘, 1750 Superintendent). L. besucht die Stadtschule.

1751

Juli: Tod des Vaters, Umzug der Familie ins Haus des Onkels Graupner (in der heutigen Luisenstraße).

1752

Oktober: Eintritt L.s in die Tertia des Darmstädter Pädagogiums; bleibt bis 16. 9. 1761 (wegen des Siebenjährigen Krieges 3 Jahre in der univ.-propädeutischen Selecta!). Danach Privatstudien (u. a. beim Hofmaler Fiedler im Zeichnen); L. verläßt Darmstadt (für immer) erst

1763

21. Mai: Immatrikulation an der Georgia Augusta in Göttingen; bis 1767 Studium der Mathematik, Physik, ziviler und milit. Baukunst, Ästhetik, engl. Sprache und Lit., Staatengeschichte Europas, Diplomatik und Philosophie bei den Professoren Kästner, Meister, Büttner, Achenwall, Gatterer, Thompson, Klotz, . 2 Jahre genießt er ein knapp bemessenes landgräfl. Stipendium, danach ernährt er sich selbst als Korrektor, Gelegenheitsdichter u. ‚Informator‘ (Hauslehrer).
Vom *Jahreswechsel 1764/1765* datiert die älteste Überlieferung der mit Sicherheit schon viel früher (vielleicht schon in Darmstadt) begonnenen, lebenslang (bis Buch „L“) fortgeführten Merkbuch-Aufzeichnungen, dererwegen man ihn heute kennt und liest (seit 1800 f. in Auszügen gedruckt, erstmals 1825 von Rahel Varnhagen „Aphorismen“, heute unter Anwendung von Lichtenbergs selbstironischem Ausdruck gern „Sudelbücher“ genannt. Erste wissenschaftliche Edition 1902 ff., annähernd vollständig gedruckt erst 1971).

1766

Beginn der unter Kästners Anleitung betriebenen astronomischen Arbeit auf dem Göttinger Observatorium (bis 1774).
17. Mai: Erscheinen von L.s erster gedr. Arbeit: „Versuch einer natürlichen Geschichte der schlechten Dichter, hauptsächlich der Deutschen" (anonym).

1767

bis 1770 ernährt L. sich wohl ausschließlich als Hofmeister englischer adliger Studenten (u. a. Swanton, Irby).
17. August: L. wird zum „2. Professor in der Mathematik" und „öffentlichen Lehrer der Englischen Sprache" in Gießen ernannt – hat die Stelle nie angetreten

1770

25. März: Erste Reise nach England (bis *Mitte Mai).*
26. Mai: Ernennung zum Professor philosophiae extraordinarius in Göttingen. Lichtenberg kündigt Vorlesungen an über mathematische Probleme, ausgewählte Kapitel zu astronomischen Berechnungen, Himmelsbeobachtungen (Programmschrift: „Betrachtungen über einige Methoden, eine gewisse Schwierigkeit in der Berechnung der Wahrscheinlichkeit beim Spiel zu heben" – das sogen. ‚Petersburger Problem') – beginnt aber erst 1776, weil er

1772

vom *März* an *(bis November 1773)* die geographische Position von Hannover, Osnabrück und Stade astronomisch bestimmt, damit bei der geodätischen (terrestrischen) Landvermessung die Karten korrekt ins Gradnetz eingemessen werden können (Ergebnisse gedruckt 1776).

1774

13. April: Aufnahme als Außerordentliches Mitglied in die Mathematische Klasse der Königlichen Sozietät der Wissenschaften zu Göttingen (seit Januar 1779 infolge Abschaffung der Unterscheidung: Ordentliches Mitglied).
August: Zweite Reise nach England: Lichtenbergs großes Bildungserlebnis; zurück *Ende Dezember 1775.*

1777

April: Lichtenberg entdeckt durch Zufall beim Abschleifen der Harzplatte seines Elektrophors die nach ihm benannten, auf Gleitentladung beruhenden Figuren (Bericht „De nova methodo naturam ac motum fluidi electrici investigandi. Commentatio prior" erscheint erst 1778); erstmals läßt sich mit ihnen ad oculos demonstrieren, daß

400

positive und negative Elektrizität unterschiedlich erscheinen: Lichtenberg setzt damit die bereits von Franklin vorgeschlagenen Zeichen +/- als +E / -E durch.

Zur Michaelismesse *Ende September* erscheint der „Göttinger Taschen Calender" auf 1778, den Lichtenberg von Erxleben übernahm und von nun an bis zu seinem Tod (22 Jgg) weiter redigieren u. großenteils selbst schreiben wird.

1778

Lichtenberg übernimmt die Hauptvorlesung Experimentalphysik, die er mit fortlaufenden Demonstrationsexperimenten europaweit berühmt machen wird.

1780

5. Januar: L. beginnt, gemeinsam mit Georg Forster das nachher immer schleppender erscheinende „Göttingische Magazin der Wissenschaften und Litteratur" (nur 20 Lieferungen bis 1785) herauszugeben.

15. April: L. trägt der ‚Königl. Sozietät der Wissenschaften' s. „Observationes super dubiis quibusdam circa aptitudinem vulgatae mensurae sortis" vor [nochmals zum Petersburger Problem, nicht überliefert.]

Juni: L. bringt den ersten Blitzableiter in Göttingen (an seinem 2. Gartenhaus) an.

1782

Juli/August: Krankheit und Tod von Lichtenbergs großer Liebe Marie Dorothea Stechard.

1783

November: intensive Versuche mit ‚aerostatischen Maschinen' (Ballons); Plan e. eigenen Aufstiegs (nicht zustande gekommen).

1784

„Johann Christian Polycarp Erxlebens Anfangsgründe der Naturlehre. 3. Aufl. Mit Zusätzen von G. C. Lichtenberg". Es folgen noch weitere drei von Lichtenberg an zahllosen Stellen ergänzte u. korrigierte Ausgaben (1787. 1791. 1794), nie jedoch nahm er die geplante Neuschöpfung auf sich. Bis zur Jahrhundertwende ist sein „Erxleben" das führende Physiklehrbuch an deutschen Hochschulen; es erscheinen mindestens 5 unrechtmäßige Nachdrucke der versch. Auflagen und Übersetzungen ins Niederländische (1785), Polnische (1788) und Dänische (1790).

1789

5. Oktober: Beginn der großen Krankheit (krampfartige Asthmaanfälle mit schwerster Atemnot als Folge der Lungeninsuffizienz durch den Buckel), die ihn den ganzen Winter 1789/90 ans Bett fesseln und bis zu seinem Tod begleiten wird; daher Eheschließung mit M. E. Kellner (sie gebar ihm zwischen 1784 und 1797 8 Kinder).

1793

11. April: Ernennung zum Mitglied der Royal Society in London.

1794

24. März: Ernennung zum Mitglied der Physikalischen Gesellschaft in Jena, sowie am *18. Juli:* der Akademie der Wissenschaften St. Petersburg.

1795

13. Januar: Ruf an die Universität Leiden, von L. abgelehnt.

1796

24. März: Ernennung zum Mitglied der Societas Physica zu Jena, sowie am *24. August:* der Math.-Physikal. Gesellschaft zu Erfurt.

1799

24. Februar: Letzte Krankheit (Lungenentzündung; jedenfalls aus denselben Ursachen wie der akute Schub zehn Jahre zuvor) und Tod Lichtenberg.

Verzeichnis der Personen und Sachen

zugleich ein kleiner Führer
in Lichtenbergs Welt

Es wird (ohne Unterscheidung von Text und Anmerkungen) auf die Nummern der Briefe verwiesen. Die Einordnung folgt moderner Orthographie, man sehe also zum Beispiel -c- und -z- auch unter -k-.

Aachen, bis 1801 freie Reichsstadt mit bedeutendem Textilgewerbe in der Umgebung 67. 68.

Aaron (Bibel), Bruder des Moses 93.

Abington, Frances (Fanny), geb. Barton (1737–1815), engl. Schauspielerin, seit 1755 in Bath, Irland u. London am Drury Lane Theatre, wo L. sie 1774/75 spielen sah 28.

Abraham (Bibel), ältester Stammvater Israels 82. 83.

– s Schoß 52. 80.

Abt, Karl Friedrich (1733–1783), Prinzipal einer Schauspielergesellschaft, die 1781 u. 1783 in Göttg. gastierte, wo seine Frau Felicitas (* 1746) an Schwindsucht starb 54.

Ackermann, Charlotte (1757–1775), und ihre Schwester Dorothea, verh. Unzer (1752–1821), bis 1778 Schauspielerin in Hamburg, dann verh. bis 1790 (Scheidung) mit Johann Christoph U., Töchter von Konrad Ernst u. Sophie Charlotte A. (1714–1792) 39.

– ische Gesellschaft 39. 40.

Adam (Bibel) 76.

Adams, Charles (1753?–1821), ,der junge A.‘, aus England, in Göttg. seit Juni 1770 als stud. math. 1. 11.

Adams, James (1752–1816), aus England, in Göttg. seit Okt. 1771 als stud. jur.,

Zögling Boies u. L.s, Bruder von Charles A. 11.

Addison, Joseph (1672–1719), engl. Essayist u. Dichter, Hrsg. des ,Spectator‘

– Cato (1713) 30.

– Beschreibung seiner italienischen Reise 52.

Adeane, Robert Jones, aus England, Ltn. der berittenen Grenadier-Garde, in Göttg. seit Apr. 1782 als stud. math., Zögling u. Schüler L.s 56.

Ägäis 80.

Aesop s. Aisopos

Agricola, Johann, gen. Islebius (1492–1566), dt. Theologe, Schüler Luthers

– Sprichwörter (1560) 52.

Ahlborn, Heinrich, Tischler in Bovenden, 1772 wg. Totschlags angeklagt, nach Folterung mangels Beweises freigelassen 18.

Aisopos (6. Jhdt. v. Chr.), sagenhafter griech. Fabeldichter.

– Fabel Fuchs u. Storch 45.

Alembert, Jean Lerond d’ (1717–1783), franz. Aufklärer, Schriftsteller, Philosoph u. Mathematiker, gemeinsam mit Diderot u. anderen 1751–1772 Hrsg. der ,Encyclopédie ou Dictionnaire raisonné des sciences, des arts et des métiers‘. 29.

Alexander der Große (356–323 v. Chr.) 80.

– auf einem Butterbrot 86.

Algier, damals berüchtigter Seeräuberstaat in Nordafrika 98.

Alkor, Stern 4. Größe im Großen Bären, dessen Unterscheidung vom benachbarten Stern Mizar als Prüfungsaufgabe guter Augen gilt 31.

Allegri, Antonio (1494–1534), gen. Correggio, ital. Maler 66.

Allen, Thomas (jr.) (*1762?), aus England, immatr. in Göttg. 17. 4. 1776 als stud. math., Zögling u. Schüler L.s 38. 61.

Allgemeine Deutsche Bibliothek s. Nicolai

Allgemeine geographische Ephemeriden (1798–1817), gegr. von F. X. v. Zach 114.

Allgemeiner literarischer Anzeiger oder Annalen der gesamten Literatur (1796–1801) 115.

Alpen, zw. Turin u. Genf meist am gr. oder kl. St. Bernhard überquert 66.

Altengleichen, Patrimonialgericht der Herren von Uslar südöstl. von Göttg., dessen Gerichtshalter G. A. Bürger war 67.

Altona, Stadt an der Elbe in Holstein, bis 1864 dänisch, toleranter Konkurrenzort zu Hamburg 39. 40.

Amelung, Bernhardine Christiane Charlotte (1785–1851), Tochter von Gottfried Hieronymus A., Patenkind L.s, heir. 1805 Carl Wilhelm Leske, Verleger in Darmstadt 71.

Amelung, Gottfried Hieronymus (1741–1800), Schulfreund L.s auf dem Pädagogium in Darmstadt u. später langjähriger Korrespondent, stud. theol. in Halle, 1767 Pfarrer in Jugenheim a. d. Bergstraße, 1771 in Gersfeld, zuletzt seit 1792 in Pfungstadt, verh. 1768 mit Helene Juliane Thon 111.

– Briefe von L. 61. 64. 68. 71. 73.

– Bericht, den wahren Zustand ... betreffend 71.

– Familie 73.

Amelung, Johann Simon Wilhelm Julius (*25. 9. 1782), Sohn von Gottfried Hieronymus A. 61.

Amelung, Juliane Wilhelmine Friederike s. Hufeland

Amelung, Karl Christian Gottlieb (1769–1823), Sohn von Gottfried Hieronymus A., zunächst im Haus seines Schwagers Christoph Wilhelm Friedrich Hufeland in Weimar, Dr. med. 1792, dann Arzt in Darmstadt, 1806 Generalstabsarzt 71.

Amerikaner 29.

Amerikanischer Unabhängigkeitskrieg 36.

Ammelung s. Amelung

Amor, röm. Liebesgott 67.

Amory, Thomas (1691?–1788), irischer Schriftsteller in London

– Leben, Bemerkungen und Meinungen Johann Bunkels (1755–65, dt. 1778) 36.

Amsterdam, Hauptstadt Hollands, mit ca. 200.000 Ew. größte Stadt der Vereinigten Provinzen der Niederlande 24. 27.

Amtmännin s. Lichtenberg, Sophie Dorothea

Ancaster, Herzog von s. Bertie, Peregrine

Andreae, Johann Gerhard Reinhard (1724–1793), Chemiker, Mineraloge, 1747 Hofapotheker in Hannover, besaß einen wg. seiner seltenen Gewächse vielbewunderten Garten sowie ein Naturalienkabinett mit vornehmlich geolog. Exponaten 31.

Andreas (Andres), Bedienter der Familie Lichtenberg in Darmstadt 81.

Anonym

Zusammensetzung des Ammoniaks, des Äthylengases u. die Herstellung von Ammonkarbonat 91.
Ayrer, Johann Heinrich (1732–1817), seit 1760 Universitätsstallmeister in Gö. 67. 105.
– Garten 5. 33.

Baader, Benedikt Franz Xaver (von) (1765–1841), aus München, Chemiker, Mineraloge, Arzt, Philosoph u. Theologe, 1781 stud. med. in Ingolstadt, 1783 in Wien, 1785 Promotion zum Dr. med., 1788–1791 Stud. in Freiberg (bei Werner), danach mehrere Reisen durch Dtl., Engl. u. Schottl., 1797 Münz- u. Bergrat in München, 1807 bayr. Oberbergrat, 1826 Prof. d. Philosophie u. Theologie
– Vom Wärmestoff, seiner Vertheilung, Bindung u. Entbindung, vorzüglich beym Brennen der Körper (1786) 78.
Baader, Joseph Anton Ignatz (von) (1763–1835), Ingenieur, Mechaniker u. Mineraloge, 1781 stud. med. in Ingolstadt, 1783 in Wien, 1785 Dr. med., reiste Frühjahr 1786 nach Göttg., um bei L. u. Kästner zu hören, Winter 1786– Juni 1790 u. Juni 1791– Aug. 1793 Aufenthalt in Engl. u. Schottl., wo er sich u. a. als Maschinenbauer schulte u. 1788 das sog. Baadersche Gebläse konstruierte, besuchte L. Aug. 1790 in Göttg., seinen Bruder Benedikt Franz Xaver Dez. 1790– Jan. 1791 in Freiberg, 1794–1798 Maschineninspektor, 1798 mit dem Titel eines Hofkammerrats Maschinendir. beim kfstl. Münz- u. Bergmeisteramt in München 78.

Baalbek, Ruinenstadt im Libanon 28.
Babet, Freundin des Boursault s. R., Elisabeth
Babylon 36.
Backhaus, Paul Ludwig (1728?–1802), Tuchhändler in Göttg. 2.
Baker, James († 1774?), engl. Geistlicher u. Historiker.
– A complete history of the inquisition in Portugal (1734), dt. Übers. von Christian Friedrich Tieffensee: Vollständige Historie der Inquisition (1741) 18.
Balbec s. Baalbek
Baldinger, Dorothea Friederike, geb. Gutbier (1739–1786), verh. mit Ernst Gottfr. B. 28. 35.
Baldinger, Ernst Gottfried (1738–1804), Mediziner, 1764 prakt. Arzt u. Amtsphysikus in Langensalza, 1768 Prof. in Jena, 1773 o. Prof. in Göttg., 1777 Prorektor, 1782 Leibmedikus von Lgf. Friedrich II. u. Prof. am Collegium Carolinum in Kassel, 1786 Prof. in Marburg 23. 37. 79.
– Briefe von L. 28. 46.
– Brief an L. 28.
– Rez. über L.s Edition 28.
– Von den Krankheiten einer Armee, aus eignen Wahrnehmungen im preußischen Feldzuge aufgezeichnet (1774) 28.
Balsamo, Giuseppe (1743–1795), gen. Conte Alessandro Cagliostro o. Marchese Pellegrini, ital. Abenteurer, Scharlatan, Magnetiseur u. Geisterbeschwörer 79.
Baltimore, Lord s. Calvert, Frederic
Balzac, Honoré de (1799–1850), franz. Schriftsteller
– Contes drôlatiques (La belle fille de Portillon) (1832) 11.
Banks, Joseph (1743–1820), engl. Naturforscher, bes. Botaniker,

studierte in Oxford Naturgeschichte, wo er für die erstmali-
ge Abhaltung von Vorlesungen
zur Botanik sorgte, 1766 Mitgl.
d. Royal Society London, 1778
bis zu seinem Tod deren Präsident 31.

Barbier s. a. Braunhold

Barkhausen, Karl Wilhelm, aus
Paderborn, immatr. in Göttg.
12. 10. 1785 als stud. med.,
Hörer L.s. 75

Barmeier, Johann Albrecht
(1715?–1797), aus Bielefeld,
1756 Univ.-Buchdrucker, Buch-
u. Disputationshändler in
Göttg., zugl. 1771 Oberkommissar der fstl. Lotto- u. Waisen-
hausdruckerei zu Kassel, wo er
auch lebte u. 1794 wg. Unregel-
mäßigkeiten entlassen wurde
54.

Barmeter, s. Permeter

Barry, Ann, geb. Street (1734–
1801), seit 1756 Schauspielerin
in Dublin (meist in Tragödien),
seit 1767 in London, wo L. sie
während seines Englandaufent-
haltes 1775 mehrmals spielen
sah 28.

Basel, Stadt am Rhein mit 1460
gegr. Universität, seit 1501
Kanton der Schweiz 66.

– Friede zwischen Frankreich und
Preußen 1795 mit bewaffneter
Neutralität Norddeutschlands
105.

Baskerville, John (1706–1775),
Buchdrucker u. Schriftgießer in
Birmingham

– Druckerei 31.

Baskerville, Sarah, geb. Ruston
(† nach 1779), verh. mit John B.,
betrieb bis 1777 die Schrift-
gießerei ihres verstorbenen
Mannes 33.

Basler Hinkender Bote, Volkskalender 68.

Batavische Republik, nach dem
Sturz der Oranier 1795–1806
neuer Name der von Frank-
reich abhängigen nördlichen
Niederlande 100.

Bath, Stadt in der Gft. Somerset in
England, seit ca. 1700 beliebtes
Kur-Bad der engl. Gesellschaft
31. 105.

Baumann, Johann Christian
(1711–1782), aus Leipzig, Instrumentenbauer u. Optiker in
Göttg., seit 21. 4. 1757 ‚Univer-
sitäts-Optikus‘ 6. 17. 22. 24.

Beatrice (Dramengestalt in Shakespeares Much ado about nothing) 28.

Beauclerk, Aubrey (1765–1815),
aus England, immatr. in Göttg.
28. 8. 1780 als stud. math.,
Schüler Erxlebens, hörte bei L.
WS 1780/81 privatissime(?),
wohnte bis Michaelis 1781 bei
Prof. Pepin/Weender Str., 1781
bei den Foot Guards, 1783
Capt., 1789 Lieut.-Col., 1790–
96 im Unterhaus, 1802 6th
Duke of Saint-Albans 51.

Beauclerk, George (1758–1787),
aus England, immatr. am
31. 5. 1776 als stud. math. in
Göttg., wo er als Schüler Erxlebens u. L.s (?) bis Ostern 1777
bei Hofrat Erxleben/Weender
Str. wohnte, 1775 bei den 3rd
Foot Guards, zu denen er Feb.
1777 wieder einberufen u. später zum Capt.-Lieut. u. Lieut.-
Col. befördert wurde, folgte
seinem Cousin George Beauclerk (1730–1786) als 4th Duke
of Saint-Albans, Cousin von
Aubrey Beauclerk 51.

Becke (Beque, Becque), Marie
Magdalene, geb. K(o)untz
(1729–1792), Witwe des Univ.-
Syndikus Johann B. in
Göttg. 54.

Becker, Wilhelm Gottlieb (1753–1813), Philosoph, Publizist, Zeitschriftenhrsg., Schulmann, 1776/77 Lehrer am Philanthropin zu Dessau, dann in Leipzig, 1782/83 Prof. d. Moral an der Ritterakad. in Dresden, 1795 zgl. Inspektor der Antikengalerie u. des Münzkabinetts, Hofrat
– Brief von L. 52.
Über die Republik St. Marino 52.
Beckford, William (1709–1770), erst Zuckerpflanzer auf Jamaika, dann über 20 Jahre in der Londoner Stadtverwaltung tätig, Parlamentsabg. für London, 1762/63 u. 1769/70 Lord Mayor of London 1.
Beckmann, Johann (1739–1811), Ökonom u. Technologe, immatr. in Göttg. 30. 4. 1759 als stud. theol., 1763 Lehrer der Mathematik, Physik u. Naturgeschichte am Gymn. zu St. Petersburg, 1765/66 Schüler Linnés in Stockholm, 1766–1770 a. o. Prof. d. Philosophie, 1770 o. Prof. d. Ökonomie in Göttg., 1784 Hofrat, Mitgl. d. Göttg. Polizeikommission
– Brief von L. 104.
– Anleitung zur Technologie, oder zur Kenntnis der Handwerke, Fabriken und Manufacturen (1796) 104.
– Beyträge zur Geschichte der Erfindungen (1796) 104.
– Experimentalphysik 75.
Beethoven, Ludwig van (1770–1827), dt. Komponist.
– Murmelstück 12.
Beguelin, Nicolas de (1714–1789), schweiz. Mathematiker, Physiker u. Philosoph, 1749 in Preußen naturalisiert, danach Prof. d. Mathematik am Joa-

chimsthaler Gymn. u. Inspektor des Franz. Gymn.s in Berlin
– Mémoire sur les ombres colorées (1769) 96.
Behemoth (Bibel) 28.
Belisarius (†565), byzantin. Feldherr, kämpfte mit Erfolg gegen Perser, Ostgoten u. Vandalen, rettete seinem Ksr. Justinian Thron u. Reich, fiel aber in Ungnade u. soll dann erblindet u. zum Bettler geworden sein 46.
Benda, Georg (1722–1795), Komponist von Singspielen u. Melodramen, 1742 Violinist in der kgl. Hofkapelle Berlin, 1748–1778 Hofkapellmeister in Gotha, später Musikdir. am Schröderschen Theater in Hamburg
– Romeo und Julie (Oper, 1778) 39.
Benecke, Georg Friedrich (1762–1844), aus Mönchsroth b. Dinkelsbühl, immatr. in Göttg. 12. 10. 1780 als stud. theol., nahm bei L. privat Englischunterricht u. hörte dessen Experimentalphysik, widmete sich jedoch auf L.s Anraten allgemeineren Studien, auch Hörer Heynes, 1789 Univ.-Bibliothekar in Göttg., als deren Dir. er starb, Mitbegr. der germanist. Philologie 78.
Bennet, Charles Augustus (1776–1859), bis 1822 Lord Ossulston, ab 1822 5th Earl of Tankerville, 1788–1793 Schüler in Eton, 1793–1795 Stud. in Cambridge, dann Reise durch Dtl., auf der er L. Sept. 1796 in Göttg. besuchte, seit 1803 M. P. 108.
Benniehausen, Dorf ca. 10 km südöstl. Göttg. im hessischen Amt Neuen-Gleichen, grenzte unmittelbar an Bürgers Gerichtsbezirk Alten-Gleichen 52.

Bentinck, Johann Karl von (1763–1833), niederländ. Adliger, immatr. in Leiden 1. 10. 1773, in Göttg. 28. 8. 1779, hörte bei L. Experimentalphysik u. privatissime Englisch, engl. Offizier u. niederländ. Kammerherr 60.

Bentinck, Wilhelm Gustav Friedrich von (1762–1835), aus Den Haag, immatr. in Leiden 1. 10. 1773, in Göttg. 28. 8. 1779, hörte bei L. Experimentalphysik u. privatissime Englisch, reg. seit 1787 in Varel u. Kniphausen, als Anhänger der Oranier seit 1795 verfolgt 60.

Bentley, Thomas (1731–1780), Kaufmann, Porzellanmanufaktuer, Freund u. seit 1768 bis zu seinem Tod Geschäftspartner von J. Wedgwood 29.

Benzenberg, Johann Friedrich (1777–1846), aus Schöller, immatr. in Marburg 29. 4. 1795, in Göttg. 27. 10. 1797 als stud. theol., hörte bei Kästner Mathematik, bei L. WS 1797/98 Astronomie, Studienfreund von H. W. Brandes (s. d.), mit dem er 1798 in Göttg. Meteorbeobachtungen durchführte, 1805–1810 Prof. d. Physik u. Astronomie am Lyzeum in Düsseldorf
– Briefe von L. 114. 115.

Bergmann, Joseph (1736–1803), Exjesuit, Prof. d. Mathematik, Physik u. Naturgeschichte in Mainz 88.

Bergschütz (auch Beerschütz, Berchschütz, Berschütz, Päräschitz), Martin, wandernder Schausteller physikal. Kunststücke u. Mechaniker aus Wien, besucht u. a. Göttg., Hannover u. Kassel 63.

Berlin, Haupt- u. Residenzstadt des Kgr.s Preußen 31. 64. 77. 81. 99.

Berlinische Privil. Zeitg. 1751 78.

Bern, aristokratisch reg. Kanton der Schweiz seit 1353 66. 74.

Bertie, Peregrine (1714–1778), ab 1742 3rd Duke of Ancaster and Kesteven, engl. General, erbl. Lord Great Chamberlain, ab 1766 Master of the Horse bei Georg III., Onkel von B. Greatheed (s. d.) u. B. Mathew (s. d.) 33.

Bessungen, Dorf in der Lgft. Hessen-Darmstadt, ca. 3 km südl. der Residenz 27.

Bethlehem 66.

Beulwitz, Ludwig Friedrich von (1725–1796), hannov. Staatsmann, astronom. Dilettant, immatr. in Göttg. 21. 4. 1748, später waldeck. Reg.-Rat, 1760 Oberappellationsrat in Celle, 1770 Reichstagsgesandter in Regensburg, 1783 Wirkl. Geh. Rat in Hannover, Nov. 1783 Kurator der Univ. Göttg. 77.

Bibel 112.
– 1 Mo (2, 7) 9. 75. – (2, 23) 8. 92. – (6, 5 ff.) 117. – (16, 2) 8.
– 2 Mo (12 ff.) 110. – (14) 100. – (28, 38) 93 – (30) 86. – (32) 86.
– Richter (16) 5.
– 2 Kg (19, 35) 52.
– Hiob (40, 10) 28.
– Ps (7, 10) 93. – (84, 7) 24. – (111, 2) 79. – (130) 80. – (148, 7) 39.
– Predg Salomonis (1, 9) 11.
– Jes (35, 5) 44.
– Jer (11, 20) 93.
– Hes (8, 3) 52.
– Weisheit (7, 25) 75. – (15, 3) 39.
– Tob (4, 16) 71.
– Mt (7) 18. – (7, 12) 71. – (8, 23 ff.) 39. – (10, 30 f.) 12. – (11, 28) 45. – (12, 44) 4. – (13, 13) 67. – (13, 32) 5. – (15, 27) 11. 99. – (22,40) 71.

- Lk (6, 31) 71. – (16) 80. – (22, 44) 9.
- Apg (2) 82. – (7) 82.
- Röm (12, 20) 8.
- 2 Kor (12, 7) 18.
- Phil (3, 21) 99.
- 1 Petr (4, 8) 27.
- 2 Petr (2, 4) 8. – (2, 5) 117.
- Heb (7) 82.
- Jak (4, 17) 67.
- Offb (2, 23) 93. – (3, 19) 8. – (19, 20) 26.

Bickenbach, luth. Pfarrdorf im hessen-darmstädt. Amt Seeheim 110.

Birmingham, Stadt in Warwickshire/Engl. mit bedeutendem metallverarbeitenden Gewerbe 31.

Bischofsheim, Pfarrdorf im hessen-darmstädt. Amt Rüsselsheim, heute Vorort von Mainz, Geburtsort von L.s Mutter 117.

Blumenbach, Johann Friedrich (1752–1840), Mediziner, Anthropologe u. Naturhistoriker, erst Stud. in Jena, immatr. in Göttg. 19. 10. 1772 als stud. med., nach 1773 Aufseher im Akad. Museum, 16. 9. 1775 Dr. med., 1776 a. o., 1778 o. Prof. d. Medizin in Göttg., 1788 Hofrat 51. 70. 79. 86.
- Briefe von L. 53. 69. 78. 79.
- Salamanderaugen 67.
- Etwas vom Akademischen Museum in Göttg. 41.
- Medicinische Bibliothek 53.
- Rezension über Procházka 53.
- Rezension über Delucs Lettres 53.

Board of Longitude, in London
- Tables for correcting the apparent Distance of the Moon and a Star 1772 31.

Bode, Ferdinand August (1733?–1812), Hofmeister von C. H. Gf. v. Sayn-Wittgenstein in Göttg., logierte bis WS 1772/73

bei Dieterich, von L. iron. ‚Hofrat‘ gen. (diesen Titel erhielt er später tatsächlich von Gf. v. Sayn-Wittgenstein) 9. 11.

Bode, Johann Joachim Christoph (1730–1793), Verleger, Redakteur u. Übersetzer, 1747 Militärmusiker (Oboist) in Braunschweig, 1753–1756 in Celle, seit 1757 Musik- u. Französischlehrer in Hamburg, wo er 1762/63 den ‚Hamburgischen unparteiischen Korrespondenten‘ (s. d.) herausgab, siedelte 1778 nach Weimar über
- Übersetzung von Goldsmith, Der Dorfprediger von Wakefield (1776) 36.
- Übersetzung von Sterne, Sentimental Journey 16.

Böhme, Jakob (1575–1624), protest. Mystiker, Theosoph u. Schuhmacher in Görlitz 28.

Böhmer, Caroline Albertine Dorothea, geb. Michaelis (1763–1809), Tochter von J. D. Michaelis, verh. in 1. Ehe 1784–1788 mit Johann Franz Wilhelm B. in Clausthal, nach dessen Tod sie erst in Göttg., dann in Marburg u. Mainz lebte, als Parteigängerin der Jakobiner inhaftiert, verh. in 2. Ehe 1796 mit A. W. (v.) Schlegel in Jena u. Berlin (gesch. 1803), in 3. Ehe 1803 mit F. W. J. v. Schelling in Würzburg u. München
- Briefe
-- an Julie von Studnitz 65.
-- an Luise Gotter 105.

Boie, Heinrich Christian (1744–1806), Schriftsteller, Publizist, Beamter, 1764–1767 stud. theol. et jur. in Jena, dann Hofmeister engl. Stud. in Göttg., dort immatr. 17. 4. 1769 als stud. jur., 1770 gemeinsam mit F. W. Gotter, 1771–1774 allein

Hrsg. des ‚Göttinger Musen-Almanach', begr. mit C. K. W. v. Dohm (s. d.) 1776 das ‚Deutsche Museum', 1776–1781 Stabssekr. des kommandierenden Generals in Hannover, 1781 Landvogt von Süderdithmarschen in seinem Geburtsort Meldorf 5. 6. 8. 9. 10. 11. 12. 16. 18. 19. 20. 22.
– Deutsches Museum 49.
Boie, Luise Justine, geb. Mejer (1746–1786), aus Hannover, seit 1776 Freundin u. Korresp., Juni 1785 Ehefrau von H. C. Boie
– Brief an H. C. Boie 67.
Bologna, Stadt im Kirchenstaat mit im 12. Jh. gegr. Universität 66.
Bolton, Matthew s. Boulton
Borckenstein, Johann Friedrich (1750?–1772), aus Clausthal, immatr. in Göttg. 11. 5. 1772 als stud. jur., wohnte bei Frau Prof. Köhler/Burgstr., erschoß sich in Göttg. 13. 9. 1772 17.
Bossiegel, Viktor Friedrich (1749?–1789), Antiquar u. Disputations-Händler in Göttg. 54.
Boston, Lord s. Irby, William
Boulton (Bolton), Matthew (1728–1809), Maschinenbaumeister u. Fabrikant in Soho b. Birmingham, wo er gemeinsam mit J. Watt die ersten Hochleistungs-Dampfmaschinen baute 31.
Boursault, Edmé (1638–1701), franz. Schriftsteller, Steuerpächter, Geliebter der Elisabeth R. (gen. Babet)
– Lettres de respect, d'obligation et d'amour (1666) 78.
Boydell, John (1719–1804), Radierer, Kupferstecher, Verleger u. Kunsthändler in London/ Pall Mall, Alderman of the

Ward of Cheap, 1790 Lord Mayor of London 28.
Brandes, Georg Friedrich (1719–1791), hannov. Beamter, immatr. in Göttg. 11. 9. 1737, dann stud. jur. in Leiden, 1746 Geh. Kanzleisekr., 1770 Hofrat, leitete im Kuratorium die Angelegenheiten der Univ. Göttg., Bücher- u. Kunstsammler mit umfangreicher Bibliothek 62. 80.
Brauner Mann (Titelgestalt von J. G. Müller) 66.
Braunhold, Dorothea Henriette Luise (1774–1844), Tochter von Johann Heinrich B., 89.
Braunhold, Johann Heinrich (1747?–1793), ursprüngl. Schneider, seit ca. 1765 Kästners, seit 1771 L.s Bedienter, 25. 10. 1779 Abschied aus L.s Diensten, danach Gastwirt ‚Unterm Zimmerhofe' vor dem Geismar Tor in Göttg. (heute ‚Alte Börse', Reinhäuser Landstr. 18), erhielt 1780 für 6 J. Dienst bei Kästner u. 8 J. bei L. das Göttg. Bürgerrecht 9. 11. 12. 14. 17. 18. 23. 26. 27. 33. 105.
Braunhold, Philippine Katharina (1785–1852), Tochter von Johann Heinrich B. 89.
Bremen, freie Reichsstadt an der Unterweser, Einfallstor des engl. Handels nach Deutschland 32. 76. 117.
Breuner, Joseph Franz Anton von (1765–1813), aus Wien, immatr. mit seinem Hofmeister Burdell (s. d.) 17. 10. 1783 in Göttg. als stud. jur., wohnte bei Dieterich auf der gleichen Etage wie L., dort am 22. 3. 1786 Opfer eines Raubüberfalls, später Wirkl. Kämmerer in Wien, 1789–1794 österr. Gesandter in

Kopenhagen, 1795/96 beim Reichstag zu Regensburg, Sohn des Karl v. 71.

Breuner, Karl von (1739–1796), Kämmerer u. Wirkl. Geh. Rat in Wien 71.

Brincken, Godske Karl von den (1776–1835), aus Fünen/Dänemark, immatr. in Göttg. 9. 5. 1794 als stud. jur., hörte bei L. WS 1794/95 u. WS 1795/96 Experimentalphysik 99.

Brisson, Barnabé (1531–1591), Jurist in Paris
– De verborum, quae ad jus pertinent, significatione (1557) 20.

Brisson, Mathurin Jacques (1723–1806), Prof. d. Physik in Paris
– Dictionnaire raisonné de Physique (1781) 96.
– Système du règne animal (1756) 20.

Browne, Henry Perryn, aus England, immatr. in Göttg. 14. 9. 1770 als stud. math., Zögling Boies u. L.s, 1797 Mitgl. d. Royal Society London 11.

Bruchhausen, Anton (1735–1815), Exjesuit, 1773–1782 Prof. d. Physik in Münster, 1782 Domvikar, 1797 Kanonikus an St. Mauritz zu Münster
– Institutiones physicae (1775–85) 75.

Bruns, Paul Jakob (1743–1814), Theologe u. Historiker, Schüler B. Kennicotts in Oxford (8. 7. 1773 M. A., 4. 7. 1780 Dr. of Civil Law), auf dessen Anregung er Europa bereiste, um Handschriften des ATs zu vergleichen, 1780/81 Privatgelehrter in Göttg., 1781 Prof. f. Literaturgeschichte, 1787 Bibliothekar in Helmstedt, 1796 Hofrat, zuletzt Prof. in Halle 52.

Brunshausen, kurhannov. Elbzollstätte an der Mündung der Schwinge unterhalb Stade 26.

Brute, John (Dramengestalt in Vanbrugh, Provoked Wife) 28.

Bürger, Dorothea (Dorette) Marianne, geb. Leonhart (5. 10. 1756–30. 7. 1784), aus Niedeck, ältere Schwester von Auguste Marie (Molly) Wilhelmine Eva L., seit 22. 11. 1774 erste Ehefrau von Gottfried August B. 51.

Bürger, Gottfried August (31. 12. 1747–8. 6. 1794), aus Molmerswende am Harz, Jurist, Dichter u. Übersetzer, 1760–1763 Schüler am Pädagogium Halle, 1764–1768 stud. theol. in Halle, immatr. 16. 4. 1768 als stud. jur. in Göttg., 1772–1784 Justizamtmann des Patrimonialgerichts Alten-Gleichen, zuerst in Gelliehausen b. Göttg., zog 1774 ins nahegelegene Niedeck, 1775 nach Wöllmarshausen, pachtete 1780–1784 das Gut Appenrode, 1784–1789 Privatdoz. f. Ästhetik in Göttg., 1787 M. A., seit 1789 unbesoldeter a. o. Prof. für dt. Philologie u. Philosophie (hielt seine ersten Vorlesungen über Kant) 2. 51. 52. 57. 75.
– Amtmannstelle 67.
– Begräbnis 83.
– Briefe
– – an Boie 58.
– – an Dieterich 1781 20.
– – an Heyne 1787 80.
– Gedichte 52.
– Hauptmomente der krit. Philosophie 67.
– Lehrbuch der Ästhetik 67.
– Probearbeit 1772 52.
– Untersuchung Erdmann 52.

Büttner, Christian Wilhelm (1716–1801), Botaniker, Natur- u. Sprachforscher, Pharmazeut, 1729–1732 Stud. der Pharmazie in Leipzig, 1733 in Breslau, 1734 in Frankfurt/O., 1735 in

Kopenhagen, danach Reise durch Nordeuropa u. Engl., seit ca. 1737/38 in Wolfenbüttel, immatr. 23. 7. 1748 als stud. med. in Göttg., 1758 a. o. Prof. 1763 o. Prof. f. Naturlehre in Göttg., siedelte als Pensionär mit dem Titel eines sachs.-weimar. Hofrats Sommer 1783 nach Jena über u. verkaufte 1785 sein Wohnhaus (Prinzenstr. 2) an J. C. Dieterich, der zuvor schon einige Zimmer angemietet hatte, Besitzer einer umfangreichen Mineraliensmlg., die er 1773/74 gegen eine Leibrente der Göttg. Univ. verkaufte u. die die Grundlage des späteren Akad. Museums wurde 29. 41. 49. 79.
– Brief von L. 70.
– Designatio linguarum 70.
– Haus 66. 67. 75.
– Vergleichungs-Tafeln der Schriftarten versch. Völker 70.
Buffon, George-Louis Leclerc de (1707–1788), Naturforscher u. Naturphilosoph, 1759 Dir. des kgl. Gartens zu Paris 54.
– Dissertation sur les couleurs accidentelles (1743) 96.
Bunkel s. Nicolai 36.
Burckenstein s. Borckenstein
Burdelle, Johannes, schweiz. Hptm., Hofmeister von Gf. J. F. A. v. Breuner (s. d.), 20. 10. 1783 als stud. jur. immatr. in Göttg., erstrebte eine Stellung als Postmeister bei Thurn & Taxis, begleitete Breuner als Privatsekr. auf verschiedene Gesandtschaftsposten 71.
Burgoyne, John (1722–1792), engl. General im Amerik. Unabhängigkeitskrieg, auch Lustspieldichter, kapitulierte am 17. 10. 1777 bei Saratoga als Oberbefehlshaber über 5000

Soldaten u. ging in Gefangenschaft
– The maid of the oaks (1774) 28.
Bussche, Ernst August Wilhelm von dem (1727–1789), hannov. Staatsmann, 1752 bei den Harzbergämtern, 1760–1772 Regierungsrat in Stade, 1764–1772 Geh. Rat in Osnabrück, 1772 Wirkl. Geh. Rat in Hannover, 1779 Nachfolger Gemmingens als Großvogt u. Lenthes als Kurator der Univ. Göttg. 49.
Butler, Samuel (1612–1680), engl. Dichter u. Komponist
– Hudibras (1662–1678) 97.
Byng, George (1764–1847), aus England, immatr. in Göttg. 22. 9. 1780 als stud. math., Hörer L.s, später M. P. (Whig-Politiker) 51.

Caesar, Gaius Iulius (100–44 v. Chr.), röm. Feldherr, Staatsmann u. Schriftsteller, seit 48 v. Chr. Imperator 30. 66. 86.
Cagliostro, Alexandre s. Balsamo
Calais, seit 1558 franz. Hafenstadt im Boulonnais, dann Dept. Nord, Fährhafen nach England 31.
Calender s. Göttinger Musen-Almanach; Göttg. Taschen Calender; Gothaer Hofcalender
Calvert, Frederick (1731–1771), seit 1751 6th Baron Baltimore, beruchtigter engl. Lebemann, starb in Neapel 2.
Cambridge, Stadt in Engl. 80 km nördl. von London mit 1209 gegr. Universität 77.
Camden, 1st Earl of s. Pratt
Campanella, Tommaso (1568–1639), Dominikanermönch, der vornehmlich in Neapel lebte, wg. antispan. Reden 1599 verhaftet, gefoltert u. erst auf Intervention von Papst Urban

VIII. 1626 entlassen, dann päpstl. Pensionär in Rom, franz. Pensionär 1634 in Paris, Vf. von philosoph.-theolog. Schriften. 104.

Campe, Joachim Heinrich (1746–1818), philanthrop. Pädagoge, Schulreformer, Schriftsteller u. Verleger, 1769–1773 u. 1775/76 Hauslehrer der Brüder Humboldt in Tegel, 1776 Edukationsrat u. Dir. des Philanthropins zu Dessau, gründete 1777 eine eigene philanthrop. Erziehungsanstalt in Billwerder b. Hamburg, siedelte 1786 nach Braunschweig über, um das dortige Schulwesen nach philanthrop. Grundsätzen zu reorganisieren u. gründete 1787 die Braunschweig. Schulbuchhandlung, wo u. a. das ‚Braunschweigische Journal‘ (s. d.) erschien, bekannt mit Reimarus, Befürworter der Franz. Rev.
– Wörterbuch (1807–1811) 49.

Camper, Pieter (sen.) (1722–1789), holl. Anatom u. Naturforscher, 1749–1755 Prof. d. Anatomie u. Chirurgie in Franeker, danach in Amsterdam, 1764–1773 in Groningen, 1773–1787 wieder in Franeker, 1787 Mitgl. d. Staatsrats in Den Haag, 1750 Mitgl. d. Royal Society London, 1779 ausw. Mitgl. d. Soz. d. Wiss. Göttg., stand dem Kreis um Fstn. Gallitzin nahe, befreundet u. a. mit Merck u. Soemmerring, besuchte L. auf seiner Reise nach Hamburg im Okt. 1779 in Göttg. 86.

Canzler, Friedrich Gottlieb (1764–1811), aus Wolgast, immatr. in Göttg. 6. 5. 1783 als stud. jur., 1787 M. A., dann Privatdoz. f. Geschichte (las auch Geographie, Statistik u. erteilte Sprach-

unterricht im Schwedischen) in Göttg., 1800 o. Prof. d. Statistik u. Kameralistik in Greifswald, 1794–1798 Hrsg. des ‚Allgem. Literaturarchiv für Geschichte, Geographie u. Statistik‘, betrieb das 1798 konzessionierte Göttg. ‚Akademische Lese-Museum‘, in dem er 138 Zeitungen u. Journale zur Ausleihe anbot
– Lesezirkel 114.

Carlson, Chester F. (1906–1968), Erfinder der Xerographie
– Electrophotography (1942) 37.

Cato Censorius, Marcus Porcius (234–149 v. Chr.), röm. Zensor u. Konsul, erbitterter Feind Karthagos 99.

Cavendish, Henry (1731–1810), Chemiker, Physiker u. Naturphilosoph in Cambridge u. London, 1760 Mitgl. d. Royal Society in London, entdeckte 1766 das Wasserstoffgas, erkannte 1781, daß Wasserstoff zu Wasser verbrennt, bestimmte 1798 die Erddichte durch Pendelversuche u. maß die Gravitationskraft 91.

Celle, bis 1705 Residenzstadt des Fsm. Lüneburg, 1714 Sitz des Oberappellationsgerichts für Kurhannover, seit 1773 Exil der Königin Karoline Mathilde v. Dänemark 22. 23. 25. 27. 39.

Cellini, Benvenuto (1500–1571), Goldschmied, Bildhauer u. Kupferstecher in Florenz
– Due trattati; uno intorna alle otto principali arti dell‘ oreficeria. L‘ altro in materia dell‘ arte della scultura (1568) 103.
– Autobiographie (Übersetzung durch Goethe) 107.

Ceylon, Insel im Indischen Ozean, niederländ., seit 1795 engl. Kolonie 70.

Chambers, William (1726–1796), in Engl. aufgewachsener Schwe-

de, Hofarchitekt u. Gartenbau-
künstler in London, suchte Chi-
namode, Neugotik u. palladia-
nischen Klassizismus im ‚senti-
mentalen' Garten zu vereini-
gen, gestaltete die Kew Gardens
im frei-romantischen Stil, baute
u. a. 1776–1786 den Somerset-
Palast (Sitz der Royal Academy),
1776 Mitgl. d. Royal Society
London
– Tempel der Sonne 28.
Chaulieu, Guillaume Amfrye de
(1639–1720), franz. Dichter
von Trinkliedern, Madrigalen u.
Sinngedichten 27.
Cheselden, William (1688–1752),
Augenarzt, Anatom u. Chirurg
am St. Thomas-Hospital in
London, Leibchirurg der engl.
Kgn., 1711 Mitgl. d. Royal
Society London 27.
Chester, Bischof von s. Markham
Christelchen s. Christiane Diete-
rich
Churchill, Charles (1731–1764),
engl. Theologe, Dichter u.
Journalist, Parteigänger von
J. Wilkes 31.
Cicero, Marcus Tullius (106–43
v. Chr.), röm. Staatsmann, Phi-
losoph, Rhetor u. Schriftsteller
6.
– Epistolae ad familiares 77. 80.
– Laelius 2.
– Oratio de leg. agr. 93.
– Oratio pro Q. Roscio 93.
– Tusculanae disputationes (5, 5,
12) 117.
Clacius, Johann Henrich
(*1760), aus Göttg., immatr. in
Göttg. 5. 4. 1780 als stud. med.,
später Militärarzt, Bruder von
Justus Basilius Ludwig C. 48.
49.
Clacius, Justus Basilius Ludwig
(1757–1780), Goldschmied in
Göttg., Bruder von Johann
Henrich C. 48. 49.

Claproth, Justus (1728–1805),
Jurist, Kriminalrechtler, immatr.
in Göttg. 9. 4. 1748, ebd. 1758/
59 Privatdoz., 1759 a. o., 1761
o. Prof. d. Rechte, 1783 Hofrat
– Gerichtliche Akten (Inquisi-
tions-Akten) 52.
– neues Haus 54.
Claudianus, Claudius (um 375
n. Chr.), Panegyriker u. polit.
Dichter aus Alexandria, lebte
seit spätestens 394 in Rom
– De bello Gildonico 76.
Clausthal, hannov. Bergstadt im
Oberharz, Sitz der Berghaupt-
mannschaft (heute: Oberberg-
amt) 105.
Clay, Henry, engl. Fabrikant in
Birmingham 31.
Clazius s. Clacius
Clerke, Francis (1748–1777), aus
England, immatr. in Göttg.
11. 8. 1769 als stud. des belles
lettres, wohnte gemeinsam mit
L., W. H. Irby u. T. Swanton bis
Ostern 1771 bei J. Tompson
(Weender Str.), Zögling Boies,
Schüler u. enger Freund L.s, als
Hptm. u. Adjutant von General
Burgoyne Teilnehmer am Ame-
rik. Unabhängigkeitskrieg,
7. 10. 1777 bei Saratoga tödlich
verwundet 18.29.
Cook, James (1728–1779), aus
Marton-in-Cleveland/Yorkshire,
Seeoffizier, Kapitän, Weltumsegler, 1759–1762 Segelmeister
auf der ‚Northumberland', dem
Flaggschiff der in Nordamerika
stationierten engl. Flotte, ver-
maß u. kartierte in dieser Zeit
den St.-Lorenz-Strom sowie die
Küsten von Nova Scotia u. Neu-
fundland, 1768 Ltn., trug mit
seinen drei Weltumseglungen
(1768–1771, 1772–1775 u.
1776–1779) wesentl. zur Erfor-
schung des Stillen Ozeans bei,
von Eingeborenen auf Hawaii

ermordet, 1776 Mitgl. d. Royal Society London 31.

– Südseereise 42.

Cordelia, (Dramenfigur in Shakespeares King Lear) 28.

Cornaro, Ludovico oder Luigi (1467–1566), ital. Schriftsteller u. Gesundheitsapostel. 111.

Cornelius Nepos s. Nepos

Correggio s. Allegri

Crébillon fils, Claude Prosper Jolyot de (1707–1777), franz. Verfasser eleganter u. frivoler Romane, starb als kgl. Zensor in Paris 78.

Creighton s. Crichton

Crell, Lorenz Florens Friedrich von (1744–1816), Mediziner u. Chemiker, Prof. d. Philosophie u. Medizin in Helmstedt 91.

– Beyträge zu den Chem. Annalen 72.

Crichton, Alexander (1763–1856) 81.

Crisis, The, polit. Wochenschrift, Sprachrohr der Befürworter der amerik. Unabhängigkeitsbestrebungen in England, gedruckt u. hrsg. bei Thomas W. Show (London, Fleet-Street) 21. 1. 1775–8. 6. 1776, das vom Henker verbrannte 3. St. trug den Titel ‚Thy name, O! Chatham (with some few more) is made, rare instance, immortal by defeat; and to thee new country rise - from the ruins of the country ... To the King' 29.

Cronhelm, von, († nach 1783), seit 1769 Fähnrich im Inf.-Rgt. Bock in Stade, 1778–1783 im 4. hannov. Inf.-Rgt., 1782 Ltn., reiste 1773 mit L. nach Helgoland 26.

Cuxhaven, Hafenort an der Elbmündung im hamburg. Amt Ritzebüttel, Abgangsort des hannov. Quartalskuriers nach England 24. 26. 39.

Dabelow, Christoph Christian (1768–1830), Jurist, 1792–1809 o. Prof. d. Rechte in Halle, 1811–1813 Minister in Anhalt-Köthen, 1816 Privatdoz. in Halle, 1819 Prof. in Dorpat 64.

Dänemark, Christian VII., König von (1749–1808) 27.

Dänemark, Karoline Mathilde, Königin von, geb. v. England (1751–1775), Schwester von Georg III., verh. 1766 mit Christian VII., nach Struensees Hinrichtung 1772 gesch. u. nach Celle verbannt 22. 23. 25. 27.

Darmstadt, Haupt- u. Residenzstadt der Landgrafen, seit 1806 Großherzöge von Hessen-Darmstadt 27. 81. 109.

– Fürstl. Pädagog, gegr. 1627, Schule L.s 80. 81.

– Gewächshaus Orangerie, erbaut 1719 12.

– Himmel 13.

– Neues Tor 73.

– Oberförster 2. 27.

– Schloßgasse 110.

– Tanne 73.

David (10. Jhdt. v. Chr.), bibl. (zweiter) Kg. von Israel, Psalmen-Dichter des ATs. 82.

Davy, Humphry (1778–1829), Chemiker in Bristol, Begründer der Elektrochemie, Lehrer Faradays 108.

Defoe, Daniel (1660/61?–1731), engl. Kaufmann u. Schriftsteller

– The fortunes and misfortunes of the famous Moll Flanders (1722) 28.

Deluc, Guillaume Antoine (1729–1812), Geologe, Ratsmitgl. in Genf, besaß eine der umfangreichsten schweiz. Naturaliensmlg., Bruder von Jean André D. (sen.) 31.

Deluc, Jean André (1727–1817), Geologe, Mineraloge, Meteorologe u. idealist. Naturphilosoph aus Genf, 1770 Mitgl. d. dortigen Gr. Rates, 1773 Mitgl. d. Royal Society u. Vorleser der engl. Kgn. in London, entwikkelte mit Guillaume Antoine D. seine ‚Theorie der Erde', gut bekannt mit L., den er 1775 in London kennenlernte u. 1776, 1777, 1778 sowie 1797 in Göttg. besuchte, hatte zu Beginn der Freundschaft großen Einfluß auf L.s philosoph. Denken, 1798 (dispensierter) o. Prof. f. Philosophie u. Geologie an der Univ. Göttg., 1815 ausw. Mitgl. d. Göttg. Soz. d. Wiss. 31. 54. 77. 91.
– Idées sur la météorologie 1786 91.
– Lettres 53.
Demainbray, Stephen Charles Triboudet (1710–1782), Hofastronom u. Dir. des Observatoriums in Richmond, wo L. ihn während seines Treffens mit Georg III. am 22. 4. 1770 kennenlernte 2. 29.
Demosthenes (383–322 v. Chr.), griech. Staatsmann u. Rhetor 2.
Desdemona (Dramengestalt in Shakespeares Othello) 28.
Didot, François Ambrois (1730–1804), Buchdrucker u. -händler in Paris, druckte als erster auf Velinpapier, entwarf nach ihm benannte Antiquatypen, erfand die gegossenen Stege u. Pressen mit einem Zug 93
Dierck/Dierk/Dyrk s. Dieterich
Dieterich, Charlotte Wilhelmine, geb. Michaelis (1766–2. 4. 1793), Tochter von J. D. M., seit 3. 6. 1792 Ehefrau von Heinrich Friedrich Wilhelm Ludwig D., starb kurz nach der Geburt ihrer Tochter Charlotte (Lolo) Cecilie 92. 105.
Dieterich, Christian Wilhelm Emanuel (7. 6. 1770–7. 11. 1813), Sohn von Johann Christian D., immatr. in Göttg. 18. 6. 1779 als stud. med. 28.
Dieterich, Christiane Elisabeth Dorothea, geb. Mevius (7. 6. 1735–4. 6. 1805), aus Gotha, Tochter von J. P. Mevius, verh. 12. 9. 1752 mit Johann Christian D., Mutter von 11 Kindern 3. 4. 6. 12. 14. 16. 19. 22. 28. 28.
– Briefe von L. 5. 6. 7. 8. 12. 13. 23. 25. 35. 39. 40.
– Briefe an 9.
– Christelchen 8. 11.
Dieterich, Friederike Christiane Henrietta (1. 9. 1761–7. 8. 1782), aus Gotha, Tochter von Johann Christian D. 35. 56. 57. 58. 59.
– Briefe von L. 34. 35.
– Silhouette 58.
Dieterich, Friederike Johanna Luise (24. 1.–27. 9. 1775), wohl geistig behinderte Tochter von Johann Christian D. 32.
Dieterich, Friedrich Peter Thomas (17. 1. 1769–5. 1. 1771), aus Gotha, Sohn von Johann Christian D. 2.
Dieterich, Heinrich Friedrich Wilhelm Ludwig (9. 2. 1764–7. 11. 1837), aus Gotha, ältester Sohn v. Johann Christian D., lernte bei C. F. Schwan in Mannheim als Buchhändler, übernahm das väterl. Geschäft 92. 99. 105.
Dieterich, Johann Christian (25. 5. 1722–18. 6. 1800), aus Stendal, ursprünglich Seidenhändler, dann Geschäftsführer, 1762 Erbe der Buchhandlung seines Schwiegervaters Mevius († 1762) in Gotha, die er Ende

417

1774 mit allen Verlagsrechten (z. B. am Gothaischen Hof-Kalender) an Ettinger verkaufte, erhielt am 10. 8. 1765 ein Buchhandelsprivileg für Göttg., wohin er am 1. 7. 1766 übersiedelte u. 1770 eine Druckerei eröffnete, 1. 5. 1776 als Univ.-Buchhändler immatr., mietete 1768 das Eckhaus Gotmarstr./Prinzenstr. (‚Schmahlens Laden‘), das er 1780 kaufte, erwarb 1785 das angrenzende Büttnersche Haus (Prinzenstr. 2), in dem er u. a. die 3 engl. Prinzen sowie einen Teil des Hofstaats während ihres Aufenthalts in Göttg. beherbergte, in D.s Verlag, einem der 10 größten Verlage in Dtl. u. neben Vandenhoeck & Ruprecht dem bedeutendsten in Göttg., erschienen u. a. der GMA, der GTC, das GMWL sowie Reichards Revolutions-Almanach 1. 6. 7. 12. 13. 14. 19. 20. 23. 28. 29. 31. 39. 40. 54. 57. 58. 64. 89. 90. 99. 93. 99. 101. 105. 116. 117. 121.
– Anhang 9.
– Briefe von L. 2. 3. 4. 5. 6. 8. 9. 10. 11. 14. 15. 16. 19. 20. 21. 30. 32. 33. 105.
– Deutsche Schriften der Göttinger Sozietät (geplant) 2.
– druckt Abhandlungen Göttinger Sozietät der Wissenschaft 54.
– Dienstboten s. Gertrudchen, Lenchen Marie, Regine
– Familie 106. 118. 121.
– Gartenhaus 75.
– Geselligkeit 6.
– Gothaischer Hof-Kalender 2.
– GTC 37.
– Haus 75.
– Haus (Familie) 92.
– Korrespondent 1.
– Meßgut 36.

– Hauskauf 66.
– Kalender 23. 36. 67. 78.
– Kinder 11.
– Krankheit 86.
– Kutscher 121.
– Magen 111.
– Memorial für den König 33. 99.
– Sprachfehler 7.
Dieterich, Johanna (1795–1. 6. 1796), in Gotha geb. Tochter von Johanna (Jeannette) Christiane u. Heinrich Friedrich Wilhelm Ludwig D. 101. 105.
Dieterich, Johanna (Jeannette) Christiane, geb. Friedheim (1775/76?–21. 8. 1827), seit Aug. 1794 zweite Ehefrau von Heinrich Friedrich Wilhelm Ludwig D. 101. 105.
Dieterich, Luise (Luischen) Sophie Henriette s. Köhler, L. S. H.
Dieze, Johann Andreas (1729–1785), aus Leipzig, ab 1756 in Göttg., 1762 Sekr. der Dt. Gesellschaft ebd., 1763 2. Kustos der Univ.-Bibl., 1764–1770 a. o., 1770–1784 o. Prof. d. Philologie, ab 1784 Bibliothekar in Mainz, Mitgl. d. Göttg. Prof.-Klubs 27. 29. 44. 46. 67.
Dillon, Wentworth (1637?–1685), 4th Earl of Roscommon 1649, irischer Dichter der klass.-restauration Periode am Hof Karls II.
– An Essay on translated Verse 70.
Dohm, Christian Konrad Wilhelm (von) (1751–1820), Diplomat, Historiker u. Schriftsteller, aus Lemgo, 1773 Pagenhofmeister in Berlin, dann Stud. in Leipzig, immatr. in Göttg. 31. 5. 1774 als stud. phil. et hist., dann preuß. Beamter 29.
Dollond, John (1706–1761), Optiker u. Instrumentenbauer in

London, gründete 1752 eine optische Werkstatt, konstruierte 1757 das erste achromatische Fernrohr 23.

Don Zebra Bombast s. Zimmermann, Johann Georg

Dorset s. Sackville.

Drechsler, Johann Georg (1746–1805), gelernter Büchsenmacher, bildete sich 6 Jahre in London zum Mechaniker aus (u. a. bei William Cuff), danach Mechaniker u. Optiker in Hannover 37.

Dresden, Hauptstadt Kursachsens 66.

Droz, Henri Louis, s. Jaquet-Droz, H. L.

Droz, Pierre Jaquet, s. Jaquet-Droz, P.

Drugger, Abel (Dramengestalt in Ben Jonson, Alchemist) 28.

Dryden, John (1631–1700), engl. klassizist. Dichter, 1670 kgl. Historiograph 76.

Duderstadt, Stadt auf dem kurmainz. Eichsfeld ca. 30 km östl. v. Göttg., heute zu Niedersachsen, letzte Station der Reichspost vor der hannov. Grenze 117.

Duisburg, Stadt im preuß. Hzm. Kleve mit 1655 gegr. Universität 16.

Dumont, Johann Peter (1724–1796), aus Braunschweig, immatr. 9. 10. 1758 als Univ.-Kaufmann in Göttg., 1764–1782 Univ.-Weinschenk am Kornmarkt, vermietete in seinem Haus Weender Str. 4 Zimmer an Stud., befreundet mit J. C. Dieterich, Boie u. L. 9. 10. 12. 23. 28.

Dumont, Katharina Luise, geb. Stockenschneider (1745–1789), verh. mit Johann Peter D. 12.

Dunecken (sat. Name) 66.

Dunglass, Dorf im Osten der schott. Gft. Haddington an der Grenze zur Gft. Berwick 31.

Ebell, Georg August (1745–1824), aus Hannover, Beamter u. physikal. Dilettant, Schriftsteller, immatr. in Göttg. 23. 10. 1764 als stud. jur., 1769 Auditor, 1775 Hof- u. Kanzleirat bei der Justizkanzlei in Hannover, 1798/99 Oberappellationsrat in Celle, 1800–1803 hannov. Postmeister in Bremen, von L. zu seinem engeren hannov. Freundeskreis (Kleeblatt) gezählt 31.

Ebersberg gen. Weyhers und Leyen, Amand Philipp Ernst Christoph Franz Ignatius von (1747–1803), Kammerherr in Fulda 68.

Eckhard, Johann Georg (*1691), Onkel L.s, in Gießen immatr. als stud. theol., später cand. theol. in Hamburg, sein Sohn (L. s. ‚Vetter‘) möglicherweise der Wirt des Hamburger Kramer-Amthauses, in dem L. u. seine Reisegesellschaft Juni 1778 logierte 27. 39.

Eichsfeld, 1446–1802 kurmainz. Territorium südöstl. Göttg. 117.

– Straßenverhältnisse 78.

Einbeck, Stadt im hannov. Fsm. Grubenhagen ca. 40 km nördl. v. Göttg. 3. 4.

Eisendecher, Wilhelm Christian (1741–1804), hannov. Kammerschreiber, als Nachfolger von J. A. Schernhagen 1785 Klosterregistrator u. Rechnungsführer der Univ.-Kasse mit dem Titel Oberkommissar 98.

Elbe 24. 27. 100.

Elberfeld, Johann Heinrich

(1725–1797), Gewürzkauf-
mann, Spezereienhändler in
Göttg., Besitzer des Hauses
Gotmarstr. 3 u. Nachbar L.s 14.
Ellershäuser Holz, wohl das Gro-
ner Holz zw. Ellershausen u.
Dramfeld westl. Göttg. 89. 92.
Elmsley, Peter (1736–1802), ab
1768 Buchhändler in London
(Strand, gegenüber von South-
ampton Street) 1.
Endris, Maria Magdalena, geb.
Tietermann (*1739), aus
Pattensen, Zofe am engl. Hof,
dann Haushälterin im Gasthaus
,Zum Römischen Kaiser' in Os-
nabrück, in dem L. 1772 logier-
te, heir. 1773 Johann Georg E.,
der 1780 das Gasthaus über-
nahm 17.
– Brief von L. 22.
Engelhard, Magdalene Philippi-
ne, geb. Gatterer (1756–1831),
Tochter von J. C. G., heir. 1780
Johann Philipp Nikolaus E.,
Kriegssekretär in Kassel 58.
Engländer
– Göttingen 36. 108.
England 100. 117.
– Essenszeiten 1. 29.
– Glasschleifer 23.
– Kindsmord 52.
– Nationalgeschmack 62.
– Reise L.s 1775 18.
– Schönheit der Frauen 2.
– Speisegewohnheiten 2.
– von Niedersachsen besiedelt 2.
England, Adolf Friedrich von
(1774–1850), 1801 Duke of
Cambridge, siebter Sohn von
Georg III., immatr. 10. 7. 1786
in Göttg., wohnte bei J. C. Die-
terich (Prinzenstr. 2), Abreise
aus Göttg. mit seinem Bruder
Ernst August am 10. 1. 1791,
1792 Oberst bei der hannov.
Fußgarde, 1793 ihr Komman-
deur im 1. Koalitionskrieg ge-

gen Frankr., 1794 Generalmajor der Inf. in Hoya,
1798 Generalltn. in Hannov.,
1801 Kommandant von Han-
nov., 1803 Generalinspektor
der hannov. Kav. u. Inf., 1803
Rückkehr nach Engl., dort
Chef der Dt. Legion, 1813 als
Feldmarschall wieder in Hannov., 1816 Generalgouverneur
u. 1831 Vizekg. v. Hannover,
1802 Ehrenpräsident d. Soz. d.
Wiss. Göttg. 31. 75. 77.
England, August Friedrich von
(1773–1843), 1801 Duke of
Sussex, sechster Sohn von
Georg III., immatr. 10. 7. 1786
in Göttg., wohnte bei J. C. Dieterich (Prinzenstr. 2), Hörer
L.s, reiste wg. asthmatischer An-
fälle u. auf Ratschlag von J. G.
v. Zimmermann in Begleitung
von F. W. A. v. Linsingen u.
G. E. K. F. C. v. Hanstein
Nov. 1788 zur Kur nach
Hyères, von wo er Mai 1789
nach Göttg. zurückkehrte, nach
abermaliger Verschlechterung
seines Gesundheitszustandes
verließ er Frühjahr 1790 Göttg.
u. lebte bis 1796 meist in Ital.,
danach wieder in Engl., verh.
1793 mit Augusta Murray
(†1830), Tochter von John
Murray, 4th Earl of Dunmore,
die Ehe wurde 1794 nach
dem Royal Marriage Act von
1772 für ungültig erklärt. 75.
77. 80.
England, Auguste Sophie von
(1768–1840), Tochter von
Georg III., starb unverh. 31.
England, Charlotte Auguste
Mathilde von (1766–1828),
älteste Tochter von Georg III.,
verh. 1797 mit Friedrich I.
v. Württemberg 31.
England, Ernst August von (1771–
1851), 1799 Duke of Cumber-

land, fünfter Sohn von
Georg III., immatr. 10. 7. 1786
in Göttg., wohnte bei J. C. Dieterich (Prinzenstr. 2), Abreise
aus Göttg. mit seinem Bruder
Adolf Friedrich am 10. 1. 1791,
1792 hannov. Oberst, 1794
Generalmajor im 1. Koalitionskrieg gegen Frankr., 1798 als
tit. Generalltn. zurück nach
England, 1837 Kg. v. Hannover,
hob nach seinem Regierungsan-
tritt das 1833 erlassene Staats-
grundgesetz auf u. entließ in
der Folge die ‚Göttg. Sieben‘
75. 77.
England, Friedrich von (1763-
1827), 1784 Duke of York and
Albany, zweiter Sohn von
Georg III., 1764 ev. Fürstbi-
schof von Osnabrück, reg. seit
1783, erhielt 1780–1787 eine
militär. Ausbildung in Hannover, immatr. in Göttg.
10. 6. 1781 (ohne das Studium
aufzunehmen), 1793/94 Oberbefehlshaber der engl. Truppen
in Holl. im 1. Koalitionskrieg
gegen Frankr.; 1795 Oberkom-
mandierender der Streitkräfte
in Großbrit. 5. 29. 31.
England, Georg II., König von
(1683–1760), reg. seit 1727,
stiftete u. a. das Brit. Museum
in London u. 1734 die Georgia
Augusta zu Göttg., der er Zen-
surfreiheit garantierte 68.
England, Georg III., König von
(1738–1820), reg. seit 1760,
Vormund in Osnabrück 1764–
1783, naturwiss.-astronom. Dilettant, nahm gemeinsam mit
seinem Hofastronomen De-
mainbray im kgl. Observatorium zu Richmond Beobachtungen vor, empfing L. dort erstmals am 22. 4. 1770, sein bereits 1787/88 beginnender
Wahnsinn führte 1810 zu un-

heilbarer Geisteskrankheit 1. 2.
5. 23. 27. 29. 31. 33. 67. 72. 75.
– Geburtstag 49.
– Monogramm als Gleitentladung 38.
– Porträt 72.
England, Georg IV., König von
(1762–1830), erster Sohn von
Georg III., als Thronfolger
Prince of Wales, seit 1811 Prinz-
regent, folgte 1820 als Kg. 29.
31. 33.
England, Jakob II., König von
(1633–1701), reg. 1685–1688,
durch Wilhelm III. 1688/89
entthront, flüchtete nach
Frankr. ins Exil 32.
England, Sophie Charlotte von,
geb. v. Mecklenburg-Strelitz
(1744-1818), verh. 1761 mit
Georg III., empfing L. während
seiner 2. Englandreise 1774/75
in mehreren Audienzen 5. 28.
29. 31. 33. 72.
– Porträt 72.
Ephemeriden s. Allg. geogr. Eph.
Erdmann, Katharina Elisabeth
(1758– nach 1781), aus Gelliehausen b. Göttg., Dienstmagd
in Göttg., zuletzt beim Bäcker
u. Wirt Quentin, 1781 wg.
Kindsmord von G. A. Bürger
verhört u. zu einer mehrjähr.
Zuchthausstrafe verurteilt 52.
Erfurt, größte Stadt Thüringens
mit 1392 gegr. Universität, bis
1802 zu Kurmainz 78.
Erlangen, Stadt in Franken mit
1743 gegr. Universität, damals
zur seit 1791 preuß. Mgft. Ans-
bach-Bayreuth 109.
Ersch/Gruber
– Encyclopädie 70.
Erxlebens Naturlehre s. Lichtenberg
Essen, Hans-Hendrik von (1755–
1824), aus Schweden, erst Stud.
in Uppsala, immatr. in Göttg.
10. 5. 1771 als stud. rerum mili-

tar., später schwed. General der
Kav., Reichsmarschall u. Gouverneur von Schonen, 1795–
1797 Oberstatthalter von Stockholm 11.

Eßwein, Heinrich Bernhard
(1744?–1811?), aus Zwingenberg, Schulfreund L.s am Pädagogium in Darmstadt, 1767–
1775 Amtsschreiber in Mörfelden, danach Marschkommissar
u. Zentgraf in Arheilgen, 1796
Amtsverweser des hess.-darm-
städt. Amts Lichtenberg 27.

Estaing, Charles Hector Théodat
Comte d' (1729–1794), franz.
Marineoffizier, Befehlshaber
der franz. Flotte im Amerik. Unabhängigkeitskrieg, wo er mehrere Niederlagen gegen die Engländer hinnehmen mußte 62.

etrurische Gefäße 31.

Euböa-Sund s. Euripos

Eukleides (um 300 v. Chr.),
griech. Mathematiker in Alexandria 77.

Euler, Leonhard (1707–1783),
aus Basel, Mathematiker, Physi-
ker u. Astronom, Begründer d.
Variationsrechnung, 1727
Adjunkt, 1730 Prof. d. Physik,
1733 zgl. Prof. d. höheren
Mathematik an d. Akad. d. Wiss.
St. Petersburg, von Friedrich
d. Gr. 1741 nach Berlin beru-
fen, 1744–1766 Dir. d. math.
Klasse d. Berliner Akad. d.
Wiss., lebte seit 1766 wieder in
St. Petersburg, 53.

Euripos, griech. Meerenge zwischen Euböa u. Böotien 24.

Europa litteraria, d. h. die gelehrte Welt 69.

Ewald, Schack Hermann (1745–
1822), sachs.-goth. Hofsekr.,
Dichter, immatr. in Göttg.
6. 5. 1772 als stud. jur.
– Kriegsgefangene Franzosen
(Skizze) 97.

Falck, Anders (1740–1796),
schwed. Astronom, Schüler Linnés in Uppsala, immatr. in
Göttg. 10. 5. 1771 als stud.
phil., Hofmeister von H.-H.
v. Essen, später Rektor der Trivi-
alschule zu Skara, zuletzt Astronom in Uppsala 8. 9. 11. 12.

Farenheid, Friedrich Heinrich
Johann von (1780–1849), aus
Königsberg, erst Stud. in Königsberg, Hörer Kants, mit dessen Empfehlung er nach Göttg.
reiste u. sich am 1. 10. 1798 als
stud. cam. immatr., hörte WS
1798/99 bei L. Experimentalphysik, meldete sich am
29. 12. 1798 für das SS 1799,
wohnte bei Dieterich/Prin-
zenstr., danach Grundbesitzer
in Angerapp/Ostpreußen 116.

Farquhar, George (1678–1707),
irischer Lustspieldichter u.
Schauspieler
– The Beaux' Stratagem
(1707) 28.

Feder, Johann Georg Heinrich
(1740–1821), aus Schornweis-
ach, Philosoph, Pädagoge,
1757–1760 stud. phil. et päd. in
Erlangen, 1765–1768 Prof. f.
Metaphysik, Moral u. Logik am
Casimirianum in Coburg, 1768–
1797 o. Prof. d. Philosophie in
Göttg., 2. 1.–2. 7. 1788 u. 1. 3.–
1. 9. 1794 Prorektor, Anhänger
einer aufklärerischen Popular-
philosophie, Lehrer von Meiners u. mit ihm Gegner Kants,
1797 Dir. des Georgianum in
Hannover 28. 43. 44. 45.

Feenmärchen s. Reichard

Fichte, Joh. Gottlieb (1762–
1814), Philosoph, stud. theol.
in Jena, dann Hauslehrer in der
Schweiz, 1794 Prof. d. Philosophie in Jena, wo er den sog.
Atheismusstreit auslöste u. in

dessen Folge am 1. 4. 1799 entlassen wurde, danach Privatier in Berlin 117.

Fielding, Henry (1707–1754), engl. Schriftsteller 66. 99.
– The history of Tom Jones, a foundling (1749) 66.

Fielding, deutscher, s. Müller, J. G. 99.

Firth of Forth, Meeresarm der Nordsee an der schott. Küste 31.

Fischer, Johann Christian (1733–1800), Oboenvirtuose u. Komponist, konzertierte mit Bach u. Abel in London
– Rondeau-Menuett 53.

Fischer, Johann Heinrich (1759–1814), Mediziner, immatr. in Göttg. 20. 4. 1779 als stud. med., 1782 a. o., 1786 o. Prof. in Göttg., leitete 1785–1792 die Entbindungsanstalt 72.

Florenz, Hauptstadt des habsburg. Sekundogenitur-Hzm. Toskana 18. 66.

Flügge, Henning Richard (1726–1811), hannov. Beamter, Nebenstundenschriftsteller, immatr. in Göttg. 10. 10. 1746 als stud. jur. 1758–1795 Geh. Kanzleisekr. in Hannover 26.

Fontainebleau, Jagdschloß u. Sommerresidenz der franz. Könige, ca. 60 km südöstl. v. Paris 69.

Forster, Johann Georg Adam (27. 11. 1754–10. 1. 1794), aus Nassenhuben b. Danzig, Naturforscher, Schriftsteller u. Übersetzer nahm an Cooks 2. Weltumseglung (1772–1775) teil, die er stellvertretend für seinen Vater 1776/77 beschrieb, Nov. 1778 Abreise nach Dtl., um eine Anstellung für sich u. seinen Vater zu finden, auf dem Weg nach Berlin 21. 12. 1778–4. 1. 1779 bei L. in Göttg.

(Ehrenpromotion zum M. A.), 1778–1784 o. Prof. d. Naturgeschichte am Collegium Carolinum in Kassel, 1778–1783 Rosenkreuzer u. Mitgl. d. Freimaurerloge ‚Zum gekrönten Löwen‘, 1784 Prof. f. Naturwiss. u. poln. Geh. Rat in Wilna, wohin er sich für 8 Jahre verpflichtet hatte, in Halle 1785 Dr. med., 1787 Vorbereitung für eine russ. Expedition zu unerforschten Gebieten im Stillen Ozean, die wg. des russ.-türk. Krieges nicht zustande kam, 1788 Univ.-Bibliothekar in Mainz, bereiste 1790 mit Alexander v. Humboldt den Niederrhein, Brabant, Flandern, Holl., Engl. u. Frankr., Ende 1792/Anfang 1793–31. 1. 1793 Präsident d. Jakobinerklubs ‚Gesell. der Freunde der Freiheit u. Gleichheit‘ in Mainz, 1793 Abgeordneter der Rheinprovinzen u. Präsident d. Unterrichtsausschusses, lebte nach der Wiedereroberung von Mainz durch die Koalitionstruppen als polit. Flüchtling in Paris, wo er vereinsamt starb. 1780–1785 Mithrsg. des GMWL, 1784–1787 der ‚Hessischen Beiträge zur Gelehrsamkeit und Kunst‘ 48. 67. 88. 93. 93.
– Ansichten vom Niederrhein, von Brabant, Flandern, Holland, England und Frankreich im April, Mai und Junius 1790 (1791) 86. 87. 93.
– A Voyage round the world .... (1777) 31.
– Briefe
–– an Heyne 87.
–– an F. H. Jacobi 46.
–– an L. 75.
–– an Soemmerring 81.
–– von L. 80. 87. 93.
– Magister artium 42.

- Räubernation 98.
- Revolution 95. 98. 99. 100. 114.
Frankreich, Karl X., König von, Comte d'Artois (1757–1836), 1792 Führer des adl. Emigrantenkorps 88.
Frankreich, Marie Antoinette Königin von, geb. v. Österreich (1755–1793), Tochter von Ksr. Franz I. u. Maria Theresia, verh. 1770 mit dem Dauphin, seit 1774 König Ludwig XVI. 101.
Franzen, Daniel Christian, Tochter von, J. C. Dieterichs Kusine aus Stendal 40.
französische Chemie 91.
französisches vs. englisches Wesen 28.
Franzosen 105. 117.
- Hof u. Adel 98.
- Truppen 109.
Fraser, Simon (1667–1747), seit 1730 Lord Lovat, schott. Politiker, ab 1737 Unterstützer des Stuart-Prätendenten, nach der 1746 verlorenen Schlacht bei Culloden wegen Hochverrats hingerichtet 31. 79.
Frauenburg, heute Fromburk/Polen, am Frischen Haff/Ostsee, Sitz des Bischofs von Ermland, 1466 poln., 1772 ans Kgr. Preußen 90.
Frelon (sat. Name in Voltaire, L'Ecossaise) 66.
Fréron, Élie Cathérine (1718–1776), Kritiker u. Gegner Voltaires in Paris, 1754 Begründer u. bis zu seinem Tod Hrsg. der Lit.-Zeitschrift ‚Année littéraire‘ 66.
Friedheim, Christian († nach 1799), Tuchfabrikant u. Kaufmann in Gotha, Vater von Johanna Christiane F., Schwiegervater von Heinrich Friedrich Wilhelm Ludwig Dieterich 99. 101. 105.

Gage, Henry (1761–1808), folgte 1791 seinem Onkel als 3rd Viscount Gage, engl. Offizier, Sohn von Thomas G., engl. Oberbefehlshaber in Nordamerika, immatr. in Göttg. 15. 7. 1777 als stud. math., Zögling M. C. Sprengels u. Hörer L.s., mit dem G. Juni 1778 nach Hamburg reiste, wohnte SS 1778 bis SS 1779 bei Dieterich, unter Lord A. Gordon Teilnehmer am Amerik. Unabhängigkeitskrieg, starb als Generalmajor 40.
Galland, Antoine (1646–1715), franz. Orientalist, Numismatiker, Bibliothekar u. Schriftsteller, Günstling Colberts, reiste zw. 1670 u. 1679 mehrmals nach Konstantinopel u. Jerusalem, um dort Denkmäler u. Inschriften zu studieren, danach Antiquar des Kg.s u. Prof. d. arab. Sprache am Collège Royale zu Paris, übersetzte ‚Tausend u. eine Nacht‘ ins Franz. 67.
Gallitzin, Dimitrij Alexejewitsch, Fürst von (1734/35?–1803), russ. Minister, Staatsrat, Physiker u. Mineraloge, Günstling von Katharina II., 1768–1782 Gesandter in Paris u. Den Haag, lebte später in Braunschweig 60. 72.
Gamauf, Gottlieb (1772–1841), aus Günz (heute Köszeg)/Ungarn, immatr. in Göttg. 8. 10. 1792 als stud. theol., Schüler L.s, bei dem er SS 1793(?), SS 1794 u. WS 1794/95 Experimentalphysik, WS 1794/95 u. WS 1795/96 Astronomie hörte, Vf. der ausführlichsten bekannten Lichtenberg-Vorlesungsmitschriften
- Erinnerungen aus L.s Vorlesungen über Erxlebens Anfangsgr. der Naturlehre (1808 ff.) 60. 96.

– Erinnerungen aus L.s Vorlesungen über die physik. Geographie (1818) 26.

Garrick, David (1716–1779), engl. Schauspieler u. Lustspieldichter, 1747–1776 Eigentümer u. Dir. des Drury Lane Theatre in London 28. 31. 32. 33. 103.
– Epilog zu Burgoynes ‚The maid of the oaks‘ 28.
– Büste 29.

Garve, Christian (1742–1798), Popularphilosoph, Lyriker u. Übersetzer in Breslau, 1763 stud. theol. in Frankfurt/O., 1764–1766 stud. phil. et math. (bei Segner) in Halle, danach bei Gellert in Leipzig, 1769/70 ebd. Prof. f. Poesie, Eloquenz u. Moral, lebte wg. einer Krankheit ab 1770 im elterl. Haus in Breslau, wo er im Auftrag Friedrichs d. Gr. seit 1779 Ciceros Abhandlung ‚Über die Pflichten des Menschen‘ übersetzte, zu Studien für diese Aufgabe 1781 ca. 3 Monate in Göttg., wohnte bei J. G. H. Feder, lernte L. kennen u. hörte bei Heyne Vorlesungen über röm. Altertümer 61.

Gatterer, Johann Christoph (1727–1799), aus Lichtenau b. Nürnberg, Historiker, Geograph, Begründer der mod. Diplomatik (Urkundenlehre), studierte in Altdorf, 1752 Lehrer, 1756 Konrektor u. Prof. d. Reichshistorie u. Diplomatik am Gymn. in Nürnberg, 1759 o. Prof. d. Geschichte in Göttg. 49.

Gatterer, Magdalene Philippine s. Engelhard

Gatzert, Christian Hartmann Samuel (von) (1739–1807), Jurist, 3. 5. 1757 stud. jur. in Göttg., 1764 a. o. Prof. in Göttg. (in dieser Zeit Bekannt-

schaft mit L.), 1767 o. Prof. u. Reg.-Rat in Gießen, 1782 Geh. Rat in Darmstadt, 1795 Dir. des Oberappellationsgerichts 81.

Gauß, Friedrich Johann Carl (1777–1855), Mathematiker, Physiker u. Astronom, 1792–1795 Schüler am Collegium Carolinum in Braunschweig, immatr. in Göttg. 15. 10. 1795 als stud. math., hörte bei L. SS 1796 Experimentalphysik, 1798–1807 Privatgelehrter in Braunschweig, 1799 in Helmstedt M. A., 1807 o. Prof. d. Mathematik in Göttg. u. Dir. des Observatoriums ebd.
– Karikatur 116.

Gebauer, Georg Christian (1690–1773), Jurist u. Historiker, 1727–1734 Prof. f. Lehnsrecht in Leipzig, 1734 o. Prof. d. Rechte in Göttg., 1734/35 kommissarischer Rektor 3. 7. 1738 – 2. 1. 1739 Prorektor, G.s umfangreiche Smlg. dt. Gedichte u. Gesangbücher sowie eine gr. Anzahl Manuskripte zur span. Geschichte gingen nach seinem Tod in den Besitz der Göttg. Univ.-Bibliothek über
– Corpus juris civilis (1776) 2. 40. 49.

Gehler, Johann Samuel Traugott (1751–1795), Physiker, Mathematiker u. Jurist in Leipzig, 1776 Privatdoz. d. Mathematik, 1783 Ratsherr, 1786 Beisitzer des Obergerichtshofes, 1778–1792 Hrsg. der ‚Sammlungen zur Physik u. Naturgeschichte‘ sowie des ‚Physikal. Wörterbuchs‘ 96.

Geismar, Dorf südöstl. von Göttg., heute Stadtteil, damals Patrimonialgericht der Herren v. Hardenberg 79.

Geißler, Johann Gottfried (1726–1800), Schulmann, Schulreformer u. Bibliothekar, 1751 Konrektor des Görlitzer Gymn.s, zgl. 1755 Aufsichtsführender über die Handschriften der Bibliothek ebd., 1768 Rektor des Gymn.s in Gotha, 1779 Rektor der Landes- u. Fürstenschule Schulpforta, 1787 Hofrat u. Dir. der Hof-Bibl. in Gotha 28.

Gellert, Christian Fürchtegott (1715–1769), Fabel- u. Liederdichter, Dramatiker u. Romanautor der Frühaufklärung, 1745 Privatdoz., 1751 Prof. f. Poesie, Eloquenz u. Moral in Leipzig 78.

Gellius, Aulus (2. Jhdt.), röm. Schriftsteller
– Noctes Atticae 2.

Gemmingen, Ludwig Eberhard von (1719–1782), aus Darmstadt, hannov. Jurist, erst Auditor, 1746 Rat bei der Justizkanzlei in Hannover, 1755 Gesandter beim Reichstag in Regensburg, 1769 Wirkl. Geh. Rat in Hannover, 1772–1779 Großvogt, seit 1772 neben A. F. v. Lenthe Kurator der Univ. Göttg. 49.

Genf, Stadt in der Schweiz, mit 1559 gegr. Universität seit 1526 zugewandter Ort der Eidgenossenschaft 54. 66.

Georg s. Rogge

Georgia Augusta 68.

Gertrudchen, Köchin Dieterichs 11.

Geßner, Georg (1765–1843), Pfarrer in Zürich
– Lavaters Lebensbeschreibung (1802) 77.

Gevatter, -in s. Dieterich (Joh. Chrn., Christiane)

Geyert, Johann Georg (1754–1816), aus Heiligenstadt, immatr. in Göttg. 22. 2. 1775 als stud. jur., 1778–1785 Privatdoz. 1785 Dr. jur., dann kurmainz.

Reg.-Rat in Heiligenstadt, hörte im SS 1792 bei L. Experimentalphysik 93.

GGA (Göttingische Anzeigen von Gelehrten Sachen) 29. 64. 80.
– 1780 49.
– 1781 53.
– 1784 69. 72.
– 1786 72.
– 1787 72.

Gibraltar, Stadt an der Südspitze der span. Prov. Cadiz, 1704 von Engl. erobert 88.

Gigard, Kastellan in Berlin († vor 1789) 93.

Gilbert, Ludwig Wilhelm (1769–1824), Geograph, Mathematiker, Physiker, Chemiker, Astronom, 1792 Unterbibliothekar an der Univ. Halle, 1795 a. o. Prof. d. Mathematik u. Physik, 1801 o. Prof. d. Chemie in Halle, seit 1811 in Leipzig
– Annalen d. Physik 91.

Gingins-Chévilly, Antoine Charles de (1766–1823), aus Bern, Herbst 1779–1782 Schüler an Pfeffels Kriegsschule in Colmar, immatr. in Göttg. 1. 10. 1784 als stud. jur., Hörer L.s 74.

Gione (Romangestalt in Jean Pauls Kampaner Tal) 115

Girtanner, Christoph (1760–1800), Mediziner, Chemiker u. Schriftsteller aus St. Gallen, erst Stud. in Straßburg, immatr. in Göttg. 20. 4. 1780 als stud. med., Hörer L.s, 1782 Dr. med., danach bis 1787 Arzt in St. Gallen, Reisen durch Dtl. u. Frankr. sowie Studium der Chemie in Edinburgh 1787, seit 1789 Arzt in Göttg., führte mit zwei Schriften (‚Neue chem. Nomenklatur f. d. dt. Sprache' u. ‚Anfangsgr. d. antiphlog. Chemie') die Lehren von Lavoisier in Dtl. ein
– Brief an Kielmayer 72.
– Brief von L. 72.

Glückstadt, 1616 gegr. Hafenstadt am rechten Ufer der Unterelbe, Regierungssitz für den dän. Anteil Holsteins 24.

Gmelin, Johann Friedrich (1748–1804), Mediziner u. Chemiker, 1772–1775 a. o. Prof. d. Medizin in Tübingen, 1775–1778 o. Prof. d. Philosophie u. a. o. Prof. d. Medizin in Göttg., 1778 o. Prof. d. Medizin, o. Mitgl. d. Soz. d. Wiss. Göttg. u. Hofrat, begründete 1782 das Chem. Institut der Univ. Göttg. 49.

GMWL s. Lichtenberg, Göttingisches Magazin

Göbel, Johann Christian Theodor (1738–1804), aus Schwanheim, Sohn des dortg. Pfarrers, Schulfreund L.s in Darmstadt, stud. in Gießen 1760, 1774 Lehrer in Goddelau, 1787 Diakon in Langen 27.

Goeckingk, Leopold Friedrich Günther (von) (1748–1828), preuß. Beamter, Lyriker u. Publizist, bis 1765 Schüler am Pädagogium in Halle, dann stud. jur. ebd., 1768 Referendar in Halberstadt, 1770 Sekr. u. Kanzleidir. in Ellrich, 1786 Kriegs- u. Domänenrat in Magdeburg, 1788 Land- u. Steuerrat in Wernigerode, 1793 Geh. Oberfinanzrat in Berlin; übernahm von J. H. Voß 1776 den Göttg. ‚Musen-Almanach‘, den er bis 1778 bei Dieterich herausgab, zusammen mit J. H. Voß 1780–1788 Hrsg. des Hamburger ‚Musen-Almanachs‘ (alleiniger Hrsg. der Jahrgänge 1780, 1783 u. 1787), Begründer des ‚Journals von und für Deutschland‘ 51.

Görgel (hess. Verkleinerungsform zu Georg) 13.

Goethe, Johann Wolfgang (von) (1749–1832), sachs.-weimar. Wirkl. Geh. Rat u. Staatsminister, 1782 nobilitiert, dilettierte in verschiedenen Naturwiss., vor allem in der Optik, zu der er L.s Zustimmung erhoffte, aber nicht erhielt: L. teilte nicht G.s Ablehnung der Newtonschen Farbenlehre, wurde von diesem aber zu kurzzeitigen intensiven Studien angeregt (farbige Schatten); G. hörte Sept. 1783 in Göttg. mit anderen ein ‚Privatkolleg‘ zur Experimentalphysik 32. 34.

– Briefe von L. 96. 102. 103. 107.
– Aufsatz 96.
– Jahrmarktsfest zu Plunderswei-len (1778) 28.
– Leben des Benvenuto Cellini (1803) 107.
– Leiden des jungen Werthers (1774) 30.
– Neue Schriften (1795) 102.
– Reineke Fuchs 102.
– Über farbige Schatten (1793) 122.
– Wilhelm Meisters Lehrjahre 102. 103.

Göthiter 32.

Göttingen, Stadt an der Leine im kurhannov. Fsm. Calenberg-Göttingen mit 1734 gegr. Universität
– Ausflugsziele 35.
– Breite Steine (Fußwege) 45. 64.
– Friedhof vor dem Weender Tor 33. 83. 105.
– Gartenhaus 36. 67.
– Jacobi-Turm 49. 105.
– ‚Klein-Paris‘ 50.
– Krone, Gasthof 108.
– Mädchen 54.
– Masch 18. 41.
– Mettwürste 45. 64. 99.
– Mühlen um Göttg., damals meist mit Ausflugs- und Vergnügungslokalen s. Maschmühle, Papiermühle, Rasemühle, Scharffs Mühle, Stegemühle.

Gottsched, Johann Christoph (1700–1766), aus Juditten b. Königsberg, 1730 a. o. Prof. d. Poesie, 1734 o. Prof. d. Logik u. Metaphysik in Leipzig, einflußreicher Literaturtheoretiker u. Sprachreformer der Frühaufklärung 13.

Gower, Earl, s. Leveson-Gower

Grattenauer, Ernst Christoph († nach 1801), Buchhändler in Göttg., Angestellter Dieterichs, später Antiquar u. Verleger in Nürnberg/Am Herrenmarkt 8. 11.

Gray, Thomas (1716–1771), engl. klass. Philologe, Historiker u. Lyriker, 1768 Prof. d. Geschichte in Cambridge 27.

Greatrake, Valentine (1628–1683), aus Irland, Magier, Hypnotiseur u. Wunderheiler 79.

Greenwich, Stadt in der Gft. Kent, damals ca. 10 km östl. von London 29.

Grellmann, Heinrich Moritz Gottlieb (1756–1804), aus Jena, immatr. in Göttg. 2. 5. 1781 als stud. theol., 1787 a. o. Prof., 1794 o. Prof. d. Philosophie u. Statistik in Göttg., starb als russ. Hofrat u. o. Prof. d. Statistik in Moskau 105
– Mitarbeit am GTC 78.
– Christliches Ostergelächter (1787) 78.
– Geschichte der Hochzeitskränze und Trauringe (1787) 78.
– Vom Recht der Hagestolze (1787) 78.

Gröning, Georg (1745–1825), aus Bremen, erst Stud. in Leipzig, immatr. in Göttg. 18. 4. 1769 als stud. jur., bekannt mit L., der 1775 in England Kupferstiche für ihn kaufte, 1781 Ratsherr, später Bürgermeister in Bremen 32.

Grunelius, Margarete Elisabeth, s. Soemmerring

Günther, in Ebergötzen 25.

Gumprecht, Moses (1722–1802), Schutz- u. Handelsjude in Göttg., wo er Pfand-, Kredit- u. Wechselgeschäfte betrieb, wohnte Prinzenstr. (Haus 531) 6. 16. 21. 41. 83.

H. F. T. s. Hassenfratz

Hachfeld, Dorothea Luisa Friederike, geb. Sommer (1751–1829), Aufwärterin bei Dieterich u. L. in Göttg. 1776–1782, verh. mit Johann Levin H. 98.

Hachfeld, Johann Levin (1748–1828), aus Heckenbeck b. Gandersheim, Hutstaffierer, 26. 6. 1775 Bürger im Göttg. 1776–1782 Aufwärter bei Dieterich u. L., kaufte auf Vermittlung u. mit Darlehen L.s 1788 Haus Nr. 476 (damals Jüdenstr./Ecke Buchstr.) u. eine Schankerlaubnis, mit der er dort die Gastwirtschaft ,Reichsadler' betrieb, diese aber 1797 wieder verkaufte u. mit seiner Familie nach Adelebsen übersiedelte 57.

Haddingtonshire, schott Gft. östl. von Edinburgh, auch East-Lothian 31.

Hades, griech. Unterwelt 66.

Händig s. Hentig

Hagedorn, Friedrich von (1708–1754), anakreontischer Lyriker u. Fabeldichter, 1729–1731 Legationssekr. in London, danach Hofmeister, 1733 Sekr. einer engl. Handelsgesell. in Hamburg
– Ode: Fragt Görgel den Gevatter Hein 13.

Hagen, Johann Friedrich von, aus der Gft. Hohnstein, immatr. in Göttg. 24. 4. 1779 als stud. jur. 48.

Hahn, Johann Friedrich (1753–1779), von L. wenig geschätzter Dichter, Mitgl. im Göttg. Hainbund u. Verehrer Klopstocks, immatr. in Göttg. 22. 4. 1771 als stud. jur.
– Versdialog 28.
Hainberg, (damals kahle) Kalkhochfläche östl. Göttg., beliebtes student. Ausflugsziel (s. a. Kerstlingeröder Feld). 7. 35. 41.
Hainbündler 23. 28.
Haller, Albrecht von (1708–1777), aus Bern, Polyhistor, Dichter der Aufklärung, 1723–1726 stud. med. in Tübingen u. Leiden, 1736–1753 o. Prof. d. Anatomie, Chirurgie u. Botanik sowie Dir. des Bot. Gartens in Göttg., auch nach seiner Rückkehr in die Schweiz Hauptbeiträger der GGA 79.
– Rezensionen 29.
Hallische Gelehrte Zeitungen, Neue 28.
Hamburg, freie Reichsstadt 22. 23. 24. 25. 39. 40. 52. 117.
– Baumhaus und Hafen 27.
– Kramer-Amthaus 39.
Hamburgische Addreß-Comtoir-Nachrichten (1767–1846) Intelligenzblatt 39. 40.
Hamburgische Neue Zeitung (1767–1846), polit. Ztg. 39.
Hamburgischer Correspondent 93.
Hamlet (Dramenfigur Shakespeares) 28.
Hanger (L.: Hänger), George (1751?–1824), 7th Baron Coleraine 1814, engl. Offizier, Schüler in Reading u. Eton, immatr. in Göttg. 16. 10. 1770 als stud. math., Zögling Boies u. L.s, der sich mühte, H.s finanzielle Angelegenheiten zu regeln, 1771 Fähnrich im 1st Foot-Guards-Rgt., Ende 1771/Frühjahr 1772 in Hannover, dann zu seinem Rgt. nach London, als Hptm. im hess. Jägerkorps 1780 im Amerik. Unabhängigkeitskrieg, Sept. 1780 bei Charlottetown/ North Carolina verwundet, 1782/83 hess. Major (zuletzt General-Major) 5. 6. 8.
Hanne, in Göttg., Bedienstete bei J. C. Dieterich? 39.
Hannibal (247–183 v. Chr.), karthagischer Feldherr, Gegner Roms im 2. Punischen Krieg 66.
Hannover, seit 1636 Residenzstadt der Herzöge von Braunschweig-Lüneburg im Fsm. Kalenberg 8. 24. 31. 31. 98.
– Aegidien-Kirche 5.
– Aegidien-Tor, im Süden der Stadt 14.
– Aufwärterin 5. 6.
– Bauernmädchen 9.
– Bedienter u. Kammermädchen 11.
– Bettelmädchen 15.
– Herrenhausen 11. 12.
–– Schloß u. Wasserkunst 31.
– Kalenberger Tor 5.
– Kindsmord u. Kirchenbußen 52.
– L.s ‚Garten‘ 5. 8. 10. 12. 13.
– Marktstraße 5.
– Monbrillant 11.
– Perückenmacher 12. 25.
– Redensart 28.
– Wallmodenscher Garten 11.
Hannover, Territorium der 1692 zu Kurfürsten erhobenen Herzöge von Braunschweig-Lüneburg, daher häufig Kurhannover genannt, die Landesherren seit 1714 als Könige von Großbritannien in London abwesend 8. 100. 117.
– Fahrpost 27.
– Geheimes Rats-Kollegium 5. 12. 33. 44. 53. 98.
– Minister s. Geheimes Rats-Kollegium

Hannoverischer Staats- u. -Adreß-
kalender 105.

Hanstein, Georg Ernst Karl Friedrich Christian von (1761–
1819), hannov. Offizier u. Beamter, physikal. Dilettant, 1779
Fähnrich, immatr. in Göttg.
26. 4. 1779 als stud. jur. et mili-
taris, 1782 Ltn., 1790 Titular-
Hptm., einer der Hofmeister
der engl. Prinzen, 1795 Drost
in Münden 75.

Harburg, Hafenstadt im hannov.
Fsm. Lüneburg an der Elbe
südl. Hamburg 39.

Harrison, John (1693–1776), Uhrmacher in London, wo L. ihn
besuchte, fertigte seit 1725 wiss.
brauchbare Instrumente, über-
wiegend Uhren u. Rostpendel,
darunter 1735, 1739, 1757 u.
1759 tragbare See-Chronome-
ter (timekeeper) zur Längenbe-
stimmung auf See 1. 31.

Hartknoch, Johann Friedrich
(1740–1789), seit 1763 Buchhändler in Riga, verlegte u. a.
Kant, Herder u. Bahrdt 64.

Hartley, David (1705–1757), Arzt
in Bath, 1736 Mitgl. d. Royal
Society London, begründete
die Assoziationspsychologie,
von der L. stark beeinflußt
wurde 53.
– Observations on Man, his frame, his duty, and his expectations (1749) 31.

Hartley, Elizabeth (1751–1824),
engl. Schauspielerin in London
(bes. Tragödien), zog sich
schon 1780 von der Bühne
zurück 28.

Hartmann, Anna Elisabeth, geb.
Perlagen, Aufwärterin in Göttg.,
verh. mit dem Gärtner Johann
Christian H. 92.

Hartmann, Johann Friedrich
(1735–1798), hannov. Finanz-
beamter, physikal. Dilettant,

immatr. in Göttg. 11. 4. 1755
als stud. jur., Hörer, später auch
Protegé Kästners, von L. aber
verspottet, 1764–1768 Hospital-
kassen-Registrator, 1769 Hospi-
tal-Kommissar, 1770–1781
Hospitalkassen-Kommissar bei
der hannov. Kriegskanzlei, wg.
Veruntreuung 1781 steckbriefl.
gesucht 38.

Hassenfratz, Jean-Henri (1755–
1827), franz. Chemiker, Physiker u. Technologe, erst Ingeni-
eurgeograph, 1782 Bergwerks-
eleve u. Amanuensis bei Lavoisier, 1783 Reise zum Studium
der Bergwerkskunde durch die
Schweiz, Ungarn u. Teile von
Dtl., dann Dir. des Labors La-
voisiers, als Jakobiner im Pariser
Gemeinderat, 1793 Chef über
die Kriegsmunition, 1794 Prof.
d. Mineralogie an der École
des Mines, später auch Prof. d.
Technologie am Lycée des
Arts, 1797 Prof. d. Physik an
der École polytechnique, Mithrsg. der ,Annales de Chimie'
– Observations sur les ombres
colorées, contenant une suite
d'Expériences sur les différen-
tes couleurs des ombres, sur les
moyens de rendre les ombres
colorées, et sur les causes de la
différence de leurs couleurs
(1782) 96.

Hawkins, John (ca. 1758–1841),
engl. Mineraloge, 1791 Mitgl.
d. Royal Society London, 77.

Hedsor, Landsitz der Fam. Irby in
der Gft. Buckingham an der
Themse, ca. 45 km westl. von
London 31.

Heidevogel, Ernst (1749–1787),
Schriftsteller aus Riga, immatr.
in Göttg. 8. 9. 1767 als stud.
jur., von L. als Vf. des ,Timorus'
ausgegeben 27.

Heiligenstadt, Hauptstadt des bis 1802 kurmainz. Eichsfeldes, heute zu Thüringen 49. 51. 52. 78.

Heinberg s. Hainberg

Heine, Heinrich (1797–1856), Dichter, immatr. in Göttg. 4. 10. 1820 als stud. jur., erneut am 30. 1. 1824, Dr. jur. ebd. 1825
– Harzreise (1826) 64.

Heinrich s. Braunhold

Helgoland, Nordseeinsel, 1714–1807 mit dem übr. Hzm. Schleswig unter dänischer Herrschaft 24. 26. 27. 39. 40. 73.

Hellevoetsluis, holländ. Festungsstadt an der Maasmündung, Fährhafen nach Harwich 18.

Helmont, Johann (Jean) Baptist van (1577–1644), flämischer Alchimist u. Arzt in Brüssel
– Ortus Medicinae (1648) 91.

Helvetische Republik s. Schweiz

Hemmer, Johann Jakob (1733–1790), Physiker u. Meteorologe in Mannheim, 1767 a. o., 1768 besoldetes o. Mitgl. d. Mannheimer Akademie, 1776 Geistl. Rat u. Aufseher des physikal. Kabinetts, 1781 Sekr. der Mannheimer Societas Meteorologica Palatina, organisierte ein meteorologisches Beobachtungs- u. Meldenetz, an dem auch L. C. Lichtenberg in Gotha u. J. A. Schernhagen in Hannover beteiligt waren
– Nachricht von [...] Wetterleitern (1780) 49.

Hentig, Johann Georg, aus Salzgitter, immatr. in Helmstedt am 21. 9. 1778 als stud. theol., in Göttg. 15. 10. 1779, erschoß am 24. 5. 1780 den Göttg. Goldschmied J. B. L. Clacius u. entzog sich durch Flucht der Univ.-Gerichtsbarkeit, die

seiner auch später nicht habhaft werden konnte 48. 49.

Herold, Johann Heinrich (1742–1810), führte gemeinsam mit seiner Mutter Anna Maria H., geb. Kißner (1707–1788), seit 1761 in Hamburg Sortiment u. Verlag der Buchhandlung seines verstorbenen Vaters, seit 1775 Inhaber eines eigenen Verlages-, in Frage kommt auch Christoph Johann H. aus Hamburg, immatr. in Göttg. 4. 5. 1770 als stud. jur., der bis Ostern 1773 bei Schneidermeister J. A. Bethge/Weenderstr. wohnte 40.

Herrenhausen s. Hannover

Herschel, Friedrich Wilhelm (1738–1822), Astronom, Instrumentenbauer u. Musiker aus Hannover, lebte seit 1757 als Musiklehrer, Notenschreiber u. gelegentliches Orchestermitgl., später auch als Konzertmeister in Engl., wo er 1767–1774 Organist in Bath, beschäftigte sich seit 1773 intensiv mit Astronomie u. begann mit dem Bau von Teleskopen, von denen er bis zum Jahre 1795 zahlr. kleinere u. ca. 400 große mit Brennweiten zw. 2 u. 7 m fertigte, entdeckte 1781 den Planeten Uranus (nach seinem Vorschlag: Georgs-Gestirn), damals auch ‚Herschels Planet‘, 1782 Hofastronom in Windsor
– Brustbild 77.
– On the Parallax of the fixed stars (1782) 62.
– sche Erfindung 99.
– Teleskop 77.

Hessen-Darmstadt, Landgrafschaft, Heimatterritorium L.s 100. 110. 117.

Hessen-Darmstadt, Ludwig VIII. Landgraf von (1691–1768),

ksrl.-kgl. Generalfeldmarschall,
reg. seit 1738 2. 27.

Hetrurisch s. Etrurisch

Heydinger, Charles (vor 1755–
1797), ca. 1771–1780 nicht
sehr erfolgreicher Buchhändler
in London 29.

Heydt, Johann Wolfgang († 1798),
Bildhauer in Kassel 45.

Heydt, Ludwig Daniel († 1801),
Bildhauer in Kassel 45.

Heyne, Christian Gottlob (1729–
1812), aus Chemnitz, klass. Philologe u. Orientalist, studierte
1748 an der Univ. Leipzig, als
Nachfolger J. M. Gesners 1763
o. Prof. f. klass. Philologie u. als
Nachfolger von J. D. Michaelis
1764 Dir. der Univ.-Bibl. zu
Göttg., 1770 Hofrat, Organi-
sator der Univ. Göttg., gemeinsam mit J. F. Blumenbach Aufseher über das Akad. Museum,
1763 o. Mitgl. d. Soz. d. Wiss.
Göttg., 1770 ihr ständiger Sekretär, 1776/77 Dir., seit 1769
Redakteur der GGA 1. 28. 33.
37. 41. 69. 79. 80.
– Briefe von L. 1. 29.
– Pindar-Edition (1773–74) 29.
– Riese von Tätigkeit 87.
– Virgil-Edition (1767–1775) 29.

Heyne, Marie Therese Wilhelmine Franziska, geb. Weiß (1729–
1775), seit 1761 erste Frau von
Christian Gottlob H. 29.

Heyne, Therese s. Forster

Hildesheim, Stadt in Nds. ca. 30
km südöstl. von Hannover 23.

Hill, Aaron (1685–1750), engl.
Bühnenschriftsteller
– Zara (Bühnenbearbeitung
1736) 33.

Hiller, Johann Adam (1728–
1804), Musikschriftsteller u.
Komponist von Couplets,
Opern u. Operetten, 1781 1.
Dirigent der Gewandhauskon-

zerte in Leipzig, 1789 Thomas-
kantor
– Arien 45.

Hindenburg, Karl Friedrich
(1741–1808), Mathematiker
aus Dresden, Stud. in Leipzig,
1771 ebd. Privatdoz. d. Mathematik, danach Hofmeister von
K. F. v. Schönberg, mit dem er
sich in Göttg. 24. 10. 1777 als
stud. math. immatr., Hörer
Kästners, wohnte bis WS 1778/
79 bei Dieterich, wo er L. kennenlernte, 1786 o. Prof. d. Mathematik u. Physik in Leipzig,
Begründer der Kombinatorik
105.
– Briefe von L. 42. 43. 47. 108.

Hinkende Bote, Der 68. 112.

Hinüber, Friedrich Anton (von)
(1733–1803), hannov. Offizier
seit 1755, 1758 Ltn., 1761
Hptm., 1767 im Inf.-Rgt. Bock
in Stade, 1777 Major, 1785 im
12. Inf.-Rgt., 1787 als Oberstltn.
a. D., reiste 1773 mit L. nach
Helgoland 26.

Hinüber, Karl Heinrich von
(1723–1792), Jurist, hannov.
Beamter in London, immatr. in
Göttg. 13. 4. 1741 als stud. jur.,
1748 Gesandtschaftssekr. in
St. Petersburg, 1752 Lehrer des
späteren Kg. Georg III. u. seiner Geschwister, 1760 Wirkl.
Geh. Sekr. bei der Dt. Kanzlei
in London, 1770 Geh. Justiz- u.
Legationsrat 60. 72.

Hölty, Ludwig Heinrich Christoph
(1748–1776), Theologe u. Lyriker, auch Übersetzer, immatr. in
Göttg. 19. 4. 1769 als stud.
theol., verließ wg. schwerer
Krankheit (Blutspeien) Februar
1775 die Stadt u. lebte erst im
Kreis seiner Fam. in seinem Geburtsort Mariensee b. Hannover, zuletzt als Patient von J. G.
Zimmermann in Hannover 28.

- Brief an Miller (12. 12. 1774) 6.
- Klagen einer Nonne (1769) 23.
Hoffmann, Georg Christian (1763–1842), aus Roest/Nord-schleswig, immatr. in Göttg. 26. 10. 1784 als stud. jur., Hörer L.s. 75.
Hofgeismar, Garnisonstadt u. Badeort in Hessen-Kassel ca. 40 km westl. von Göttingen, beliebter Ausflugsort dortiger Studenten 98.
Hogarth , William (1697–1764), Kupferstecher u. Maler in London, gründete 1735 eine Schule für Aktzeichnen, die er bis etwa 1755 leitete, 1757 Hofmaler, schilderte das gesellschaftl. Leben seiner Zeit in mehreren Bildfolgen, die L. satir. kommentierte u. zunächst im GTC publizierte 1. 63. 78. 97.
- Analysis of beauty (1753) 53.
- The bruiser C. Churchill (1763, Porträt) 31.
- Garrick (Porträt) 31.
- Line of Beauty 53.
- Marriage 62.
- Simon Fraser, Lord Lovat 31. 79.
- The laughing audience 79.
- Portrait of John Wilkes Esq. (1763, ersch. 1775) 31.
- „skandaleuse Excursionen über" 102.
Holländer (Schiff) 27.
Holländische Eroberungen 100.
Holland, größte Provinz der nördl. Niederlande, 1747–1795 mit Erbstatthalter aus dem Hause Oranien 29. 73.
- Paketboot nach 2.
- Revolution 100.
Holle, Karl August von (1738–1792), hannov. Offizier seit 1754, 1758 Ltn., 1770 Hptm., 1787 Major, 1770–1789 im 4. Inf.-Rgt. in Stade, reiste 1773 mit L. nach Helgoland 26.

Hollenberg, Anne Sophie (1785–1857), Tochter von Georg Heinrich H. 83.
Hollenberg, Friedrich Wilhelm (1790–1850), Sohn von Georg Heinrich H. 83.
Hollenberg, Georg Bernhard (1788–1819), Sohn von Georg Heinrich H., Patenkind L.s, später in Osnabrück/Große Str. 67 Kaufmann u. Uhrmacher 82. 83. 95.
Hollenberg, Georg Heinrich (1752–1831), Architekt u. Schriftsteller in Osnabrück, nahm bei Magister C. J. Reinhold (s. d.) Privatunterricht in Mathematik, Geometrie u. Zeichnen, lernte um die Jahreswende 1771/72 L. in Osnabrück kennen, auf Empfehlung L.s immatr. 1. 11. 1773 in Göttg. als stud. math., reiste jedoch sofort nach dem Tod seines Vaters nach Osnabrück ab, auf Drängen L.s Anfang 1774 wieder in Göttg., dort bis 1776 u. a. Schüler von Kästner, Meister u. L., danach in Osnabr. Hauslehrer der Kinder des Geh. Rats v. Ende u. Kartenzeichner bei der Regierung, die ihm 1779 eine Reise durch Nord- u. Mitteldtl. finanzierte, unter Johann Wilhelm DuPlat (1735–1806) bis 1789 Mitarb. an der Osnabr. Landesaufnahme, seit Ende 1781 Landbaukondukteur, seit 28. 8. 1784 Landbauverwalter zu Osnabr., 1807–1813 Distriktsbaumeister, 1814 Landbaumeister, 1825 Oberlandbaumeister 65.
- Briefe von L. 54. 65. 82. 83. 95.
- Etwas zur Verbesserung der Feldgestänge, vorzüglich in Betreff des krummen Zapfens (1781) 54.

Hollenberg, Hermann (1793– vor 1800), Sohn von Georg Heinrich H. 95.

Hollenberg, Margarete Rebecca Luise geb. Heye (1753–1812), aus Quakenbrück, verh. 1784 mit Georg Heinrich H. 65. 82. 83. 95.

Hollmann, Johanna Sophia, geb. Encke(?) (1703?–1772), verh. mit Samuel Christian H. 9.

Hollmann, Samuel Christian (1696–4. 9. 1787), Physiker, nahm am 14. 10. 1734 als erster Prof. d. Philosophie u. Physik den Vorlesungsbetrieb an der Univ. Göttg. auf, Lehrer L.s. 31. 79.

Holstein, Hzm. zwischen Elbe und Eider, bis 1773 geteilt in den von Kopenhagen regierten kgl. dänischen u. den von Kiel bzw. Petersburg regierten großfürstl. Anteil 27.

Holthof, Susanne, Verlobte Soemmerrings 67.

Horatius Flaccus, Quintus (65–8 v. Chr.), röm. Lyriker, schon zur Zeit Quintilians Schulschriftsteller, am häufigsten von L. zitierter ant. Autor 28.
– Ars Poetica 74.
– Epist. 54. 116.
– Sat. 46.

Horaz s. a. Lange

Horne (Tooke), John (1736–1812), engl. Theologe, Philologe, Oppositionspolitiker u. Vf. politischer Pamphlete, 1759 Pastor des Vikariats New Brentford, seit 1765 Parteigänger von Wilkes, legte sich in Gedenken an seinen Freund William T. 1782 den Namen Tooke zu 28.

Hornsby, Thomas (1733–1810), Prof. d. Astronomie u. Physik, Dir. des Oxforder Observatoriums, das L. 1775 besuchte u. zwei Tage H.s Gast war, Hrsg.

der astronom. Beobachtungen Bradleys 31.

Hudibras (Titelgestalt von Butler) 97.

Hübner, Johann (1668–1731), Lexikograph, Schulschriftsteller u. Rektor des Johanneums in Hamburg
– Reales Staats- und Conversationslexicon (1748) 31.

Hünfeld, Ew. in Göttg. 71.

Hufeland, Christoph Wilhelm Friedrich (1762–1836), Mediziner, erst Stud. in Jena, immatr. in Göttg. 2. 5. 1781 als stud. med., Schüler Richters, Blumenbachs u. L.s, bei dem er Experimentalphysik hörte, 23. 7. 1783 Dr. med., danach prakt. Arzt u. Hausarzt Goethes in Weimar, 1787 Hofmedikus, 1793 a. o. Prof. d. Medizin in Jena, 1795 Begründer u. Hrsg. des ‚Journals der praktischen Arzneikunde u. Wundarzneikunst‘ 102.
– Brief von L. 111.
– Die Kunst, das menschliche Leben zu verlängern (1797) 111.
– Journale 114. 115.

Hufeland, Juliane Wilhelmine Friederike geb. Amelung (1771–1845), verh. 1787 mit Christoph Wilhelm Friedrich H. (3 Töchter, 1 Sohn), gesch. 1805, dann verh. mit Christian Heinrich Ernst Bischoff (1781–1861), Prof. d. Medizin in Bonn, Tochter von Gottfried Hieronymus A. 111.

Humboldt, Wilhelm von (1767–1835), aus Potsdam, 1787 Stud. in Frankfurt/O., immatr. in Göttg. 23. 4. 1788 als stud. jur., hörte u. a. bei Heyne Philologie u. Altertumswiss., bei L. SS 1788 Experimentalphysik, WS 1788/89 Astronomie, SS 1789 Privatissimum über Licht, Feuer

u. Elektrizität, reiste gemeinsam mit A. Crichton Sept. 1788 nach Darmstadt, 1789/90 Aufenthalt in Jena, wo er u. a. die Bekanntschaft Dalbergs machte, 1790/91 Legationsrat u. Ass. am Kammergericht zu Berlin, ab 1791 Privatgelehrter, 1794–1797 in Jena (dort freundschaftl. Kontakte zu Goethe u. Schiller), 1797–1801 in Paris, 1802–1808 preuß. Gesandter beim Vatikan
– Nachschrift von L.s Vorlesung 81.
– Tagebuch (1788) 81.
Hume-Campbell, Alexander (1750–1781), Baron Hume of Berwick 1776, Sohn von Hugh H.-C., immatr. in Göttg.
7. 7. 1765, 1773 Mitgl. d. Royal Society London, verh. 1772 mit Amabell Yorke, Erbin des Landsitzes Wrest/Bedfordshire, wo L. während seiner 2. Englandreise 1775 einige Wochen zu Gast war 1.
Hume-Campbell, Hugh (1708–1794), 3rd Earl of Marchmont 1740, schott. Staatsmann, Gouverneur der Bank von Schottl., Großsiegelbewahrer, dilettierte in Mathematik- u. Physik, 1753 Mitgl. d. Royal Society London, Vater von Alexander H.-C. 1.
Hundsgrotte 66.
Hupazoli 111.

Ingen-Housz, Jan (1730–1799), ndl. Arzt, Chemiker, Erfinder u. Naturforscher, prakt. Arzt in Breda/Nordbrabant, 1765–1768 in Engl., früher Anhänger von Jenners Pockenimpfmethode, erfolgreiche Leibmedikus u. Hofarzt in Wien, 1779 Rückkehr nach London, Entdecker der wichtigsten Prinzipien der Photosynthese

– Sur la matière verte de Mr. Priestley (1784) 67.
Ingversen, Martin Heinrich (1773–1810), aus Fredericia in Jütland, bis 1793 stud. pharm. in Kopenhagen, immatr. in Fredericia 31. 12. 1793 als stud. philos. nat., in Göttg. 20. 7. 1795 als stud. chem., hörte bei L. WS 1795/96 Experimentalphysik u. Astronomie, ab 8. 4. 1796 Europareise (Braunschweig, Berlin, Harz, Freiberg, Wien, Salzburg, Bern, Paris, Genf), zuletzt Apotheker in Kronsberg b. Oslo 107.
Inverury, William (1766–1812), aus Schottland, immatr. in Göttg. 1784, seit 1804 Keith-Falconer, 6th Earl of Kintore 81.
Irby, William (1707–1775), 1st Baron Boston 1761, engl. Hofbeamter u. Politiker, im Parlament ab 1735, vertrauter Freund u. Berater von Georg III. 1. 6. 29.
Irby, William Henry (1750–1830), aus England, zweiter Sohn von William I., immatr. in Göttg. 16. 8. 1768 als stud. math., bis WS 1769/70 Zögling u. Schüler L.s 1. 2. 6. 29. 30. 31.
Iselin, Isaak (1728–1782), aus Basel, aufklärerischer Philosoph, Historiker u. Publizist, immatr. in Göttg. 13. 9. 1747 als stud. jur., dann Stud. in Paris, 1754 Mitgl. d. Gr. Rats u. Ratsschreiber zu Basel, Anhänger Basedows u. Pestalozzis
– an Nicolai 46.
Isenbart, Georg Friedrich (1735?–1798), hannov. Ingenieuroffizier in Stade, 1757 Fähnrich, 1759 Ltn., 1763 Hptm., 1768 Major, 1782 Oberstltn., 1789 Oberst, 1795 Chef des Ingenieurkorps in Stade, 1796

a. D. in Hannover, Bruder von Georg Philipp I., befreundet mit L., der Sommer 1773 zur geograph. Ortsbestimmung von Stade auf seinem Garten Quartier bezog u. zeitweise sein Observatorium dort einrichtete 26.

Isenbart, Georg Philipp († nach 1803), hannov. Offizier, 1769 Fähnrich im 4. Inf.-Rgt. Stade, 1781 Ltn. im 14. Rgt. in Ostindien, 1784 Hptm., 1794 Major im 11. Rgt. in Lüneburg, 1799 Oberstltn., nahm 1773 mit L. an einer Helgoland-Reise teil, Bruder von Georg Friedrich I. 26.

Israel
– Auszug des Volkes 24. 110.
– Stamm 83.

Italien, Reise nach 66. 67. 68.

Itzehoe, Stadt in Holstein mit adl. Kloster 66. 99.

Jachmann, Johann Benjamin (1765–1832), Mediziner u. Philosoph aus Königsberg, ebd. immatr. 28. 9. 1781 als stud. theol., Hörer Kants (auf dessen Rat stud. med.), zuletzt Kreisphysikus in Königsberg 90.

Jacobi, Friedrich Heinrich (1743–1819), Philosoph u. Schriftsteller aus Düsseldorf, 1764–1772 Kaufmann, 1772 Mitgl. d. jülich-berg. Hofkammer, 1779 Geh. Rat in München 76.
– Winterreise (1769) 32.

Jacobiter 32.

Jacobsson, Johann Karl Gottfried (1726–1789), Jurist u. Technologe, erst Regierungsbeamter in Dresden, dann bis 1778 Soldat, anschließend Privatgelehrter, 1784 preuß. Fabrikinspektor
– Technologisches Wörterbuch (1781–1784) 77.

Jakobs v. s. Söhne (Bibel) 82. 83.

Jaquet-Droz, Henri Louis 72.

Jaquet-Droz, Pierre 72.

Jean Paul s. Richter

Jeaurat, Edme Sébastian (1724–1803), Astronom u. Mathematiker, Prof. d. Mathematik an der École militaire in Paris, 1776–1787 Redakteur der ‚Connaissance des temps' 54.

Jeremias, Alexander (1728–1806), aus Bovenden b. Göttg., ab 1750 Schutz- u. Handelsjude in Göttg., betrieb Pfand-, Kredit- u. Wechselgeschäfte 83.

Jesus (Christus) (ca. 4 v. Chr.–30 n. Chr.) 76.

Jonquières, Wilhelm Karl Christian von (1759–1834), hannov. Offizier im Leib-Kav.-Rgt seines Vaters, 1772 Kornett, 1784 Ltn., 1790 Rittmeister, 1798 Major, immatr. in Göttg. 18. 5. 1778 als stud. math. (bis SS 1780), SS 1787–SS 1790 Hofmeister der engl. Prinzen in Göttg. 75.

Jonson, Benjamin (Ben) (1572–1637), engl. Dramatiker, zu Beginn seiner Karriere (‚Every man is his humour' 1598) von Shakespeare gefördert
– The Alchymist (1610) 28.

Joseph II., (1741–1790) röm.-dt. Kaiser 1765 69. 74.

Joseph, aër fixus s. Priestley

Jungschulz von Roebern, Johann Friedrich Theodor (1749– nach 1779), aus Danzig, immatr. 19. 10. 1773 als stud. jur. in Göttg., hörte bei Richter u. Wrisberg Medizin, bei Kästner Mathematik, bei L.(?) Experimentalphysik, wohnte bis Michaelis 1777 bei Mackenrot/Markt, später prakt. Arzt in Elbing, traf L. Juni 1778 in Hamburg 40.

Jupiter (Planet) 24. 31. 115.

Jupiter (mythol.) 76.

Justinian I. (ca. 483–565), seit 527 byzantin. Kaiser 46.
– Corpus iuris civilis 2. 40. 71.

Kästner, Abraham Gotthelf (1719–
1800), Mathematiker, Physiker
u. satir. Epigrammatiker, Literaturkritiker, Hrsg. u. Übersetzer
aus Leipzig, dort 1731–1737
stud. jur. et phil., 1733 Notari-
us, 1735 Baccalaureus, hielt seit
1739 math. u. philosoph. Vorlesungen, 1746 a. o. Prof. d. Mathematik in Leipzig, 1756
o. Prof. f. Mathematik u. Physik
in Göttg., 1765 Hofrat, als
Nachfolger von T. Mayer 1764
Dir. des Göttg. Observatoriums 6. 18. 22. 24. 27. 28. 29.
31. 49. 50. 79. 105. 117.
– Briefe
– – an Friederike Baldinger 46.
– – an Nicolai 31.
– Epigramme
– – Auf einen hiesigen Sternguk-
ker 41.
– – Die Ursache der Kriege 13.
– – Durch Deutschland, wo
Georg gebeut 11.
– – Ein Dialog 31.
– – Ob Leibnitz, der so tief ge-
dacht 31.
– – Wenn einst den Mann Augu-
sta nicht mehr hört 31.
– – Wenn Hollmann lauter
Dummheit spricht 31.
– Polemik gegen Schlözer 9.
– Vorlesung 116.
Kahle, Konrad Walther (1738–
1812), Pastor an St. Johannis zu
Göttg., seit 1773 Stadtsuperin-
tendent, traute am 5. 10. 1789
Margarete Elisabeth Kellner 99.
Kalabrien, Landschaft in Südital-
lien, damals zum Kgr. Neapel
66.
Kaltenhofer, Joel Paul
(1716?–1777), Graphiker aus
Nürnberg, immatr. 23. 6. 1747
in Göttg., seit 1. 6. 1756 Kup-
ferstecher der Univ. u. Soz. d.
Wiss. u. 2. Univ.-Zeichenlehrer,

Freund L.s, der als Stud. seine
Übungen besuchte.
– Briefe von L. 17. 18. 24.
– Wohnung in Göttg. 18.
Kammerpräsident s. Lenthe
Kant, Immanuel (1724–1804),
Philosoph, 1770 Prof. d. Logik
u. Metaphysik in Königsberg
– Briefe von L. 90. 116.
– Die Religion innerhalb der
Grenzen der bloßen Vernunft
(1793) 116.
– Kritik der praktischen Vernunft
(1788) 64. 116.
– Kritik der reinen Vernunft
(1781) 90. 117.
– Über die Vulcane im Mond
(1785) 90.
– k.ischer Gott 116.
Kap de la Circoncision, heute
Bouvet-Insel im südl. Atlantik,
1739 entdeckt 31.
Karthago, antike Handelsstadt in
Nordafrika beim heutigen
Tunis, zerstört 146 v. Chr. 99.
Kassel, Hauptstadt der ält., seit
1803 kurfürstl. Linie der Land-
grafen von Hessen 27. 31. 51.
67. 89.
– Weißenstein 51.
Kellner, Marg. Elis. s. Lichten-
berg
Kennicott, Benjamin (1718–
1783), Theologe u. Philologe
in Oxford, Bibelkritiker, He-
braist 52.
Kerl, Anna Margareta, Kindsmör-
derin 1765, Gegenstand von
Bürgers Proberelation 52.
Kerstlingeröder Feld, Vorwerk u.
student. Ausflugsziel auf dem
Hainberg (s. d.) 8. 28.
Kew, kgl. Residenz in der engl.
Gft. Surrey ca. 10 km südwestl.
von London 31. 32.
– Gärten 28.
– Kewgreen 28. 31.
– Raubüberfall 31.
– Wohnung L.s 28.

Kielmeyer, Karl Friedrich (1765–
1844), Mediziner, Chemiker u.
Zoologe, 29. 12. 1773–
23. 4. 1786 auf der Hohen
Karlsschule zu Stuttgart, immatr. in Göttg. 28. 12. 1786 als
stud. med., Hörer L.s, 1790
Lehrer der Zoologie, 1792–
1794 Prof. d. Medizin an der
Hohen Karlsschule, 1796
o. Prof. d. Chemie, Botanik,
Pharmazie, Physiologie u. ver-
gleichenden Zoologie in Tübingen 72.
Kilchberger s. Kirchberger
Kirchberger von Rolle, Karl Ru-
dolf (* ca. 1766), Patriziersohn
aus Bern, Herbst 1779–1782
Schüler an Pfeffels Kriegsschule
in Colmar, immatr. in Göttg.
1. 10. 1784 als stud. jur., Hörer
L.s. 74.
Kirsten, Gertrud Katharina, geb.
Koch (1762?–1796), unehel.
Tochter von P. H. Koch, wahr-
scheinl. mit A. G. Kästner, heir.
1789 Johann Friedrich Adolf
K., Konrektor in Göttg. 105.
Kleeblatt s. Schernhagen, Ram-
berg, Partz u. Flügge 26.
Kleist, Heinrich von (1777–
1811), Dramatiker, Erzähler u.
Publizist 54.
Klincke, Johann Rudolf, Arzt in
Osnabrück, immatr. in Göttg.
7. 4. 1769 als stud. med., 1774
Dr. med., befreundet mit G. H.
Hollenberg 54.
Klindworth, Johann Andreas
(1742–1813), Uhrmacher, Mechaniker u. Kupferstecher in
Göttg., Schüler u. späterer Assistent L.s, der ihn u. a. wg. seiner Präzisionsarbeit sehr schätz-
te u. förderte, 1781 (n. a. 1784)
Hofmechaniker von Hz. Ernst II.
in Gotha, wohin er 1791
übersiedeln wollte, diesen Plan
jedoch nicht ausführte 60. 63.

Klopstock, Friedrich Gottlieb
(1724–1803), dt. Dramatiker u.
Lyriker der Empfindsamkeit,
Sprachtheoretiker 2. 28.
– Ode „Unsre Sprache" (1775)
28.
– Subskribentensammlung 74.
– Über die deutsche Rechtschreibung (1779) 43.
Klotz, Christian Adolf (1738–
1771), Altphilologe, 1762 a. o.,
1763 o. Prof. f. klass. Philologie
in Göttg., 1765 o. Prof. d. Philosophie u. Beredsamkeit in
Halle, Hofrat 4.
Klügel, Georg Simon (1739–
1812), Physiker, Mathematiker,
Astronom u. Publizist, immatr.
in Göttg. 19. 4. 1760 als stud.
theol., Schüler Kästners, 1765–
1767 Redakteur beim ‚Hanno-
verischen Magazin', 1767
o. Prof. d. Physik u. Mathematik
in Helmstedt, 1788 o. Prof. in
Halle, 1798 Teilnehmer am
Astronomenkongreß in Gotha,
1765 Korresp., 1789 ausw.
Mitgl. d. Soz. d. Wiss. Göttg.
– Brief von L. 91.
Knight, Francis (✝ 1807?), Papier-
warenhändler in London,
St. James's Street, den L. wohl
während seines 2. Englandauf-
enthaltes kennenlernte 72.
Knoop, Johann Daniel, Verleger
in Frankfurt/M. 88.
Koalitionskrieg 95. 97. 98. 100.
105. 107. 110. 114. 117.
Kobert, Franz August, aus Katlen-
burg, immatr. in Göttg.
14. 4. 1785 als Stud. der Forst-
wiss. (wg. nachgewiesener Be-
dürftigkeit gratis), stand in Verdacht, 1786 den Raubüberfall
auf J. F. A. v. Breuner (s. d.) verübt zu haben 71.
Koch, Philippine Henriette (Hjet-
te, Jette) (1744?–1819), Kästners Haushälterin in Göttg.,

Freundin von G. H. Hollenberg, Mutter von G. K. Kirsten
– Brief von L. 50.
Köhler, Johann Christian Friedrich (1751 ?–1787), Buchhändler in Göttg., verh. 20. 6. 1781 mit Luise Sophie Henriette Dieterich, wohnte bei seinem Schwiegervater (Prinzenstr.) 40.
Köhler, Luise (Luischen) Sophie Henriette, geb. Dieterich (3. 12. 1757– nach 1816), Tochter von Johann Christian D., heir. 1781 Johann Christian Friedrich K., lebte noch 1817 in Hildburghausen 109.
– Briefe von L. 34. 35.
Kölbele, Johann Balthasar (1722–1778), Advokat u. Schriftsteller in Frankfurt, 1771 FGA-Rezensent 27.
Königsberg, Hauptstadt des Kgr. Preußen mit 1544 gegr. Universität 90.
Körte (Korte), Wilhelm (1776–1846), Buchhändler in Halberstadt, bis 1810 Domvikar, Hrsg. zahlr. literaturhist. Schriften 77.
Konstantin der Große (ca. 287–337), (eigentl. Constantinus Flavius Valerius Aurelius), röm. Ksr. seit 306, erhob das Christentum zur Staatsreligion 66.
Kopenhagen, Hauptstadt des Kgr. Dänemark 11. 66. 68.
Kopernikus, Nikolaus (1473–1513), Astronom, Begründer des heliozentrischen Weltbildes, beigesetzt in der Johanniskirche zu Thorn 90. 117.
Korinth 2.
– ische Säulen 28.
Kühner, Karl Christoph († 1803 ?), Postangestellter u. Laienmusiker aus Osnabrück, wo L. ihn 1772 kennenlernte, 1777–1779 angestellt bei J. C. Dieterich in Göttg., 1779 Postschreiber, 1787 Bürger, 1791

zweiter Postverwalter in Lüneburg 22. 41. 45.
Kulenkamp, Lüder (1724–1794), aus Bremen, 1750 Prediger in Bremen, 1755 Prediger der ref. Gemeinde in Göttg. u. a. o., 1764 o. Prof. d. Philosophie in Göttg., 1787 Dr. theol. h.c.
– Silhouette 45.
Kurhannover s. Hannover.
Kurland, seit 1561 Hzm. unter poln. Lehnshoheit, 1795 an Rußland 116.

Lafontaine, Jean de (1621–1695), franz. Fabeldichter
– L'ours et l'amateur des jardins 46.
Lahrer Hinkender Bote 68.
Lais, verbreiteter griech. Hetärenname (‚die gemeinhin Bekannte‘), die beiden berühmtesten in Korinth, die von L. zit. Anekdote über die ‚Jüngere‘ aus Hykkara/Sizilien (* 422 v. Chr.) ist chronolog. fraglich u. paßt sachl. eher auf die ältere, gen. die ‚Kostspielige‘ 2.
Lalande, Joseph Jérôme le Français de (1732–1807), franz. Mathematiker, Astronom u. Jurist, von der Acad. des Sciences de Paris zur Bestimmung der Mondparallaxe 1751 nach Berlin gesandt, 1761 Prof. d. Astronomie am Collège de France, 1795 Dir. d. Observatoriums des Pariser Instituts sowie 1795 Mitbegr. d. Pariser Bureau des Longitudes 54.
– Connoissance des temps 24.
Lambert, Johann Heinrich (1728–1777), aus Mülhausen/Elsaß, Autodidakt (Sohn eines Schneiders), Astronom, Mathematiker, Physiker u. Philosoph, 1746 Sekr. Iselins in Basel, immatr. in Göttg. 21. 10. 1756 als stud. jur., 1765 Mitgl. d. Berliner

Akad. d. Wiss., erkenntnistheoretisch Vorläufer Kants
- Pyrometrie, oder vom Maß des Feuers und der Wärme (1779) 78.

Lange, Samuel Gotthold (1711–1781), Theologe, Dichter u. Übersetzer, 1737 Prediger in Laublingen b. Halle, 1755 Inspektor der Kirchen u. Schulen im Saalkreis
- Horaz-Übersetzung 28.

Langenhagen, hannov. Amtssitz ca. 8 km nördl. von Hannover an der Poststraße nach Walsrode 23.

Laokoon (mytholog. Gestalt) 66.

Lauremberg, Peter (1585–1639), Mediziner u. Philologe, erst prakt. Arzt, 1614 Prof. d. Mathematik u. Physik, 1624 Prof. d. Poesie in Rostock
- Acerra Philologica (1637/ 1654) 2.

Lausanne, Stadt am Nordufer des Genfer Sees im bernischen Pays de Vaud 37. 66.

Lavater, Johann Heinrich (1766/ 68?–1819), aus Zürich, Sohn von Johann Kaspar L., immatr. in Göttg. 14. 7. 1786 als stud. med., hörte bei L. WS 1786/87 Experimentalphysik, 10. 8. 1789 Dr. med. et chir. mit Diss. ‚De statu hodierno artis medicae‘, 1795 prakt. Arzt in Zürich 76.

Lavater, Johann Kaspar (1741–1801), Theologe u. religiös-philosoph. Schriftsteller, 1775 Pfarrer an der Waisenhauskirche in Zürich, 1786 Mitgl. d. Konsistoriums, unternahm 1786 eine Reise nach Bremen, auf der er im Juni L. in Göttg. besuchte 36. 37. 46.
- Begegnung mit L. 76.
- Deutschlandreise 76.
- Magnetisieren 76.

- Physiognomische Fragmente (1775–1778) 31. 34. 38. 46.
- Über Jesuitismus und Katholizismus an Herrn Professor Meiners in Göttingen (1786) 77.

Lee, Anna (1736–1784), visionäre Prophetin der Shakers o. Shaking-Quakers aus Manchester, wanderte nach Amerika aus, wo sie 1774 in Naskayuna/N. Y. ihre erste Gemeinde gründete 28.

Lee, Nathaniel (1653?–1692), engl. Schauspieler u. Dramatiker, starb in geistiger Umnachtung 28.

Leeuwenhoek, Antony van (1632–1723), holl. Naturforscher, Zoologe u. Mechaniker in Delft, fertigte u. verbesserte Mikroskope, mit deren Hilfe er u. a. Blutkörperchen, Spermatozoen, Infusionstierchen u. Spiralgefäße von Pflanzen entdeckte 77.

Lehmann, Johann Heinrich Immanuel (1769–1808), aus Ducherow/Vorpommern, Stud. in Königsberg, Hörer Kants, mit dessen Empfehlung er sich in Göttg. 1. 10. 1798 als stud. jur. immatr. u. bei L. WS 1798/99 Experimentalphysik hörte, meldete sich nochmals bei L. am 29. 12. 1798 für das Experimentalphysik-Kolleg SS 1799, wohnte bei Dieterich/Prinzenstr. 116.

Leibniz, Gottfried Wilhelm (1646–1716), dt. Philosoph, Mathematiker, Physiker, Historiker u. Sprachforscher, auch Jurist u. Diplomat, 1673 Mitgl. d. Royal Society London, Präsident der auf seine Veranlassung 1700 gegr. Berliner Akad. d. Wiss. 91. 117.
- Dyadik 93.

Leiden, Stadt in Holland mit 1575 gegr. Universität 100.
- sche Flasche 38.

Leidenfrost, Johann Gottlob
(1715–1794), Mediziner, Na-
turwissenschaftler, erst preuß.
Feldarzt, 1743 Prof. d. Medizin
in Duisburg
– De conversione aquae in fuliginem (1756) 91.
Leine (Fluß durch Göttg. und
Hannover) 3. 63. 117.
Leineanische Philisterei 45.
Leipzig, Messe- und Handelsstadt
in Sachsen mit 1409 gegr. Universität 11. 67. 99.
– Deutsche Gesellschaft 13.
– Frühjahrs (Oster- oder Jubila-
te)messe 12. 49. 74. 99. 105.
Leisewitz, Johann Anton (1752–
1806), Jurist, Lyriker u. Dramatiker, immatr. in Göttg.
16. 10. 1770 als stud. jur., Schüler Schlözers, wohnte während
seiner Göttg. Studienzeit bis Michaelis 1774 beim Stadtschrei-
ber H. E. Horn, 1774 Advokat in
Hannover, 1775 in Braun-
schweig, 1778 landschaftl. Sekr.
ebd., 1774 Mitgl. d. Göttg. Hainbunds, GMWL-Beiträger 52.
– Tagebücher 44.
Lemon, John (1750/54?–1814?),
aus England, immatr. in Göttg.
24. 4. 1771 als stud. jur., Zögling u. Schüler L.s, danach Reise nach Florenz, traf L. 1774 in
London. Vermutl. identisch mit
J. Lemon aus Polvellen, Sohn
von William L. aus einer sehr
reichen Minenbesitzerfamilie u.
seit 1796 M. P. für Truro/Corn-
wall 11. 18.
Lenchen (Helene), Köchin Dieterichs 11.
Lenclos, Anne, gen. Ninon de
(1616–1706), geistreiche franz.
Salondame, bis ins hohe Alter
begehrte Kurtisane und Freundin berühmter Zeitgenossen
– Lettres de Ninon de Lenclos au
Marquis de Sévigné (1750) 78.

Lennox, Charles (1735–1806),
3rd Duke of Richmond, brit.
Politiker u. Diplomat, bekannter Parlamentsredner der
Whigs, Gegner der brit. Kolonialpolitik in Nordamerika, 1756
Mitgl. d. Royal Society London
29.
Lenthe, Albrecht Friedrich von
(1707–1779), ab 1734 Oberappellationsrat in Celle, 1765 dessen Präs., 1764 Geh. Rat, führte
die vormundschaftl. Regierung
des Hochstifts Osnabrück, 1771
Großvogt, rückte als Nachfolger
B. C. v. Behrs 1772 zum Kam-
merpräsidenten u. Kurator der
Univ. Göttg. auf 5. 6. 10. 12. 37.
Lenthe, Eberhard Adolf Friedrich
von (1739–1787), hannov. Offi-
zier, seit 1763 im Leibgarde-
Rgt., Flügeladjutant 1768 als tit.
Major, im Generalstab 1778 als
Oberstltn., 1783 Oberst, Sohn
von Albrecht Friedrich v. L.,
verh. 1769 mit Elisabeth
v. Münchhausen 12.
LeRoy, Jean Baptiste (1729–
1800), Mechaniker der Acad.
Royale des Sciences de Paris,
1773 Mitgl. d. Royal Society
London 54.
Leß, Gottfried (1736–1797), luth.
Theologe, 1758 Prof. am
Gymn. in Danzig, 1763 a. o.,
1765 o. Prof. d. Theologie in
Göttg., 1791 Konsistorialrat,
Hof- u. Schloßprediger in Han-
nover, 1792 Generalsuperinten-
dent der Gft. Hoya, 1794 des
Fsm.s Calenberg, 1795 Dir. der
Hof-Töchter- u. Söhneschule in
Hannover 76.
– Streit über Sittlichkeit der
Schaubühne 8.
Lessing, Gotthold Ephraim
(1729–1781), Dramatiker, Lyri-
ker, Literaturtheoretiker, Theo-
loge, Übersetzer u. Kritiker,

1741–1746 Besuch der Fürstenschule St. Afra zu Meißen,
1746–1748 stud. theol. et med.
in Leipzig, seit 1748 freier
Schriftsteller, Literaturkritiker
u. Rezensent, 1770 Bibliothekar
u. Leiter der hzgl. Bibliothek zu
Wolfenbüttel 8. 49. 76.
– Tod 52.
– an Nicolai 27.
– Fragmente eines Ungenannten
(1774–1778) 47.
– Hamburgische Dramaturgie
(1767–1769) 66.
– Lob der Faulheit (1747) 90.
– Minna von Barnhelm
(1767) 23.
– Nathan der Weise (1779) 76.
– rez. Schlegel 78.
– Vade Mecum für Samuel Gotthold Lange (1754) 8. 28.
Leveson-Gower, Granville (1721–
1803), 2nd Earl u. 3rd Baron
Gower 1754, 1st Marquess of
Stafford 1786, engl. Politiker,
Befürworter der Kolonialpolitik
in Nordamerika 29.
Lichtenberg, Auguste Friedrike
Henriette (13. 6. 1795–
15. 12. 1837), dritte Tochter
(siebentes Kind) L.s 101.
Lichtenberg, Christian Wilhelm
Thomas (22. 10. 1791–
30. 5. 1860), vierter Sohn
(fünftes Kind) L.s, immatr. in
Göttg. 1802, 1822 Obersteuer-
sekr. in Hannover, 1825 Steuer-
inspektor in Celle, 1835 Steuer-
dir. bei der Generaldirektion
der indirekten Steuern in Hannover, 1841 Steuerkommissar
in Oldenburg, 1854 Bevoll-
mächtigter bei der Oberzoll-
behörde in Breslau, dann in
Stettin 89. 92. 99. 105. 118.
– Abschrift 75.
Lichtenberg, Christine Luise
Friederike (24. 6. 1789–
17. 12. 1802), erste Tochter

(viertes unehel. geborenes
Kind) L.s 99. 105.
Lichtenberg, Clara Sophie
(12. 2. 1718–20. 11. 1780),
einzige Schwester L.s, hatte zu
ihm ein vertrautes u. liebevolles
Verhältnis, starb nach langer,
schwerer Krankheit erblindet u.
unverh. in Darmstadt 27.
Lichtenberg, Familie 101.
Lichtenberg, Friedrich August
(8. 12. 1755–10. 9. 1819),
Neffe L.s, immatr. in Göttg.
27. 4. 1773 als stud. jur., Ende
1777 Akzessist beim Archiv u.
der Geh. Registratur sowie Kustos u. Bibliothekar der Darmstädter Schloßbibliothek, 1778
Geh. Archivarius, 1782 mit der
darmstädt. Delegation zum
Papstbesuch in Wien, nach dem
Tod Ludwigs IX. 1790 (als Ange-
höriger der ‚erbprinzl. Fronde‘)
Aufstieg zum Geh. Sekr. bei der
Geh. Kanzlei in Darmstadt,
1793 Expeditions-, 1797 Reg.-
Rat, Juni 1798 bis Okt. 1803 (of-
fiziell abberufen März 1804) als
Geh. Legationsrat für Hessen-
Darmstadt in Berlin, zusammen
mit C. H. S. v. Gatzert Mai bis
Oktober 1797 zu Verhandlun-
gen über Entschädigungszah-
lungen an die Lgft. Hessen-
Darmstadt in Wien, November
1797 beim Kongreß zu Rastatt,
1803–1813 Geh. Referendär,
1813 Geh. Rat u. hess. Staatsminister, 1809 in den Freiherren-
stand erhoben 27. 100.
– Briefe von L. 81. 100.
– Gesandter in Berlin 117.
Lichtenberg, Friedrich Christian
(5. 2. 1734–15. 7. 1790), Bruder L.s, Jurist u. Schriftsteller,
Schüler am Pädagogium Darmstadt (Ostern 1746–Herbst
1750), zugleich Sekretär seines
Vaters, immatr. in Gießen

Reise-Anmerckungen 29. 30.
31. 33.

Lichtenberg, Georg Christoph
jun. (4. 2. 1786–19. 12. 1845),
ältester überlebender Sohn
(zweites Kind) L.s, immatr. in
Göttg. 9. 4. 1803 als stud. jur.,
in der Finanzverwaltung des
Kgr. Westfalen, als Kanzleirat
1818 Liquidations-Commissari-
us der Forderungen an Frankreich, 1821 Ober-Steuerrat u.
Mitgl. d. Schatzkollegiums,
1825–1832 auch Mitgl. d.
Ober-Steuerkollegiums in Hannover, 1832–1837 Geh. Legationsrat bei der Dt. Kanzlei in
London, 1838 prov., 1841 Ge-
neral-Dir. der direkten Steuern
in Hannover 92. 99. 118.

Lichtenberg, Johann Konrad
(9. 12. 1689–17. 7. 1751), Vater L.s, verh. 15. 4. 1717 mit Katharina Henriette Eckhard, aufgeklärter, an Naturwissenschaf-
ten u. Astronomie interessierter
Pfarrer in Ober-Ramstadt, zuletzt Stadtprediger u. Superintendent zu Darmstadt 63.

Lichtenberg, Johannette Rosine,
geb. Küster (25. 9. 1757–
16. 9. 1839), verh. 29. 4. 1783
mit Friedrich August L. 100.

Lichtenberg, Katharina Henriette,
geb. Eckhard (1. 1. 1696–
14. 4. 1764), Mutter L.s 101.

Lichtenberg, Ludwig Christian
(5. 1. 1737–29. 3. 1812), Bruder L.s, aufgewachsen in Ober-
Ramstadt, Schüler am Pädagogium Darmstadt (Ostern 1746–
Herbst 1750), als stud. theol.
immatr. in Halle 1. 10. 1754,
wohl wg. des Siebenjährigen
Kriegs seit ca. 1756 in Darmstadt, immatr. in Göttg.
25. 11. 1763 als stud. jur., hörte bei Gatterer Geschichte,
Hofmeister von L. F. C. v. Pöll-

nitz, den er auch zur Univ. Erlangen begleitete, 1765 Geh.
Archivar in Gotha, 1777 Geh.
Sekr., 1782 Geh. Legationsrat,
1808 Geh. Assistenzrat, widmete sich frühzeitig naturwiss.
Studien u. sammelte einen umfangreichen u. wertvollen Ap-
parat zur Experimentalphysik,
über die er in Gotha vor Gebil-
deten Vorlesungen hielt u. ein
ausführl. Lehrbuch plante,
begr. 1781 das ‚Magazin für
das Neueste aus der Physik‘,
das er bis 1785 redigierte u.
1786 an J. H. Voigt abgab 6. 9.
11. 14. 27. 30.
– Briefe von L. 101. 117.
– Brief 97.
– Verhaltungs-Regeln bey nahen
Donnerwettern (1774) 21.

Lichtenberg, Margarete Elisabeth
Agnese Wilhelmine (Agnese,
Mienchen, Mimi) (1. 3. 1793–
30. 9. 1820), zweite Tochter
(sechstes Kind) L.s 97. 99. 105.
106. 109. 112. 121.

Lichtenberg, Margarete Elisabeth,
geb. Kellner (31. 8. 1768–
17. 9. 1848), verh. 5. 10. 1789
mit Georg Christoph L., Mutter
von acht Kindern, die ersten
vier wurden vorehelich geboren
75. 98. 99. 101. 105. 106. 109.
– Briefe von L. 89. 92. 106. 113.
118. 119. 120. 121. 122.
– Besuch im Garten 117.

Lichtenberg, Sophie Dorothea,
geb. Wißmann, verw. Campen
(26. 7. 1722–Jan. 1792), Wwe.
des Amtmanns Gottlieb Christoph L., Mutter von Friedrich
August L. 27.

Lichtenstein, Heinrich Julius von
(1723–1789), Stud. in Gießen,
immatr. in Göttg. 28. 4. 1742,
im hannov. Hofdienst seit 1743,
1770 Oberhofmarschall, traf L.
1775 in London 29.

Lima, Hauptstadt des span.
Vizekgr. Peru 2.

Limburger Käse, aus dem niederl.
Hzm. an der Maas 12.

Linsingen, Friedrich Wilhelm Albrecht von (1748–1813), hannov.
Offizier, 1765 Fähnrich im 9. Inf.-Rgt., 1776 Ltn., 1783 Hptm.,
nach Rückkehr aus Engl. Rittmeister im 1. Kav.-Rgt. in Hannover,
seit 1. 7. 1786 Hofmeister der 3 engl. Prinzen in Göttg., starb als
Oberstltn. a. D. u. Obersalindir. in Lüneburg 75. 77.

Lips, Johann Heinrich (1758–1817), schweiz. Maler, Zeichner
u. Kupferstecher, auf Empfehlung Goethes 1789–1794 Prof.
an der Zeichenakad. in Weimar
– Kupferstichporträt Zimmermanns 46.

Livorno, ital. Hafenstadt im Ghzm. Toskana 20 km südl. von
Pisa 66.

Ljungberg, Jöns Matthias (1748–1812), schwed. Mathematiker
u. Astronom, erst Stud. in Lund, in Göttg. immatr.
30. 4. 1766 als stud. med., hörte jedoch vor allem Mathematik
u. Astronomie bei Kästner, 1770 Prof. d. Mathematik in
Kiel, 1780 Mitgl. d. Ökonomie-u. Kammerkollegiums in Kopenhagen, 1780 Justizrat, 1805
Etatsrat 22. 24. 66. 67. 68.

London, Hauptstadt des Kgr. England bzw. seit 1707 Großbritannien 1. 2. 18. 23. 24. 27. 31. 49. 99.
– Aufwärterin 2.
– British Library 29.
– British Museum 29.
– Cheapside und Fleetstreet 28.
– Deutsche Kanzlei, während der Personalunion mit Großbritannien die Behörde des beim Kg.
in London anwesenden kurhannov. Ministers 28.

– Diebe 28. 31.
– Drury Lane 28. 31.
– Great Jermyn Street 72.
– House of Lords 2.
– Huren 2. 28.
– Lord Mayor 1.
– Ludgate Hill 1.
– Newgate 2.
– Old Bailey 52.
– Parlament 1.
– Parlamentsdebatte 29.
– Proletarier 31.
– Quartalskurier nach 28.
– Royal Society for Improving of Natural Knowledge 1. 29. 31. 60.
– St. George 29.
– St. James's 29. 72.
– St. James's Church 72.
– St. Paul's Cathedral 1.
– St. Paul's Coffee House 31.
– Theater (s. a. Drury Lane) 28. 29. 31.
– Tower 2.
– Tyburn, bis 1783 Hinrichtungsort 33.
– Westminster 29.
– – Abbey 1.

Lorenzo, (Romanfigur bei Laurence Sterne) 32.

Loreto, Wallfahrtsort im Kirchenstaat, 20 km südl. Ancona 66.

Lovat s. Fraser, Simon

Loyola, Ignatius von (1491–1556), span. Theologe, zuerst
Page am Hofe Ferdinands des Katholischen, stiftete 1534 den
1773 von Papst Clemens XIV. (1769–1774) aufgehobenen
Jesuitenorden 77.

Lucca, bis 1799 selbst. Republik in Italien mit der Hauptstadt ca.
15 km nördl. von Pisa 66.

Ludwig, Christian (1749–1784), erst prakt. Arzt, dann Privatdoz.
d. Physik in Leipzig, übersetzte Priestley ins Deutsche, befreundet mit Gehler 63.

Lüttichau, Christian Tönne Friedrich von (1744–1805), dän. Of-

fizier, Dr. jur. in Oxford, immatr. in Göttg. 1. 5. 1768 als stud. jur., vertrat bei den dän. Agrarreformen die Gutsbesitzer Jütlands, 1791 Geh. Etatsrat in Braunschweig 30.
Lusignan (Dramengestalt in Voltaires Zaire) 33.

Maack, Georg Friedrich (ca. 1750–1782), aus Hamburg, immatr. in Göttg. 18. 4. 1768 als stud. jur., danach Advokat, 1777 Gerichtsvogt in Hamburg, gehörte in Göttg. zum Freundeskreis um Dieterich, der M. 1778 in Hamburg besuchte 39. 40.
Maastricht, niederländ. Festungsstadt im Hzm. Limburg, bis 1795 im Besitz der Vereinigten Niederlande 69.
Mailand, Hauptstadt des gleichnamigen, seit 1714 habsburg. Hzm. in Italien 66.
Mainz, Stadt am linken Rheinufer, Erzbischofssitz mit 1476/77 gegr. Universität 67. 88. 93.
Malortie, Karl Gabriel Heinrich von (1734–1798), hannov. Offizier, 1759 Hptm. im 8. Drag.-Rgt., 1760–1763 Rittmeister im Generalstab u. persönl. Adjutant von Hz. Ferdinand v. Braunschweig-Wolfenbüttel, 1763 Major, 1777 Oberstltn., 1783 Oberst, 1786–1790 Oberhofmeister der 3 engl. Prinzen in Göttg., 1789 Generalmajor, 1793 als Generalltn. a. D., 1796 kurhannov. Oberhptm. in Bremen 75. 77.
Mannheimer Sozietät
– Commentationes 49.
Marcard, Heinrich Matthias (1747–1817), aus Walsrode, immatr. in Göttg. 10. 10. 1766 als stud. med., Schüler Baldingers, 20. 4. 1770 Dr. med., dann prakt. Arzt in Stade, 1774 in

Hannover, 1778 Ernennung zum Hofmedikus, 1787 Brunnenarzt in Pyrmont, 1787 oldenburg. Etatsrat u. Leibmedikus – an Nicolai 46.
Marchmont s. Hume-Campbell, H.
Marie, Köchin in Göttg. (aus Arnstadt), ab 1770 bei J. C. Dieterich, ging 1778 nach Erfurt, um zu heiraten, identisch mit der Tochter eines Fuhrmanns namens Warneke ? 3. 8. 11. 78.
Marliniere s. Riccaut
Marra, John (* ca. 1746), irischer Seemann, begleitete Cook auf dessen 2. Reise als Hilfskanonier (gunner's mate) auf der ‚Resolution‘, veröffentl. widerrechtlich 1775 sein Reisetagebuch in London, eine Übersetzung ins Deutsche erschien 1776
– Journal of the Resolution Voyage (1775) 31.
Maschmühle, an der Leine nordwestl. von Göttg. mit Ausflugs- und Vergnügungslokal 24.
Maskelyne, Nevil (1732–1811), engl. Theologe u. Astronom, unternahm wiss. Reisen 1761 zur Beobachtung des Venusdurchgangs nach St. Helena, 1763 zur Prüfung des ‚Harrison timekeeper‘ nach Barbados, als Nachfolger von N. Bliss (1700–1764) 1765 kgl. Astronom u. Dir. des Observatoriums zu Greenwich 29. 31.
Mathew, Brownlow (1760–1826), aus England, von Georg III. an L. empfohlen, reiste gemeinsam mit Greatheed, Morrison u. L. als dessen Zögling u. Schüler 1775 nach Göttg., immatr. 2. 1. 1776 als stud. math., wohnte bis Ostern 1779 bei Dieterich/Gotmarstr. wohnte, immatr. in Oxford 26. 11. 1781 39.

Matthisson, Friedrich (von)
(1761–1831), Dichter, Schriftsteller u. philanthrop. Schulmann, 1773–1778 Schüler am
Pädagogium zu Kloster Berge,
1778 stud. theol. et phil. in Halle, 1781–1784 Lehrer am Philanthropin in Dessau, 1794 Vorleser, zgl. 1795–1796, 1799,
1801 u. 1808 Reisebegleiter der
Fstn. L. H. W. v. Anhalt-Dessau,
zuletzt Privat- u. Oberbibliothe-
kar in Stuttgart 97.
Maty, Matthew (1718–1776), holl.
Mediziner, 1740 prakt. Arzt in
Engl., 1753–1772 Unterbibliothekar, 1772 1. Bibliothekar am
British Museum in London 29.
Mayer, Tobias (1723–1762),
Astronom, Mathematiker u.
Physiker, 1746–1751 Mitarb.
am Homannschen Landkarten-
verlag in Nürnberg, 1751 Prof.
d. Mathematik u. Ökonomie in
Göttg., gemeinsam mit J. A.
v. Segner, ab 1754 allein Dir.
des Göttg. Observatoriums
– Opera Inedita I (1775, ersch.
1774) 28.
– – Mondkarte 24.
Md. s. Hölty
Mechmershausen, Anna Dorothea
Margareta, geb. Belling (1729–
1787), Ehefrau von J. D. A. M.
5. 6.
Mechmershausen (Meck-, Mett-
mershausen), Johann Dieterich
Anton (1731–1783), Glaser in
Hannover, bei dem L. 1772 5. 9.
Meckel, Philipp Friedrich Theodor (1756–1803), aus Berlin,
immatr. in Göttg. 27. 4. 1774
als stud. med., Hörer Baldingers, wohnte bei Adler/Jü-
denstr., verließ Göttg. nach SS
1774, Dr. med. 1777, dann Pro-
sektor in Straßburg, 1779 Prof.
d. Anatomie, Chirurgie u. Ge-
burtshilfe in Halle, zuletzt auch

Dir. des anatom. Instituts u. der
chirurg. Klinik ebd. 28.
Meckmershausen s. Mechmershausen
Mediceische Venus 66.
Meier, Georg Friedrich (1718–
1777), Philosoph, Mathemati-
ker, Astronom, Physiker, 1748
o. Prof. in Halle
– Auszug aus der Vernunftlehre
(1752) 104.
Meil, Johann Wilhelm (1733–
1805), Kupferstecher u. Zeichner in Berlin, 1766 Mitgl., 1791
Rektor u. 1798 Dir. der Akad. d.
Künste
– Vignette 66.
Meiners, Christoph (1747–1810),
Philosoph, Historiker, in Göttg.
24. 10. 1767 als stud. jur., Schüler J. G. H. Feders, 1772 a. o.,
1775 o. Prof. d. Philosophie,
1788 Hofrat 38. 44. 77.
– Göttg. Histor. Mag. 1787 87.
– ‚Mongole‘ 87
Meister, Albrecht Ludwig Friedrich (1724–1788), Mathematiker, immatr. in Göttg.
24. 5. 1743, später Stud. in
Leipzig, 1764 a. o., 1770
o. Prof. d. Mathematik in
Göttg., reiste mit Unterstützung
von Georg III. 1765 nach Paris,
1784 Hofrat 17. 18. 24. 51. 61.
– Briefe von L. 44. 45. 55. 56.
57. 58.
Mejer, Luise Justine s. Boie, L.
Mémoires de l'académie royale
des sciences 1743. 1746 96.
Mencke, Johann Burkhard (1674–
1732), Schriftsteller u. Historiker, 1699 Prof. d. Geschichte in
Leipzig, 1708 kursächs. Historiograph, 1709 kgl. poln. Rat,
1723 Hofrat, übernahm nach
dem Tod seines Vaters Otto M.
die Hrsg. der ‚Acta eruditorum‘
– De charlataneria eruditorum
(1715) 66.

Mendelsohn, Moses (1728–1786),
aus Dessau, jüdischer Popularphilosoph, Literaturkritiker u.
Bibelübersetzer, 1750 Erzieher
u. Buchhalter beim jüdischen
Seidentuchfabrikanten Isaak
Bernhard in Berlin, der ihn später zu seinem Teilhaber machte,
seit 1754 enge Freundschaft
mit Lessing u. C. F. Nicolai, mit
denen er die ‚Bibliothek der
schönen Wissenschaften u. der
freien Künste' sowie die ‚Briefe,
die neueste Litteratur betreffend' begr. u. hrsg. 27. 36. 37.
38. 74. 76.

Menorca, span. Mittelmeerinsel,
1708–1782 unter brit. Herrschaft 21.

Merck, Johann Heinrich (1741–
1791), aus Darmstadt, Jurist,
Schriftsteller, Kritiker u. Übersetzer aus dem Engl., naturwiss.
Dilettant, Herbst 1752 Eintritt
in die Secunda des Pädagogiums
in Darmstadt (Abgang Herbst
1757), immatr. in Gießen
17. 10. 1757 als stud. theol., in
Erlangen 7. 6. 1759 (dort auch
Mitgl. d. ‚Dt. Gesell.'), ab Herbst
1762 für 3 Sem. an der Maler- u.
Zeichenschule in Dresden, 1764
Hofmeister bei W. H. v. Bibra,
1767 Geh. Kanzleisekr., 1768
Kriegsrat in Darmstadt, Beiträ-
ger zu Wielands ‚Teutschem
Merkur' u. C. F. Nicolais ‚ADB',
neben J. G. Schlosser u. K. F.
Bahrdt ab 1772 Mithrsg. u.
Redakteur der ‚Frankfurter
Gelehrten Anzeigen' 34.

– Brief von L. 51.

Merkur s. Wieland

Merseburger Bier 31.

Messina, Stadt an der Nordspitze
Siziliens 66.

Met(t)mershausen s. Mechmershausen

Metastasio (eigentl. Trapassi),
Pietro Antonio Domenico
Bonaventura (1698–1782), ital.
Dichter von Melodramen u.
Opernlibretti, 1730 Hofdichter
in Wien, begründete seinen
Ruhm 1724 mit dem Libretto
zu ‚Didone abbandonata' 27.

Metmershausen s. Mechmershausen

Metternich, Matthias (1747–
1825), aus Steinefrenz b. Limburg, nach 1775 stud. math. in
Mainz, M. A., 1780 a. o. Prof. d.
Mathematik an der Normal-
schule in Mainz, immatr. in
Göttg. 3. 12. 1784 als stud.
math., Hörer Kästners u. L.s,
1785 o. Prof. d. Mathematik u.
Physik in Mainz, 1792 Klubist,
1793 Deputierter des rhein. Na-
tionalkonvents, Juli 1793 Fe-
stungshaft auf dem Petersberg,
1795 Entlassung nach Frankreich, 1799 Prof. d. Mathematik
an der Zentralschule, Chef des
Denominationsbüros u. Mitgl.
der Regierung in Mainz 88.

Meusel, Johann Georg (1743–
1820), Biograph u. Literaturhi-
storiker, 1766 Privatdoz. in Halle, 1769 o. Prof. f. Geschichte
in Erfurt, 1779 in Erlangen,
setzte das von Hamberger begr.
‚Lexikon der jetzt lebenden
deutschen Schriftsteller' bis zur
5. Aufl. fort

– Das Gelehrte Teutschland
(1783 ff.) 71.

Meyenberg, Georg Philipp
(1732 ?–1791), aus Clausthal,
immatr. in Göttg. 5. 10. 1751
als stud. jur., 1770 2. Bürgermeister u. Oberkommissar in
Göttg. 8. 44. 45.

Meyer, Friedrich Ludwig Wilhelm
(1759–1840), aus Harburg,
Philologe, Philosoph u. Schrift-

steller, 1774/75 Schüler am
Pädagogium Ilfeld, 1775/76
Stud. in Kiel, immatr. in Göttg.
25. 4. 1776 als stud. jur., 1783–
1785 Reg.-Auditor in Stade,
1785–1788 a. o. Prof. d. Philo-
sophie u. Literatur, auf Empfeh-
lung C. G. Heynes Kustos der
Univ.-Bibl. u. Sprachlehrer der
engl. Prinzen in Göttg., 1789–
1791 Reisen nach Engl., Frankr.
u. Ital., lebte danach in Bram-
stedt/Holstein
– Briefe (1785) 67.
Michaelis (29. Sept.) 67.
Michaelis, Caroline, s. Böhmer,
Caroline Albertine Dorothea
Michaelis, Charlotte Wilhelmine,
s. Dieterich, Charlotte Wilhelmine
Michaelis, Christian Friedrich
(Fritz) (1754–1814), Sohn von
J. D. M. 14. 10. 1768–1771
Schüler am Akad. Gymn. in
Coburg, immatr. in Göttg.
20. 4. 1771 als stud. med., in
Straßburg 23. 10. 1775 als stud.
med., 1. 8. 1776 cand. med.,
5. 9. 1776 Dr. med., 1778 Reise
nach Engl., 1779 Feldstabsarzt
bei den hess. Truppen in Nordamerika, 1784 Leibmedikus u.
als Nachfolger Soemmerrings
Prof. d. prakt. Medizin u. Anatomie am Collegium Carolinum
in Kassel, 1785 Prof. d. Anatomie in Marburg, auch Dir. des
klinischen Instituts, 1798 Ober-
hofrat 67.
Michaelis, Johann Benjamin
(1746–1772), aus Zittau, Lieder-,
Fabel-, Satiren- u. Theaterdichter,
auf Lessings Empfehlung 1770
Redakteur bei der ‚Staats- und Gelehrten Zeitung des Hamburgischen unparteiischen Korrespondenten‘, 1771 Theaterdichter bei
der Seylerschen Schauspielergesellschaft.

– Wiegenlied für unsre Schönen
(1773) 19.
Michaelis, Johann David (1717–
1791), aus Halle, Theologe,
Orientalist u. Philosoph, Stud.
in Halle, immatr. in Göttg. als
M. A. 16. 10. 1745, 1746 a. o.,
1750 o. Prof. d. Philosophie
(oriental. Sprachen), entwarf in
Zusammenarbeit mit A. v. Haller die Statuten der Göttg. Soz.
d. Wiss., deren Sekr. er 1751
wurde, wg. Differenzen mit seinen Kollegen, besonders mit
C. G. Heyne, schied M. auf eigenen Wunsch 1770 aus der Soz.
aus, 1761–1763 Dir. der Göttg.
Univ.-Bibl. 27. 67.
Middlessex, engl. Gft. mit dem
nördl. Umland von London 52.
– Wahl 28.
Miecken s. Endris, M. M.
Miller, Johann Martin (1750–
1814), aus Ulm, Schriftsteller u.
Theologe, Stud. in Tübingen,
immatr. in Göttg. 15. 10. 1770
als stud. theol., Mitgl. d. Göttg.
Hainbunds, 1780 Pfarrer in
Jungingen, 1781 Prof. f. Natur-
recht u. griech. Sprache am
Gymn. in Ulm, zgl. 1783 Predi-
ger am Münster
– Gedichte 23.
Milton, John (1608–1674), engl.
puritan. Dichter, 1649–1658
Latin Secretary bei O. Crom-
well
– Paradise Lost (1661–1667) 76.
Milvische Brücke, über den Tiber
nördl. v. Rom, dort 312 n. Chr.
Sieg Konstantins d. Gr. über
Maxentius 66.
Mimi s. Agnese Wilhelmine Lich-
tenberg
Minden, preuß. Festungsstadt in
Westfalen an der Weser 54.
Minorca s. Menorca.
Möser, Justus (1720–1794),
Staatsmann, Jurist, Historiker

u. Publizist, studierte in Jena, immatr. in Göttg. 16. 10. 1742 als stud. jur., 1743/44 Sekr. der Landstände in Osnabrück, 1747 Advocatus patriae et fisci, 1755 Syndikus der Ritterschaft, 1768 Geh. Referendar der osnabr. Regierung, hatte bestimmenden Einfluß auf alle Entscheidungen des Geh. Rats, 1783 Geh. Justizrat 27. 54.

Molitor, Nikolaus Karl (1754–1826), Mediziner u. Chemiker, Hofmeister der Kinder von N. J. v. Jacquin in Wien, bei dem er Botanik u. Chemie, bei Ingen-Housz Physik hörte, 1784 Prof. d. Chemie u. Pharmazie in Mainz 67.

Montgolfier, Brüder, franz. Erfinder u. Ballonfahrer: Jacques Étienne M. (1745–1799), Architekt u. Papierfabrikant; Josèphe Michel M. (1740–1810), Mathematiker, Physiker, Mechaniker, später Administrator des Conservatoire des arts et métiers in Paris u. Mitgl. d. Bureau consultatif des arts et manufactures beim Ministerium des Inneren Paris; sie konstruierten 1782/83 den ersten Heißluftballon, 1784 einen Fallschirm, 1794 einen Abdampfungsapparat u. 1796 gemeinsam mit A. Argand (1755–1803) einen Stoßheber 64.

Monthly Review or literary journal (1749–1845), liberale Zeitschrift in London 31.

Moser, Friedrich Karl von (1723–1798), aus Stuttgart, Staatsrechtler u. polit.-jur. Schriftsteller, 1772–1780 1. Staatsminister u. Präsident sämtl. Landeskollegien in Darmstadt, wg. überstürzter Verwaltungsreformen entlassen, 1791 rehabilitiert

– Der Herr und der Diener geschildert mit Patriotischer Freyheit (1761) 102.

Moutach s. Mutach

Müller, Christian Gottlieb Daniel (1753–1814), aus Göttg., immatr. 3. 10. 1770 als stud. math. et jur., Schüler Kästners (Mathematik) u. L.s (Astronomie), sammelte auf mehreren Seereisen prakt. Erfahrungen in Nautik, Astronomie, Mathematik, Dez. 1774 engl. Marineltn., Okt. 1778 Hptm. u. Schiffskapitän der Elb-Zoll-Fregatte in Brunshausen [mit Zeugnissen von Kästner (8. 2. 1778) u. L. (11. 2. 1778) unterstützt], 1790 Major, 1801 Obristltn., Fachmann für Nautik, Telegraphie, Wasserbauhydrotechnik, Technologie 38.

Müller, Johann Christian, Kurz- u. Bijouteriewaren-, auch Instrumentenhändler in Hannover 31.

Müller, Johann Gottwerth (sen.) (1743–1828), Schriftsteller, Publizist u. Buchhändler in Itzehoe, als Schriftsteller u. a. von L. u. Boie geschätzt, wohnte Sommer 1783 in Göttg. bei Dieterich 61. 99.

– Briefe von L. 66. 99.
– Die Herren von Waldheim eine komische Geschichten (1784 f.) 66.
– Komische Romane aus den Papieren des braunen Mannes und des Verfassers des Siegfried von Lindenberg (1784–1791) 66.

Müller, Joh. Gottw. (jun.) 66. 99.

Müller, Johann Heinrich Friedrich (1738–1815), Schauspieler und Komödiendichter
– Präsentiert das Gewehr (1777) 39.

453

Müller, Johanna Maria Margareta, geb. Hechtel († 1808), verh. mit Johann Gottwerth M. 66. 99.

Müller, Johannes (von) (1752–1809), aus Schaffhausen, Historiker u. Publizist, immatr. in Göttg. 23. 9. 1769 als stud. theol., 1772 Prof. d. griech. Sprache in Schaffhausen, 1781–1783 Prof. d. Geschichte am Collegium Carolinum u. 1782/83 Sous-Bibliothécaire am Museum Fridericianum in Kassel, kehrte 1783 in die Schweiz zurück, 1786 Bibliothekar in Mainz, zugl. 1787 Geh. Kabinettsrat u. Staatsrat, 1791 Wirkl. Geh. Hofrat in der Wiener Hof- u. Staatskanzlei, Erhebung in den Reichsritterstand, 1804 Historiograph von Brandenburg u. Geh. Kriegsrat in Berlin, 1807 kgl. westfäl. Unterrichtsminister u. Kurator der Univ. Göttg., deren Aufhebung er verhinderte 93.

Münchhausen, Gerlach Adolph von (14. 10. 1688–26. 11. 1770), hannov. Staatsmann, Mitbegr. u. Förderer der Univ. Göttg., 1715 Oberappellationsrat in Celle, 1726 hannov. Reichstagsgesandter in Regensburg u. 1728 Mitgl. d. Geh. Rats-Kollegiums, 16. 9. 1732–Jan. 1753 Großvogt, seit Jan. 1753 Kammerpräsident in Hannover, 1765–1770 1. Minister in Hannover, seit 1737 alleiniger Kurator der Univ. Göttg., 1751 Mitbegr. d. Göttg. Soz. d. Wiss. 1.

Münchhausen, Otto von (1716–1774), hannov. Beamter u. Gutsbesitzer, immatr. in Göttg. 28. 4. 1735, 1738 Auditor bei der Justizkanzlei in Hannover, 1741 Drost, 1747 Oberhauptmann, 1753 Landdrost in

Steyerberg u. Liebenau, 1765 in Harburg, 1755 Landrat der Calenbergischen Landschaft, sammelte seine landwirtschaftl. Erfahrungen im ‚Hausvater‘ (6 Bde.) 6.

– Der Hausvater (1764–1773) 5. 12. 54.

Münden, hannov. Handelsstadt an der Grenze zu Hessen, am Zusammenfluß von Fulda u. Werra 27.

Murray, Andrew, aus Schottland, reiste durch China u. Ostindien, dann immatr. in Göttg. 23. 12. 1776 als stud. med., Hörer L.s, 24. 11. 1779 Dr. med., wohnte bis SS 1777 bei Prof. Pepin/Weender Str., WS 1777/78–WS 1779/80 bei Prof. Wedekind/Rote Str. 61.

Murray, Johann Philipp (1726–1776), Historiker u. Philosoph schott. Abkunft aus Schweden, studierte erst in Uppsala, immatr. in Göttg. 16. 10. 1747 als stud. theol., 1755 a. o., 1762 o. Prof. d. Philosophie u. Geschichte in Göttg. 18.

Musenalmanach s. Göttinger Musen-Almanach

Museum s. Boie

Mutach, Abraham Friedrich von (1765–1831), aus Bern, immatr. in Göttg. 1. 10. 1784 als stud. jur., Hörer L.s, 1798 Quartiermeister u. Mitgl. der prov. Berner Märzregierung 74.

Nahl, Johann August (1710–1781), Bildhauer u. Architekt, 1741–1746 Generalintendant der kgl. Bauten in Berlin, seit 1755 in hess.-kassel. Diensten, Prof. am Collegium Carolinum in Kassel 45.

Nairne, Edward (1726–1806), engl. Physiker, Erfinder, Konstrukteur u. Instrumentenbauer von opt., math. u. naturwiss. Geräten 59. 60.

Najaden (mytholog. Gestalten) 76.

Neapel, Hauptstadt des gleichnam. Kgr. der Bourbonen in Süditalien 66. 68.

Nepos, Cornelius (ca. 95 – ca. 27 v. Chr.), röm. Historiker
– Pelopidas (3) 16.

Neuburg, Konrad Heinrich (1728?–1781), aus Minden, Bürger u. Gastwirt des ‚König von Preußen‘ in Göttg., Weender Str. 12.

Neugeorgien s. Süd-Georgien

Neuholland, seit Anfang des 17. Jh. Bezeichnung für Australien 31.

Neukaledonien, Insel im Pazifik, ca. 1200 km nordöstl. von Australien, durch J. Cook Sept. 1774 entdeckt. 31.

Neustadt am Rübenberge, hannov. Stadt u. Amtssitz im Fsm. Calenberg, Poststation an der Straße nach Bremen 23.

Neutestamentarischer Mann (Christus) 83.

Neuwerk, Insel in der Elbmündung vor Cuxhaven, im Besitz der Stadt Hamburg 26.

Nevill, Henry (1755–1843), Earl of Abergavenny 1785, immatr. in Oxford 29. 5. 1773, in Göttg. 16. 6. 1780 als stud. philos., Zögling u. Hörer L.s 51.

Newton, Isaac (1643–1727), Mathematiker u. Astronom, Begründer der neueren mathem. Physik u. physikal. Astronomie, Entdecker der Differentialrechnung, entwickelte u. a. die Emanationstheorie u. die Theorie der Gravitation, konstruierte 1670 ein 30-40mal vergrößerndes Spiegelteleskop, betrieb

auch weitestgehend geheimgehaltene alchimistische Forschungen, 1667 Fellow, 1669–1701 Prof. d. Mathematik am Trinity College in Cambridge 86. 91. 96.
– Grabmal 29.
– Totenmaske 77.
– Optics (1704) 53.
– Philosophiae naturalis principia mathematica (1687) 53.

Neyron, Peter Joseph (1740–1810), aus Berlin, immatr. in Göttg. 9. 10. 1766 als stud. jur., Hofmeister, u. a. von Friedrich Emil v. Üchtritz aus Gotha, 1775–1782 Privatdoz. d. Rechte in Göttg., 1782 Prof. f. Privat- u. Staatsrecht am Braunschweiger Collegium Carolinum 5. 8. 11. 12.

Nichols, John (1745–1826), Buchdrucker, -händler u. Verleger in London, druckte u. verlegte die ‚Philosophical Transactions‘ (s. d.), zusammen mit David Home das ‚Gentleman‘s Magazine‘
– Biographical anecdotes of William Hogarth (1781) 78.

Nicolai, Christoph Friedrich (1733–1811), seit 1752 Verlagsbuchhändler, Kritiker u. Schriftsteller, einflußreicher Repräsentant der Berliner Aufklärung, u. a. Hrsg. der ‚Bibliothek der schönen Wissenschaften u. freien Künste‘, der ‚Briefe, die neueste Litteratur betreffend‘ u. der ‚Allgemeinen Deutschen Bibliothek‘, die er 1792 wg. Wöllners Zensuredikt an K. E. Bohn abgab, 1800/01 zurückkaufte 31. 74. 78. 99.
– Briefe von L. 36. 74.
– Allgemeine Deutsche Bibliothek 26. 36. 64. 74.

Herrschaftsbereichs 8. 16. 20.
21. 27. 45.
- Bischof s. England, Friedrich
  von
- Blitz 54.
- Bohnen 83.
- Brunnenmeister 17.
- Domherren 16. 18.
- Hotel zum Römischen Kaiser
  22.
- Idioticon Osnabrugense s.
  Strodtmann
- L.s Abreise 15.
- L.s Observatorium 17.
- L.s Reise nach 28.
- Mädchen 54.
- Messungen. 18.
- Waschweiber 18. 19.
Ossulston, Lord, s. Bennet, C. A.
Osten gen. Sacken, Johann Fried-
rich von der, aus Kurland, im-
matr. in Göttg. 17. 10. 1780 als
stud. jur., wohnte bis WS 1782/
83 bei Dieterich
- Trauergedicht auf F. C. H. Die-
  terich 58.
Otaheite s. Tahiti
Ovidius Naso, Publius (43 v. Chr.-
17/18? n. Chr.), röm. Dichter
aus Sulmo(na) (Mittelital.),
starb in der Verbannung in
Tomis (heute Constanta/Rumä-
nien) am Schwarzen Meer.
- Ars amatoria 11. 76.
- Remedia amoris 79.
Oxford, Stadt in England ca. 80
km nordwestl. von London mit
im 12. Jh. gegr. Universität 29.
31. 52.
- Observatorium 31.

Paets van Troostwijk, Adriaan
(1752–1837), Kaufmann u.
Physiker in Amsterdam, beobachtete mit J. R. Deiman 1789
die Aufspaltung eines zusam-
mengesetzten Stoffes durch die
Wirkung von Elektrizität, indem

sie Wasser in ‚brennbare Luft'
u. ‚Lebensluft' zerlegten
- Versuch 91.
Pagenstecher, Gabriel Christoph
(1739–1807), Jurist, 1773–
1787 Ratsherr, 1793 Ältermann
in Osnabrück 22.
Paoli, Pasquale (1725–1807),
kors. Separatist, seit 1755 Capi-
taine-Général des kors. Heeres,
kämpfte 1768/69 gegen das
mit Genua verbündete Frankr.
u. emigrierte nach der Nieder-
lage von Ponte Nuovo 1769
nach London, wo er bis 1789
lebte 29.
Papiermühle, damals an der
Leine im W von Weende, mit
Ausflugs- und Vergnügungslo-
kal 24. 35.
Paradies (Bibel) 14. 40. 76.
Paris 54. 60. 99.
- Académie royale des sciences et
  belles-lettres
-- Mémoires (1767). (1769) 96.
- Bastillesturm 99.
- Kirchhof Egalité 114.
- Oper 88.
Paris, Bankier in 54.
Paris, Vertrag von 1785 69.
Parker, Richard, Kunsthändler in
London 29.
Parker, William († 1802), Chemi-
ker u. Instrumentenbauer in
London
- Elektrisiermaschine 88.
Parmenides von Elea (um 450
v. Chr.), griech. Naturforscher,
bestimmte als erster die Kugel-
gestalt der Erde u. setzte diese
in die Mitte des Weltalls 76.
Parther, antikes Reitervolk 76.
Partz, Ernst Ludwig (1725–1800),
aus Hannover, immatr. in Göttg.
9. 4. 1742, in Leipzig
19. 10. 1744, danach Kammer-
fourier-Adjunctus, 1755
Kammerfourier, 1758 Geh.

Kammersekr. u. Depeschensekr.
bei der Regierung in Hannover,
1795 Hofrat 19. 26. 77.

Pavia, Stadt im habsburg. Hzm.
Mailand mit 1361 gegr. Universität 66. 67.

Pechlin, Johann Nikolaus (1646–
1706), holl. Mediziner, 1673
Prof. d. Medizin in Kiel, später
Leibmedikus u. Bibliothekar
– Observationum physico-medica-
rum libri tres (1691) 79.

Permeter, Maria Elisabeth, geb.
Rincke (1767–1807), Ehefrau
des Gärtners Wilhelm Andreas
P. in Göttg. 121.

Persephone, griech. Göttin der
Totenwelt 66.

Persius Flaccus, Aulus (34–62
n. Chr.), röm. Satiriker u. Stoi-
ker
– Sat. 52.

Petronius Arbiter, Titus († 66
n. Chr.), Satiriker aus Massilia/
Gallien, lebte in Rom unter Ne-
ro 79.

Pfaff, Johann Friedrich (1765–
1825), aus Stuttgart, 1775–
1785 an der Hohen Karlsschule
zu Stuttgart immatr.,
25. 11. 1785 als stud. math. in
Göttg., wo er bei Kästner u. L.
hörte, erhielt 1786 den math.
Preis der vier Fakultäten, 1788
o. Prof. d. Mathematik in Helmstedt 75.

Pfalz, weltl. Kurfürstentum mit
Hauptstadt Mannheim, 1777
mit Bayern vereinigt 49.

Pfalz-Bayern, Karl Philipp Theodor, Kurfürst von (1724–1799),
reg. seit 1743 in der Pfalz, seit
1777 in Bayern, Förderer der
Künste u. Wissenschaften., stiftete 1757 die Akad. d. Bildhau-
er- u. Malerkunst, 1763 die
Mannheimer Academia electo-
ralis scientiarum 49.

Pfenninger, Johann Konrad
(1747–1792), Pfarrer in Zürich, Freund Lavaters
– Der Kirchenbote für Religionsfreunde aller Kirchen. Dessau
1782–1785 71.

Pfläumicken (sat. Name) 66.

Pflug, Nikolaus Friedrich (1751–
1820), Taufpate in Itzehoe 66.

Philadelphia, Jakob (1735– nach
1795), jüdischer Taschenspieler
aus Philadelphia/Nordamerika,
gab seit 1757 in Engl. u. in fast
allen Ländern Europas, besonders an Höfen, math.-physikal.
Zaubervorstellungen, L. ver-
spottete ihn 1777 46.

Philistäa, Philister 5. 45. 93.

Philosophical Transactions, Zeitschrift der Royal Society London 78 . 91. 97.

Photorin, Conrad s. Lichtenberg,
G. C.

Pickel, Johann Georg (1751–
1838), aus Würzburg, Mediziner u. Chemiker, Instrumen-
tenmacher, Dr. med. 1778,
prakt. Arzt, immatr. 22. 10. 1781
in Göttg., blieb dort 2 Sem.,
1782–1836 o. Prof. d.
Chemie u. Pharmazie
in Würzburg 56.

Pindar (522/18 – nach 466
v. Chr.), griech. Lyriker 30.;
s. a. Heyne

Piozzi, Hester Lynch, verw. Thrale
(1741–1821), engl. Schriftstel-
lerin, befreundet mit S. John-
son in London
– Observations and reflections
made in the course of a journey
through France, Italy, and
Germany 1, (1789) 97.

Platon (428/27 ?–349/48 ?
v. Chr.), griech. Philosoph
– Phaidon 30.

polnische Schuster, der 79.

Pontinische Sümpfe, ca. 70 km
südöstl. von Rom 66.
Pope, Alexander (1688–1744),
Dichter, Essayist u. Übersetzer,
Vertreter des engl. Klassizismus,
der starken Einfluß auf die dt.
Aufklärung ausübte
– Rape of the lock (1712–
1714) 67.
Pope, Jane (1742–1818), engl.
Schauspielerin am Drury Lane
Theatre in London 28.
Poyntz, William Dean (*1749/
50?), aus London, immatr.
Oxford 4. 6. 1767, in Göttg.
17. 9. 1770 als stud. literat.,
Zögling Boies u. Hörer L.s,
wohnte WS 1770/71 bei J. H.
Scharff/Papendiek, 9. 7. 1773
M. A. University College Ox-
ford, 1776–1779 Geschäftsträ-
ger der brit. Gesandtschaft in
Turin, lebte danach in Lon-
don 11.
Pozzuoli, Stadt mit Schwefelgru-
ben ca. 15 km westl. von Nea-
pel 66.
Prag, Hauptstadt des habsburg.
Kgr. Böhmen 66.
Pratt, Charles, 1st Earl of Camden
(1714–1794), engl. Jurist u.
Staatsmann, Verteidiger von J.
Wilkes, dessen Freilassung er
1763 durch ein aufsehener-
regendes Plädoyer erreichte,
bekannter Parlamentsredner,
Gegner der engl. Kolonialpolitik in Nordamerika 29.
Preußen 8. 16. 90. 116.
Preußen, Friedrich II. (der Große), Kg. von (1712–1786), reg.
seit 1740 62. 74. 77. 114.
Priestley, Joseph (sen.) (1733–
1804), engl. Theologe, polit.
Philosoph, Chemiker, Physiker
u. Dr. jur., unorthodoxer protest. Dissenter (später Unita-
rier) u. Aufklärer 29. 37. 72.
91.

– grüne Materie 67.
– Vorrede zur Neuausgabe von
Hartley 31. 53.
Princess Royal s. England
Pringle, John (1707–1782), Mediziner, 1730–1742 prakt. Arzt,
ab 1732 zgl. Prof. d. Medizin u.
Philosophie in Edinburgh,
1763 o. Leibmedikus des Kg.,
1766 Baronet v. Großbrit., rei-
ste 1766 gemeinsam mit B.
Franklin durch Dtl., wo sie am
15. Juli für einige Tage in
Göttg. Station machten, 1772–
1778 Präsident d. Royal Society
London 28. 31.
Procházka, Georg (1749–1820),
aus Lispitz/Mähren, 1778–
1791 Prof. d. Anatomie in Prag,
dann Prof. d. Anatomie u. Phy-
siologie in Wien
– Adnotationum academicarum
fasc. (1780–1784) 53.
Prorektor 1772 s. Zachariae
Public Advertiser, 1734 gegr.
Tageszeitung in London 1.
Puer Natus deutsch 66.
Pütter, Johann Stephan (1725–
1807), aus Iserlohn, Staats-
rechtslehrer u. Publizist, in
Göttg. 1747 a. o., 1753 o. Prof.
d. Rechte, 1757 zgl. o. Prof. des
Staatsrechts, 1758 Hofrat
– Versuch einer akademischen
Gelehrten-Geschichte von der
Universität zu Göttingen (1765–
1837) 1. 2. 8. 46. 75. 113.
–– Übersetzung (gepl.) 1.
Pyramos 114.
Pythagoras (6. Jhdt. v. Chr.),
griech. Philosoph u. Mathemati-
ker aus Samos, gründete in
Kroton/Unterital. einen bis ins
4. Jhdt. tätigen Bund mit relig.,
wiss., polit. u. sittl. Zielen (Py-
thagoreer), entdeckte u. a. den
nach ihm benannten geometr.
Lehrsatz sowie die mathem.

Verhältnisse der Tonintervalle 45.

Pythia, (myth.) Priesterin im Tempel des Apoll zu Delphi 54.

Quakenbrück, Handelsstadt an der Hase im Hochstift Osnabrück 65.

R., Elisabeth, gen. Babet († vor 1666), Geliebte des Boursault (s. d.), der ihre Briefe im Roman ,Lettres de respect, d'obligation et d'amour' (1666) veröffentlichte 78.

Racine, Jean Baptiste de (1639–1699), franz. klassizist. Tragödiendichter, seit 1677 Historiograph von Ludwig XIV. 8.

Raffaello Santi (1483–1520), ital. Maler u. Architekt der Renaissance, übte mit seiner Ästhetik gr. Einfluß auf Maler u. Architekten des 18. Jhdt.s aus 66.

Ramberg, George Heinrich Daniel (1762–1825), aus Bilm, Sohn von Joh. Dan. R., immatr. in Göttg. 12. 4. 1780 als stud. jur., Hörer L.s, 1799 Proviantkommissar, später Kommissar der Kriegskanzlei in Hannover 48.

Ramberg, Johann Daniel (1732–1820), Kriegssekr., Hof- u. Kommerzrat in Hannover, wo L. ihn 1772 kennenlernte u. seitdem mit ihm und Schernhagens Freundeskreis, dem Kleeblatt, in freundschaftl. Verhältnis stand, dilettierte in der Astronomie u. Physik, lebte seit ca. 1761 mit Sophie Dorothea Margareta Gerstenberg zusammen, die er schließl. am 13. 10. 1775 heiratete 9. 26. 31. 36.

– Briefe von L. 76. 77. 97. 98.

Ramberg, Johann Heinrich (1763–1840), Maler, Zeichner u. Kupferätzer, einer der erfolgreichsten Buchillustratoren der Klassik (Wieland) u. der Romantik (Musenalmanache), studierte mit großem Erfolg 1780–1789 als Schüler von J. Reynolds (1723–1792) an der Londoner Academy of Arts, wo er mehrmals zusammen mit anderen ausstellte u. 1784 eine silberne Medaille für die beste Zeichnung der laufenden Ausstellung erhielt, bereiste 1788 auf Kosten von Georg III. Holl. u. Belgien, seit 1789 Hof- u. Kabinettsmaler in Hannover, wo er den Theatervorhang malte, der zum Geburtstag des Kg.s 1789 eingeweiht wurde u. mit dem R. seinen Ruhm in Dtl. begründete 62. 97.

– Federzeichng. (Schlachtendarstellungen, Londoner Straßenszenen, Ansicht von Scharzfeld)

– Karikatur 62.

– Londoner Milchmädchen 62.

Ramus, Isaac(?), Kammerdiener von Georg III., 1785 First Clerk to the Lord Steward of the Household 31. 32.

Ranchat (Ranchard), Fräulein in Göttg., Haushälterin o. möglicherweise die in J. G. Zimmers ,Erinnerungen' 1797 erwähnte ,alte französische Gouvernante einer Enkelin des Herrn Dieterichs', ihren Geburtstag (u. damit erstmals sie selbst) erwähnt L. im Tgb. am 25. 11. 1791, da sie lt. Tgb. Briefkontakte in die Rheinprovinzen über die Ereignisse im Koalitionskrieg unterhielt, vermutl. eine von den damals zahlreich in Göttg. lebenden franz. Emigranten 92.

Raphael s. Raffaello Santi

Raphael, der kleine s. Ramberg

Rapinat, Jean Jacques (1752?–1818), franz. Advokat, 1798/99 Kommissar des Direktoriums bei der helvet. Armee, wo er mit dem Einzug der Kriegskontributionen betraut war u. diesen mit gr. Härte durchführte 114.

Rasemühle, im SW von Göttg. (heute: Tiefenbrunn), damals mit Ausflugs- und Vergnügungslokal 35.

Richter, August Gottlob (Gottlieb)
(1742–1812), Augenarzt, Chirurg u. wiss. Schriftsteller in
Göttg., immatr. ebd.
11. 5. 1760 als stud. med., unternahm 1764–1766 wiss. Reisen nach Straßburg, Paris, London, Oxford, Leiden, Amsterdam u. Groningen, 1766 a. o.,
1771 o. Prof. d. Medizin in
Göttg., 1780 auch kgl. Leibmedikus u. Dir. des Chirurg.- u.
Krankenhospitals am Geismartor, 1782 Hofrat, verkaufte wg.
der geplanten Bibliothekserweiterung 1781 seine zwei Wohnhäuser in der Paulinerstr. an die
hannov. Regierung, Hausarzt
L.s
– Die spezielle Therapie
(1824) 56.
Richter, Christoph Adam von
(1751–1815), aus Riga, immatr.
in Göttg. 28. 8. 1771 als stud.
jur., später livländ. Rittersekr. u.
ökon. Dir., zuletzt Zivil-Gouverneur von Livland 5. 6. 11. 12.
Richter, Henriette Elisabeth, geb.
Hoop (1752?–1831), verh. mit
August Gottlob R. 117.
Richter, Jean Paul Friedrich
(1763–1825), unter dem
Pseudonym ‚Jean Paul‘ berühmt
gewordener Schriftsteller, der
mit ‚Hesperus‘ seinen ersten
literar. Erfolg feierte, 1785–
1792 Hauslehrer in Hof, gründete 1790 eine Elementarschule
in Schwarzenbach, die er bis
1794 leitete, 1799 Legationsrat
– Hesperus (1795, 2. Aufl.
1798) 115.
– Das Kampaner Tal (1797) 114.
115.
Riemschneider, Heinrich Arnold,
aus Kerstlingeröder Feld, immatr. in Göttg. 5. 10. 1764 als
stud. jur., Musikenthusiast,
Freund Sprickmanns, später

Hofmeister u. Privatsekretär in
Wien 18.
Riepenhausen, Ernst Ludwig
(1762–1840), aus Göttg., ebd.
immatr. 12. 5. 1781 als stud.
math., dann Kupferstecher, der
besonders mit seinen Stichen
zu L.s Hogarth-Erklärungen bekannt wurde, 1832 Univ.-Kupferstecher 78.
Riga, Hauptstadt des seit 1721
russ. Gouvernements Livland,
heute Hauptstadt von Lettland
27. 64.
Rinck, Christoph Friedrich (1757–
1821), Hof- u. Stadtvikar in
Karlsruhe, unternahm im Auftrag von Mgf. K. F. v. Baden
1783/84 eine Studienreise
durch die Schweiz u. Dtl., auf
der er Febr. 1784 in Göttg. weilte 66.
Ritchie, William, aus Schottland,
1784 als stud. theol. in Göttg.,
Hofmeister von W. Inverury 81.
Ritzebüttel, Flecken an der Elbmündung bei Cuxhaven, Sitz eines hamburg. Amtmanns 24.
Rodney, Brydges George (jr.)
(1753–1802), aus England, immatr. in Göttg. 1. 7. 1772 als
stud. math., gehörte zum Kreis
um Dieterich, 1780–1784
Unterhausabgeordneter der
Tories, 1792 2nd Baron Rodney
11.
Rönne, von († 1775?), hannov.
Offizier im 6. Inf.-Rgt., 1756
Fähnrich, 1760 Ltn., 1772 Tit.-
Stabshptm. 26.
Rogge, Johann Georg Ludolf
(1767–1837), von L. ‚Georg‘
genannt, seit Ostern 1784 Bediener L.s, nach L.s Tod Stadtgerichtsdiener in Göttg. 92.
Rom 66. 68.
– Forum Romanum 66.
– Kapitol 66.

72 bei Frankenfeld/Barfü-
ßerstr., später Herr auf Kittlitz/
Lausitz 9. 11.
Sanherib (Ende 8. Jhdt.–681
v. Chr.), assyr. Feldherr u. Kg.
705–681 v. Chr., Sohn von Sar-
gon II., ausgezeichnet durch
Tatkraft, techn. Intelligenz,
aber auch außerordentl. Grau-
samkeit, eroberte 689 v. Chr.
Babylon u. ließ es niederbren-
nen, von seinen Söhnen ermordet 52.
Saturn 115.
Saussure, Horace Bénédict de
(1740–1799), aus Genf, Philosoph, Naturforscher, Geologe u.
Physiker, 1762–1782 Prof. d.
Philosophie in Genf, Mitgl. d.
Rats der Zweihundert, 1798
Mitgl. d. Nationalversammlung,
unternahm zw. 1758 u. 1779
mehrere wiss.-geolog. Reisen,
konstruierte u. verbesserte viele
wiss. Instrumente
– sches Hygrometer 72.
Savoyarden, Schausteller aus dem
Hzm. Savoyen 28.
Sayn-Wittgenstein-Berleburg,
Christian Henrich Graf von
(1753–1800), reg. seit 1773,
1792 Rfst., immatr. in Göttg.
6. 5. 1771 als stud. jur. 9. 11.
Scarpa, Antonio (1747/52?
–1832), ital. Anatom u. Chirurg, 1772 Prof. d. Anatomie in
Modena u. Oberchirurg am
dortigen Militärhospital, 1783
Prof. d. Anatomie in Pavia 67.
Schambach, Georg (1811–1879),
Gymnasiallehrer in Göttg.,
1850 Rektor in Einbeck, Lexio-
graph u. Sagensammler
– Göttingisch-Grubenhagensches
Idiotikon (1858) 17.
Scharff, Johann Heinrich (1722–
1781), aus Langensalza, Faktor,
1750 Besitzer der Weender Wal-
kemühle, die er mit Erlaubnis

der hannov. Regierung ab 1771
als Ölmühle mit angeschlosse-
ner Wirtschaft, Billard u. Garten betrieb, 1774 Verkauf der
Mühle an J. L. F. Scharnweber,
1775 Wirkl. Kommerzienrat u.
Dirigent der fstl. Tuchfabrik in
Kassel 29. 35.
Scheldemündung 69.
Schernhagen, Dorothea Elisabeth,
geb. Reibenstein (1717–1795),
aus Celle, verh. 1754 mit Johann
Andreas Sch. 6. 8.
Schernhagen, Johann Andreas
(1722–1785), hannov. Beamter,
Physik- u. Astronomieinteres-
sierter, der u. a. einen achroma-
tischen Tubus (24-Pfünder) u.
ein 150-Pfünder-Fernrohr besaß, beteiligte sich an J. J. Hemmers meteorolog. Beobachtungen, immatr. in Göttg.
11. 10. 1740, Advokat in Celle,
1760 Klosterregistrator in Ha-
nover, 1765 Geh. Kanzleisekr.
u. Rechnungsführer der Univ.-
Kasse bei der Klosterkammer 5.
8. 9. 22. 28. 29. 60. 63. 66.
– Briefe von L. 26. 31. 37. 38.
41. 48. 49. 62.
Scheveningen (Schevelingen), Badeort in den Niederlanden ca.
3 km nordwestl. Den Haag 73.
Schiller, Johann Christoph Friedrich (von) (1759–1805), Dichter u. Historiker, 1788 a. o.
Prof. f. Geschichte in Jena, u. a.
1795–1797 Hrsg. der Monatsschrift ,Die Horen' 107.
Schimmelmann, Heinrich Karl
von (1724–1782), Kaufmann,
Pächter der kursächs. General-
akzise, im Siebenjährigen Krieg
Lieferant von Friedrich II., seit
1759 Besitzer einer Handelsgesell. in Hamburg, 1761 dän. Ge-
neralkommerzintendant, 1764–
1770 u. 1773 dän. Finanzmini-
ster 40.

464

Schlegel, Johann Elias (1718–
1749), Dramatiker, Theaterre-
former, Philosoph, Historiker,
Jurist, stud. jur. in Leipzig, dort
im Kreis um Gottsched, 1743
Privatsekr. des sächs. Gesandten
zu Kopenhagen, 1748 a. o. Prof.
an der Ritterakad. zu Sorø 8.
– Briefe der Ninon von Lenclos
an den Marquis von Sévigné,
nebst den Briefen der Babet an
den Boursault aus dem Franz.
übersetzt (1751) 78.
Schlingmann (Slingemann), Gerhard Andreas, Advokat u. Do-
mänenrentmeister in Iburg, seit
1772 Eigentümer des Osna-
brücker Hauses Am Markt 13,
in unmittelbarer Nähe des
,Römischen Kaisers‘ 22.
Schlingmann (Slingemann), Margarete Elisabeth, geb. Balke
(† nach 1790), verh. 1762 mit
Gerhard Andreas Sch. 22.
Schlözer, August Ludwig (1735–
1809), Historiker, Jurist, wiss.
Schriftsteller u. Publizist, stud.
theol. in Wittenberg, in Göttg.
20. 5. 1754, wo er vor allem bei
J. D. Michaelis oriental. Sprachen hörte, 1755–1759 Hauslehrer in Schweden, 1760/61
in Göttg. stud. med., nat. et jur.,
1761/62 Hauslehrer in St. Petersburg, 1762–1765 Adjunkt
der Akad. d. Wiss. St. Petersburg u. Lehrer an der Rasu-
movskijschen Erziehungsanstalt, auf Vermittlung von Michaelis 1764 Prof. honorarius
ohne Besoldung in Göttg.,
1765–1767 o. Prof. f. Geschichte an der St. Petersburger Akad.
d. Wiss., deren o. Mitgl. er
1765–1769 war, siedelte 1767
nach Göttg. über, 1769 o. Prof.
d. Geschichte, lehrte nach dem
Tode G. Achenwalls (1772)

Statistik, Politik u. europ.
Geschichte 52.
– s. Haus 67.
– Schreiben an den Utschitel von
ganz Teutschland (1772) 9.
– Stats-Anzeigen 77. 82.
Schmidt, Johann Lorenz (1702–
1749), Theologe, 1725 Erzieher des Gf. J. L. V. v. Löwen-
stein zu Wertheim (1721–
1790), zuletzt Pagenhofmeister
in Wolfenbüttel
– Wertheimische Bibel 47.
Schnabel, Johann Gottfried
(1692–1760?), Schriftsteller u.
gfl. stolberg. Kammersekr.
– Wunderliche Fata einiger Seefahrer (1741–43) 27.
Schönberg, Kurt Friedrich von
(1759–1834), aus Oberschö-
nau/Sachsen, erst Stud. in Leipzig, 1777 M. A., dann mit seinem Hofmeister K. F. Hindenburg am 25. 10. 1777 als stud.
math. in Göttg. immatr., Hörer
L.s(?), zuletzt sachs.-weimar.
Landstallmeister, Herr auf
Oberschönau, Lindau, Naun-
dorf 42.
Scholze, Johann Sigismund
(1705–1750), Liederdichter
in Leipzig u. d. Pseudonym
Sperontes
– Singende Muse an der Pleiße
(1736) 12.
Schorch, Johann Sigismund
(1744?–1781), in Göttg. ermor-
deter Buchdruckergeselle 54.
Schröder, Philipp Georg (1729–
14. 3. 1772), aus Marburg,
1752 Dr. med. ebd., 1754
o. Prof. anatom. et chir. in Rinteln, 1764 o. Prof. d. Medizin in
Göttg., 1765 auch kgl. Leibmedikus 8.
Schroeter, Johann Hieronymus
(1745–1816), aus Erfurt,
hannov. Beamter u. Astronom,

1758–1761 Ratsgymn., 1761 stud. theol. in Erfurt, immatr. in Göttg. 17. 3. 1764 als stud. jur. (bis 1767), wo er vielleicht L. kennenlernte, hörte bei Kästner Mathematik u. Astronomie, 1768 Amtsschreiber in Polle, 1770 in Herzberg, 1777 Kammersekr. in Hannover, 1782 Oberamtmann in Lilienthal, wo er auf dem dortigen Amtshof eine mit hervorragenden Instrumenten (u. a. einem freistehenden 27-füßigen Tubus) ausgestattete Privatsternwarte baute u. sich besonders mit topographischen Planeten- u. Mondbeobachtungen beschäftigte 70.

Schultz, Advokat in Darmstadt 27.

Schulz, Johann Christoph Friedrich (1746–1806), aus Wertheim, Altphilologe, Orientalist u. Theologe, immatr. in Göttg. 7. 10. 1765 als stud. theol., 1770/71 ebd. Privatdoz. d. Theologie, 1771 Prof. d. oriental. u. griech. Literatur in Gießen, 1773 Rezensent von L.s ‚Timorus‘ in den Frankf. Gel. Anz.

– Die Begebenheiten der Jungfer Meyern, eines jüdischen Frauenzimmers, von ihr selbst beschrieben (1765) 27.

Schupp, Johann Balthasar (1610–1661), Theologe, Historiker, Pädagoge u. Schriftsteller, 1649 Hauptpastor an St. Jacobi in Hamburg

– Ein Freund in der Not (1657) 2.

Schurig, Martin (1660?–1733), prakt. Arzt in Dresden, Vf. einer gr. Zahl kurioser gelehrter Sexualstudien

– Spermatologia historico-medica (1720) 46.

Schuth von Schutdorff, Christian Friedrich Ferdinand (ca. 1757/ 58?–1786), aus Oldenburg, erst Stud. in Jena, immatr. in Göttg. 23. 5. 1780 als stud. math., Hörer L.s, 1782 Legationsrat, 1783 Kammerrat in Oldenburg 51.

Schweden 104.

Schweiz, bis 1798 Staatenbund selbst. Kantone 114.

Schwinge, Zufluß der Elbe bei Stade 24.

Scrub (Gestalt in Farquhars The Beaux Stratagem) 28.

Seeheim, Kirchdorf u. Amtssitz südl. Darmstadt 110.

Selchow, Johann Heinrich Christian von (1732–1795), Jurist, immatr. in Göttg. 22. 11. 1751 als stud. jur., Schüler Pütters, 1757 a. o., 1762–1782 o. Prof. d. Rechte in Göttg., 1764 Mitgl. d. Göttg. Spruchkollegiums, 1770 Hofrat, 1782 Geh. Rat u. Vizekanzler der Univ. Marburg, 1783 Kanzler 5. 8. 62.

Seybold, Johann Georg (1620–1690), Philologe, Sprichwörtersammler u. pädagog. Schriftsteller, um 1675 Lehrer an der städt. Lateinschule in Schwäbisch-Hall

– Viridarium (1677) 20. 34.

Seyde, Johann Hermann (1768–1813), aus Hamburg, 1775–1784 Schüler am Johanneum in Hamburg, immatr. am Akad. Gymn. ebd. am 27. 4. 1787, in Göttg. 2. 5. 1789 als stud. theol., hörte bei Kästner u. L., ab 1791 Assistent L.s, 1792 in Erfurt M. A. (Mathematik u. Physik), als Nachfolger Klindworths seit 4. 8. 1792 Mechanicus & inspector musaei physici, schloß nach L.s Tod dessen Vorlesungen ab u. verwaltete als

Gehilfe von J. T. Mayer das Physikal. Kabinett 87. 97.

Shakespeare, William (1564–1616), engl. Dramatiker, sein Geburtshaus in Stratford-on-Avon besuchte L. Okt. 1775 8. 32.
– As You like it (1599/1600) 31.
– Hamlet (1601 f.) 28. 54.
– King Lear (1605 f.) 28.
– Much ado about nothing (1598) 28.
– Othello (1604) 28.

Shandy (Romangestalt) 16.

Simpson, Thomas (1710–1761), engl. Mathematiker, 1736 Privatlehrer d. Mathematik in London, 1743 Prof. d. Mathematik an der King's Academy, einer Militärschule in Woolwich 28.

Simson (Bibel) 5.

Sinai 78.

Sintflut (Bibel) 117.

Sir John s. Brute, John

Smeaton, John (1724–1792), engl. Mechaniker, arbeitete ab 1750 in London, wo er später Zivilingenieur war
– Luftpumpe 60.

Societas Meteorologica Palatina s. Mannheimer Sozietät

Soemmerring, Margarete Elisabeth, geb. Grunelius (1768–1802), verh. mit Samuel Thomas S. 93. 94.

Soemmerring, Samuel Thomas (1755–1830), aus Thorn/Westpreußen, Anatom, Physiologe, med. Schriftsteller, immatr. in Göttg. 14. 10. 1774 als stud. med., 7. 4. 1778 Dr. med. et chir. mit ‚Diss. anatomica de basi encephali et originibus nervorum cranio egredientium‘, 1778/79 Reise nach London u. Edinburgh, 1779 Prof. d. Chirurgie am Collegium Carolinum in Kassel, 1784 o. Prof. d. Medizin in Mainz, 1795 prakt. Arzt

in Frankfurt/M., 1805 kgl. Leibarzt u. Geh. Rat in München, ab 1820 wieder in Frankfurt/M. 66. 93.
– Briefe von L. 67. 75. 86. 88. 94.
– Nachfolger in Kassel s. Michaelis, C. F.
– Über die körperl. Verschiedenheiten des Mohren vom Europäer (1785) 67.

Soho, Fabrikvorort von Birmingham, Gft. Stafford 31.

Solander, Daniel Charles (1736–1782), schwed. Naturforscher in Engl., 1773 Unterbibliothekar am British Museum in London, begleitete Cook 1768–1771 auf seiner 1. Reise, beobachtete 1769 auf Tahiti den Sonnendurchgang der Venus 31.

South-Lothian s. Haddingtonshire

Spartaner 29.

Specht, Christian Ernst († 1806), Porträt- u. Landschaftsmaler, 1771 Hofmaler in Gotha
– Porträt L.s 116.

Spener, Johann Karl Philipp (1749–1827), Buchhändler, Verleger u. Übersetzer in Berlin, übernahm im Auftrag seiner Mutter 1772 die Leitung des Verlags ‚Haude & Spener‘, redigierte bis 1826 die ‚Spenersche Zeitung‘ 31.

Speronters s. Scholze

Spiekermann, Johann Kaspar (1716?–1773), aus Belgard/Hinterpommern, Feldapotheker der hannov. Truppen in Engl., 1758–1772 offenbar korpulenter Pächter der Göttg. Univ.-Apotheke 6.

Spinoza, Baruch (Benedictus) (1632–1677), Philosoph jüdischer Abkunft in Amsterdam, lebte vom Schleifen opt. Gläser, sein nach math. Methode strukturiertes System hatte großen Einfluß auf L.s Denken 76.

Sprengel, Matthias Christian (1746–1803), aus Rostock, Historiker u. Geograph, immatr. in Göttg. 5. 4. 1768 als stud. jur., Schüler Schlözers, danach Hofmeister u. dt. Sprachmeister engl. Stud. in Göttg., 1778/79 a. o. Prof. ebd., 1779 o. Prof. d. Geschichte u. 1. Bibl.-Sekr. in Halle 28. 44.

St. Albans s. Beauclerk

Stade, Stadt an der Elbe ca. 40 km westl. von Hamburg, Regierungssitz der seit 1715/19 hannov. Hzm. Bremen und Verden 8. 22. 23. 25. 26. 27.
– Schanze 24.
– Tore 24.
– Wirtshaus 24.

Staffordshire, Gft. in Mittelengland 31.

Starck, Johann August (von) (1741–1816), aus Schwerin, immatr. in Göttg. 11. 4. 1760 als stud. theol., danach Lehrer in St. Petersburg, 1765 an der kgl. Bibliothek in Paris, 1766 Konrektor in Wismar, 1769 Prof. d. Orientalistik in Königsberg, 1770 2. Hofprediger, 1772 Prof. d. Theologie, 1776 Oberhofprediger, löste mit seiner Schrift ‚Hephästion‘ 1773 einen Gelehrtenstreit aus, legte 1777 sämtliche Stellen nieder u. ging als Prof. d. Philosophie ans Akadem. Gymn. nach Mitau, 1781 Oberhofprediger u. Konsistorialrat in Darmstadt 81.

Stechard, Maria Dorothea (1765–1782), L.s erste Geliebte, die er Sommer 1777 als Blumenverkäuferin kennenlernte u. nach ihrer Konfirmation 1779 in seine Wohnung nahm 39. 40. 44.

45. 55. 56. 57. 58. 59. 60. 61. 75.

Stechard, Maria Henrietta Katharina, geb. Willig (1731–1790), Mutter von M. D. St. 55. 61.

Steffens, Heinrich (Henrik) (1773–1845), aus Stavanger/Norwegen, Naturforscher, Mineraloge, Philosoph u. Dichter, Schüler Kratzensteins in Kopenhagen, 1799 A. G. Werners in Freiberg, 1804 Prof. d. Philosophie in Halle, später in Breslau u. Berlin
– Lebenserinnerungen (1840) 91.

Stegemühle, damals an der Leine im SW von Göttg., mit Ausflugs- und Vergnügungslokal 35.

Stendal, Hauptstadt der preuß. Altmark, ca. 55 km nordöstl. von Magdeburg 40.

Stephanie, Gottlieb (d. jüng.) (1741–1800), Komödiendichter u. Schauspieler in Wien
– Der Deserteur aus kindlicher Liebe (1773) 39.

Sterne, Laurence (1713–1768), engl.-irischer Theologe, humor. Schriftsteller, löste eine ‚empfindsame‘ Roman-Mode aus, Pfarrer in Sutton/Yorkshire, später Präbendar der Kathedralkirche zu York u. Pfarrer in Stillington 11.
– A Sentimental Journey (1768) 6. 16. 21. 32. 65.
– Büste 29.
– Grabmal 29.
– Life and opinions of Tristram Shandy (1760–1767) 16. 66.

Stettin, Hauptstadt der seit 1720 preuß. Prov. Vorpommern 99.

Stock, Georg Moritz (1727–1807), seit 1763 1. dirigierender Bürgermeister von Göttg., zgl. Oberpolizeikommissar, Lizentkommissar u., neben G. H.

Ayrer, dann neben C. G. Heyne
2. Inspektor der Freitische 45.

Stock, Wilhelmine, Nichte von
Georg Moritz St., lebte im Haus
von J. S. Pütter in Göttg. 28.

Stoerck, Anton von (1731–1803),
Mediziner, Pharmazeut u. wiss.
Schriftsteller in Wien, 1760
Hof- u. Leibmedikus, erforschte
die Wirkung von Arzneistoffen
(Schierling, Stechapfel, Bilsen-
kraut usw.) erst an Tieren, dann
im Selbstversuch 1.

Straßburg, ehem. Reichsstadt am
Oberrhein, seit 1681 zu Frkr.
31.

Stratford-on-Avon, engl. Stadt in
der Gft. Warwick 32.

Strodtmann, Johann Christoph
(1717–1756), Philologe, Litera-
turhistoriker u. Lehrer, 1750–
1756 Rektor des Gymn.s in
Osnabrück
– Idioticon Osnabrugense
(1756) 17.

Stromeyer, Ernst Johann Friedrich
(1750–1830), aus Göttg., immatr. ebd. 18. 3. 1766 als stud.
med., 4. 6. 1772 Dr. med. mit
‚Diss. Sistens plantarum solana-
cearum ordinem‘, 1776 a. o.
Prof. d. Medizin u. Stadtphysikus, als Nachfolger von J. P.
Frank 1784 o. Prof., ab 1791
auch Hofrat u. Leibmedi-
kus 105.

Struensee, Johann Friedrich von
(1737–1772), aus Halle, Mediziner u. aufgeklärter Staatsmann, 1759–1767 Stadtphysikus von Altona, 1768 Leibmedikus Christians VII. v. Dänemark,
1771 Geh. Kabinettsminister in
Kopenhagen, wo er weitgehen-
de Reformen (Pressefreiheit,
Milderung der Strafgesetze,
Neuorganisation von Heer u.
Marine etc.) plante, jedoch

einer Verschwörung des dän.
Adels zum Opfer fiel, am
17. 1. 1772 verhaftet u. am
28. 4. 1772 hingerichtet 11.
22. 27.

Stuart s. England, Jakob II. von
32.

Stuart, James (1713–1788), Architekt, Maler u. Archäologe in
London, 1758 Mitgl. d. Royal
Society London, Mitgl. d. Society of Antiquaries u. d. Dilletan-
ti Society, 1780 Präses d. Free
Society of Artists
– Antiquities of Athens
(1762) 29.

Sturz (eigentl. Stürtz), Helfrich
Peter (1736–1779), aus Darmstadt, Schriftsteller u. Jurist,
Schüler am Pädagogium Darmstadt (Herbst 1746–Ostern
1753), immatr. in Göttg.
20. 10. 1755 als stud. jur., danach Stud. in Jena, 1764/65
Sekr. im Amt für ausw. Angelegenheiten in Kopenhagen,
1766–1772 Wirkl. Kanzleirat u.
Privatsekr. von J. H. E. v. Bern-
storff, nach J. F. v. Struensees
Sturz entlassen, am 22. 1. 1772
in Kopenhagen verhaftet u. 4
Monate später ausgewiesen,
1773 Reg.-Rat in Oldenburg,
1775 Etatsrat 27.

Styx, mythol. Grenzfluß der Unterwelt 66.

Süd-Georgien, Insel im Südatlan-
tik ca. 2000 km östl. v. Kap
Hoorn, von J. Cook 1774 erkundet 31.

Sündflut s. Sintflut

Suetonius Tranquillus, Gaius
(ca. 70– ca. 140 n. Chr.), röm.
Historiker u. Biograph, unter
Hadrian ksrl. Geheimschreiber
– Augustus 66.

Swanton, Thomas
(* 1751 ?), aus England, immatr. in Göttg. 12. 6. 1767 als

stud. math., 1767 bis März 1770 Zögling u. Schüler L.s, der mit S., W. H. Irby u. F. Clerke bei J. Tompson/Weender Str. wohnte, von L. gemeinsam mit W. H. Irby März/April 1770 nach London begleitet, später Oberst, Teilnehmer am Amerik. Unabhängigkeitskrieg, wo er sich durch Tapferkeit auszeichnete u. verwundet wurde 1. 2. 6. 21.

Sybillchen (L.s Ofen) 20. 21.

Tahiti, Insel im Pazifik ca. 4200 km südl. von Hawaii, 1773 von Cook mit Forster genauer erkundet 31. 42.

Tarpejischer Felsen s. Rom

Tatter, Georg Ernst (1757–1805), aus Herrenhausen bei Hannover, immatr. in Göttg. 26. 4. 1776 als stud. theol. (bis WS 1777/78), danach Privatsekr. des Gf. Wallmoden-Gimborn in Wien, 1786–1791 Hofmeister u. Repetent (Geschichte u. Geographie, 1. 11. 1791 Dr. phil. h.c.) der 3 engl. Prinzen in Göttg., mit denen er bei J. C. Dieterich/Prinzenstr. wohnte, lebte Dez. 1792–1796 mit Prinz August Friedrich v. Engl. in Ital. 75. 77.

Telemann, Georg Philipp (1681–1767), dt. Komponist 12.

Themse 28.

– Brücke 31.

Thisbe (mytholog. Gestalt; Windhund Friedrichs II. v. Preußen) 114.

Thorn, Stadt in Westpreußen, bei der 2. poln. Teilung 1793 an das Kgr. Preußen 90.

Thümmel, Moritz August von (1738–1817), humor. empfindsamer Dichter des Rokoko, Reiseschriftsteller u. Politiker, 1761

Kammerjunker, 1764 Hofrat, 1768–1783 Wirkl. Geh. Rat u. Minister in Coburg 102.

Thule, südliches, südlichste der Süd-Sandwich-Inseln, ca. 800 km südöstl. von Süd-Georgien 31.

Tietermann, Maria Magdalena s. Endris

Tillier, Anton von (1765–1810), aus Bern, immatr. in Göttg. 1. 10. 1784 als stud. jur., Hörer L.s, später Hptm. u. Ratsherr in Bern 74

Tindal s. Tyndal

Tiro, Marcus Tullius (103–4 v. Chr.), Günstling Ciceros, Grammatiker, ordnete die von den antiken Klassikern benutzten Abbreviaturen, aus denen sich eine eigene Kurzschrift (Tironische Noten) entwickelte, die noch im 14. Jhdt. benutzt wurde, veröffentl. nach Ciceros Tod dessen Reden, Redeentwürfe u. eine Smlg. humor. Aussprüche 6.

Tisdall, Charles (* ca. 1756), aus Irland, immatr. in Dublin 30. 10. 1773, in Göttg. 19. 11. 1776 als stud. math., Zögling L.s 61.

Tönnies, Christoph Samuel, aus Livland, immatr. in Frankfurt/O. 19. 10. 1769 als stud. jur., dann in Göttg., wo er lt. Logisverz. als ,stud. jur. aus Kurland' bei Dieterich wohnte 5. 6. 11. 12. 14.

Tompson, John (1693–1768), Sprachlehrer aus London, 1731 Lehrer der engl. u. ital. Sprache in Helmstedt, 1735 Lector publicus der engl. u. ital. Sprache in Göttg., 1751 a. o. Prof., 1762 o. Prof. f. engl. Philologie ebd., Vermieter L.s (Weender Str./Jacobi-

Kirchhof), bei dessen Erben L.
noch bis zu seiner Abreise
nach England 1774 wohn-
te 68.

Traugott s. Zachariae

Trebra, Friedrich Wilhelm Heinrich von (1740–1819), Montanist, erster immatr. Stud. an der
Bergakad. zu Freiberg, 1767–
1769 Bergmeister, 1769 Bergkommissionsrat, 1773 Vizeberg-
hauptmann in Marienberg,
1779 hannov. Vizeberghaupt-
mann auf dem Harz in Zeller-
feld, 1791 Berghauptmann, zog
sich 1795 auf sein Gut Bretle-
ben zurück, wo er sich verstärkt
mit landwirtschaftl. Fragen beschäftigte, 1801 Oberberg-
hauptmann in Freiberg 72. 73.

Triest, ital. Hafenstadt an der
Adria, seit 1719 Freihafen
Österreichs 66.

Trojaner 16.

Tscherkessen, Volksstamm am
Nordostufer des Schwarzen
Meers, erst 1864 von Rußland
unterworfen 105.

Tunis, in Nordafrika, damals os-
man. Vasallenstaat, der mit See-
raub Tribute erpreßte 98.

Turin, Hauptstadt von Savoyen-
Piemont 66.

Tutenberg, Johann Karl (1753–
1824), aus Göttg., immatr. ebd.
3. 5. 1775 als stud. theol. (ob
notam paupertatem gratis) (lt.
Logisverz. nochmals immatr.
WS 1790/91–SS 1795, WS
1790/91–1792/93: Hofmei-
ster), WS 1790/91 Hörer
L.s(?), um 1780 Korrektor u.
Hauslehrer bei Dieterich,
Gelegenheitsdichter
– Trauergedicht auf F. C. H. Dieterich (1782) 58.

Tyndall, Thomas (jr.), aus Bristol/
England, immatr. in Göttg.

28. 8. 1780 als stud. math.,
Hörer u. Zögling L.s 51.

Ummius, Johann Ludwig (1736–
1796), Schriftsteller, 1774 Lehrer an der luth. Domschule in
Bremen, 1781 Rektor
– Was leuchtet uns von Norden
her (1787) 76.

Ungenannter, in Mannheim
– Preisfrage zum Kindsmord 52.

Unger, Johann Friedrich (1753–
1804) in Berlin, Drucker von
Forsters „Ansichten" 93

Urania, Muse der Astronomie 18.

Uslar, Jakob Wilhelm Karl von
(1755–1793), hannov. Offizier,
1773 Fähnrich, 1775–1784 auf
Gibraltar stationiert, 1779 Ltn.,
1784 in Hameln, 1786–1791
Hofmeister der engl. Prinzen in
Göttg,, wohnte erst im Kom-
mandantenhaus, das für die
prinzl. Suite teilweise geräumt
wurde, dann im Grätzelschen
Haus, 1787 Titular-Hptm.,
1790 Hptm., 1793 Oberadju-
tant von Prinz Adolf F. v. Engl.,
fiel am 6. 9. 1793 vor Rexpoe-
de 75.

Vanbrugh, John (1666–1726),
engl. Baumeister u. Lustspieldichter
– The Provoked Wife (1697) 28.

Vaughan, John († 1780?), aus
England, immatr. in Göttg.
6. 11. 1771 als stud. artium
liberalium, Zögling Boies, dem
er Geld schuldig blieb 11.

Venedig, bis 1797 selbst. Stadtre-
publik in Italien 66. 71.

Vergilius Maro, Publius (70–19
v. Chr.), röm. Dichter der klass.
Latinität 97.
– Aeneis 16. 99.

Versailles, Residenz der Kg.e von
Frankreich, erbaut 1662–1688
99. 101.

471

Vesuv, Vulkan ca. 10 km südöstl. von Neapel 66.

Vogel, Rudolf Augustin (1724–1774), aus Erfurt, Mediziner u. Chemiker, stud. med. in Erfurt, Leipzig u. Berlin, in Erfurt 1747 Dr. med., 1753 a. o. Prof., 1760 o. Prof. d. Medizin in Göttg., zgl. 1763 Landphysikus, 1764 Leibmedikus 5. 12.

Volta, Alessandro (1745–1827), ital. Physiker, 1774–1779 Prof. d. Physik u. Rektor am Gymn. in Como, 1779 Prof. d. Physik in Pavia, machte wichtige Entdeckungen u. Erfindungen im Bereich der Elektrizitätslehre sowie der Lehre von den Gasarten, konstruierte u. a. 1775 einen Elektrophor, ein Eudiometer, u. eine Gaslampe, 1782 einen Kondensator, 1791 Mitgl. d. Royal Society London, 1805 ausw. Mitgl. d. Soz. d. Wiss. Göttg., besuchte Okt. 1784 u. Juni 1785 Göttg. u. L. 67.
– Erfinder des Elecktrophors 37.
– s Luftpistole 76.

Voltaire, François-Marie Arouet de (1694–1778), franz. Schriftsteller, Philosoph u. Historiker, 1750–1753 am Hof Friedrichs II. in Sanssouci 66.
– Candide (1759) 16.
– Das Privatleben des Königs von Preußen (1784) 77.
– L'Écossaise (1760) 66.
– Mémoires pour servir à la vie de M. de Voltaire écrits par lui-même 77.
– Zaïre (1732), engl. Bearb. von A. Hill (1736) 33.

Voß, Johann Heinrich (1751–1826), Altphilologe, Idyllendichter, Schulmann, immatr. in Göttg. 5. 5. 1772 als stud. theol., 1775 in Wandsbek, 1778 Rektor in Otterndorf, 1782 Rektor in Eutin, 1786 Hofrat,

enger Freund Boies, auf dessen Veranlassung er 1772 nach Göttg. kam 28.

Wacker, Johann Ludwig (1716–1791), aus Rinteln, seit 1766 Göttg. Bürger u. Gastwirt ‚Zur Krone'/Weender Str., des damals renommiertesten Gasthofs u. Hotels in Göttg., seit 1776 auch Betreiber eines Lustgartens am Wall vor dem Albani Tor 41.

Wagner, Heinrich Leopold (1747–1779), aus Straßburg, Dramatiker des Sturm u. Drang, Jurist, ab 1774 in Frankfurt/M., wo er seit 1776 als Advokat tätig war u. Umgang mit Goethe hatte
– Prometheus, Deukalion und seine Recensenten (1775) 30.

Wakefield s. Goldsmith

Waldheim (Titelgestalt von J. G. Müller) 66.

Wallis (Wales), Prinz von s. England, Georg IV. von

Wandsbek, holstein. Gutsbezirk nordöstl. von Hamburg
– Schimmelmannischer Garten 40.

Warwickshire, engl. Gft. 32.

Waser, Johann Heinrich (1742–1780), Reformtheologe aus Zürich, 1770–1774 Pfarrer in Kreuz b. Zürich, dann Schriftsteller u. Aufseher der Naturalien- u. Instrumentensmlg. d. Zürcher Naturforsch. Gesell., wg. angeblichen Urkundendiebstahls u. Landesverrats am 27. 5. 1780 enthauptet 52.

Watt, James (1736–1819), schott. Mechaniker u. Erfinder, 1757–1774 Univ.-Instrumentenmacher, Feldmesser u. Zivilingenieur in Glasgow, trat 1774 in Boultons Maschinenfabrik in Soho b. Birmingham ein u. verbesserte dessen 1769 patentierte Dampfmaschine wesentlich 72.

Wedgwood, Josiah (1730–1795), engl. Keramiker, Porzellanmanufakteur u. Instrumentenbauer aus Burslem/Staffordshire, seit 1762 kgl. Hoflieferant 29. 77.

Weende, Dorf u. Klostergut ca. 3 km nördl. von Göttg. 105.

– Amtshaus 54.

– Mühlen bei, s. Scharfmühle. Papiermühle

Weigel, Christoph (1654–1725)

– Bilderbibel (1693) 40.

Weimar, Stadt in Thüringen, Residenz des Hzm. Sachsen-Weimar-Eisenach 52. 102.

Weißenstein s. Kassel

Welfenroß 45.

Wenck, Helfrich Bernhard (1739–1803), Historiker u. Pädagoge, Rektor des Pädogogiums zu Darmstadt, erst Stud. in Gießen, immatr. in Göttg. 15. 10. 1759 als stud. theol., 1761 Kollaborator, 1766 Subkonrektor, 1768 Prorektor, 1769 Prof. u. Rektor des Pädagogiums zu Darmstadt, zgl. bis 1771 Hauslehrer von Erbprinz Ludwig X. v. Hessen-Darmstadt u. Geschwistern, 1775 Historiograph des Hauses Hessen-Darmstadt 81.

Wenck, Johann Martin (1704–1761), Historiker, Theologe u. Schulmann, 1746 Prorektor, 1752 Rektor des Pädagogiums in Darmstadt, 1750 auch Hofbibliothekar 27.

Wendt, Christiane Marie Agnese (1781–1844), Tochter von Friedrich v. W., Patin von L.s Tochter Margarete Elisabeth Agnes Wilhelmine (Mimi), heir. 1820 den Husarenrittmeister, Dichter u. Hölderlin-Freund Siegfried Schmidt.

– Briefe von L. 109. 112.

Wendt, Friedrich von (1738–1808), Mediziner, geb. in Sorau/Niederlausitz, 1758–1761 stud. med. in Halle, immatr. in Göttg. 27. 10. 1761 als stud. med., 1762 Dr. med., danach prakt. Arzt in Genthin b. Magdeburg, 1765 anhalt-pleßscher Physikus zu Pleß/Oberschlesien u. Leibmedikus von Fst. Friedrich Erdmann v. Anhalt-Pleß (1731–1791), 1778 o. Prof. d. Medizin u. Hofrat in Erlangen, Vetter L.s (Sohn von L.s Vaterschwester) 109.

– Familie 112.

Werner, , Abraham Gottlob (1749–1817), Mineraloge, Geologe u. Geognost, 1765 Hüttenschreiber im gfl. solmsschen Eisenhüttenwerk, 1769 Stud. an der Freiberger Bergakad., 1771 Stud. in Leipzig, 1775 Inspektor am sächs. Oberbergamt u. Prof. für Mineralogie u. Bergwerkskunde in Freiberg, wo er 1779 erstmals gesonderte Vorlesungen zur ‚Gebirgslehre‘ (Geognosie) hielt, besuchte L. in Göttg. 15. 8. 1789, 1792 Bergkommissionsrat, 1799 sächs. Bergrat 70.

– Versuch der Erklärung der Entstehung der Vulkanen durch Entzündung (1789) 84.

Werner, Georg Friedrich (1754–1798), aus Darmstadt, Schüler am dortigen Pädagogium, 1778 Ingenieurltn., zgl. Prof. d. Meßkunst u. Fortifikation in Gießen, 1790 Hptm. u. o. Prof. d. Kriegswiss., 1795 Major

– Entwurf einer neuen Theorie der anziehenden Kräfte, des Aethers, der Wärme und des Lichts (1788) 84.

Wersebe, Dietrich August Adolf von (1751–1831), Jurist u. Historiker, immatr. in Göttg.

23. 4. 1768 als stud. jur., 1771 Auditor, 1776 Justizrat bei der Justizkanzlei in Stade, 1783–1800 Oberappellationsrat in Celle 26.

Weser, Fluß zur Nordsee, damals Grenze zw. Westfalen u. Niedersachsen, 60 km östl. von Osnabrück 18

Weston, Thomas (1737–1776), Schauspieler, vor allem komischer Rollen, seit 1761 am Londoner Drury Lane Theatre, spielte er seit 1763 am Haymarket Theatre, seit 1766 an beiden Häusern, äußerst populär u. hochbezahlt 28.

Westphaelerinnen 19.

Westphälinger 16.

Westrumb, Johann Friedrich (1751–1819), aus Nörten b. Göttg., Pharmazeut, Chemiker, Botaniker, Mineraloge, 1771/ 72 Provisor der Hofapotheke zu Hannover, 1779 Provisor der Ratsapotheke zu Hameln
– Kleine phys. chem. Abhandlungen (1786) 72.

Whisperer, The (1770–1772), oppos. Zeitschrift in London 1.

Wichers, Alexander Barthold, aus Danzig, immatr. in Göttg.
22. 4. 1774 als stud. jur. 40.

Wiederhold, Johann Karl (1743 ?–1826), aus Hildesheim, 26. 6. 1770 Univ.-Buchbindermeister in Göttg., hatte seine Werkstatt gegenüber dem Dieterichschen Haus (Prinzenstr./ Ecke Gotmarstr.) 39.

Wieland, Christoph Martin (1733–1813), Philosoph, Schriftsteller, 1773 Begründer u. Hrsg. des ‚Teutschen Merkur‘ (1790 ‚Neuer Teutscher Merkur‘), 1760 Senator u. Kanzleidir. in Biberach, 1769 Prof. d. Philosophie in Erfurt, 1772 Prinzener-

zieher in Weimar, 1797 Privatier u. Gutsherr in Oßmannstedt b. Weimar 2. 34.
– Aurora und Cephalus (1764) 53.
– Der neue Amadis (1771) 16.
– Don Sylvio von Rosalva (1764) 53.
– Komische Erzählungen (1765) 53.
– Teutscher Merkur 49. 70.

Wien 66. 71. 101.

Wiese s. Christine Luise Lichtenberg

Wilcke, Johann Karl (1732–1796), dt. Physiker, Mathematiker u. Astronom in Stockholm, immatr. in Göttg. 17. 10. 1753 als stud. math., Schüler T. Mayers u. S. C. Hollmanns, hielt 1759 auf dem Ritterhaus zu Stockholm physikal. Vorlesungen, 1759 Mitgl. d. Akad. d. Wiss. Stockholm, Erfinder des Elektrophors 37.

Wilckens, Heinrich David (1763–1832), aus Wolfenbüttel, Montanist, Mathematiker u. Chemiker, immatr. 28. 8. 1782 am Collegium Carolinum Braunschweig, in Helmstedt 16. 5. 1784 als stud. med., 1787 Stud. an der Bergakademie zu Freiberg, immatr. in Göttg. 22. 4. 1788 als stud. math., Hörer L.s, 1789 mit ‚Specimina duo, mathematicum et physicum‘ M. A., 1790–1792 Privatdoz. in Göttg., 1808–1832 Bergrat u. Prof. d. Forstkunde in Schemnitz
– Briefe von L. 84. 85.

Wilkes, John (1727–1797), engl. Parlamentarier u. Publizist von gr. Popularität, erklärter Gegner von J. St. Bute (1713–1792), dessen Politik W. seit 1762 in Flugschriften u. der

Zeitung ‚The North Briton' angriff, 1764 Ausschluß aus dem Parlament, Emigration nach Frankr., von wo er 1768 nach Engl. zurückkehrte, zu 22 Monaten Gefängnis verurteilt, 1769 wieder ins Unterhaus gewählt (Wahl ungültig erklärt), 1770 unter gr. Anteilnahme der Londoner Bevölkerung aus der Haft entlassen 1. 2. 28. 29. 31.
– The North Briton 2.

Will s. Lichtenberg, Christian Wilhelm

Willich, Friedrich Christoph (1745–1827), Jurist, immatr. in Göttg. 23. 1. 1762 als stud. jur., 1769 Dr. jur., danach Privatdoz. d. Rechte, 1770 Aktuar des Univ.-Gerichts, 1785–1810 Univ.-Vizesyndikus, dann Univ.-Syndikus 105.

Wittgenstein s. Sayn-Wittgenstein-Berleburg

Wöllecke, Johann Konrad, Faktor von Barmeiers Druckerei in Göttg. 54.

Wöllner, Johann Christoph von (1732–1800), preuß. Staatsmann, stud. theol. in Halle, 1755 Pastor in Groß-Behnitz, 1760 Gutsverwalter, 1766 Gutspächter, 1786 Geh. Oberfinanzrat u. Rat beim Oberschulkollegium zu Berlin, 1788 Wirkl. Geh. Etats- u. Justizminister, Chef des Dep.s für Kirchen- u. Schulsachen, sein 1788 erlassenes sog. Religionsedikt bedrohte Abweichungen vom orthodox luth. Bekenntnis mit Amtsenthebung, 1798 entlassen 81.

Wolff, Familie 64.

Wolff, Franz Ferdinand (1747–1804), Jurist, physikal. Dilettant, Publizist, immatr. in Göttg. 21. 4. 1766 als stud. jur.,

1769–1772 Advokat, 1773–1781 2. Konsistorialsekr. in Hannover, 1781–1785 ebd. Revisor der Kirchenrechnungen, beteiligte sich seit 1785 an den Wetterbeobachtungen der Mannheimer Societas Meteorologica Palatina.
– Briefe von L. 59. 60. 63.
– Abhandlg. über Elektr. 76.

Wolff, Gijsbert Jakob (1770–1804), aus Utrecht, 1785 stud. med. in Harderwijk, 1. 7. 1790 M. A., immatr. in Göttg. 26. 10. 1790 als stud. med., hörte bei L.(?), Richter u. Blumenbach, 5. 9. 1791 Dr. med. in Utrecht, anschließend Arzt ebd. 86. 88.

Wundt, Karl Friedrich Kasimir (1744–1784), protest. Jurist u. Historiker, immatr. in Göttg. 26. 4. 1766 als stud. jur., ebd. Hofmeister des Hrn. v. Eelking aus Bremen, 1771 a. o. Prof. d. Weltweisheit u. Kirchengeschichte sowie Mitgl. des ref. Kirchenrats in Heidelberg, 1776 o. Prof. 11.

Wunstorf, hannov. Stadt ca. 23 km westl. von Hannover an der Poststraße nach Minden 23.

Wynch, James, aus London, immatr. in Göttg. 15. 4. 1778 als stud. math., Zögling, Hörer u. Begleiter L.s auf der Reise Juni 1778 nach Hamburg 39. 40.

Yates, Mary Ann, geb. Graham (1728–1787), engl. Schauspielerin, zumeist in tragischen Rollen, erst in Dublin, seit 1753 in London: 1767 am Covent Garden Theatre, 1774 am Drury Lane Theatre 28.

Yorick, der Narr in Shakespeares „Hamlet", danach Pseudonym von Laurence Sterne und zugleich (stark autobiographische) Gestalt in der „Sentimental Journey", die eine Schlüsselfigur der Empfindsamkeit werden sollte. 6. 32. 65.

York, Herzog von s. England, Friedrich von

Zachariä, Gotthelf Traugott (1729–1777), Theologe, 1755 Rektor der Ratsschule in Stettin, 1760 Prof. in Bützow, 1765 o. Prof. in Göttg., 1775 Prof. u. Kirchenrat in Kiel 5. 18.

Zandré di Caraffa, Karl Friedrich († 1796), hannov. Offizier im 4. Inf.-Rgt. in Stade, 1771 Ltn., 1774 Titular-Stabshptm., 18. 2. 1777 Titular-Hptm., 1778 Hptm. 26.

Zedler, Johann Heinrich (1706–1763), Verleger u. Buchhändler in Leipzig
– Großes vollständiges Universallexikon aller Künste und Wissenschaften (1732–1754) 24.

Zimmermann, Christian Heinrich (1740–1806), Theologe u. Epigrammatiker, 1754–1759 Schüler am Pädagogium in Darmstadt, engster Schul- u. Jugendfreund L.s, stud. theol. 1759–1765 in Gießen, dann bis 1768 Pagen-Informator in Darmstadt, 1768/69 Prinzenerzieher ebd., Pfarrer in Allendorf a. d. Lumda, 1770–1800 Pfarrer in Bikkenbach, 1784 auch Inspektor der Diözesen Zwingenberg u. Seeheim, 1800 Pfarrer in Pfungstadt, 1802 Superintendent u. Mitgl. des darmstädt. Kirchen- u. Schulrates
– Brief von L. 110.

Zimmermann, Johann Georg von (1728–1795), aus Brugg/Schweiz, prakt. Arzt u. Popular-

philosoph, immatr. in Göttg. 15. 9. 1747 als stud. med., Schüler A. v. Hallers, 1752 prakt. Arzt in Bern, 1754 Stadtphysikus zu Brugg, 1768 Leibmedikus in Hannover, 1778 Hofrat, Gegner der Franz. Revolution, Freund u. enthusiastischer Anhänger Lavaters 8. 9. 38. 80.
– Porträt-Karikatur 46.
– Anekdoten (1779) 46.
– Über den Nationalstolz (1758) 46.
– Über die Einsamkeit (1784) 46.

Zimmermann, Johann Jakob (1755–1820), aus Brugg/Schweiz, immatr. in Göttg. 28. 4. 1773 als stud. med., wurde 1777 wahnsinnig, Sohn von Johann Georg v. Z. 28.

Zinzendorf, Nikolaus Ludwig von (1700–1760), Theologe u. Jurist, 1721–1727 Hof- u. Justizrat in Dresden, gründete 1727 die Herrnhuter Brüdergemeine 46.

Zürich, Stadt in der Schweiz, seit 1351 zur Eidgenossenschaft 66.

Zulehner, Johann Anton (1764/66/68 ?–1795), Mathematiker u. Philosoph, immatr. in Göttg. 18. 10. 1788 als stud. math., Hörer L.s, Dr. phil. in Mainz(?), seit 22. 4. 1792 o. Prof. d. Philosophie u. Mathematik in Bonn 93.

Zylius, Johann Diedrich Otto (1764–1820), Physiker, Hauslehrer u. gelehrter Gesellschafter in Rostock, dann in Bützow, 1798 bei Gf. Friedrich v. Hahn (1741–1805) in Remplin, zuletzt in Goldberg 102.

Buchanzeige

BIBLIOTHEK DES 18. JAHRHUNDERTS

VERLAG C.H.BECK MÜNCHEN

BIBLIOTHEK DES 18. JAHRHUNDERTS

Karl Philipp Moritz

Anton Reiser

Ein psychologischer Roman
Herausgegeben von Ernst-Peter Wieckenberg.
2., durchgesehene Auflage. 1997.
461 Seiten mit 4 Abbildungen nach Titelkupfern der Erstausgabe. Leinen

Benjamin Franklin

Autobiographie

Mit Nachwort von Klaus Harpprecht.
Aus dem Amerikanischen von Berthold Auerbach.
2., überarbeitete Auflage. 1997. 279 Seiten
mit 12 Abbildungen nach zeitgenössischen Vorlagen. Leinen

Klaus H. Kiefer (Hrsg.)

Cagliostro

Dokumente zur Aufklärung und Okkultismus
1991. 743 Seiten mit 32 zeitgenössischen Abbildungen. Leinen

Michael Maurer (Hrsg.)

O Britannien, von deiner Freiheit einen Hut voll

Deutsche Reiseberichte des 18. Jahrhunderts
1992. 576 Seiten mit 14 Abbildungen. Leinen

Daniel Defoe

Glück und Unglück der berühmten Moll Flanders

Beschrieben nach ihren eigenen Erinnerungen
Aus dem Englischen übertragen von Martha Erler.
Mit 24 Zeichnungen von Heinz Zander
und einem Nachwort von Helmut Findeisen.
1991. 450 Seiten. Leinen

VERLAG C.H.BECK MÜNCHEN

BIBLIOTHEK DES 18. JAHRHUNDERTS

Julie de Lespinasse
Briefe einer Leidenschaft
1773–1776
Übersetzt und herausgegeben von Johannes Willms.
1997. 540 Seiten mit einer Abbildung als Frontispiz. Leinen

Andrea von Dülmen (Hrsg.)
Frauenleben im 18. Jahrhundert
1992. 436 Seiten 5 Abbildungen. Leinen

Doris Posselt (Hrsg.)
Die Große Nordische Expedition von 1733 bis 1743
Aus Berichten der Forschungsreisenden Johann Georg Gmelin
und Georg Wilhelm Steller.
1990. 408 Seiten mit 82 Abbildungen und zwei Routenkarten. Leinen

Henri Sanson
Tagebücher der Henker von Paris
Zwei Bände.
Herausgegeben von Eberhard Wesemann und Knut-Hannes Wettig.
1989. Zusammen 1016 Seiten mit 44 zeitgenössischen Abbildungen.
Leinen

Lawrence Sterne
Das Leben und die Ansichten Tristram Shandys
Mit einem Nachwort von Walther Martin
und Anmerkungen von Jürgen Ronthaler.
1990. 640 Seiten mit zwölf zeitgenössischen Abbildungen. Leinen

VERLAG C.H.BECK MÜNCHEN